YUZHOU NIANJIAN

玉州年鉴

2021

玉林市玉州区人民政府 主办
玉林市玉州区地方志编纂委员会 编

方志出版社
Publishing House of Local Records

图书在版编目（CIP）数据

玉州年鉴. 2021 / 玉林市玉州区地方志编纂委员会编. --北京：方志出版社, 2021.12
ISBN 978-7-5144-5025-5

Ⅰ. ①玉… Ⅱ. ①玉… Ⅲ. ①区（城市）—玉林—2021—年鉴 Ⅳ. ①Z526.73

中国版本图书馆CIP数据核字（2021）第266879号

玉州年鉴（2021）

编　　者：玉林市玉州区地方志编纂委员会
责任编辑：刘方圆
出 版 者：方志出版社
地址　北京市朝阳区潘家园东里9号（国家方志馆4层）
邮编　100021
网址　http://www.zgfzcb.cn
发　　行：方志出版社图书营销中心
电话（010）67110500
经　　销：各地新华书店
印　　刷：云南美嘉美印刷包装有限公司
开　　本：889×1194　1/16
印　　张：21.75
字　　数：756千字
版　　次：2021年12月第1版　2021年12月第1次印刷
印　　数：001～300册
ISBN 978-7-5144-5025-5　定价：280.00元

编辑说明

一、《玉州年鉴》以马克思列宁主义、毛泽东思想、邓小平理论、“三个代表”重要思想、科学发展观、习近平新时代中国特色社会主义思想为指导，坚持辩证唯物主义和历史唯物主义的立场、观点和方法，客观翔实、全面系统地载录2020年玉州区自然、政治、经济、文化和社会等方面的发展情况。

二、《玉州年鉴》自1997年建区起连续出版，从2012年卷起，做到“一年一鉴、公开出版”。《玉州年鉴（2021）》为第十五卷。《玉州年鉴》采用分类编辑法，类目、分目、条目组成三级结构层次，并在少数分目中增设次分目。条目标题统一用黑体加方括号表示。全书具有比较完善的检索系统，书前设目录、书后设索引。

三、《玉州年鉴（2021）》设特载、专文、大事记、总述、中共玉州区委员会、玉州区人民代表大会、玉州区人民政府、政协玉州区委员会、人民团体、法治·军事、财税·金融、经济综合管理、农林水牧渔业、工业·交通、商贸·旅游、城建·环保、科技·教育、文体·卫生、社会、镇（街道）、人物·先进、经济社会统计资料、附录23个类目。

四、《玉州年鉴（2021）》所记述的“自治区”“广西”是指广西壮族自治区；“玉博会”是指中小企业商机博览会（中国·玉林），“药博会”是指中国（玉林）中医药博览会。相关单位名称标注简称，则均用简称，如“玉林市玉州区人民政府办公室”简称为“区政府办”。

五、《玉州年鉴（2021）》所载录的2020年玉林市玉州区国民经济和社会发展情况，均由玉州区各镇（街道）党（工）委、政府（办事处）和区直各部门、各单位提供。涉及统计数字的，原则上使用玉州区统计局所公布的数字，对不列入统计局统计范围的部门性统计资料，则由主管部门提供审定后采用。

玉林市玉州区地方志编纂委员会

《玉州年鉴（2021）》编辑人员

《玉州年鉴（2021）》编写组成员

（排名不分前后）

中国共产党玉州区委员会办公室

冯雄斌　谢　斌　陈　洋　钟成佐

玉州区人民代表大会常务委员会办公室

吕　勇

玉州区人民政府办公室

岑丽芳　石　云　梁　茜　宁　剑　陆红英

中国人民政治协商会议玉州区委员会办公室

王　莉　周　亮　曾　榕　李彦霖　黄　林

中国共产党玉州区纪律检查委员会、区监察委员会

李　欣　陈广艳　梁洪波　罗超景

中国共产党玉州区委员会政法委员会

梁桂清

中国共产党玉州区委员会组织部

陈芊茜　蒋金倖　陈贻波　张瑞莲　陈禹铭

杨　锦　张海霞　陈　锋　李　莉　谢家婵

韩丽媛　陈凤清　朱汝春　钟　霜

中国共产党玉州区委员会宣传部

李虹樟　罗仲平　李第松　陈之华　薛　丽

江婉宁

中国共产党玉州区委员会统一战线工作部

陈　新

中国共产党玉州区委员会巡察工作办公室

梁雪英　蔡文琪　陶泳霖

中国人民解放军玉州区人民武装部

刘安定　华　腾

中国共产党玉州区直属机关工作委员会

陆汉诚　万　彩

中国共产党玉州区委党史资料征集小组办公室、

玉州区地方志编纂委员会办公室

苏　梅　王　豪

玉州区人民法院

唐　俭　彭宇柔　韦秋兰

玉州区人民检察院

秦红波　吴　琳　钟庆坚

玉林市公安局玉州区分局

黎　锋

玉州区总工会

吴玉琼

共青团玉州区委员会

彭文雯　李桂兰　黄玉梅

玉州区妇女联合会

陈红梅　胡　雪　罗小红　陈　夏

玉州区科学技术协会

誉德萍　梁　兵　李宇杰　卢显高　陈　莲

玉州区社会科学界联合会

张　婕　陈炳焕

玉州区残疾人联合会

梁　波　梁劲龙

玉州区档案局（馆）

谭艳艳　王　庆

玉州区归国华侨联合会

梁逸祥　周继林

玉州区文学艺术界联合会

李素坤

玉州区红十字会

丘力帆　黄莉媚

玉州区供销合作联社

罗　勇　杨　洁　刘益安　陈圆圆　田洲宇

玉州区工商业联合会

许　勇　胡宗展

玉州区统计局

庞　弘

玉州区审计局

梁　武

玉州区财政局

李　剑　陈维健　李小梅　陈彩坤　李　俊

陈晓兰　覃洪斌　谭　健　廖　鹏　何　莎

谢剑雄　龚　榆　黎　超

国家税务总局玉州区税务局

徐超敏

玉林市区农村信用合作联社

梁　杰　黄金玲

玉州区信访局

蔡　冬

玉州区民政局

吕惠军　冯　忠　龚宁宁　陈　岚　陈香松

覃齐发　黄焕军　彭延昆　宁国洲　周成婷

梁馨月

玉州区教育局

谢春红

玉州区人力资源和社会保障局

张延林　陈出新

玉州区文化体育和旅游局

陈　亮　杨冬妮

玉州区市场监督管理局

邱凤英

玉州区农业农村局

黎　霞　杜星月　谭雄健　文洪波　黎继红

汤广强　黎天文　卢　锦　陈炳全　莫　东

李作勇　李诗璐　陈　冰

玉州区农业机械化服务中心

林振球　刘瀚文

玉州区医疗保障局

卜　燕　甘郁霞　吕　军　冯建刚　赵　琨

蒙雄伟　徐雅妮　唐义靖

玉州区住房和城乡建设局

欧阳平

玉州区自然资源局

田远强

玉州生态环境局

黄　洁

玉州区应急管理局

罗余初　余　立

玉州区交通运输局

叶秋霞

玉州区水利局

钟伟成

玉州区卫生健康局

李绍彬　刘春玲　梁德林　黄创伟　罗运盛

玉州区发展和改革局

冯正年　何惠宏　刘　媛　陈应珍　黄建华

黄义武　胡竞丹　刘剑茜　李丽梅　苏献谋

玉州区经济贸易和科学技术局

吕金华　王　俊　邓力维　陈春梅　陶红利

冯　荣

玉州区司法局

苏异勇　梁业成　周俞秀　周　婷　杨玉霞

贺丽丽　钟雅韵　李晓桐

玉州区大数据发展和政务服务局

苏　昊　胡钰琼　邓婷婷　覃　舟　张译允

中国共产党玉州区委员会机构编制委员会办公室

钟发全　卢庆南　陈汝秋　梁　旭　黄胜瑜

区委区政府督查和绩效考评办公室

陈　良　邹　琴　周坤英

玉州区乡村振兴（“美丽玉州”乡村建设）领导小组办公室

陈静静　梁国俊　欧美群

玉州区退役军人事务局

陈　军　李芝福

玉州区地震监测服务中心

文　辉　刘家敏

玉州区直属机关后勤服务中心

刘以健　石丽萍　宁　渝

玉州区水库和扶贫易地安置中心

王剑波

玉州区二轻集体工业联社

李超群

玉州区商业总公司

张仕育

玉州区征地办

卢士平

玉州区消防大队

潘　洋　庞　婵　刘飞华

玉州区投资促进服务中心

欧小燕　林芳荣　邓君荣

玉州区金融工作服务中心

黎　滢　杨　琳

玉州区工业集中区

满丽婷

玉州区扶贫开发办公室

谢小芬　陈　春　李文君　陈　波

玉城街道

陈欣然

南江街道

苏　燕　曾凡青　庞　伟　刘国汉　黄铭滨　宁文韬

城西街道

李　军

城北街道

陈相如

名山街道

梁淑馨　陈瑞祥　陈　赞　陈富红　莫一晴

仁东镇

涂惠淇　李汶纱

茂林镇

宁一强　朱晓君　许梦瑾　刘　彦　刘玉静

仁厚镇

陈秀伶

大塘镇

黎丕力

玉州区地图（2020年）

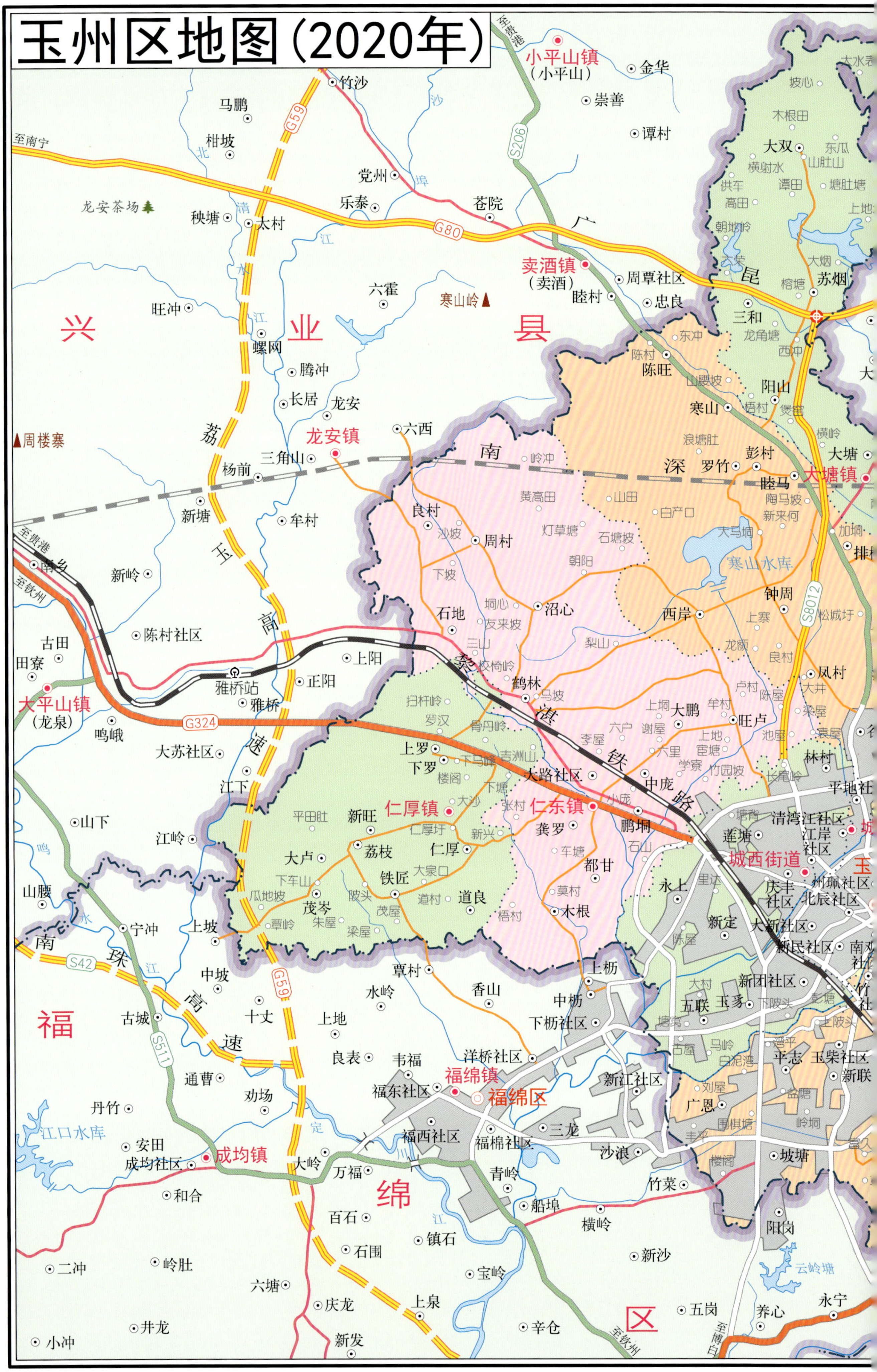

广西壮族自治区地图院

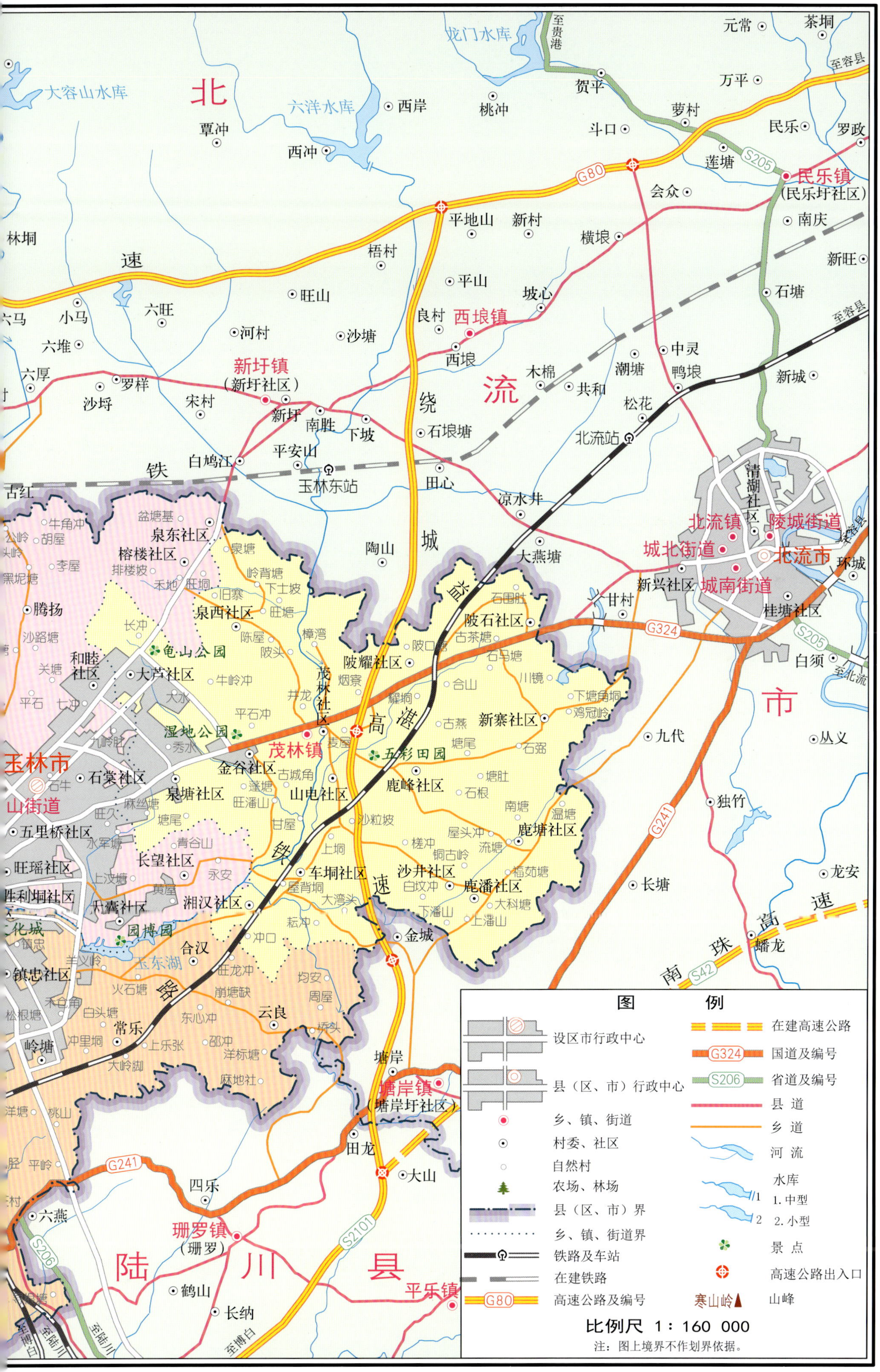

审图号：桂S（2020）09-027号　　2020年9月

数读玉州·2020

行政区域面积：435.54平方千米

镇：4个

街道：5个

年末总人口（公安户籍）：72.44万人

年末总户数（公安户籍）：205521户

地区生产总值：497.54亿元

第一产业增加值：19.84亿元

第二产业增加值：135.47亿元

第三产业增加值：342.23亿元

人均地区生产总值：55464元

固定资产投资：增长3.8%

中央、自治区、地方财政收入：21.96亿元

一般公共预算收入：14.79亿元

一般公共预算支出：30.99亿元

社会消费品零售总额：430.72亿元

农林渔牧业总产值：266312.23万元

粮食种植面积：15132.17公顷

粮食产量：8.54万吨

造林面积：1423.3亩

甘蔗产量：1.22万吨

肉类产量：1.96万吨

水产品产量：1.33万吨

规模以上工业总产值：364.23亿元

规模以上工业增加值：91.70亿元

本级外贸进出口总额：8.94亿元

城镇居民人均可支配收入：42972元

农村居民人均可支配收入：20202元

（城镇非私营单位）在岗劳务职工平均工资

（含劳务派遣）：90340元

普通初级中学（含民办初中及中学）：49所

普通初级中学教师（含民办初中及中学）：4943人

普通初级中学在校生（含民办初中及中学）：75647人

公办小学：90所

公办小学教师：3203人

公办小学在校生：75720人

民办小学：23所

民办小学教师：413人

民办小学在校生：10290人

文化馆（站）：9个

公共图书馆：1个

村级服务中心：59个

社区服务中心：27个

医疗卫生机构：11个

卫生技术人员：2054人

执业医生：726人

卫生院床位数：1833张

参加城镇职工基本养老保险：9.57万人

失业保险参保：3.61万人

工伤保险参保：3.75万人

城镇登记失业率：2.9%

图片专辑

区域经济发展

疫情防控

脱贫攻坚

城乡建设

教育教学

平安建设

精神文明建设

区域经济发展

2020 年，面对突如其来的新冠肺炎疫情冲击和严峻复杂的国内外形势，玉州区克难攻坚，迎难而上，统筹推进疫情防控和经济社会发展。全区地区生产总值增长 3.3%，规模以上工业总产值增长 14%，本级固定资产投资增长 3.8%，社会消费品零售总额增长 2%。玉州区被评为 2019 年度广西高质量发展先进城区、广西民营经济示范县（市、区）。南江街道被评为广西民营经济示范乡镇。广西参皇养殖集团有限公司上榜 2020 年广西民营企业 100 强企业。

① 2020年8月25日，玉州区召开2020年玉州区优化营商环境百日攻坚行动工作会议（区委宣传部　提供）

② 2020年12月15日，玉州区举行玉林市2020年12月重大项目集中开竣工暨玉林牛腩粉产业园项目开工活动（区委宣传部　提供）

③ 2020年12月24日，玉林市玉州区驻粤港澳大湾区招商联络处举行揭牌仪式（区投资促进服务中心　提供）

①

②

玉州区优化营商环境百日攻坚行动工作会议
不忘初心
牢记使命

玉林市玉州区驻粤港澳大湾区招商
联络处

玉林市玉州区人民政府
开平市玉林参皇养殖有限公司
农产品加工冷链仓储物流项目签约仪式
①

②

④

广西三黄鸡品牌展示馆
⑤

① 2020年12月28日，玉州区举行项目集中签约仪式。图为玉州区人民政府与开平市玉林参皇养殖有限公司投资7.5亿元的农产品加工冷链仓储物流项目签约（区委宣传部　提供）
② 2020年12月22日，玉州区人大常委会组织区五届人大代表参观考察广西玉柴新能源汽车有限公司（区人大常委会　提供）
③ 2020年12月29日，广西壮族自治区经济工作会议在南宁举行，大会对2019年度广西高质量发展先进县（城区）、进步县（城区）进行表彰，玉州区荣获“2019年度广西高质量发展先进城区”称号（区委宣传部　提供）
④ 广西嘉德机械股份有限公司生产线（区委宣传部　提供）
⑤ 位于玉林市玉州区城西街道永上村的广西三黄鸡品牌展示馆（区农业农村局　提供）
⑥ 玉林制药集团仁厚生产基地（文达新　摄）

③

⑥

① 玉林江南片区一角（卢　河　摄）
② 玉州区城西工业园俯瞰图（区委宣传部　提供）
③ 玉林城区一角（李　荣　摄）
④ 玉林城区夜景（卢　河　摄）

③

④

疫情防控

2020年，突如其来的新冠肺炎疫情发生后，玉州区各级各部门、广大党员干部和人民群众万众一心、共克时艰，建立“四级”包联机制，推行“一查二控三服务”工作法，落实网格化防控责任，仅用三十多天就实现本地确诊病例、疑似病例“双清零”。响应全国抗疫号召，派出5名护士驰援湖北省抗疫。抓好常态化疫情防控，及时落实各级稳增长政策措施，推动企业复工复产。

①

②

① 2020年1月28日，玉州区新型冠状病毒感染的肺炎疫情防控工作领导小组指挥部会议召开（区委宣传部　提供）

② 2020年2月16日，玉州辖区各商会复工复产疫情防控工作座谈会召开（区委宣传部　提供）

③ 玉州区领导干部、爱心企业、群众积极向湖北捐赠爱心物资（区委宣传部　提供）

④ 玉州区驰援湖北抗击疫情物资捐赠仪式（区委宣传部　提供）

⑤ 玉州区发改局党员先锋队深入江滨社区协助开展网格防控工作（区发改局　提供）

⑥ 2020年2月20日，玉州区民营企业为玉州区捐赠爱心款，专款用于玉州区新型冠状病毒感染的肺炎疫情防控工作（区红十字会　提供）

① 2020年4月14日，玉州区驰援湖北医务人员返玉州迎接仪式举行（区委宣传部　提供）

② 2020年4月14日，玉州区驰援湖北医务人员返玉州迎接仪式举行。图为驰援湖北医务人员返回玉州后与家人合影（区卫生健康局　提供）

③ 2020年4月14日，玉州区群众自发欢迎玉林驰援湖北医务人员返乡（区委宣传部　提供）

④ 2020年2月16日，玉林市第二人民医院5名护理人员援助武汉，在武汉优抚医院开展疫情防控工作（区卫生健康局　提供）

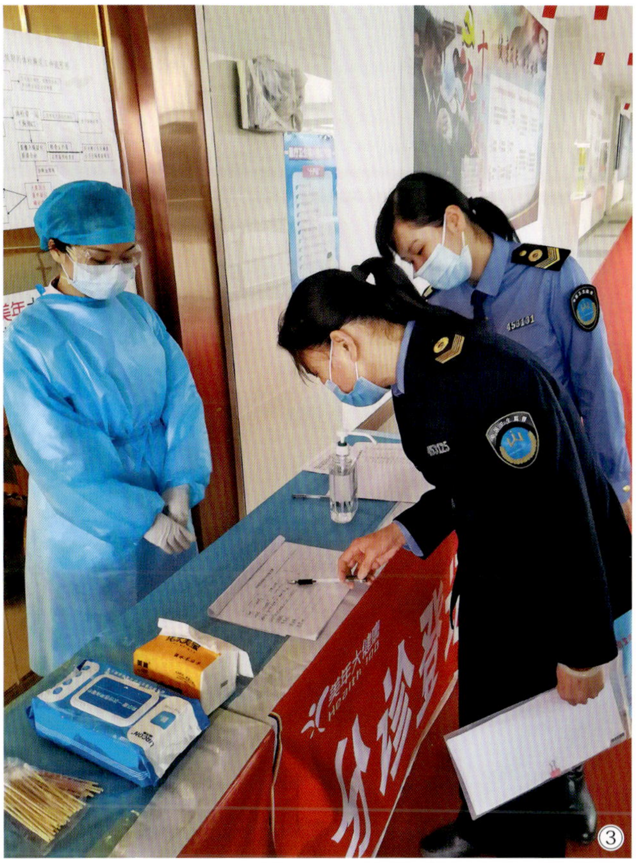

① 玉州区在各辖区路段设置检测点，对进入辖区的人员进行检测。图为玉桂公路城北街道检测点（区委宣传部　提供）

② 2020年4月18日，消毒工作人员对玉州区东环小学教室进行全面喷洒消毒杀菌作业（团区委　提供）

③ 2020年3月1日，玉州区卫生计生监督所执法人员到医疗机构进行复工复产督查(区卫生计生监督所　提供)

④ 2020年12月10日，玉州区举行2020年秋冬季疫情防控综合演练（区卫生计生监督所　提供）

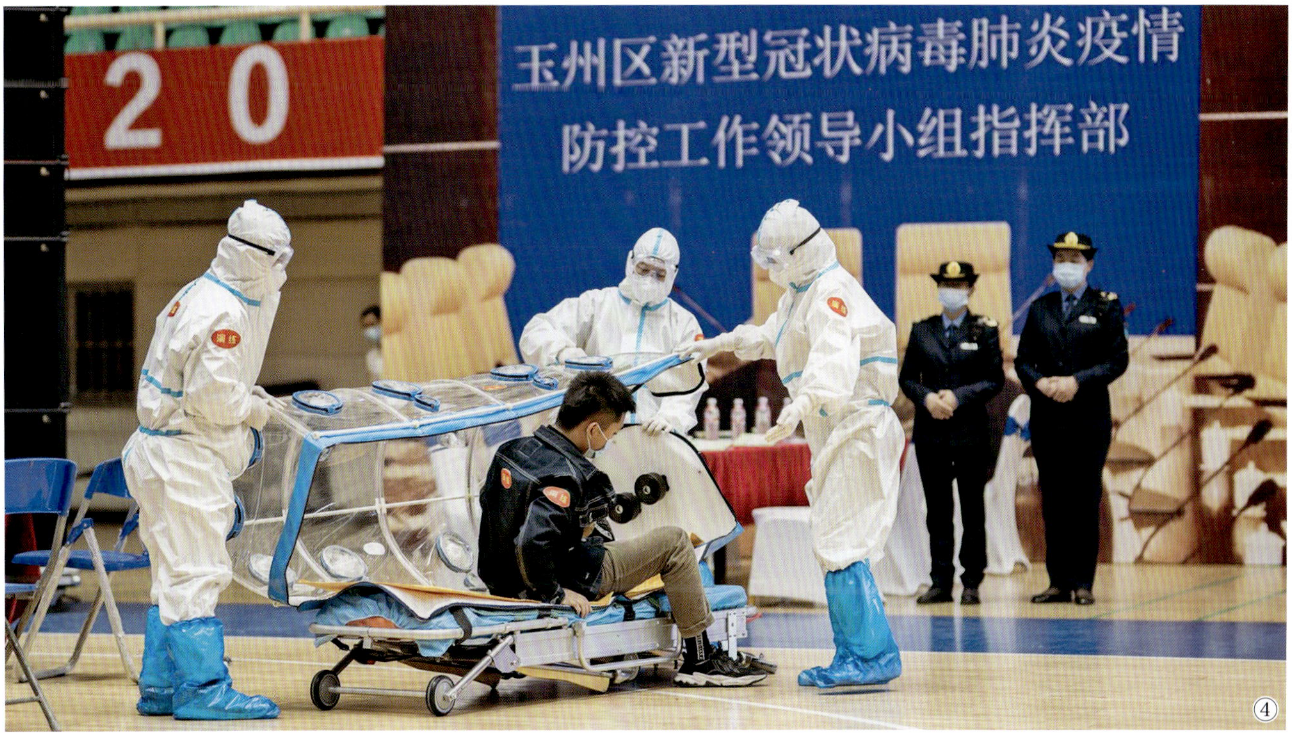

脱 贫 攻 坚

2020 年，玉州区对推进脱贫攻坚工作进行系统部署，及时制定在疫情阻击战中保障决胜脱贫攻坚的工作措施，有效解决疫情发生后一度出现的贫困户农产品销售难、贫困劳动力外出务工难、扶贫项目建设进度滞后等问题，保障贫困群众稳岗就业、稳定增收。加大攻坚力度，切实加强对特殊贫困人口的兜底保障，全面完成义务教育保障、基本医疗保障、住房安全保障和饮水安全“四大战役”，全面实现“两不愁三保障”。脱贫攻坚圆满收官，玉州区剩余的 234 户 706 名贫困人口顺利脱贫。

①

③

②

① 玉州区举办“脱贫感党恩　奋进新起点”主题活动。图为群众在玉州区鹏垌村观看“玉林八音”节目（区委宣传部　提供）

② 2020年12月29日，玉州区仁厚镇开展“脱贫感党恩　奋进新起点”主题活动（仁厚镇　提供）

③ 2020年10月15日，玉州区2020年脱贫攻坚帮扶和督导工作会议召开（区委宣传部　提供）

④ 2020年8月29日，玉州区供销社组织参展团赴广西名特优农产品交易会推介玉州特色扶贫农产品（区供销社　提供）

⑤ 2020年11月14日，玉州区税务局开展“税企携手　扶贫助农”爱心采购农产品活动（区税务局　提供）

020年脱贫攻坚帮扶和督导工作会议

牛巴
HUNAN

④

国家税务总局玉林市玉州区税务局
“税企携手　扶贫助农”爱心采购农产品活动

⑤

玉州区委组织部党支部“党旗领航助春耕·村企联姻促发展”主题党日活动
玉州区委编办党支部“党旗领航助春耕·村企联姻促发展”主题党日活动
广西玉林制药有限责任公司党委“党旗领航助春耕·村企联姻促发展”主题党日活动
玉林银丰中药港投资发展有限公司党支部“党旗领航助春耕·村企联姻促发展”主题党日活动
玉林市富英制革有限公司党支部“党旗领航助春耕·村企联姻促发展”主题党日活动
参皇集团
爱心鸡苗
①

传统工艺美术助力乡村文旅产业振兴
2020年玉林市玉州区传统工艺培训班
玉州区二轻联社
②

2020年仁厚番薯文化旅游节
中国·仁厚
决胜脱贫攻坚 助推乡村振兴
③

乡村振兴
巾帼行动
④

⑤

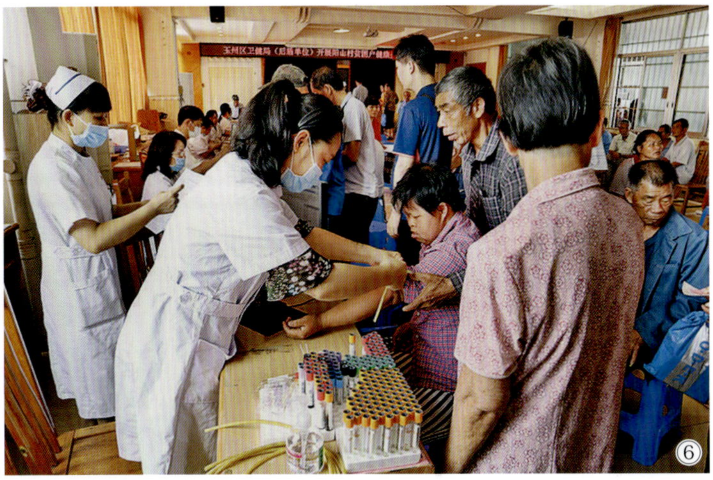
⑥

① 2020年4月3日，玉州区委组织部党支部、区委编办党支部及两新党组织代表在城北街道西岸村举行“党旗领航助春耕·村企联姻促发展”主题党日活动（区委组织部　提供）
② 2020年11月22日，玉州区二轻联社在玉州区仁东镇鹏垌村举办传统工艺培训班（区二轻联社　提供）
③ 2020年11月28—29日，玉州区仁厚镇举行番薯文化旅游节（仁厚镇　提供）
④ 2020年10月1日，玉州区举行“欢度国庆，喜迎中秋”暨“乡村振兴，扶贫助农，幸福美丽乡村大型美食节”（区妇联　提供）
⑤ 2020年9月28日，玉州区城西街道新定村2020年扶贫产业——食用菌产业分红大会召开。图为贫困户在分红确认表上签字（城西街道　提供）
⑥ 玉州区卫生健康局到玉州区大塘镇阳山村为贫困户提供免费体检（区卫生健康局　提供）

①

②

① 玉州区仁厚镇茂岑村香蕉园硕果累累（仁厚镇　提供）
② 玉州区仁东镇鹏垌村香蒜种植基地喜获丰收（区委宣传部　提供）
③ 玉州区南江街道广恩村成立占地3.33公顷的恩民农民专业合作社，大力发展番鸭、狮头鹅等水禽阶梯养殖产业。图为喜笑颜开的养殖户（南江街道　提供）
④ 玉州区现代农业特色示范园（区农业农村局　提供）
⑤ 食用菌成为玉州区仁东镇沼心村村集体经济增收和群众脱贫致富的绿色产业（仁东镇　提供）

城乡建设

2020年，玉州区红星路、新民路等旧城改造项目加快推进，羊义岭片区和解放中路、镇忠社区棚改项目加快建设。全年开工建设棚户区改造297户。积极配合玉林市成功创建第八轮自治区文明城市。开展城市市容环境整治提升行动，宣传推广生活垃圾分类。开展土地全域整治，推进乡村振兴，全面开展“三清三拆”“扫一遍”行动和乡村风貌提升三年行动，“美丽玉州·幸福乡村”加快推进。全区所有行政村均成立乡村振兴理事会，自筹资金1489万元投入乡村建设，推动乡村振兴“形、实、魂”协调发展。着力打造风貌提升示范带、示范村，仁东镇鹏垌村被评为全国乡村治理示范村、全国文明村。

① 历史文化名村玉州区城北街道高山村鸟瞰图（城北街道高山村　提供）
② 2020年5月29日，玉州区仁厚镇上罗村创建5A幸福村活动启动仪式（仁厚镇　提供）
③ 玉州区城北街道高山村村两委、乡村振兴工作队积极组织村民为乡村振兴捐款（城北街道　提供）

①

②

③

①

②

④

⑤

③

① 玉州区南江街道广恩村白泥湾一角（南江街道 提供）
② 玉州区仁东镇鹤林村一角（区直属机关后勤服务中心 提供）
③ 玉州区仁厚镇茂岑村一角（仁厚镇 提供）
④ 玉州区南江街道广恩村属于“十三五”时期自治区级贫困村。图为新建的广恩村乡村振兴大道（南江街道 提供）
⑤ 玉州区南江街道坡塘村用墙绘的方式美化公共空间（南江街道 提供）
⑥ 玉州区仁东镇鹏垌村康乐庄鸟瞰图（区委宣传部 提供）

⑥

教 育 教 学

2020年，玉州区继续加大“大兴教育”力度。实施“扩容提质”工程，玉州区第二实验初级中学秋季期顺利招生，增加学位1800个。玉州区被评为自治区基础教育教学改革示范区，中考成绩继续保持全市领先优势。

①

②

③

① 2020年9月9日至11日，玉州区举办2020年大兴教育发展论坛（区委宣传部　提供）
② 2020年5月29日至6月5日，玉州区举办“毓秀教育”初中毕业班教学与复习备考经验研讨交流活动（区教育局　提供）
③ 2020年11月25日，玉州区八中2020秋季期第五届运动·文化·艺术节开幕（区教育局　提供）
④ 2020年，玉州区第二实验初级中学校园一角（区教育局　提供）
⑤ 2020年6月30日，2020年《红色传奇》进校园系列活动（玉州区）启动仪式在玉林市第三中学举行（蔡　毅　摄）
⑥ 2020年10月20日，玉州区第三实验小学开展“传承红色精神，共绘红色画卷”活动（区教育局　提供）
⑦ 2020年11月2日，玉州区第一实验初级中学组织开展“119”消防安全主题教育活动（区教育局　提供）
⑧ 2020年12月2日，玉林市“快乐科普”进校园暨玉州区古定中心小学第七届科学节在玉州区古定中心小学举行。图为师生观看机器人舞蹈表演（区教育局　提供）

④

⑤

⑥

⑦

⑧

平安建设

2020年，玉州区大力维护社会和谐稳定，统筹做好扫黑除恶、打击违法犯罪、禁毒、信访维稳等各项工作。深入开展创建5A幸福村（小区）活动，全区共建成上罗村、鹏垌村、乾隆苑小区、东方巴黎水岸小区等5A幸福村（小区）。圆满完成第17届东盟博览会、中共十九届五中全会等重大节庆期间的安保维稳工作，全年排查矛盾纠纷、受理人民调解案件1598件，成功调解1545件，调解成功率96.7%。群众安全感达97.8%，群众对政法队伍满意度达93.1%。社会综合治理能力和水平不断提升，被国家信访局评为信访工作“三无”县（市、区）。

①

②

③

④

⑤

⑥

① 2020年4月，玉州区被国家信访局评为信访工作"三无"县（市、区）（区信访局　提供）

② 2020年8月25日，玉州区人大常委会组织开展扫黑除恶专题调研。图为调研座谈会（区人大常委会　提供）

③ 2020年9月30日，玉州区人民法院举行建设玉林市新时代政法铁军履职廉政公开承诺仪式（区人民法院　提供）

④ 2020年4月30日，玉州区人民检察院、区教育局举行青少年法治教育"云展馆"开播启动仪式（区人民检察院提供　提供）

⑤ 2020年6月23日，玉州区开展"禁毒宣传一条街"宣传活动（区委宣传部　提供）

⑥ 2020年6月26日，玉州区仁东镇开展"6·26"国际禁毒日暨"健康人生　绿色无毒"学生志愿者签名活动（仁东镇　提供）

①

②

① 2020年12月1日，玉州区举行创建5A幸福小区启动仪式（区委宣传部　提供）
② 深化全警实战大练兵（玉林市公安局玉州分局　提供）
③ 玉州区玉城街道组织社区干部、警务助理和网格员联合派出所组成治安巡逻队，在辖区内开展常态化治安大巡逻（玉城街道　提供）
④ 民警到玉州各个学校开展护学工作（玉林市公安局玉州分局　提供）

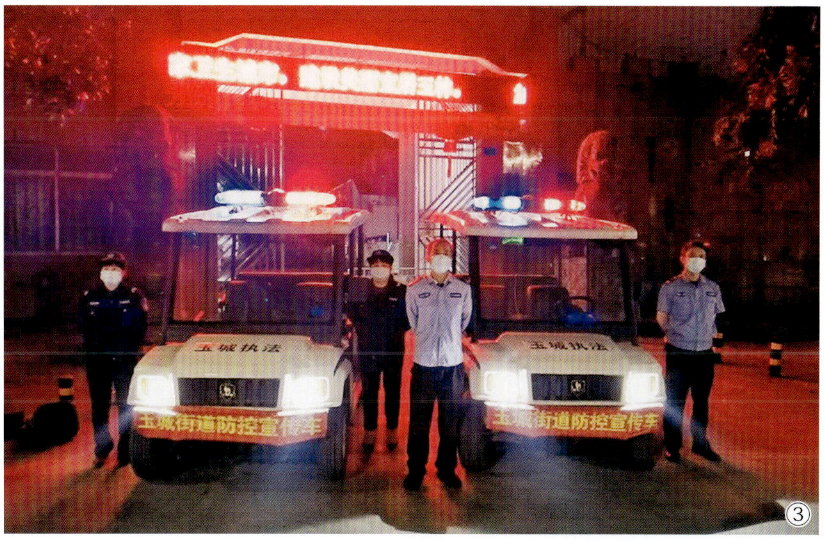

③

④

精神文明建设

2020年，玉州区深入学习宣传贯彻中共十九届五中全会精神，培育和践行社会主义核心价值观，常态化开展理想信念教育、弘扬时代新风行动和诚信建设等工作。丰富群众文化生活，玉州区八中获“全国文明校园”称号，玉州区仁东镇鹏垌村获“全国文明村镇”称号。

① 2020年11月20日，中央文明委在北京召开全国精神文明建设表彰大会。玉林市玉州区仁东镇鹏垌村荣获“全国文明村镇”称号。图为鹏垌村康乐庄一角（区委宣传部　提供）
② 2020年11月27日，玉州区举办庆祝广西壮族自治区成立62周年文艺晚会（区委宣传部　提供）
③ 2020年4月29日，玉州区举办新时代文明实践中心理论宣讲比赛（区委宣传部　提供）
④ 共青团玉州区委广泛动员团员青年、志愿者开展“助力创城，玉州青年在行动”志愿服务活动（团区委　提供）
⑤ 2020年10月26日，玉城街道东岳社区大航科技志愿服务队亮相东环小学第八届科技节（玉城街道　提供）
⑥ 玉州区志愿者协助社区一线工作人员开展排查防控工作的志愿服务。图为志愿者帮助社区居民采购生活物资（团区委　提供）

①

②

鲲
鹏
福
地

玉州区新时代文明实践中心
理论宣讲大赛
中共玉林市玉州区委
③

"助力创城 玉州青年在行动"志愿服务活动
④

⑤

玉州区青年志愿者
⑥

①

②

④

③

① 2020年9月11日，玉州区城北街道高山村举办“小手拉大手”建设美丽文明高山村清洁大行动暨传统经典诵读活动（城北街道　提供）
② 2020年12月3日，玉州区开展“大手拉小手”提升全民科学素质暨“快乐科普”进校园活动（区教育局　提供）
③ 2020年7月30日，玉州区首批家庭亲子阅读体验基地进社区——“书香浸润心灵　阅读伴我成长”活动。图为孩子们在喆书房家庭亲子阅读体验基地老师的带领下开展家庭亲子阅读（区教育局　提供）
④ 玉州区金港小学组织开展瞻仰英雄纪念碑，听抗战老兵讲述真实抗战故事等红色亲子活动，致敬最可爱的人（区教育局　提供）
⑤ 玉州区第二实验小学开展文明礼仪专题教育（区教育局　提供）

⑤

① 2020年12月20日，由区总工会和区老年人体育协会联合主办玉州区新时代文明实践中心中老年人民族健身操交流活动（区总工会　提供）

② 玉州区新时代文明实践中心中老年人气排球交流赛现场（区总工会　提供）

③ 2020年1月12日，玉州区玉城街道南观社区协同百合义工、南观义工组织开展“迎新春、送温暖”义写春联、免费理发、上门慰问志愿服务活动（玉城街道　提供）

目录

特载

专文

大事记

总述

中共玉州区委员会

玉州区人民代表大会

玉州区人民政府

法治·军事

财税·金融

经济综合管理

农林水牧渔业

工业·交通

商贸·旅游

城建·环保

科技·教育

文体·卫生

社 会

镇（街道）

人物·先进

经济社会统计资料

附　录

索　引

特 载

解放思想 担当实干 以优异成绩迎接中国共产党百年华诞

——在中国共产党玉州区第五届代表大会第六次会议上的报告

区委书记 吕燕梅

（2021年2月23日）

同志们：

现在，我代表中国共产党玉州区第五届委员会向大会作报告，请予审议。

一、2020年和“十三五”工作回顾

2020年是新中国历史上、中华民族历史上，也是人类历史上极不寻常的一年。面对国内国际环境的深刻复杂变化、艰巨繁重的改革发展稳定任务和突如其来的新冠肺炎疫情，我们坚持以习近平新时代中国特色社会主义思想为指导，实施“一三三六”工作思路，扎实做好“六稳”工作、全面落实“六保”任务，统筹做好疫情防控和经济社会发展工作。全区地区生产总值增长3.3%，规模以上工业总产值增长14%，稳住了经济基本盘，经受住了大战大考。玉州区获评为2019年度广西高质量发展先进城区，被命名为广西民营经济示范县（市、区）。

（一）持续推动学习贯彻习近平新时代中国特色社会主义思想走深走实。我们坚持把深入学习贯彻习近平新时代中国特色社会主义思想以及最新最重要讲话、指示批示精神作为常委会会议和理论学习中心组学习会第一议题，全年共召开30次常委会会议、5次理论学习中心组专题学习会，及时跟进学习、抓好贯彻落实，把总书记重要指示精神结合玉州实际具体化，贯彻落实到各领域各方面。召开了玉州区委五届十次全体会议，通过了《中国共产党玉林市玉州区委员会关于制定国民经济和社会发展第十四个五年规划和二〇三五年远景目标的建议》，为未来五年发展描绘了建设蓝图。

（二）推动疫情防控取得重大战略成果。新冠肺炎疫情发生以来，我们迅速成立双主官为指挥长的疫情防控工作领导小组和指挥部，通过建立“四级”防控体系，推行“一查二控三服务”工作法，落实网格化防控责任。将网格化、精细化、规范化、常态化工作措施贯穿于疫情防控全过程，扎扎实实织密织牢疫情防控网，仅用三十多天就实现本地确诊病例、疑似病例“双清零”，全区疫情防控向稳向好势态持续巩固。

（三）项目助推经济高质量发展取得突出成效。全力推进玉林市重大项目和收储土地的征拆工作。

2020 年共完成 2686.8 亩征拆任务，占玉林市下达任务的 111.12%。南玉高铁项目征地拆迁高效推进，玉州区成为该项目第一个全面完成征地、拆迁、交地施工的县（市、区）。二环路实现全线贯通。积极谋划、推进项目建设，2020 年度共谋划新基建储备项目 59 个，谋划乡村振兴项目 88 个。新增自治区层面统筹推进重大项目 6 个，同比增长 200%，是近年来列入自治区层面统筹推进重大项目数量最多、投资总量最大、质量最优的一年，其中，中集物流和牛腩粉产业园实现了当年申报当年开工。两湾产业园项目在极短时间内纳入财政部 PPP 储备库，实现了“零的突破”。打造一流营商环境，全年新增注册企业 3570 家，新增个体户 7320 户。

（四）打赢脱贫攻坚收官战。系统部署脱贫攻坚各项工作，集中打好贫困歼灭战。加大攻坚力度，切实加强对特殊贫困人口的兜底保障，“四大战役”全面胜利，“两不愁三保障”问题全面解决。2020 年最后 234 户 706 名贫困户顺利脱贫。坚持农业农村优先发展，巩固拓展脱贫攻坚成果同乡村振兴有效衔接。统筹推进农村人居环境整治三年行动和乡村风貌提升三年行动，“三清三拆 +”扫一遍取得初步成效。全区全部村均成立乡村振兴理事会，通过“政府奖励 + 自筹”1∶1 配备资金的方式，激发群众内生动力，自筹资金达 1489 万元。2020 年 7 月 6 日，自治区党委鹿心社书记深入鹏垌村调研时，充分肯定了我区开展乡村振兴工作的积极探索和成效。

（五）保障和改善民生取得新成效。大力实施“大兴教育”，持续推进“扩容提质”工程，新建续建学校 3 个，玉州区第二实验初中秋季期实现招生，新增学位 1800 个，“大班额”问题有效化解。均衡教育成效明显，2020 年获定为自治区基础教育教学改革示范区。城市管理持续加强。加快打通城区断头路，红星路、新民路（竹美段）有望 2021 年上半年实现贯通。加快推进小街小巷硬化、绿化、亮化工程，城市品位和市民素质不断提升。积极配合玉林市成功创建第八轮自治区文明城市。加强军民融合，双拥共建取得实效，配合全市成功创建全国“双拥模范城”。打赢了污染防治攻坚战，南流江、仁东江、清湾江的水质持续稳定达标，空气质量优良率达到前所未有的 98.9%，2020 年全年非优良天数仅为 4 天。

（六）平安建设水平不断提升。通过探索社会治理新模式等措施，有效防范化解社会矛盾，社会大局总体保持稳定。市域社会治理现代化建设扎实推进，建成上罗村、鹏垌村、乾隆苑小区、东方巴黎水岸小区等 5A 幸福村（小区）。成功化解玉林化肥厂等一大批案件，特别是成功化解了仁厚村马山坡水库移民横跨 54 年、涉及人数 1000 多人的积案，获得自治区党委常委、政法委书记曾欣的充分肯定。获自治区政法委命名为广西“平安区”，被国家信访局评为信访工作“三无”县（市、区）称号。东成派出所获自治区公安厅命名为广西首批“枫桥式公安派出所”。玉州区 1 名民警、1 名辅警分别被评为广西“最美民警”“最美辅警”，是玉林市唯一入选的民警和辅警。

（七）宣传思想工作守正创新。围绕学习宣传贯彻习近平新时代中国特色社会主义思想的主线，把准方向，管好导向，筑牢阵地，建强队伍，意识形态工作抓得严抓得实，主流思想舆论引导把得正把得稳。鹏垌村被评为“全国文明村镇”，该村新时代文明实践站建设管理工作得到自治区党委常委、宣传部部长范晓莉高度肯定。玉州区八中被评为“全国文明校园”，名山中学、苗园中学、万秀小学、实验二小被评为“自治区文明校园”。

（八）基层党建工作亮点纷呈。坚持抓好党建引领，着力带动党建与中心工作深度融合，主责主业

2020年8月25日，区委组织部、区委卫健工委、区两新组织党工委联合举办的玉州区卫健系统“党建联姻聚合力 健康玉州惠民生”结对共建启动仪式举行。这是全市首个“党建医联体”结对共建案例

（区委组织部　提供）

压得紧压得实，服务大局有声有色，创新“一网三统三进”“党旗领航＋小区微治理”“135工程”“双派双培一融合”等一批特色党建品牌。两部党教片获国家级一等奖；党的建设工作在自治区作经验交流发言5次，在玉林市作经验发言5次；打造全市首个“党建医联体”，乾隆苑小区党群服务中心、东环小学党委分别成为自治区城市党建、学校党建推进会现场参观点；党建带工建、党建带妇建工作经验获得自治区推广；区关工委获全国关心下一代工作先进集体称号。86个村（社区）换届工作圆满完成，村（社区）两委班子进一步优化。

（九）党风廉政建设工作不断深入。坚持全面从严治党，持续把“两个责任”作为推动党风廉政建设的有力抓手，强化监督执纪问责，严肃查处发生在群众身边的“四风”和腐败问题，各类不正之风得到有力纠治。坚持履职尽责，做到主动担责，贯通运用监督执纪“第一种形态”，深入开展“直面问题压实责任”谈心谈话活动，个别约谈150余人次。以“五聚焦五强化”为抓手查纠“四风”，立案查处违反中央八项规定精神和“四风”问题12件。坚持破网打伞高压态势，立案审查涉黑涉恶腐败问题2件。持续整治侵害群众利益问题，查处扶贫领域违纪问题33件。全区共立案108件，给予党纪政务处分114人。加强廉政警示教育，廉政微视频《饵》获得玉林市一等奖。“‘三个精准’工作经验”获自治区纪委监委工作简报印发。

此外，人大、政协机关鼎力支持全区的经济社会发展，充分发挥他们的职能，履职尽责，卓有成效地开展了各项工作。人大的“混合编组、多级联动、履职为民”活动走深走实，获得自治区党委常委、政法委书记曾欣的高度肯定。学习型政协组织建设取得实效，玉州区作为2个县（市、区）发言单位之一，在自治区“书香政协”座谈会上作了经验交流发言。爱国统一战线进一步巩固壮大。党的民族政策和宗教政策全面落实。党的群团组织工作得到进一步加强和改进，组织联系和服务群众的桥梁纽带作用得到充分发挥。区法院、区检察院充分发挥司法机关在维护社会公平与正义中的重要职能作用，获得了多项全国级的先进与奖励。

2020年，我区各项工作取得扎实成效，实现“十三五”规划胜利收官。“十三五”时期，我们高举习近平新时代中国特色社会主义思想伟大旗帜，在挑战中抢抓机遇、在困难中砥砺奋进，内强实力外塑形象，全区自豪感凝聚力极大增强。

这五年，我们做大做强县域经济，经济高质量发展稳中有进。坚持稳中求进，贯彻新发展理念，打好政策组合拳，推动高质量发展。全区地区生产总值从365.81亿元增长到497.54亿元，年均增长7.6%；财政收入年均增长3%；规模以上工业增加值年均增长7.9%；固定资产投资年均增长9%。全方位推进重大项目建设。实现开工重大项目319个，竣工230个，累计完成投资513.4亿元。“十三五”期间有三年被评为广西科学发展（高质量发展）先进城区，是广西唯一一个累计十次获得此项殊荣的主城区。

这五年，我们扎实推进基础设施建设，发展基础不断夯实。做强做大中心城区，清宁路等断头路全线贯通，二环路、荔玉高速、玉湛高速等实现通车，清宁路东、西等安置区建设完成，南江会堂、能源办棚改项目顺利完成。乡村基础设施不断完善。广西先进装备制造城（玉林）、中医药健康产业园等重点工业园区建设加快推进，机械制造、大健康两大千亿产业加速集聚。

这五年，我们全面深化改革扩大开放，经济社会发展动力活力显著增强。机构改革基本完成。机构设置和职能配置进一步优化，机构职能体系更趋完善。农村承包地管理与改革工作稳妥推进，农村土地确权证书颁发率超过99.5%。基本单位统计网格化管理试点工作成效突出，获国务院经普办充分肯定，广西统计改革试点现场会在我区召开。成功协办2届玉博会、4届药博会，以及第十六届国际传统药物学大会等重大系列展会活动。开展精准招商工作，签约项目39个、合同投资267.1亿元。

这五年，我们下大力气抓环境治理，生态环境持续向好。全力打好蓝天碧水净土保卫战，5年来共投入资金3.4亿元用于污水综合治理和大气污染治理。大力推进道路扬尘治理、烟花爆竹禁燃限放、生活垃圾和农村秸秆露天焚烧治理行动，空气质量稳步提高。南流江乂江断面、仁东江、清湾江水质由劣Ⅴ类达到考核标准。中央环保督察和自治区环保专项督察反馈问题全部整改完成。

这五年来，我们全力保障和改善民生，人民群众得到更多实惠。“十三五”期间全区重点民生领域支出达到123.39亿元，比“十二五”时期增加50.56亿元。投入扶贫资金1.9亿元，13个贫困村全部脱贫出列，建档立卡贫困人口4249户16963人全部脱贫。在2019年度自治区扶贫成效考核中获得综合评价“好”的等次。接续推进脱贫攻坚与乡村振兴有效衔接，深入开展“美丽玉州·乡村建设”活动、“三

清三拆 +”风貌提升工程，农村人居环境得到有效改善。大兴教育深入推进，全区 9 所中小学校建成投入使用，新增学位超 1.7 万个。2018 年通过义务教育均衡发展国家认定。中考成绩连续五年全市第一。公立医院改革取得阶段性成果，医疗保障和服务水平有新提高。持续实施为民办实事工程，累计投入资金 20.73 亿元，为群众解决了一批实事难事。全区所有行政村均建成公共文化服务中心，公共服务水平有效提升。

这五年，我们着力加强民主法治建设，社会和谐稳定大好局面更加巩固。深入推进扫黑除恶专项斗争，摧毁打掉一批黑社会性质组织、恶势力犯罪集团、涉恶团伙，扫黑除恶成效 2018—2019 年两年排名全市第一，2013—2019 年连续 7 年获广西“平安区”称号。群众安全感满意度明显提升。连续 5 年实现了“三零”目标（零进京上访、零非接待场所上访、零集体上访）。禁毒重点整治工作实现一年摘帽。民主法治扎实推进。人民代表大会制度、中国共产党领导的多党合作和政治协商制度优势得到充分发挥，国防动员和后备力量建设不断加强，双拥共建取得新进展。统战、民族、宗教、侨务、外事、对台工作取得新成绩，工会、共青团、妇联等群团组织桥梁纽带作用得到更好发挥。

这五年，我们管党治党全面从严，党风政风焕然一新。精心组织开展“两学一做”学习教育、“解放思想再出发”系列活动、“不忘初心、牢记使命”主题教育，广大党员、干部受到深刻的思想洗礼，解决了一大批群众反映强烈的突出问题。加强领导班子和干部队伍建设，坚持正确用人导向，深入整治选人用人不正之风。党的基层组织建设扎实推进，政治功能和服务功能不断增强，圆满完成换届工作。人才工作创新发展。严格落实意识形态工作责任制，积极防范化解重大领域风险挑战，意识形态阵地平稳可控。严格落实中央八项规定精神，作风建设取得明显成效。完善巡察工作机制，实现巡察全覆盖。严肃查处严重违纪违法案件，深入整治发生在群众身边的不正之风和腐败问题，反腐败斗争压倒性成果不断扩大。

2021年2月23日，中国共产党玉林市玉州区第五届代表大会第六次会议召开 （区委宣传部　提供）

同志们，五年的发展波澜壮阔，五年的成就振奋人心。这是区委深入贯彻落实习近平总书记对广西工作的重要指示精神和坚决执行中央、自治区党委和玉林市委决策部署的结果，是全区上下同心同德、奋力拼搏的结果，也是社会各界各方面热情关心、大力支持的结果。在此，我代表中共玉州区第五届委员会，向全区各级党组织、广大党员、干部和人民群众，向所有关心支持玉州发展的朋友，表示衷心的感谢并致以崇高的敬意！

在肯定成绩的同时，我们也清醒地认识到存在的困难和问题，特别是产业基础还不够牢固，财政增收办法不多；干部精气神有所减弱，担当作为、主动服务的意识还不够强；历史遗留问题解决办法不多，征地拆迁户上楼安置突破有差距，基层党建不够均衡等等。对这些困难和问题，我们在今后的工作中将采取更加切实有效的措施，认真加以解决。

二、“十四五”发展主要目标和重点任务

今后五年，全区的工作总体要求是：高举中国特色社会主义伟大旗帜，全面贯彻中共十九大和十九届二中、三中、四中、五中全会精神，统筹推进“五位一体”总体布局和“四个全面”战略布局，深入贯彻落实习近平总书记对广西工作的重要指示精神，按照“建设壮美广西、共圆复兴梦想”的总目标总要求和“三大定位”新使命、“五个扎实”新要求，坚持新发展理念，坚持稳中求进工作总基调，全力推进“东融”“南向”开放发展，全面融入“两湾”产业融合发展先行试验区建设，深入实施“工业强区、商贸富区、文化兴区”三大战略，做

强做优县域经济，全力打造高品质中心城区，全面提升人民生活品质，实现经济持续健康发展和社会安定和谐，为基本建成壮美广西，与全国全广西全市同步基本实现社会主义现代化奠定坚实基础。

我们的预期目标是："十四五"时期地区生产总值年均增长7%以上，财政收入年均增长5%，居民人均可支配收入年均增长8%。为实现上述目标，要重点抓好11个方面任务的落实：

（一）坚定不移实施"东融""南向"战略，服务推动"两湾"协同联动发展。全面对接融入粤港澳大湾区、北部湾经济区、西部陆海新通道、海南自贸区（港）建设，将我区打造成为玉林市全面"东融"战略发展的重要区域和"两湾"产业融合发展先行试验区的主战场、新高地。大力推动开放型平台建设，推动玉博会、药博会升级发展，提升招商引资水平。积极主动参与中国—东盟自贸区建设，推动中药材和大健康等优势产业产品拓展海外市场，提升对外开放合作水平。

（二）深入实施"工业强区"战略，构建现代产业体系。以广西先进装备制造城（玉林）为载体，以玉柴集团为龙头，全力将机械产业打造成千亿产业集群。发挥"南方药都"产业优势和文化影响力，将玉州区打造成为全市乃至全广西大健康产业领跑者和投资首选地。提升产业链供应链现代化水平，积极培育新兴产业链。做大做强工业园区，探索"一园多区"模式，不断扩大园区发展空间，提升园区承载力，壮大产业集群。

（三）深入实施"商贸富区"战略，打造区域消费新中心。加快推进服务业集聚发展，将玉州区打造成为区域物流枢纽城市核心区、全市乃至桂东南消费首选地。完善中心主城区东南西北方向的物流仓储配套功能，推动商贸物流升级优化。大力完善专业化市场、大型商超配套基础。推进智慧城市建设。努力建设区域性企业总部中心。

（四）大力实施"文化兴区"战略，提升人文城区新魅力。继续推进大兴教育，打造产学研一体的教育产业经济，率先打造成为广西民办教育示范区。巩固提升"国家公共文化服务体系示范区"创建成果，提升公共文化服务水平。健全现代文化产业体系，实施文化消费提质工程，打造一批文化旅游消费品牌，推动文化旅游高质量发展，努力将玉州区打造成为大健康产业示范区。

（五）深入推进全面深化改革，构建促进高质量发展体制机制。推进改革试点试验，充分激发各类市场主体活力。深化"放管服"改革，全面推行领导联系企业制度，破解企业发展瓶颈，持续打造最优营商环境。健全完善经济治理机制，加快高标准市场体系建设，培育创新型人才。

（六）全面推进乡村振兴，加快实现农业强、农村美、农民富。坚持农业农村优先发展，提升乡村"形、实、魂"。实现巩固拓展脱贫攻坚成果同乡村振兴有效衔接，过渡期内严格落实"四个不摘"要求，保持主要帮扶政策总体稳定，巩固"两不愁三保障"成果。大力发展现代特色农业，实施现代特色农业高质量发展重大工程，推动农业特色化规模化优质化品牌化发展。

（七）全力实施城市更新行动，不断提升城市发展能级。坚持全面提升城市品质和城市的魅力，加快建成区域性的中心城市核心区。优化国土空间开发保护，形成主体功能明显、优势互补、高质量发展的国土空间开发保护新格局。紧密结合城市功能优化，推动中心城区的城市更新行动。加快历史遗留问题化解。加强信息网络基础设施建设，完善网格化管理体系，提高城市治理能力水平。积极扩大有效投资，发展壮大县域经济。

（八）深入践行"绿水青山就是金山银山"理念，建设美丽宜居玉州。加快构建生态文明体系，推动形成绿色发展方式和生活方式。加强生态保护和环境治理，深入打好蓝天碧水净土保卫战。大力发展绿色低碳循环经济，全面节约和高效利用资源，全力推进可再生资源循环经济产业园建设。

（九）坚持以人民为中心的发展思想，更好满足群众对美好生活的向往。多渠道增加城乡居民收入，提高人民收入水平。千方百计稳定和扩大就业，促进充分就业。加快健全覆盖全民、统筹城乡、公平统一、可持续的多层次社会保障体系。深入实施健康玉州行动，为群众提供全方位全周期健康服务。积极配合推进全国城市医联体建设试点、紧密型县域医疗卫生共同体建设试点工作。实施乡镇卫生院人力资源提升行动计划。大力推进中医药事业产业传承创新发展。

（十）统筹发展和安全，建设更高水平的平安玉州。有效防范化解经济运行风险，确保重要民生商品供应安全。强化金融风险防控。加强政府债务管理。完善和落实安全生产责任制，抓好食品药品安全治理，实施自然灾害防治工程，加强基层应急能力建设。加强和创新社会治理体系，健全党组织领导的自治、法治、德治相结合的城乡基层治理体系。完善社会矛盾纠纷多元预防调处化解综合机制，开展重大涉稳问题化解攻坚，提升社会治安防控能力，依法打击违法犯罪行为。全力支持国防和军队现代化建设。做好新时代双拥工作，健全退役军人工作体系和保障制度，巩固提升全国双拥模范城市创建成果。

（十一）加强党的全面领导，形成推动发展的强大合力。坚决做到“两个维护”，推动全面从严治党“两个责任”贯通联动、同向发力，提高党的建设质量。加强干部队伍建设，提高各级领导班子和干部综合水平与专业化能力。完善政绩考核评价体系和奖惩机制，加大正向激励力度。深入贯彻落实中央八项规定及其实施细则精神，深化整治形式主义、官僚主义，持续整治群众身边腐败和不正之风，切实为基层减负。加强政治日常监督，深化巡察，一体推进不敢腐、不能腐、不想腐，营造风清气正的政治生态。扎实推进法治玉州建设，健全党领导全面依法治区的制度机制。提高领导经济社会发展的能力和水平，发挥各级党组织总揽全局、协调各方的领导作用。健全党委决策咨询机制，坚持党管人才原则，完善人才服务保障体系。不断加强和改进作风建设。

各位代表，“十四五”时期发展面临的机遇和挑战都有新的变化，机遇大于挑战，但不稳定性不确定性明显增加。上下同欲者胜，风雨同舟者兴，我们必须勠力同心、只争朝夕、接续奋斗，在全面建设社会主义现代化新征程中谱写玉州发展新篇章，让人民生活更加美好！

三、2021 年的奋斗目标

今年是中国共产党成立 100 周年，是开启全面建设社会主义现代化国家新征程的第一年，是“十四五”开局之年，做好今年工作意义重大。我们必须起步就要提速、开局就要争先，全力实现以下主要目标：地区生产总值增长 8%，规模以上工业增加值增长 9%，财政收入增长 6%，固定资产投资增长 15%。重点抓好以下工作：

（一）深入学习贯彻习近平新时代中国特色社会主义思想特别是习近平总书记对广西工作的重要指示精神，推动学习入心入脑

更加自觉提高政治站位，将学习贯彻习近平总书记最新重要讲话、重要指示批示精神摆在更加突出位置，持续推动学习贯彻习近平新时代中国特色社会主义思想走深走实，不断提高政治判断力、政治领悟力、政治执行力，进一步增强“四个意识”、坚定“四个自信”、做到“两个维护”。不折不扣地全面贯彻落实党中央、自治区党委和市委部署的工作任务，准确把握新发展阶段，抢抓用好新发展机遇，深入贯彻新发展理念，加快融入新发展格局，推动玉州高质量发展行稳致远。深入贯彻习近平总书记关于疫情防控的重要指示精神，毫不放松抓好常态化疫情防控，推动防控形势更加向稳向好。

（二）加快产业发展升级，经济发展实现更高质量

持续推动工业加快崛起。全力推进工业振兴三年行动，着力强工业、兴产业，加快发展现代产业体系。坚持强龙头、补链条、聚集群，促进产业基础高级化、产业链现代化。全力做好先进装备制造城和中医药健康产业园两大园区的征地拆迁和各方面服务工作，进一步完善基础设施，加快形成产业配套和多样化发展。

持续推动服务业加快发展。进一步做强做大现代服务业。完善专业市场集聚区功能。积极在城区东南西北四个方向谋划建设智慧物流园，打造商贸物流核心区。立足几大园区内群体服务需求，做好产城融合，做园区的后花园。完善扶持机制，推动传统服务业加快转型。积极建设现代服务业平台，支持发展中医药特色电商、跨境电商等电商平台。

大力推进重点项目建设。围绕中央、自治区和玉林市的“十四五”规划战略部署，谋划和建设一批产业项目、民生项目。重点推进玉林“两湾”产业园、玉林国际陆港、牛腩粉产业园、新能源电动车产业园、可再生资源循环经济产业区园、民营经济示范园等项目。

强化要素供给保障。全面梳理土地存量，全力攻坚征地拆迁工作，加快历史遗留问题的解决。加快安置区建设，积极推行“上楼安置”模式，全力突破项目建设瓶颈，切实推进一批重大项目落地建设。加快平台公司转型升级。加快政府资产处置，积极筹措平台资金，破解资金瓶颈。积极运用 PPP 模式，引进社会资金参与重大项目建设。

不断扩大招商引资效益。全面推行领导联系服务企业制度，构建新型政商关系，不断优化营商环境。着力打造一支熟悉政策业务的招商队伍，建立完善招商工作考核体系，开展“大招商，招大商”行动。大力推进市场化、专业化招商。

（三）巩固拓展脱贫攻坚成果，乡村振兴达到更高标准

全力推动脱贫攻坚与乡村振兴有效衔接。积极构建全面脱贫与乡村振兴互促共进的新格局。加大对乡村振兴人才培养力度，为乡村振兴提供有力的

人才保障。加快补齐全面小康"三农"领域突出短板，切实提高全面小康的质量和成色。以"三清三拆+"方式深化村庄环境整治工作，坚持高标准高质量，扎实做好"两高两道"沿线风貌改造提升，从点到线到面大力推进"三个全域"，重点在乡村的"形、实、魂"上持续下功夫，全力打造乡村振兴示范区。

深入推进现代特色农业高质量发展。严格落实粮食安全行政首长责任制和耕地保护制度，确保粮食安全的底线不动摇。建设特色优势产业集群，重点加快三黄鸡优势特色产业集群建设步伐。

全力实施城市更新行动。加快老旧小区和城中村改造，推动玉林城区路网加快升级，进一步完善中心城区路网。持续完善开发小镇，继续配合推进"四城同创"，完善网格化管理体系，提高城市治理能力和水平。着力打造智慧城区，推进5G网络、物联网等新型基础设施建设。

（四）健全基本公共服务体系，民生福祉实现更高品质

推动文化旅游高质量发展。加大对高山古民居、万花楼、三街六巷等历史特色文化资源的保护、修缮及开发力度，加快建设特色文化街区。持续开发城市中心旅游区，结合推介本地特色产品，大力开发更多的商贸旅游文化节。

持续推进大兴教育。不断"扩容提质"，做大做强"毓秀教育"，不断推进玉州教育改革向纵深发展，推动义务教育优质均衡发展和城乡一体化。打造产学研一体的教育产业经济。积极推广国家通用语言文字。

全力保障基本民生。千方百计稳定和扩大就业，提升就业质量。加快健全多层次社会保障体系。深入实施健康玉州行动，加快完善公共卫生体系，进一步完善医疗体制改革。

全力打好污染防治攻坚战。打好蓝天、碧水、净土保卫战。加强秸秆综合利用和禁烧，改善大气环境质量。持续推进南流江流域特别是仁东江水环境综合整治，确保水质稳定达标。完善生活垃圾处理和污水管网等公共设施，推进生活垃圾分类工作。

（五）大力推进治理能力突破，社会治理实现更高效率

完善社会主义民主政治制度。继续支持人大、政协充分发挥职能履行职责。坚持和完善大统战工作格局，加强民族、宗教及港澳台和侨务工作，创新开展网络统战工作。进一步加强和改进党的群团工作。扎实做好党管武装工作，开展全民国防教育，加强军民融合、双拥共建和退役军人服务保障工作，宣传推广爱国拥军"石窝经验"。

不断推进治理能力突破。深入学习推广新时代"枫桥经验"，实行各级领导包积案化解制度。巩固拓展扫黑除恶专项斗争和禁毒严打整治成果，持续提升群众安全感。加快"数字平安玉州"建设。积极创建"5A幸福村"和"5A幸福社区（小区）"。推进全面依法治区。全力完成行政复议改革工作。加强《中华人民共和国民法典》的宣传教育和普法工作。

防范化解各类风险。突出抓好政治安全，坚决防止发生危害国家安全和政治稳定的重大政治事件。完善应急管理体制机制，深入开展安全生产整治行动，加强食品药品安全监管，坚决防范遏制重特大事故。

（六）纵深推进全面从严治党，党的建设展现更新风貌

突出抓好党的政治建设。深入开展党史教育，推动全体党员干部学史明理、学史增信、学史崇德、学史力行。开展解放思想再出发"敢冲善拼、提速争先"活动，以思想解放新突破推动工作取得新成效、开创新局面。完善保障"两个维护"的制度，建立以政治建设为统领，加强领导班子建设、加强政治素质考察的制度，推动领导班子和领导干部经常性开展政治体检、党性体检、工作体检，健全违反政治纪律和政治规矩的查处通报、警示教育机制。

大力抓好意识形态工作。严格贯彻落实新修订的《党委（党组）落实意识形态工作责任制实施办法》，深化习近平新时代中国特色社会主义思想学习宣传贯彻。开展重大主题集中宣讲和常态化宣讲。加强和改进党委（党组）理论学习中心组学习。贯彻《中国共产党宣传工作条例》。加快建设融媒体中心，拓展新时代文明实践中心建设，推进志愿服务制度化、常态化、品牌化。

建好建强基层党组织。全面贯彻落实基层党建"提质聚力"系列文件，建立完善基层党建"五大体系"，深入实施"十大行动"。积极创建城市基层党建示范区，培育小区党建示范点。开展两新组织"两个覆盖"质量提升行动，强化重点领域重点行业新兴业态党建。抓好区、镇（街道）领导班子换届工作，抓好人员教育培训、新老班子交接、落选人员安抚等后续工作，全力确保顺利过渡。

扎实推进人才工作。加快培养选拔优秀年轻干部，加大正向激励力度，扩大"玉州好干部"的评选覆盖面。加快玉州区人才发展中心建设，探索出台招引人才政策。

全力抓好党风廉政建设和反腐败斗争。深化政治建设监督，强化对贯彻落实习近平总书记对广西工作的重要指示精神和党中央重大决策部署情况以及贯彻落实自治区党委、市委和区委各项决策部署情况的监督检查。持之以恒落实中央八项规定精神及其实施细则，深入查纠“四风”，健全破解形式主义、官僚主义长效机制。长期坚持“严”的主基调，构建一体推进“三不”体制机制。科学运用监督执纪“四种形态”，及时纠正偏差、精准问责。

全面加强作风建设。强化主动服务理念，健全服务机制，落实服务保障。继续推行“一线五式”工作法，突出各级领导双带头作用。层层压担子，形成人人有担子，事事有人抓，一级抓一级、层层抓落实的责任体系。紧扣各项目标督任务、督进度、督成效，推动落实。强化结果运用，以考核强化责任的落实。

各位代表、同志们，玉州承载着厚重的历史文脉，文化灿烂、地位重要，在各个时期都为玉林市发展做出了突出贡献。今天，面对新长征路上的各种挑战，面对人民群众的更高期待，我们要紧密团结在以习近平同志为核心的党中央周围，在自治区党委和市委的坚强领导下，发扬孺子牛、拓荒牛、老黄牛“三牛”精神，齐心协力，攻坚克难，以优异的成绩迎接中国共产党百年华诞！

政府工作报告

——2021 年 2 月 25 日在玉林市玉州区第五届人民代表大会第六次会议上

区长　莫景彪

各位代表：

现在，我代表区人民政府向大会作政府工作报告，请予审议，并请政协委员提出意见。

一、2020 年和“十三五”工作回顾

2020 年，是极不平凡的一年。面对突如其来的新冠肺炎疫情严重冲击和严峻复杂的国内外形势，全区上下在市委、市政府和区委的坚强领导下，克难攻坚，迎难而上，统筹推进疫情防控和经济社会发展。全区地区生产总值增长 3.3%，规模以上工业总产值增长 14%，本级固定资产投资增长 3.8%，社会消费品零售总额增长 2%。被评为 2019 年度广西高质量发展先进城区。

——疫情防控取得重大成果。各级各部门、广大党员干部和人民群众万众一心、共克时艰，建立“四级”包联机制，推行“一查二控三服务”工作法，落实网格化防控责任，织密织牢防控网，仅用三十多天就实现本地确诊病例、疑似病例“双清零”。响应全国抗疫号召，派出 5 名护士驰援湖北省抗疫。慎始如终抓好常态化疫情防控，及时落实各级稳增长政策措施，推动企业复工复产。在这场战役中，广大医务工作者、疾控人员、公安干警、基层干部等抗疫一线的“逆行者”，以及所有抗疫工作人员，以行动践行使命，以挚爱庇护苍生，彰显了伟大的抗疫精神，让我们向新时代最可爱的人致以崇高的敬意！

——项目建设取得新突破。继续推行区领导联系重大项目制度，项目建设步伐加快。全年完成征地 2687 亩，占玉林市下达任务的 111%，第一个完成南玉高铁玉州段征地任务。全年在建重大项目 44 个，完成投资 38.8 亿元。其中：玉林牛腩粉产业园、中集物流、乐祥国际等 17 个重大项目实现开工；大参林医药物流中心、可可康、微铭医疗器械等 9 个重大项目实现竣工投产。新增玉林两湾产业园等 6 个自治区层面统筹推进重大项目，项目计划总投资 27.4 亿元。这是近年来，我区列入自治区层面统筹推进重大项目数量最多、投资总量最大、质量最优的一年。积极争取上级资金项目 35 个，获得支持资金 6.8 亿元，创历年新高。“双百双新”“五网”项目建设顺利推进。

——民营经济取得新提升。“放管服”改革成效明显，构建了全区统一网上审批平台，政务事项网上可办率达 99.1%，实现企业开办 0.5 个工作日办结、“一站式”服务。民营经济蓬勃发展，全年新增注册企业 3570 家，新增个体户 7320 户。“三企入桂”

和"浙商广西行"工作扎实推进，签约项目8个，总投资80.6亿元。我区获命名为广西民营经济示范县(市、区)，南江街道获命名为广西民营经济示范乡镇。广西参皇养殖集团有限公司上榜2020年广西民营企业100强企业。

——城乡建设取得新进展。红星路、新民路等旧城改造项目加快推进，羊义岭片区和解放中路、镇忠社区棚改项目加快建设。2020年开工建设棚户区改造297户。积极配合玉林市成功创建第八轮自治区文明城市。开展城市市容环境整治提升行动，宣传推广生活垃圾分类。开展土地全域整治，推进乡村振兴，全面开展"三清三拆+"扫一遍行动和乡村风貌提升三年行动，"美丽玉州·幸福乡村"加快推进。全区所有行政村均成立乡村振兴理事会，自筹资金1489万元投入乡村建设，推动乡村振兴"形、实、魂"协调发展。着力打造风貌提升示范带、示范村，仁东镇鹏垌村被评为全国乡村治理示范村、全国文明村。

——"三大攻坚战"取得新成效。脱贫攻坚战圆满收官。全区未脱贫234户706人全部脱贫，"四大战役"成效明显，脱贫攻坚任务如期完成。污染防治攻坚战取得新成效。玉林城区空气质量优良率为98.9%，同比上升5.3个百分点。南流江叉江断面、仁东江等重点河流水质全部达到考核目标，苏烟水库水质达到或优于Ⅲ类标准。防范化解重大风险攻坚战取得较好成效。严防政府债务风险，化解政府隐性债务近5亿元，完成计划149.4%。

——民生福祉取得新改善。"大兴教育"成果丰硕。实施"扩容提质"工程，第二实验初级中学秋季期顺利招生，增加学位1800个。被评为自治区基础教育教学改革示范区，中考成绩继续保持全市领先优势。不断深化医药卫生体制改革，加强基层公共卫生基础设施建设，筹措资金4136万元改造医疗机构发热门诊，建设3个核酸实验室。下发875万元的防控物资，夯实镇(街道)、村(社区)疫情防控基础。统筹抓好保居民就业、保基本民生各项工作，全区城镇新增就业4500人，农村劳动力转移就业新增2715人次，城镇登记失业率2.9%。社会保障工作成效明显，城乡居民基本医疗保险参保人数39.8万人，城乡居民基本养老保险及其他各类保险参保人数均超额完成年度任务。全区社会保险卡持卡人数达44万人，完成年度任务的121%。大力维护社会和谐稳定，统筹做好扫黑除恶、打击违法犯罪、禁毒、信访维稳等各项工作，全年排查矛盾纠纷、受理人民调解案件1598件，成功调解1545件，调解成功率96.7%。群众安全感达97.8%，群众对政法队伍满意度达93.1%。社会综合治理能力和水平不断提升，获国家信访局评为信访工作"三无"县(市、区)。

2020年主要目标任务基本完成，标志着我区"十三五"规划圆满收官。"十三五"时期，全区人民团结拼搏，奋发有为，统筹做好改革发展稳定各项工作，取得了新成效，为开启全面建设社会主义现代化国家新征程奠定了坚实的基础。

五年来，我们下大力气推动经济高质量发展。全区地区生产总值年均增长7.6%，财政收入年均增长3%，规模以上工业增加值年均增长7.9%，固定资产投资年均增长9%，社会消费品零售总额年均增长8%。有三年被评为广西科学发展(高质量发展)先进城区，是广西唯一一个累计十次获得此项殊荣的主城区。

五年来，我们下大力气抓项目建设。累计开工建设重大项目319个、竣工230个，累计完成投资513.4亿元，发展后劲明显增强。

五年来，我们下大力气抓产业升级。机械制造业总产值年均增长9%，服务业增加值年均增长8.6%，旅游总收入年均增长20.1%，成功创建国家级和自治区级三黄鸡特色农产品优势区，经济质效不断提高。

五年来，我们下大力气抓城乡建设。做大做强中心城区，城北中央商务区等城市片区加快开发。城乡基础设施进一步完善，城乡面貌明显改善。

五年来，我们下大力气抓民生保障。全区重点民生领域支出达123.4亿元，比"十二五"时期增加50.6亿元，人民生活更加殷实。

五年来，我们下大力气抓社会治理。连续7年获广西"平安区"称号，社会事业和谐发展。外事、侨务、地震、退役军人、应急、消防、信访、统计、档案、保密、地方志、工会、共青团、妇女儿童、科协、残疾人、红十字、宗教等工作取得新进展。民族团结进一步巩固发展。国防动员等工作取得新成效，各项事业呈现新气象。

五年来，我们下大力气抓服务效能。加强政府党风廉政建设，提高服务效能，政府建设有效加强。主动接受人大及其常委会法律监督、工作监督和政协民主监督。

玉东新区的发展步伐加快，各项事业也取得了很好的成绩！

各位代表，回顾“十三五”的工作，我们深感成绩来之不易，这是市委、市政府和区委正确领导的结果，是各位人大代表、政协委员理解信任、建言献策的结果，是全区人民抢抓机遇、团结奋斗的结果。在此，我谨代表区人民政府，向全区各族人民、各界人士、驻玉州各单位、驻玉州部队、公安干警致以崇高的敬意！向关心支持玉州发展的港澳台同胞、海外侨胞和海内外朋友，表示衷心的感谢！

在肯定五年发展成绩的同时，我们也清醒地看到，全区经济社会发展还存在一些困难和问题：经济总量虽大，但受到瓶颈束缚因素较多；项目建设加快，但重大产业项目偏少；财政收入平稳，但增收压力较大；社会事业全面发展，但改善民生任务艰巨；等等。这些困难和问题，我们一定高度重视，切实采取有力措施加以解决，继续推动高质量发展。

二、“十四五”时期的目标任务

“十四五”时期是我国开启全面建设社会主义现代化国家新征程、向第二个百年奋斗目标进军的第一个五年。我们要胸怀“两个大局”，贯彻新发展理念，构建新发展格局，奋力赶超、加速崛起，在社会主义现代化新征程中谱写玉州发展新篇章。

根据区委五届十次全会通过的《中国共产党玉林市玉州区委员会关于制定国民经济和社会发展第十四个五年规划和二〇三五年远景目标的建议》，区政府组织制定了《玉林市玉州区国民经济和社会发展第十四个五年规划和二〇三五年远景目标纲要（草案）》。纲要（草案）提出了我区“十四五”时期经济社会发展的指导思想、总体目标、主要任务和重大举措，经过本次大会审议批准后，将作为区政府施政的依据，认真付诸实施。

“十四五”时期，政府工作的总体要求是：高举中国特色社会主义伟大旗帜，全面贯彻党的十九大和十九届二中、三中、四中、五中全会精神，统筹推进“五位一体”总体布局和“四个全面”战略布局，深入贯彻落实习近平总书记对广西工作的重要指示精神，按照“建设壮美广西、共圆复兴梦想”的总目标总要求和“三大定位”新使命、“五个扎实”新要求，坚持新发展理念，坚持稳中求进工作总基调，全力推进“东融”“南向”开放发展，全面融入“两湾”产业融合发展先行试验区建设，深入实施“工业强区、商贸富区、文化兴区”三大战略，做强做优县域经济，全力打造高品质中心城区，着力推进新型工业化信息化城镇化农业现代化，加快推进绿色发展生态转型，扎实推进玉州治理现代化，全面改善人民生活品质，实现经济持续健康发展和社会安定和谐，为基本建成壮美广西，与全国全广西全市同步基本实现社会主义现代化奠定坚实基础。

“十四五”时期，我区经济社会发展的主要目标是：地区生产总值年均增长7%以上，财政收入年均增长5%，居民人均可支配收入年均增长8%。为实现上述目标，要聚焦落实好十个方面重点任务：

（一）坚定不移实施“东融”“南向”战略，服务推动“两湾”协同联动发展。加快构建以“东融”为主导的“两湾产业融合发展产业带”和以“南向”为主导的“向海经济发展产业带”，全面对接融入粤港澳大湾区、北部湾经济区、西部陆海新通道、海南自贸区（港）建设，将我区打造成为玉林市全面“东融”战略发展的重要区域和“两湾”产业融合发展先行试验区的主战场、新高地。大力推动开放型平台建设。提升招商引资和对外开放合作水平，积极主动参与中国—东盟自贸区建设，推动中药材和大健康等优势产业产品拓展海外市场。推动玉博会、药博会升级发展，放大开放合作平台效应。

（二）深入实施“工业强区”战略，构建现代产业体系。实施推进工业振兴三年行动，以广西先进装备制造城（玉林）、中医药健康产业园为载体，发展壮大机械制造产业和食品医药产业。发挥“南方药都”产业优势和文化影响力，将玉州区打造成为全市乃至全广西大健康产业领跑者和投资首选地。做大做强工业园区，重点推进玉林牛腩粉产业园、民营经济示范园、电动车产业园等园区建设，不断提升园区承载能力，壮大产业集群。加快推进工业项目建设，谋划建设“双百双新”项目，力争工业投资年均增长25%。规划建设标准厂房60万平方米。

（三）深入实施“商贸富区”战略，打造区域消费新中心。加快推进服务业集聚发展，推动物流、商流、人才流、信息流、资金流向玉州集聚，将玉州区打造成为区域物流枢纽城市核心区、全市乃至桂东南消费首选地。推动商贸物流升级优化，加快推进玉林国际陆港、玉林智慧物流园等项目建设，为工业振兴提供物流保障。积极发展新兴服务业，积极培育新业态新模式，推动电子商务发展。大力发展文化休闲旅游业，建设一批康养基地、康养小镇，发展特色健康养老服务核心区，努力将玉州区打造成为大健康产业示范区。

（四）大力实施“文化兴区”战略，提升人文城区新魅力。继续推进大兴教育，扩大教育的品牌影响力，率先打造成为广西民办教育示范区。深入挖掘耕读文化、玉商文化等文化内涵，利用高山古民居、万花楼等历史特色文化资源，积极创建岭南特色文化强区。培育发展玉商文化、岭南文化、乡贤文化等特色文化，打响玉州文化品牌，加快建设特色文化街区。建设一批重点文化产业项目，培育一批龙头文化企业。优化文旅产业发展全域空间布局，加快建成文化旅游强区。

（五）深入推进全面深化改革，构建促进高质量发展体制机制。推进改革试点试验，充分激发各类市场主体活力。深化“放管服”改革，推进政务服务“跨省通办”，实现高频事项全覆盖，持续打造最优营商环境。健全完善经济治理机制，加快高标准市场体系建设，培育创新型人才。深化财税和金融改革，强化发展规划的战略导向作用，增强改革、财税、金融、产业、投资、消费、区域、就业、环保等政策的整体效能。

（六）全面推进乡村振兴，加快实现农业强、农村美、农民富。全面实施乡村振兴战略，持续开展农村人居环境整治和乡村风貌提升行动，提升乡村“形、实、魂”，让乡村“形”有新村新貌、“实”有特色产业、“魂”有优秀文化，努力争当广西乡村振兴示范区和排头兵。巩固拓展脱贫攻坚成果同乡村振兴有效衔接。严格落实“四个不摘”要求，保持帮扶政策总体稳定，巩固“两不愁三保障”成果。大力发展现代特色农业，推动农业特色化规模化优质化品牌化发展。

（七）全力实施城市更新行动，不断提升城市发展能级。坚持全面提升城市品质和城市的魅力，加快建成区域性的中心城市核心区。优化国土空间开发保护，形成主体功能明显、优势互补、高质量发展的国土空间开发保护新格局。紧密结合城市功能优化，推动中心城区的城市更新行动。加快历史遗留问题化解。加强信息网络基础设施建设。完善网格化管理体系，提高城市治理能力。积极扩大有效投资，发展壮大县域经济。

（八）深入践行“绿水青山就是金山银山”理念，建设美丽宜居玉州。加快构建生态文明体系，推动形成绿色发展方式和生活方式。加强生态保护和环境治理，深入打好蓝天碧水净土保卫战。持续推进南流江特别是仁东江水环境综合整治，确保水质稳定达标。加大农业面源污染防治力度，推进种养业废弃物减量化生产、资源化利用、无害化处置。扩大污染物总量控制范围，加强秸秆综合利用和禁烧，改善大气环境质量。全面开展土壤污染防治，推进重金属污染防治。大力发展绿色低碳循环经济，全面节约和高效利用资源。

（九）坚持以人民为中心的发展思想，更好满足群众对美好生活的向往。千方百计稳定和扩大就业，提升就业质量。深入实施健康玉州行动，为群众提供全方位全周期健康服务。加快完善公共卫生体系，推动公共卫生服务与医疗服务高效协同，深化医药卫生体制改革。广泛开展全民健身运动，积极应对人口老龄化，鼓励社会资本兴办健康养老服务业，推动养老事业和养老产业协同发展。加强和创新社会治理。完善基层民主协商制度，实现政府治理同社会调节、居民自治良性互动，建设人人有责、人人尽责、人人享有的社会治理共同体。

（十）统筹发展和安全，建设更高水平的平安玉州。有效防范化解经济运行风险，确保重要民生商品供应安全。强化金融风险防控，加强政府债务管理。完善和落实安全生产责任制，抓好食品药品安全治理，实施自然灾害防治工程，加强基层应急能力建设。完善社会矛盾纠纷多元预防调处化解综合机制，开展重大涉稳问题化解攻坚，提升社会治安防控能力，依法打击违法犯罪行为。全力支持国防和军队现代化建设，做好新时代双拥工作，健全退役军人工作体系和保障制度，巩固提升全国双拥模范城市创建成果。

三、2021 年的主要工作

今年是中国共产党成立 100 周年，是开启全面建设社会主义现代化国家新征程的第一年，是“十四五”开局之年，是着力构建新发展格局的第一年，做好今年工作意义重大。今年我区经济社会发展的主要预期目标为：地区生产总值增长 8%，规模以上工业增加值增长 9%，财政收入增长 6%，固定资产投资增长 15% 左右，社会消费品零售总额增长 12%。为实现上述目标，要重点抓好六个方面的工作：

（一）在推进产业转型升级上提质增效。继续实施“工业强区、商贸富区、文化兴区”战略，推进工业振兴三年行动，着力强龙头、补链条、聚集群，推动产业转型升级。

加快工业高质量发展。推进康茂、驰源项目等工业项目开工建设，康臣—玉药整体搬迁、岭南御泰药业等项目建成投产，加快玉林中药材进出口口岸和保税物流体系建设，积极发展健康食品、康养等产业，促进大健康产业加快发展。加快玉林牛腩粉产业园、电动车产业园、民营经济示范园等园区建设，壮大园区经济，打造新的工业经济增长极。采取“一企一策”，精准施策，全力支持工业企业做大做强。加大培育企业上规，实现规上工业总产值、工业投资稳步增长。

推动现代服务业提质发展。继续实施“商贸富区”战略，扩大“中国南方药都”品牌效应。实施服务业提升工程，加快推动传统服务业向现代服务业发展。积极引进生产性服务业，推动服务业同制造业、特色农业深度融合。大力发展现代物流产业、制造业物流、农产品及冷链物流，加快玉林保税物流中心申报设立工作。规范专业市场管理，做大做强中药材、农产品、小商品批发零售业。加快推进玉林市中药材生产交易及仓储物流中心等项目建设。

实施“文化兴区”战略。加快文化产业发展，谋划推进一批文化旅游产业项目。结合乡村振兴建设，加快打造一批乡村休闲文化旅游示范点。

（二）在推进项目建设上提质增效。加快项目建设，扩大有效投资，推动项目高质量发展取得新成效。

加快“四个一批”项目建设。按照“开工一批、竣工一批、续建一批、储备一批”的工作思路，加快项目建设。重点推进农产品加工冷链仓储物流基地建设项目等9个项目实现开工，总投资91.7亿元，年度计划投资8.3亿元；重点推进岭南文化特色街项目等7个项目实现竣工，总投资47.5亿元，年度计划投资8.2亿元；重点推进南江粮库新库建设项目、牛腩粉产业园、中集物流项目等续建项目21个，总投资103.5亿元，年度计划投资10.2亿元；重点谋划可再生资源循环经济产业园项目等预备项目47个，总投资532.3亿元。

积极争取上级项目资金。根据国家和自治区资金投向，做好项目策划和衔接，努力争取上级更多资金支持。加快建设中央预算内投资、新增政府债券、抗疫特别国债、“五网”建设、“双百双新”、乡村振兴建设和PPP项目。

加大招商引资力度。开展“三企入桂”和“浙商广西行”活动，积极融入粤港澳大湾区建设，精准对接一批央企、湾企、民企，力争引进更多“三企入桂”合作项目。加大力度推进精准招商、产业链招商、行业招商，推动更多大项目、好项目落户玉州、扎根玉州。

（三）在推进高品质中心城区上提质增效。积极推进城市更新行动，加快改造老旧小区项目建设，提升城市品位。

加强城区管理建设。继续推进红星路、新民路、镇忠社区、羊义岭片区等项目建设。加快推进玉林西街等项目开工建设。继续协助推进卫生城市、文明城市创建行动，开展住宅小区管理提升和城市市容环境整治提升行动，强化落实“门前三包”责任，加大综合市场、专业市场、农贸市场治理力度，深入宣传推广生活垃圾分类。

持续优化营商环境。深化“放管服”改革、行政审批制度改革，降低企业成本费用，推进审批再提速。严厉打击假冒伪劣等违法行为，对各类损害营商环境的现象零容忍、严惩处，营造重商、亲商、安商的浓厚氛围。

（四）在推进乡村振兴上提质增效。坚持“民族要复兴，乡村必振兴”，把“三农”工作的重心转移到乡村振兴上来，推动巩固拓展脱贫攻坚成果同乡村振兴有效衔接。

发展壮大特色农业。重点推进优质水稻、优质马铃薯等种植，大力发展水果、中药材、食用菌、家禽等特色产业，进一步打响玉林牛巴、玉林三黄鸡等全国知名特色品牌。积极创建现代特色农业示范区，大力支持规模化、生态化养殖，重点加快国家级和自治区级三黄鸡优势区特色产业集群、长盛食品肉鸡加工冷链仓储物流项目等项目建设。做大做强农产品加工，做优做精乡村旅游，大力发展农村电商，推动农业全产业链升级。

全面推进脱贫攻坚成果同乡村振兴有效衔接。在深化巩固脱贫攻坚成果的基础上，以“三清三拆+”乡村风貌提升为切入口，全面推进乡村振兴。持续推进“三清三拆”，加快“两高两道”沿线风貌提升示范带建设。积极做好乡村规划，加强农房管控，加快实施农村“四化”“五网”“六改造”工程，完善基础设施，提升农村产业发展条件和能力。积极打造具有岭南色彩的新村新貌之“形”，认真谋划特色农业产业之“实”，努力塑造农村优秀文化之“魂”，把我区建设成为广西乡村振兴示范区和排头兵。

（五）在推进经济社会发展绿色转型上提质增效。全面践行新发展理念，坚持创新、协调、绿色、开放、共享，以更大力度保护和改善生态环境，加快建设生态宜居城市。

深入打好蓝天碧水净土保卫战。继续抓好烟花爆竹禁燃工作，持续开展硫黄熏蒸中药材、秸秆和垃圾露天焚烧、扬尘等专项整治行动，全力做好污染天气应急工作。抓好养殖污染治理，大力推广规模化、生态化养殖模式，加快推进农村污水处理设施建设。全面落实河长制，持续抓好南流江、清湾江、仁东江、大良江等重点流域水环境综合治理，确保水质稳定达标。继续推进土壤污染治理和固体废物管控，严厉打击固体废物非法转移行为。

加强自然资源保护工作。严格落实耕地和林地保护制度，牢牢守住耕地红线和永久基本农田控制线、生态保护红线。推进土地综合整治试点项目建设，整体推进农用地、建设用地整理和乡村生态修复。扎实做好农村乱占耕地建房问题整治工作，坚决遏制新增农村乱占耕地建房行为，深入推进违建别墅、大棚房清查整治专项行动。

（六）在推进民生改善上提质增效。坚持以人民为中心的发展理念，切实保障和改善民生。

继续推进"大兴教育"。加强学前教育普及普惠发展，加强城乡公办幼儿园建设，扩大城乡学前教育资源。加快推进义务教育均衡发展，积极创建义务教育优质均衡发展县（市、区）和自治区级教育强县（市、区）。

加强就业和社会保障。统筹做好高校毕业生、农民工、就业困难人员、退役军人等重点群体就业工作。加强创业孵化基地建设。继续实施全民参保计划。深入开展根治欠薪工作，维护劳动者合法权益。持续推进保障性住房建设。

推进健康玉州建设。提高公共卫生服务能力，提高突发疫情应急处置能力。深入开展爱国卫生运动。推进分级诊疗惠民工程建设。实施中医中药中国行专项行动，推动中医药健康文化传播。

加强社会治理。及时妥善防范化解政府隐性债务风险。落实安全生产责任，深化道路交通、危化品、消防等重点行业领域专项整治，坚决遏制重特大事故发生。加强食品药品安全监管。继续抓好各类违法犯罪活动打击整治，继续完善村、社区退役军人服务站建设。创新发展新时代"枫桥经验"，不断完善社区治理，提高基层治理水平。

各位代表，新的发展阶段、新的发展任务、新的发展使命，对政府工作提出了新的更高要求。我们要紧扣新任务、新使命、新要求，不断提高政府治理能力，为推进玉州现代化建设提供有力保障。坚持依法行政。增强"四个意识"、坚定"四个自信"、做到"两个维护"。深入推进法治政府建设，把政府工作全面纳入法治轨道。依法接受人大及其常委会的监督，主动接受政协的民主监督，接受社会和舆论监督。认真听取人大代表、政协委员及民主党派、工商联、无党派人士和人民团体意见，全面推进政务公开。加强能力建设。积极开展解放思想再出发"敢冲善拼、提速争先"活动，进一步解放思想，强化责任担当，努力提高"七种能力"，坚决做到"五个过硬"，全面提高应对复杂形势和艰巨任务的能力，努力在危机中育先机、于变局中开新局。坚持廉洁从政。深入开展建党百年党史主题学习教育活动，提高各级干部的政治判断力、政治领悟力、政治执行力，不断增强拒腐防变和抵御风险能力。坚决落实全面从严治党各项要求，持之以恒落实中央八项规定及其实施细则精神，严守廉洁从政各项规定，建设廉洁政府。

各位代表！站在新的发展阶段，让我们更加紧密团结在以习近平同志为核心的党中央周围，认真贯彻新发展理念，积极融入新发展格局，努力实现新作为！在区委的坚强领导下，以"起步就要提速，开局就要争先"的姿态，"咬住青山不放松，铆足干劲加油干"，以优异成绩迎接中国共产党成立100周年！

玉林市玉州区人大常委会工作报告

——2021年2月25日在玉林市玉州区第五届人民代表大会第六次会议上

区人大常委会主任　梁　伟

各位代表：

我受玉林市玉州区第五届人大常委会委托，向大会报告工作，请予审议，并请列席会议的同志提出意见。

2020年主要工作

一年来，面对国内国际环境的深刻变化、艰巨繁重的改革发展稳定任务和突如其来的新冠肺炎疫情，区人大常委会在中共玉州区委的正确领导下，坚持以习近平新时代中国特色社会主义思想为指导，深入贯彻落实中共十九大和十九届二中、三中、四中、五中全会精神，坚持党的领导、人民当家作主、依法治国有机统一，围绕全区发展大局和人民群众关切，认真履行宪法和法律赋予的各项职权，担当实干、主动作为，圆满完成全年各项任务，实现了区人大常委会工作持续高质量发展目标。

一、坚持围绕中心，落实重大决策

区人大常委会始终坚持把党的领导和充分发挥民主、依法行使职权有机统一起来，紧紧围绕区委中心工作，聚焦经济社会发展和法治建设的重大问题，依法作出重要决定，行使人事任免权，促进区委重大决策部署落实，为我区经济社会持续健康发展贡献人大力量。

依法审议重大事项。一是做好2020年国民经济与社会发展计划草案和预算草案的初审工作。年初，对玉州区2019年国民经济和社会发展计划执行情况与2020年国民经济和社会发展计划草案、2019年预算执行情况和2020年预算草案的报告与2020年财政收支预算（草案）进行初审，起草相关草案，为区五届人大第五次会议审查批准2019年国民经济和社会发展计划执行情况与2020年国民经济和社会发展计划、2019年预算执行情况和2020年预算做好准备。二是听取和审议2020年上半年国民经济与社会发展计划和预算执行情况报告。区五届人大常委会第31次会议听取和审议了玉州区2020年上半年国民经济与社会发展计划和预算执行情况报告，并将审议意见向区人民政府反馈。三是审议和批准2019年决算。区五届人大常委会第31次会议听取和审议了玉州区2019年决算报告及决算草案，并作出决定，批准了玉州区2019年决算。

依法行使人事任免权。严格按照选举和任免程序，依法行使选举权和任免权，2020年依法任免国家工作人员23人次。区人大及其常委会选举和任命的国家工作人员，都在当选或任命时进行了宪法宣誓。

二、坚持问题导向，增强监督实效

区人大常委会认真贯彻实施监督法，改进监督形式，加大监督力度，增强监督实效，确保法律法规的有效实施，推动“一府一委两院”依法行政和公正司法。2020年听取和审议专项工作报告13个，组织专题调研8次、执法检查3项，配合和协助自治区人大、市人大开展专题调研、执法检查活动15次。

聚焦民生热点。为推动“十三五”规划纲要目标的实现及助推“十四五”规划的编制，及时开展专题调研。着力助推“三件大事”“六大会战”，相继组织开展了学校建设提升工程推进情况、乡村振兴及农村人居环境整治情况、脱贫攻坚推进情况、环境状况和环境目标完成情况、优化营商环境工作情况、农村居民最低生活保障工作情况等专题调研。为确保区五届人大四次会议作出的《关于进一步加快推进南流江水环境综合治理的决议》得到贯彻落实，区人大常委会聚焦生态环境保护，在深入调研的基础上听取和审议了区人民政府关于全区环境状况和环境保护目标完成情况的报告，积极参与2020年玉林环保世纪行宣传活动，为打好污染防治攻坚战持续发力。

推进依法行政。区人大常委会组织开展传染病防治法、禁毒法、反家庭暴力法等法律法规的执法检查，听取和审议了区人民政府《关于玉州区2019年法治政府建设工作报告》。此外，积极配合市人大制定《玉林市苏烟水库水质保护条例（草案）》《玉林市禁止生产销售使用含磷洗涤用品条例》。

促进公正司法。开展全区扫黑除恶专项斗争工作情况专题调研，对区人民检察院开展公益诉讼工作情况进行调研并听取审议专题报告。组织区人大代表共17人次旁听区法院的案件审理，依法行使人大代表对司法工作的知情权、参与权、表达权和监督权。

健全监督制度。一是继续抓好审计查出突出问题整改情况向人大常委会报告制度的落实。2018—2020年连续三年，区人大常委会每年都对区政府审计查出的突出问题整改情况开展跟踪调研，并在区人大常委会会议上听取和审议了区政府专题报告，有力推动了该项制度的落实。二是建立区人民政府向区人大常委会报告国有资产管理情况的制度。区人大常委会代表区委草拟了《中共玉林市玉州区委员会关于区人民政府向区人大常委会报告国有资产管理情况制度的意见》，为我区进一步加强对国有资产管理的监督创造了更加有利的法治环境。三是抓好信访工作。接待群众来信来访56批(件)次,做到和谐接访,及时转办,受到上级肯定,2020年11月自治区人大信访工作交流会将仁东镇鹏垌村人大代表联络站列为会议参观点,该站负责人介绍了接待群众来访情况。

三、坚持主体责任,发挥代表作用

常委会注重创新代表工作,完善保障机制,支持和保障代表依法履职,引导代表在全区经济社会发展和民主法治建设中发挥积极作用。

代表履职活动更丰富。7月,开展代表活动日活动,组织34名人大代表到桂林、柳州等地围绕乡村振兴主题进行调研;12月,组织49名人大代表开展会前集中视察活动,参观考察玉柴新能源汽车有限公司、同德未来计算机有限公司、南玉高铁良睦隧道项目。邀请基层人大代表列席常委会会议、参加执法检查,组织市人大代表参加民声反映会,中心发言人围绕企业发展遇到的问题以及社会关注的热点问题积极建言献策。

履职平台功能更完善。年内完成了名山街道、大塘镇人大代表履职活动中心建设,至此,9个镇(街道,含茂林镇)人大代表履职活动中心已全部建成。挂牌建立村(社区)人大代表联络站102个,在每个镇(街道)重点打造了2个示范点,共打造了18个示范点。积极开展"推动爱国卫生运动,强化疫情防控,倡导文明健康"代表进站履职活动,五级人大代表参加活动人数494人,联络站提出重点建议30件,代表提出建议共87件,对《广西壮族自治区爱国卫生条例(草案)》提出修改意见66条。

代表履职培训更灵活。举办了区五届人大代表第六期履职培训班,60多名人大代表参加了培训,围绕发展民营企业及乡村振兴主题进行专题讲座和现场教学研讨,并实地到容县南山瓷器有限公司、北流市西镇木棉村、新圩镇司马第村、河村等地参观学习,让代表在看中学、学中看,不断提升代表的履职能力。

代表建议督办更及时。区五届人大五次会议期间,各位代表围绕人民群众关注的热点、难点和焦点问题,认真履行职责、积极参政议政,共提出涉及农业和农村、交通、住建等方面的建议43件,均按照"分级负责,归口办理"的原则交由区政府分解给各有关承办单位办理,人大常委会机关积极督办。目前,已经解决或正在解决的24件。

2020年以来,驻玉东新区的玉州区人大代表切实履职,充分发挥代表联系、影响、带动群众的作用,为新区经济社会稳步发展作出了应有的贡献。

四、坚持固本强基,提升履职能力

区人大常委会以强素质、增实效为重点,坚持不懈抓好自身建设和人大常委会机关建设,不断提升履职能力和全区人大工作水平。

从严从实加强政治建设。深入学习宣传贯彻全国"两会"精神、中共十九届五中全会精神和习近平总书记重要讲话,不断从严从实加强机关党的建设,坚持和完善党组理论中心组学习制度,认真落实民主生活会、谈心谈话、民主评议、"三会一课"等党的组织生活制度,切实提高把握方向、把握大势、把握全局的能力和辨别政治是非、保持政治定力、驾驭政治局面、防范政治风险的能力。

抓实抓细能力作风建设。严格落实党风廉政建设主体责任,严格执行中央八项规定,深入推进"不忘初心、牢记使命"主题教育常态化制度化,深入学习《党章》《党委(党组)落实全面从严治党主体责任规定》等法规,扎实开展解放思想再出发"大学习、深调研、强服务、敢担当"活动,人大常委会机关作

2021年2月25日,玉林市玉州区第五届人民代表大会第六次会议召开
(区委宣传部 提供)

风建设得到进一步深化。

强化提升人大新闻宣传。完成玉州"智慧人大"管理平台项目建设，借助科技手段推动人大各项工作便捷化、高效化。致力宣传人大制度，讲好人大故事，扩大人大影响，服务全区经济社会发展大局。突出加强对人大及其常委会要点工作和履职情况的宣传，挖掘人大监督、代表履职中的好经验好做法和先进典型，投稿量和用稿量均居全区各县（市、区）人大常委会机关前列，被自治区人大办公厅授予"2020 年度全区人大宣传工作先进单位（二等奖）"称号。

服从服务中心工作大局。面对严峻的新冠肺炎疫情，区人大常委会坚持强化思想认识、强化责任落实、强化代表作用发挥，一方面组织开展传染病防治法执法检查，查找我区新冠肺炎疫情防控工作薄弱环节并督促相关部门改进；另一方面协助抓好面上防控措施落实，抓好复工复产，发动辖区人大代表踊跃为抗击疫情捐款捐物。倾力支持脱贫攻坚工作，区人大常委会领导班子成员带头到包联镇（街道）、包联村（社区）抓实抓好扶贫工作，协助包联村推进项目建设，积极开展消费扶贫活动，经常性开展脱贫攻坚内部互检互查工作，成效明显，区人大常委会机关被评为玉林市脱贫攻坚"百优帮扶后盾单位"。抓好乡村振兴工作，多次组织人大代表开展乡村振兴专题视察、调研活动，提出助推乡村振兴的建议。大力推动扫黑除恶专项斗争和社会稳定工作，深入包联镇（街道）、村（社区）开展调研检查活动。助推营商环境优化，走访联系企业，帮助企业解决困难和问题。同时，认真抓好环境整治、重大项目推进、提升公众安全感满意度等中心工作的落实。

各位代表，一年来，区人大常委会各项工作都取得了新的成绩，这是区委坚强领导的结果，是全区各级人大代表、常委会组成人员以及机关工作人员辛勤努力的结果，是"一府一委两院"密切配合的结果，是全区人民大力支持的结果。在此，我代表区人大常委会表示衷心的感谢！

在总结成绩的同时，我们也清醒地认识到，区人大常委会的工作仍然存在一些问题和不足，主要表现为：监督工作力度和实效还需进一步加强，代表活动的内容和形式还需进一步改进，常委会及机关自身建设、基层人大建设还需进一步加强。这些都需要我们在今后的工作中虚心听取各方意见，认真加以解决。

2021年主要任务

2021 年是中国共产党成立 100 周年，是全面开启第二个百年新征程、实施"十四五"规划的开局之年，做好今年人大各项工作，责任重大、意义深远。区人大常委会今年工作的总体要求是：以习近平新时代中国特色社会主义思想为指导，全面贯彻中共十九大和十九届二中、三中、四中、五中全会精神，认真贯彻习近平总书记关于坚持和完善人民代表大会制度的重要思想、对地方人大及其常委会工作的重要指示精神和习近平法治思想，全面贯彻落实区五届党代会第六次会议及全区人大工作会议精神，深入推进"工业强区、商贸富区、文化兴区"战略，坚持党的领导、人民当家作主、依法治国有机统一，依法行使各项法定职责，与时俱进创新发展人大工作，努力把人大制度优势更好地转化为治理效能，为我区"十四五"开好局起好步贡献人大力量，以优异成绩庆祝建党 100 周年。

*一、深入学习贯彻中共十九届五中全会精神。*中共十九届五中全会是在"两个一百年"历史交汇点上召开的一次具有全局性、历史性意义的重要会议。全会清晰展望了 2035 年基本实现社会主义现代化的远景目标，明确提出了"十四五"时期我国发展的指导方针、主要目标、重点任务、重大举措，为我们做好各项工作指明了方向、提供了遵循。我们要把学习宣传贯彻十九届五中全会精神，作为当前和今后一个时期首要的政治任务，领会精神实质，把握核心要义，切实增强"四个意识"、坚定"四个自信"、做到"两个维护"，把思想和行动高度统一到以习近平同志为核心的党中央决策部署上来，不折不扣抓好贯彻落实。

*二、更好履行人大监督职能。*紧扣区五届党代会第六次会议决策部署，围绕中心、贴近民生、突出重点，找准依法履职与服务大局的最佳结合点，加强对"一府一委两院"的法律监督和工作监督，推动区委重大决策部署落到实处。计划开展《中华人民共和国消防法》《中华人民共和国未成年人保护法》执法检查，开展城区中小学校建设、文旅产业发展、乡村振兴推进、环境状况和环保目标完成、医疗保障资金管理和使用、司法审判推动法治营商环境工作等情况的专题调研。听取和审议计划执行、预算执行、审计发现突出问题整改等情况报告以及国有资产综合报告、行政事业性国有资产管理情况专项报告，听取和审议区人民政

府法治建设工作、环境状况和环境保护目标完成情况等报告，听取和审议区人民法院通过司法审判推动法治营商环境工作情况报告。创新监督方式，增强监督实效。

三、依法行使重大事项决定权和人事任免权。围绕事关全区改革发展稳定大局和人民群众切身利益、社会普遍关注的热点问题，适时作出决议、决定。严格依法做好人事任免工作，坚持党管干部原则和人大依法任免相统一，强化对人大任命人员的任前了解和任后监督，不断提高人事任免工作水平。

四、认真做好换届选举各项工作。认真学习贯彻区委及上级关于换届选举工作的政策要求，深入调查研究，准确掌握选民情况，了解存在的突出问题，同时切实加强对各镇（街道）的指导，扎实做好各级人大代表选举各项基础工作，确保圆满完成市县乡人大换届选举工作任务。

五、积极支持和保障代表发挥作用。持续抓好常委会联系代表、代表联系群众"双联系"制度。进一步用好管好镇（街道）代表履职活动中心和代表联络站，持续开展"混合编组、多级联动、履职为民"活动，推动代表进站常态化、规范化。积极开展代表活动，组织代表列席常委会会议、开展执法检查、年中专题调研和年终集中视察活动，召开民声反映会、民情沟通会，组织人大代表活动日集中活动，确保代表依法履行职责。继续开展代表履职培训，探索建立代表履职考核评价机制，建立履职档案，加强代表履职管理。

六、不断提升依法履职能力和水平。全面贯彻落实新时代党的建设总要求，把政治建设摆在首位，严格落实全面从严治党主体责任、党风廉政建设和意识形态工作责任制，严格落实中央八项规定及其实施细则精神，支持派驻纪检监察组履职，全面加强人大政治生态建设。强化理论武装，坚持和完善党组中心组理论学习制度，提升履职能力和水平。继续办好智慧人大管理平台，提升人大宣传工作质效。加强人大信访工作。加强与镇（街道）人大互动联动，提升全区人大工作整体实效。

七、配合做好立法工作。协助市人大审议《玉林市秸秆露天禁烧和综合利用条例（草案）》《玉林市城市绿化管理条例》，配合市人大开展《玉林市法治乡村建设促进条例》《玉林市养犬管理条例》《玉林市生活垃圾分类管理条例》《玉林市气象设施和气象探测环境保护管理条例》立法调研。

各位代表，中共十九届五中全会吹响了全面建设社会主义现代化国家的时代号角，描绘了"十四五"时期经济社会发展的宏伟蓝图。站在新起点，踏上新征程，让我们更加紧密地团结在以习近平同志为核心的党中央周围，高举习近平新时代中国特色社会主义思想伟大旗帜，在区委的坚强领导下，敢于担当、锐意进取，依法履职、奋发有为，为建设美丽富裕和谐新玉州而努力奋斗，以优异的成绩迎接中国共产党百年华诞！

中国人民政治协商会议
玉林市玉州区委员会常务委员会
工作报告

——在政协玉林市玉州区第五届委员会第六次会议上

区政协主席　杨树信

（2021年2月24日）

各位委员，同志们：

我代表中国人民政治协商会议玉林市玉州区第五届委员会常务委员会，向大会报告工作，请各位委员审议，并请列席会议的同志提出意见。

一、2020年工作回顾

2020年是极不平凡的一年，这一年，面对新冠肺炎疫情肆虐，世界经济严重衰退，外部发展环境错综复杂，在以习近平同志为核心的党中央坚强领导下，全国人民众志成城、砥砺前行，取得举世瞩目的战疫成果，经济社会秩序加快恢复，决战脱贫攻坚取得决定性胜利。作为政协工作者，我们积极参与其中，战疫情、保民生、促发展，政协声音频响，政协智慧频发，政协力量频现，政协汗水频洒，以实际行动践行新时代政协为国履职、为民尽责的使命担当。在玉林市政协的悉心指导和区委的坚强领导下，区政协及其常委会坚持以习近平新时代中国特色社会主义思想为指导，深入贯彻落实中央、自治区党委、市委和区委政协工作会议精神，坚持党的领导，坚持团结民主，坚持聚焦中心，坚持“双向发力”，坚持提质增效，切实履行政协职能，为助推全区经济社会发展作出了积极贡献。

（一）坚持用习近平新时代中国特色社会主义思想武装头脑，全面加强党对政协工作的领导

一是深化学习，不断提高政治站位。深入学习贯彻习近平新时代中国特色社会主义思想，认真学习贯彻中共十九大和十九届二中、三中、四中、五中全会精神，跟进学习中共中央、全国政协最新重要会议精神，通过各类会议和专题培训等形式组织开展理论学习。依托7个委员（党员）活动小组，积极引导党员领导干部和政协委员通过微信群、学习强国App、互联网、《人民日报》等媒体报刊进行个人自学，推动党员领导干部和政协委员在学习上下真功夫、用硬功夫。继续巩固“不忘初心、牢记使命”主题教育，深入开展解放思想再出发“大学习、深调研、强服务、敢担当”活动，结合政协实际，开展“争当‘三敢三不’表率、争做解放思想尖兵”专题学习研讨会和“乡村振兴，怎么看、怎么干”专题学习会，“七一”期间组织政协党员干部到红色教育基地、政协文史馆开展“学习党史、政协历史”活动。通过学习教育，进一步推动解放思想，加强政协党员干部的坚定理想信念，不断增强做好新形势下政协工作的责任感和使命感。

二是坚定方向，贯彻落实党的领导。坚决执行党对政协工作的全面领导，认真贯彻落实中央、自治区、玉林市和玉州区党委政协工作会议精神，始终坚持在区委领导下开展工作。严格落实请示报告制度，凡重点工作、重大事项坚持向区委请示报告；政协年度协商计划及时报送区委审定批准；政协党组工作情况定期向区委常委会汇报；配合区委召开玉州区党委政协工作会议，研究部署新时代我区政协工作；印发《关于落实市委政协工作会议主要任务分工方案》，贯彻落实上级党委对政协工作提出的总体要求、部署安排、目标任务；出台《玉州区关于加强新时代人民政协党的建设工作的实施意见》，进一步加强政协党的建设工作，加强新时期党对政协工作的领导。

三是党组引领，推进政协党的建设。加强政协党组自身建设，不断发挥“头雁”引领作用，政协党组成员带头以普通党员身份参加双重组织生活，带头查找问题和不足，认真开展批评与自我批评，严格执行谈心谈话、民主评议党员和主题党日等制度，以重温入党誓词、为机关党员上党课等方式，自觉在政协组织中当好表率、作出示范。强化政协的组织体系建设，坚持发挥好党员委员作用，以7个政协委员（党员）活动小组为依托，推行中共党员委员与非中共党员委员进行共学、共建、共进“结对子”活动，确保党建工作与政协履职相融合，推动实现党的组织对党员委员的全覆盖、党的工作对政协委员的全覆盖。进一步发挥党员委员先锋作用，为企业发展解决难题126个，实现200多家民营企业抱团发展。

（二）坚持以人民为中心履职尽责，为满足人民美好生活需要贡献政协力量

一是发挥政协优势，担当作为助力疫情防控。面对突如其来的新冠肺炎疫情，区政协和全区政协委员深入学习贯彻习近平总书记关于疫情防控的重要讲话和重要指示批示精神，迅速行动，积极参与，用实际行动展现出政协人的“硬核”力量。新冠疫情发生后，第一时间投身抗疫一线，第一时间发出号召，组织动员全体政协委员抗疫，坚决遏制疫情扩散蔓延；疫情常态化防控之后，第一时间投入复工复产工作，出谋划策帮助解决实际困难。全区政协委员积极助力打赢疫情防控阻击战，共计为抗疫工作捐款74.6万元以及捐赠口罩、消毒液、食品等抗疫物资35批次。

二是投身脱贫攻坚，做好乡村振兴前期衔接。区政协班子成员多次深入所包联的镇（街道）、村（社区），推进基础设施改造，挖掘产业扶贫潜力，督导各帮扶单位落实帮扶任务，合力推动脱贫攻坚；指导区政协机关做好贫困村上罗村的帮扶工作，派出工作骨干驻村帮扶，指导仁厚镇上罗村创建5A幸福村，打造新时代新农村，为全面推进乡村振兴打下坚实基础；动员政协委员和委员企业，各尽其能参与脱贫攻坚，助力群众脱贫摘帽。组织政协委员围绕脱贫攻坚和乡村振兴撰写提案10多件；为乡村风貌提升、复工复产、创建5A幸福村等工作捐款20多万元，捐赠价值约2万元的生产物资；通过发展产业为贫困户提供就业岗位，带动贫困村集体脱贫致富。政协委员个人主动为贫困群众办实事好事50多件，捐赠物资价值200多万元、捐资助学金额

10多万元。

（三）牢牢把握新时代经济发展特征，为实现玉州区经济高质量发展献计出力

积极履行参政议政。围绕区委、区政府工作中心，深入开展调研视察，积极开展协商议政，建言献策。一是聚焦新目标，切实做到建言资政添助力。开展了“加强突发公共卫生事件应急物资储备”“发展生态观光农业”“打造玉林牛腩粉特色品牌”等4个专题调研，形成调研报告，为全区经济社会高质量发展谋实招、献良策。二是围绕新期盼，切实做到为民服务增活力。利用政协委员（党员）活动小组平台，组织委员开展走访社区活动，通过微信、短信等渠道，开展社情民意征集，为党委、政府体察民情、了解民意、解决民需提供重要依据和参考。玉州区的做法得到自治区政协的肯定，2019年至2020年，连续两年在自治区政协反映社情民意座谈会上作经验交流。三是展现新作为，切实做到和谐共进聚合力。通过开展以“乡村振兴”为专题的视察活动，让政协委员真正融入全区工作之中，为乡村振兴建言献策，发挥他们扎根群众、协调关系、汇聚力量的重要作用，推动社会各界人士积极参与乡村振兴。

积极服务中心大局。区政协领导班子坚持把贯彻新理念、促进新发展作为履职第一要务，积极融入党委政府中心工作，服务全区经济社会发展大局。一是深入一线指挥，推进全区重大项目建设。区政协领导班子成员每人联系3~5个区级以上重点项目，在各方的共同努力下，区政协领导联系的20多个重点项目有序推进，为我区经济社会高质量发展打下坚实的基础。二是开展招商引资，引企入玉助力经济发展。贯彻落实关于“三企入桂”的部署要求，深入开展“引企入桂委员行动”，区政协领导班子成员牵头组织招商组到海南、广东、云南及南宁等地开展有针对性的招商引资工作，走访广东省广西商会，与光大国际集团、南宁芳乐达食品有限公司、海南椰树有限公司、海南美康达药业有限公司、海王药业有限公司、恒大旅游投资有限公司等8家企业对接洽谈，积极推动项目落地玉州。三是主动担当作为，全力助推“六稳”“六保”工作。进一步发挥政协优势，动员广大政协委员履职担当，紧扣服务“六稳”“六保”发声发力，用好“话语权”，当好“助攻手”。在自治区党委鹿心社书记主持召开的企业家座谈会上，区政协常委吴志英就玉林中药材发展、推动小微企业高质量发展等方面积极发言，提出对策建议，得到了鹿心社书记和有关部门的重视，为助力中小微企业、促进经济发展贡献了政协智慧。

（四）充分发挥专门协商机构作用，为助推党委政府决策贯彻落实发挥职能

推进民主协商形成常态化、多层次格局。不断完善以政协全体会议为龙头，以常委会会议协商、主席会议协商为重点，以对口协商、界别协商、提案办理协商为常态的协商议政格局，形成多层次协商议政形式。一是全会协商更具广泛性。区政协五届五次会议召开前，组织委员深入调研，广泛征集会议提案；会议期间，组织委员通过分组讨论，对人民群众普遍关心的，事关我区政治、经济、社会发展的重大问题积极建言献策，提高了会议质量；会后，及时将收集到的委员意见和建议，通过筛选和合并处理，最终形成了62件有分析有建议的大会提案，反馈相关部门办理。二是专题协商更具针对性。先后召开3次常委会会议，围绕“发展生态观光农业”“打造玉林牛腩粉特色品牌”等方面工作，进行协商议政，为有关部门落实政策、改进工作提出8条针对性强的意见建议，这些建议为区委、区政府科学决策、推动部门工作提供了智力支持。三是基层协商更具实效性。依托委员活动小组的优势，组织委员深入基层，开展一线协商，以正副组长为召集人，召开协商议事会议，协调解决基层企业、学校、村（社区）在复工复产、复课复学中遇到的困难。

强化民主监督力求导向性、实效性并重。坚持在参与中支持、在支持中服务、在服务中监督，融协商、监督、参与、合作于一体，真正实现民主监督的常态化、规范化和实效化。一是开展民主监督视察。围绕区委、区政府中心工作，组织市政协驻玉州区委员和玉州区政协委员开展监督性专题视察，形成《关于玉州区乡村振兴工作情况的视察报告》，从完善保障机制、推进产业发展、强化规划建设等方面提出意见建议，为推进实施乡村振兴战略提供参考。二是推动协商计划落实。按照年度协商计划，先后召开三次政协常委会会议，分别听取区政府、区法院、区检察院有关工作情况通报，围绕有关工作进行协商讨论，提出意见建议，为加强法治化建设、提高社会治理能力现代化添智助力。三是提高提案督办成效。围绕提高提案质量和提案办理实效，强化提案面对面协商办理。全年收集提案74件，立案62件，通过开展提案办理工作“回头看”，对列入计划拟解决的提案进行跟踪督办，促使承办单位对提案再办理、再落实。举办提案办理协商座谈会，让委员和承

办单位一起,面对面交流协商提案办理情况,推动相关问题解决。四是加强政风行风监督。将民主监督融入政风、行风建设的各个方面,组织政协委员参与绩效考评公众评议,对全区各部门各单位的年度工作开展评议监督,先后派出10多名委员担任部门监督员,加强对有关工作的跟踪监督,充分发挥民主监督作用。

(五)广泛凝聚最强向心力和正能量,为助推玉州区现代化建设画出最大同心圆

一是深化合作共事,汇聚发展合力。始终将团结和民主两大主题贯穿于政协工作的各个方面,以坚强的团结保证广泛的民主,以广泛的民主促进坚强的团结,发挥政协联络优势,凝聚各方智慧力量,共同开启新时代玉州区现代化建设新征程。坚持"长期共存、互相监督、肝胆相照、荣辱与共"方针,加强各党派、社会各界人士在政协的合作共事,在政协会议、调研视察、协商议政等履职工作中优先安排他们参加,积极为他们表达意见和主张搭建平台,不断增进共同政治基础上的团结合作。经常走访看望宗教界代表人士与党外委员,加强与他们的沟通联络,关心他们的工作生活。利用政协各种会议、各种活动、微信平台等积极宣传党和国家重大方针政策和区委、区政府重大决策部署,以及玉州区经济社会发展取得成就,为委员知情明政提供帮助,架通民主党派和社会团体与党委政府沟通的桥梁,发挥了民主党派和社会各界人士在政协工作中的骨干作用。

二是加大宣传交流,广泛凝聚共识。在市政协的指导下,在区委、区政府的高度重视和大力支持下,玉州区政协文史馆于2020年7月建成开馆,这是区政协发展史上的一件大事,一个重要里程碑。文史馆全面深刻地展示了中华人民共和国成立以来玉州所发生的巨大变化,展示了玉州区政协的发展历程和履职成果,所呈现的政治高度、历史深度、政协特色、玉州特点赢得了广泛赞誉,已成为广大政协委员和各界群众学习、交流以及凝聚共识的重要平台和历史教材。继续编写《玉州记忆》,深入挖掘和保护玉州文化的多样性和独特性,见证变化,记住乡愁,通过《玉州记忆》勾起人们对这个城市的独特印记,传承文化的根与魂。加强新闻宣传工作,牢牢把握意识形态工作主动权。玉州区政协获自治区2020年度政协报刊宣传工作先进单位,已连续两年获此殊荣。

三是密切交流互动,做到互学互鉴。密切与各县(市、区)政协交流合作,先后接待来自全国各地20多家政协组织到我区学习考察,在与外地政协的交流过程中,不仅学到了外地先进经验,同时,通过外地考察团广泛介绍玉州区的区情历史、特色亮点,展示玉州区改革发展取得的成就,为玉州区发展架起友谊之桥、合作之桥。

(六)围绕履职加强"两支队伍"建设,为谱写政协事业新篇章打造过硬队伍

区政协深入贯彻落实习近平总书记关于"懂政协、会协商、善议政,守纪律、讲规矩、重品行"的要求,切实加强政协委员和政协机关干部"两支队伍"建设。一是抓好委员队伍建设。经常召开玉州区政协委员(党员)活动小组工作座谈会,不断探索加强政协队伍建设的新路子新方法,推进政协履职提质增效。打造学习型组织,以委员活动小组为单位,开展读书活动,创新学习方式,建设"书香政协",不断筑牢共同思想政治基础,提高委员综合素质和工作水平。2020年7月,玉州区在自治区"书香政协"座谈会上作了经验交流发言,是县市区2个发言单位之一。二是抓好机关队伍建设。扎实开展"新时代新担当新作为"政协机关建设,切实发挥政协机关参谋助手、综合协调、服务保障作用。通过参加集中学习、网络培训、"不忘初心、牢记使命"主题教育、解放思想再出发"大学习、深调研、强服务、敢担当"活动等形式,教育机关干部守纪律、讲规矩。加强专委会自身建设,充分发挥专委会基础性作用,坚持区政协各专委会向区政协常委会作述职述廉报告制度,抓好专委会履职工作考核评价。严格执行政协机关和政协委员十项管理制度,严格政协机关考勤、公务接待、公务用车、调查研究等事宜,切实加强党风廉政建设,防止"四风"反弹。

各位委员,过去一年政协工作所取得的进展和成绩,是自治区政协、玉林市政协悉心指导的结果,是区委重视关怀的结果,是区人大常委会、区政府大力支持的结果,是全区各镇(街道)及有关部门和社会各界人士大力支持的结果,也是政协各参加单位、广大政协委员团结奋斗、努力拼搏的结果。在此,我代表区政协常委会表示衷心感谢和崇高敬意!

回顾总结过去,我们清醒地认识到,按照上级新部署新要求,对照党政所思、群众所盼、政协所能,我们的工作仍然存在一些不足,主要是:政治协商还不够深入,参政议政质量还需进一步提高,委员主体作用发挥还不够突出,自身建设水平还需进一步提升。这些问题必须高度重视,认真加以解决。

二、2021 年主要任务

2021 年是开启全面建设社会主义现代化国家新征程的第一年，也是中国共产党成立 100 周年，做好今年的政协工作意义重大。我们要以习近平新时代中国特色社会主义思想为指导，紧紧围绕“建设壮美广西、共圆复兴梦想”总目标总要求，深入学习贯彻十九届五中全会、自治区党委十一届九次全会、市委五届八次全会和玉州区五届六次党代会精神，坚决贯彻落实党中央“五位一体”总体布局和“四个全面”战略布局，贯彻落实中央、自治区党委、市委和区委政协工作会议精神，坚持团结和民主两大主题，科学把握新发展阶段，贯彻落实新发展理念，服务构建新发展格局，聚焦实施“工业强区、商贸富区、文化兴区”三大战略，做强做优县域经济，全力打造高品质中心城区，坚决夺取疫情防控和经济社会发展双胜利，保持经济持续健康发展和社会大局和谐稳定，深入协商议政，开展民主监督，积极建言资政，广泛凝聚共识，更好地发挥人民政协专门协商机构在国家治理体系中的优势作用，为奋力谱写新时代玉州高质量发展新篇章凝聚智慧和力量，以优异成绩庆祝中国共产党成立 100 周年。

（一）提高政治站位，在学习贯彻习近平新时代中国特色社会主义思想精神上下功夫。要深入学习贯彻习近平新时代中国特色社会主义思想，深入学习贯彻中共十九大和十九届二中、三中、四中、五中全会精神，深入学习贯彻习近平关于加强和改进人民政协工作的重要思想，深入学习贯彻中央、自治区党委、市委和区委政协工作会议精神，深入学习贯彻自治区党委十一届九次全会、市委五届八次全会精神和玉州区五届六次党代会精神。通过强化理论武装，夯实团结奋斗的共同思想政治基础。加强人民政协理论研究平台建设，整合资源、创新机制，努力推出有思想含量、有理论分量、有话语质量的研究成果。

（二）围绕高质量发展，在助推玉州开启“十四五”规划新征程积极建言资政上下功夫。正确把握当前改革发展态势，进一步增强把握和适应新常态的自觉性、主动性、创造性，深度聚焦全面深化改革、加快发展中的重大问题，广泛征集意见，凝聚社会共识。围绕区委的中心工作，紧扣“十四五”时期的新目标新任务，紧盯实施“工业强区、商贸富区、文化兴区”三大战略，做强做优县域经济，全力打造高品质中心城区，运用工委会专题调研、委组联合调研等不同形式，深入调查研究，分析新情况、研究新问题，把问题找准，提出符合客观实际、符合群众意愿，具有操作性的意见建议，适时组织召开专题协商议政会，提高议政建言的层次和质量，努力形成一批有价值的议政成果，为实现“十四五”宏伟目标提供政协智慧。

（三）凝聚各方共识，在充分发挥人民政协专门协商机构作用上下功夫。牢牢把握新时代人民政协的新方位新使命，着力在协商路径、协商覆盖、协商内容、协商形式上下功夫，提高“建”的质量，体现“专”的水平，突出“商”的特色，更好地把政协制度优势转化为治理效能。聚焦协商主业，坚持众人的事情众人商量，紧扣“十四五”时期的新目标新任务，围绕区委、区政府中心工作和人民群众关心的热点难点问题，高站位、小切口精选协商议题，提高协商精准度，确保协商一件成一件。大力推进基层协商民主建设，将基层协商与村务商议团、党群服务中心等基层平台融合互动，扩大协商民主的有效覆盖。持续改进调查研究、视察考察、大会发言、社情民意信息等工作，把建言资政建立在精准扎实的调查研究基础之上，坚持调研、协商、监督一体推进落实，不断提高建言献策“含金量”。注重提高提案工作质量，加强提案督办，切实推动提案办理工作由“答复型”向“落实型”转变，把委

2021年2月24日，中国人民政治协商会议玉林市玉州区第五届委员会第六次会议召开　（区委宣传部　提供）

员的智慧转化为促发展、惠民生的具体举措。

（四）健全制度机制，在促进发扬民主和增进团结相互贯通上下功夫。要深入贯彻落实《政协全国委员会关于加强和促进人民政协凝聚共识工作的意见》，切实把加强思想政治引领、广泛凝聚共识这一中心环节抓实抓好，最大限度凝聚各方智慧和力量。坚持深化政协横向学习交流和纵向工作联动，密切友好政协往来。建立健全经常性工作机制，加强与民主党派、工商联、无党派人士合作共事，通过联合开展提案办理、视察调研、协商议政等形式交流互动、履行职能。发挥各专委会和委员活动小组的作用，加强同党外知识分子、非公有制经济人士、新的社会阶层人士的沟通联系。积极走访联络政协委员，发挥委员在招商引资、集智献策方面的优势，汇聚更多促进发展的正能量。全面贯彻党的民族政策和宗教政策，广泛开展团结联谊，发展壮大爱国爱港爱澳力量，努力画出最大同心圆。

（五）坚持党的全面领导，在加强政协履职能力建设上下功夫。深入贯彻落实习近平总书记关于"懂政协、会协商、善议政，守纪律、讲规矩、重品行"要求，继续加强"书香政协"建设，逐步建设"政协书房"，开展读书活动，通过读书学习长知识、增智慧、强本领。严肃换届纪律，认真配合搞好换届工作，确保实现党委意图。持续加强委员履职能力培训，完善走访看望委员制度，增强委员履职主动性、实效性。发挥委员活动小组、党员活动小组组织引领作用，加强委员管理服务，常态化开展履职活动，写好新时期的"委员作业"。加强专委会在委员活动小组、党员活动小组中的组织作用，抓好常态履职，强化协同联动，形成工作合力。

各位委员，同志们，新征程赋予新使命，新起点要有新作为，让我们更加紧密地团结在以习近平同志为核心的党中央周围，在中共玉州区委的坚强领导下，不忘初心，牢记使命，主动作为，锐意进取，为共同谱写新时代玉州高质量发展新篇章做出新的更大贡献，以优异成绩庆祝中国共产党成立 100 周年！

专 文

勇担当　善作为　用奋进之笔书写教育答卷

2020年高考成绩出炉，玉林市高考成绩交出一份满意的答卷。其中，不少高分学子曾就读于玉州区的中小学，为他们取得优秀的高考成绩打下了良好的基础。“玉州区培养输送的学生质量高，思维开阔，综合能力强！”这是社会各界对玉州学子的普遍赞誉，也是对玉州区教育的肯定。高考的胜利固然离不开高中教育的成效，同时也与九年义务教育培养练就的学习好习惯、好思维、好方法密切相关。从今年玉林市高考成效回溯玉州区教育，正所谓：大兴教育促发展，有效教育结硕果！

玉州区教育的蓬勃发展离不开玉州区党委、政府对教育工作的高度重视，离不开全区广大教育工作者对有效教育教改孜孜不倦的探索，也离不开社会各界对教育的关心和支持以及各个家庭对教育的正视。

全方位支持教育　为教改保驾护航

一直以来，玉州区党委、政府坚定不移把教育事业摆在优先发展位置，全力加快教育改革发展，奋力推动玉州区教育事业迈上新台阶。2016年，玉州区党委、政府把教育作为主抓的三件大事之一，提出了“大兴教育”战略，以“打造玉林市优质高效教育核心区”为目标，围绕“扩大容量、提升质量”工作思路，全力推进教育振兴。2016年以来，严格落实教育投入政策和“两个只增不减”要求。公共预算教育支出2019年比2018年增长3.82%；生均教育经费保障水平2019年比2018年增长5.48%。累计投入8.53亿元，开工新建中小学校、幼儿园15所，其中中小学9所（中学2所、小学7所）、幼儿园6所，目前除1所小学、2所幼儿园在建外，其余全部建成投入使用。共投入1.96亿元，对玉州区92所义务教育学校校舍302个改扩建项目进行升级改造，覆盖面达80.7%。新增义务教育阶段学位17290个，有效解决大班额、入学难问题。特别是玉州区第一实验初中，作为玉州教育城一期建设项目，仅用了一年半的时间就完成建设。共耗资3.82亿元，配备价值2800多万元的教学设施，提供了5000个学位，为渴求知识、怀揣梦想的孩子们插上了逐梦的翅膀。玉州区第一实验初中的建成投入使用，从根本上缓解了大班额的现状，为优质均衡教育打下了坚实的基础。

“如何让区域教育资源分布更合理？”“农村教育如何吸引优秀教师？”“如何缓解大班额，从根本上解决择校热问题？”……针对这些问题，玉州区党委、政府领导班子在困境中思考、在众议中决策。玉州区党委、政府集思广益，每年召开专门会议研究教育问题不少于12次，同时还实行在扩大容量的同时，不断提升教育教学质量多渠道办学、多元化教改，不断深化学区制改革，通过开展学区学校间的多样化活动进一步促进教育均衡发展。玉州区用务实行动逐步实现“宜学玉州、卓越教育”的城市夙愿，力促教育整体水平不断提升、教育发展能力不断增强、教育品牌活动不断彰显、教育统筹发展不断融合，进入大兴教育快车道。2017年玉州区获教育部认定为全国义务教育基本均衡县（市、区），2020年玉州区获认定为自治区十个基础教育教学改革示范区之一。玉州区党委、政府的高度重视与高位谋划，为玉州区教育质量的发展定向导航奠定坚实的基础。

全区域推进教改　打造新教育文化区

教学改革是教育质量的生命线。为了办好人民满意教育，为适应科技发展和社会进步对国民素质提出的要求，近年来，国家已把新课程改革鲜明地提到了促进素质教育取得突破性发展的关键位置上。玉州区对标对表，锁定课改精准施策。玉州区自2001年成为全国首批38个课改实验区之一以来，即提出“一法为主，多法并举，博采百家，创我特色”的课改方针。2004年引进孟照彬先生创立的MS-EEPO有效教育（以下简称有效教育）。课改历史进行了19年，就有16年坚持以有效教育推进教改，推动玉州教育质量螺旋上升，实现了新教育文化内涵的不断丰富和深入。

多年来，这些举措深入人心：

积极打造“教研训一体化”教研模式。玉州区从有效教育中的最大获益就是观念的转变，其思想、理论、方法使玉州区的教改从迷茫走向明晰，从“无法”走向“得法”。近20年的常规教研活动，无论大小规模，都坚持教研训一体化的组织形式，突出教为载体、研为形式、训为主线的3个维度，重视目标、课例、研讨、培训、拓展5个要素，通过8个基本方式，使广大教师能够在教研活动中实现“研训评灵动组合，三位一体，突出研中学、想中学、做中学”，在专业技能方面有所成长。这一模式目前已经成为玉州教研活动的一大特色，引起中国教育学会的关注，获得众多教育专家和社会各界的认可，助推玉州区成为广西基础教育学校教学改革示范区、广西基础教育学校教学改革试点县区、广西基础教育教学改革研修基地。这一模式有效突出教育教学，提高教师能力素质，树立以促进人的全面发展、适应社会需要为根本标准的教育质量观，健全以提高教育质量为导向的管理制度和工作机制，内涵发展不断深入。不少教师在这种模式中受益，玉州区第七中学数学教师赖裕妮深研EEPO有效教育方式，提高了授课效率。她在教学中充分融入MS-EEPO教学模型，使学生的学习效果提升50%至70%，学生接受能力明显增强。“赖老师，你新颖的教学方法让我耳目一新，原本枯燥的数学一下子变得有趣起来！”赖老师的学生这样跟她说。赖老师利用EEPO教育方式让她所教的班级获得了中考数学单科38个学生A+的好成绩，A+上线率达63%。玉州区第七中学通过积极推广EEPO有效教育方式，成绩显著，已连续四年中考成绩位居玉州区第一。

玉林市三中作为12所省级教学改革项目学校之一、39所玉州区有效教育示范学校之一，遵循“为教师专业成长服务，为课堂教学精彩引领”的原则，以“玉林市三中教研训一体化实验基地”为平台，引导广大教师走“学习、实践、反思”的教科研之路，本着“科研兴校、科研立教”，以有效教育为抓手，促进有效教育常态化、能动化，组织教师、学生共同参与有效教育实践，加强培训、指导和实践，现该校已成为党史国史教育示范基地、爱国主义教育基地、玉州区推进有效教育实验的龙头学校和有效教育实验培训基地，成为科研学习型玉州名校。

积极推动“毓秀工程”培育模式。“毓秀工程”是为培养一群积极上进、教学有法的优秀教师而建构起来的过程性培养体系。多年来，“玉州名师”“百佳教师”“十佳教师”“突出贡献教师”“最美教师”依次展开评选，将教师模范推到人前，广而宣传，立标杆，树导向，促进了教师群体综合素养的全面提升，进而提升教师的职业自豪感，教育引导广大教师真正成为学生健康成长的引路人。玉州区八中按照“毓秀工程”模式，倡导“智慧·团队”建设，培名师，育新秀。聚焦该校名校长唐宁、特级教师蒋党培，先后成立“玉林市中小学名校长工作室”和特级教师工作室，聚焦青年教师培养，搭建集教学、培训、科研于一体的教师专业化成长平台，打造了一支专业化、高水平的教师队伍。几年来，李罗兰、林燕、龙海燕等多位青年教师在省级以上讲课比赛获奖。

积极构建“团队共进”联盟模式。打造团队文化，实施团队共进，是玉州教改得以顺利推进的重要法宝之一。实验之初即组建实验教师团队、地方咨询专家团队，以团队的形式进行多次研讨和实践，使有效教育的操作技术落地，产生积极的效应，吸引更多的参与者。随后，将团队文化延伸到校际团队、班级团队、学科团队以及家长团队，进而延伸到学生组建的各种团队之中。2018年，通过资源重整，玉州区把全区109所中小学划分为12个学区，在初中以“1+N”、小学以“1+2+N”的方式，构架起“龙头学校＋示范校＋薄弱学校”的学区管理机制，通过“名校＋村校”模式，打造城乡联盟；通过“优质学校＋薄弱学校”模式，实行强弱联盟；通过“名校＋新建校区”模式，推进区域联盟，实现校校有团队、人人有助力的合作文化。2020年，借“互联网＋教育”之势，融合“数字玉州·教育”建设和信息技术2.0建设工作，推进双师教学，探索基于“一网二平台三应用”公共服务平台的学区、联盟、双师互动教学、互动教研发展之路，朝优质均衡教育迈进了一大步。玉州区东环小学自2012年以来，被评为全国第一届文明校园、教育部第五届和谐校园先进学校、全国巾帼文明岗、全国“双合格”优秀示范家长学校等14项全国级荣誉，在玉林市教育局、玉州区教育局的支持下，探索“名校+乡村薄弱学校”联盟办学之路，发挥优质学校的辐射带头作用，与二泉小学结成联盟校，实现“四共管理”。近年来，实施“梯航”工程培养教师快速成长的东成小学有64名教师被评为“玉州名师”，为此，玉州区教育局以该校作为主会场、仁东镇中心小学作为分会场，先后举办了玉州区“毓秀教育”暨“数字玉州·教育”东成学区音乐、语文学科“双师教学”同步课堂教学研讨活动，给城乡学生带来了知识的盛宴，也为玉州毓秀教师们开启“双师教学”的探索之路。

突出教改“综合评价”指标导向。借玉林市成为国家中小学教育质量综合评价改革实验区之机，制定具有该区域教改特色的《玉州区中小学教育质量综合评价标准》。该评价标准注重导向，把学生的品德发展水平、学业发展水平、身心发展水平、兴趣特长养成、学业负担状况五个方面作为评价要点，同时结合中小学教育教学工作先进集体和先进个人评选活动，定时开展县域和校内评价活动，构建玉州区中小学教育质量综合评价体系。目前，部分学校已形成了具有学校文化背景的评价机制。此外，价值导向、文化导向、滚轴导向等教育教学改革的实践经验，都在有效教育实践思维的启迪下，不断充实、不断丰富着玉州的教育教学改革，形成独具特色的、具有区域性的新教育文化。这些举措意味着，玉州大兴教育步伐在逐步深入推进，玉州区教育改革得以从迷茫走向明晰，具有当地教育改革特色的新机制正在逐步建立。2017年以来，玉州区中小学教育质量连续三年居玉林市前列。2020年中考全“A+”人数居玉林市第一。

全面营造尊师风尚　家校合作共促教育

尊师重教是中华民族的优良传统。

中共十八大以来，在以习近平同志为核心的党中央高度重视下，我国教师队伍建设全面提档升级、提质增效，取得长足发展，书写了中国教育事业浓墨重彩的一页。进入新时代后，社会发展与人民群众对优质教育的需求与日俱增，优质教育呼唤更多好的教师，而让学生在不同的阶段都能遇见好教师，需要我们大力弘扬新时代尊师风尚。基于此，2017年、2018年的教师节期间，玉州区召开了5000人教育大会，评选表彰5个“十佳”教师、突出贡献教师和“百佳工作者”“百佳教师”。2019年教师节，玉州区召开了表彰茶话会，开展100名“最美教师”和500名“玉州名师”评选，树立了优秀教师典范。通过对优秀教师的大力表彰和宣传，在社会掀起尊师重教氛围，引导社会各界关心教育、支持教育。一系列营造尊师风尚的活动取得了显著成效，2018年至今，玉州区获得民间捐资助学2220万元。其中，用于建设学校2000万元，用于表彰优秀教师200万元，用于资助学生20万元。此外，群众还参与了捐建、修建校门及围墙、修扩建运动场、修校门前道路等助学活动。“有钱出钱，没钱出力，我很高兴自己能为玉州教育出一份力。”参与修建环南小学校门口道路的李先生说。著名教育家苏霍姆斯基说过：“只有学校教育而没有家庭教育，或者只有家庭教育而无学校教育，都不能完成培养人这一极其艰巨而复杂的任务。”家校合作的目的是为了孩子的健康成长，让孩子充分享受来自老师和家长的关怀，以及使教育给孩子带来的欢乐。家校合作是教育现代化、民主化、个性化、科学化的必然要求。在全面营造尊师风尚的同时，玉州区还全面加强家校合作，将家校合作与心理教育、品德教育、控辍保学等工作联系起来。通过“千名教师进万家”等活动，加强教师与家长的联系沟通，共同探寻教育孩子的最佳方法。可喜的是，玉州区失学辍学学生从2018年的60人下降到目前的0人，营造了浓厚的学生乐学氛围。玉州区控辍保学工作经验在广西中小学控辍保学工作视频调度会上获经验交流。来自玉州区学生家长感慨道：“现在的孩子太幸福了，上学有这么多老师关心。”还有一位家长说：“看多了自家孩子的思维导图作业，我感觉自己的思维也比以前活跃了。”

坚持，是小草破土见日的力量，是雏鹰搏击长空的勇气，更是玉州区党委、政府以及广大教育人勇担当、善作为的品质。近20年的坚持，只为以教育促发展，造福一方百姓。

大潮奔涌逐浪高，扬帆奋进正当时。站在新的历史起点上，玉州区继续守正创新，推动教育更加稳健前行，走好新时代的新征程。

（摘自《广西日报》2020年9月9日）

党旗飘扬领风潮
奋力描绘玉州发展新画卷

项目建设热火朝天、城市品位不断提升、乡村面貌焕然一新……

玉州区抓住背靠大西南，面向大湾区的区位优势，充分发挥1400多个基层党组织的战斗堡垒作用和20000多名党员的先锋模范作用，应变局，开新局，开创玉州党建工作的新局面。

2020年，党的建设工作在自治区作经验交流发言5次，在玉林市作经验发言5次；7月，自治区党委鹿心社书记到玉州区鹏垌村调研，对该区农村人居环境整治和乡村风貌提升工作表示肯定；2部党教片获中国梦·青年影像盛典组委会、中国力量·战“疫”短视频盛典组委会颁发的一等奖；玉州区关工委获全国关心下一代工作先进集体称号；培育自治区级示范点4个，市级示范点25个；在玉林市党的建设研究会2019年调研课题获优秀奖。持续以党建促发展，玉州区获2019年度“广西高质量发展先进城区”称号，成为广西唯一一个十次获得此项殊荣的主城区，被评为首批广西民营经济示范县（市、区）；全年新增规上工业企业7家、限额以上服务业企业33家；城市老旧小区、棚户区、城中村改造提档加速，开展住宅小区管理提升行动，城市品位和市民素质不断提升。

成绩的取得，在于玉州区紧紧抓住党建这一核心，坚持以习近平新时代中国特色社会主义思想为指导，深入贯彻落实党的十九大和十九届二中、三中、四中、五中全会精神，贯彻落实新时代党的建设总要求，推动全面从严治党向纵深发展。加强政治忠诚教育，建立完善守初心、担使命的长效机制，巩固拓展“不忘初心、牢记使命”主题教育成果，纵深推进解放思想再出发，抓实抓细“大学习、深调研、强服务、敢担当”四项措施，深化“六破六立”，进一步提升能力本领、强化精准服务，敢于担当实干，以思想大解放推动工作落实、破解难题、促进发展。

激励与关爱并用打造担当实干的“硬核”型干部人才队伍——

“贤良之士众，则国家之治厚；贤良之士寡，则国家之治薄。”

玉州区以激励和关爱为抓手，强力打造堪当“工业强区、商贸富区、文化兴区”三大战略发展重任“一流硬核”干部人才队伍，推动各级干部以奋斗的姿态，以战士的担当，勇争新时代改革开放排头兵。

*坚持正向激励。*建立激励干部新时代新担当新作为工作联席会议制度，构建起“选、育、派、管、用”培养链条，坚持把强化政治素质考察、政治把关作为识别评价干部的第一位任务，按照信念坚定、为民服务、勤政务实、敢于担当、清正廉洁的好干部标准，树立面向基层、面向一线“两个面向”的选人用人鲜明导向。2020年，玉州区提拔重用干部56人次，其中，在镇（街道）基层一线提拔重用13人次，脱贫攻坚、维护稳定、疫情防控等重点工作一线提拔重用28人次，提拔“玉州好干部”14人次，优秀年轻干部16人次。

*坚持关心关爱。*聚焦脱贫攻坚、乡村振兴、项目攻坚、维护稳定、经济发展、为民服务等重大工作开展担当作为先进典型评选表彰，评出“玉州先进集体”30个，“玉州好干部”80人。对我区2016—2018年年度考核中连续三年获“优秀”等次的26名同志记三等功，对2018年度考核获得“优秀”等次的218名同志嘉奖。大力弘扬伟大抗疫精神，为第二人民医院驰援湖北的5名护士办理了事业单位入编手续。

*坚持人才强区。*该区深入实施“人才强区”战略，出台了关爱专家八条、两湾人才十二条、乡村人才振兴、银发人才、工作室建设

玉州区城市一景

援鄂医疗队员在抗疫一线入党

等方案政策，充分发挥人才政策的最大效能，成立了人才发展中心，用于高层次人才引进。培养了“百佳教师”“百佳教育工作者”200名，好医生好护士好村医50名，专业技术名匠30名。评选17名专业技术拔尖人才，让拔尖人才引领科技扶贫、带动产业扶贫，助推医疗扶贫。深化校地合作，与玉林师范学院共建实践教学基地，鼓励和引导青年学生深入基层，服务经济发展、服务乡村振兴。

品牌与提升共抓塑造精干热情的“战斗”型基层党组织——

“欲筑室者，先治其基。”

基层党组织是党执政大厦的地基，地基固则大厦坚，地基松则大厦倾。玉州区突出贯彻落实上级基层党建工作重要精神，持续推进基层党建提质聚力增效。

支部建设，落实党支部工作联系点制度，区委常委班子成员带头深入基层调查研究，指导推动工作；开展“强基创星”攻坚大行动，在提升党支部建设“规范指数、活力指数、发展指数”上下大力气、做文章，全区基层党组织达标率为100%；创建自治区级、玉林市级星级党组织718个。连续3年召开“三会一课”现场观摩会和微党课大赛，全面提升发展党员和党员队伍建设水平。

农村党建，打造“东融”走廊党建示范带1个，创建自治区五星级农村党组织9个；创新推行“四式联动”工作法，持续整顿软弱涣散（后进）村党组织，2020年完成6个软弱涣散（后进）村党组织整顿提升工作；优化发展模式，壮大集体经济，激发脱贫攻坚和乡村振兴动力，59个村级集体经济总收入约1154.29万元。

城市党建，举办运用行动学习助推“街道管理体制机制改革”研讨班，引导街道、社区领导干部发现问题、分析问题、解决问题，积极稳妥推进街道管理体制机制改革，推动党建工作力量和治理力量向基层一线下沉，提升城市基层治理水平。实施“党旗领航＋小区微治理”项目，推行“1+3+N”小区党建治理模式，推动“六化”样板小区建设，小区党组织覆盖率达82.5%，成功培育了一批特色党建“5A幸福小区”示范点，乾隆苑小区党群活动中心成为自治区城市基层党建工作现场教学点。推行“一网三统三进”网格党建工作法，引导党员积极参与社会治理，打通服务群众“最后一米”，形成“小网格推动大党建”的工作格局。全区划分网格259个，为居民提供“城市零距离服务”志愿服务居民近2万多人次。玉州区南观社区获全国民族团结进步模范集体荣誉称号，玉州区南江街道、玉铁江滨社区等成为玉林市党建引领城市基层治理示范培训班现场参观点。

两新党建，紧扣抓重点、扬特色、铸品牌，补短

社区建立网格管理站实现网格管理服务全覆盖

板、强弱项、固根本的目标，持续开展两新组织党建工作重点任务“百日攻坚”大行动，通过“五同步破五难”工作法抓组建、“双派双培一融合”工作法抓队伍、“党旗领航+”系列活动抓作用发挥，推动两新党建再上新台阶。目前玉州区共有两新党组织621个，党员2597名，党组织覆盖率达89.7%。玉林市永润仓储服务有限公司党支部成为自治区现场会调研点。推行“双线双访双联”“三缘两联一融合”等商圈党建工作法，积极开展民营企业“法治体检”等活动，疫情防控期间发动全区两新组织党组织、党员围绕同心抗疫、爱心奉献、暖心慰问、帮扶就业、复工复产等“党旗领航•抗疫同行”活动，捐献善款500多万元、爱心物资120多批、35.6吨，为打赢疫情防控、复工复产攻坚战贡献“两新红色力量”。

党员教师运用行动学习法开展教学研讨活动

学校党建，积极实施“135工程”，突出“党建引领·立德树人”这一中心，做好学前、小学、初中“三个梯队”党建工作，打造基于学校历史文化、学校教学亮点、学校文化内涵、区域人文特色、新建学校灵魂的五大党建品牌，实现党建与教育中心工作“双融合，双促进”。全区培育12所玉林市党建示范学校，11个玉林市“六好党支部”，16个玉林市“五星级”党组织，培育了东环小学“三和四慧”、古定中心小学“大成伞”等28个优秀党建品牌。玉州区万秀小学斩获第四届全国小学体育活力校园优秀案例“最佳校园创新奖”。玉州区东环小学、玉州区万秀小学被评为“全国优秀少先队集体”。名山中学、苗园中学、万秀小学、第二实验小学同时被评为自治区第二届自治区文明校园。玉州区东环小学获定为自治区中小学校党支部标准化规范化建设现场推进会参观点。

卫健党建，通过党建引领聚力，打赢疫情防控阻击战，全区实现确诊病例零死亡、本地病例零传人、医护人员零感染的“三个零”目标。5名医护人员驰援湖北“战疫”，在疫情防控一线“火线入党”，平安凯旋。开展“三亮三评”活动，培育玉林市第二人民医院党委“一亮四争”、玉州区妇幼保健院党总支“党员老中青•科研传帮带”等党建品牌，培养玉州“好医生”“好护士”“好村医”50名，党员占比达92%。以开展“健康广西·党建医联体”建设行动为契机，构建全市首个“党建医联体”，引导公立医院和民办医院党组织围绕“班子联建、党员联管、实事联办、发展联促”等四个方面，积极开展“信息共享、经验互通、活动同办、业务互帮、创新联动”等共建活动，有效提升为民服务水平。以党员全科医生为重点，建立完善重点学科和高学历人才引进管理机制，建设2个现代医院管理制度试点医院，组建30个专科联盟和2个区域医共体，医疗改革质效明显提升。

国企党建，以贯彻落实全国国企党建工作会议精神30项重点任务为指引，开展“三融三促创先锋”活动，以“三抓三促”为抓手，压实国企党建责任主体，国企党组织100%达到示范化建设标准。落实“双向进入、交叉任职”等制度，16名党组织领导班子成员依法进入董事会、监事会、经理层。通过“我为阳光企业发展献金点子”“我为项目建设建言献策”等活动，凝聚智慧力量，解决发展难题23个。玉州区在玉林市国企党建工作会议上作经验交流发言。

机关党建，围绕服务中心大局，开展“争做‘三个表率’，争创‘模范机关’”活动，培育了玉州区人民检察院党支部等6个五星级机关党组织。开展“双报到”活动，服务社区居民730多次，帮助群众解决困难事项480多件。开展“大学习、深调研、强服务、敢担当”活动，推进机关党组织抓党建助推脱贫攻坚、乡村振兴、疫情防控、经济发展等中心工作，实现党建与业务互融互促双提升。

引领与攻坚融合营造创先争优的“奋斗”型党旗领航模式——

响鼓重槌攻坚克难。

玉州区充分发挥党组织的政治优势、组织优势，把党建延伸到工作第一线，有力推进中心工作。

党建引领疫情防控。玉州区建立“四级”防控体系，推行“一查二控三服务”工作法，开展“网格先锋在行动”，落实网格化防控责任，组织动员全区1400多个基层党组织、2万多名党员干部参与一线疫情防控工作，凝聚起联防联控、群防群控的强大合力。下发875万元的防控物资，建设3个核酸检测实验室，购置一批医疗设备，仅用30多天实现“双清零”。

重大项目开工仪式现场

党建引领乡村振兴。玉州区深入推进“强镇兴村”整体提升工程，打造4个市级基层党建先锋镇（规范镇），提质11个村党组织阵地，打造自然村党组织示范点50个。实施农村中青年干部培养“风华计划”和村级后备人才培训“青蓝计划”，充实村级后备人才队伍，59个行政村都常态化储备了3~5名后备人才，共储备村级后备人才584名。推进农村人居环境整治三年行动和乡村风貌提升三年行动，大力推进“三清三拆+”扫一遍行动，全域推进乡村振兴，激发群众内生动力，自筹资金1489万元，有力推动了乡村振兴“形实魂”协调发展，鹏垌村获认定为全国乡村治理示范村。

党建引领项目建设。玉州区弘扬“把支部建在连上”的优良传统，找准党建工作与中心工作的切入点，在项目中推行“一线五式”工作法，实现“党组织在项目一线建立、党建在项目一线抓落实、党员干部在项目一线率先垂范”的良好工作格局，完成征地8040.9亩，有力保障重大项目进度。大参林医药物流中心等9个重大项目实现竣工投产；南玉高铁玉州段等项目加快建设。

党建引领优化营商环境。玉州区党员领导干部围绕中心工作，在优化营商环境工作中勇担当善作为，采取各种举措建立起服务企业的长效机制，推动经济社会高质量发展。目前，玉州区政务服务事项网上可办率为99.13%，实现企业开办0.5个工作日办结、“一站式”服务。开展“三企入桂”招商大行动，采取专业人员驻点招商、企业协会以商招商等模式，全区招商引资到位资金81.09亿元。

党建强，事业兴。玉州区项目建设快速推进，玉林牛腩粉产业园等6个项目被列入自治区层面统筹推进重大项目，玉林两湾产业园被列入国家PPP项目库；2020年1至11月，玉州本级规上工业完成总产值283.01亿元，同比增长16%，实现两位数高速增长，限上批发业实现销售额273.53亿元，同比增长30.2%；限上餐饮业实现营业额10.25亿元，同比增长24.5%；均衡教育成效明显，2020年获自治区基础教育教学改革示范区称号。

风起云涌新时代，搏击长空正当时。中共十九届五中全会描绘了宏伟宏图，玉州区各级党员领导干部站在历史交汇点，必将以最鲜明的政治立场，最自觉的责任担当，最坚决的实际行动，讲好玉州故事，汇聚建设美丽玉州、共圆复兴梦想的强大力量。

（摘自《广西日报》2021年1月18日）

勠力同心　书写高水平脱贫攻坚答卷

——玉州区决战决胜脱贫攻坚综述

数字不感性，但数字更真诚！

2015年精准识别，玉州区共有贫困村13个，建档立卡贫困人口4249户16960人。

2018年底，13个贫困村全部脱贫摘帽！

2019年底，贫困发生率由2015年底的1.93%降至0.097%！

2020年，尚未脱贫户234户706人，“一过线两不愁三保障”指标全部达标，全部实现脱贫并在系统标注“脱贫”！

中共十八大以来特别是“十三五”以来，玉州区委、区政府高度重视脱贫攻坚工作，坚持把打赢脱贫攻坚战作为重大政治任务和第一民生工程，夯实三级联动责任体系，攻坚“四大战役”堡垒，构建“五抓”精准扶贫工作机制，把责任牢牢扛在肩上，脱贫攻坚不断取得重大决定性进展，向 80 万玉州人民交出了一份优异答卷。

勾勒脱贫攻坚发展之“径”

开对“药方子”，才能医除“穷根子”。为保障全县脱贫攻坚有效推进，玉州区构建三级联动同抓扶贫责任体系，落实区、镇（街道）、村（社区）领导三级责任，明确工作目标任务、责任分工和完成时限。

在脱贫攻坚行动中，玉州区牢固树立“脱贫不脱政策”意识，更加关注持续可发展，确保已退出贫困户、贫困村长期、有效、稳定脱贫，严格要求三级书记走访过的贫困户“零差错”，将“回头看”作为一项重要的政治任务抓紧抓实抓好。

作风建设攸关脱贫攻坚成败。玉州区成立了由区四家班子主要领导担任总指挥长，分管扶贫工作的区委副书记和副区长担任常务副总指挥长的“四大战役”总指挥部，同时将帮扶单位的各种资源、各种力量向脱贫攻坚聚焦聚合，形成了各尽其职、合力攻坚的良好格局。

“脚下沾满泥土，心中才有真情。”如今，在脱贫主战场，玉州区一大批党员干部在一线留下脚印、洒下汗水，锤炼党性、树好形象，从乡亲们眼中的“外来人”变成了“一家人”。

筑牢贫困村发展之“基”

朱德全忙完一天的农活，拖着些许疲惫的身躯，回到焕然一新的家里，妻子已将刚出锅的饭菜端上桌。厨房内，电饭煲、电磁炉一应俱全，明亮的灯光下，夫妻俩有说有笑地吃着热气腾腾的晚餐。

曾几何时，仁东镇沼心村朱德全是村里有名的贫困户，一家老小挤在矮小的土坯房里，屋外下大雨，屋里下小雨。现在，朱德全由衷地说：“这新房子比原来住的土坯房住着舒服多了！”

这些改变，正是玉州人民生活越过越幸福的写照，更是玉州区党委政府依托实际，锲而不舍攻坚克难，探索出一条具有玉州特色的脱贫攻坚之路的具

① 玉州区委书记吕燕梅（中）到仁东镇木根村蔬菜种植扶贫基地调研生产情况；② 玉州区委副书记、区长莫景彪（右二）到大塘镇阳山村九盛农业扶贫车间调研生产情况；③ 广泛开展针对贫困群众进行的健康检查；④ 为解决贫困群众就业举办专场招聘会 （李 荣 摄）

体体现。

高处着眼，低处下手。近年来，在脱贫攻坚的路上，玉州区始终把民生问题作为工作的出发点和落脚点。深入实施交通建设工程、危房改造工程、农村饮水工程等。2016年以来，玉州区共完成危房改造408户（其中建档立卡242户），投入资金2000多万元；新建集中供水工程共33处，解决10581户饮水问题，受益人口10.2553万人，实现了农村人口饮水安全全面达标；累计建设186条村屯硬化道路，“一户一表”累计完成1966户，实现了户户通电，4G、5G基站累计完成1508个，基本满足人们通信需求……

此外，玉州区以建设美丽乡村为抓手，着力推进治理工作向基层延伸、向村庄延伸，推动脱贫攻坚与乡村振兴有效衔接，打造了鹏垌村等一批美丽村庄。

开壮大产业扶贫之“方”

攻坚重在攻“尖”，根治“穷”病，玉州区党委政府开出“良方”——发展产业成了精准脱贫的“靶向药”。

走进玉州区南江街道广恩村产业扶贫基地可以看到，番鸭区里的番鸭毛色光亮、体态优美；而另一养鹅区里的大鹅在水池边戏水，很是快活。

“养殖场建好我就一直在这里工作，每个月有固定收入，还能照顾家庭。”基地工作人员丘朝波介绍。自从基地建成开始，他就在基地工作了，这份既可以保障收入、又可以照顾家庭的工作让他感到满足。

因地制宜、科学布局，农民融入产业链中，贫困群众有了短期可见效、长期可持续的脱贫增收项目，产业扶贫这盘棋活了起来。截至2020年12月底，玉州区县级“5+2”特色产业覆盖总户数2840户，覆盖率为97%，累计发放产业奖补资金1485万元。13个贫困村“一村一品”产业格局业已成型。

在仁东镇木根村盛达服饰扶贫车间里，陈瑞华、谭玉珍等困难群众正在忙碌地工作。她们在此工作近两年，月平均工资有1000～2000元。“一年下来，工资有一两万元，还能照顾家里。”“扶贫车间”变“致富车间”，陈瑞华、谭玉珍等成功脱贫，她们的脸上始终洋溢着幸福的微笑。

一枝独秀不是春，百花齐放春满园。如何做到村村有产业，家家有收入，实现扶贫产业全覆盖？近年来玉州区已累计认定就业扶贫车间20个，覆盖仁东镇石地村、仁厚镇上罗村、南江街道广恩村等6镇街10余个村，涉及制衣、电子、种植、家具制作等行业。构建形成了“区有扶贫支柱产业，村有扶贫主导产业，户有增收致富产业”的扶贫产业体系，发展特色产业成为脱贫攻坚的重要措施，产业扶贫成功挑起了脱贫攻坚的“大梁”。

构建脱贫致富长效机制

脱贫攻坚战役打响至今，玉州区始终将其作为一项极为重要的大事乃至首要工作抓牢抓实。

医疗保障“斩穷根”。近年来，玉州区建档立卡贫困人口参加基本医疗保险参保率达100%，实现了基本医疗保险参保全覆盖。建档立卡贫困患病人口门慢性病医疗费用报销比例达到80%，住院报销比例达到90%。截至2020年10月底，全区共1953名符合办证条件的建档立卡贫困户残疾人办理了残疾人证。共建成57个村卫生室，全区建档立卡贫困户常住人口家庭医生签约及履约率达100%。

教育扶贫“断穷路”。2016年以来，玉州区筹资8.24亿元，新建成玉州区第一实验初中等9所中小学校，增加学位1.22万个，大大缓解大班额问题。同时，发放城乡义务教育阶段家庭经济困难寄宿生生活补助5450万元，资助10.7万人次，其中建档立卡贫困学生补助673.4万元，资助11145人次；发放非寄宿生生活补助181.4万元，资助7196人次，其中建档立卡贫困学生补助130.7万元，资助5195人次。学前免保教费补助金额共213.811万元，减免2997人次，其中，建档立卡贫困幼儿补助金额188.9165万元，减免2592人次。目前，全区无建档立卡适龄儿童少年失学、辍学。

精神扶贫“矫穷观”。面对“精神贫困”，玉州区全方位、多角度地推进精神扶贫工作，在全区广大农村书写、悬挂、张贴脱贫攻坚标语。同时筑牢返贫防线，2016年以来，玉州区共开展了4场扶贫专场招聘会，累计安置395名扶贫公益性岗位、1339名非固定性村级扶贫公益性岗位（其中边缘户10人）人员上岗，累计发放玉州区贫困劳动力稳岗补贴5962人次，补贴金额575.44万元；发放交通补贴664人，补贴金额26.56万元。累计认定扶贫车间20家，带动就业967人，其中贫困劳动力154人。

一串串数据催人奋进，一声声号角激情嘹亮……

让困难群众都过上幸福美满的好日子，一个都不能少，一户都不能落下。5年来，顺着脱贫攻坚战的鼓点，玉州区一批又一批扶贫干部奔赴扶贫一线，深入群众，夙夜在公，使出浑身解数，阻击攻坚“硬骨头”，打通精准扶贫“最后一公里”，帮助贫困群众激发强大的内生动力，实现全面脱贫目标。

（摘自《玉林日报》2021年6月7日）

大事记

1月

9日　区人民法院与玉林师范学院举行实践教学基地签约和授牌仪式。共建实践教学基地，搭建区人民法院与玉林师范学院之间的互动交流平台，双方将依托各自优势，将高校丰富的法学教育研究资源“引进”法院，把法院优质实践教学资源“送入”高校，实现高校理论资源与司法资源的共享。

同日　玉州区召开玉州区安全生产工作会议暨2020年第一季度防范重特大安全事故工作会议。会议总结2019年全区安全生产工作，部署安排第一季度安全生产及防范重特大安全事故工作。

16日　玉州区召开大兴教育座谈会。座谈会上，区教育局党组书记、局长黄旭雄汇报近年来玉州区大兴教育取得的成果，分析存在问题，提出下一步工作思路，第一实验初中、第五实验小学、城北初中等13所学校校长分别作发言，区委书记邹宇鹏做总结讲话。

22日　玉州区召开新型冠状病毒感染的肺炎疫情防控工作会议。会议要求，全区各部门要切实担负起行业内新型冠状病毒感染的肺炎疫情防控工作的责任，主要负责人要履行好第一责任人的职责，亲自研究部署疫情防控工作；分管负责人要具体抓好落实，及时协调解决工作中出现的问题。

23日　玉州区召开党政联席会议。专题研究防控新型冠状病毒感染的肺炎疫情工作，贯彻落实中央、自治区和市委、市政府部署要求，抓好在春节期间全区新型冠状病毒感染的肺炎疫情防

① 2020年1月9日，区人民法院与玉林师范学院举行实践教学基地签约和授牌仪式（区人民法院　提供）；② 2020年1月23日，玉州区召开党政联席会议，专题研究防控新型冠状病毒感染的肺炎疫情工作

控工作，落实各项防控措施。

26日 玉林市市长韦韬率相关部门负责人到玉州区检查指导新型冠状病毒感染的肺炎疫情防控工作。

28日 玉州区召开新型冠状病毒感染的肺炎疫情防控工作领导小组指挥部会议。

29日 玉州区新型冠状病毒感染的肺炎疫情防控工作领导小组指挥部发布1号令。

同月 玉州区组织公安、应急管理、交通运输、市场监管以及相关镇（街道）等单位部门组成禁燃联合检查组，在辖区重要交通路口设立3个检查点，检查处理非法运输烟花爆竹行为。另外，从各部门抽调39人成立清查打击工作组，对城区重点经营场所进行巡查。同时，玉州区各镇（街道）利用摄像头，对一些容易燃放烟花爆竹的重要场所、地段进行监控，组织网格员每天到辖区巡查打击，查找有非法生产、运输、储存、燃放烟花爆竹苗头的场所，发现违规燃放烟花爆竹的行为及时报告辖区派出所。

2月

1日 玉州区新型冠状病毒感染的肺炎疫情防控工作领导小组指挥部发布第2号令。

5日 玉州刑侦破获一起利用疫情诈骗案。

7日 玉州区新型冠状病毒感染的肺炎疫情防控工作领导小组指挥部发布第3号令。

同日 连日来，玉州区社会各界纷纷捐款捐物奉献爱心，支援新型冠状病毒感染的肺炎疫情防控工作。截至2月7日17时，玉州区光彩公益基金累计接受社会捐赠款物价值193万余元，其中：接收捐款12笔共186.9万元，接收物资捐赠3批价值6.3万元。

9日 玉州区新型冠状病毒感染的肺炎疫情防控工作领导小组指挥部发布第4号令。

10日 玉林市市长、市疫情防控指挥部指挥长韦韬到玉州区，深入工业园区、企业、学校、重大项目工地等，督导检查新冠肺炎疫情防控工作和复工复产复学筹备准备情况。

同日 玉州区新型冠状病毒感染的肺炎疫情防控工作领导小组指挥部印发《疫情期间做好全区企业（个体户）、工程项目复工复产疫情防控工作的通知》，要求全区企业（个体户）、工程项目要分类推动复工复产，明确复工复产的条件、申报程序及受理方式等。

同日 玉林市纪委监委印发《关于严明全市公职人员执行疫情防控工作有关纪律的通知》，进一步重申全市各级党组织、广大党员和公职人员执行疫情防控工作有关纪律要求。

同日起 玉林有序恢复市际、县际客运班车、部分公交路线。

14日 玉林市委书记、市疫情防控指挥部指挥长黄海昆到玉州区，实地检查指导社区网格化、精细化、人性化联防联控和餐饮业、商贸服务业复工复业情况。

16日 玉林市玉州区新型冠状病毒感染的肺炎疫情防控工作领导小组指挥部发布关于疫情防控期间进一步加强出租屋管理的公告。

同日 玉州区召开玉州辖区各商会复工复产疫情防控工作座谈会。会议听取玉州辖区各商会关于企业复工复产对区委、区政府的意见建议。会上，玉林市政府党组成员、玉州区委书记邹宇鹏作讲话，对辖区各商会如何配合区委、区人民政府做好企业复工复产防疫工作提出打“一个电话”、做“一个统计”、发“一个倡议”、定“一套方案”、作“一个承诺”的“五个一”要求。

20日 玉林路网升级改造项目二环西路清湾江大桥工地向上级主管部门报备后获批，二环西路建设正式复工。

27日 玉州区开展慰问驰援武汉抗击新冠肺炎疫情医务人员及其家属活动，向援鄂医务人员及家属送上关怀温暖，表达党和政府真诚的问候和由衷的谢意。

3月

3日 玉州区召开2020年决战脱贫攻坚大会。玉林市人民政府副市长、玉州区委书记邹宇鹏出席会议并讲话。

6日 鉴于玉林市已连续17天无新增确诊病例和疑似病例，自治区新冠肺炎疫情防控工作领导小组指挥部发布玉林市所有的县（市、区）为疫情低风险区。

同日 玉州区各镇（街道）各部门贯彻落实党中央决策部署，有力有序推进爱国卫生运动工作，集中组织党员干部职工开展抗疫爱卫“五大清洁活动”，对单位、社区、村庄、农贸市场、重点场所等进行一场清洁大行动。

9日 玉州区的爱心商家筹集一批物资驰援武汉，这批物资有大米、副食品、农产品等。其中作为保障民生企业的通用超市捐献马铃薯5吨、冬瓜5吨、番石榴6吨，宏进诚信协会捐赠大米4.5吨。

同日 玉林市市长韦韬深入玉州区仁东镇沼心村、鹤林村以及大塘镇阳山村督战脱贫攻坚工作。

10 日 玉林市市长、市疫情防控指挥部指挥长韦韬到玉林城区，就玉林市各类学校 2020 年春季学期错时开学、学生错峰返校准备工作进行检查指导，分别走访东环小学、玉州区第九中学、玉林市第一职业中等专业学校和玉林高中。

同日 玉州区委理论学习中心组召开 2020 年第一次专题学习会。

11 日 区委组织部印发《关于做好疫情期间贫困村、贫困户农产品消费帮扶工作的通知》，动员全区各级党组织、党员和脱贫攻坚（乡村振兴）工作队员，将消费扶贫纳入年度帮扶工作计划，结合主题党日、工会活动、扶贫日等开展消费扶贫活动。活动开展后，全区共有 80 多个党组织、1000 多名党员干部和 130 多名脱贫攻坚（乡村振兴）工作队员参与到消费扶贫工作中，帮助贫困村、贫困户拓宽马铃薯、苦麦菜、番石榴、淮山等农产品的销路，350 吨农产品通过消费扶贫的方式进入各大批发市场、超市、机关食堂和干部职工家中。

15 日 水稻直播无人机在玉州区大塘镇横山村作业，此为自治区、玉林市、玉州区农业部门在玉林市的首举。自治区农业技术推广站、玉林市各县（市、区）农业部门有关领导、种粮大户在现场观摩无人机水稻直播。

20 日 玉州区四家班子领导带领区直机关党员干部到仁厚镇与当地的党员干部一起开展义务植树、兴修水利活动。在区第一实验初中校园共种下桂花树、玉兰树 130 多株，在仁厚镇下罗村鸦桥江灌溉工程西干渠处，清淤水利渠道 300 米。

25 日 玉州区召开安全生产工作部署会。

同月 玉州区在做好疫情防控工作的同时，有序推进扶贫车间复工复产。同时，落实疫情防控期间保障就业扶贫相关政策，帮助扶贫车间及时申请带动就业奖补、稳岗补贴等各项补助。全区已有 14 家扶贫车间全面开工。

同月 玉州区联合玉林市城市管理监督局、南江街道等部门组成联合执法组，对南江街道羊义岭的一批“两违”建筑进行重拳打击，依法拆除。该次联合执法行动共打击“两违”建筑 5 处，拆除面积 1511.8 平方米，其中：砖混 421.8 平方米，地垄 384 平方米，临时结构为 706 平方米。

同月 玉州区决定在全区贫困户中开展“政策明白人”教育活动。教育活动将为每户贫困户培养一位知政策、明收益、懂感恩的“明白人”。整个教育活动从 3 月中旬开始，一直持续到年末，分启动阶段、全面实施阶段、督促强化阶段 3 个阶段进行。

4月

1 日 玉林市委书记、市疫情防控指挥部指挥长黄海昆到玉州区，深入城区、农村的中学，实地调研指导学校疫情防控和开学准备工作。

7 日 五届玉州区委第十轮巡察工作动员部署会召开。本轮巡察安排 3 个巡察组，利用 3 个月时间，对南江街道党工委、城西街道党工委、仁厚镇党委、区人民法院、玉林市商业总公司、玉林市对外贸易经济公司等 6 家单位开展常规巡察。

22 日 玉州区召开 2020 年防范中小学生溺水、复学疫情防控、控辍保学工作联席视频会议。会议就 2020 年玉州区防范中小学生溺水、复学疫情防控、控辍保学工作情况进行通报，指出存在问题，并部署相关工作。同时对 2020 年春季学期学校饮用水及食品卫生安全工作进行部署。

27 日 玉州区纪念“五四”运动 101 周年暨建团 98 周年会议在区政府会议中心三楼会议室召开，来自玉州区的 30 余名青年团干、团员参加大会。会上授予共青团玉城街道工作委员会等 4 个团委“玉州区五四红旗团委”称号；授予共青团玉州区玉城街道南观社区支部工作委员会等 10 个团支部（总支）“玉州区五四红旗团支部（总支）”称号；授予谢娴等 10 名团干部“玉州区优秀共青团干部”称号；授予陈相如等 10 名团员“玉州区优秀共青团员”称号。

29 日 玉州区在玉林市国际购物中心举行消防应急救援联合实战演练。城区名山、城站、特勤、新民、石棠等 5 个消防站及区应急、公安、交警、医疗、供电、中石油、中燃等应急联动单位近 110 人参加演练。

同日 玉州区举办新时代文明实践中心理论宣讲比赛，来自玉州区各机关企事业单位的 17 位选手参加比赛。

5月

8 日 玉州区召开区委常委班子落实中央脱贫攻坚专项巡视

“回头看”整改专题民主生活会，学习贯彻中共中央总书记习近平关于扶贫工作的重要论述特别是听取脱贫攻坚专项巡视“回头看”和成效考核汇报时的重要讲话、在决战决胜脱贫攻坚座谈会上的重要讲话精神，聚焦中央第二巡视组对广西开展脱贫攻坚专项巡视“回头看”的反馈意见，对照检查，深刻剖析原因，研究整改措施，统筹抓好疫情防控和整改工作。

12 日　在第 12 个全国防灾减灾日，玉州区减灾委员会及成员单位到人民东路（东明电器商场至原玉林市委市政府路段）两侧，开展防灾减灾科普一条街活动，进一步面向社会公众普及地震、台风、洪涝、风雹、地质、森林火灾、生物、生态环境等各类灾害以及生产安全、火灾、燃气泄漏等事故的知识和防范应对的基本技能。活动共发放各类宣传资料 2.1 万份。

20 日　玉州区委召开 2019 年度镇（街道）党委（党工委）书记和区有关单位党委（党组、党工委）书记落实管党治党主体责任述职评议会议，就履行抓基层党建、党风廉政建设、意识形态工作责任情况进行述职评议。会上，各镇（街道）党委（党工委）书记和区有关单位党委（党组、党工委）书记进行现场述职，区委有关领导对述职对象进行逐一点评。

22 日　玉州区妇女儿童活动中心挂牌仪式在玉州区文化馆举行。

27 日　在“六一”儿童节即将到来之际，由玉林市玉州区关工委、城北街道党工委和爱心企业玉林养乃世家公司联合开展的“六一”慰问贫困留守儿童活动在城北街道平地小学阶梯教室举行，向贫困留守儿童赠送书籍、羊奶、牛奶等慰问品和慰问金。

29 日　玉州区新时代文明实践中心 2020 年文化科技卫生“三下乡”志愿服务活动走进仁东镇木根村，开展文化、科技、卫生等多项服务活动，共服务群众 600 多人，20 多名医务人员参与义诊，发放各类宣传资料、宣传品 1500 多份。

6月

2 日　农业农村部畜牧兽医局副局长王功民和自治区农业农村厅、玉林市有关领导赴玉州区检查督导非洲猪瘟防控、生猪生产恢复、畜禽废弃物无害化处理、违法违规调运生猪行为专项整治等畜牧兽医重点工作。

11 日　玉州区召开领导干部大会。市委常委、组织部部长黄剑峰出席会议，宣布自治区党委组织部和玉林市委关于玉州区委主要领导任免职的决定：吕燕梅任中共玉林市玉州区委书记；邹宇鹏任玉林市人民政府党组成员、副市长，不再担任中共玉林市玉州区委书记、常委、委员职务。

15 日　中共玉林市玉州区委员会印发《玉州区关于进一步加强新时代机关党的建设的实施方案》。

16 日　区委、区政府召开全区解放思想再出发“大学习、深调研、强服务、敢担当”活动推进会。

同日　玉州区安委会在玉林城区举行以“消除事故隐患，筑牢安全防线”为主题的“安全生产月”咨询日一条街宣传活动。玉州区安委会成员单位和重点企事业单位等 45 个单位参加宣传，活动当天，共设置宣传咨询台 45 个、摆放宣传展板 45 块、悬挂宣传条幅 50 多条，接受群众咨询 300 多人次，发放宣传材料 1 万份。

22 日　玉州区、玉东新区 2020 年度征兵工作任务部署会召开。

23 日　在第 33 个“6・26”国际禁毒日到来之际，玉州区领导干部及各（镇）街、单位的禁毒志愿者在江南公园共同参与“共筑拒毒长城”万人签名暨禁毒“健康人生绿色无毒”公益健康走活

2020年6月22日，玉州区、玉东新区2020年度征兵工作任务部署会召开
（区委宣传部　提供）

动。24 日，玉州区在银丰国际中药港市场广场举行全区涉麻黄草突出问题专项整治暨拒绝非法经营麻黄草签名活动仪式。

同日 玉州区委党的建设工作领导小组召开会议，深入贯彻落实习近平总书记关于加强党的领导统筹推进新冠肺炎疫情防控和经济社会发展工作的系列重要指示精神，落实中央、自治区党委和市委党的建设工作领导小组 2020 年工作部署，总结 2019 年玉州区党的建设工作，研究部署 2020 年全区党的建设工作。

30 日 《红色传奇》进校园系列活动（玉州区）启动仪式在玉林市第三中学举行，这是玉州区委开展庆祝中国共产党成立 99 周年系列活动之一。玉州区委书记、区长吕燕梅等有关领导，各初中和各中心小学校长，以及玉林市第三中学部分师生代表 300 多人参加活动。玉林市新华书店有限公司为玉林市第三中学赠送《红色传奇》读物。

同日 中共玉林市玉州区委员会印发《关于深入贯彻落实党的十九届四中全会精神奋力推进玉州治理现代化的实施意见》。

同月 区委印发《关于开展庆祝中国共产党成立 99 周年系列活动的通知》，决定在年内“七一”前后，结合深入推进“大学习、深调研、强服务、敢担当”活动，集中开展“八项活动”，庆祝中国共产党成立 99 周年。

7月

10 日 玉州区立文学校举行中国教育科学研究院课题实验学校暨玉州区青少年爱国主义“同心圆”教育基地揭牌仪式。

28 日 玉州区在区会议中心一楼会议室召开玉州区法治政府建设暨“七五”普法检查验收部署会议。

31 日 中国共产党玉州区第五届委员会第九次全体（扩大）会议在玉林城区召开，玉州区委委员 25 人、候补委员 3 人出席会议，区纪委委员、监察委委员和有关方面负责人、玉州区第五届党代会代表中部分基层人员列席会议。全会由区委常委会主持。区委书记、区长吕燕梅代表区委常委会作工作报告，分析当前形势，对下半年工作作部署。区委常委、副区长王永坚总结上半年疫情防控和经济社会发展情况，对下半年统筹常态化疫情防控和社会经济发展工作作具体部署。区委副书记陈天宁对《中共玉州区委员会玉州区人民政府关于激活内生动力建设全面小康新农村的决定（草案）》（讨论稿）进行说明。

同日 玉州区召开乡村风貌提升推进会。会议学习贯彻中央、自治区和玉林市委关于实施乡村振兴战略的系列决策部署，以及自治区党委书记鹿心社在玉林调研时的讲话精神，研究部署全区乡村振兴工作，动员全区上下进一步坚定信心、苦干实干，全力以赴完成全年目标任务。

8月

18 日 玉州区召开领导干部会议，宣布玉林市委关于玉州区领导调整的决定：莫景彪任中共玉林市玉州区委员会委员、常委、副书记。

20 日 在玉林市实施“六大会战”工作推进电视电话会议结束后，玉州区召开实施“六大会战”工作推进会。会议对打好三次产业达产增产、“五网”项目建设、提振消费、“三企入桂”、稳外贸稳外资、稳企保岗“六大会战”进行具体部署。

21 日 玉林市玉州区第五届人民代表大会常务委员会第二十九次会议在区人大常委会五楼会议室举行。玉州区人大常委会组成人员共 30 人出席会议，会议审议关于召开玉林市玉州区第五届人民代表大会第五次会议的议案及有关事项，决定玉州区第五届人民代表大会第五次会议于 2020 年 9 月 8 日在玉林城区召开。会议决定接受吕燕梅辞去玉林市玉州区人民政府区长职务，接受黄琦辞去玉林市玉州区监察委员会主任职务；决定任命莫景彪为玉林市玉州区人民政府副区长、代理区长，任命李家胜为玉林市玉州区监察委员会副主任、代理主任；会议补选玉林市第五届人民代表大会代表 1 名。

25 日 区委组织部、区委卫健工委、区两新组织党工委联合举办的“党建联姻聚合力　健康玉州惠民生”结对共建启动仪式在玉林城区青年广场举行。这是玉州区卫健系统基层党建工作的又一次创新之举，也是全市首个“党建医联体”结对共建案例。

28 日 区委、区政府印发《玉州区关于深化改革加强食品安全工作的实施方案》。

28—30 日 在由广西壮族自治区人民政府、广东省人民政府主办，广西壮族自治区供销社承办的粤桂扶贫协作消费扶贫对接活动暨第 18 届广西名特优农产品（广州）交易会上，玉州区现场销售扶贫产品金额185万元，达成扶贫产品采购意向金额1050万元；广西区外采购签约2单，采购扶贫商品金额5690万元。

9月

4日　中国共产党玉州区第五届代表大会第五次会议在区会议中心召开。区委书记吕燕梅代表中国共产党玉州区第五届委员会作《不忘初心　牢记使命　奋力冲刺决胜全面小康》工作报告。会议决定批准吕燕梅代表中国共产党玉州区第五届委员会所作的工作报告。大会充分肯定区第五届党代会第四次会议以来的工作。大会同意报告提出的玉州区经济社会发展的总体要求。

6—8日　中国人民政治协商会议玉林市玉州区第五届委员会第五次会议在玉林城区举行。会议审议并批准区政协主席杨树信所作的常委会工作报告和区政协副主席吴朝宗所作的提案工作情况报告。

7—9日　玉州区五届人大五次会议召开，会议表决通过《关于政府工作报告的决议》等6个决议，莫景彪当选玉州区人民政府区长，李家胜当选玉州区监察委员会主任。

9日　在第36个教师节来临之际，玉州区吕燕梅、莫景彪、梁伟、杨树信等四家班子领导代表区委、区政府分别到城区、农村部分中小学校慰问先进教师代表。

10日　玉州区召开玉州区大兴教育暨庆祝第36个教师节表彰会，会上表彰李罗兰等100名“百佳教师”和唐宁等100名“百佳教育工作者”以及陈健萍、卢家华、苏娟等退休教育工作者。

11日　玉州区组织领导干部集中观看电影《秀美人生》，持续推进学习黄文秀先进事迹。区委书记吕燕梅、区长莫景彪、区人大常委会主任梁伟等领导参加观影活动。

14日　玉州区在北辰社区集中开展主题为“网络安全为人民，网络安全靠人民”的网络安全宣传周活动。在活动现场，各有关单位通过网络安全主题板报展、现场展示、现场讲解、发放宣传资料等形式开展宣传教育活动。以人民群众通俗易懂、喜闻乐见的形式宣传网络安全知识和防护技能。

17日　玉州区在城区人民中路开展“全民国防教育日”宣传一条街活动，向群众宣传国防安全知识、提高全民国防意识，当天的宣传活动共发放国防宣传资料5000多份，咨询人数达300余人。

20日　玉州区在青年广场举办第十一届“中国统计开放日”活动。此次活动，以“大国点名　没你不行”为主题，通过悬挂横幅、摆放主题展板、发放宣传资料、现场解说、现场答疑、答题送好礼、宣传车巡回宣传等方式宣传第七次全国人口普查知识。

22日　区委理论学习中心组举行年度第三次专题学习会。区委书记吕燕梅主持会议并讲话，区委副书记、区长莫景彪参加会议。

同日　玉州区召开新冠肺炎疫情防控工作新闻发布会，详细介绍玉州区新冠肺炎疫情防控工作的相关情况。

23日　玉州区在玉林市委党校举办新任科级领导干部廉洁从政能力素质提升培训班，来自各镇（街道）、区直各单位的新任科级领导干部共40多人参加培训。

同日　为推进“文化兴区”战略，区文联、区作协组织作家走进玉州区第一实验初中采风，并举行“作家进校园”活动专题讲座，为近400名师生送去一场文学大餐。

25日　全国工商联副主席鲁勇一行到区工商联开展联系调

2020年9月20日，玉州区在青年广场举办第十一届“中国统计开放日”活动　（区统计局　提供）

研基层工商联工作情况。

26日 玉州区在青年广场举办2020年迎“国庆”暨“南流欢歌”文艺晚会。

29日 玉州区举办“圆梦小康——我的扶贫故事”脱贫攻坚主题演讲比赛。

30日 玉州区开展烈士纪念日公祭活动。

同日 玉州区扶贫开发领导小组第六次会议暨自治区脱贫攻坚大督查反馈问题整改工作部署会召开，对脱贫攻坚收官战各项工作进行再动员、再部署、再深化，力求把自治区大督查反馈问题整改落实到位。

10月

14日 玉州区召开第七次全国人口普查宣传月活动暨摸底登记工作部署会，对玉州区人口普查工作进行全面动员部署。会议要求，各级各部门要以高度的政治责任感扎实推进人口普查工作，做到“四个到位”，即普查指导员、普查员要到位，迅速全面启动人口普查工作；户口整顿要到位，解决人口信息不完整以及户籍登记差错重漏等问题；单位普查人员要到位；“两员”（普查指导员、普查员）管理要到位。

同日 区委、区政府印发《玉州区学前教育深化改革规范发展实施方案》。

15日 玉州区召开脱贫攻坚帮扶和督导工作会议，对脱贫攻坚帮扶和督导工作进行再部署、再督促、再强化。

20日 玉林市委常委、常务副市长丘德奎率调研组到玉州区调研牛腩粉产业发展推进情况，并与企业家进行座谈交流，共谋玉林牛腩粉产业高质量发展之计。

27日 区人民检察院举办“服务‘六稳’‘六保’护航民企发展”检察开放日活动。

同日 由区侨联、侨办联合举办的“纪念归侨侨眷权益保护法颁布30周年暨第二届‘侨商杯’法律知识竞赛”活动启动仪式在区政府大院3号楼二楼会议室举行。

28—31日 广西卫视全新原创文化类栏目《民族文化》在玉林市工艺美术厂拍摄自治区级非物质文化遗产代表性项目名录——玉林羽毛画。区二轻联社、玉林市美术厂及羽毛画传承人李普新参加节目录制。

30日 玉林市玉州区第五届人民代表大会常务委员会第三十一次会议在区人大常委会五楼会议室举行。区人大常委会组成人员26人出席会议，会议批准2019年玉州区决算。会议决定任命梁武波为玉州区人民政府副区长。

11月

5日 玉州区召开2020年市县党委和政府扶贫开发成效考核迎检部署大会，对自治区扶贫开发成效考核迎检工作进行部署。

11日 区委、区政府决定命名韦志厚等17人为“玉州区第一批专业技术拔尖人才”。

13日 2020年玉林市玉州区—广东省广西商会投资推介会在玉林市索菲特酒店隆重举行。会上，区政府与嘉宾签订招商投资协议。

15日 第四届全国小学体育活力校园优秀案例颁奖典礼在腾讯体育线上举行，玉州区万秀小学《校园“乐动”体育文化案例》获第四届全国小学体育活力校园优秀案例“最佳校园创新奖”，是广西唯一一所获得表彰的学校，也是该校继德育、美育工作案例之后获得的又一项国家级集体荣誉。

19日 玉州区启动人口普查长表登记工作。

20日 玉州区仁东镇鹏垌村获第六届全国文明村镇、玉州区第八初级中学获第二届全国文明学校。

24日 玉林市市长白松涛以人大代表的身份到玉州区南江街道广恩村人大代表联络站，开展“混合编组、多级联动、履职为民”活动，围绕“推动爱国卫生运动，强化疫情防控，倡导文明健康”主题广泛听取意见建议，并向基层干部群众宣讲中共十九届五中全会精神。

25日 区委召开全面依法治区委员会第二次会议，传达学习中央全面依法治国委员会第三次会议精神、自治区党委全面依法治区委员会第二次会议精神和玉林市委全面依法治市委员会第二次会议精神，安排部署全面依法治区重点工作。

同月 玉州区组织6900名帮扶联系人深入各村开展脱贫攻坚“双讲”活动，向4000多户贫困户宣讲国家的扶贫惠农政策。活动中，各帮扶联系人需核准2020年贫困户三方入户核查登记表、贫困信息表、帮扶手册信息与贫困户实际情况，做到“四个一致”。

同月 玉州区新时代文明实

践中心“建设壮美广西·共圆复兴梦想”文化扶贫暨“戏曲进乡村”文艺演出走进农村。此次活动由区委宣传部、区扶贫办和区文体旅局联合主办，玉州区文化馆、各镇（街道）政府协办。

12月

2日 区政协组织玉林市政协驻玉州区委员、区政协委员开展以“乡村振兴”为专题的年度视察活动，为加快推进玉州区乡村振兴战略建言献策。区政协领导以及市、区两级委员共70余人参加。

3日 玉州区举行新闻发布会，通报玉州区2020年民营经济发展情况。上半年，玉州区规模以上民营工业企业实现增加值4.98亿元，完成工业总产值26.89亿元；民营企业完成固定资产投资62.63亿元，占全部固定资产投资的62.9%。玉州区获广西第一批“民营经济示范县（市、区）”称号。

10日 一场模拟“因接触境外冷链食品感染新冠肺炎”的应急处置实战演练在玉林体育馆举行。此次演练由区卫生健康局、玉林市公安局玉州区分局和区卫生计生监督所等单位组织。

23日 区卫生健康局在区疾病预防控制中心三楼会议室召开全区新冠病毒疫苗紧急接种工作培训班。各接种单位领导、相关业务人员共100余人参加本次工作培训班。培训班上，就疫苗接种单位、接种对象、接种流程、接种注意事项和接种信息登记上报等各项工作的细节进行讲解。提出重点保障对象为医务人员、卫生防疫人员、集中隔离医学观察工作人员、交通卡口工作人员，其他接种对象为自愿接种的18～59周岁的人员。

28日 玉州区举行纪念陈子涛烈士100周年诞辰系列活动：举行陈子涛烈士纪念馆揭牌仪式；召开纪念陈子涛烈士100周年诞辰座谈会及观看微党课《宁死不屈的新闻战士——陈子涛》；召开纪念陈子涛烈士100周年诞辰《雨花英烈精神解读》专题讲座；举办“向英雄致敬”——纪念陈子涛烈士100周年诞辰文艺晚会等。南京雨花台烈士陵园管理局负责人，自治区、玉林市、玉州区领导，离退休老领导代表以及陈子涛烈士亲属代表等出席活动。

31日 中国共产党玉州区第五届委员会第十次全体会议在区政府第一会议中心召开。出席会议的有玉州区委委员35人、候补委员7人。区纪委委员、监察委委员和有关方面负责人、区第五届党代会代表中部分基层党员列席会议。全会听取和讨论区委书记吕燕梅受区委常委会委托作的工作报告，审议通过《中国共产党玉林市玉州区委员会关于制定国民经济和社会发展第十四个五年规划和二〇三五年远景目标的建议》。区委书记吕燕梅就建议的讨论稿作了说明，区委副书记、区长莫景彪总结2020年经济社会发展情况，对2021年社会经济发展工作作出具体部署，区委副书记陈天宁宣读“玉州先进集体、好干部”表彰决定，全会还通过在2021年2月上旬召开中国共产党玉州区第五届代表大会第六次会议的决议，并审议通过有关报告、事项。

同日 玉州区对一批先进集体和优秀干部进行表彰，玉州区玉城街道等30个单位获“玉州先进集体”称号，徐军等80人获“玉州好干部”称号。受表彰的80位优秀干部包括“十大经济工作好干部”“十大项目攻坚好干部”“十大党务工作好干部”“十大勤政廉政好干部”“十大立德树人好干部”“十大健康卫士好干部”“十大脱贫攻坚好干部”“十大平安卫士好干部”等，涵盖玉州区各条战线的优秀代表。

2020年12月28日，玉州区举行纪念陈子涛烈士100周年诞辰系列活动。图为在纪念陈子涛烈士100周年诞辰暨陈子涛纪念馆揭牌仪式上，广西壮族自治区原党委书记陈辉光作讲话　　（区委宣传部　提供）

总 述

玉州概貌

【建置沿革】 宋至道二年(996年)鬱林州徙治于今玉州区玉城街道属地,并建筑州城。元袭之。明洪武二年(1369年)撤南流县直属鬱林州,明洪武十年(1377年)形成鬱林五属(指鬱林州和兴业、博白、北流、陆川四县)。清雍正三年(1725年)升鬱林州为直隶州,仍辖兴业等县。民国元年(1912年)鬱林直隶州改为鬱林府,民国2年(1913年)鬱林府改为鬱林县。1952年撤兴业县并入鬱林县,1956年鬱林县改为玉林县,1983年10月撤销玉林县,设立玉林市(县级)。1997年4月,国务院批准撤销玉林地区设立地级玉林市,原县级玉林市分设兴业县、玉州区。同时,经自治区人民政府批准,设立福绵管理区,作为玉州区的派出机构。同年9月1日,玉州区正式挂牌成立。2013年6月,国务院批复同意设立玉林市福绵区,不再为玉州区的派出机构。

(区方志办)

【地理位置】 玉州区地处广西壮族自治区东南部,玉林市境中部。位于东经109°59′~110°19′,北纬22°32′~22°49′。东接北流市,南连福绵区、博白县,西邻钦州市浦北县,北靠兴业县。

【地貌地形】 玉州区在广西地貌类型中,属桂东南丘陵区。根据地貌成因、岩组类型、组合形态、海拔高程以及航片和侧视雷达照片的特征,区内地貌主要分为构造溶蚀堆积平原区和构造剥蚀丘陵区,前者占绝大多数。玉州区地处玉林盆地,地形以盆地为主。

【山脉水系】 玉州境内山脉及山峰主要有大容山支脉及寒山岭。其中大容山支脉为东北—西南走向,长46千米,宽25~30千米,一般海拔800米。寒山岭位于城区西北14千米处,属大容山支脉,呈东南—西北走向,长13千米,宽5~6千米,主峰寒山海拔720米。境内河流为南流江流域南流江水系。南流江是广西独流入海的最大河流,玉州境内有路垌江、六珠江、罗望江(又名清湾江)等3条一级支流,有邓江、大良江、酾水江、三山江等4条二级支流。

【水资源】 玉州区南流江穿区而过,干流长约15.4千米,流域面积

玉州区南江街道广恩村一角　　(南江街道　提供)

436平方千米；一级支流3条，累计长约25千米，流域面积约357平方千米；二级支流7条，累计长54千米，流域面积约224平方千米；年平均降雨量1531毫米；地表水资源总量1.84亿立方米；地下水资源总量0.54亿立方米；人均水资源量小于259立方米。全年降雨量为1085.9毫米，多年平均降雨量1567.8毫米。2020年用水总量为2.472亿立方米，其中：农业用水1.0598亿立方米，工业用水0.4324亿立方米，生活用水0.9738亿立方米，人工生态环境补水量0.006亿立方米。

2020年，南流江叉江（玉州与福绵交界）断面水质：Ⅴ类达标率100%（市水利局委托广西新桂环保科技集团有限公司检测，一年检12次），未检出超标污染物。

【气 候】玉州区属典型的亚热带季风气候，气候温和，年平均温度为22.4℃；雨量充沛，年平均降雨量为1567.8毫米；空气湿润，相对湿度为80%；光热充足，年平均日照时数1536.6小时；无霜期长，年均无霜天数为362天。

2020年，玉州区气候年景总体上正常，平均气温为22.9℃，与常年相比偏高1.1℃；降水量为1082.9毫米，与常年相比偏少；日照时数为1591.8小时，与常年相比偏少。雨量高峰月出现在9月。全年影响玉州区主要气候的有夏旱、暴雨、台风、大风、冰雹。

【资源物产】2020年，玉州区总面积435.54平方千米。其中：耕地面积9318.48公顷，林地面积12200公顷。玉州区主要矿产有砖瓦用黏土、页岩、水泥用灰岩、建筑石料灰岩、建筑石料花岗岩、安山玢岩等。全区共有非煤矿山1座，2020年上报1宗采矿权出让计划，批复后计划在2021—2022年出让1宗净采矿权。玉州区植被区系属南亚热带常绿阔叶林区域，由于长期人为活动的影响，原生植被已受严重破坏，原始林已不复存在，多为次生林。林木种类不多，植物资源主要有红椎、樟木、格木、黄花梨、紫檀、苹婆树、木菠萝、木姜子、五味子、荷木、鸭脚木、栎类等。常见灌木主要有桃金娘、盐肤木、继木、余甘子、岗松、山芝麻、鬼画符等。禾本科草类主要有五节芒、纤毛鸭嘴草、鹧鸪草等，蕨类主要有铁芒萁、乌毛蕨等。人工植被已成为最主要的植被群系，主要有马尾松、杉木、湿地松、桉树、油茶、苦楝、火力楠、肉桂、八角、荔枝、龙眼、乌榄、板栗、柑橘、三华李、酸梅、阳桃、粉单竹、撑篙竹、甜竹、刺竹等。辖区内常见的动物资源主要有眼镜蛇、滑鼠蛇、王锦蛇、乌梢蛇、灰鼠蛇、三索蛇、银环蛇、蟒蛇、竹鼠、果子狸、豪猪、野猪、蓝孔雀、沼蛙、虎纹蛙、猫头鹰、仓鸮、噪鹃、画眉、鹞鹰、夜鹰、牛背鹭、白鹭、游隼、鹦鹉、乌鸦、大壁虎（蛤蚧）、赤腹松鼠等。

（区自然资源局）

【传统民俗】玉州民间信仰繁多，包括天地崇拜、山川海河崇拜、风雨雷电崇拜，还有对动物神、人格神的崇拜等。玉林的婚丧礼仪颇有特色，民间称男婚女嫁为“红事”，有相应的传统惯例；丧俗，丧事民间称为“白事”，治丧活动主要有“守孝”和“出山”。玉林有春节、清明节、端午节、中元节、中秋节、重阳节、冬至节等中国传统节日。春节喜欢吃“大米粉”的米制品；端午节在大门前挂上菖蒲，既可驱蚊消瘴，过后还可以煎汤沐浴驱邪防病；冬至节有吃粽子的习惯。玉州有牛腩粉、牛巴、白馓、茶泡、肉丸等风味的美食非物质文化遗产。民间传统文艺形式多样，文化内涵丰富。音乐类以玉林八音为代表，舞蹈戏剧主要有牛戏（勾嘴戏）、木偶戏、粤剧等，民间山歌也久负盛名、独具特色。2018年，寒山祈福习俗被列入广西第七批非物质文化遗产代表性项目名录。

2020年7月9日，玉州区山歌协会在江滨公园举行庆“七一”山歌表演活动
（区文联 提供）

2020年玉州区镇（街道）行政区划情况一览表

表1　　单位：个

镇(街道)	建制村	社区	建制村、社区名称
玉城街道	0	12	东明社区、州珮社区、垌口社区、新民社区、大新社区、东成社区、南观社区、西就社区、北辰社区、东岳社区、胜利垌社区、清湾江社区
南江街道	10	6	新联村、平志村、广恩村、坡塘村、七一村、岭塘村、分界村、云良村、合汉村、常乐村、南江社区、竹美社区、镇忠社区、玉铁社区、江滨社区、玉柴社区
城西街道	6	3	莲塘村、林村、永上村、新定村、玉豸村、五联村、庆丰社区、江岸社区、新团社区
名山街道	4	4	太阳村、二泉村、砵砂村、腾扬村、名山社区、五里桥社区、绿杨社区、旺瑶社区
城北街道	13	1	谷山村、潘岭村、高山村、排榜村、周埠村、睦马村、寒山村、陈旺村、彭村、罗竹村、钟周村、凤村、西岸村、平地社区
茂林镇	0	22	茂林社区、金谷社区、泉塘社区、大芦社区、泉东社区、泉西社区、陂耀社区、陂石社区、新寨社区、鹿峰社区、鹿潘社区、沙井社区、鹿塘社区、山电社区、车垌社区、湘汉社区、金桂丽湾社区、和睦社区、榕楼社区、石棠社区、大囊社区、长望社区
仁东镇	12	1	鹏垌村、中庞村、大鹏村、旺卢村、都甘村、木根村、龚罗村、鹤林村、沼心村、石地村、周村、良村、大路社区
仁厚镇	9	0	仁厚村、道良村、铁匠村、上罗村、下罗村、荔枝村、新旺村、大卢村、茂岑村
大塘镇	5	0	大塘村、阳山村、苏烟村、三和村、大双村

2020年，玉林牛巴制作技艺被列入广西第八批非物质文化遗产代表性项目名录。

【地方美食】 玉州独特的地理和气候环境造就丰富的土特产，为孕育美食提供丰厚的物质基础。

地方土特产　包括荔枝、龙眼、香蕉、柑橘、番石榴、大蒜头、八角、甘蔗、红菇、茶泡、玉桂、红薯、牛巴、肉糕、肉丸、三黄鸡等。

非物质文化遗产系列美食　包括白馓、茶泡、牛巴、牛腩粉、肉蛋、地豆饼、凉粽、生料粉等八大传统美食。

（区文体旅局）

【行政区划】 2020年，玉州区行政区划9个镇（街道），分别是玉城街道、南江街道、城西街道、名山街道、城北街道和茂林镇、仁东镇、仁厚镇、大塘镇，各镇、街道办事处辖59个村民委员会和49个社区居民委员会。其中茂林镇和名山街道的和睦村、榕楼村、石棠社区、大囊村、长望村5个村（社区）于2010年1月，经市委、市政府批准，整建制委托给玉东新区管理。

（区民政局）

【人　口】 2020年年末，玉州区总人口724402人，其中：男性370849人，女性353553人；城镇人口469919人，农村人口254483人。各镇（街道）年末人口数：玉城街道177363人，南江街道150849人，城西街道53346人，名山街道61941人，城北街道52949人，仁东镇61361人，仁厚镇31422人，大塘镇23967人，茂林镇111204人。

（区统计局）

【民族·宗教】

民族　玉州区没有世居少数民族，全部都是移居少数民族，多以散居形式居住。居住着壮族、瑶族、满族、回族、苗族、侗族、仫佬族、土家族、黎族、蒙古族、毛南族、水族、彝族、仡佬族、朝鲜族、京族、白族、藏族等29个少数民族。2020年，玉州区有少数民族人口1.79万人，占总人口的2.2%，分布在全区9个镇（街道）。

宗教　玉州区辖区内的宗教有天主教、基督教、佛教三大教派。2020年，玉州区登记的宗教活动场所17个。其中佛教15个、天主教1个、基督教1个，分布在玉林城区和9个镇（街道）。有信教群众2.346万人，其中：佛教2.2万人，天主教180人，基督教1280人；宗教教职人员31人，其中：佛教21人，天主教3人，基督教7人。

（区委统战部）

全面深化改革

【经济体制改革】 2020年，玉州区优化营商环境支持民营企业发展。出台《玉州区2020年优化营商环境实施方案》《玉州区2020年优化营商环境百日攻坚行动方案》等文件，调整成立攻坚工作领导小组，落实"一把手"负责制。实现"一网通办"及多窗受理向"一窗受理、集成服务"的转变。推行高频简单事项异地办理，可异地办理事项共104项。创新"一表申请"整合，已实现"一件事"办理事项共52项。完成政务服务"一张网"建设，政务事项网上可办率达99.91%。落实减税降费政策，全年玉州区由税务部门征收的税收和非税收入累计新增减税降费14151元。发展壮大两大产业集群。贯彻执行《玉林市培育打造机械千亿产业集群实施方案》《玉林市培育打造大健康千亿产业集群实施方案》等文件，以广西玉林先进装备制造城、玉林中医药健康产业园等园区平台为载体，依托中国—东盟（玉林）中药材交易市场等自治区级现代服务业集聚区，以玉博会、药博会等为契机，机械、大健康两大产业集群进一步发展壮大，工业集聚度不断提高，成为拉动经济增长的重要引擎。全年区内63家规上企业累计实现规模以上工业总产值316.6亿元，较上年同期增长15.26%。结合第20个"世界知识产权日"，开展知识产权宣传周活动。开展知识产权执法"铁拳"行动，已立案查处商标侵权案16个，涉案金额7.75万元，罚没款12.12万元。支持民营企业列入知识产权保护直通车重点企业名录库，提升知识产权创造质量，截至年末，服务玉州区直通车专利企业45家次，有2家企业被评为国家级知识产权优势企业（广西玉林制药集团有限公司、广西玉林卓越动力发电设备有限公司），2家企业被评为自治区级知识产权优势企业（广西参皇养殖集团有限公司、玉林市成鑫机械有限公司）。

【开放合作体制改革】 2020年，玉州区全面对接粤港澳大湾区。落实工作责任机制，成立玉州区"湾企入桂"工作指挥部，加快推动承接产业转移园区平台建设，玉林两湾产业园已通过"两评一案"专家评审会，并上传财政部PPP中心平台。牛腩粉产业园（一期）被列入抗疫特别国债库并取得1240万元专项资金。全年共赴粤港澳大湾区开展招商活动9次，玉林市环保静脉产业园等4个项目正在洽谈，签约招商引资项目1个（投资2.5亿元的中惠印刷包装项目）。聚焦"三大三新"产业，突出"建链、补链、延链、强链"，出台《关于鼓励玉州区总部经济发展的实施方案》《玉州区"三企入桂"工作方案》《玉州区招商引资激励办法》等文件，完善配套政策和制度体系，细化招商引资工作全过程，层层分解、压实责任。年内，全区招商引资到位资金累计87亿元。

2020年9月24日，自治区大数据发展局调研组到区政务服务中心调研政务服务和政务公开工作。图为调研组察看税务自助办理系统

（区大数据发展和政务服务局 提供）

【农业农村体制改革】 2020年，玉州区农村产权制度改革及"三变"改革有序推进。农村集体资产清产核资工作中，75个村（社区）的数据填报率达100%，75个村（社区）已开展农村集体经济组织成员身份确认，75个村（社区）已完成身份确认三次公示和股权量化工作，登记赋码工作有序开展，建立符合市场经济要求的集体经济运行新机制。农村产权流转交易市场建设完成区、镇（街道）、村（社区）三级服务体系建设。农村承包地管理与改革基本完成，土地确权证书颁发率超99.5%。探索"资源变资产、资金变股金、农民变股民"的最优方式，充分利用农村闲置的土地、水面、房屋、旅游等资源资产和符合管理规定的财政资金入股经营主体。成立农村乱占耕地建房整治工作领导小组，制定《开展农村乱占耕地建房问题整治工作方案》等文件，多次召开会议部署工作，压实各级责任，国家与自治区下发全区农村乱占耕地建房状况调查图斑共24910

宗，截至12月8日，已完成全部图斑外业调查工作，并按照“一宗一台账”登记造册，统筹整合纳入农村乱占耕地建房数据库。加大违法占用耕地建房巡查执法和打击力度。制定《玉州区乡村振兴战略规划（2018—2022年）》，明确乡村振兴发展目标和发展思路，提出未来几年乡村振兴发展方向和发展重点。全区获得产业发展专项、基础设施专项、公共服务专项乡村振兴项目共2个，获得乡村振兴补助资金415万元。建设特色优势产业示范基地，实施特色农业基地等特色优势种养产业“扩规模、提质量、增效益”行动，生产规模和效益同比增长7%以上。全年获得上级专项补助资金2325万元，重点推进三黄鸡产业集群、三黄鸡广西特色农产品优势区建设。

南江街道广恩村开展“清河日”活动　（南江街道　提供）

【生态文明体制改革】 2020年，玉州区持续抓好建筑扬尘和道路扬尘污染治理，利用可视化平台对露天焚烧秸秆垃圾进行监控，加强烟花爆竹禁燃禁放管控和硫黄熏中药整治力度，开展“三大专项”整治行动，坚决杜绝“散乱污”项目建设和已取缔的“散乱污”项目异地转移、死灰复燃，环境空气质量整体同比大幅提高。全面落实“河长制”，已任命109名河长。强化生活污水和工业污染治理，加强污水处理设施运营和管理，加密水环境质量监测。强化畜禽养殖污染治理，共有规模养殖场31家，粪污处理利用设施配套率达100%，其中29家获自治区“生态养殖场”认证。开展土壤环境质量调查工作，全区列入全国重点行业企业用地土壤污染状况调查的企业有17家，已经停产关闭的企业有9家。详查农用地和重点行业企业用地土壤污染状况，强化土壤风险防控和项目准入。督促辖区17家放射辐射源单位做好安全使用和管理工作。强化医疗废物管理，消除医疗废物环境污染风险隐患。中央环境保护督察“回头看”指出的6个问题，已全部完成。自治区南流江流域环境问题专项督察指出的9个问题，已全部完成。全年共出动环境执法人1466人次，检查企业1106家次，查处环境违法案件20件，处罚金额37.1万元，使用《中华人民共和国环境保护法》配套办法查处4件。

【民主法制领域改革】 2020年，玉州区稳妥推进政法改革和司法体制改革。制定《玉州政法领域全面深化改革实施方案》，囊括完善党对政法工作领导体系等九个方面的内容，推行重大决策社会稳定风险评估，及早预测风险、防范风险、化解风险，最大限度减少社会不和谐因素。贯彻落实《中国共产党政法工作条例》，完成区委政法委、区司法局机构职能撤并改革，推进基层整合审批服务执法力量。6月，成为玉林市率先完成镇（街道）政法委员配备的县（市、区）。严格规范公正文明执法，制定《玉州区全面推行行政执法公示制度执法全过程记录制度重大执法决定法制审核制度实施方案》，全面推行行政执法公示、执法全过程记录、重大执法决定法制审核等制度。推进完善员额制改革、以审判为中心的诉讼制度改革。探索公诉环节案件繁简分流办理机制，“简案快办、繁案精办”的工作格局基本形成。建立玉州区家事审判改革联席会议制度，建设玉州区家事案件审判中心，打造“1+2+3+4 > 10000”的家事审判“零距离”服务“玉州模式”。推行“枫桥经验”，东成派出所被自治区公安厅命名为广西首批“枫桥式公安派出所”。完善社会矛盾纠纷多元化解机制。建立完善的区、镇（街道）、村（社区）三级调解网络，有人民调解委员会99个、人民调解员694人。定期开展每月矛盾纠纷排查化解，截至12月末，各调解委员会共受理各类矛盾纠纷1598件，成功调解1545件，调解成功率达96.68%。实行“以案定补”奖励

2020年6月11日，区人民法院与团区委签订《关于构建玉州区青少年事务社工参与涉未成年人案件纠纷解决机制的合作协议》

（团区委　提供）

机制，做到“小事不出村，大事不出镇”，全年共有“以案定补”案件788件，共计发放“以案定补”补贴14.33万元。2020年，被国家信访局评为信访工作“三无”县（市、区）。

【社会体制改革】 2020年，玉州区建立新冠肺炎疫情常态化防控机制。建立健全与经济社会日常秩序相适应的常态化防控机制，坚持一手抓新冠肺炎疫情防控不松懈，一手抓经济社会发展不动摇。建立健全“区、镇（街道）、村（社区）、组”四级责任体系，推行“一查二控三服务”工作法，从3月3日实现“双清零”开始无新增确诊病例和疑似病例。制定支持打赢疫情防控阻击战促进经济平稳运行若干措施。落实稳岗补贴政策，全年发放贫困劳动力稳岗补贴人数5962人次，补贴金额575.44万元；发放交通补贴人数664人，补贴金额26.56万元。深入落实阶段性减免社保费和降低社保费率政策，全年养老、失业、工伤保险征收分别减少4082万元、966万元、501万元。2—12月，玉州区企业减免养老保险费约16609万元，失业保险费约517万元，工伤保险费约278万元，惠及3310家企业。联动应急救援机制建设。区应急管理局安全生产领域改革基本完成，各部门职能分工明确，应急、水利、住建、自然资源、公安消防、地震监测等部门资源共享、“大安全、大应急、大减灾”联动工作机制基本成型。“二级机构、三级网络”监管体制已形成，以基层安全生产网格化监管为基础，打通安全生产监管“最后一公里”。

【文化体制改革】 2020年，玉州区在完善投入机制、优化资源配置、改革办学模式、加强师资培养、推进均衡发展等方面进行大胆的探索和实践，通过以“扩容”为轴、以“提质”为轮，教育改革蹄疾步稳，“大兴教育”驶入快车道。2020年，玉州区被定为自治区基础教育教学改革示范区。文化旅游产业逐步壮大，不断加大对旅游产业的扶持力度，丰富旅游产品和线路。截至12月末，辖区内共有国家AAAA级旅游景区1家，旅行社49家，旅游星级饭店4家，四星级乡村旅游区2家，星级农家乐4家。推进玉州区新时代实践中心建设。成立由区委书记担任总队长的区新时代文明实践志愿服务总队，组建“十大志愿服务队”，建立三级联动志愿服务网络，玉州区实名注册志愿者达15万多人，各类志愿服务组织150多个。加强玉州区网络综合治理工作，对辖区网站，特别是属地网站、论坛、两微一端、社交网站等进行清查，督促网站落实主体责任，全年共清理僵尸网站约761个。

【行政体制改革】 2020年，玉州区巩固承担行政职能事业单位改革成果，加快推进参公事业单位重新认定，推进和规范玉州区事业单位机构编制方案制订工作。10月23日，玉州区对5个群团组织、43个参公事业单位的机构编制重新进行调整核定，进一步厘清各单位职责职能。

【乡镇体制建设】 2020年，玉州区推动能人领办村民合作社（企业）。强化镇（街道）党委（党工委）领导责任，推行村党组织书记、班子成员兼任集体经济组织负责人，选配合适的经营管理人员和发展带头人。村党组织动员党员、村民发展壮大集体经济，使发展集体经济过程成为发挥、检验党组织战斗堡垒作用和党员先锋模范作用的过程。坚持紧盯项目落实，2019年以来，累计投入资金1626万元建设项目27个，投入650万元建设村级集体经济产业示范园1个，创建自治区级示范性农村集体经济组织1个，50%的村集体经济年收入达10万元以上。

【纪律检查体制改革】 2020年，玉州区持续深化派驻机构改革。出台《玉州区纪委监委派驻机构调整方案》《玉州区纪委监委派驻机构实施方案》《玉州区纪委监委派驻机构设置和人员编制规定》等文件，明确派驻机构自身职能定位，明确派驻机构与驻在部门是监督与被监督关系，代表区纪委监委对驻在部门领导班子及下一级干部进行监督，履行监督职能相对独立，实现对全区67个区直机关单位（不含区纪委监委机关）监督全覆盖。严格党组（党委）主体责任落实。派驻机构强化监督第一职责，通过日常监督、约谈提醒、专项检查、问责追责等，不断推动驻在部门党组（党委）落实全面从严治党主体责任。全年区派驻机构列席“三重一大”会议125次，列席民主生活会42次，开展专项监督检查39次，发现存在问题23个，提出意见建议23条。派驻机构发挥前哨和“探头”作用，忠诚履行监督执纪问责和监督调查处置职责。精准运用“四种意识形态”，综合运用信访受理、线索处置、约谈提醒等多种形式，提高发现问题和处置问题的能力。全年派驻纪检监察组（含驻在单位）共立案31件，处置问题线索115件，运用“四种形态”处理116人。

【抓改革任务落实的措施及成效和亮点】 2020年，玉州区在建立健全区委深改委“两规则一细则”的基础上，出台工作要点、督察计划、改革文件制定和报审流程等改革工作和制度规范文件，搭建较为完善的改革运行规则和工作框架，进一步强化责任担当，提高改革文件的质量，保证改革工作运转顺畅、推进有序。坚持“改革推进到哪里督察就跟进到哪里”的理念，依据督察计划、对标对表，区委改革办与区督查绩效办一同组成督察力量，通过专项督察和全面督察相结合的方式，以督察推动落实、跟踪问效，促进改革落实的正向效应不断凸显。梳理中共十八届三中全会以来重点领域改革成效，坚持问题导向、目标导向、结果导向，客观评估全区重大改革举措的推进落实情况，总结形成可复制、可推广经验。推进落实中共十九届四中全会重要举措，并学习借鉴推广先进地区的改革经验。

【“自选动作”情况和成效】 2020年，玉州区开展基层统计有效管理模式试点改革。构建“三级一督”体系，确保统“全”，设立区、镇（街道）、村（社区）三级统计体系，建设统计执法监督体系，推行“派驻＋专职＋兼职”模式，通过政府购买统计服务的方式招聘12名统计协管员，区统计局调整设立统计执法监督股，成立区统计局统计调查服务中心。推动“三化建设”，确保统“实”，推动统计业务规范化、人才专业化、数据信息现代化。落实“两项保障”，确保统“顺”，落实工作资金保障和人员待遇保障。这项改革工作信息在《广西改革信息》刊登，4月7日自治区党委常委、常务副主席秦如培在该简报上批示“玉州区的做法好，请自治区统计局深入总结推广”，该经验和做法树起“玉州样板”，在全广西推广。

2020年，玉州区制定《玉州区激励干部干事创业担当有为暂行办法》《玉州区激励干部担当作为坚决打赢疫情防控阻击战的十条措施》《玉州区激励关爱专家人才在疫情防控一线担当作为的八项措施》等文件，建立玉州区激励干部新时代新担当新作为工作联席会议制度。实施“4挂1交流”干部接力培养工程。全年从区直单位选派60名党员组成党员先锋队，到各镇（街道）参与防疫工作，提拔、重用的26名科级干部中，有12名是从镇（街道）和工作一线艰苦创业中选出来的。开展“玉州先进集体、好干部”“先进基层党组织”“优秀共产党员”等一系列评比表彰活动，并对获得表彰的好干部，落实“四个优先”。推行绩效考评奖金二次分配，完善年度考核、绩效考评激励机制，常态化开展干部谈心谈话和问题提醒工作。强化宣传引导，营造对标榜样学先进的浓厚氛围。

（区委办）

经济建设

【经济建设概况】 2020年，玉州区实现地区生产总值497.54亿元，增长3.3%；规模以上工业增加值91.7亿元，增长10.5%；固定资产投资完成259.57亿元（含玉东），增长－9.4%；财政收入21.96亿元，增长－10.8%；社会消费品零售总额430.72亿元，增长2%；城镇居民人均可支配收入42972元，增长3.1%，农村居民人均可支配收入20202元，增长8.1%。

建立健全“区、镇（街道）、村（社区）、组”四级责任体系，推行“一查二控三服务”工作法，落实重点场所、重点单位、重点人群常态化防控措施，严格落实“外防输入、内防反弹”等一系列措施。投入4136万元改造医疗机构发热门诊，建设3个核酸实验室。投入875万元防控物资，夯实镇（街道）、村（社区）疫情防控基础。开展抗疫爱卫“五大清洁行动”，从源头上控制疾病发生与传播。加大对传染病防治法和防控知识的宣传教育，不断巩固疫情持续向好形势。派出5名医务人员驰援湖北抗疫。组建企业全面有序复工复产工作专班，加强精准支持企业复工复产。3月，全区各类企业和项目复工率和到岗率均达到100%。2020年，全区地区生产总值增长3.3%；规模以上工业增加值增长10.5%；本级固定资产投资增长3.8%；社会消费品零售总额增长2%；城镇居民人均可支配收入42972元，增长3.1%，农村居民人均可支配收入20202元，增长8.1%。在自治区2019年度县域经济考核中，玉州区获2019年度广西高质量发展先进城区荣誉称号，成为广西唯一一个10次被评为广西经济发展（科学发展、高质量发展）先进城区的县（市、区）。

2020年，玉州区统筹推进经济发展与结构优化、农业及示范区建设、工业及产业园区发展、服务业及特色旅游发展、城乡发展、生态建设与环境保护等6个方面工作，县域经济发展综合实力不断增强。在自治区2019年度县域经济考核中，玉州区最终以82.98分获2019年度广西高质量发展先进城区荣誉称号，成为广西唯一一个10次获得广西经济发展（科学发展、高质量发展）先进城区称号的县（市、区）。

【重大（重点）项目建设】 2020年，玉州区列入自治区层面统筹推进重大项目11个，计划总投资1274305万元，年度投资完成率147.5%。玉林市层面统筹推进重大项目74个，完成投资38.84亿元，投资完成率100.11%，年度新开工项目17个，开工率100%；竣工项目9个，竣工率100%。玉州区处级领导干部联系重大项目74个，落实处级领导干部包联跟踪、加快推进。仁发五金机电物流城、润明农产品冷链物流、玉林牛腩粉产业园、乐祥国际等项目开工建设；金城广场、大北农贸市场等项目实现开业；解放中路棚户区一期、玉州区民营经济示范园、岭南文化特色街等项目加快推进；玉林市车载无油活塞空压机建设项目等自治区统筹推进预备项目正在开展项目前期工作。玉林两湾产业园项目成功进入财政部PPP项目库，玉州区民营经济示范园加快建设。

【招商引资】 2020年，玉州区以广西先进装备制造城、玉林中医药健康产业园两大园区为依托，谋划“两园多区”新格局，重点推进玉林国际陆港、玉林两湾产业园、玉林牛腩粉产业园、玉林（玉州）可再生资源循环经济产业园、玉州区民营经济示范园、玉林（玉州）智慧物流园、新能源电动车产业园等园区平台，加快破解全区暂无独立园区、发展平台不足的局面，助推“湾企入桂”项目落地。玉林牛腩粉产业园实现开工，意向入园企业达16家。玉林两湾产业园项目成功进入财政部PPP项目库，玉州区民营经济示范园加快建设。围绕机械制造、大健康等产业开展精准招商，制作招商强链补链图，实现招商工作“按图索骥”，集聚上下游企业，形成引进一个、建好一个、带动一批的联动效应。组建玉州区驻点招商工作组，成立玉州区驻粤港澳大湾区（广州）招商服务中心，加快“湾企入桂”步伐。全年共签约项目2个，签约金额达3.86亿元，其中“湾企入桂”签约项目1个，签约金额2.5亿元。

【抓好“工业强区”“商贸富区”】 2020年，玉州区按照“强龙头、补链条、聚集群”的思路，全力打造机械制造、大健康产业两大千亿产业，培植工业树、产业林，壮大发展新动能。全力配合推进广西先进装备制造城项目建设，征地工作已全面完成。机械制造业逆势高速增长，辖区内机械制造行业25家规上工业企业2020年累计实现产值223.2亿元，同比增长23.5%。同时，延伸机械制造产业链，布局发展新能源汽车、电动车等新兴产业，新能源电动车产业园项目前期工作加快推进。谋划科创机械年产200万件规模耐温耐磨新材料产品生产线项目、嘉德机械扩建发动机缸盖（国六、船电）生产线项目申报自治区“双百双新”产业项目。玉林中医药健康产业园基础设施不断完善，标准厂房二期、玉林市中西医结合骨科医院制剂中心等项目开工建设，康臣—玉药整体搬迁、岭南御泰药业等项目加快建设，可可康、微铭医疗器械建成试产，中医药健康产业项目不断集聚，为壮大“中国南方药都”品牌打下坚实基础。同时，健康食品产业取得新突破，玉林牛腩粉产业园从谋划到开工建设仅用时6个月，加速推动本土健康食品产业品牌化、标准化、规模化发展，促进食品加工产业全面发展。年内，健康食品行业及医药行业规上工业企业累计实现产值33.4亿元。中国—东盟（玉林）中药材交易市场通过自治区考核评估并全面开展提档升级工作，获得自治区评估组肯定。稳步推进33个服务业重大项目建设，完成年度总投资15.9亿元，完成152.3%，其中仁发五金机电物流城、润明农产品冷链物流、中集物流、乐祥国际等项目开工建设，金城广场、大北农贸市场等项目实现开业。加快培育发展服务业新业态新模式，深挖新增长点，推行“线上消费”和“无接触”配送模式。组织辖区企业参加“壮美广西·三月三暖心生活节”、玉林市第八届“岭南都会”消费购物节和2020年玉林市名特优产品展销会，提振消费信心、促进消费回补。玉州区新兴服务业发展促进中心获批成立，组织机构进一步健全，工作经费、人员配备得到落实，成为促进全区新兴服务业跨越发展的有力抓手。全年实现入库规上服务业企业18家，其中其他营利性服务业企业13家；入库限额以上批零住餐企业35家。

【项目投资建设】 2020年，玉州区继续推行区领导联系重大项目制度，采取“一线五式”工作法，项目建设步伐加快。年度新增自治区层面统筹推进重大项目6个，完成年度投资任务147.5%。市层面统筹推进重大（重点）项目74个，累计完成投资38.8亿元，完成投资任务100.1%，玉林牛腩粉产业园等17个重大项目实现开工；大参林医药物流中心等9个重大项目实现竣工投产。统筹推进“五网”建设项目13个，累计完成投资10.7亿元。加强项目谋划力度，共谋划新基建储备项目59个，总投资55.9亿元；乡村振兴项目88个，总投资69.6亿元。争取上级项目资金支持，1个项目获得新增政府一般债1亿元，5个项目获得新增政府专项债4.3亿元；16个项目获得抗疫特别国债1.2亿元；1个项目获得中央预算内投资1600万元；5个项目获得自治区乡村振兴补助415万元；1个项目获得自治区服务业专项资金500万元。推进耕地占补平衡，完成“旱改水”165亩（不含水沟道路完成151亩），补充玉州区耕地储备630亩，8个城乡建设用地增减挂钩项目约2000亩竣工验收，开展批而未供和闲置土地处置攻坚，盘活更多可用土地助推项目落地。强力推进征地拆迁，全年完成征地任务2686.8亩，其中重点项目南玉高铁（玉州段）已全部完成征租地任务541亩，成为全段第一个完成征租地和拆迁的县（市、区）。全区共560家企业在广西综合金融服务平台发布融资需求，放款金额达13.8亿元。

【推动“三农”发展和乡村振兴】 2020年，玉州区完成粮食总产量8.6万吨。生猪恢复生产，全年生猪出栏5.7万头，存栏4.3万头，无非洲猪瘟等动物重大疫情疫病发生。以参皇养殖集团为主导的广西三黄鸡产业集群区建设有序推进，全区累计建成自治区级现代特色农业（核心）示范区3个，县级示范区4个，乡级示范园12个，村级示范点60个。西岸村番石榴基地、中药材、仁东仁厚玉林香蒜和特色蔬菜、三黄鸡和特色水产品规模养殖等“十大特色农业基地”生产规模和效益同比增长7%以上。新增自治区级龙头企业2家，参皇养殖、九盛农业、益康菌业、金霖农业等农业龙头企业（生产基地）发展壮大，带动能力进一步增强。冬种马铃薯优势区创建项目走在全区前列，2020年全区冬种马铃薯生产推进会在玉州举办。新景象农庄、花果山庄、理想家园生态庄园等3家乡村旅游点积极创建星级农家乐。举办仁厚镇番薯文化旅游节，吸引各地游客20多万人，拉动销售番薯400吨。统筹推进“三清三拆+”和领导干部回乡美化家园活动。累计发动各级领导干部带动区外工作、外出经商人员、新乡贤及当地群众回乡美化家园2.8万人次，筹措资金1489.9万元全面实施“三清三拆”。建设完成基本整治型村庄95个、设施完善

2020年10月29日，自治区冬种马铃薯生产推进会与会领导、代表到大塘镇阳山村的九盛健康食品加工园参观　（区农业农村局　提供）

型村庄8个、精品示范型村庄3个，培育“城北—仁东—仁厚—南江”乡村游憩带。农村生活垃圾处置体系基本实现全覆盖，59个行政村建立村级环卫队，100%村庄垃圾实现村收镇运市处理模式。建立乡村建设人才队伍建设机制，326个自然村成立乡村振兴理事会，加强涉农项目、资金和资源整合力度，加强乡村建设。通过“规划设计、三清三拆、打违巡逻、保洁维护”等四个全覆盖，破解“地从哪里出”“钱从哪里来”的难题，2019年立项的8个项目已全部竣工，初步验收2078.6亩。集中力量推进全区乡村振兴示范带建设，打造仁东镇鹤林村—大路村—鹏垌村—木根村、仁厚上罗村—铁匠村—荔枝村—茂岑村—道良村乡村振兴示范长廊。通过“美丽玉林·城市乡村公园”主题规划，对仁东镇鹏垌村、南江街道广恩村、名山街道太阳村等村落进行乡土特色提升改造，打造城市乡村公园，转化成为城中村新的发展动力。

【重点领域改革创新】 2020年，玉州区实现“一网通办”及多窗受理向“一窗受理、集成服务”的转变。推行高频简单事项异地办理，可异地办理事项共846项。创新“一表申请”整合，已实现“一事通办”办理事项共52项。完成政务服务“一张网”建设，政务事项网上可办率达99.1%，全力打造便民高效政务服务环境。开展优化营商环境百日攻坚行动，完成指标任务数112个，完成率95%。聚焦“减环节、简材料、压时间、降成本”等核心要素持续改革，企业开办已压缩为1个环节1套材料，实现“0.5天、零成本”办结，便利度居全国前列。玉州区被评为广西首批民营经济示范县（市、区），南江街道被评为广西民营经济示范乡镇。全年新增注册企业3570家、个体户7320户，市场主体达7.1万家（户），全年累计新增减税降费1.2亿元。信用状况监测排名全市第一名。推进公立医院薪酬制度改革，推进医联体和区域医共体建设和28个专科组建专科联盟，构建起长期稳定的区域医疗联合体合作模式。继续巩固完善基本药物制度，做到基本药物“三统一”，规范药品流通秩序，压缩中间环节，降低虚高价格。农村土地承包经营权确权登记颁证工作基本完成，农村土地确权证书颁发率超过99.5%。农村承包土地确权登记颁证“回头看”工作基本完成。农村产权制度改革工作有序推进，8个镇（街道）、75个村（经联社）的农村集体资产清产核资工作数据填报率达100%。农村承包土地流转面积5.2万亩，占家庭承包经营耕地面积的44.5%。发放耕地地力保护补贴资金975万元，粮食生产者补贴资金155万元。年度组织申报科技项目26项，通过自治区科技厅高新技术企业认定申请审核企业7家，被评为自治区创新平台认定企业1家，科技成果转化项目3项；累计入库科技型中小企业31家。知识产权战略稳步实施。被评为国家级、自治区级知识产权优势企业各2家。辖区专利授权、有效发明专利拥有量216件，比上年增长10.2%；每万人拥有量2.9件，增长9.5%。

【经济结构调整】 2020年，玉州区三次产业结构比例为4.0∶27.2∶68.8，第三产业比重创历年新高，产业结构不断优化，主导产业不断壮大。全区农业增加值19.84亿元，增长4.6%。农产品生产保持平稳，西岸村番石榴基地、中药材、仁东仁厚玉林香蒜和特色蔬菜、三黄鸡和特色水产品规模养殖等生产规模和效益同比增长7%以上。玉州区玉林三黄鸡入选广西特色农产品优势区（第四批）创建项目，广西三黄鸡优势特色产业集群项目加快创建。工业发展提质增效。按照“强龙头、补链条、聚集群”的思路，全力打造机械制造、大健康产业两大千亿产业，培植工业树、产业林，壮大发展新动能。全年辖区规模以上工业增加值91.7亿元，增长10.5%。全年实现入库规上服务业企业18家，其中其他营利性服务业企业13家；入库限额以上批零住餐企业35家。做好疫情防控的同时全力推动旅游发展，全年共接待游客886.99万人次，旅游总消费126.26亿元。

【参与北部湾经济区升级发展】 2020年，玉州区主动融入北部湾经济区建设，以建设北部湾城市群商贸物流核心区为目标，深入实施“商贸富区”战略，培育物流龙头企业，推进商贸项目建设。重点推进玉林市润明农产品冷链物流项目、玉州区农产品加工及冷链项目、中集物流装备项目等项目建设，玉林中药材生产及交易仓储物流中心项目纳入自治区层面统筹推进重大项目。同时，配合玉林市加快推进玉林国际陆港项目前期工作，助力衔接中国—东盟自贸区，服务西部陆海新通道，全面辐射、吸引周边区域，形成核心枢纽。

【开放合作和参与“一带一路”建设】 2020年，玉州区加快融入“一带一路”建设，全方位推进“东融”“南向”，对接“两湾”地区。以广西先进装备制造城、玉林中医药健康产业园两大园区为依托，谋划“两园多区”新格局，重点推进玉林国际陆港、玉林两湾产业园、玉林牛腩粉产业园、玉林（玉州）可再生资源循环经济产业园、玉州区民营经济示范园、玉林（玉州）智慧物流园、新能源电动车产业园等园区平台，加快破解全区暂无独立园区、发展平台不足的局面，助推“湾企入桂”项目落地。2020年，玉林牛腩粉产业园已实现开工，意向入园企业达16家。玉林两湾产业园项目成功进入财政部PPP项目库，玉州区民营经济示范园加快建设。同时，推进玉林铁路口岸申建相关事宜，助推玉林进出口水平跨越式提升，城市综合竞争能力进一步增强。围绕机械制造、大健康等产业开展精准招商，制作招商强链补链图，实现招商工作“按图索骥”，集聚上下游企业，形成引进一个、建好一个、带动一批的联动效应。组建玉州区驻点招商工作组，成立玉州区驻粤港澳大湾区（广州）招商服务中心，加快“湾企入桂”步伐。全年共签约项目8个，签约金额达80.6亿元，其中“湾企入桂”签约项目6个，签约金额67.4亿元，进一步推进产业优势互补、融合发展。

（区发改局）

政治建设

【党的全面领导制度建设】 2020年，玉州区落实《中共中央关于加强党的政治建设的意见》，加强政治忠诚教育，建立完善“守初心、担使命”的长效机制，巩固拓展“不忘初心、牢记使命”主题教育成果。落实《加强新时代政治监督的指导意见》，聚焦“两个维护”，推动政治监督具体化常态化，确保党中央、自治区和玉林市决策部署在玉州落细落实。听取区人大常委会、区政府、区政协及区人民法院、区人民检察院党组工作汇报，开展镇（街道）党委（党工委）书记和区直有关部门党组（党委）书记落实“直面问题压实责任”谈心谈话活动及管党治党主体责任述职评议考核。

【“大学习、深调研、强服务、敢担当”活动】 2020年，玉州区深入开展解放思想再出发“大学习、深调研、强服务、敢担当”活动。围绕推动中央、自治区和玉林市重大决策部署落实，纵深推进解放思想再出发，抓实抓细“大学习、深调研、强服务、敢担当”四项措施，深化“六破六立”，进一步提升能力本领、强化精准服务，敢于担当实干，以思想再解放推动工作落实、破解难题、促进发展。活动开展以来，全区各级各部门和党员干部形成一批调研报告，提出许多务实管用的实招硬招，帮助基层解决一批实际问题。

【干部队伍建设】 2020年，玉州区研究制定《玉州区关于建设堪当“三大战略”发展重任“一流硬核”领导班子的实施办法》，着力建设忠诚干净担当的高素质干部队伍。在疫情防控、脱贫攻坚、项目建设、产业发展等一线提拔重用干部，提拔32人次。开展“玉州先进集体、好干部”评选活动，评选出30个先进集体，80名好干部，有力提振广大党员干部干事创业精气神。弘扬伟大抗疫精神，为第二人民医院驰援湖北的5名护士办理事业单位入编手续。

【人才强区】 2020年，玉州区成立玉州区人才发展中心，构建高层次人才扶持政策基本框架，落实发放2020年高层次人才补贴待遇12.3万元。坚持正向激励，命名韦志厚等17人为“玉州区第一批专业技术拔尖人才”，落实相关激励政策。

【基层党建】 2020年，玉州区开展“强基创星”攻坚大行动，持续

2020年6月16日，玉州区委、区政府召开玉州区解放思想再出发“大学习、深调研、强服务、敢担当”活动推进会　（区委宣传部　提供）

推进基层党组织标准化规范化建设。创建自治区级、玉林市级星级党组织共718个，创星率达55.02%。提早谋划村“两委”换届，稳妥推进“一肩挑”工作。2020年，打造4个市级基层党建先锋镇（规范镇）。59个行政村集体收入全部达到5万元以上。稳妥推进街道管理体制机制改革，促进基层治理体系和治理能力“双提升”。推行“一网三统三进”网格党建工作法，形成“小网格推动大党建”的工作格局。实施“135”工程，抓好学校党建品牌创建工作。玉州区东环小学被定为自治区中小学校党支部标准化规范化建设现场推进会参观点。构建全市首个“党建医联体”，组建30个专科联盟、2个党建医疗联合体和区域医共体。持续开展两新组织党建工作“百日攻坚”大行动，两新党组织覆盖率达到89.7%，培育自治区级示范点4家、市级示范点25家，位列玉林市第一方阵。培育区人民检察院党支部等6个五星级机关党组织。国企党组织100%达到规范化建设标准，玉州区在玉林市国企党建工作会议上作经验交流。

【监督执纪】 2020年，玉州区开展形式主义官僚主义突出问题专项监督和漠视侵害群众利益问题专项整治，立案查处违反中央八项规定精神和各类“四风”问题12个，发出纪律监察建议书3份。深入整治违规吃喝和违规发放津贴补贴问题，开展拉网式、全覆盖的专项检查，发现问题14个，清退款项7.87万元。强化片区协作机制，从严监督执纪，加大警示教育力度，一体推进不敢腐、不能腐、不想腐体制机制。全区立案108件，结案117件，给予党纪政务处分114人，组织处理3人。其中，留置案件实现“零”的突破。精准运用监督执纪“四种形态”处理401人次，公开曝光典型案件21起。开展扶贫领域腐败和作风问题专项治理，集中整治民生领域损害侵害群众切身利益问题，立案查处扶贫领域违纪问题33件，给予党纪政务处分36人。深化扫黑除恶专项斗争，立案审查涉黑涉恶腐败问题和保护伞案件2件，结案6件，给予开除党籍处分3人，党内警告处分3人，其中移送司法机关1人。

【巡察整改】 2020年，玉州区坚持巡察与整改并重，聚焦脱贫攻坚、环保、教育、卫生等重点涉及民生领域，采取常规巡察和专项巡察结合的模式，统筹推进巡察和整改。开展三轮巡察，巡察单位22个，完成问题整改70个，移送问题线索14条，建立健全制度21项，挽回经济损失19.3万元，实现五届区委巡察全覆盖和提升巡察整改质效。扎实做好中央、自治区党委巡视反馈问题整改，配合做好中央巡视广西有关工作。

（区委办）

社会建设

【社会信用体系建设】 2020年，玉州区无政府失信案件和重大失信事件；共归集“双公示”信息30461条，其中行政许可29815条，行政处罚646条；报送政策性和动态性文件139篇；信用承诺书112份；有失信被执行人3573人次。累计到12月，在玉林市县（市、区）信用状况监测情况排名中，玉州区信用指数排名第一，优化营商环境，打造“诚信玉州”。

【城区环境面貌全面提升】 2020年，玉州区推进“四城同创”工作，出动1559人次对辖区内各小区、小街小巷、城中村、农贸市场等重点区域进行全面整治，进一步提升市容市貌。推进垃圾分类试点工作，确定垃圾分类示范片区、示范社区、试点小区，初步建成垃圾分类亭13个，为全面开展垃圾分类奠定基础。有序发展“地摊经济”，规范“临时摊点群”。已在沿江路、美林街等10个主城区路段初步设置临时占道露天市场、夜市，规范

2020年9月21日，玉州区“四城同创”工作部署会召开

（区政府办 提供）

摊位1250多个。大南路延长线、二环西路建成通车，二环南路、民主南路等项目扎实推进。红星路、新民路等旧城改造项目加快推进。棚户区改造稳步推进。绿杨、羊义岭片区等棚改项目实现开工建设，2020年列入国家任务的297户棚户区改造任务全部实现开工。8个安置区建设集中攻坚。毅德新增、南梧高速、长淇安置区前期工作加快推进，养马坡、余善桥、五联安置区正在加快建设，红星美凯龙安置区基本完成建设，泉西塘安置区已完成全部工程。

【扎实抓好"三大攻坚战"】2020年，玉州区紧盯脱贫攻坚"两不愁三保障"标准，扎实推进脱贫攻坚工作，全区最后234户贫困户706人全部实现脱贫，脱贫攻坚战胜利圆满收官。全年共投入各级财政专项扶贫资金5859.8万元。脱贫监测户、边缘户均已落实差异化的帮扶措施，返（致）贫风险的监测户、边缘户全部列为监测对象。义务教育保障方面，强化送教上门，确保寄宿生补助等教育资助到位，落实"双线四包"责任，全区无建档立卡贫困户学生失学、辍学。住房保障方面，加快危改进度，全年28户危改任务（其中建档立卡贫困户15户）全部完成。医疗保障方面，参加基本医疗保险的16936人全面落实医疗保障"198"政策，3644人办理门诊特殊慢性病就诊证，57个村卫生室实现标准化建设。饮水安全达标方面，投入资金1332.1万元，建设完成2020年度农村饮水安全巩固提升工程9个，受益人口38183人（其中，受益贫困人口5064人），全区集中供水率达94.3%，自来水普及率达92.8%，饮水安全全面达标。全区通过认定的扶贫产品供应商12家，扶贫产品98个，举办农产品产销对接会2场，扶贫产品销售金额4198.6万元。开发扶贫公益性、非固定性村级扶贫公益性岗位安置贫困劳动力上岗1970人，14个就业扶贫车间吸纳贫困劳动力101人，落实贫困劳动力稳岗补贴575.5万元、交通补贴26.6万元。通过持续抓好建筑和道路扬尘污染源治理、露天焚烧秸秆垃圾、烟花爆竹禁燃禁放、硫黄熏中药整治、"散乱污"企业清理整治等措施，全区环境空气质量整体同比大幅提高。全年PM2.5累计均值浓度为28.4微克/立方米，比2019年同期下降20%。环境空气质量优良率为98.9%，比2019年同期上升5.3个百分点。强化畜禽养殖污染治理，畜禽规模养殖场生态养殖比重达96.7%、粪污处理利用设施配套率达100%。强化生活污水治理，3个镇污水处理厂二期管网铺设工作已全部完成，尾水全部稳定达到一级B标排放。城西街道永上村和新定村、城北街道西岸村、仁厚镇上罗村和下罗村吉洲及下塘片区生活污水管网铺设已全部完成。仁东镇东庆江在建的3000吨污水处理厂已完成70%的工程量。3个镇级污水处理厂和61套农村生活污水处理设施正常运行。全年大塘镇支流水质均值达到目标Ⅲ类；仁东镇支流断面水质均值达到目标Ⅳ类；清湾江下游水质均值达到目标Ⅳ类；叉江断面水质均值为Ⅴ类；苏烟水库饮用水水源和梨山饮用水源水质达到或优于Ⅲ类标准。强化土壤风险防控和项目准入，详查农用地和重点行业企业用地土壤污染状况以及土壤环境质量，进一步确保土壤安全。中央环境保护督察"回头看"问题有效整改。全年共化解隐性债务近5亿元，完成计划的149.4%，守住不发生系统性风险的底线。设立玉州区农村中小金融机构经济纠纷联动调解站，推进金融纠纷及时、便捷、有效化解。

2020年8月7日，区人社局开展脱贫攻坚"明白人"活动工作推进会
（区人社局　提供）

【抓好"文化兴区"】2020年，玉州区"大兴教育"持续推进。实施"扩容提质"工程，新建学校项目3个，玉州区第二实验初中秋

季期实现招生，增加学位1800个，全区大班额比例控制在5%以内。精准实施教改提质行动，教育质量持续提升，玉州区被评为自治区十个基础教育教学改革示范区之一。加强民办教育管理，全年共受理民办教育机构（幼儿园、中小学、校外培训机构）设立申请142所，同意设立142所。全区普惠性幼儿园覆盖率达85%。教师队伍建设日益完善，全年共补充教师510名（其中乡村教师430名）。按照“六个一”标准继续实施文化惠民工程，新建城北街道凤村等3个村级公共服务中心，累计共建成59个村级公共服务中心，建成率达100%。文化基础设施项目加快建设，岭南特色文化街、万花楼等项目加快推进。地域特色文化品牌进一步打响，加快建设玉林牛腩粉一条街，建设自治区级“广西八音”大北小学传承示范基地、“玉林寒山祈福习俗”寒山村传承示范基地、市级“玉林茶泡”李世俊茶炮制作坊传承示范基地。

玉州区仁厚中医药特色文化小镇建设加快推进，《仁厚特色小镇建设阶段动态评估概况展示》通过自治区验收。同时，围绕打造国家级大健康产业示范区目标，加快寒山文旅养生小镇、岭南古州小镇、玉林市都韵特色康养旅居项目、小漓江康养旅游项目等一批集医养结合、旅游休闲等为一体的健康文化旅游项目前期工作。

【抓好民生福祉】 2020年，玉州区做好高校毕业生、农民、退役军人等重点群体就业创业服务工作。全年城镇新增就业人数4500人，城镇登记失业率2.9%。全区基本养老、基本医疗、城乡低保等社会保障水平明显提高。疫情防控期间，落实减免缓缴社会保险政策，全区企业共减免养老、失业、工伤保险费共17404万元，惠及3310家企业；执行降低社会保险费率政策，共减少征收5549万元；失业保险稳岗返还政策加速落地，向1071家企业发放一般稳岗、困难企业应急稳岗返还金额共730.3万元。城乡居民最低生活保障、困难群众的临时救助、特困供养等社会救助发放到位。中央投资项目玉州区人民医院医技综合大楼、仁东中心卫生院综合楼扩建项目、仁厚大塘卫生院业务用房项目和5个社区卫生服务中心设备项目加快建设。开展“优质服务基层行”活动，全面提升全区医疗服务质量。南江社区、玉铁社区卫生服务中心达二级医院推荐标准，其他卫生院（社区卫生服务中心）均达二级医院基本标准。2020年，全区推进为民办实事的社保惠民、健康惠民、教育惠民、扶贫惠民、文化惠民等10个大类21个子项目建设，全部实现100%工程建设目标。严厉打击各类违法犯罪，全年入室盗窃案、伤害案立案数同比分别下降11.4%、15%，现发命案破案率100%。继续深入推进扫黑除恶专项斗争，打掉恶势力犯罪集团2个，发放源头治理“三书一函”29份，收到回复29份。抓实抓紧禁毒重点整治，共破案157起，同比增长25.6%；缴获各类毒品5978.7克。加强对邪教组织反宣传及防控打击。成立玉州区综治中心，开展“雪亮工程·平安家园”治安视频监控系统建设，新装治安摄像头，为全区社会治安安全稳定提供有力的保障。全力做好重大活动和重要节点期间安保维稳，开展矛盾纠纷精准排查和精细化解，全区未发生影响社会政治稳定的“大事”“中事”及群体性事件，获自治区政法委命名为2019年度“平安区”，被国家信访局评为信访工作“三无”县（市、区）。群众安全感达97.8%，群众对政法队伍满意度达93.1%。

（区发改局）

生态文明建设

【生态文明建设概况】 2020年，玉州区牢固树立保护生态环境就

2020年10月20日，玉州区领导干部到仁厚镇茂岑村开展植树活动

（区发改局 提供）

2020年1月27日，区自然资源局与市森林公安玉州分局联合开展非法经营利用野生动物执法检查　　（区自然资源局　提供）

是保护生产力、改善生态环境就是发展生产力的理念，推动绿色发展、循环发展、低碳发展。通过大力实施植树造林、自然保护区建设、水土保持综合治理、农村生态能源工程建设、耕地保护、生态公益林保护、矿山土地复垦，取得明显成效。玉州区耕地保有量9318公顷，林地保有量约为12241.17公顷，森林覆盖率为27.11%。

【自然保护区管理】 2020年，玉州区纳入广西大容山自治区级自然保护区范围全部为集体林地，面积共15409.8亩，分布在大塘镇三和村33.1亩、苏烟村6401.9亩和大双村8974.8亩。玉州区对纳入保护区的范围强化督导检查，平时以林业站护林员巡查为主，充分发挥玉林市森林公安局玉州分局打击违法犯罪的主力军作用，加大案件查处，严厉打击破坏自然保护区违法违规犯罪行为，其他各有关部门要按照各自承担的工作任务，密切配合，共同协作，形成各部门参与、齐抓共管的局面。

【森林生态效益补偿项目】 2020年，上级下达玉州区森林生态效益补助基金40.59万元，其中：中央财政森林生态效益补助基金22.81万元，自治区财政森林生态效益补助基金17.78万元。根据自治区公益林落界调查结果，全区实有公益林14583.75亩，其中：国家级公益林13533亩，自治区级公益林1050.75亩；大塘镇三和村84.9亩，大塘镇大双村8710亩，大塘镇苏烟村5788.85亩。10月末，全区共完成森林生态效益补偿基金发放38.59万元，占应完成任务38.59万元的100%。

（区自然资源局）

中共玉州区委员会

党委综述

【区委工作机构概况】 2020年，中共玉林市玉州区委员会（简称区委）机构设置19个，其中，有区纪委监委、区委办、区委组织部、区委宣传部、区委统战部、区委政法委、区委编办、区直机关工委、区委巡察办、区信访局、区督查绩效办、区委机要局12个工作机构；区委教育工作委员会、工业集中区党工委、玉城街道党工委、城西街道党工委、南江街道党工委、名山街道党工委、城北街道党工委7个派出机构。此外，还设区委党史办、区档案馆2个直属事业单位；区委全面依法治区委员会、区委审计委员会、区委全面深化改革委员会、区委网络安全和信息化委员会、区委教育工作领导小组、区委农业农村工作领导小组、区委国家安全委员会、区委机构编制委员会8个议事协调机构。

【区委工作要点】 2020年，区委坚持以习近平新时代中国特色社会主义思想为指导，深入贯彻落实中共十九大和十九届二中、三中、四中、五中全会精神，围绕"建设壮美广西、共圆复兴梦想"总目标总要求，按照"三大定位"新使命和"五个扎实"新要求，坚持稳中求进工作总基调，坚持新发展理念，积极融入新发展格局，统筹抓好疫情防控和经济社会发展，做好"六稳"工作，落实"六保"任务，推动各项事业取得新成效。

【自治区党委领导考察玉州】 鹿心社深入玉林市调研　2020年7月6—7日，自治区党委书记、自治区人大常委会主任鹿心社到玉林市调研。鹿心社到全国乡村管理示范村——玉州区仁东镇鹏垌村，走村入户，深入实地考察农村人居环境整治和乡村风貌提高工作。

范晓莉深入玉林市调研　2020年10月29日，自治区党委常委、宣传部部长范晓莉一行深入玉林市，就宣传思想和文化旅游工作进行调研。市委书记黄海昆陪同调研。范晓莉先后深入玉林市图书馆新馆，玉林嵘丰印刷物资有限公司，玉州区仁东镇鹏垌村新时代文明实践站、农家书屋、古村落民居实地调研。与相关负责人交谈，详细了解具体情况，并提出明确要求。范晓莉对玉林市宣传文化工作特别是2020年以来克服疫情影响，加快公共文化设施建设，推进文化企业复工复产，深化文明城市创建，全面提升社会文明程度等予以充分肯定。

曾欣深入玉林市玉州区调研　2020年12月1日，自治区党委常委、政法委书记曾欣在玉林市玉州区仁东镇鹏垌村人大代表联络站开展主题为"推动爱国卫生运动，强化疫情防控，倡导文明健康"的进站活动，并对有关矛盾纠纷化解工作进行回访。曾欣与结对联系的基层人大代表一同深入仁东镇卫生院、鹏垌村康乐庄调研，实地察看当地疫情防控和人居环境整治工作情况，并举行民情沟通会。

区委重要会议

【中国共产党玉林市玉州区第五届委员会第八次全体（扩大）会议】 2020年1月9日，中国共产党玉林市玉州区第五届委员会第八次全体（扩大）会议在玉州区召开。全会由区委常委会主持。区委书记邹宇鹏向全会报告玉州区委五届七次全会以来区委常委会的工作。全会深入学习贯彻习近平新时代中国特色社会主义思想、中共十九大和十九届四中全会以及中央经济工作会议精神，中共中央总书记习近平对广西工作的重要指示批示和题词精神，自治区党委十一届六次全会、自治区经济工作会议和市委五届六次全会、市经济工作会议精神，听取和讨论区委书记邹宇鹏受区委常委会委托所作的工作报告，听取区长吕燕梅作全区 2019 年经济工作总结及 2020 年经济工作部署，审议通过《中国共产党玉州区第五届委员会第八次全体会议关于批准李刚等 3 人辞去中共玉州区委员会委员职务的决定》《中国共产党玉州区第五届委员会向中国共产党玉州区第五届代表大会第五次会议的报告（草案）》《中国共产党玉州区第五届纪律检查委员会向中国共产党玉州区第五届代表大会第五次会议的报告（草案）》《中国共产党玉州区第五届代表大会第四次会议提案办理情况报告（草案）》。全会还通过在 2020 年 2 月中旬召开中国共产党玉州区第五届代表大会第五次会议的决议，并审议通过有关事项。

【中国共产党玉林市玉州区第五届委员会第九次全体（扩大）会议】 2020 年 7 月 31 日，中国共产党玉林市玉州区第五届委员会第九次全体（扩大）会议在玉州区召开。全会由区委常委会主持。区委书记、区长吕燕梅代表区委常委会总结 2020 年上半年的工作，分析当前形势，对下半年工作作部署。区委常委、常务副区长王永坚总结上半年经济工作，对下半年经济工作作具体部署。

【中国共产党玉州区第五届代表大会第五次会议】 2020 年 9 月 4 日，中国共产党玉州区第五届代表大会第五次会议在玉州区召开，区委书记吕燕梅代表中国共产党玉州区第五届委员会作《不忘初心　牢记使命　奋力冲刺决胜全面小康》的工作报告。大会充分肯定区委五届四次大会以来的工作。大会学习贯彻习近平新时代中国特色社会主义思想特别是习近平总书记对广西工作的重要指示精神，贯彻落实中共十九届四中全会精神和自治区党委十一届八次全会、市委五届七次全会精神。大会同意报告提出的玉州区经济社会发展的总体要求。

【中国共产党玉林市玉州区第五届委员会第十次全体会议】 2020 年 12 月 31 日，中国共产党玉林市玉州区第五届委员会第十次全体会议在玉州区召开。全会由玉州区委常委会主持。全会学习贯彻习近平新时代中国特色社会主义思想和习近平总书记对广西工作的重要指示精神，全面贯彻落实中共十九届五中全会精神、自治区党委十一届九次全体（扩大）会议精神和玉林市委五届八次全会暨经济工作会议精神，听取和讨论区委书记吕燕梅受区委常委会委托所作的工作报告，审议通过《中国共产党玉林市玉州区委员会关于制定国民经济和社会发展第十四个五年规划和二〇三五年远景目标的建议》。区委书记吕燕梅就《建议（讨论稿）》向全会作了说明。区委副书记、区长莫景彪总结 2020 年经济社会发展情况，对 2021 年社会经济发展工作作具体部署。区委副书记陈天宁宣读“玉州先进集体、好干部”表彰决定。全会还审议通过《中国共产党玉州区第五届委员会向中国共产党玉州区第五届代表大会第六次会议的报告（草案）》《中国共产党玉州区第五届纪律检查委员会向中国共产党玉州区第五届代表大会第六次会议的报告（草案）》《中国共产党玉州区第五届代表大会第五次会议提案办理情况报告（草案）》。全会还通过在 2021 年 2 月上旬召开中国共产党玉州区第五届代表大会第六次会议的决议，并审议通过有关事项。

2020年12月31日，中国共产党玉林市玉州区第五届委员会第十次全体会议暨经济工作会议现场　（区委宣传部　提供）

区委重要决策部署

【深化市场监管综合行政执法改革】 2020年1月7日，区委办、区政府办印发《玉林市玉州区深化市场监管综合行政执法改革实施方案》的通知，结合玉州区实际，提出总体目标：打造政治过硬、业务精湛、秉公执法、人民满意的职业化市场监管综合执法队伍，更好地服务于全区经济社会发展大局。年末，基本建立全区统一、权威、高效的市场监管综合执法体制。

【深化区纪委监委派驻机构改革】 2020年1月9日，区委办印发《关于深化玉州区纪委监委派驻机构改革的实施方案》的通知，根据"以习近平新时代中国特色社会主义思想为指导，全面贯彻落实中共十九大和十九届二中、三中、四中全会精神，依据党章党规、宪法和监察法，适应深化党的纪律检查体制和国家监察体制改革要求，围绕维护习近平总书记党中央的核心、全党的核心地位，围绕维护党中央权威和集中统一领导，坚持稳中求进工作总基调，改革派驻机构领导体制，完善派驻监督工作机制，赋予派驻机构监察职能，深化转职能、转方式、转作风，提高派驻监督全覆盖质量，推动全面从严治党和反腐败斗争向纵深发展，为谱写新时代玉州高质量发展新篇章提供坚强的纪律保障"的指导思想，提出做到五个基本原则：坚持政治监督，坚持依规依纪依法，坚持协同高效，坚持问题导向，坚持权责一致。

【全面加强生态环境保护坚决打好污染防治攻坚战】 2020年1月20日，区委办、区政府办印发《全面加强生态环境保护坚决打好污染防治攻坚战的实施意见》的通知。主要目标是：到2020年，生态环境质量总体改善，主要污染物排放总量大幅减少，环境风险得到有效管控，生态环境保护水平同全面建成小康社会目标相适应。具体目标是：到2020年，玉州城区细颗粒物（PM2.5）平均浓度不高于35微克/立方米，空气质量优良天数比率达到91.5%；全区二氧化硫排放量、氮氧化物排放量均完成市下达的目标任务。全区玉林市"水十条"考核的南流江叉江断面水质达标，地表水无劣Ⅴ类水体；全区化学需氧量、氨氮排放量比2015年减少1%。受污染耕地安全利用率达到86.1%；污染地块安全利用率不低于90%；重点行业重点重金属污染物排放量不超过市下达指标；生态保护红线面积占比达到市下达指标；森林覆盖率达到市下达指标。通过加快构建生态文明体系，确保到2035年总体形成节约资源和保护环境的空间格局、产业结构、生产方式、生活方式，生态环境质量得到改善，美丽玉州目标基本实现。到21世纪中叶，生态文明全面提升，实现生态环境领域治理体系和治理能力现代化。

【开展"网格先锋在行动"】 2020年2月3日，区委办印发《玉州区开展"网格先锋在行动"凝聚全区力量共同打赢新型冠状病毒感染的肺炎疫情防控阻击战的工作方案》的通知，按照坚定信心、同舟共济、科学防治、精准施策的要求，贯彻落实中央、自治区党委、市委、区委相关部署，以网格为依托，以服务为宗旨，开展"网格先锋在行动"，构建网格化责任体系，实施精准化服务管理，凝聚全区力量，群策群力，共同打赢疫情防控阻击战。以"五个一"为抓手，开展"网格先锋在行动"，绘制一张作战图，织密疫情防控网，组建一支党员先锋队，树好群众主心骨，完善一个党群服务管理机制，确保防控全覆盖，签订一份承诺书，开展一系列宣传。

2020年1月26日，玉林市委副书记、市长韦韬（右三）到玉城街道清湾江社区检查从湖北返乡人员的摸排、建档立卡和网格化管理情况
（区委宣传部　提供）

【加强乡村风貌提升】 2020年5月29日，区委办、区政府办印发《玉州区进一步加强乡村风貌提升专项行动工作方案》的通知，通过进一步加强专项行动，影响改变农村居民存在的不良习惯，使农村人居环境更加舒适优美，乡风更加文明和谐，形成具有玉州特色的“传承文明、生态宜居、和谐美丽”乡村风貌，助推玉州乡村振兴建设。

【开展“大学习、深调研、强服务、敢担当”活动】 2020年6月30日，区委办印发《玉州区开展“大学习、深调研、强服务、敢担当”活动实施方案》的通知，通过广泛开展“大学习、深调研、强服务、敢担当”活动，推动全区广大党员干部进一步学懂弄通做实习近平新时代中国特色社会主义思想和中共十九大精神，提高理论素养；进一步巩固拓展“不忘初心、牢记使命”主题教育成果，纵深推进全面从严治党；进一步落实自治区党委十六字工作方针，推进“六破六立”，牢牢把握“东融”对接粤港澳大湾区这个最大的机遇，丰富完善加快“东融”“南向”开放发展步伐、推动融入“两湾”产业融合联动战略决策的措施办法，找差距、抓落实、求实效；进一步转变干部作风，激励干部敢为先勇担当善作为，不折不扣贯彻落实中央、自治区党委、市委和区委决策部署。

【建立健全中央、自治区党委、市委和区委重大决策部署落实工作机制】 2020年9月8日，区委办修订印发《关于建立健全中央、自治区党委、市委和区委重大决策部署落实工作机制的实施办法》的通知，要求要围绕中心，服务大局，围绕党委重大决策部署抓落实；按照“交必办、办必果、果必报”的要求，采取有效形式，使各项工作做到事事有落实，件件有回音；坚持从实际出发，以事实为依据，全面准确地了解和掌握情况，客观公正地反映和处理问题。

【玉州区组织工作服务保障“两湾”产业融合发展先行试验区建设十七条措施】 2020年10月10日，为打造“两湾融合党旗红”党建品牌，构建党建引领“两湾”产业融合发展长效机制，配合玉林市推进“两湾”产业融合发展先行试验区，为玉州区加快建成“两都一区”提供坚强政治保证和组织保证，区委办印发《玉州区组织工作服务保障“两湾”产业融合发展先行试验区建设十七条措施》的通知。

【全面实施预算绩效管理】 2020年11月14日，区委办、区政府办印发《玉州区全面实施预算绩效管理实施方案》的通知，按照自治区“三年打基础、四年全覆盖、五年成体系”的要求，坚持局部到整体、先易后难的路径推进，力争到2022年，基本建成全方位、全过程、全覆盖的预算绩效管理体系，形成预算绩效管理新格局，实现预算和绩效管理一体化。

【打造“两湾融合党旗红”品牌推进新时代组织工作高质量发展】 2020年11月20日，区委办印发《聚焦打造“两湾融合党旗红”品牌推进新时代组织工作高质量发展三年行动计划（2020—2022年）》的通知，围绕“建设壮美广西 共圆复兴梦想”总目标和“三大定位”新使命、“五个扎实”新要求，按照自治区党委提出的“解放思想、改革创新、扩大开放、担当实干”工作方针，着眼于全面提升全区组织工作质量，打造“两湾融合党旗红”品牌，以党的政治建设为统领，以高质量发展为导向，坚持强弱项、补短板，坚持重继承、求创新，坚持抓协同、促整合，坚持争先进、创一流，着力激发干部担当作为内生动力、增强党组织组织力、释放人才驱动力，推动组织优势更好转化为发展效能，为积极融入玉林市打造“两湾”产业融合发展先行试验区，推动玉州经济社会高质量发展提供坚强组织保证。

【扎实做好“六稳”工作全面落实“六保”任务】 2020年11月23日，区委办、区政府办印发《玉州区全面落实“六保”任务的实施方案》的通知，以更大力度促进经济平稳运行，确保完成2020年全区经济社会发展目标任务。

【玉州区行政事业单位经营性国有资产管理改革实施方案】 2020年11月20日，区委办、区政府办印发《玉州区全面实施预算绩效管理实施方案》的通知，通过对玉州区行政事业单位的经营性国有资产进行整合运营改革，对分散在各部门、各单位的经营性国有资产实行集中管理、集约经营，逐步建立国有资产良性循环的运营体系，实现玉州区国有资产在管理上的安全、完整和在经营、运行上的高效保值增值，提高政府对经济社会宏观调控能力，促进玉州区各项建设事业又好又快发展，同时从源头上预防和治理腐败。

【贯彻落实玉林市“六大会战”若干措施】 2020年11月25日，为扎实做好“六稳”工作，全面落实“六保”任务，凝心聚力打好三次产业达产增产、“五网”项目建设、提振消费、“三企入桂”、稳外贸稳外资、稳企保岗等“六大会战”，在执行上级“六大会战”要求的基础上，结合玉州区实际，区委办、区政府办印发《玉州区全面实施预算绩效管理实施方案》的通知，加快形成以国内大循环为主体、国内国际双循环相互促进的新发展格局，为完成全年经济发展目标任务提供有力支撑。

【深化党组织书记“直面问题压实责任”谈心谈话活动】 2020年12月14日，区委办印发《玉州区深化党组织书记“直面问题压实责任”谈心谈话活动工作方案》的通知，坚持问题导向，谈心谈话内容要突出“八个必谈”，谈话单位在谈话前围绕“八个必谈”认真梳理谈心谈话问题清单，做到对苗头性、倾向性问题进行提醒，对落实管党治党责任不到位的进行批评教育，着力解决管党治党中的突出问题。

【创建5A幸福村】 2020年12月14日，为推进玉州区市域社会治理现代化，统筹发挥基层乡村、社会力量、群众主体作用，创新乡村治理模式，提升群众的幸福生活指数和基层社会治理水平，结合全区实际，区委办、区政府办印发《玉州区创建5A幸福村工作方案》的通知。

【创建5A幸福小区】 2020年12月14日，为推进玉州区市域社会治理现代化，统筹发挥居民小区、社会力量、居民群众主体作用，创新居民小区治理模式，结合玉州实际，区委办、区政府办印发《玉州区创建5A幸福小区工作方案》的通知。

【推进镇(街道)调解政务执法管理综合平台建设】 2020年12月14日，为全面落实中央、自治区和玉林市推进基层整合审批服务执法力量的工作部署，有效整合人民调解、维稳信访、政务服务、行政执法等资源，在镇(街道)综治中心基础上，推进镇(街道)调解、政务、执法管理综合平台建设，构建简约高效的管理体制，区委办、区政府办印发《关于推进镇(街道)调解政务执法管理综合平台建设的实施方案》的通知。

【推进监察工作向乡镇(街道)延伸】 2020年12月24日，为深化国家监察体制改革，加强对公权力和公职人员监督的全覆盖，推动监察工作向乡镇(街道)延伸，区委办印发《关于推进监察工作向乡镇(街道)延伸的实施方案》的通知。

【玉州区经济社会发展11项重大事项和重点工作实行指挥长工作责任制】 2020年4月24日，区委办、区政府办印发《玉州区经济社会发展11项重大事项和重点工作实行指挥长工作责任制工作方案》的通知，聚焦脱贫攻坚“四大战役”、实施乡村振兴战略、数字玉州、全面东融对接粤港澳大湾区建设、南流江重点流域生态保护和环境治理工程、“双百双新”产业项目发展工程、千亿产业、重大交通基础设施(南宁至玉林城际铁路项目玉州段)攻坚、创建民营经济先行示范区、三件大事、安置区建设攻坚等11项事关全区经济社会发展的重大事项和重点工作，按照“一个事项、一名领导、一套班子、一竿子插到底”的工作原则，实行指挥长工作责任制，每项重大事项和重点工作分别成立指挥部，由1名区领导担任指挥长(总指挥长)，全面负责推进工作。

【加强乡镇政府服务能力建设】 2020年5月9日，区委办、区政府办印发《关于加强乡镇政府服务能力建设的实施方案》的通知，围绕实施乡村振兴战略和协调推进新型城镇化建设，以实施“3个完善、4个改革、5个提升”工程为抓手，争取到2020年，全区乡镇政府服务能力全面提升，服务内容更加丰富，服务方式更加便捷，服务体系更加完善，基本形成职能科学、运转有序、保障有力、服务高效、人民满意的乡镇政府服务管理体制机制。

【开展“三清三拆”百日攻坚迎小康大会战】 2020年7月20日，区委办、区政府办印发《玉州区开展“三清三拆”百日攻坚迎小康大会战的实施方案》的通知，实现全区“三类村庄”环境达到“干净、整洁、有序”的基本目标，以激活群众内生动力为根本，通过百日攻坚，稳固城乡环境卫生保洁体系，优化村庄布局，提升村庄风貌，建立完善管护长效机制，打造在全市乃至自治区有较大影响力的乡村振兴精品村、示范带，持续推进全区乡村振兴高质量发展。

【“美丽玉州·幸福乡村”活动】 2020年7月21日，区委办、区政府办印发《“美丽玉州·幸福乡村”活动指导意见》及3个配套文件的通知，力争到2020年年末，“环境秀美”实现所有行政村生活垃圾处理“三落实”(落实保洁人员、落实管护经费、落实处理措施)，对生活垃圾进行处理的行政村比例保持100%；持续开展农村环境综合整治，完成40个行政村生活污水处理项目建设；持续深化“厕所革命”，全区农村无害化卫生厕所普及率保持在90%以上；基本完成乡村建设规划编制，村级基本完成实用性规划编制；大力整治村庄公共空间，打造5个环境整治精品示范村庄，完成1个美丽宜居试点镇和3个乡土特色试点村建设，初步完成玉州区风貌示范带建设，把各种资源项目向示范带建设一线统筹、一线压实、一并推进。“生活甜美”实现全区“三变”（资源变资产、资金变股金、农民变股东）改革试点工作取得阶段性成效，全区100%的行政村开展“三变”改革工作；农村集体经济实现健康有序发展，每个行政村村级集体经济年收入达到5万元以上，农村居民人均可支配收入比2010年增长2倍以上。“乡村和美”实现全区有条件的行政村综合文化服务中心基本覆盖，社会主义核心价值观深入人心，倡导遵纪守法、尊老爱幼、家庭和睦、勤俭持家、邻里团结、爱护清洁、讲究卫生的文明风气，形成文明和谐的乡村风尚。从而实现全区清洁乡村、生态乡村、宜居乡村活动与幸福乡村活动有机衔接，活动内容不断拓展，活动内涵不断深化，活动成效持续巩固提升。

【玉州区中医药健康产业供应链发展规划（2019—2025）】 2020年8月20日，区委办、区政府办印发《玉林市玉州区中医药健康产业供应链发展规划（2019—2025）》的通知，到2025年，将玉州区建设成为国家级中医药物流中心，国家级中医药健康产业引领区，通过供应链带动中医药健康产业的“玉州模式”。基本建成布局合理、覆盖广泛、衔接顺畅的物流基础设施网络；基本建立“全程温控、标准健全、绿色安全、应用广泛”的现代冷链物流服务体系；培育引进一批具有核心竞争力、综合服务能力强的物流企业；建成一批具有示范效应的中医药制造企业、中医药种植企业、大健康休闲旅游基地。

【推进基层整合审批服务执法力量】 2020年9月30日，区委办、区政府办印发《玉州区关于推进基层整合审批服务执法力量的实施方案》的通知，坚持和加强党的全面领导，围绕服务基层、方便群众，统筹整合各类资源，着力加强审批服务和综合执法“两个平台”建设，持续优化政务服务和基层治理“两张网”，加快构建适应镇（街道）工作特点及便民服务需要的体制机制，使党在农村基层的执政基础更加巩固，基层各类机构、组织在服务保障群众需求上有更大作为。

【开展学习宣传贯彻中共十九届五中全会精神“六个一活动”】 2020年12月16日，区委办印发《关于开展学习宣传贯彻中共十九届五中全会精神“六个一活动”的通知》，在全区兴起学习宣传贯彻中共十九届五中全会精神热潮，集中开展学习宣传贯彻中共十九届五中全会精神“六个一活动”。全区各级各部门要进一步增强“四个意识”、坚定“四个自信”、坚决做到“两个维护”，以高度的政治自觉、思想自觉、行动自觉学习领会好、贯彻落实好全会精神，与深入学习贯彻习近平新时代中国特色社会主义思想结合起来，与深入贯彻落实中共中央总书记习近平对广西工作重要指示精神结合起来，通过开展“六个一活动”，把十九届五中全会的各项决策部署和工作要求落到实处，全面完成2020年和“十三五”规划的目标任务。

【玉州区乡村振兴战略规划（2018—2022年）】 2020年3月22日，区委、区政府印发《玉州区乡村振兴战略规划（2018—2022年）》的通知。实施乡村振兴战略在我国“三农”发展进程中具有划时代的里程碑意义，实施乡村振兴战略也是建设壮美广西、共圆复兴梦想的重要战略任务。玉林市提出要深入贯彻习近平总书记“三农”思想的深刻内涵和核心要义，把实施乡村振兴战略摆在优先位置，让乡村振兴成为全市广大党员和干部群众的共同行动，实现玉林争当自治区乡村振兴的示范市和排头兵目标。玉州区也要充分认识实施乡村振兴战略的重大意义，立足玉州区区情，尊重乡村发展规律，抢抓历史机遇，积极参与“一带一路”农业交流合作，主动对接“粤港澳大湾区”和“北部湾经济区”两大湾区，统筹推进农业农村现代化建设，实现农业全面升级、农村全面进步、农民全面发展。

【坚持农业农村优先发展做好“三农”工作】 2020年4月26日，区委、区政府印发《关于坚持农业农村优先发展做好“三农”工作的实施方案》的通知，到2020年，全区现代特色农业高质量发展取得显著成效，农业综合生产能力稳步提升，高标准农田建设任务全面完成，现代特色农业示范区建设增点扩面提质升级目标全面实现，创建现代特色农业高质量发展集聚区不少于1个，主要农产品初加工转化率提高到68%以上；保持农村居民收入增速快于城镇居民；实现现行标准下全区农村贫困人口全部脱贫，贫困村全部摘帽；农村基础设施基本健全，人居环境明显改善，乡村更加美丽宜居，全区农村生活垃圾处理率和无害化卫生厕所普及率均保持在95%以上，美丽宜居试点镇、乡土特色试点村建设任务基本完成；城乡基本公共服务均等化水平进一步提高，城乡融合发展体制机制初步建立；以党组织为核心的基层组织建设进一步加强，乡村治理体系进一步完善。

【贯彻落实《玉林市深入贯彻落实“三大定位”新使命工作方案》】 2020年7月17日，区委、区政府印发《玉州区贯彻落实〈玉林市深入贯彻落实“三大定位”新使命工作方案〉的实施方案》的通知，全面落实“三大定位”新使命和“五个扎实”新要求，坚持新发展理念，深入实施开放带动战略，深度融入“一带一路”建设，以中新互联互通项目“陆海新通道”等重大项目和标志性工程为抓手，内聚外合、纵横联动，以“东融、南向”为重点，以粤港澳大湾区规划建设和北部湾城市群规划建设为契机，立足于玉州区在北部湾经济区、珠江—西江经济带的独特区位优势，不断夯实全区融入西南中南地区开放发展战略支点基础。切实加强国际产能合作，推进全区投资贸易便利化、人文交流深入化。加强互联互通建设，提升通达水平，构建面向东盟的国际大通道，打造玉州区全方位开放发展新格局，助力自治区、玉林市加快形成“一带一路”有机衔接的重要门户。

【玉州区民营经济发展规划(2019—2025)】 2020年7月17日，区委、区政府印发《玉林市玉州区民营经济发展规划(2019—2025)》的通知，引导民营经济着力发展大健康产业、先进装备制造业配套产业、现代服务业三大主攻产业，探索发展新技术、新材料、新能源等战略性新兴产业，创新发展特色现代农业等传统产业。围绕由中药材、医药、香料及农产品等形成的大健康产业，实施大健康产业重点突破战略；立足广西先进装备制造城(玉林)的区位优势和产业优势，实施先进装备制造业配套产业重点强化战略；把握玉州区以商贸物流业为重点的现代服务业，实施现代服务业升级战略，将玉州区打造成为全国大健康产业发展引领示范区、国家先进装备制造业产业集群和先进装备制造业创新中心、国家物流枢纽经济承载地和民营经济发展高地。

【全域推进乡村风貌提升】 2020年7月31日，区委、区政府印发《玉州区2020年全域推进乡村风貌提升工作方案》的通知，总结推广仁东镇鹏垌村乡村振兴示范村建设经验，以“产业兴旺、生态宜居、乡风文明、治理有效、生活富裕”为总要求，以仁东镇片木根村—鹏垌村—大路村—鹤林村—石地村—周村—良村等乡村振兴示范带建设为抓手，以点带面、串珠成链，推动全区乡村全面振兴，实现“全域土地综合整治、全域新农村建设、全域乡村风貌改造”的目标。

【深化改革加强食品安全】 2020年8月28日，区委、区政府印发《玉州区关于深化改革加强食品安全工作的实施方案》的通知，到2020年年末，基于风险分析和供应链管理的食品安全监管体系初步建立。农产品和食品抽检量达到4批次/千人，主要农产品质量安全监测总体合格率稳定在97%以上，食品抽检合格率稳定在98%以上，抽检后处理率达到100%；全区餐饮服务单位量化分级率达到90%；食源性疾病监测报告网络建设实现覆盖乡镇级及以上全部医疗机构并延伸到农村，食品类别安全风险监测覆盖率达到100%；区域性、系统性重大食品安全风险基本得到控制，公众对食品安全的安全感、满意度进一步提高，食品安全整体水平与全面建成小康社会目标基本相适应。

到2025年，全区食品安全领域治理体系和治理能力现代化水平进一步提升。产地环境污染得到有效治理，生产经营者责任意识、诚信意识和食品质量安全管理水平进一步提高，经济利益驱动型食品安全违法犯罪逐步减少。从农田到餐桌全过程监管体系运行有效，食品安全状况持续稳定向好。

【玉州区学前教育深化改革规范发展】 2020年10月14日，区委、区政府印发《玉州区学前教育深化改革规范发展实施方案》的通知，到2020年，全区学前三年毛入园率达到94.8%，普惠性幼儿园覆盖率(公办幼儿园和多元普惠幼儿园在园幼儿占比)达到81%，公办幼儿园在园幼儿占比力争达50%。全区广覆盖、保基本、多元化、有质量的学前教育公共服务体系基本建成，公办中心幼儿园乡镇全覆盖。学前教育管理体制、办园体制和政策保障体系基本完善，落实政府主导，充分发挥学前教育发展联席会议职能及作用。学前教育经费保障体系基本建立,投入水平显著提高,成本分担机制普遍建立。推进并规范城镇居住小区配套幼儿园建设使用。幼儿园办园行为普遍规范,保教质量明显提升,“小学化”现象基本消除。

到2020年年末,全区在岗学前教师学历层次整体素质得到提高,吸收本专科学前教育专业毕业生30名左右;建立幼儿园教师专业成长机制,健全培训课程标准,分类培训300名左右幼儿园园长、教师;幼儿园教师队伍综合素质和科学保教能力得到整体提升,幼儿园教师社会地位、待遇保障进一步提高,职业吸引力明显增强。

到2035年,与全国同步普及学前三年教育,实现学前教育全覆盖,努力让所有儿童接受学前教育。建成覆盖城乡、布局合理的学前教育公共服务体系,形成完善的学前教育管理体制、办园体制和政策保障体系,为幼儿提供更加充裕、更加普惠、更加优质的学前教育,实现幼有所育、幼有优育的目标。

区委办公室综合事务

【区委办工作机构概况】 中共玉林市玉州区委办公室(简称区委办)是区委的综合办事机构,2020年,区委办内设机构有第一秘书股、第二秘书股、第三秘书股、综合股、文电股、政策法规股、常委会议股、会务股、区委信息综合值班室、国家安全股、保密业务股、外事股、档案股、改革股。人员编制17名,其中:行政编制15名,后勤服务事业编制2名。区委办挂牌机构4个:玉州区委保密委员会办公室(玉州区国家保密局)、玉州区委政策研究室、玉州区外事办公室、玉州区档案局。区委办内设办事机构2个:中共玉林市玉州区委全面深化改革委员会办公室、中共玉州区委国家安全委员会办公室(设在区委办公室)。

【办文办会】 2020年,区委办按照准确、及时、安全原则,做好行文、会签、体式、印制等程序,严把起草、送审、报送、查询和传阅、备案等各个环节,杜绝积压、延误、错办、漏办,提高公文运转效率,及时下发各类文件及电话通知,并按要求完成文件档案的归档工作。对机要文件的管理,严格保密制度,切实保证文件管理的安全性。全年共制发文件140个,其中玉区委文件25个,玉区发文件18个、玉区办发文件25个、办发文件72个。严格执行公章审批制度,盖区委公章的文件呈报区委主要负责人批准,盖区委办公室公章的文件呈报办公室负责领导批准,并实行登记制度,每次使用公章都逐一登记,坚决做到未经审批的一个不盖,不符合程序的印章坚决一个不办。规范办会程序,在会议预案、材料准备、会议通知、会场布置等环节上精心组织,专人负责,确保会议效率和质量。全年共筹办会议179余场,做到会议安排细致周到、会议服务规范有序。一丝不苟完成常委会会议各项工作,会前切实做好组织筹备等相关会务工作,切实提升常委会会议质量。全年承办区委常委会会议30次,起草区委常委会会议纪要30篇。会后对区委常委会研究议定的事项和领导批办、交付的工作,及时督办、反馈,做到件件有着落、事事有回音,有力促进区委各项决策部署的全面落实。

【加强联系沟通协调】 2020年,区委办加强各层面、各领域、各部门之间的沟通和交流,促进部门之间的信息共享、资源共享,加强部门之间的合作。建立健全部门工作互助机制,各部门从全局出发,树立大局意识,相互合作不推诿,相互支持不争论,相互尊重不推脱,共同推动全区各项工作上水平。

【抓好政策法规工作】 2020年,区委办明确党内规范性文件制定计划,与区政府办组织协调好相关牵头单位负责的文件制定工作,为政策法规制定工作的开展提供保障。对政策法规文件起草的步骤、流程、程序制定详细的操作规范,指导各有关部门坚持依规办理,严格按照规定的流程和程序开展起草工作。

【做好服务领导工作】 2020年,区委办服务区委领导,承担书记、副书记、办公室主任等区委领导交办事项的组织协调、督办和处理工作,以及领导的日程安排、公务活动和相关文字材料方面的工作,协助领导做好上级领导到玉州公务活动的协调和服务工作,出色地完成领导的服务工作。

【政策研究、以文辅政工作】 2020年,区委办严要求、高标准抓好抓实文稿撰写,不断提高写作水平。牢固树立时效意识、精品意识,发挥以文辅政作用。围绕全区经济社会发展中的重大问题,选准课题,深入基层、深入群众进行调研，广泛把握第一手资料，形成一批有情况、有问题、有分析、有建议的调查报告，为区委科学决策发展大计提供较好的参谋服务。全年共撰写讲话汇报 186 篇约 37.2 万字。

【做好值班和信息工作】 2020 年，区委办落实值班制度，昼夜在岗，勤督促，多检查，确保区委办公室、区委机要局 24 小时通信畅通。坚持以文件指导和规范全区值班工作。节假日期间，区、镇（街道）部门单位均执行带班值班制度。不断完善信息上报制度，强化信息的深度挖掘力度，创新信息采编方法，总结提炼新举措、新经验，为自治区和玉林市提供大量精品信息，信息工作较前几年有新的突破，全年共向自治区、市报送信息 1000 余条，获得自治区采用得分 1036 分。

【履行维护国家安全职责】 2020 年，区委办围绕国家安全工作，做好制度机制文件整理印发。印发《中共玉林市玉州区委员会国家安全委员会工作规则》《中共玉林市玉州区委员会国家安全委员会办公室工作细则》等制度机制文件。贯彻执行工作制度机制，及时报送国家安全情报信息，全年共报送国家安全形势评估报告 12 篇。开展国家安全教育，增强国家安全意识。以第五个全民国家安全教育日为契机，印发《关于做好全民国家安全教育日社会宣传工作的通知》，组织全区各级部门加大社会面的宣传力度。利用电子显示屏滚动播出主题宣传标语，并在合适位置设置宣传横幅、张贴海报，发放宣传折页，强化国家安全意识，形成全民维护国家安全的浓厚氛围。

【落实保密工作】 2020 年，区委办履行涉密公文处理工作职责，加强涉密公文流转管理力度。树立公文管理保密意识。工作人员做到居安思危，精细管理。在办公室公文保密管理过程中的借阅、传阅、保管、销毁等环节注意精密衔接，无缝对接。建立健全公文保密管理制度。严格执行公文登记、公文阅办、公文传阅、公文借阅、公文清退及销毁等工作流程。

【统筹协调推进全区外事工作】 2020 年，区委办全力防范境外疫情输入，统筹做好涉外工作。切实履行玉州区疫情防控指挥部涉外工作职责，统筹抓好外防输入、领事服务和保护等各项重点涉外工作，确保疫情防控大局和涉外活动安全。加强部门联防联控，做好在玉外籍人员疫情防控和服务保障工作，及时回应外籍人员合理关切。做好常态化疫情防控，服务国内国际经济双循环发展有所作为。为复工复产"快捷通道"实施做好精准宣介，为企业"走出去""请进来"提供便捷、优质、高速的外事服务，促进全区产业链尽快恢复。

【推动全区深化改革工作】 2020 年，区委办在区委深改委已建立的"两规则一细则"的基础上，制定 2020 年工作要点和督察计划，以及改革文件制定和报审流程等制度规范文件，搭建较为完善的改革运行规则和工作框架。筹备区委全面深化改革委员会会议材料，全年召开区委全面深化改革委员会会议 4 次，审议改革文件和方案 6 个，听取推进改革情况汇报 9 个，促进改革落实的正向效应不断凸显。坚持改革推进到哪里督察就跟进到哪里，依据督察计划、对标对表，7 月就落实西部陆海新通道建设若干政策措施和促进全社会加大研发经费投入等改革开展督察，以督察推动落实、跟踪问效。梳理中共十八届三中全会以来重点领域改革成效，客观评估全区重大改革举措的推进落实情况，总结形成可复制、可推广经验。一体推进落实中共十九届四中全会重要举措，并学习借鉴推广先进地区的改革经验。

（区委办）

纪检·监察

【纪律检查与监察工作机构概况】 中共玉林市玉州区纪律检查委员会（简称区纪委）为党内监督专责机关，在区委和上级纪律检查委员会双重领导下进行工作。玉林市玉州区监察委员会（简称区监委）负责本级行政区域内的监察工作，对本级人民代表大会及其常务委员会和上一级监察委员会负责。区纪委、监委合署办公，核定编制 30 人，区纪委、监委领导设置均为 7 名，其中：书记 1 名，副书记 2 名，常委 4 名。区监委设主任 1 名，由区纪委书记兼任；副主任 2 名，由区纪委副书记兼任；委员 4 名（由区纪委常委兼任 2 名，专职委员 2 名）。共设办公室、预防宣教室、党风政风监督室、信访室、案件监督管理室、第一纪检监察室、第二纪检监察室、第三纪检监察室、案件审理室 9 个内设机构。2020 年实有 27 人。办公地址：玉林市人民东路 633 号。

【中共玉州区第五届纪律检查委员会第六次全体会议】 2020 年

2020年1月21日，中国共产党玉林市玉州区第五届纪律检查委员会第六次全体会议在玉州区会议中心一楼召开　　（区纪委　提供）

1月21日，在区会议中心召开中国共产党玉州区第五届纪律检查委员会第六次全体会议。出席会议的区纪委委员22人，列席25人。区委书记、玉林中医药健康产业园党工委书记邹宇鹏出席全会并作讲话。区委常委，区人大常委会、政府、政协领导班子党员领导出席会议。有关方面负责人参加会议。

全会由区纪律检查委员会常务委员会主持。全会深入学习贯彻习近平新时代中国特色社会主义思想，全面落实中共十九大和十九届二中、三中、四中全会以及中央纪委四次全会、自治区纪委十一届六次全会、市纪委五届六次全会精神，总结2019年全区纪检监察工作，部署2020年工作任务。审议通过黄琦代表区纪委常委会所作的《坚定信心保持定力持续深化党风廉政建设和反腐败斗争推动全面从严治党纵深发展》工作报告。

【纪检、监察体制改革】 2020年，区纪委、区监委继续深化纪检监察体制改革，出台《玉州区推进监察工作向镇（街道）延伸的实施方案》，向辖区内8个镇（街道）派出监察办公室，赋予镇（街道）派出监察办公室相应的监察职能。

【党风廉政建设】 2020年，区纪委、区监委始终把学习习近平新时代中国特色社会主义思想作为首要任务，先后召开17次纪委常委会和23次工作例会，学习习近平总书记系列重要讲话和指示批示精神，深刻领悟准确把握精神实质，确保纪检监察工作始终保持正确的政治方向。协助区委落实全面从严治党主体责任，通过推进“抓书记、书记抓”行动和定清单、明职责、抓考核、细谈心、常提醒、强通报等方式，把责任层层传导到最基层，督促各级各部门履行全面从严治党“两个责任”，确保上级重大决策部署落地生根，践行“两个维护”。开展“一表三清单”“直面问题压实责任”谈心谈话活动，个别约谈150余人次，集体约谈6场次；对全区重点工作推进和重大部署落实进行跟踪问效，对扶贫、环保、扫黑除恶、疫情防控等工作推进不力的1个党组织和15名领导干部予以问责。强化疫情防控监督，保障防疫生产两不误，开展专项监督检查235次，处置问题线索44条，通报批评2人，诫勉谈话4人，立案审查3人。强化“六稳”“六保”监督，开展明察暗访19次，监督检查13次，发现问题9个，立行立改问题9个。

【专项监督】 2020年，区纪委、区监委突出扶贫领域、扫黑除恶专项整治工作重点，全面加大监督执纪问责工作力度。紧扣玉林市纪委提出的“三个清零”这一主线，以“四聚焦一清单”为抓手，持续推进“抓系统、系统抓”，压紧压实扶贫职能部门专项治理主体责任和行业监管责任，加强对“四不摘”落实情况的监督检查，统筹推进扶贫领域专项整治。对自治区扶贫大督查反馈问题及时督促整改，并对11名相关责任人予以问责。全年查处扶贫领域违纪问题33件，给予党纪政务处分36人，区纪委、区监委被评为玉林市脱贫攻坚（乡村振兴）工作百优帮扶后盾单位。持续深化协同联动、片区协作、一线监督三项机制，整合监督力量，前移监督关口，构建形成大监督格局。组织各部门联动核查扶贫项目7个，涉及资金1300余万元。组织村级纪检委员开展查访251次，发现问题52个，移交问题线索2条。结合“清风行动”，深入开展“三集中三查实”的“百日攻坚”行动，集中力量清理一批问题线索、解决一批突出问题、查处一批典型案件。组织蹲点核查扶贫项目10个，直查直办问题11个，处置问题线索12条，问责6人。利用区本级扶贫惠民资金项目大数据平台对全区各职能部门的53项10.96亿元扶贫惠民资金予以公开，实行动态监督，比对甄别发现疑似问题20个，形成问题线索并转立案12件。多举措加强中央脱贫攻坚专项巡视“回头看”和自治区扶贫成效考核反馈问题整改落实情况的督查，有针对性地开展突出问题专项整治，做到“四项整改”一体推进，全面完成整改任务。深化扫黑除恶监督执纪问责，紧盯涉黑涉恶案件，坚持“两个一律”“一案三查”和逐案过筛，通过开展“召开一次动员部署会、组织一次摸排梳理、开展一次集中攻坚”的“三个一”活动，保持“打伞破网”高压态势。立案审查涉黑涉恶腐败问题案件2件，其中领导干部充当黑恶势力“保护伞”案件1件，移送司法机关1人。从8个方面深化漠视侵害群众利益问题专项整治，形成常态化跟踪问效。强化乡村振兴战略实施监督，以“四个一”为抓手，组织各镇（街道）之间实行交叉互查，对乡村振兴战略实施的重点工作及关键环节尤其乡村振兴资金使用、三清三拆推进、乡村风貌项目推进等工作开展专项督查，发现问题限期整改，推动乡村振兴各项部署落到实处。

【违纪违法案件查处】 2020年，区纪委、区监委深化“纪委常委包片督导、纪检监察室联系推进、镇街纪委分片联动”的分区协作机制，联合监督执纪，提升执纪审查实效。受理信访举报411件，处置问题线索386件，立案108件，涉及科级干部15人，处分114人，使用留置措施1起，移送司法机关1人。狠抓办案安全，完善领导包案制度，加强办案场所设施建设，不断推进审查调查工作规范化、法治化，实现审查调查安全零事故。

玉州区干部职工观看纪检监察警示教育片　　（区审计局　提供）

【党内监督和政务监察】 2020年，区纪委、区监委持续深化作风建设，通过抓重要领域和重点问题专项整治，锲而不舍纠“四风”、改作风、树新风，立案查处违反中央八项规定精神和“四风”问题12件，发出纪律监察建议书3份。以“五聚焦五强化”为抓手，开展优化营商环境、农村乱占耕地建房、冒名顶替上大学等领域形式主义官僚主义突出问题的专项整治，组织开展明察暗访工作10次，发现问题15个，问责党员干部3名。联合职能部门通过“地毯式、全覆盖”的专项督查检查，整治违规吃喝、违规发放津贴补贴、违规收送礼品礼金、餐饮浪费等问题，发现违规问题14个，清退款项8.93万元；领导干部主动上缴购物卡（券）5张，涉及金额5000元。

【党风廉政宣传教育】 2020年，区纪委、区监委落实“六个一”的要求，利用李庄浩、谢东等典型案例开展以案促改和警示教育工作，持续规范以案促改工作，做实执纪审查“后半篇文章”。打造更新廉政警示教育基地4个，组织观看警示教育专题片60场次，组织旁听法庭庭审1场，公开曝光典型案件21起，廉政微视频《饵》获得“清风玉林”廉政微视频一等奖。为3名受到错告诬告的干部进行澄清，对50人进行回访教育。强化政治宣传，在《中国纪检监察》杂志、《广西日报》等媒体发表党风廉政宣传信息共201条。

【纪检监察队伍建设】 2020年，区纪委、区监委把握改革重点，深化派驻机构改革，赋予派驻机构履行党的纪律检查和国家监察两项职能，推动派驻机构更好地发挥“探头”作用。严格按照时间节点要求推进监察职能向镇（街道）延伸，实现对基层公职人员监察监督全覆盖。强化队伍能力建设，创新开展“主业微课堂”活动，学习纪检监察干部培训系列课程，聚焦解决干部知识弱项、能力短板、经验盲区。开展研讨培训（调训）班8期450余人次，主业微课堂培训16期332人次。加强纪检监察干部作风建设和纪律建设，开展纪检监察干部日常监督检查143人次，对违纪的纪检监察干部坚持刀刃向内，给予诫勉2人，警示谈话2人。检查监察干部10人次，通报批评1人。

（区纪委、监委）

组织工作

【组织工作机构及概况】 中共玉林市玉州区委组织部（简称区委组织部）是区委主管组织工作、干部工作、人才工作及公务员工作的职能部门，为正科级，加挂中国共产党玉林市玉州区非公有制经济组织和社会组织工作委员会、中共玉林市玉州区委老干部局、玉林市玉州区公务员局牌子。内设秘书股、调研股（政策法规股）、干部一股、干部二股、公务员股、干部监督股、干教人才股（区委人才工作领导小组办公室、区委干教工作领导小组办公室）、组织一股（区委党的建设工作领导小组办公室、区委党代表大会代表联络办公室、区委组织员办公室）、组织二股（区基层组织建设协调领导小组办公室）、组织三股、组织四股、老干部股12个职能股室。机关（含中共玉林市玉州区非公有制经济组织和社会组织工作委员会、中共玉林市玉州区委老干部局、玉林市玉州区公务员局）核定行政编制15名，年末，有在职在编人员12人（后勤服务事业编制1名），退休干部12人。领导设置为：部长1名，由区委领导兼任；副部长4名（不含兼职）。其中分管日常工作的1名副部长为正科级，1名副部长兼任玉州区非公有制经济组织和社会组织党工委书记（正科级），1名副部长兼区委老干部局局长（正科级），1名副部长兼任公务员局局长。有玉州区党员教育中心、玉州区领导干部考试与测评服务中心、玉州区老干部活动中心、玉州区委老干部局卫生所、玉州区人才发展中心5个下属单位。玉州区党员教育中心核定参公事业编制18名，年末在职在编人员12人（后勤服务事业编制1名），设置主任1名，副主任2名。玉州区领导干部考试与测评服务中心核定事业编制3名，年末在职在编人员2人。玉州区老干部活动中心核定事业编制8名，年末在职在编人员5人，退休干部2人。玉州区委老干部局卫生所核定事业编制2名，年末在职在编人员2人。玉州区人才发展中心核定事业编制20名，设置主任1名，副主任2名，年末在职在编人员1人。

2020年年末，全区共有70个党委（党工委），60个党总支，1368个党支部，共有党员21637名。其中：3个乡镇党委，5个街道党工委，1个机关工委，1个两新组织党工委，1个工业集中区党工委，1个教育工委，1个卫健工委，3个国有企业党委，7个事业单位党委，7个机关党委，2个非公企业党委，2个社会组织党委，19个村党委，27个社区党委。在库基层党组织总数1498个，其中：党委70个，总支部60个，支部1368个。在库管理党员21637人。

【党的全面领导制度建设】 2020年，区委组织部召开区委党的建设工作领导小组会议，研究制定《玉州区委党的建设工作领导小组2020年工作要点》，明确全区党的建设工作总体要求。学习贯彻习近平总书记关于党的建设的重要论述，落实防范化解党自身面临的重大风险的系列措施，指导全区各级各部门单位制定党建促深化改革、脱贫攻坚、抗击疫情、扫黑除恶、生态环境治理等中心工作的任务清单，推动全面从严治党各项举措落地落实。优化和完善区、镇（街道）、村（社区）三级党组织书记抓基层党建工作联述联评联考制度体系，层层压实主体责任。研究出台《玉州区全面贯彻落实新时代基层党建主体责任综合考核评定办法》，组织做好三级党组织书记抓基层党建工作述职评述考核、巡回督导和党的建设专项工作绩效考评等工作，落实管党治党政治责任，推进全面从严治党向基层延伸。

【党员发展和教育管理】 2020年，区委组织部发展党员方面，坚持政治标准放在首位，准确把握适当扩大规模新要求，执行发展党员指导性计划，抓好《广西发展党员工作手册》培训，把发展党员工作纳入2020年度党的建设专项工作绩效考评指标，联系指导发展党员工作联系单位，推行发展党员全程纪实制度，严格政治审查制度，实行负面清单制度，继续实行发展党员工作季报及调整机制，全区13个贫困村每两年均各发展青年农民党员1名以上。全年玉州区共发展党员219人（含新冠肺炎疫情一线发展党员5人）。在党员教育监督管理方面，学习贯彻《中国共产党党员教育管理工作条例》《中国共产党纪律处分条例》，推动形成全区从严从实抓党员教育管理监督的良好态势。督促各级党员领导干部严格落实双重组织生活制度，组织全区科级以上党员领导干部召开2020年度民主生活会，各基层党支部召开2020年度组织生活会和开展民主评议党员。全面运行全国党员信息管理系统，对录入系统的1498个基层党组织、21637名党员进行动态管理。全年玉州区党员组织关系转出769名、转入3107名，共接收广西玉柴机器集团、铁路系统、玉林供电局等50个国有企业的2000名国有企业退休人员党员到玉州区各村（社区）党组织。

2020年，玉州区开展“党课开讲啦”活动。图为玉州区大塘镇党委举行的“草坪党课”

（大塘镇　提供）

【党支部标准化规范化建设】 2020年，区委组织部组织全区基层党支部贯彻执行《中国共产党党支部工作条例（试行）》，贯彻落实《玉林市关于开展“强基创星”攻坚大行动推进基层党组织标准化规范化建设的实施方案》，出台《2020年玉州区加强党支部标准化规范化建设重点任务清单》《关于抓好〈深入推动党支部工作联系点建设示范点带动全区党支部标准化规范化建设的若干措施〉贯彻落实的通知》。组织开展党组织组建和标准化规范化建设百日攻坚大行动，持续实施“五化一提升”强基工程，坚持分类指导，根据不同领域、不同行业情况，健全标准化工作流程，细化党支部规范化建设标准，深化以基本组织、基本队伍、基本活动、基本制度、基本保障为主要内容的标准化规范化建设，进一步提升基层党组织组织力。规范落实“三会一课”制度，严格执行党内政治生活规定，推行党员“政治生日”主题党日活动。号召全区14个党委（党工委）组织各党支部党员参与“党课开讲啦”暨玉州区第三届微党课大赛角逐，举办玉州区基层党建工作重点任务暨党组织标准化规范化建设推进会、玉州区党支部组织生活质量提升行动动员部署暨“三会一课”现场观摩会。年末，玉州区100%的党支部达到规范化建设标准。

【解放思想再出发“大学习、深调研、强服务、敢担当”活动】 2020年，区委组织部制定《玉州区开展“大学习、深调研、强服务、敢担当”活动实施方案》《关于开展“大学习”的工作方案》等4个方案，成立由区委主要领导为组长的解放思想再出发活动领导小组，组建领导小组办公室及四项措施工作专班。6—12月，全区各级各部门在各级新闻媒体发表解放思想再出发活动新闻稿件487篇。举办区四大领导班子解放思想再出发“大学习”专题学习会，开展“乡村振兴，怎么看、怎么干”专题研讨，带动全区党员干部学出思想解放、学出使命担当。共开展重大主题宣讲活动40多场次，举办脱贫攻坚与全面小康“玉州发展论坛”1期。在《玉州理论微刊》刊发“解放思想再出发大学习”乡村振兴专刊2期。在“深调研”方面，各级各部门围绕“深调研”九大主题，着眼于总结好“十三五”经验和谋划好“十四五”发展，结合部门实际进行调查研究。玉州区四家班子带头召开调研成果交流会，各级各部门以调研成果交流会为契机，把调研成果转化好、运用好。玉州区经济运行保持稳中向好态势，全年地区生产总值497.53亿元，同比增长3.3%。已实现“一窗受理”，各级依申请政务服务事项“一窗”分类受理比例为98.53%，排名全市第三；创新“一表申请”整合，可实现“一件事”办理事项52项；全年累计新增减税降费14151万元。创新实施项目联合审批联席会议机制，对重大投资项目审批进行“容缺后补”受理和“一事通办”改革，并通过开设工程报建窗口，优化项目审批办理环节，项目审批由270多天减少到45天。全年共组织区内外招商引资活动17次，举办专场推介会2场，向90余名客商全面宣传和推介玉州，招商引资到位资金98.17亿元。全年共举办主体班3期，培训干部300多人次；举办各级各类培训班24期，培训干部1720余人次；对140名驻村工作队员全覆盖开展谈心谈话；提拔、重用的33名科级干部中，有16名是从镇（街道）和工作一线艰苦创业中选出来的，把12名“玉州好干部”提拔、交流到重要岗位。对玉州区2016—2018年年度考核中连续三年获“优秀”等次的26人记三等功奖励，对玉州区2018年年度考核获得“优秀”等次的218人进行嘉奖。

【村（社区）“两委”换届准备】 2020年，区委组织部按照自治区、玉林市关于换届选举工作的部署安排，通过高位推动、调查摸排、分析研判，提前谋划2021年村（社区）“两委”换届选举准备工作。成立由区委书记任组长的2021年村（社区）“两委”换届选举工作领导小组，组建区委班子联系指导镇（街道）、镇（街道）领导干部联系指导村（社区），全方位构建起区、镇（街道）、村（社区）“三级联动”责任体系，逐层逐级抓好工作。全面了解村情户情民情和党员干部群众思想动态，做好软弱涣散基层党组织排查整顿、矛盾纠纷排查调处、整治“村霸”和宗族黑恶势力、完善党组织设置规范、党组织关系排查等前期准备工作，掌握村（社区）“两委”干部的履职表现情况以及“谁挑担、谁退岗”的问题。对2017年换届以来村（社区）“两委”的“三资”（资金、资产和资源）和集体财务进行审计。以镇（街道）为单位，建立村（社区）“两委”班子和党员干部队伍研判分析机制，对每个村（社区）逐一“过筛子”，分析研判每名村（社区）“两委”干部的“进退留转”。由组织、民政部门牵头，会同人大、纪检监察、公检法司、信访、卫健、审计、农业农村等部门，对现任2624名村（社区）“两委”干部及配套组织负责人、村（居）民小组长等进行联审，提前把好“人选关”。

【党建促脱贫攻坚】 2020年，区委组织部在严格执行驻村工作队员队伍保持稳定要求的基础上，完善“三重管理”机制，健全队员驻村制度，落实队员驻村补助、专项工作经费和帮扶经费，为队员购买人身意外伤害保险和安排健康体检。通过召回撤换、百分制考核、“双书记”帮扶、“约法五则”、住村管理七条措施、实施驻村工作队员关爱工程、开展工作队员标兵评选活动等七大举措，推动驻村工作队员在脱贫攻坚和乡村振兴一线主动担当作为。注重育用结合，上好“思想课”“知识课”“方法课”，举办各类业务、技能培训班。全年有5名驻村工作队员获提拔重用或晋升职级，1名第一书记获自治区“优秀贫困村党组织第一书记”称号，1名驻村工作队员获自治区“优秀工作队员”称号，5名驻村工作队员获玉林市“百优驻村工作队员”称号，39名驻村工作队员获玉林市“优秀驻村工作队员”称号。争取中央、自治区扶持村级集体经济项目及玉林市“燎原工程”项目共12个。争取650万元建设村级集体经济产业示范园1个，引进入园企业1家，提供就业岗位100个。指导创建自治区级示范性农村集体经济组织1个，50%的村集体经济收入达10万元，100%的村集体经济收入达到5万元。

2020年12月17日，玉州区召开2021年玉州区村（社区）“两委”换届选举工作会议
（区委组织部　提供）

【党建促乡村振兴】 2020年，区委组织部以组织振兴为“红色动能”促进乡村振兴稳步前行，打造仁东镇鹤林村—大路村—鹏垌村—木根村乡村振兴示范长廊，鹏垌村获“全国乡村治理示范村”称号。以党建统领一切为主线，把建强“红色堡垒”作为一项重要的基础性工作统筹推动，增强基层党组织对乡村振兴的引领作用。全面推进自然村党支部规范化建设，建立自然村党组织156个，打造50个自然村党组织示范点，做到统一名称、统一标识、统一配置“三个统一”。紧扣“围绕党建抓产业，抓强产业促发展”的理念，以“党建+”模式，以村级集体经济为重要抓手，撬动乡村振兴发展“红色引擎”。带动1.63万人脱贫摘帽，实现13

2020年10月21日，市委常委、组织部部长黄剑峰（左二）到南江街道广恩村白泥湾屯调研乡村振兴工作开展情况　（区委组织部　提供）

个贫困村出列。坚持把美化家园作为乡村生态振兴的有力抓手，作为锻炼培养干部的重要途径。从区处级领导、镇（街道）党政正职、后盾单位主要领导中选派59名领导干部担任“大村长”，发挥“大村长”政治领悟能力、统筹协调能力和推动落实能力强的优势，以开展“五带头五争当”活动为契机，带动7个回乡工作队和300多名党员领导干部主动担当，形成组织引领、党员领导干部示范、全员参与的工作格局，助推农村人居环境整治行动和乡村风貌提升行动，打造广恩村白泥湾等一批典型示范村屯。

【党建促疫情防控】 2020年，区委组织部开展网格先锋在行动，共选派各机关企事业单位在职党员干部80名，组建8支机关网格先锋队，分别到8个镇（街道）59个村、27个社区抗“疫”一线，为打赢防疫阻击战提供坚实的组织力量支撑。

全方位组织动员，发出《关于在新型冠状病毒肺炎疫情防控阻击战中充分发挥基层党组织战斗堡垒作用和共产党员先锋模范作用的号召书》，转发上级《关于充分发挥村（社区）“两委”作用进一步做好疫情防控工作的通知》《关于进一步强化基层党建引领作用坚决打赢城市社区疫情防控阻击战的通知》，印发《关于开展在职党员到镇（街道）报到投入疫情防控工作的紧急通知》等。组织卫健系统党员骨干成立医疗救治专家组、防控专家组、后勤保障组等专家组。接诊病人1.5万人次，其中组织专家会诊664例，转玉林市红十字会医院13例，配合上级行政部门完成核酸检测工作，境内核酸检测5065人次，境外核酸检测276人次，境内血清抗体检测52人次，境外血清抗体检测78人次，实现确诊病例零死亡、本地病例零传人、医护人员零感染的“三个零”目标。5名医护人员驰援湖北“战疫”，平安凯旋。推行“三重三抓三确保”暖心服务，在复工复学中指导全区教育系统建立“党员先锋岗”131个，组织全区150名学校党组织书记、2614名党员教师带头参与，护航全区中小学校（含幼儿园）全面顺利复学复课。组织捐款18.02万元，累计捐款人数2141人，捐款党组织覆盖率达100%，党员覆盖率达83%。发动全区两新组织党组织、党员围绕同心抗疫、爱心奉献、暖心慰问、帮扶就业、复工复产等“党旗领航·抗疫同行”活动，捐献善款500余万元、爱心物资120多批35.6吨。

从上级下拨的党费和区委组织部代管的党费中共划拨专项资金50万元到各镇（街道）党委（党工委）和区直各有关党委（工委），用于支持新冠肺炎疫情防控工作。根据上级有关要求做好党员支持新冠肺炎疫情防控自愿捐款资金分配使用工作，使用党员捐款资金慰问战斗在疫情斗争第一线的医务人员、基层干部、社区工作者、志愿者等。

印发《玉州区激励干部担当作为坚决打赢疫情防控阻击战的十条措施》，注重在疫情防控一线考察、识别、提拔、使用干部。对援鄂医疗队员许燕本、廖玲、唐玉兰、庞钘和刘妃妃等5人及时发展入党和对已提交入党申请书的优秀对象优先纳入党员发展计划。根据Ⅰ级和Ⅲ级响应期间疫情防控一线城乡社区（村）工作者参与的出勤情况，按照补助标准（Ⅰ级响应期间每人每天100元，节假日每人每天200元，Ⅲ级响应期间相应减半），落实疫情防控一线城乡社区（村）工作者的补助。

【农村党建】 2020年，区委组织部结合“两湾融合党旗红”，以实施农村基层党建“全域推进、全面提质”行动为抓手，推动农村基层党组织全面进步，为推进脱贫攻坚与乡村振兴有效衔接提供坚强组织保障。持续推进“强镇兴村”整体提升工程，通过新建、改扩建等方式，打造玉林市先锋镇1个、规范镇3个。开展自然村党组织建设“基石行动”，正在打造“东融”党建示范带1条，在高山村等6个村建设7个自然村党组织示范点。创新推行“四式联动”工作法，持续整顿提升软弱涣散(后进)村党组织，通过制定一套整顿细案、落实一名区级以上领导挂点、明确一名镇(街道)领导包村、安排一家区级以上单位帮扶、派驻一支工作组指导、选派一名第一书记协抓、选定一批帮扶项目、建好一个村级班子的“八个一”措施，促进2020年6个软弱涣散(后进)村整顿提升。持续开展农村基层党组织星级评定活动，通过定目标、定标准、定程序、定导向“评星四定”模式，全年创建自治区星级农村党组织7个。强化结果运用，对获得“三星级”“四星级”“五星级”的村党组织，给予不同程度的物质嘉奖，激发创星活力。

【社区党建】 2020年，区委组织部聚焦服务群众，主动创新载体抓手，推动城市基层党建工作全面进步、全面过硬。加强社区服务型党组织建设，推动党组织和党员到社区“双报到”，围绕社区党建、社区建设、组织建设、基层治理、服务群众等方面开展工作，设立十大类服务岗位，提供服务项目52项，在职党员认领兑现微心愿4192个，服务居民1.6万人次，为群众办好事实事6037件。全力打造服务型小区党组织，研究出台《玉州区开展住宅小区“党建规范化建设攻坚大行动”活动实施方案》《玉州区开展城市居民小区党组织标准化规范化建设“百日攻坚大行动”工作方案》，以“1+3+N”小区党建治理模式为抓手，推行“党旗领航+小区微治理”项目，推动“六化”样板小区建设，在80个小区中建立小区党组织。全区先后培育一批特色党建“5A幸福小区”示范点。南江街道江滨社区乾隆苑小区党群活动中心成为全区城市基层党建工作业务能力培训班现场教学参观点。印发《关于建立城乡社区“五建五共”基层治理长效机制的实施意见》《玉州区关于加强城市网格党建工作的若干措施》等文件，以“一网三统三进”网格党建模式，引导党员参与社会治理，打通服务群众“最后一米”。年内，全区27个城市社区，划分网格259个，招聘专(兼)职网格员659人，成立网格党支部42个，志愿服务居民近2万人次。网格党建、小区党建工作示范点被列为玉林市党建引领城市基层治理工作参观点。持续实施城市服务“零距离”先锋工程，通过建立城区、街道、社区三级“实体服务网(党群服务中心)、信息服务网(党群服务大联盟信息平台)、空间服务网(社会治理网格化指挥中心)”，构建便捷化“零距离”服务平台。整合玉林市党群服务大联盟APP、玉州组工、玉州先锋等信息平台功能，开发玉州区党群服务“零距离”APP和玉州区全域宣传共享平台，将城市党建、惠民政策、创业就业、医疗教育等信息与居民需求对接。玉州区27个社区已全部建立“三网合一”的党群服务中心，实现服务需求路径便捷化。严格按照玉林市下发的《关于做好城市社区、中小学校和公立医院软弱涣散基层党组织整顿验收和新一轮排查整顿工作的通知》，对全区整顿的1个城市社区、2个中小学校和1个公立医院等软弱涣散基层党组织进行全面整改，同时做好2020年软弱涣散基层党组织排查整顿工作。年内，全区27个社区党委、105个学校党组织、21个卫健系统党组织均无软弱涣散问题。

【街道管理体制改革】 2020年，区委组织部致力稳妥推进街道管理体制机制改革促进基层治理体系和治理能力“双提升”。贯彻落实自治区党委办公厅、自治区人民政府办公厅《关于积极稳妥推进街道管理体制机制改革的若干措施》、玉林市《玉林市推进街道管理体制机制改革实施方案》等文件精神，专门成立玉州区街道体制改革工作领导小组，统筹推进改革工作。举办2020年玉州区运用行动学习助推“街道管理体制机制改革”研讨班，通过运用行动学习法，引导各街道、社区领导干部发现问题、分析问题、解决问题，进一步推进玉州区街道管理体制机制改革，着力构建起条块联动、区域统筹、主辅并行、齐抓共管的城市大党建新格局。以提升街道统筹协调能力为目标，以改革创新为动力，深入各街道及区直有关部门开展调研，结合工作实际，反复征求意见，制定印发《玉州区推进街道管理体制机制改革实施方案》。

【两新党建】 2020年，区委组织部持续开展两新组织党建工作重点任务“百日攻坚”大行动，通过“五同步破五难”工作法抓组建、“双派双培一融合”工作法抓队伍、“党旗领航+”系列活动抓作用发挥，推动两新党建再上新台阶。共有两新党组织621个，党员2597名，党组织覆盖率达89.7%，自治区级示范点4个、市级示范点25个，位列全市第一方阵。出台《玉州区抓党建促民营企业发展的八条措施》，以党建引领民营企业发展。率先在全市召开两新领域2019年度党组织书记联述联评会议；率先成立全市首个卫健系统行业党建“医联体”；玉州区在玉林市新时代两新组织党建暨“党建带工建、工建服务党建”工作会议、玉林市深化提升“小个专”党建工作现场推进会作经验交流发言；玉林市永润仓储服务有限公司党支部、工会成为自治区推进“司机之家”建设工作推进现场会现场调研点，党建带工建工作经验在工作推进现场会上获得推广宣传；党建带妇建经验《以党建带妇建“新”领域上有作为》在自治区深化妇联组织建设改革实施“破难行动”现场推进会上推广。举办玉州区两新组织党组织“党课开讲啦”暨微党课比赛，把“党课开讲啦”“学习身边榜样”活动推向深入。推行“双线双访双联”“三缘两联一融合”等商圈党建工作法，开展民营企业“法治体检”等活动。

【机关党建】 2020年，区委组织部贯彻落实《中国共产党党和国家机关基层组织工作条例》《中国共产党支部工作条例（试行）》，围绕服务中心大局，开展“争做‘三个表率’，争创‘模范机关’”活动，培育玉州区人民检察院党支部等6个五星级机关党组织。压实责任，将党建工作纳入党组（党委）工作总体布局，领导班子成员落实“一岗双责”，召开2019年度玉州区直机关党组织书记落实管党治党主体责任述职评议会，督促机关党组织书记落实第一责任人职责。聚焦重点问题，开展“灯下黑”和“两张皮”问题专项整治工作。推行在项目一线建立党组织，以“一线五式”工作法为抓手，实现“党组织在项目一线建立、党建在项目一线抓落实、党员干部在项目一线率先垂范”的良好工作格局。开展“双报到”活动，服务社区居民730余次，帮助群众解决困难事项480余件。推进机关党组织抓党建助推脱贫攻坚、乡村振兴、疫情防控、经济发展等中心工作，实现党建与业务互融互促双提升。

【国企党建】 2020年，区委组织部贯彻落实全国国企党建工作会议精神30项重点任务要求，开展“三融三促创先锋”活动，以“三抓三促”为抓手，压实国企党建责任主体，不断提高国企党建规范化水平。印发《玉州区贯彻落实全国国有企业党的建设工作会议精神重点任务的通知》，选派党员干部到国企担任党建指导员，抓实党组织阵地建设，国企党组织100%达到示范化建设标准，国企党组织书记、董事长（总经理）100%实现“一肩挑”。落实“双向进入、交叉任职”等制度，党组织领导班子成员依法进入董事会、监事会、经理层。通过“我为阳光企业发展献金点子”“我为项目建设建言献策”等活动，解决发展难题23个。在玉林市国企党建工作会议上，玉州区作经验交流发言。

【教育系统党建】 2020年，区委组织部开展党组织组建和标准化规范化建设百日攻坚大行动，印发《关于在玉州区中小学校（幼儿园）开展党组织组建和标准化规范化建设百日攻坚大行动的工作方案的通知》等文件，调整理顺34所民办中小学校（幼儿园）党组织隶属关系，全面提升中小学党组织标准化规范化建设水平。全区共有中小学校党组织190个，其中党委5个、党总支部15个、党支部168个、联合组建党支部10个。实施“135”工程，抓好学校党建品牌创建工作。突出“立德树人”这一中心，做好学前、小学、初中三个梯队党建工作，打造基于学校历史文化、学校教学亮点、学校文化内涵、区域人文特色、新建学校灵魂的五大党建品牌，实现党建与教育中心工作“双融合，双促进”。全区共有12所玉林市党建示范学校，11个玉林市“六好党支部”，16个玉林市“五星级”党组织，成功培育东环小学“三和四慧”党建品牌、古定中心小学“伞状”管理模式、玉州区第八中学“四个育人”体系等28个优秀党建品牌。7月，自治区中小学校党支部标准化规范化建设现场推进会在玉林召开，玉州区东环小学被定为现场会参观点，“‘和·慧’教育铸党魂”党建工作经验在现场向全区推广。

【卫健系统党建】 2020年，区委组织部构建全市首个“党建医联体”，提升为民服务水平。开展“健康广西·党建医联体”建设行动，区委组织部与区卫健党工委联合围绕“班子联建、党员联管、实事联办、发展联促”等四个方面主动创新活动载体，在公立医院和民办医院中，举办玉州区卫健系统“党建联姻聚合力 健康玉州惠民生”结对共建启动仪式，成为全市首个“党建医联体”结对共建案例。强化现代医院管理制度建设，以党员全科医生为重点，建立完善重点学科和高学历人才引进管理机制，建设2个现代医院管理制度试点医院，组建30个专科联盟、2个党建医疗联合体和区域医共体。重视健康扶贫、精准扶贫工作，组织319名在编干部一对一帮扶仁东镇、仁厚镇、南江街道、城西街道等镇(街道)辖区内的14个行政村(社区)319户贫困户。创新推行“党建+科研”模式,引领卫健系统高质量发展。玉州区卫健系统实现三种专利申报受理超100件、授权82件,发表论文250余篇,其中23篇发表在核心期刊,参与国家科研子课题1项、自治区科研子课题2项,培育玉林市第二人民医院党委“一亮四争”、玉州区妇幼保健院党总支“党员老中青·科研传帮带”等党建品牌。持续实施“玉州名医”工程。开展“三亮三评”等活动,广泛设置党员示范科、党员示范岗,引导广大党员凝心聚力,深化医药卫生体制改革。建设玉药集团广西院士工作站以及临床医学人才小高地,培养玉州“好医生”“好护士”“好村医”50名,党员占比达92%。全区培育自治区级党建工作示范点1家,玉林市党建工作示范点3家,玉林市五星级党组织2个。制作完成玉州区卫健系统党建工作专题片《高举党旗勇担当　不负韶华敢作为》,并在各医院明显位置循环播放。

【党员教育】 2020年,区委组织部坚持以习近平新时代中国特色社会主义思想为指导,全面提升党员教育工作质量。4月,开通“玉州先锋”微信公众号,致力打造党建资讯平台、党务服务平台、党员学用平台。在11月广西组织系统县区级微信公众号影响力排行榜中,“玉州先锋”排名全广西第一。组织开展“党课开讲啦”“学习身边榜样”及《红色传奇》进校园三项活动。推动支部党员“人人讲党课”,促使“党课开讲啦”活动走深走实。成功举办“党课开讲啦”暨玉州区第三届微党课大赛,评出“十佳微党课”及“党员教育好讲师”5名、“优胜奖”8名,“最佳组织奖”2个。开展“学习身边榜样”活动,向玉林市推荐“身边榜样”人选3名,专题片《拯救陌生人》在央视播出,并被自治区党委组织部评为2020年全区党员教育“八桂先锋”优秀作品二等奖。强化区、镇(街道)、村(社区)“三级联动”,突出中学、小学、幼儿园“三个梯队”,深入推进《红色传奇》进校园。实施“十百千万”计划,通过挖掘10个红色故事、培育100名专职讲解员、吸收1000名兼职讲解员、讲好1万场次红色故事会,让活动覆盖到全区每一间中小学校,浸润16万余名师生。以纪念陈子涛烈士100周年诞辰为契机,隆重举行纪念陈子涛烈士100周年诞辰系列活动。对陈子涛故居进行修缮并建成陈子涛纪念馆,12月28日,举行启用揭牌仪式。同日,在玉林宾馆举办纪念陈子涛烈士100周年诞辰座谈会,既纪念缅怀了革命先烈,也使“红色街区”影响力、美誉度不断扩大。组织摄制一批党员教育优秀作品。党员教育电视片《大厂女工匠》获万众一心战胜疫情暨第五届中国梦青年影像盛典红色题材单元一等奖;《万众一心　战胜疫情》获中国力量·战“疫”短视频盛典宣传广告片单元一等奖;《玉林儿女——李荣》获2019年度全市党员教育电视片玉林儿女类作品二等奖、《使命1939》获其他类作品二等奖、《点亮城市红,服务零距离》获其他类作品三等奖。玉州区被《广西组工信息专刊》综合采用组工信息6篇,《广西组工·领导参阅》综合采用2篇;2020年党建工作经验被共产党员网、学习强国等市级以上媒体用稿200多篇。被中组部评为优秀网评文章2篇、被自治区党委组织部评为优秀网评文章12篇。

【领导班子建设】 2020年,区委组织部贯彻落实《2019—2023年全国党政领导班子建设规划纲要》,建设推动玉州区“工业强区、商贸富区、文化兴区”三大战略发展的“一流硬核”领导班子,为玉州区高质量发展提供坚强的组织保证。将政治建设摆在领导班子建设的首位,着眼坚定信仰深化理论武装,把学习贯彻习近平新时代中国特色社会主义思想作为干部教育培训的第一任务、各类培训班次第一课程、理论学习中心组学习第一议题、党支部学习第一内容,推动领导干部带头读原著、学原文、悟原理,教育引导领导干部带头增强“四个意识”、坚定“四个自信”、做到“两个维护”。按照“抓重点、分层次、全覆盖”的工作思路,玉州区实施“习近平新时代中国特色社会主义思想教育培训计划”“一把手政治能力提升计划”“干部接力培训计划”“行动学习推广应用计划”“干部专业化能力提升培训计划”“党的建设培训计划”,重点抓好科级以上领导干部专业化能力培训,提升广大领导干部推动科学发展的工作能力和水平。委托人大、政协、纪委、扶贫办等区直部门组织开展本系统领导干部的培训工作,强化对干部业务技能的培训。主动把改革发展主战场、服务群众最前沿、维护稳定第一线作为锻炼干部的“练兵场”,有计划有步骤地选派干部到建设推动玉州区“工业强区、商贸富区、文化兴区”三大战略发展的四大产业融合一线、营商环境优化一线、招商体制改革一线、重点园区升级一线、乡村振兴一线等重点领域锻炼，让干部在实战中练就实干担当的真本事、真本领。从区直单位选派60名党员领导干部组成党员先锋队，到各镇（街道）参与疫情防控工作；从年轻干部、部门领导、职级干部中，挑选110多人作为乡村振兴工作队长和回乡工作队长，参与乡村振兴工作。

【干部队伍建设】 2020年，区委组织部制定出台《玉州区激励关爱专家人才在疫情防控一线担当作为的八项措施》《玉州区关于建设堪当“三大战略”发展重任“一流硬核”领导班子的实施办法》《玉林市玉州区关于适应新时代要求大力发现培养选拔优秀年轻干部的十项措施》等制度文件，并建立玉州区激励干部新时代新担当新作为工作联席会议制度。建立和落实党内激励关怀帮扶、乡镇工作补贴、干部带薪年休假、干部年度体检、干部谈心谈话、村（社区）干部报酬、关爱干部身心健康等系列制度、机制和措施。

始终坚持“德才兼备、以德为先”的用人标准，树立面向基层、面向一线“两个面向”的鲜明的选人用人导向，执行《党政领导干部选拔任用工作条例》和有关规定，把德的表现作为干部选拔任用的首要依据，把那些政治上靠得住、敢担当、善作为的干部选拔到领导岗位上来。重视从镇（街道）基层和急难险重工作一线选干部，注重干部的政治表现、工作实绩和群众公认度，把应对突发事件、完成重大任务的关键时刻作为考察和识别干部的重要时机；坚持在推进脱贫攻坚、项目建设、征地拆迁、安全生产、维稳综治、环境治理和党的建设等急难险重工作中考察、识别、发现和检验干部。在2020年提拔和进一步使用的56名科级干部中，有29名是从镇（街道）基层和工作一线艰苦创业中选出来的。注重导向性选人用人，把选拔干部的过程，变成激励干部干事业、创业绩、促发展的过程。

完善年度考核、绩效考评激励机制，在年度考核中突出基层工作一线、突出承担重大任务、突出作出重大贡献“三个突出”的考核激励措施，优先提高年度考核优秀等次比例，并推行绩效二次分配，发挥其导向作用，解决干与不干、干多干少、干好干坏一个样的问题。在2020年评出的2019年度绩效考评结果中，全区有8个镇（街道）和55个部门获绩效奖金奖励，有4个部门绩效奖金被扣减。

开展“玉州先进集体、好干部”评比表彰活动，共评出“玉州先进集体”30个和“经济工作”“项目攻坚”“党务工作”“勤政廉政”“立德树人”“健康卫士”“脱贫攻坚”“平安卫士”八大系列共80名“玉州好干部”。

【公务员队伍管理】 2020年，区委组织部对上一年度公务员（含参公人员）履职情况进行考核，共1338名人员参加年度考核，其中：评定优秀等次263人，占19.66%；评定称职等次1048人，占78.33%；不定等次26人，占1.94%；不称职1人，占0.07%。玉州区公务员（含参公人员）职级晋升工作正在推进中，其中晋升一级调研员1人，晋升二级调研员1人，晋升三级调研员2人，晋升一级主任科员22人。

【干部监督工作】 2020年，区委组织部聚焦关键少数，严格落实领导干部个人有关事项报告制度。对填报个人有关事项工作重在“关键少数”的要求，全区有25位处级干部填报领导干部个人有关事项报告表，已按要求报送玉林市委组织部。落实领导干部经济责任审计，委托区审计局对3位科级党政主要领导干部进行审计，其中：离任审计1人，任中审计2人。对审计发现的问题，及时作出相应的组织人事部门的处理，强化对经济责任审计结果的运用。做好干部选拔任用“一报告两评议”工作、“选人用人”工作的监督、“带病提拔”责任倒查等工作。把好干部选拔任用的关口，在调整领导干部前，按要求向市组作干部任免工作的请示，报告开展干部任免工作的目的、调整干部数、调整后对消超职数的影响等信息。2020年，全区没有出现“带病提拔”和违规选人用人的情况。做好区纪委监委机关在对领导干部处分前的征求意见办理工作，共办理9位领导干部处分前征求意见工作。运用好提醒、函询和诫勉的组织处理手段，对领导干部苗头性倾向性问题及时提醒，对反映领导干部履职作风方面问题进行函询，对构成违纪但免予处分的领导干部进行诫勉。区委组织部开展提醒、函询、诫勉和谈心谈话、约谈干部共54人次，其中因新冠疫情防控工作不力被约谈问责的有13人次。做好党委组织部门的来信来访接待处理工作和“12380”举报信息管理系统监控工作，做好玉林市信访信息系统有关于玉州区委组织部的信访信息受理、查办工作，做好上级部门和领导交办事项的调研了解和调查核实工作。全年接到来信来访共17件次，均按程序进行调查处理。

【人才队伍建设】 2020年，区委组织部深化人才供给侧结构性改革，突出抓好人才政策、人才培养、人才引进的供给，为全区经济社会发展提供强有力的人才支撑。注重政策供给，补齐结构短板。出台《玉州区加强“两湾”产业融合发展先行试验区人才支撑十二条措施》《玉州区加快推进乡村人才振兴的实施方案》《玉州区三名工作室建设实施意见》《玉州区“银发人才余晖行动”实施方案》等人才培养激励政策，对人才的培养、引进、使用、激励等工作提供政策支持。坚持高端引领和行业化培养相结合的培养机制，培养595名中高职称人才，建设岭南木雕、玉林羽毛画等行业技术传承工作室6个。建立创新创业为导向的人才培养机制，完善产学研用结合的协同育人模式，培养科研创新人才230人，年内4家企业获得自治区高新技术企业称号。树立典型引领科技扶贫，专业技术拔尖人才研发推广20多项技术成果，加强示范带动产业扶贫，引进培育15个新型经营主体和7个产业基地(园)。注重引进供给，灵活适应需求。强化引才保障，成立人才发展中心，实现发展中心周转编制的有效流转。制定出台《玉州区人才发展中心专项周转编制使用管理办法(试行)》，赴成都招聘3名急需紧缺高层次人才。以产业链布局人才链，借助玉林牛腩粉产业园、大森林医药物流基地等项目落地，引进机械设计与制造、材料学等本科学历以上人才。

【公务员考录工作】 2020年，区委组织部配合做好全区公务员(选调生)招录工作，全年玉州区共招录公务员(选调生)18名，全部安排在各镇(街道)，充实基层干部队伍。及时为涉及单位更名的参公人员及区外调入、区内调动人员共194人办理重新任职级、完善档案材料，助推职级工作有序进行。依托“全国公务员管理信息系统”，建立公务员信息日常管理机制，定期对全区公务员信息进行摸底，同时健全机构改革后公务员(参公人员)台账，在公务员信息采集录入过程中，派专人逐一审核公务员档案信息，确保全国公务员管理信息系统数据库精准，为公务员登记和公务员职务与职级并行工作提供有力数据支撑。全年共采集录入公务员(参公人员)信息1326条。

【干部教育】 2020年，区委组织部共举办主体班5期，培训干部230多人次；举办各级各类培训班42期，培训干部2700多人次；举办“玉州发展论坛”3期，培训干部1200人次。抓牢党性教育主线，拧紧思想“总开关”。加强马克思主义基本原理和中国特色社会主义理论体系的教育培训，把“深入学习党章党规，深入学习习近平总书记系列重要讲话，做合格的共产党员”融入领导干部和党员教育培训新常态。将学习贯彻习近平新时代中国特色社会主义思想和中共十九大和十九届历次全会精神、习近平总书记对广西工作系列重要指示及建设壮美广西、共圆复兴梦想的重要题词精神列入区本级主体班、各类委托班等多个培训班次，以及各级各部门的各类学习活动培训之中。举办玉州区科级以上领导干部学习贯彻中共十九届四中全会精神轮训班。实施六大培训计划，培优育强“生力军”。按照“抓重点、分层次、全覆盖”的工作思路，实施“习近平新时代中国特色社会主义思想教育培训计划”“一把手政治能力提升计划”“干部接力培训计划”“行动学习推广应用计划”“干部专业化能力提升培训计划”“党的建设培训计划”，坚持科级以上领导干部的重点培训，抓好普通干部培训的联训，提升广大干部推动科学发展的工作能力和水平。年内，玉州区根据干部队伍建设需要，对部分年轻干部、选调生和区直单位科级干部实行点名调训，选派玉州区部分优秀中青年干部到自治区党校参加中青年干部培训班次。举办新任科级领导干部廉洁从政能力素质提升训练班。推广应用行动学习，推动干部教育培训高质量发展。制订周密计划推广应用行动学习，做好本土化文章，使干部教育培训在“接地气”上凸显效果。将行动学习培训纳入每年的《玉州区干部教育培训工作要点》和《玉州区干部教育培训项目计划表》，运用行动学习方式打造重点班次。示范举办玉州区运用行动学习助推“街道管理体制机制改革”研讨班和玉州区运用行动学习助推“城市基层党建工作”研讨班等班次，促进领导干部心智模式的改变，培养集思广益、互相促进、团结协作的优良品德，增强自我发展和持续学习的能力，培养一支综合素质高、团队意识强、学习能力和解决问题能力强的干部队伍。

(区委组织部)

宣传工作

【宣传工作机构概况】 中共玉林市玉州区委员会宣传部(简称区委宣传部)是区委主管意识形态方面工作的职能部门,内设政秘股、理论调研股、宣传文艺工作股、新闻股、版权管理和出版印刷发行管理股、精神文明建设股6个股室,核定行政编制8名,2020年,在职在编人员5人,设部长1名,副部长3名(其中1名分管日常工作的副部长,1名副部长兼任区精神文明建设委员会办公室主任)。挂牌玉州区精神文明建设委员会办公室(正科级)、中共玉林市玉州区委员会网络安全和信息化委员会办公室。下设玉州区互联网信息中心事业单位,主管玉州区融媒体中心。办公室地址:玉州路1号(区政府大院3号楼4楼)。

【理论学习】 2020年,区委宣传部结合解放思想再出发"大学习、深调研、强服务、敢担当"活动,不断加强广大党员干部的理论学习,用以武装头脑、指导实践、推动工作。通过组织参加理论宣讲比赛、"我喜爱的学习金句"征文比赛、"党课开讲啦"主题党课等活动,利用"学习强国"、《玉州理论微刊》等学习平台的作用,着力推动各级党组织和广大党员干部学习习近平新时代中国特色社会主义思想。开展中共十九届四中、五中全会,全国"两会",脱贫攻坚等重大主题集中宣讲和常态化宣讲,推动习近平新时代中国特色社会主义思想入脑入心。做好理论辅导资料学习征订工作,全区各级党组织征订《习近平谈治国理政》第三卷、《广西·理论学习2020》等理论辅导资料6000余册。年内,全区共开展重大主题宣讲活动130余场次,受众8000余人次。

【意识形态】 2020年,玉州区各镇(街道)各区直部门单位贯彻落实《中国共产党宣传工作条例》和意识形态工作责任制。围绕决胜全面小康、决战脱贫攻坚主线做好舆论引导工作。将落实意识形态工作责任制纳入重要议事日程,纳入党建工作责任制,纳入领导班子、领导干部的目标管理,纳入绩效管理,列为2020年党委(党组)重点工作任务,扎实推进意识形态工作责任制落实落细。

【新闻宣传】 2020年,区委宣传部围绕十九届四中、五中全会精神宣传,精准扶贫,解放思想主题教育,乡村振兴等中心工作,精心策划新闻宣传,树立玉州区的良好形象,特别是在脱贫攻坚宣传方面,全年玉州区扶贫新闻稿件中央级传统媒体39篇,中央级网络媒体339篇,自治区级传统媒体320篇,市级媒体1296篇,2020年玉州区扶贫宣传工作在全区扶贫宣传工作综合成绩的二类非贫困县居第二名。网络宣传方面,开展"中国好网民""网络公益工程活动""2020网络中国节""脱贫攻坚主题网宣活动""创建全国文明城市网络专题宣传"等网宣活动;通过"玉州城事"微信公众平台发布326期信息,"玉州发布"新浪政务微博发布356条信息。

【舆情信息】 2020年,区委宣传部先后成功处置寒山水库大火烧山事件、新冠疫情防控、幼儿园学生呕吐事件等多起涉及玉州网络舆情突发事件。年内编印《玉州网络舆情简报》21期,为领导提供更快更新更丰富的舆情参阅决策。先后对利用信息网络实施涉黑涉恶等有组织违法犯罪开展专项整治行动、清朗行动、网络占卜专项整治、"网络送养黑产链"专项清查、网络生态治理、关键信息基础设施网络安全专项检查以及2020年国家网络安全宣传周活动等工作。

【社会宣传】 2020年,区委宣传部做好疫情防控、脱贫攻坚、创建文明城市等中心工作的社会宣传,营造良好的社会氛围。特别是新冠肺炎疫情防控期间,多措并举,通过微信公众号、电子显示屏、宣传海报、横幅、巡逻车等宣传手段,将防控社会宣传做到每家每户全面覆盖,其中辖区内电子屏共滚动播放防控信息35万多条,各类型场所共张贴宣传海报7万多份,村(社区)悬挂横幅共悬挂横幅5000多条,制作宣传牌44块、宣传板报共288块,张贴宣传标语1万多条,发放宣传资料10多万份,出动宣传汽车1658辆次,宣传电动车15930辆次。

【精神文明】 2020年,区委宣传部完成新时代文明实践中心、所(站)建设。年内,全区8个实践所,86个新时代文明实践站全部挂牌运作,实现"六有",即有场所、有机构、有制度、有队伍、有氛围、有资料。打造南江街道江滨社区、仁东镇鹏垌村两个新时代文明实践站示范点建设,高位推进,稳步带动全区的新时代文明实践站创建工作。10月,自治区党委常委、宣传部部长范晓莉到玉州区仁东镇鹏垌村调研农村精

2020年3月8日，玉州区志愿者到玉城街道北辰社区开展抗疫爱卫“五大清洁行动”　（区委宣传部　提供）

神文明建设情况，对鹏垌村新时代文明实践站予以充分肯定。打造“主力军”，组建文明实践队伍。据统计，2020 年全区实名注册志愿者达 15 万余人，各类志愿服务组织 150 余个，开展志愿服务活动 1500 余场次，为群众服务 10 万余人。以评促改，举全区之力参与玉林市创建全国文明城市工作，群众幸福指数明显提升。培育和践行社会主义核心价值观，常态化开展理想信念教育、弘扬时代新风行动和诚信建设等工作。制定玉州区贯彻落实《新时代公民道德建设实施纲要》分工方案和贯彻落实《新时代爱国主义教育实施纲要》工作方案。年内，玉林市公安局玉州分局刑侦大队教导员林祖旭获广西“最美民警”称号；玉林市公安局南观派出所辅警陈夏华获广西“最美辅警”称号；玉州区八中学生钟雨霏获玉林市新时代好少年称号；玉城街道南观社区和清湾江社区获玉林市“最美志愿服务社区”称号；玉州区百合义工协会获玉林市“最佳志愿服务组织”称号；唐俊锋获玉林市“最美志愿者”称号。做好第六届全国文明城市、文明村镇、文明单位，第二届全国文明家庭、文明校园及新一届全国未成年人思想道德建设工作先进推荐工作，做好第二届自治区文明家庭、文明校园评选推荐工作。年内，玉州区八中获“全国文明校园”称号，玉州区仁东镇鹏垌村获“全国文明村镇”称号。

【宣教文艺】 2020 年，区委宣传部以“戏曲进乡村”活动为契机，结合乡村振兴、新时代文明实践活动，在全区 59 个行政村分别开展文化惠民活动。推荐 8 个节目参加“决胜小康 奋斗有我”第八届全区基层群众文艺会演活动，获 1 个一等奖，2 个三等奖，5 个优秀奖。组织全区约 8000 名党员干部观看脱贫攻坚主题电影《秀美人生》。

【新闻出版】 2020 年，区委宣传部多形式开展全民阅读。组织团区委、区教育局等多部门联合开展阅读月相关活动 10 场，参与人数 1 万多人。推荐玉州区文殊书店参加“八桂特色书店”评选推荐活动。做好出版物经营许可行政审批工作。全年行政审批变更、新发出版物经营许可证共 163 家，图书出租、临时零售点、分支机构等备案 6 份，内部资料性出版物准印证 1 家，随机抽查出版物发行单位 60 多家。配合上级完成玉州区 66 家 2020 年农家书屋出版物补充更新工作，指导玉城街道北辰社区农家书屋创建示范点书屋。

【国防教育】 2020 年，区委宣传部开展形式多样的爱国主义教育和国防教育活动。印发《玉林市国防教育委员会 2020 年工作要点》《玉林市国防教育委员会成员单位工作职责》，把国防教育列入全民教育计划，抓好经常性、群众性的国防教育活动。组织青少年学生参加第二十七届爱国主义读书教育活动。根据自治区青少年爱国主义读书教育活动组委会的部署和玉林市组委会的安排，组织参加玉林市青少年爱国主义读书教育活动演讲暨讲故事比赛。玉州区各学校认真组织发动，踊跃报名参赛，共推荐参赛征文稿件 20 篇。在小学组和中学组中共有 3 名学生获一等奖。在小学组讲故事比赛中，古定中心小学学生邓熙元获特奖。为深入学习贯彻习近平新时代中国特色社会主义思想和习近平强军思想，按照中共十九大关于加强全民国防教育的部署要求，围绕“巩固军政军民团结、为实现中国梦强军梦凝聚强大力量”的职责使命，统筹抓好新时代领导干部的国防教育。邀请区委常委、人民武装部政治委员刘安定到玉州区做国防教育专题讲座，进一步增强广大领导干部的国防教育意识，提高国防观念。9 月 30 日，玉州区组织广大领导干部到玉州区英烈园纪念碑开展祭扫烈士墓、敬献花篮、宣读祭文等活动，重温革命历史、感悟革命精神。组织开展以“奋进新时代 聚力强军梦”为主题的国防教育日宣传活动，共展出宣传板报15块，发放国防教育宣传资料2000余份。

【网络安全和信息化】 2020年，区委宣传部做好网络安全和信息化工作，开展网络意识形态专项清理行动。严格贯彻落实网络安全工作责任制，坚持将网络安全工作纳入对区直机关和镇（街道）绩效考核。6月，组织开展辖区关键信息基础设施网络安全检查，提高网络安全防范意识和工作能力。9月，组织开展网络安全宣传周活动。落实中共中央办公厅印发的《党委（党组）意识形态工作责任制实施办法》《党委（党组）网络意识形态工作责任制实施细则》，把网络意识形态工作作为一项极其重要的工作来抓，扎实做好网络意识形态各项工作，牢牢把握网络意识形态工作的领导权、话语权、主动权，为推进玉州区社会稳定和长治久安提供强有力的智力支持、舆论保障和文化条件。

（区委宣传部）

统一战线工作

【统一战线工作机构概况】 中共玉州区委员会统一战线工作部（简称区委统战部）内设政秘股、党外人士股、台湾工作股、民族宗教股、侨务工作股，挂牌机构有玉州区委、玉州区人民政府台湾工作办公室，玉州区民族宗教事务局，玉州区侨务办公室，编制8名。

【思想政治引领】 2020年，区委统战部面向党员干部开展解放思想再出发“大学习、深调研、强服务、敢担当”主题活动，面向各领域统战成员开展“不忘合作初心，继续携手前进”“凝聚新力量、筑梦新时代”“弘扬爱国奋斗精神，建功立业新时代”等主题教育活动，召开玉州区2020年统战工作会议和年中统战工作座谈会，举办玉州区2020年统战、党外干部和少数民族干部专题培训班1期，组织参加广西统一战线视频学院39期，讲座40期，开展百场党的创新理论宣讲活动10次，其中到民营企业开展中共十九届五中全会宣讲3次，培训统战干部和统战成员1800余人次，创建民营经济人士理想信念教育基地。

【统战系统机构改革】 2020年，区委统战部全面完成统战系统机构改革，调整13个玉州区委统战工作领导小组成员单位，党对统战工作的领导不断增强，统战工作网络不断健全。区委常委会2次专题研究统战工作，召开领导小组会议2次，党委统一领导、统战部门牵头协调、有关方面各负其责的大统战工作格局不断完善，推动解决一批统战工作重点难点问题。中央宗教工作督查整改工作基本完成，民族团结专项工作得到自治区的充分肯定。

【服务民营经济】 2020年，区委统战部及时召开非公有制经济工作领导小组会议、民营企业代表座谈会，推动领导干部走访服务民营企业5万多人次，截至10月末，全区有民营经济市场主体总量达6.86万户（含私营企业、个体户、农专社），其中，非公企业1.8万家，个体工商户4.9万户，“四上”民营企业共314家，占全区“四上”企业的82.6%。全区税务系统共组织民营经济税收收入11.04亿元，全区民营企业技术创新成果4项。上半年，玉州区规模以上民营工业企业实现增加值4.98亿元，完成工业总产值26.89亿元；民营企业完成固定资产投资62.63亿元，占全部固定资产投资比重为62.9%。

2020年，玉州区实现“个转企”16家，新增规上工业企业8家，新增限上服务业企业17家，新增限上商贸企业41家，增资质等级建筑企业和房地产企业13家，正在培育进行股份制改造的规上企业2家，正在培育上市的股份制企业1家。

2020年，区委统战部推进“互联网+政务服务”改革，全区98.12%的政务服务事项实现网上办理，96.28%的政务服务事项实现“最多跑一次”，企业开办时间实现“一日办结”，解决民营企业办事难、办事慢、多头跑等问题。全年优化“一事通办”事项504项，可容缺受理事项材料236项。

2020年4月，玉州区被评为广西民营经济示范区，南江街道被评为广西民营经济示范乡镇。

【健全联系服务企业制度】 2020年，区委统战部建立健全区、镇（街道）领导班子领导联系服务企业制度、区非公领导小组成员单位领导联系服务企业制度以及区委统战部干部联系服务企业制度。玉州区四家班子领导联系服务工业企业63家，联系重大项目84个，区非公领导小组各成员单位联系服务80多家民企。开展“千名干部联千企（项目）”活动，重点服务规上工业企业、重点服务业和重点招商引资项目。对区内295家企业进行宣传发动，收集到问题86个（其中，企业融资问题15个，政商关系问题5个，拖欠款项问题8个，项目用地问题14个，减税降费问题15个，其他具体问题29个），解决74个，解决率为86.05%。

【民营企业招商引资活动】 2020年，玉州区成立玉林市首家实行一站式服务、全程代办的项目投资专业化服务代办机构，并组建玉州区项目投资专业化服务代办队伍，倒逼政府把“用权”变为“服务”。代办机构自成立以来，累计服务岭南中药配方颗粒项目、中集物流装备项目、新能源锂电池项目等12个项目。主动融入“一带一路”建设和自治区“南向、北联、东融、西合”开放发展格局，重点加快“东融”步伐，承接东部产业转移。区党政主要领导亲自带领小分队到武汉、厦门、亳州、武平、东莞、深圳、广州、珠海等地，主动对接中国海运、湖北天沭、重庆建设、金科集团公司等龙头企业、品牌企业；围绕全区招商重点，及时更新资讯，制作中英文对照版《玉州区投资指南》等一系列宣传资料；多次组织各镇（街道）、园区、有关部门就主导先进装备制造城产业招商方案编制工作进行讨论，修改完善产业招商方案；完善考核激励、委托招商、项目落地、“保姆式”服务等工作机制，依托玉博会、药博会等平台，聚焦新兴产业开展招商，推动“玉商回归”“玉生回归”，引回更多人才、项目、资金和技术。2019—2020年，全区重大新开工建设项目35个，总投资238.89亿元。

【推进民族团结进步事业】 2020年，自治区、玉林市将“民族团结进步”列为四个专项绩效考核之一，对照考评细则，区委统战部（民宗局）制定《玉州区2020年度民族团结进步专项工作绩效考评方案》，贯彻落实区委、区政府关于民族工作的决策部署情况，涉及民族政法、维护民族团结稳定、民族团结进步创建、民族经济、少数民族社会事业、民族语文、民族干部和创新争优等方面的内容。开展民族团结进步创建“七进”活动，做好民族团结进步创建示范区（单位）和民族团结进步教育基地培育、推荐工作，玉城街道获得全国民族团结进步模范集体、自治区民族团结进步示范街道称号。

【巩固宗教工作成果】 2020年，区委统战部继续开展以规范为主题的和谐寺观教堂创建活动，通过走访宣传，教育指导，提高宗教场所管理和活动等的规范化水平；1月15日，区委统战部（民宗局）会同公安分局、辖区派出所对林村宝山斋信访件在区信访中心进行答复；4月16日，联合公安机关对在玉东新区通用公司门口存放宗教宣传资料的人员进行批评教育，督促其进行整改；在宗教场所开展爱国主义和社会主义核心价值观教育宣传及民族团结进步创建活动，在宗教活动场所升挂国旗。

【党外知识分子和新的社会阶层人士工作】 2020年，区委统战部按照自治区、玉林市委统战部统一部署，全面完成玉州区各民主党派、无党派、非公有制经济、民族宗教、新的社会阶层等数据库科学认证工作，年末全区党外代表人士确认数120名以上，超额完成任务。建立党外知识分子活动中心，开展知联会活动，制定知联会工作联席会议制度，建立留学人员联谊组织，探索建立留学人员创新创业和服务基地，10月中旬选派鹏垌村小学1名教师到南宁参加“留学报国——民族地区乡村教师关爱行动”第八期教学交流活动。区委统战部按照“建设队伍、活动阵地、创新活动、打造品牌”的思路，建立新的社会阶层人士分级分类管理数据库，玉州区新的社会阶层人士有1万

2020年12月28日，玉州区新的社会阶层人士联谊会成立大会举行
（区委统战部　提供）

多人，入库的代表人士有295人，结合实际情况，分别从已经建立的数据库里遴选出30～50名的新的社会阶层代表人士开展重点联系培养工作；区内新的社会阶层代表人士覃浩获得广西优秀中国特色社会主义事业建设者的殊荣；采取“八个有”标准、“三项举措”在全区范围内开展新的社会阶层人士统战工作实践创新基地创建工作，打造“玉州新阶层”基地品牌，已建成各类新的社会阶层人士实践基地2家。

【港澳台工作】 2020年，区委统战部分别在玉州区第八中学、玉州区立文学校打造玉州区青少年爱国主义“同心圆”教育基地。组织台企台胞参加6月6日广西自贸区云推介云招商云签约活动。通过台胞台属来访、电话联系、走访等形式了解台商台胞情况，共走访台商台企26人次、电话联系100多人次，并通过玉州区政府网站和微信宣传中共中央总书记习近平在《告台湾同胞书》发表40周年纪念会上的讲话精神及《关于应对疫情统筹做好支持台资企业发展和推进台资项目有关工作的通知》《关于促进桂台经济文化交流合作的若干措施》，提高台胞依法经商、依法维权的法律意识，使台胞台企理解和掌握涉台法律法规及各项惠台政策，减少投资风险和投资纠纷。区委书记吕燕梅召集有关部门和领导到台资企业玉林云天文化城召开“千车万人”游玉林活动部署协调会，部署和协调相关部门帮助台资企业解决防疫、旅游、消防、交通安全、住宿、购物和安排停车相关问题。

【侨务工作】 2020年，区委统战部开展“教育资助”助学活动，帮助侨眷陈胜毅申请“教育资助”1500元，缓解暂时的困难。11月7日，在玉林市华港中等职业技术学校对归侨侨眷进行职业技能培训，共有50人参加。接待归侨侨眷来信来访32人次，所有来信做到必复，有问题协助解决，来信来访结案率为98%。为归侨侨眷出具证明7份，让他们享受到应有的优惠政策照顾。筹集3万元，对贫困归侨侨眷、对国家有突出贡献侨界知名人士、优秀归侨侨眷、留学生代表进行慰问。218人获得2019年度市级中央华侨事业费补助，合计发放资金13万元；全年玉州区获得中央华侨事业费27.92万元，获得救助补助的归侨侨眷224人。举办纪念《中华人民共和国归侨侨眷权益保护法》颁布30周年暨第二届“侨商杯”法律知识竞赛活动，40名归侨侨眷参加活动，发放《中华人民共和国归侨侨眷权益保护法》40份；5月中旬，由侨办副主任陈华红带队到人民东路开展“侨法”宣传活动，摆设宣传点、咨询服务点，发放侨法宣传资料300余份，为400多位归侨侨眷和市民提供法律服务。

【网络统战】 2020年，区委统战部通过实施五大行动，推动网络统战工作，成立区、镇、村三级网络队伍，完善网络统战队伍电子信息库，建立网络学习平台、宣传平台、社交平台、服务平台等，利用广西统一战线讲习所视频平台、网络学院、玉州区政府门户网站、玉州区统战系统微信等网络宣传阵地，开展网络统战工作宣传，全年组织网络统战成员学习1100人次，宣传统战政策网上培训班6期，开展网上沙龙联谊交友活动7次，开展网上企业调研320家，服务企业450家。

【统战信息工作】 2020年，区委统战部获得2019年信息实践创新成果奖、理论政策研究创新成果奖及“玉林市统战信息工作先进单位”称号。

（区委统战部）

巡察工作

【区委巡察工作机构概况】 区委巡察机构包含中共玉林市玉州区委员会巡察工作办公室（简称区委巡察办）和区委巡察组。中共玉林市玉州区委员会巡察工作办公室（中共玉林市玉州区委员会巡察工作领导小组办公室）是区委工作机关，作为区委巡察工作领导小组日常办事机构（实行一个机构、两块牌子），为正科级，设在区纪委。区委巡察办贯彻落实党中央、自治区党委、市委和区委关于巡察工作的方针政策和决策部署，在履行职责过程中坚持和加强党对巡察工作的集中统一领导。区委巡察办核定行政编制5名，设主任1名，副主任1名；实有主任1名，副主任1名，干部2名。中共玉林市玉州区委员会巡察组承担区委巡察任务，向区委巡察工作领导小组负责并报告工作。区委巡察组核定行政编制9名（每个巡察组3名），其中：区委巡察组组长（正科长级）3名，副组长（副科长级）3名，巡察专员（副科级领导职务）3名；实有巡察组组长3名，副组长3名，巡察专员3名。办公地址：玉林市人

2020年4月7日，五届玉州区委第十轮巡察工作动员部署会议召开
（区委巡察办　提供）

民东路633号。

【巡察工作重要会议】 2020年4月7日，五届玉州区委第十轮巡察工作动员部署会召开。区委常委、区纪委书记、区监察委主任、区委巡察工作领导小组常务副组长黄琦出席会议并讲话。区委常委、组织部部长陈芊茜宣布本轮巡察组组长、副组长授权任职及任务分工的决定。第十轮巡察安排3个巡察组，利用3个月时间，对区人民法院党组、城西街道党工委、仁厚镇党委、玉林市商业总公司、玉林市对外经济贸易公司、南江街道党工委等6家单位开展常规巡察。

2020年9月16日，五届玉州区委第十一轮巡察工作动员部署会召开。玉州区委常委、区纪委书记、区监委主任李家胜出席会议并讲话。玉州区委常委、组织部部长陈芊茜宣布本轮巡察组组长、副组长授权任职及任务分工的决定。第十一轮巡察安排3个巡察组，利用3个月时间，对区人民检察院党组、区审计局党组、区委区政府信访局、区退役军人事务局党组、区委机构编制委员会办公室、区金融工作服务中心、区征地事务中心、区委办公室（区委机要局）、区委区政府督查和绩效考评办公室、区医疗保障局党组等10家单位开展常规巡察。

【党内监督和巡察成果】 2020年，区委巡察办开展第十轮、第十一轮巡察工作，巡察16个单位［9个区直机关单位，2个区直属事业单位，3个镇（街道），2个区直属国有企业］，共发现问题238个，移交问题线索12条。完成第九轮、第十轮巡察反馈意见整改工作，共完成整改问题169个，挽回经济损失约60.4万元，建立健全制度48项。第十一轮巡察发现问题134个，正在整改中。截至第十一轮巡察结束，五届玉州区委完成任期内巡察全覆盖任务。

（区委巡察办）

精神文明建设

【群众性精神文明建设】 2020年，区委宣传部推进群众性精神文明建设。评选表彰新一届精神文明建设工作先进典型。做好第六届全国文明城市、文明村镇、文明单位，第二届全国文明家庭、文明校园及新一届全国未成年人思想道德建设工作先进推荐工作，做好第二届自治区文明家庭、文明校园评选推荐工作。玉州区配合玉林市在文明城市测评中，继续保留自治区文明城市称号，获2021—2023年全国文明城市提名资格；玉州区第八中学获第二届全国文明校园的称号，玉州区仁东镇鹏垌村获第六届全国文明村镇的称号；玉州区名山中学、玉州区南江苗园中学、玉州区万秀小学、玉州区第二实验小学获第二届自治区文明校园称号。持续开展“百县千镇万村”文明创建行动，继续加大区级文明村镇创建力度。年内，全区共评选出9个玉州区级文明村镇，确保全区区级文明村创建率达到60%以上，文明镇创建率达到100%。深化“一约四会”建设，强化文明乡风，助力脱贫攻坚。深化“最美家庭”创建，不断扩大文明家庭创建活动的覆盖面和影响力。加强文明校园创建动态管理，深入创建全国文明校园先进学校，开展专题调研。

【文明道德风尚传承】 2020年，区委宣传部制定玉州区贯彻落实《新时代公民道德建设实施纲要》分工方案和贯彻落实《新时代爱国主义教育实施纲要》工作方案。组织参加广西红色故事讲解员大赛、第二十七届广西青少年爱国主义读书教育系列活动、第四届广西青少年学生“爱我国防”主题演讲比赛，开展国防科普知识进校园活动、国防教育日活动等活动，深化“扣好人生第一粒扣子”主题教育实践活动，推进青少年爱国主义和国防教育走深走实。持续开展乡风文明示范村建设，推动各地开展破除陋习、抵制高价彩礼、简化丧葬礼俗等行动。挖掘推荐八桂楷模、道德模范、身边好人、“新时代好少年”等先进典型，开展“道德模范”宣讲、“新时代好少年”学习宣传活动等主题活动，广泛宣传先进典型的感人事迹和突出贡献。年内，古定中心校学生钟雨霏获玉林市“新时代好少年”称号，玉林市玉州区百合义工协会获自治区及玉林市“最佳志愿服务组织”称号，玉城街道南观社区和清湾江社区获玉林市“最美志愿服务社区”称号，玉州区东岳社区志愿服务队唐俊锋获玉林市“最美志愿者”称号。推进诚信社会建设，持续推进诚信缺失突出问题专项整治。为推进全区全国文明城市创建，区文明办依托广西志愿服务信息系统在全区广泛开展志愿者和志愿服务组织注册登记工作。5月中旬，为加大全区志愿者注册人数，区创城办召开志愿服务工作专项推进会，在会上明确工作任务，强调时间节点，详细讲解志愿者激活、注册程序，解答区直各有关单位、各镇（街道）提出的疑点，并进行现场演示，会后全区各部门开展激活、注册工作。广泛开展法治文化活动，使普法过程成为培育和践行社会主义核心价值观过程。继续推进综治中心建设和网格化服务管理，继续开展扫黑除恶专项斗争宣传工作。加大网上社会主义核心价值观建设力度，建立健全网上网下一个标准、一体管理的全区网络综合治理体系。持续强化对网络内容的监测处置，督促互联网企业落实主体责任。推进“扫黄打非”，强化出版物市场巡查暗访，净化社会文化市场。

2020年4月29日，玉州区举办新时代文明实践中心理论宣讲比赛
（区委宣传部　提供）

【文明风尚倡导与新时代文明实践】 2020年，区委宣传部依托新时代文明实践中心（站、所），把开展文明实践活动与扶贫工作、文化体育活动、科普教育、创建全国文明城市、国家卫生城市等工作有机结合起来，弘扬社会主义核心价值观。开展玉州区新时代文明实践中心理论宣讲比赛，展示玉州区理论宣讲工作成就，锻炼理论宣讲骨干，打造理论宣讲队伍，全面推进玉州区新时代文明实践工作。开展抗疫爱卫“五大清洁行动”，倡导文明健康绿色环保生活方式活动，提高人民群众的健康意识和健康水平。开展“反对浪费、崇尚节约”文明行动，弘扬勤俭节约、艰苦奋斗的传统美德。推进垃圾分类工作，加快建立垃圾分类制度，持续推进“垃圾分类进校园”等主题活动。开展文明交通绿色出行宣传教育专项活动，整治各类不文明交通行为，培育文明守礼新风尚。

（区委宣传部）

区直机关党建

【机关党建管理工作机构概况】 中共玉林市玉州区直属机关工作委员会（简称区直机关工委）为区委的派出工作机构，主要负责机关党的工作。有编制4名。设工委书记1名，副书记1名，纪检监察工委书记1名。玉州区直属机关党员服务中心为区直机关工委的二层机构，核定编制3名。区直机关工委下辖党的基层组织170个，其中：机关党委7个，党总支部8个，党支部155个，有党员3269名。

【机关基层党组织建设】 2020年，玉州区换届的党组织有46个，新成立机关党委1个、党支部1个。

2020年，区直机关有入党申请人32名，入党积极分子45名，新发展党员13名，按期转正党员7名。

【党务培训】 2020年，区直机关工委坚持把教育培训作为提

2020年12月17日，区直机关工委举办玉州区直机关党组织书记培训班
（区直机关工委　提供）

升机关党务干部和党员干部素质能力的重要抓手，分别举办区直机关全国党员管理信息系统培训会、中共十九届五中全会精神宣讲会、区直机关党建工作会议、区直机关党组织书记培训班、区直机关党组织基础党务培训班，对全国党员管理信息系统具体操作流程，贯彻落实“三会一课”、组织生活会、主题党日、民主评议党员等党内基本制度及机关党支部发展党员程序进行详细的讲解。

【关爱困难党员送温暖】 2020年，区直机关工委在春节、“七一”前组织慰问老党员、困难党员共124人次，加强对困难党员、老党员的思想引导和感情交流，有针对性地帮助他们解决实际困难。

【规范机关党建工作】 2020年，各区直单位党组负责督导其二层机构和下属企业的党组织开展2019年度基层党组织组织生活会和开展民主评议党员工作，并对下属单位的党支部召开的组织生活会进行列席点评；未设立有党组的机关党支部由区直机关工委从各有关单位抽调部分人员，组成“区直机关工委2019年度基层党组织组织生活会和开展民主评议党员督导工作组”负责全覆盖督导。开展组织生活质量提升行动、“灯下黑”和“两张皮”问题专项整治、“强基创星”攻坚大行动等工作，以专项行动推动模范机关创建。机关事业单位党组织均建立健全组织生活会、“三会一课”等制度，开展丰富多彩的组织生活，以多种形式提高党组织生活质量。领导班子成员全部建立党支部工作联系点，注重联系后进党支部，深入基层推动工作，深入联系点2次，帮助解决1～2个突出问题，同时督促指导党委（党组）书记和班子成员年内建立党支部工作联系点，落实联系点制度。

【选树榜样，发挥典型引领效应】 2020年，区直机关工委开展“党课开讲啦”和“学习身边榜样”活动。成功举办“党课开讲啦”玉州区直机关第三届微党课初赛，选拔出的优秀微党课在玉州区第三届微党课大赛中取得较好的名次；党组织通过谈心谈话、自我推荐及民主推荐、支委会等方式选择典型榜样和身边榜样，广泛宣传榜样的先进事迹，营造学榜样、争先进的氛围。

【党费收缴、管理和使用】 2020年，区直机关工委党费收入101.03万元，其中：各党支部按比例上缴党费53.09万元，历年留存党费转党费户47.86万元，党费存款利息收入744.2元；党费支出59.03万元。

（区直机关工委）

2020年10月12日，区直机关工委举办“党课开讲啦”暨玉州区第三届微党课初赛
（区直机关工委　提供）

督查与绩效考评

【督查与绩效考评工作机构及概况】 玉州区督查绩效办公室（简称区督查绩效办）为区委部门，核定行政编制5名，设主任1名、副主任2名、督查专员1名；实有在编在职人员3人，空编2名。下设财政全额拨款事业单位玉州区绩效评估中心，核定编制16名，设主任1名、副主任2名；实有在编在职人员15人，其中2020年新增人员6名（事业单位招考录用3人、区内调入1人、区外调入1人、转业士官安置1人）。

2020年，区督查绩效办牵头组织玉州区各有关部门圆满完成自治区、玉林市年度绩效考评指标任务，同时组织做好玉州区本级8个镇（街道）及55个区直部门2020年度绩效考评工作；配合区委组织部指导各镇（街道）开展59个村、27个社区“两委”年度绩效考核。统筹安排全区督查事项，规范督查行为，抓好各级党委政府重大决策部署、重要会议、重点文件落实情况的督查督办工作，推进各项工作圆满完成年度任务。同年12月，区督查绩效办被中共广西壮族自治区委办公厅评为2018—2019年度全区党委督查工作先进单位。年内，玉州区在玉林市绩效考评中总分排名第二，被评为一等等次。

【督查督办工作】 2020年7月，区督查绩效办围绕中央、自治区党委和玉林市委的决策部署，印发《2020年玉州区督查检查考核计划》，明确全区年度需开展督查检查考核事项，规范全区的督查检查行为。在督查工作中，坚持问题导向，注重发现问题，及时反馈问题，做到真督实查。同时，注意创新督查检查方式方法，坚持明察与暗访相结合；加大现场核查、实地暗访、随机抽查力度，推动问题的有效解决。全年共开展督查检查考核19项，切实为基层减负松绑。

区督查绩效办围绕区委、区政府的决策部署，着重做好新冠肺炎疫情防控、脱贫攻坚和“六稳”“六保”“六大会战”及乡村风貌提升等全区重大工作的督查；做好优化营商环境、重大项目建设、土地资源整治及生态环境建设等重要绩效考评指标的督查，印发《2020年全区推动经济高质量发展和优化营商环境情况“红黑榜”督查通报工作方案》。全年共形成督查汇报（通报）61期，综合查访反馈函10个，反馈各镇（街道）、各村（社区）存在问题1730余条；完成整改上报自治区综合查访组查访反馈问题23个，收到玉林市疫情防控督查工作情况专报共21期，涉及全区的问题均已督促整改落实。做好“互联网＋督查”问题线索办理工作，出台《玉林市玉州区办理国务院、自治区政府“互联网＋督查”平台留言工作细则（试行）》，共办结自治区转办的“互联网＋督查”平台、“12320”热线移交线索61条，均已办结。开展脱贫攻坚跟踪问效工作5次，约谈60人次，督促各相关职能部门妥善解决各种民生问题。全年牵头组织开展督查督导26次。通过督查督办，玉州区年度各项工作有序开展并圆满完成年度任务。

【绩效管理】 2020年，区督查绩效办制定印发《玉州区2020年度机关绩效管理工作方案》，方案体现3个创新。改变考评体系，采取“1+4”格局开展绩效考评，即1个综合绩效考评加4个专项工作考评。

8月下旬起，组织有关单位制定区本级绩效考评指标，包括区直部门职能指标、考核镇（街道）指标和区直部门共性指标及超额加分指标等，审核后以正式文件印发全区，成为区本级开展年度绩效考评工作的重要依据。加强绩效指标完成情况的跟踪管理，先后召开玉州区落实2020年度自治区、玉林市绩效考评指标赶队会和玉州区落实2020年度

2020年12月10日，玉州区2020年度绩效指标难点攻坚暨年终绩效工作盘点布置会召开
（区督查绩效办　提供）

自治区、玉林市绩效考评指标盘点攻坚会，对全区落实完成自治区、玉林市绩效考评难点指标、风险指标进行研究、布置、攻坚。

围绕区委、区政府深入实施“工业强区、商贸富区、文化兴区”三大战略开展广泛宣传，重点宣传报道玉州区经济社会发展的成就、群众反馈问题整改完成情况等，为玉州区迎接自治区、玉林市绩效考评公众评议营造良好的舆论氛围。印发《致全市居民的一封信》《致学生家长的一封信》共 31 万份，张贴宣传海报 2000 余份，发放宣传日历约 4000 份，在《玉林日报》、玉林电视台等主流媒体开展专题宣传各 1 次。全年完成“0771-12340”调查群众反馈问题整改 230 多个，其中教育基础设施、农村饮水安全、扶贫政策落实等方面取得明显成效。

（区督查绩效办）

机构编制

【机构编制管理工作机构概况】 中共玉林市玉州区委员会机构编制委员会办公室（简称区委编办）机关设政秘股、行政机构编制股、事业机构编制股 3 个内设机构，区事业单位登记管理局 1 个参照公务员法管理的下属事业单位。区委编办核定行政编制 5 名，后勤服务事业编制 1 名，设主任 1 名，副主任 2 名；区事业单位登记管理局核定事业编制 25 名，设局长 1 名，副局长 1 名。2020 年，区委编办实有人数 6 人，区事业单位登记管理局实有人数 8 人。

【机构编制管理】 2020 年，区委编办顺利完成生产经营类事业单位改革，推动落实 43 个参公事业单位重新认定、综合行政执法领域等各项改革任务；建立“人才周转编制池”，畅通重点领域急需紧缺高层次人才引进渠道。全区有县以上行政机构 70 个（含设在区委议事协调办事机构 7 个，不含下设机构数），其中：区本级 66 个（含设在区委议事协调办事机构 7 个），镇 4 个；各类事业单位机构 352 个（不含内设机构、教学点、虚设的事业单位），其中：全额拨款事业单位 327 个，差额补贴事业单位 14 个，经费自理事业单位 11 个。新成立 15 个事业单位，分别为玉州区水旱灾害防御中心、玉州区 9 个镇（街道）退役军人服务站、玉州区直属机关党员服务中心、玉州区新兴服务业发展促进中心、玉州区统计调查服务中心、玉州区人才发展中心、玉州区森林火灾预防工作站。撤销、撤并、上划 30 个事业单位，分别为玉州区环境监测站、玉州区环境监测大队、农业行政综合执法大队、玉州区文化市场综合执法大队、玉州区寒山水库管理所、玉州区寒山水库工程养护站、玉州区岭塘供水站、玉州区鸦桥江灌溉工程管理所、玉州区鸦桥供水站、玉州区新技术开发研究所、玉州区人民政府招待所、玉州区教育印刷厂、玉州区商务执法大队、玉州区食品药品执法大队、玉州区 8 个镇（街道）食品药品监督管理所、玉州区 8 个镇（街道）林业站（管理站）。

2020年5月28日，区委编办到名山街道开展机构职能体系运行情况“回头看”调研 （区委编办　提供）

【综合行政执法改革】 2020 年 1 月，区委编办将玉州区食品药品执法大队和玉州区商务执法大队的职责和分散在区市场监督管理局内设机构的行政处罚以及与行政处罚相关的行政检查、行政强制职能整合，组建玉州区市场监管执法稽查大队，在区市场监督管理局加挂“玉州区市场监管执法稽查大队”牌子，实行“局队合一”体制，以区市场监管局名义统一执法。不再保留玉州区食品药品执法大队、8 个镇（街道）食品药品监督管理所（食品药品执法中队）及玉州区商务执法大队事业单位建制，注销事业单位法人资格。

【街道管理体制改革】 2020 年 5 月，玉州区成立退役军人服务站。同年 12 月，区委编办印发《玉州区推进街道管理体制机制改革实施方案》，根据方案的要求，进一步厘清各单位职责职能。

【公益类事业单位改革】 2020年10月，区委编办重新调整核定5个群团组织、43个参公事业单位的机构编制，进一步厘清各单位职责职能。

【生产经营类事业单位改革】 2020年，区委编办共划分生产经营类事业单位5个：农副产品加工技术推广站、玉林市第二水电建筑工程队、新技术研究所、教育印刷厂和政府招待所。2020年5月26日，玉州区政府五届第48次常务会议原则同意教育印刷厂和政府招待所改制方案。6月23日，撤销新技术研究所、教育印刷厂和政府招待所等3个单位事业单位建制。玉州区全部完成经营性事业单位改革任务。

【政府部门权责清单】 2020年7月，区委编办印发《玉林市玉州区人民政府关于开展区直部门、镇（街道）权责清单调整修订工作的通知》，要求区直各部门单位、各镇（街道）结合机构改革后职能调整情况及当前法律法规来调整修订本单位本部门的权责清单。11月，完成权责清单工作的审核与合法性审查，并于12月向社会公开。

【事业单位登记管理】 2020年，区委编办对标“只跑一次”的要求，通过“压缩办理时限、减少申请材料、提升服务水平”三举措，调整优化登记管理事项办理程序和加强事业单位登记事项的服务监管，不断促进事业单位登记管理工作高质量发展。截至2020年12月31日，已办理行政、事业单位法人初始登记18个、变更登记295个、注销24个；注册行政、事业单位中文域名419个，续费率100%；审核331个事业单位的年度报告书。

【“双随机、一公开”抽查】 2020年，“双随机”抽查的比例一般为1%～3%，抽查单位为9个，11月末区委编办完成抽查工作。建立“一抽查一通报”制度，引导推动单位自觉守法，随机抽查中发现的普遍性问题，及时向有关主管部门通报反馈。抽查情况及查处结果及时向社会公布，主动接受社会监督。

【区直机关、群团统一社会信用代码赋码工作】 2020年，区直机关、区委编办直接管理机构编制的群众团体设立、变更10个、注销1个。

（区委编办）

信访工作

【信访工作机构及概况】 玉州区信访局（简称区信访局）内设综合股、信访股，有行政编制3个，领导职数局长1名、副局长1名。区信访局下设玉州来信来访接待服务中心1个二层机构，事业编制6个。

2020年，信访工作全面贯彻落实中共十九大和十九届二中、三中、四中、五中全会精神，围绕区委、区政府工作大局，适应新时代形势要求，着力夯实基础，着力深化改革，实现“稳中求进、稳中向好，减少存量、控制增加、坚守底线”的年度目标，为玉州区营造和谐稳定社会环境作出应有贡献。4月，被区委国家信访局评为2019年信访工作“三无”县（市、区）。在自治区信访局和广西《法治日报》联合举办的“纪念《信访条例》修订实施15周年征文活动”中，区信访局蔡冬的《〈信访条例〉的守护》获三等奖。

【来信来访】 2020年，玉州区群众到各级信访行为时有发生，但在可控范围，全年无群众到各级非接待场所上访行为。其中，本级信访总量631批次，与上年558批次同比上升13%；到市越级上访4批次，与上年同比持平；集体访5批次，与上年3批次同

2020年12月9日，区司法局领导到南江街道常乐村组织村民小组成员调解土地权属纠纷

（区信访局　提供）

比上升 67%；赴邕越级访 1 批次，与上年同比持平；集体访 1 批次，与上年 0 批次同比上升 100%；进京越级访 1 批次，与上年 3 批次同比下降 67%；到市赴邕进京非接待场所信访为 0。

【信访积案处理】 2020 年，上级交办玉州区化解的信访积案 3 件，其中：已实体化解 2 件，为土地被侵占问题和丧葬费、抚恤金落实问题；程序性化解 1 件，为合同纠纷问题，化解率 100%。全年中央联席办交办玉州区的重复信访整治案件 39 件，截至 12 月 31 日，玉州区已化解 12 件，化解率 30.1%，完成上级化解率达 30% 的要求。

【信息收集和报送】 2020 年，区信访局围绕区委、区政府的中心工作，坚持重大信访事项预测排查制度，重点收集群众的意见、建议和要求；群众对党和政府重要决策、政策贯彻落实情况的反映意见；容易诱发群众集体上访、影响社会稳定的难点、热点问题；倾向性、苗头性、突发性重要情况等信息 268 条。对收集上来的信息加以综合分析，2020 年信访风险预测社会热点集中在企业改制遗留问题、房地产开发、环境保护、社会保障、土地征用、农村三大纠纷等方面。

（区信访局）

党史编研

【党史编研工作机构概况】 中国共产党玉林市玉州区委党史资料征集小组办公室（简称区委党史办）与玉林市玉州区地方志编纂委员会办公室合署办公，为正科级公益一类事业单位，参照公务员法管理，内设政秘股、征编股、宣教股。2020 年年底，区委党史办编制 8 人，实有人数 4 人，设置正副主任各 1 名。办公地址：区政府大院 3 号楼 1 楼。

【党史资料编辑】 2020 年，区委党史办按要求做好当年区委、区政府及各部门党史大事征集和整理工作，全年收集大事记近 2 万字，图片 145 张，为是年年鉴编纂提供大事要事等相关材料，并按时每季为玉林市党史办提供玉州区大事记；继续按照《关于配合中共玉林市委党史办做好〈中国共产党玉林历史（第三卷）〉专题资料征编工作方案》，征集编纂专题资料；与老干局开展改革开放以来口述史工作。

【建党百年献礼工程启动】 2020 年 10 月，根据自治区党委党史研究室《关于组织实施中国共产党广西历史百年大事记工程的通知》，区委党史办决定组织实施中国共产党玉州历史百年大事记工程，编纂《中国共产党玉州历史大事记（1921—2021）》《中共玉州区百年党史图志》，向建党百年献礼。至年底，共编纂百年大事记 30 多万字，百年党史图志材料 20 多万字，图片 150 张。

【党史宣传教育】 2020 年，区委党史办突破传统宣传形式单向传播的功能局限，推陈出新，利用新媒体，打造两部党史微视频《坚守的信仰》《传承》在学习强国 APP 上传播，使党史宣传教育的覆盖面和影响力进一步扩大。恰逢纪念抗日战争暨世界反法西斯战争胜利 75 周年，开展红色教育进校园，为铭记历史，缅怀抗战英烈，区委党史办联合玉州区五中 171 班的师生，在中共玉林中心县委旧址开展以纪念抗日战争暨世界反法西斯战争胜利 75 周年为主要内容的爱国主义主题教育活动。

【玉州知青文化纪念馆建设】 2020 年初，区委党史办协助区委组织部做好玉州知青文化纪念馆建设工作，发布《征集玉州知青文化纪念馆材料公告》的通知，召开玉州知青文件纪念馆建设工作座

2020年9月21日，区委党史办在中共玉林中心县委旧址开展爱国主义主题教育活动
（区委党史办 提供）

2020年12月28日，陈子涛纪念馆举行揭牌仪式（区委组织部　提供）

谈会，征集知青实物40多件，知青日记及回忆录16篇、知青照片100多份。7月，玉州知青文化纪念馆在仁东鹏垌旧知青楼原址完成主体修建。

【陈子涛纪念馆建设】 2020年12月，由区委组织部牵头，区委党史办负责，在陈涛烈士100周年诞辰之际，在陈子涛的故居修建陈子涛纪念馆。纪念馆建筑面积350平方米，包括陈子涛故居及陈子涛事迹展厅。展厅由启蒙、成长、奋斗、牺牲、追忆五个版块，以图文展览加实物展示的形式展现陈子涛为党和人民革命事业奋斗的英勇事迹。12月28日，陈子涛纪念馆举行揭牌仪式，自治区原党委书记陈辉光等领导出席揭牌仪式活动。

（区委党史办）

老干部工作

【离休干部基本情况】 2020年年末，玉州区有离休干部19人，其中：男11人，女8人；享受处（县）级待遇的有10人，科级待遇9人；在抗日战争时期参加革命工作的5人，解放战争时期14人；最大年龄为98岁，最小年龄85岁，平均年龄91岁；生活不能自理的离休干部11人；年内去世的离休干部共2人。

【严格落实“两个”待遇】 2020年，中共玉林市玉州区委老干部局落实老干部阅读文件、参加重要会议和重大活动、通报情况、形势政策教育、参观学习等政治待遇各项制度，对行动不便的老干部坚持送学上门，全区19名离休干部“两费”按时落实，做好纪念抗战胜利75周年慰问老干部工作，并做好长期异地居住离休干部的服务工作。

【开展“登门入户解难题”活动】 2020年，中共玉林市玉州区委老干部局开展“登门入户解难题”活动，健全完善离退休干部分类联系服务制度，坚持落实在重大节日、老干部生日、患重大疾病、家庭重大变故时必须进行走访慰问的“四必访”制度，及时深入了解老干部思想、生活、健康等状况和政治生活待遇落实情况，了解老干部在学习、就医、护理、生活等方面的困难和问题。全年接访老干部及家属12人次，主要反映的问题是待遇发放、家庭邻里纠纷等问题，区委组织部领导及工作人员都根据相关政策及时进行答复或到现场调查处理。

【利用社区资源就近关心照顾离退休干部】 2020年，中共玉林市玉州区委老干部局开展利用社区资源就近关心照顾离退休干部活动，发挥社区的作用，挖掘社区服务离退休干部资源，推动服务内容和服务方式创新，精心培育具有本地特色、符合离退休干部需要的服务品牌，为离退休干部在社区就近得到关心照顾创造更优质的条件。南江街道江滨社区离退休干部服务点获自治区党委老干部局通报表扬。

【推进离退休干部为党的事业增添正能量活动】 2020年，中共玉林市玉州区委老干部局以基层党组织为单位，向离退休党员宣传疫情防控知识，为老干部传达各级党委、政府对疫情防控工作的重要指示精神。全区共有离退休党员1230人自愿捐款10万多元支持新冠肺炎疫情防控工作，收到离退休干部赞颂“战疫”感人事迹山歌、诗词20多首，“五老”人员响应号召，在各类平台上发挥作用，为疫情防控工作作出表率。6月，组织离退休干部代表开展“我看脱贫攻坚新成就”调研考察活动，调研组一行先后到位于仁东镇沼心村的玉州区产业扶贫基地玉林市益康菌业种植有限公司、位于仁东镇木根村的玉林市康健生态农业专业合作社和仁东镇鹏垌村进行调研考察。同时,宣传发动离退休干部参与“我看脱贫攻坚新成就”征文活动,引导离退休干部为脱贫攻坚鼓劲点赞、贡献力量。区内各级关工委将主题教育与清明、端午、重阳等传统节日以及建党、建国等重要时期相结合,组织“五老”宣讲团到村(社区)、中小学校开展“学党史、学国史、跟党走”“传承红色基因 争做时代新人”“缅怀革命先烈 传承红色基因 弘扬传统文化”等主题宣讲活动,开展第四届“关爱明天、普法先行”青少年普法教育活动。

2020年5月27日,区关工委、城北街道党工委代表联合开展慰问贫困留守儿童活动
（城北街道 提供）

【关心下一代工作】 疫情防控期间,区关工委组织500个家庭开展“最美书香家庭”线上读书活动。“六一”前夕,区关工委发动爱心老板捐资2万元慰问贫困及留守儿童200多人。年内,玉州区关工委获全国关心下一代工作先进集体称号,玉州区关工委常务副主任吴秀珍荣获全国关心下一代工作先进工作者称号。

【参加第八届离退休干部“多彩金秋”系列文化活动】 2020年9月,中共玉林市玉州区委老干部局组织离退休干部代表队参加玉林市举办的第八届“多彩金秋”文化活动的体育健身交流赛、主题征文、书画摄影作品展、广场舞大赛4个主题活动。在乒乓球交流赛和中国象棋交流赛两个项目活动中,玉州区离退休干部代表队均获团体第一名;广场舞大赛中玉州区参加比赛的两个节目均获二等奖;选送的“我看脱贫攻坚新成就”主题征文及书画摄影作品中,玉州区离退休干部共44人获奖。同时,举办玉州区第八届“多彩金秋”文化活动离退休干部气排球比赛,共有49个男女代表队参加比赛。
（中共玉林市玉州区委老干部局）

玉州区人民代表大会

人大综述

【人大工作机构及概况】 玉州区人民代表大会常务委员会（简称区人大常委会）是区人民代表大会的常设机关。至2020年12月，区第五届人大常委会组成人员有主任1名、副主任4名、委员27名。区人大常委会机关内设办公室和教科文卫与民族工作委员会、农业农村与环资城建工作委员会、选举联络工作委员会等4个办事和工作机构，区人民代表大会设监察和法制委员会、财政经济委员会、社会建设委员会3个专门委员会，均为正科级机构。区人大常委会机关共有行政编制16名，工勤编制1名，至2020年12月，实有人员19名。玉州区人大常委会机关信息中心为区人大常委会办公室管理的财政全额拨款事业单位，编制3名，实有人员3名。

至2020年12月，玉州区第五届人大代表有267名，其中：妇女代表93名，占34.83%；中共党员代表184名，占68.91%；民主党派和无党派代表83名，占31.09%；少数民族代表5名（壮族4名，瑶族1名），占1.87%。

2020年8月19日，中共玉州区委召开人大工作会议

（区人大办　提供）

区人大辖区内仁东镇、仁厚镇、大塘镇、茂林镇4个镇均设置有镇人民代表大会，镇人民代表大会常设主席1名、副主席1名；辖区内5个街道办事处均设置有人大工作机构，即玉州区人大常委会玉城街道工作委员会、玉州区人大常委会南江街道工作委员会、玉州区人大常委会城西街道工作委员会、玉州区人大常委会名山街道工作委员会、玉州区人大常委会城北街道工作委员会，为区人大常委会派出机构，均为正科级机构，各设主任1名，副主任1名。

【常委会自身建设】 2020年，区人大常委会学习宣传贯彻全国“两会”精神、中共十九届五中全会精神和习近平总书记重要讲话，坚持和完善党组理论中心组学习制度，落实民主生活会、谈心谈话、民主评议、“三会一课”等党的组织生活制度。推进“不忘初心、牢记使命”主题教育常态化制度化，学习《中国共产党章程》《党委（党组）落实全面从严治党主体责任规定》等法规，开展解放思想再出发“大学习、深调研、强服务、敢担当”活动。

完成玉州“智慧人大”管理平

台项目建设，借助科技手段推动人大各项工作便捷化、高效化。突出加强对人大及其常委会要点工作和履职情况的宣传，挖掘人大监督、代表履职中的好经验、好做法和先进典型，投稿量和用稿量均居全区各县（市、区）人大常委会机关前列，获自治区人大办公厅授予的“2020 年度全区人大宣传工作先进单位（二等奖）”称号。

组织开展传染病防治法执法检查，查找全区新冠肺炎疫情防控工作薄弱环节并督促相关部门改进；协助抓好面上防控措施落实，抓好复工复产，发动辖区人大代表踊跃为抗击疫情捐款捐物。区人大常委会领导班子成员带头到包联镇（街道）、包联村（社区）抓实抓好扶贫工作，协助包联村推进项目建设，开展消费扶贫活动，经常性开展脱贫攻坚内部互检互查工作，区人大常委会机关被评为玉林市脱贫攻坚“百优帮扶后盾单位”。多次组织人大代表开展乡村振兴专题视察、调研活动，提出助推乡村振兴的建议。推动扫黑除恶专项斗争和社会稳定工作，到包联镇（街道）、村（社区）开展调研检查活动。助推营商环境优化，走访联系企业，帮助企业解决困难和问题。同时，抓好环境整治、重大项目推进、提升公众安全感满意度等中心工作的落实。

区人大重要会议

【区五届人大五次会议】 2020 年 9 月 8—9 日，玉州区第五届人民代表大会第五次会议在玉林城区举行。区第五届人民代表大会代表 244 名出席会议。列席会议的人员有：不是区五届人大代表的区四家班子领导和处级干部，区人民武装部部长，玉东新区管委会主任，玉林中医药健康产业园党工委书记和管委会主任，驻玉州区的自治区十三届人大代表、玉林市五届人大代表，区政协办主任，区委办、区政府办、区政协办副主任，区直各单位、驻玉州区各单位正职领导，各镇政府（街道办事处）镇长（主任），各镇（街道）人大（人大工委）领导，区第五届政协委员。会议听取、审议并批准区人民政府代区长莫景彪作的《政府工作报告》、区人大常委会主任梁伟作的《玉州区人大常委会工作报告》、区人民法院院长王明林作的《玉州区人民法院工作报告》、区人民检察院检察长杨华作的《玉州区人民检察院工作报告》，审议区发改局作的《关于玉州区 2019 年国民经济和社会发展计划执行情况与 2020 年国民经济和社会发展计划草案的报告》、区财政局作的《关于玉州区 2019 年预算执行情况和 2020 年预算草案的报告》，批准 2020 年国民经济和社会发展计划，批准 2019 年预算执行情况报告和 2020 年预算。大会补选莫景彪为玉州区人民政府区长，补选李家胜为玉州区监察委员会主任。本次大会共收到代表提出的建议、批评和意见 43 件。

【区五届人大常委会会议】 2020 年，全年召开常委会会议 7 次，即区五届人大常委会第二十六次至第三十二次会议。

区五届人大常委会第二十六次会议　2 月 24 日，在区人大常委会会议室举行。区人大常委会主任梁伟主持会议，副主任梁海波、莫春诗、黎业枢、李松等常委会组成人员共 27 人出席会议；区人民政府副区长李春光、区监察委员会副主任李欣、区人民法院副院长黄海、区人民检察院副检察长谭雄燕列席会议，区政府办有关领导、区人大常委会机关委室副科级以上领导也列席会议。

会议审议关于补选玉林市第五届人民代表大会代表的议案，审议并表决通过玉州区第五届人民代表大会常务委员会补选玉林市第五届人民代表大会代表办法，会议表决补选杨远波为玉林

2020年9月8—9日，玉林市玉州区第五届人民代表大会第五次会议召开
（区人大办　提供）

市第五届人民代表大会代表，报请玉林市人大常委会代表资格审查委员会确认；会议还审议并表决通过人事任免事项，决定任命王永坚为玉州区人民政府副区长，决定免去李刚的玉州区人民政府副区长职务；表决接受凌瑜辞去玉州区第五届人民代表大会常务委员会委员职务，表决接受凌瑜辞去玉州区第五届人民代表大会代表职务，表决接受杜茂湖辞去玉州区第五届人民代表大会代表职务。

区五届人大常委会第二十七次会议　3月24日，在区人大常委会会议室举行，区人大常委会主任梁伟主持会议，副主任梁海波、莫春诗、黎业枢、李松等常委会组成人员共30人出席会议；区人民政府副区长李春光、区监察委员会委员李海文、区人民法院副院长吴仲进、区人民检察院副检察长秦红波列席会议，区纪委监委派驻区委办纪检监察组领导、区人大常委会机关委室副科级以上领导也列席会议。

会议审议关于补选玉林市第五届人民代表大会代表的议案，表决通过玉林市玉州区第五届人民代表大会常务委员会补选玉林市第五届人民代表大会代表选举办法，会议以无记名投票方式补选白松涛、梁伟（市政府秘书长）等两人为玉林市第五届人民代表大会代表，报请玉林市人大常委会代表资格审查委员会确认；会议还审议并表决通过人事任免事项。

区五届人大常委会第二十八次会议　6月24日，在区人大常委会会议室举行，区人大常委会主任梁伟主持会议，副主任梁海波、莫春诗、黎业枢、李松等常委会组成人员共30人出席会议；区人民政府处级干部岑秋平、区监察委员会委员李海文、区人民法院院长王明林、区人民检察院副检察长秦红波列席会议，驻区委办纪检监察组、玉州生态环境局、区审计局有关领导和区人大常委会机关委室副科级以上领导也列席会议。

2020年6月24日，玉州区五届人大常委会第二十八次会议任命的区人民法院审判人员进行宪法宣誓　（区人大办　提供）

会议听取和审议关于玉州区2019年度环境状况和环保目标完成情况报告、关于玉州区2018年度财政预算执行和其他财政收支审计查出突出问题的整改报告，审议区人大常委会执法检查组对全区开展贯彻实施《中华人民共和国禁毒法》《中华人民共和国反家庭暴力法》两个执法检查报告；会议还审议并表决通过人事任免事项，决定任命丘耀辉为玉州区人民法院审判员、审判委员会委员、副院长，决定免去吕智能的玉州区人民政府副区长职务，决定同意赵海军、李刚、吕智能、蒋银辉、陈婧等5人辞去玉林市玉州区第五届人民代表大会代表职务。

区五届人大常委会第二十九次会议　8月21日，在区人大常委会会议室举行，区人大常委会主任梁伟主持会议，副主任梁海波、莫春诗、李松等常委会组成人员共30人出席会议；区人民政府副区长王永坚、区监察委员会副主任李欣、区人民法院审判委员会专职委员徐建国、区人民检察院副检察长谭雄燕列席会议，区纪委监委派驻区委办纪检监察组组长和区人大常委会机关委室副科级以上领导也列席会议。

会议审议关于召开玉林市玉州区第五届人民代表大会第五次会议的议案及有关事项，审议区人大常委会工作报告、区人大常委会2020年工作要点，审议区人民代表大会3个专门委员会2019年总结和2020年工作要点，审议补选玉林市第五届人大代表的议案并通过选举办法，审议人事任免议案。会议以无记名投票方式补选莫景彪为玉林市第五届人民代表大会代表，报请玉林市人大常委会代表资格审查委员会确认；会议表决通过《关于召开玉林市玉州区第五届人民代表大会第五次会议的决定》《关于玉林市玉州区第五届人民代表大会第五次会议列席人员的决定》；会议表决接受吕燕梅辞去玉州区人民政府区长职务，会议表决任命莫景彪为玉州区人民政府副区长，决定莫景彪为玉州区人民政府代理区长；会议表决接受黄琦辞去玉州区监察委员会主任职务，表决任命李家胜为玉州区监察委员会副主任、决定李家胜为玉州区监察委员会代理主任。

区五届人大常委会第三十次会议　8月27日，在区人大常委会会议室举行，区人大常委会主任梁伟主持会议，副主任梁海波、莫春诗、李松等常委会组成人员共27人出席会议；区人民政府四级调研员岑秋平、区监察委员会委员李海文、区人民法院副院长吴仲进、区人民检察院副检察长秦红波列席会议，区政府办有关领导、区纪委监委派驻区委办纪检监察组组长和区人大常委会机关委室副科级以上领导也列席会议。

会议听取和审议玉林市玉州区第五届人大常委会代表资格审查委员会关于代表资格审查的报告；会议审议玉州区第五届人大常委会代表资格审查委员会关于第五届人民代表大会代表变动情况的报告、关于召开玉州区第五届人民代表大会第五次会议有关事项、区人民政府关于南流江流域水环境综合治理工作情况的报告、区人民政府关于办理区五届人大四次会议代表建议办理情况的报告、区人大常委会选举联络工委关于办理区五届人大四次会议代表建议办理情况的报告；会议还听取和审议区人民检察院开展公益诉讼检察工作情况的报告，审议《玉林市玉州区人民代表大会常务委员会关于加强检察机关公益诉讼工作的决定（草案）》和人事任免事项。会议表决通过《玉林市玉州区人民代表大会常务委员会关于加强检察机关公益诉讼工作的决定》，表决通过调整后的玉州区第五届人大常委会代表资格审查委员会成员名单和有关人事任免事项。

区五届人大常委会第三十一次会议　10月30日，在区人大常委会会议室举行，区人大常委会主任梁伟主持会议，副主任梁海波、莫春诗、黎业枢等常委会组成人员共26人出席会议；区人民政府副区长李永志、区监察委员会委员李海文、区人民法院副院长丘耀辉、区人民检察院副检察长秦红波列席会议；区政府办、区发改局、区财政局、区审计局、区司法局、区教育局有关领导，邀请的区人大代表也列席会议。

会议听取和审议关于玉州区2020年上半年国民经济和社会发展计划执行情况的报告、关于2020年上半年玉州区财政预算执行情况的报告、关于2019年玉州区决算（草案）的报告、关于玉州区2019年度本级预算执行和其他财政收支情况的审计工作报告、关于2019年玉州区决算（草案）的审查结果报告；审议区人民政府2019年度法治政府建设工作报告、区人民政府开展扫黑除恶专项斗争工作情况的报告、区人民政府优化营商环境工作情况的报告、区人民政府关于全区学校建设提升工程推进情况的报告；会议还审议人事任免事项。会议表决通过《关于批准2019年玉州区决算的决议（草案）》，表决任命梁武波为玉林市玉州区人民政府副区长。

区五届人大常委会第三十二次会议　12月30日，在区人大常委会会议室举行，区人大常委会主任梁伟主持会议，副主任梁海波、黎业枢、李松等常委会组成人员共26人出席会议；区人民政府副区长李春光、区监察委员会委员苏进悦、区人民法院副院长吴仲进、区人民检察院副检察长谭雄燕列席会议；区财政局、区民政局、区乡村办、区卫生健康局有关领导，驻区委办纪检监察组组长，区人大常委会机关委室副科级以上领导和邀请的区人大代表也列席会议。

会议听取和审议区人民政府2020年1—10月玉州区预算执行情况及2020年玉州区预算调整方案（草案）的报告、区人大财经委关于2020年玉州区预算调整方案（草案）的审查报告；审议区人民政府关于全区农村居民最低生活保障工作情况的报告、区人民政府关于玉州区“乡村振兴·幸福乡村”建设情况的报告、区人大常委会执法检查组关于全区贯彻实施《中华人民共和国传染病防治法》的执法检查报告；会议还审议人事任免议案。

会议表决通过《关于批准2020年玉州区预算调整方案的决议》；会议表决任命周慧、谢湛华两人为玉州区人民政府副区长，表决免去伍贤初、何卫等2人的玉州区人民政府副区长职务，表决免去文惠新的玉州区人民法院副院长、审判委员会委员、审判员职务。

人大履职工作

【重大事项决定和人事任免】 2020年初，区人大常委会对玉州区2019年国民经济和社会发展计划执行情况与2020年国民经济和社会发展计划草案、2019年预算执行情况和2020年预算草案的报告与2020年财政收支预算（草案）进行初审，起草相关草案，为区五届人大第五次会议审查批准2019年国民经济和社会发展计划执行情况与2020年国民经济和社会发展计划、2019年预算执行情况和2020年预算做好准备。听取和审议2020年上半年国民经济与社会发展计划和预算执行情况报告。区五届人大常委会第31次会议听取和审议玉州区2020年上半年国民经济与社会发展计划和预算执行情况报告，并将审议意见向区人民政府反馈。审议和批准2019年决算。区五届人大常委会第31次会议听取和审议玉州区2019年决算报告及决算草案，并作出决定，批准玉州区2019年决算。

按照选举和任免程序，依法行使选举权和任免权，全年依法任免国家工作人员23人次。区人大及其常委会选举和任命的国家工作人员，都在当选或任命时进行宪法宣誓。

2020年10月14日，玉州区人大常委会召开优化营商环境专题调研座谈会
（区人大办　提供）

【人大监督】 2020年，区人大常委会全年听取和审议专项工作报告13个，组织专题调研8次、执法检查3项，配合和协助自治区人大、市人大开展专题调研、执法检查活动15次。

为推动“十三五”规划纲要目标的实现及助推“十四五”规划的编制，及时开展专题调研。着力助推“三件大事”“六大会战”，相继组织开展学校建设提升工程推进情况、乡村振兴及农村人居环境整治情况、脱贫攻坚推进情况、环境状况和环境目标完成情况、优化营商环境工作情况、农村居民最低生活保障工作情况等专题调研。为确保区五届人大四次会议作出的《关于进一步加快推进南流江水环境综合治理的决议》得到贯彻落实，区人大常委会聚焦生态环境保护，在调研的基础上听取和审议区人民政府关于全区环境状况和环境保护目标完成情况的报告，参与2020年玉林环保世纪行宣传活动。

区人大常委会组织开展传染病防治法、禁毒法、反家庭暴力法等法律法规的执法检查，听取和审议区人民政府《关于玉州区2019年法治政府建设工作报告》。此外，配合市人大制定《玉林市苏烟水库水质保护条例（草案）》《玉林市禁止生产销售使用含磷洗涤用品条例》。

开展全区扫黑除恶专项斗争工作情况专题调研，对区人民检察院开展公益诉讼工作情况进行调研并听取审议专题报告。组织区人大代表共17人次旁听区人民法院的案件审理，依法行使人大代表对司法工作的知情权、参与权、表达权和监督权。

继续抓好审计查出突出问题整改情况向人大常委会报告制度的落实。2018—2020年连续三年，区人大常委会每年都对区政府审计查出的突出问题整改情况开展跟踪调研，并在区人大常委会会议上听取和审议区政府专题报告，推动该项制度的落实。建立区人民政府向区人大常委会报告国有资产管理情况的制度。区人大常委会代表区委草拟《中共玉林市玉州区委员会关于区人民政府向区人大常委会报告国有资产管理情况制度的意见》，为加强国有资产管理的监督创造更加有利的法治环境。接待群众来信来访56批（件）次，11月自治区人大信访工作交流会将仁东镇鹏垌村人大代表联络站列为会议参观点，由该站负责人介绍接待群众来访情况。

【人大代表履职】 2020年7月，区人大常委会开展代表活动日活动，组织34名人大代表到桂林、柳州等地围绕乡村振兴主题进行调研；12月，组织49名人大代表开展会前集中视察活动，参观考察玉柴新能源汽车有限公司、同德未来计算机有限公司、南玉高铁良睦隧道项目。邀请基层人大代表列席常委会会议、参加执法检查，组织市人大代表参加民声反映会，中心发言人围绕企业发展遇到的问题以及社会关注的热点问题建言献策。

年内，完成名山街道、大塘镇人大代表履职活动中心建设，至此，9个镇（街道）人大代表履职活动中心已全部建成。挂牌建立村（社区）人大代表联络站102个，在每个镇（街道）重点打造2个示范点，共打造18个示范点。开展“推动爱国卫生运动，强化疫情防控，倡导文明健康”代表进站履职活动，五级人大代表参加活动人数494人，联络站提出重点建议30件，代表提出建议共87件，对《广西壮族自治区爱国卫生条例（草案）》提出修改意见66条。

举办区五届人大代表第六期履职培训班，60多名人大代表参加培训，围绕发展民营企业及乡村振兴主题进行专题讲座和现场教学研讨，并实地到容县南山瓷器有限公司，北流市西垠镇木棉村，新圩镇司马第村、河村等地参观学习，提升代表的履职能力。

区五届人大五次会议期间，各位代表围绕人民群众关注的热点、难点和焦点问题，履行职责，参政议政，共提出涉及农业和农村、交通、住建等方面的建议43件。

【代表议案建议办理】 2020年，区五届人大五次会议收到代表提出的建议、批评和意见共43件。区五届人大五次会议闭幕不久，经区人大常委会主任会议研究，于2020年9月下旬向区人民政府发出《关于办理玉州区五届人大五次会议代表建议、批评和意见的通知》，区人大常委会、区人民政府联合召开人大代表建议交办会议，提出办理工作要求。区人大常委会选联工委会同区政府督查室到代表建议办理任务较多较重的单位，了解办理情况，督促落实办理工作。要求承办单位在向代表寄送办理答复函时，征求代表的意见。将区五届人大五次会议的代表建议办理工作情况列入2020年机关绩效考评范围，进行考评评分，确保代表建议办理工作质量。

全年代表提出的43件建议，“已经解决”和“正在解决”的24件，占交办建议总数的55.8%；“列入计划解决，因条件限制，目前无法解决，待以后有条件再解决”的19件，占交办建议总数的44.2%；对因条件不成熟暂时不能解决的，都实事求是地向代表作了说明。

通过办理代表意见建议，一些人民群众关注的热点难点问题得到有效解决。统筹推进义务教育优质均衡发展，印发《玉州区义务教育学校学区制管理改革实施方案（试行）》，结合实际科学组建12个学区，学区内优质课、优秀教案等实现资源共享，逐步缩小优质学校与薄弱学校、市区学校与农村学校的差距。通过办理代表建议还解决一些市区学校周边道路交通拥堵等问题。解决农村污水治理问题，规范土地综合整治，采取“村民完成筹资、财政按比奖补”方式，引导村民群众投资投劳建设家园。完善社区网格化服务管理网络，配足专职网格员，多形式加强社区工作者的业务培训。

2020年11月24日，自治区、玉林市、玉州区三级人大代表到南江街道广恩村人大代表联络站开展进站主题履职活动 （区人大办 提供）

人大专门委员会工作

人大财政经济委员会

【人大财政经济监督】 2020年，人大财政经济委员会对玉州区2019年国民经济和社会发展计划执行情况与2020国民经济和社会发展计划草案进行初审，起草玉州区2019年国民经济和社会发展计划执行情况与2020年计划草案的审查结果报告和计划决议的草案。履行监督职责，听取和审议2020年上半年国民经济和社会发展计划执行情况报告，推动政府加快落实经济发展计划，推动全区经济快速平稳发展。对区财政局提供的《关于玉州区2019年预算执行情况和2020年预算草案的报告》、玉州区2020年财政收支预算（草案）

做好初步评审，起草玉州区2019年预算执行情况和2020年预算草案的审查结果报告和预算决议的草案并提交审议。结合全区2019年度本级预算执行和其他财政收支情况的审计工作报告，开展会前调研，对区人民政府提出的2019年决算草案进行初步审查，提出财经委的初审报告，协助区人大常委会做好2019年决算听取和审议工作。

【专题调研】 2020年4月22—23日，人大财政经济委员会组成调研组，以问题为导向，选取整改任务重、查出问题突出的一些区直部门和部分镇（街道）作为重点调研对象，通过召开座谈会听取汇报、实地察看、查阅相关资料等方式对全区2018年度本级财政预算执行及其他财政收支审计查出问题的整改情况进行跟踪调研，监督审计查出问题整改工作，并形成专题调研报告，提请人大常委会进行审议。10月14—16日，财经委在区人大常委会分管领导的带领下，集中听取区政府及发改、经科、公安、财政、人社、住建、国税、大数据、金融、市场监督、自然资源等部门开展优化营商环境工作情况汇报；到政务大厅、税务局、市场监督局等单位实地调研；走访5家企业，充分听取企业家的意见。针对全区营商环境存在的问题以及优化工作，提出意见和建议。

【创新立法监督推动财经制度建设】 2020年10月，人大财政经济委员会启动《中共玉林市玉州区委员会关于建立区人民政府向区人大常委会报告国有资产管理情况制度的意见》的调研和草拟工作，并向区直部门广泛征求意见，经区人大常委会党组、主任会议、常委会会议研究后报送区委，已由区委颁布实施。建立区政府向区人大常委会报告国有资产管理情况制度，是加强人大国有资产监督职能要求的重要举措，是玉州区加强国有资产管理和治理制度的一个创新。

人大监察和法制委员会

【履行监督职责】 2020年，人大监察和法制委员会组织对区人民检察院关于开展公益诉讼检察工作情况的专题监督调研。通过调研，及时了解和掌握区人民检察院开展公益诉讼工作推进情况，提出要加大对检察公益诉讼的宣传力度，社会公众对公益诉讼的认知度不高，特别是对公益诉讼的制度还不太了解，尚未形成人人参与公益保护的良好氛围；要加强检察机关与行政执法机关协调配合机制，对诉前检察建议的认识还不到位，落实检察建议的积极性主动性不够强，案件线索发现难、调查取证难等问题相对突出；要加强司法鉴定支撑力度，因玉州区缺乏具有资质的相关鉴定机构，鉴定工作需要到自治区乃至国家级的第三方检测机构才能完成，导致公益诉讼案件鉴定周期长、鉴定费用高的问题较为突出，尤其是鉴定评估费用缺乏专项资金保障，制约公益诉讼的发展；要提高公益诉讼办案专业化水平，解决公益诉讼检察专业人才储备不足、办案人员专业能力欠缺、办案理念较为滞后等问题。

对全区《中华人民共和国人民禁毒法》实施情况进行执法检查。按照区人大常委会工作部署，组织对禁毒法执法检查，了解掌握全区相关职能部门贯彻实施《中华人民共和国人民禁毒法》基本情况。通过执法检查，既看到全区在禁毒工作中取得的阶段性成效，也发现在当前存在的问题，提出几点意见。要加强领导，健全禁毒工作体系；要强化宣传，增强全民禁毒意识；要严厉打击，高压遏制毒情；要加强保障，全面提升禁毒力量；要完善服务，完善吸毒人员动态监控机制，做好登记在册吸毒人员的动态管理，纳入网格化社会管理服务体系等建议。

2020年10月22日，来宾市兴宾区人大调研组到玉州区政务服务中心开展营商环境调研活动
（区委宣传部　提供）

对全区开展扫黑除恶专项斗争工作情况进行专项监督调研。通过调研，及时了解和掌握区人民政府开展扫黑除恶专项斗争工作的推进情况，针对存在问题，对下一步开展扫黑除恶工作提出意见和建议。要加大宣传力度，创新宣传形式，营造“全民知晓、人人参与”扫黑除恶专项斗争的良好社会氛围；要加大深挖力度，狠抓线索摸排，把“坐等线索”变为主动寻找线索；要加大协助力度，部门要形成打击合力，打击重点领域、重点行业黑恶势力，推进扫黑除恶专项斗争工作向纵深发展；要加大预防力度，围绕维护社会稳定大局，持续深入打黑恶、打枪爆、打毒品、打黄赌、打电炸、打传销，严厉打击各类刑事犯罪；要加大战果扩展，注重警示教育，发挥警示震慑作用。

听取区人民政府《关于玉州区2019年法治政府建设工作报告》，从提升法治政府建设工作创新力度、加强法治队伍建设、加大干部法治教育培训三个方面对区政府提出意见和建议。

主动沟通对接，支持全区监察体制改革和监察法的有效实施。在常委会党组的指导下，监察和法制委主动与监察机关建立工作联系，稳步推进人大监督监察机关工作、纪法顺畅衔接，大力支持监察机关工作。

【法治建设】 2020年，人大监察和法制委员会深入开展全区法治宣传教育，以“法律六进”、精准扶贫、环境保护、扫黑除恶等多种宣传工作结合起来，创新普法宣传教育的途径，与区相关部门组织开展系列法律宣传、咨询活动，如3月15日“消费者权益保护”宣传活动、4月15日“国家安全教育日”宣传活动、“12·4”法制宣传日活动，在玉林城区青年广场开展宪法和民法典宣传活动，为市民发放宪法、民法典读本和扫黑除恶宣传资料等，现场接受群众法律咨询，解答涉法问题。

主动承担人大常委会机关扫黑除恶专项斗争工作，统筹协调机关各委室开展扫黑除恶专项斗争各项工作。以党员主题日活动为契机，发放扫黑除恶相关宣传资料2350份，并围绕扫黑除恶专项斗争开展自上而下领导干部层层谈话活动，及时提醒，提高领导干部职工的政治站位和思想认识。以单位领导干部入户走访核实填写贫困户家庭基本情况登记表为契机，要求各帮扶人全面向贫困户宣传习近平总书记及自治区、玉林市、玉州区领导关于扫黑除恶专项斗争的指示、批示精神，宣传扫黑除恶专项斗争、严厉打击黄赌毒和黑恶势力专项整治的部署、计划、成绩、成就。

先后组织区人大代表6次17人参加区人民法院的庭审和区人民检察院检察开放日活动，依法行使人大代表对司法工作的知情权、参与权、表达权和监督权。

全年和区人大信访室共接待人大代表、人民群众来信来访56批(件)次，其中来信17件，来访39批51人次，都能做到和谐接访，尤其是注重依法处理涉法涉诉信访工作，都能及时交办和转办给有关部门单位办理。对有可能影响公正的终结判决案件或重大的信访件，及时向区人大常委会领导汇报，依法做好督办工作。

【协调配合人大常委会工作】 2020年，人大监察和法制委员会协助配合玉林市人大常委会开展《玉林市苏烟水库水质保护条例(草案)》(征求意见稿)座谈会；协助配合自治区人大常委会法工委副主任唐政和玉林市人大常委会副主任赖榜轰到仁东镇鹏垌村进行历史文化保护立法调研。协助配合玉林市人大常委会调研组到玉州区人民法院开展解决执行难问题工作情况调研。协助配合南宁市和玉林市人大常委会到玉州区人民检察院和区人民法院对法治宣传和普法及公益诉讼等工作实地考察。依托全区的3个市人大立法联系点，协助市人大开展立法工作，配合玉林市人大常委会新出台、新修订的有关法律法规的征求意见和调研工作。《玉林市禁止生产销售使用含磷洗涤用品条例》颁布，于2020年11月1日施行。

人大社会建设委员会

【人大社会建设】 2020年，人大社会建设委员会开展贯彻落实《中华人民共和国反家庭暴力法》情况执法检查。采取召开座谈会，听取妇联、司法局、法院等部门汇报，实地查看玉林市青少年法治教育基地、玉州区婚姻家庭纠纷人民调解委员会等形式深入调查和了解全区近三年来贯彻落实《中华人民共和国反家庭暴力法》的主要工作、基本经验、取得的成效。发现存在宣传广泛度不够、群众知晓率仍需提高、群众主动维权意识不强、职能部门责任意识和联动机制有待提高规范、家暴举证困难等5个问题，提出联动推进法律实施，严格落实反家庭暴力工作责任；加强法制宣传，扩大《中华人民共和国反家庭暴力法》社会知晓率；各职能部门紧密配合，按照“抓早、抓小、抓苗头"的原则,将家庭矛盾纠纷解决在萌芽状态;加大依法执行力度,提升反家暴法律公信力,坚持法治思维和法治方式开展反家暴工作,切实把反家暴法律法规落到实处等建议。

配合自治区、玉林市检查《中华人民共和国老年人权益保障法》及自治区实施办法实施情况。贯彻党中央积极应对人口老龄化发展战略,7月配合自治区、玉林市开展《中华人民共和国老年人权益保障法》及自治区实施办法执法检查。紧扣法律法规条款开展自我检查。实地查看福利院、敬老院、日间照料中心、居家养老服务中心、老年大学等老年人活动的地方,了解"一法一办法"贯彻实施情况。

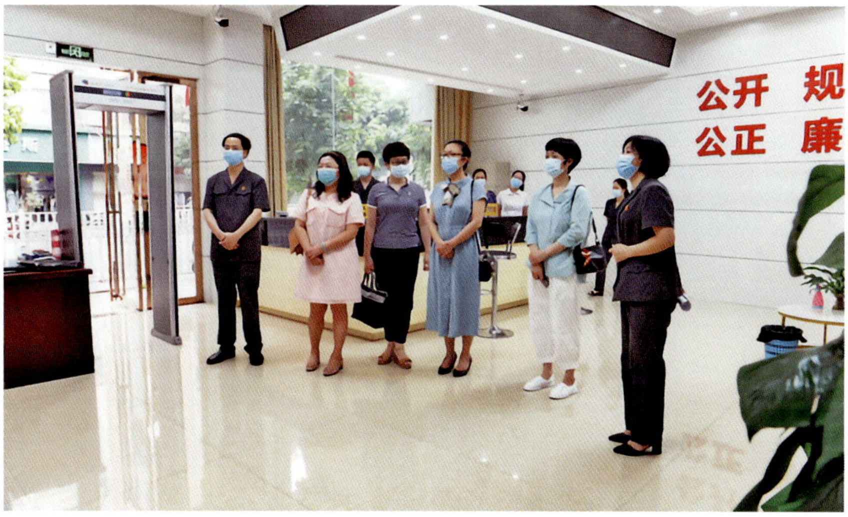

2020年5月20日,玉林市玉州区人民代表大会常务委员会执法检查组到玉林市青少年法治教育基地检查《中华人民共和国反家庭暴力法》贯彻落实情况 (区人大办 提供)

【专题调研】 2020年4月,人大社会建设委员会对全区2019年度环境状况和环境目标完成情况开展专题调研活动。11月,开展全区乡村振兴·幸福乡村建设情况专题调研活动,及时发现存在问题并提出整改意见。同月,开展农村最低生活保障工作情况专题调研,发现基层民政宣传服务能力有待提升、低保动态"进"与"出"难度大、政策衔接与部门数据对接不够完善等3个方面的困难和问题。推动形成全方位工作合力、探索新时代低保管理新模式等意见建议,形成专题调研报告在常委会会议审议,助力全区脱贫攻坚工作大局。同月,对全区退役军人基本情况,就业创业保障制度和政策的落实情况,退役军人就业状态、创业兴趣、就业创业环境,退役军人就业创业能力培训、就业创业服务体系的发展建设情况,退役军人优抚安置工作的落实情况,退役军人就业创业面临的问题和困难等进行深入调研,及时发现存在问题并提出推进退役军人就业创业工作的意见和建议。

(区人大常委会)

2020年8月25日,区人大常委会组织开展扫黑除恶专项斗争工作情况专题调研。图为调研座谈会 (区人大办 提供)

玉州区人民政府

政府综述

【区政府工作机构概况】 2020年，玉州区人民政府（简称区政府）有工作部门24个，直属事业单位9个，挂牌机构8个，直属公司5个，派出机构1个，驻玉州区单位3个，镇人民政府3个，街道办事处5个，挂牌机构8个。

【全区总体工作要点】 2020年，区政府以习近平新时代中国特色社会主义思想为指导，贯彻落实中央、自治区、玉林市和区委的决策部署，克难攻坚，迎难而上，统筹推进疫情防控和经济社会发展，实施“工业强区、商贸富区、文化兴区”三大战略，做大做强中心城区，提升城区首位度，全力打好“精准脱贫、污染防治、防范化解重大风险”三大攻坚战，做好“六稳”工作，落实“六保”任务，保持经济持续发展和社会大局和谐稳定。全区地区生产总值增长3.3%，规模以上工业总产值增长14%，本级固定资产投资增长3.8%，社会消费品零售总额增长2%。

2020年10月13日，区委副书记、区长莫景彪（左三）到玉林银丰中药材市场调研
（区委宣传部 提供）

区政府重要会议

【区五届人民政府第四次全体（扩大）会议】 2020年8月27日，在区党政1号楼7楼会议室召开，区长莫景彪主持会议，有22人出席会议、30人列席会议。会议讨论审议并一致通过《政府工作报告（草案）》，提请区五届人大第五次会议审议。会议提出要抓紧时间进一步修改完善《政府工作报告（草案）》，特别要认真核对相关内容、数据，避免出现错漏现象；要抓好《政府工作报告（草案）》中所提目标任务落实；《政府工作报告（草案）》经区五届人大第五次会议审议通过后，将成为指导2020年政府工作的法定文件，各镇（街道）、各单位要把思想和行动统一到《政府工作报告（草案）》提出的总体要求、目标任务和重点工作上来，结合本部门实际，早谋划、早布置、早行动，以抓铁有痕的韧劲推动工作落实；要做好区五届人大五次会议相关工作，以高度的政治责任感参加会议，确保大会圆满成功。要贯彻中央八项规定精神和各级改变会风的

要求，开展调查研究，提出高质量的议案和建议，为全区发展建言献策。

【区政府常务会议】 2020年，玉州区共召开15次区政府常务会议，即玉州区五届人民政府第四十三次至第五十七次常务会议。

区五届人民政府第四十三次常务会议　1月8日召开，由区长吕燕梅主持。会议原则同意并通过2020年提前批中央和自治区财政专项扶贫资金分配及项目安排的事项。会议原则同意并通过以玉林市玉州区人民政府名义发布玉州区红星路（上地村至法田坡）道路工程项目国有土地上房屋征收决定的事项。会议原则同意并通过以玉林市玉州区人民政府名义发布玉林市玉州区人民武装部旧营房改造项目国有土地上房屋征收决定的事项。

区五届人民政府第四十四次常务会议　1月26日召开，由区长吕燕梅主持。会议学习2020年1月25日中共中央政治局常务委员会会议精神，传达中共中央总书记习近平对新型冠状病毒感染的肺炎疫情作出的重要指示、李克强总理对新型冠状病毒感染的肺炎疫情作出的重要批示及自治区主要领导、玉林市主要领导对新型冠状病毒感染的肺炎疫情防控工作作出的最新指示批示，并研究部署玉州区新型冠状病毒感染的肺炎防控工作。

区五届人民政府第四十五次常务会议　2月7日召开，由区长吕燕梅主持。会议专题研究新型冠状病毒感染的肺炎疫情防控工作，传达学习贯彻习近平总书记在中央政治局常务委员会会议上的重要讲话、重要指示和在中央全面依法治国委员会第三次会议的重要讲话精神以及中央《关于加强党的领导、为打赢疫情防控阻击战提供坚强政治保证的通知》等文件精神，传达学习贯彻自治区新型冠状病毒感染的肺炎疫情防控工作领导小组会议精神、自治区《关于在疫情防控阻击战中做到“八个坚持八个严禁”的通知》《关于贯彻落实鹿心社书记对疫情防控工作最新要求的通知》等文件精神，传达学习贯彻玉林市委常委会（扩大）会议暨市疫情防控工作领导小组会议精神及玉林市市长韦韬于2020年2月5日在玉林市新型冠状病毒感染的肺炎疫情防控督查工作情况专报上的批示精神，传达学习贯彻自治区党委常委、组织部部长曾万明赴玉林市检查新型冠状病毒感染的肺炎疫情防控工作的指示精神，专题学习《自治区扶贫开发领导小组关于印发〈广西壮族自治区巩固脱贫成果精准防贫实施办法〉》及《关于抓好“三农”领域重点工作确保如期实现全面小康的意见》（2020年中央一号文件）。会议听取玉州区疫情防控工作进展及研究部署下一步工作，听取玉州区机关事业单位养老保险财政专户科目余额为负的情况及整改情况的报告。会议研究部署防疫期间“保供给、稳增长、促发展”工作。

区五届人民政府第四十六次常务会议　3月23日召开，由区长吕燕梅主持。会议学习贯彻习近平总书记在决战决胜脱贫攻坚座谈会上重要讲话精神，习近平总书记在中央政治局常委会会议上的重要讲话精神，自治区党委书记鹿心社在自治区党委常委会会议上的讲话精神及传达五届市委常委会第120次会议精神，自治区党委书记鹿心社、玉林市委书记黄海昆在决战脱贫攻坚会议上的讲话精神，自治区党委书记鹿心社在自治区扶贫开发领导小组会议上的讲话精神，并研究部署全区当前新冠肺炎疫情防控和稳定经济社会运行重点工作。会议学习贯彻自治区《广西壮族自治区巩固脱贫成果精准防贫实施办法的通知》《关于印发2020年工作要点的通知》《关于印发坚决打赢疫情防控阻击战保障决胜脱贫攻坚若干措施的通知》及《玉州区2020年脱贫攻坚工作要点》等文件精神并研究部署全区脱贫攻坚工作。会议学习贯彻中共中央总书记习近平对坚决遏制农村乱占耕地建房蔓延势头问题的重要批示精神及自治区党委书记鹿心社、市委书记黄海昆的批示精神，并研究部署全区遏制农村乱占耕地建房问题有关工作。会议审议并原则通过《玉州区贯彻落实〈玉林市深入贯彻落实“三大定位”新使命工作方案〉的实施方案》《“美丽玉州·幸福乡村”活动指导意见》及3个配套文件等议题。会议听取玉州区2020年1—2月生态环境工作情况汇报，玉州区违建别墅问题清查整治专项行动近期工作情况汇报，第一季度安全生产工作汇报，2020年全国“两会”暨清明祭扫活动期间信访维稳工作情况汇报，玉州区禁毒工作汇报，玉州区扫黑除恶专项斗争工作情况汇报。

区五届人民政府第四十七次常务会议　4月21日召开，由区长吕燕梅主持。会议专题学习贯彻《习近平总书记关于扶贫工作的重要论述摘编》(第六章 坚持从严要求，促进真抓实干)精神、习近平总书记在2020年3月27日中央政治局会议上的重要讲话精神及《中共广西壮族自治区委员会落实中央脱贫攻坚专项巡视“回头看”和国家脱贫攻坚成效考核反馈广西意见整改方案》《中共玉林市玉州区委员会落实中央脱贫攻坚专项巡视“回头看”和国家脱贫攻坚成效考核反馈广西意见整改方案》。会议审议并原则通过《政府工作报告(讨论稿)》《关于玉林市玉州区2019年国民经济和社会发展计划执行情况与2020年国民经济和社会发展计划草案的报告》《玉州区民营经济发展规划(2019—2025)》《玉州区关于推动高质量发展的实施方案》《关于进一步加快玉州区建筑业发展的意见》《玉州区落实地方党政领导干部食品安全责任制职责分工安排》《玉州区关于深化改革加强食品安全工作的实施方案》《玉州区“十四五”规划编制工作方案》《玉林市玉州区2020年财政收支预算(草案)》《关于玉林市玉州区2019年预算执行情况和2020年预算草案的报告(草案)》《关于鼓励玉州区总部经济发展的实施方案》及玉州区民营经济示范园招商政策的事项、拨付2020年玉林市玉州区南流江流域仁东江水体修复系统运营经费1000万元的事项、处置玉林市玉州区城市投资有限责任公司相关资产的事项、推进玉林市城市工矿粮油供应公司企业改制的事项等议题。

区五届人民政府第四十八次常务会议　5月26日召开，由区长吕燕梅主持。会议专题学习贯彻习近平总书记2020年3月29日至4月1日在浙江考察调研时的重要讲话精神，习近平总书记2020年4月20—23日在陕西考察调研时的重要讲话精神，习近平总书记2020年5月11—12日在山西考察调研时的重要讲话精神，习近平总书记2020年4月29日、5月6日、5月14日中央政治局常委会和4月27日中央全面深化改革委员会第十三次会议上的重要讲话精神。会议专题听取玉州区落实中央脱贫攻坚巡视“回头看”和国家、自治区脱贫攻坚成效考核反馈问题整改工作情况汇报，并研究部署脱贫攻坚工作；听取安全生产工作情况汇报、2020年第一季度提升群众安全感和满意度工作情况汇报、玉州区开展禁毒重点整治“回头看”工作情况汇报、玉州区2020年全国“两会”期间信访维稳工作情况汇报、玉州区中小学生防溺水工作情况汇报等汇报，并部署相关工作。会议审议并原则通过《玉州区学前教育深化改革规范发展的实施方案》、《玉林市玉州区中医药健康产业园供应链发展规划(2019—2025)》、相关国有土地使用权作价入股广西长盛食品有限公司的事项、玉林市宏源资产经营有限责任公司将相关地块转让到其全资子公司名下的事项、桂林银行玉林分行增资入股玉林市玉州区交通投资有限责任公司的事项及《玉林市玉州区人民政府招待所改制实施方案》《玉林市玉州区教育印刷厂改制实施方案》《玉林市玉州区招商引资激励办法》等议题。

区五届人民政府第四十九次常务会议　6月8日召开，由区长吕燕梅主持。会议审议《玉林市教育中路621号玉州区人民武装部旧营房地块“玉国用〔2006〕第A244号和玉国用〔2006〕第A245号”国有建设用地使用权挂牌出让方案》。会议专题听取玉州区脱贫攻坚“四大战役”5月工作情况汇报。会议专题学习贯彻《自治区党委办公厅　自治区人民政府办公厅关于深入学习贯彻落实习近平总书记对毛南族实现整族脱贫重要指示精神的通知》，学习贯彻玉林市委常委、常务副市长丘德奎在全市打击非法生产经营储存运输烟花爆竹工作座谈

2020年11月13日，玉林市玉州区人民政府与广东省广西商会投资推介会在玉林城区举行　(区委宣传部　提供)

会上的讲话精神，研究部署全区烟花爆竹“打非治违”工作。

区五届人民政府第五十次常务会议　7月14日召开，由区委书记、区长吕燕梅主持。会议学习习近平总书记在中央政治局第二十次集体学习时的重要讲话精神、习近平总书记在宁夏考察时的重要讲话精神及《自治区扶贫开发领导小组办公室关于印发〈2020年度县级党委和政府扶贫开发工作成效平时考核工作方案〉的通知》《全国人民代表大会常务委员会关于全面禁止非法野生动物交易、革除滥食野生动物陋习、切实保障人民群众生命健康的决定》《中华人民共和国野生动物保护法》。会议专题听取玉州区脱贫攻坚“四大战役”工作情况汇报并研究部署工作、2020年第二季度生态环境工作情况汇报、玉州区2020年上半年优化营商环境工作汇报、2019年法治政府建设情况汇报、玉州区扫黑除恶“六清”行动工作情况汇报。会议审议并原则通过转让广西长盛食品有限公司股权的事项、《玉州区专项工作绩效考评奖励实施方案》、给予中国储备粮管理集团有限公司广西分公司中央直属5万吨仓容经济补偿的事项等议题。

区五届人民政府第五十一次常务会议　7月24日召开，受区委书记、区长吕燕梅的委托，区委常委、常务副区长王永坚主持。会议审议并原则通过修订玉林市宏源资产经营有限责任公司章程的事项及《中惠印刷包装项目投资协议书》《2020年玉州区服务业发展工作方案》。

区五届人民政府第五十二次常务会议　8月21日召开，由区人民政府代区长莫景彪主持。会议专题传达学习《习近平总书记对防汛救灾工作重要批示》精神以及市委主要领导对《关于贯彻落实习近平总书记对当前防汛救灾工作重要批示的督查通知》的批示精神，并研究部署贯彻落实措施；传达学习《关于进一步学习贯彻习近平总书记对统计工作的重要指示批示精神切实提高统计数据质量的通知》精神；传达学习《防范和惩治统计造假弄虚作假重要文件选编》精神及听取玉州区防范和惩治统计造假弄虚作假情况汇报。会议专题听取玉州区脱贫攻坚近期工作汇报、玉州区2020年以来消防工作情况汇报。会议审议并原则通过关于建设玉林市玉州区安泰陵园公墓项目的事项、废止和修改部分玉州区人民政府规范性文件的事项、《玉林市南江粮库内中央直属5万吨仓容资产拆迁补偿协议》、《玉林市玉州区全面实施预算绩效管理实施方案》等议题。

区五届人民政府第五十三次常务会议　9月18日召开，由区长莫景彪主持。会议听取玉州区2020年第三季度生态环境工作情况汇报、玉州区第三季度安全生产工作汇报、玉州区禁毒重点整治“回头看”工作汇报玉州区扫黑除恶专项斗争工作情况汇报、玉林市化肥厂城市棚户区改造项目维稳工作情况汇报、玉州区脱贫攻坚近期工作情况汇报、玉林市香料产业发展情况汇报。会议审议并原则通过《玉州区仁东镇农村生活污水管网工程（旺卢大鹏中庞）项目建设方案》《玉林国药药仓—保税仓基地项目框架协议书》、由区城投公司作为玉林市中医药健康养生街项目前期工作单位的事项、《玉州区名山街道太阳城乡村振兴项目开发方案》、《玉林市解放中路棚户区改造（旧城旧村改造）一期工程房屋征收补偿安置方案》。

区五届人民政府第五十四次常务会议　11月2日召开，由区长莫景彪主持。会议专题听取习近平总书记、李克强总理关于2020年国家扶贫日的重要指示批示和全区脱贫攻坚近期工作汇报。会议听取玉州区参加2020年粤桂扶贫协作消费扶贫对接活动暨第18届广西名特优农产品（广州）交易会工作情况汇报，2020年玉州区食品安全工作情况汇报，玉州区招商引资工作专题汇报，赴北京市、亳州市学习考察提升中药材专业市场管理及博览会举办水平有关经验情况报告，玉州区扫黑除恶专项斗争工作情况汇报，开展排查防范个人极端案件风险隐患专项行动工作情况汇报，近期信访维稳工作情况汇报，玉州区2020年批而未供和闲置土地处置攻坚以及非法占用耕地情况汇报、全区公安工作汇报等。会议审议并原则通过处置国有资产的事项、《康茂汽车配件制造项目投资协议书》、《玉林两湾产业园项目PPP实施方案》、处置玉国用〔2007〕第A134号土地的事项、按现状处置玉林市教育中路623号—629号国有资产的事项、《玉林市玉州区行政事业经营性国有资产管理改革工作实施方案》、《玉林市玉州区残疾人联合会改革方案》、变更玉林牛腩粉产业园项目业主的事项、《关于对梁伟等同志记三等功和嘉奖奖励的决定》、区经科局招聘编外工作人员5名、《玉州区南流江流域及周边环境综合治理项目建设方案》、解决项目用地的事项、区教育局增加配备学校安全协管员25名等议题。

区五届人民政府第五十五次常务会议　12月1日召开，由区长莫景彪主持。会议听取玉州区禁毒重点整治“回头看”工作汇报、玉州区2020年优化营商工作汇报。会议审议并原则通过《玉林国药药仓产业基金方案》、发布玉林市解放中路城市棚户区改造（旧城旧村改造）项目二期征收决定的事项等议题。

区五届人民政府第五十六次常务会议　12月18日召开，由区长莫景彪主持。会议审议并原则通过《2020年玉州区财政预算调整方案（草案）》、《关于2020年1—10月玉州区预算执行情况和2020年玉州区预算调整方案（草案）的报告》、2021—2023年中期财政规划和2021年部门预算编制口径的事项、《玉州区政府投资项目管理暂行办法》、《玉州区政府投资建设项目设计变更及概算调整管理暂行办法》、有偿转让经营性国有资产经营权的事项、《委托招商引资协议》、《农产品加工冷链仓储物流设施项目投资协议书》、玉林市南港开发成片土地建设有限公司项目地块起拍价格、《广西壮族自治区玉林市玉州区人民政府 中化学生态环境有限公司投资合作协议书》等议题。会议听取玉州区公安工作情况报告、第四季度安全生产工作汇报、2020年第四季度生态环境工作情况汇报、玉州区根治拖欠农民工工资工作情况汇报、2020年县域义务教育均衡发展迎“国检”复查工作汇报、2020年玉州区餐饮环节食品安全工作情况汇报、玉州区2020年烟花爆竹“打非”工作汇报。会议专题讨论并原则通过推荐全国脱贫攻坚先进个人和全国脱贫攻坚先进集体的事项。

区五届人民政府第五十七次常务会议　12月24日召开，由区长莫景彪主持。会议专题学习贯彻2020年12月3日中共中央政治局常务委员会会议精神，并听取玉州区脱贫攻坚近期工作情况汇报；会议审议并原则通过“玉州先进集体、好干部”建议名单。会议审议并原则通过公布玉林市玉州区直部门、镇（街道）权责清单的事项。会议讨论区人民政府领导工作分工调整。

【全区工作会议】　玉州区新型冠状病毒感染的肺炎疫情防控工作领导小组指挥部会议　2020年1月28日，玉州区召开新型冠状病毒感染的肺炎疫情防控工作领导小组指挥部会议，学习贯彻习近平总书记在中共中央政治局常务委员会会议专门听取新型冠状病毒感染的肺炎疫情防控工作汇报时的重要讲话精神，贯彻落实习近平总书记重要指示精神和李克强总理批示精神，贯彻落实党中央、国务院，自治区和玉林市委、市政府关于新型冠状病毒感染的肺炎疫情防控工作的部署。

玉州区2020年乡村风貌提升推进会　2020年7月31日，玉州区召开乡村风貌提升推进会。会议旨在学习贯彻中央、自治区和玉林市委关于实施乡村振兴战略的系列决策部署，以及自治区党委书记鹿心社在玉林调研时的讲话精神，研究部署全区乡村振兴工作，动员全区上下进一步坚定信心、苦干实干，全力以赴完成全年目标任务。区委书记、区长吕燕梅等区领导出席会议。

玉州区实施“六大会战”工作推进会　2020年8月20日，在玉林市实施“六大会战”工作推进电视电话会议结束后，玉州区组织召开实施“六大会战”工作推进会。会上，区委副书记、代区长莫景彪评估当前极其严峻复杂的经济形势，对打好三次产业达产增产、“五网”项目建设、提振消费、“三企入桂”、稳外贸稳外资、稳企保岗“六大会战”进行具体部署，要求各级各部门加强组织领导，明确责任分工，组成专班，挂图作战，确保各项任务落细落实。

玉州区创建全国文明城市工作推进会　2020年8月21日，

2020年，玉州区开展乡村风貌提升三年行动。图为名山街道太阳村开展环境治理
（名山街道　提供）

玉州区创建全国文明城市工作推进会召开，对创建工作进行再研究再部署，进一步统一思想、坚定信心，着力解决当前创建工作面临的突出问题，推动文明城市创建工作取得新成效，力争成功创建全国文明城市。玉州区委副书记、代理区长莫景彪参加会议并讲话。区委常委、副书记陈天宁主持会议，区委常委、宣传部部长乔鹏参加会议。

玉州区乡村风貌提升“扫一遍”攻坚工作会议　2020年9月11日，玉州区召开乡村风貌提升“扫一遍”攻坚工作会，深入学习贯彻习近平总书记关于改善农村人居环境的重要指示精神，贯彻落实自治区、玉林市部署要求，研究布置乡村风貌提升“扫一遍”攻坚工作。区委书记吕燕梅出席会议并讲话。

玉州区扶贫开发领导小组2020年第六次会议暨自治区脱贫攻坚大督查反馈问题整改工作部署会　2020年9月30日召开，会议学习贯彻习近平总书记关于扶贫工作重要论述，贯彻落实中央、自治区、玉林市的部署要求，对脱贫攻坚收官战各项工作进行再动员、再部署、再深化，把自治区大督查反馈问题整改落实到位。区委书记吕燕梅在会上讲话，区长莫景彪主持会议。

玉州区2020年市县党委和政府扶贫开发成效考核迎检部署大会　2020年11月5日，玉州区召开2020年市县党委和政府扶贫开发成效考核迎检部署大会，对自治区扶贫开发成效考核迎检工作进行部署。区委副书记、区长莫景彪出席会议并讲话。

2020年9月22日，玉州区召开新冠肺炎疫情防控工作新闻发布会（区政府办　提供）

重大举措及工作部署

【新冠肺炎疫情防控】 2020年，区政府建立“四级”包联机制，推行“一查二控三服务”工作法，落实网格化防控责任，织密织牢防控网，仅用30余天就实现本地确诊病例、疑似病例“双清零”。响应全国抗疫号召，派出5名护士驰援湖北省抗疫。抓好常态化疫情防控，及时落实各级稳增长政策措施，推动企业复工复产。

【项目建设】 2020年，区政府继续推行区领导联系重大项目制度，项目建设步伐加快。全年完成征地2687亩，占玉林市下达任务的111%，第一个完成南玉高铁玉州段征地任务。全年在建重大项目44个，完成投资38.8亿元。其中，玉林牛腩粉产业园、中集物流、乐祥国际等17个重大项目实现开工；大参林医药物流中心、可可康、微铭医疗器械等9个重大项目实现竣工投产。新增玉林两湾产业园等6个自治区层面统筹推进重大项目，项目计划总投资27.4亿元。这是近年来，玉州区列入自治区层面统筹推进重大项目数量最多、投资总量最大、质量最优的一年。争取上级资金项目35个，获得支持资金6.8亿元，创历年新高。“双百双新”“五网”项目建设顺利推进。

【民营经济】 2020年，玉州区“放管服”改革成效明显，构建全区统一网上审批平台，政务事项网上可办率达99.1%，实现企业开办0.5个工作日办结、“一站式”服务。民营经济蓬勃发展，全年新增注册企业3570家，新增个体户7320户。“三企入桂”和“浙商广西行”工作扎实推进，签约项目8个，总投资80.6亿元。玉州区获命名为广西民营经济示范县（市、区），南江街道获命名为广西民营经济示范乡镇。广西参皇养殖集团有限公司上榜2020年广西民营企业100强企业。

【城乡建设】 2020年，红星路、新民路等旧城改造项目加快推进，羊义岭片区和解放中路、镇忠社区棚改项目加快建设。开工建设棚户区改造297户。配合玉林

2020年10月3日，城北街道高山村举行“小手拉大手”建设美丽文明高山村清洁大行动暨传统经典诵读活动启动仪式（城北街道　提供）

市成功创建第八轮自治区文明城市。开展城市市容环境整治提升行动，宣传推广生活垃圾分类。开展土地全域整治，推进乡村振兴，全面开展“三清三拆+”扫一遍行动和乡村风貌提升三年行动，“美丽玉州·幸福乡村”加快推进。全区所有行政村均成立乡村振兴理事会，自筹资金1489万元投入乡村建设。着力打造风貌提升示范带、示范村，仁东镇鹏垌村被评为全国乡村治理示范村、全国文明村。

【“三大攻坚战”工作】 2020年，玉州区未脱贫234户706人全部脱贫，“四大战役”成效明显，脱贫攻坚任务如期完成。玉林城区空气质量优良率为98.9%，同比上升5.3个百分点。南流江叉江断面、仁东江等重点河流水质全部达到考核目标，苏烟水库水质达到或优于Ⅲ类标准。严防政府债务风险，化解政府隐性债务近5亿元，完成计划149.4%。

【民生福祉】 2020年，玉州区实施“扩容提质”工程，第二实验初级中学秋季期顺利招生，增加学位1800个；中考成绩继续保持全市领先优势，被评为自治区基础教育教学改革示范区。不断深化医药卫生体制改革，加强基层公共卫生基础设施建设，筹措资金4136万元改造医疗机构发热门诊，建设3个核酸实验室；下发875万元的防控物资，夯实镇（街道）、村（社区）疫情防控基础。统筹抓好保居民就业、保基本民生各项工作，全区城镇新增就业4500人，农村劳动力转移就业新增2715人次，城镇登记失业率2.9%。城乡居民基本医疗保险参保人数39.8万人，城乡居民基本养老保险及其他各类保险参保人数均超额完成年度任务。全区社会保险卡持卡人数达44万人，完成年度任务的121%。统筹做好扫黑除恶、打击违法犯罪、禁毒、信访维稳等各项工作，全年排查矛盾纠纷、受理人民调解案件1598件，成功调解1545件，调解成功率96.7%。群众安全感达97.8%，群众对政法队伍满意度达93.1%。被国家信访局评为信访工作“三无”县（市、区）。

区政府办公室综合事务

【区政府办工作机构概况】 2020年，玉州区人民政府办公室（简称区政府办）内设第一秘书股、第二秘书股、第三秘书股、第四秘书股、区政府值班室5个机构。编制数21名，在岗在职13人，设主任1名，副主任6名。玉林市玉州区信息化工作中心为区政府办下属的参公事业单位，有编制21名，在岗在职9人；玉林市玉州区住房资金和住房维修基金服务所为区政府办下属事业单位，有事业单位编制3名，在岗在职2人。

【文秘工作】 2020年，区政府办严格执行《玉林市玉州区人民政府贯彻落实中央、自治区和玉林市关于进一步精简文件和简报有关规定的实施办法》，年内，共印发玉区政发、玉区政办发两类文件15件，比2019年减少57.1%；共组织起草领导讲话、署名文章、汇报、总结等综合文稿665篇；制发文件250件；办理上级来文7000余件，办理玉州区本级请示、报告、函等各类文件2100余件；收发各种机要文件、明传电报238份；加强档案管理，做好保密工作，全年无丢失、失密现象；精心组织安排各类会议工作998次。

【政务信息】 2020年，区政府办聚焦区委、区人民政府关注的重点问题、人民群众关心的热点问题，向自治区人民政府上报政务信息、调研信息和互联网信息共1081条，获得采用222条，在全区111个县（市、区）中排名第二；

上报玉林市人民政府办公室政务信息332条，在全玉林市排名第一，超额完成绩效指标任务。被评为“2019—2020年度全区政务信息工作突出贡献奖单位”，第四秘书股苏敏获“2019—2020年度全区政务信息工作突出贡献奖个人”称号。

【建议提案办理】 2020年，区政府办办理玉林市、玉州区人大代表建议、政协委员提案共119件，其中，玉州区五届人大五次会议代表建议43件，玉州区政协五届五次会议委员提案57件，市人大代表建议15件，市政协委员提案4件。办结率100%，做到件件有回音，事事有结果。

【信息网建设】 2020年，区政府办提前并超额完成“五网”建设—信息网—玉州区电子政务外网改扩建项目。年初预算投资额为250万元，截至12月15日，项目已竣工，实际投资额为369.59万元，项目提前完成投资148%，已超额完成投资任务，圆满完成2020年度玉林市绩效考评指标任务。全区所有区直部门、8个镇（街道）、86个行政村（社区）已全部开通电子政务外网，实现玉林电子政务外网市、县、乡、村四级全覆盖。

（区政府办）

2020年9月17日，区政府办举办业务培训会　（区政府办　提供）

大数据管理与政务服务

【大数据发展和政务服务工作机构概况】 玉州区大数据发展和政务服务局（简称区大数据发展和政务服务局）是政府工作部门，为正科级行政单位。核定行政编制4人，实有人员4人。其中局长1名，副局长2名，二级主任科员1名。内设政秘股、数据资源与技术应用股、政务管理与协调股、政务公开和公共资源交易管理股、行政审批改革股共5个股室，下辖玉州区政务服务中心服务站和玉州区公共资源交易中心共2个二层事业单位。办公地址：玉林市金港路388号26幢。

【大数据发展】 2020年，区大数据发展和政务服务局贯彻落实《中共玉林市玉州区委办公室 玉林市玉州区人民政府办公室关于印发玉林市玉州区政务数据资源管理与应用改革实施方案的通知》精神，主动服务，不断推进全区政务数据资源管理工作，建立“六变六统”的政务信息化建设新机制，实现“一云承载、一池共享、一网通达、一事通办、一体安全”的“五个一”政务数据治理新模式；充分应用数字政务一体化平台推进“互联网+政务服务”，打破“信息孤岛”，职能部门间的政务数据轻松共享，实现“数据多跑路、群众少跑腿”，全区政

2020年12月1日，玉州区非涉密数据中心和业务专网认定工作攻坚推进会召开　（区大数据发展和政务服务局　提供）

务服务得到提质增效；依托大数据、云计算、人工智能、5G 等新型基础设施建设，推进全区行政审批智能化、便利化，实现“智慧政务”，同时推动传统行业数字化转型升级。

资料链接

“智慧政务”是指利用物联网、云计算、移动互联网、人工智能、数据挖掘、知识管理等技术，提高相关机构办公、监管、服务、决策的智能化水平，形成高效、敏捷、便民的新型政务系统。“智慧政务”就是要实现上述职能的数字化、网络化、智能化、精细化、社会化。

【政务服务】 2020 年，区大数据发展和政务服务局加强与各部门的沟通协作，加强各部门业务系统与一体化政务服务平台的深度融合，打通部门之间信息孤岛，实现数据实时共享，最大限度减时间、减环节、减材料、减跑动。推动各部门按照行政权力事项和公共服务事项清单，进一步完善网上办事指南。对纳入政务服务管理平台的事项进行动态管理，提升办事指南准确度。推动政务服务事项受理条件、办理流程、申请材料等要素规范化和标准化。年内，全区政务事项网上可办率 99.9%，已通过一体化平台受理政务服务事项共 10756 件，实现网上审批，跨部门、跨地域审批。

通过在区政府网站上搭建“网上办事大厅”，政务服务事项可线上申报和办理，全区在线上申请服务事项达 99.38%。同时通过与广西数字政务一体化平台数据融合对接，细化规范办事指南，实现在线申报，实现政务数据互联互通，很好压缩办结时限和减少重复提交材料，政务中心实现政务服务事项由多窗受理向“一窗受理、集成服务”转变以及企业开办 0.5 个工作日办结、“一站式”服务，实现群众办事“一次不用跑”和“数据多跑路，群众少跑腿”。全年企业群众通过一窗受理办件 6442 件。

深化“放管服”改革，不断推进政务服务“简易办”，加快转变政府职能，更大程度利企便民。推进“好差评”工作，全年玉州区政务服务事项评价数 44886 件，办事群众政务服务差评率为 0。同时通过全面整合各类公共服务热线，结合政务数据的优势，开通“12345”政府服务热线，24 小时接受群众诉求，大大提升群众满意度。全年通过“12345”平台处理工单总量 2796 件，群众回访满意率 92.63%。

2020年9月16日，玉州区政务服务中心作风效能建设会议召开
（区大数据发展和政务服务局　提供）

【政务公开】 2020 年，区大数据发展和政务服务局抓好《中华人民共和国政府信息公开条例》宣传、学习，对比新旧条例，梳理了解新旧规修改变化内容，组织干部职工进行专题学习，增强做好政务公开工作的自觉性和主动性。同时，通过网站和政务新媒体加强宣传和解读，引导社会公众有序参与、充分知情、全面监督。

在公开内容上，严格按照《中华人民共和国政府信息公开条例》，突出涉及权力运行的关键部门、关键部位和关键环节的政府信息公开，聚焦群众关心、社会关注、与群众利益密切的重要事项、人事任免、公务员录用及就业岗位信息情况，重大基本建设、工程项目招投标及公益事业建设情况，食品生产经营许可、专项整治、违法生产经营行为查处日常监管信息，政府向社会承诺为群众办实事的事项及完成情况，直接影响农民、法人或其他组织权益的行政执法事项等方面的内容进行全面公开。在公开形式上，对涉及面广、时效长、内容较为固定的政府信息公开事项，设立固定性公开专栏进行长期公开；对临时性、阶段性及群众关心的热点、难点问题，通过设立活动性政府信息公开栏进行及时公开；对新的政策规定和牵动面大、涉及范围广的政务事项，通过召开会议和开设政府信息公开网页以及公示栏等形式进行公开，使政府信息公开更真实、更贴近实际、更符合群众意愿。

政府各部门全面梳理本机关依法行使的行政权力和依法承担的公共职责，及时更新发布权责清单。同时，持续开展减证便民专项行动，全面推行限时办结、清单管理制度，不断改革创新中介服务模式机制，发展环境不断优化。全面推行“双随机、一公开”。以权责清单中的行政检查事项为基础，明确抽查事项名称、依据、主体、范围、标准、比例、频率、内容及方式后科学编制随机抽查事项清单并在政府门户网站公布。同时，在市场监管、城镇执法、环保执法等部门展开部门联动监管，形成常态化、规范化、制度化的新型事中事后监管模式。

根据《广西壮族自治区大数据发展局关于印发2020年全区政务公开工作要点的通知》文件要求，玉州区对照国家26个试点领域标准指引，已指导收集汇总各单位编制的相关领域基层标准目录，并在11月23日完成玉州区级26个领域基层政务公开事项标准目录的公开，推进基层政务公开标准化规范化。

突出做好公共卫生、三大攻坚战、优化营商环境、行政执法、历史政府公文的信息公开。年内，主动公开信息5494条，其中：政府文件12条、政府办文件20条；基本医疗卫生领域信息46条、食品药品安全信息10条、灾害事故救援领域信息33条；脱贫攻坚信息142条、环境保护领域信息131条；重大项目批准和实施领域信息188条；规划计划信息5条、行政许可公示目录信息231条、行政处罚公示目录信息110条、随机抽查事项清单11条；其他部门动态、乡镇动态、数据发布类等公开信息4000余条。

【政策解读和回应关切】 2020年，区大数据发展和政务服务局按照“谁起草、谁解读”的原则，确保解读材料于政策文件公开后5个工作日内在政府网站的政策解读专栏发布，同时做好解读文件和政策文件的相互链接。截至2020年12月1日，全区政府门户网站共发布各级解读文件30件。

做好突发事件舆情回应工作，及时准确发布权威信息，全年无政务舆情和社会重大关切。截至2020年12月1日，区政府门户网站“区长信箱”收到群众来信13件，办结13件；公开发布征集意见稿9件。

【政务公开平台建设】 2020年，区大数据发展和政务服务局推进政府网站优质规范发展，指定专人负责网站更新工作，定期做好网站检查，及时处理有关网站的纠错意见，定时更新网站各个专栏，对国务院、自治区、市政府发布的重要政策信息及时转载。推进政务新媒体健康有序发展，全区政务新媒体数量总计为15个，其中有微信公众号13个、微博2个。严格按照上级文件要求，及时对政府系统内政务新媒体进行整合、备案登记及纳入日常监督管理。完善“12345”政府服务热线，截至2020年12月1日，全区共受理热线工单3255件次，工单办结总量2806件次，办结率为89.2%；满意工单量2567件次，处理满意率为91.42%。

（区大数据发展和政务服务局）

民政事务

【民政工作机构概况】 2020年，根据《玉林市玉州区机构改革方案》精神，撤消玉州区老龄办机构，同时把玉州区民政局（简称区民政局）的救灾、医疗救助、重要物资和应急储备物资管理、退役军人优抚安置、双拥、老龄工作等职责划出，区民政局仍为区人民政府直属正科级工作机构。机构改革后，局机关编制数从11个（含后勤控制数）变成5个，2020年年末，实有在职在编人员4人，聘用人员3人，局长1名，副局长2名。内设政秘股、计财股、社会福利和社会事务股、基层政权建设和民间组织管理股4个股室；有玉林市玉州区社会福利中心、玉林市玉州区社区服务指导中心、玉林市玉州区民政局婚姻登记处、玉林市玉州区社会救助中心、玉林市玉州区低收入居民家庭经济状况核对中心5个二层机构。

【基层政权和社区建设】 2020年，区民政局继续做好基层政权和社区建设工作。筹备2021年村（居）“两委”换届选举工作，为换届工作的顺利推进保驾护航。推进开展的农村试点工作，年内自治区级农村社区已开展试点镇2个，试点村18个，覆盖率达30%以上。重点推进2020年自治区级农村社区试点镇仁东镇，试点农村社区南江岭塘村、城西莲塘村和玉州区级试点农村社区南江新联村、城西新定村、仁东沼心村试点建设工作，按照“三好三强三美”新型农村生态宜居社区建设内容，把新型农村生态宜居社区建设成为管理有序、服务完善、文明祥和、生态宜居的社会生活共同体。

【社会组织建设】 2020年，区民政局严格按照上级有关文件和法律法规，加强社会组织的年检和登记管理工作。全年年检138个，章程修改12个，成立26个。开展打击整治非法社会组织专项工作，整顿清理问题社会组织，撤销登记11个。引导社会组织投身到脱贫攻坚和社区建设工作来。

2020年2月17日，区民政局组织疫情防控工作检查组到辖区内各养老机构对疫情防控工作进行检查指导 （区民政局 提供）

【收养登记】 2020年，区民政局加强收养法宣传，依法开展收养登记。共办理收养登记32件。

【社会工作服务站试点】 2020年3月，以区民政局名义印发《玉林市玉州区镇（街道）社会工作服务站试点工作实施方案》，在玉州区玉城街道、南江街道、城西街道、名山街道、仁东镇5个镇（街道）打造社会工作服务站试点。6月完成招标，中标机构为玉林市玉州区春雨社会工作服务中心。7月，与中标机构签订合同，并开展试点工作。因镇（街道）办公场地有限，5个试点中有2个试点有独立办公室，分别为玉城街道社会工作服务站、城西街道社会工作服务站，其他3个试点与镇（街道）民政办公室合并办公。年底5个社工站已挂牌和制度上墙，2个独立办公的社工站已完成装修，办公设备已配齐。玉林市玉州区春雨社会工作服务中心已在全区5个试点社会工作站至少配备3名工作人员，共15名社工人员驻点开展服务。各社工站针对辖区内的服务人群已开展养老、社会救助、妇女、留守儿童、特殊群众、老年人等社会工作服务。

【区划地名建设】 2020年，区民政局根据《关于做好全区第二次全国地名普查档案移交工作的通知》要求，有序做好全区档案移交工作。9月，向广西壮族自治区地名档案馆移交玉州区第二次全国地名普查档案共计27卷，其中：地名目录1卷，地名成果表24卷，地名普查成果图1册共5张，地名标志登记表1卷。顺利完成第二次全国地名普查档案整理工作，区民政局2019年获得广西壮族自治区民政厅关于全区第二次全国地名普查先进集体表彰。继续做好玉林城区第五批街路巷命名更名工作。根据玉林市民政局代拟第五批道路街巷命名方案，对玉州辖区内49条道路街巷进行调研。根据《玉林市地名管理工作领导小组关于加强地名命名、更名名称规范性征求意见工作的通知》做好辖区地名命名、更名审批工作。共审批地名11个，其中：地名更名4个，地名命名7个。

【民政机构新冠肺炎疫情防控】 2020年疫情防控期间，区民政局成立以局长为组长的局疫情防控工作领导小组，明确局下属单位主要负责人及养老机构主要负责人为疫情防控第一责任人；对全区养老机构在疫情防控期间实行封闭管理，并注意加强日间对院内环境的消毒；共印制养老机构、儿童福利机构疫情防控“十严格”海报1000份、横幅27条，分别下发各镇（街道）民政办及各民政养老机构进行宣传。筹集到口罩4920个、消毒水120瓶、酒精80瓶、一次性手套1000双、免洗洗手液100瓶、红外线测温仪8个、护目镜8个、医用口罩1800个、防护服27套等，并及时将防疫物资发放到福利机构、养老机构统筹使用。

（区民政局）

应急联动管理

安全生产

【安全生产控制指标】 2020年，玉州区共发生各类生产安全事故23起，死亡29人（其中：工

2020年5月21日，区安全生产工作组到玉林市城中市场开展安全生产和消防隐患工作检查　　（区应急管理局　提供）

矿商贸企业9人，道路交通18人，铁路交通2人），受伤7人，造成直接经济损失965.8万元。与上年同期相比，事故起数下降11%，死亡人数上升11%，受伤人数下降30%，直接经济损失上升649%。生产经营性火灾、水上交通和农机领域未发生生产安全事故。

【烟花爆竹批发企业监管】 2020年，区应急管理局多次要求区内3家烟花爆竹批发企业严格执行烟花爆竹流向管理制度，详细记录烟花爆竹流向；加强烟花爆竹经营安全监管，强化烟花爆竹经营者的安全教育，对烟花爆竹批发企业实行明确责任人。建立关闭和取缔点的动态监控管理工作制度，加强禁燃的监管力度，凡发现有死灰复燃情况，立即进行从严从重打击。健全监控管理工作队伍，定期和不定期开展巡查工作。年内，辖区内无烟花爆竹零售点以及非法燃放烟花爆竹行为。

【事故查处】 2020年，区应急管理局执行《安全生产事故处理条例》，对发生的生产安全事故，及时参加依法成立的调查组开展事故调查。对事故的调查处理做到实事求是，明确性质、依法依规追究责任，并举一反三，深刻吸取事故教训，做好整改和警示教育。3月23日，玉州区第二实验初级中学建设项目发生一起模板从高处坠落致2人受伤后经抢救无效死亡的事故，事故发生后，区应急管理局领导班子成员第一时间赶赴现场指挥部署应急救援和事故调查工作，按“四不放过”的原则，查明事故发生经过、原因、人员伤亡和经济损失情况，认定事故性质和责任，提出对有关责任单位及人员的处理建议。

【打非治违】 2020年，区应急管理局对辖区内进行全面的巡查及宣传车宣传，重点排查城乡接合部、城中村、废旧厂房、封闭式院落、废弃养殖场非法生产烟花爆竹行为，开展关闭退出烟花爆竹企业遗留危险废弃物清零行动，排查整治一批安全生产隐患。发挥区治爆专业队伍的长期作战作用，一旦发现非法生产的线索，立即组织核查、打击。全年治爆大队共出动公务车辆111辆次、人员585人次，捣毁私炮窝点42个、工棚38间，查获彩菊成品485箱、彩菊半成品（散装）4053饼、蛇皮（袋装）294袋、彩菊半成品纸板1020板、彩菊生产机械100台、引线机械1台、引线51纸箱、私炮五彩雷183袋。

【宣传教育培训】 2020年，区应急管理局围绕“消除事故隐患，筑牢安全防线”活动主题，组织各类相关的宣传活动。6月16日，组织玉州区安委会成员单位在城区开展“安全生产咨询日”一条街活动。共设置宣传咨询台45个、摆放宣传展板45块、悬挂宣传条幅50余条，接受群众咨询300余人次，发放宣传材料1.2万份。选择一批发生在群众身边的典型事例、案例公开曝光，以活生生的事实教育和警醒广大群众，提高全民公共安全意识和素质。悬挂“打非”宣传横幅55条，对群众举报的线索一查到底，并及时反馈，调动群众参与烟花爆竹“打非”工作的主动性和积极性。

（区应急管理局）

消　防

【消防工作机构概况】 2020年，玉州区消防大队（简称区消防大队）下辖城站、名山、新民、石棠站4个一级消防救援站；茂林、仁东2个一级消防乡镇站；仁厚、大塘镇2个二级消防乡镇站，东门1个微型消防站，区政府专职消防队保障站1个。按照综合性应急救援队伍建设要求，应编配232人，实有人数180人，缺配30人。消防大队辖区总面积464.3平方千米，主要担负着玉

2020年3月19日，区消防大队联合区教育局开展学校复学前消防安全检查

（区消防大队　提供）

州区4个镇、5个街道办事处的消防安全监督管理和执勤灭火、抢险救援等保卫辖区经济建设，维护社会稳定的工作任务。

【区消防大队】 2020年，区消防大队应配15人，实有11人（其中干部4人，政府专职文员7人），共有执勤车36辆。

【区政府专职消防队保障站】 2020年，区政府专职消防队保障站应配3人，实有1人。

【名山消防救援站】 2020年，名山消防救援站应配40人，实有36人（其中4名干部，消防员10人，政府专职队员22人）。共有执勤车辆6台，载水量37吨、载泡沫量1.2吨。

辖区范围是以江滨路往东—广场东路—二环北路往北—二环北路往西—嘉和国际广场往北S212道—S212道悦昌建材；佛山陶瓷批发中心往西—至玉林市垃圾无害化处理厂—至二环北路往东—至清宁路往南—至人民中路往东—至民主中路往南—回到江滨路。

【城站消防救援站】 2020年，城站消防救援站应配40人，实有35人（其中干部3人，消防员14人，政府专职队员18人），缺配5人。共有执勤车辆4台，载水量20吨、载泡沫量0.5吨。

辖区为玉州区南流江以南，主要是包括城战路、苗园路、江南路、新民路、中秀路、金港路、万良路、云良路、民主南路、二环南路等。

【新民消防救援站】 2020年，新民消防救援站应配40人，实有31人（其中事业编制2人，政府专职队员29人）。执勤车辆共有7辆（其中泡沫消防车2辆、水罐消防车2辆、抢险救援消防车1辆、举高平台消防车2辆）。

辖区面积约39.09平方千米，东至清宁路、玉州路；南至南流江、玉辐路与二环西路交叉路口；西至G59高速与二环西路；北至二环北路、G324国道。主要城区道路有一环路、人民中路、人民西路、新民路、大北路、玉博大道、教育西路、江滨路等16条街道。共有重点单位44家，市政消火栓共有152具。辖区火灾主要以大型人员密集场所、“三合一”场所、仓储物流场所、城中村和乡村的自建房火灾为主。

【石棠消防救援站】 2020年，石棠消防救援站应配40人，实有46人（其中事业编制1人，政府专职队员45人）。执勤车辆共有8辆（其中泡沫消防车2辆、水罐消防车1辆、抢险救援消防车1辆、防化洗消车1辆、供气消防车1辆、举高喷射消防车1辆、举高平台消防车1辆）。

辖区周长36.91千米，面积35.19平方千米，北至桂平路口，南至开发区部分道路，西至江滨路与金港路交界，东至文体北路，主要城区道路有二环路、人民东路、广场东路、玉东大道、石棠路、勤政路等31条街道，共有重点单位31家，市政消火栓共有241个。

【茂林乡镇消防站】 2020年，茂林乡镇消防站应配15人，实配9人。执勤车辆共有4辆（其中小型水罐消防车2辆、消防摩托2辆）。

辖区位于玉林市区东南部，距离玉林中心城区约8千米，南与玉州区南江街道相连，西与玉州区名山街道相连，东、北面与北流市交界。辖22个社区，373个居民小组，总面积83.6平方千米，总人口10.3万人。

【仁东镇乡镇消防站】 2020年，仁东镇乡镇消防站应配15人，实有11人（事业编制2人，政府专职队员9人）。执勤车辆共有3辆（其中泡沫消防车1辆、小型水罐消防车2辆）。

辖区位于玉林城区西北部，

面积63平方千米，由1个社区12个行政村（大路社区，旺卢村、大鹏村、中庞村、鹤林村、沼心村、石地村、周村、良村、都甘村、鹏垌村、龚罗村、木根村）组成。

【仁厚镇乡镇消防站】 2020年，仁厚镇乡镇消防站应配10人，实有6人。执勤车辆共有1辆（小型水罐消防车1辆）。其辖区位于玉林城区西部，面积30平方千米，由9个行政村组成（上罗村、下罗村、新旺村、道良村、大卢村、荔枝村、铁匠村、茂岑村、仁厚村）。

【大塘镇乡镇消防站】 2020年，大塘镇乡镇消防站应配10人，实有6人。执勤车辆共有1辆（小型水罐消防车1辆）。其辖区位于玉林市城区至桂平路旁边，距城区8千米，面积32.7平方千米，由5个行政村（大塘村、苏烟村、大双村、三和村、阳山村）组成。

【东门微型消防站】 2020年，东门微型消防站应配6人，实有2人，执勤车辆共有1辆（消防摩托车1辆）。辖区位于东门微型消防站1千米以内的管辖范围。

【消防作战训练】 2020年，区消防大队共处置各类警情876起，抢救疏散被困人员37人。其中火灾134起、亡0人、伤0人、直接财产损失279.31万元。区消防大队成立作战训练中心指导队站执勤训练，同时采用“集中培训+定期轮训”的方式对全体消防指战员开展业务技能等培训。城站消防救援站在市消防救援支队上半年全员岗位大练兵消防站组比武竞赛中，获团体第一名、名山站第六名；在总队“壮鹰竞桂”比武竞赛，城站消防救援站6名队员和4名教练获得团体第三名。联合多部门应急联动，完成2020年消防应急救援联合实战演练，并完成广西（北流）地震应急救援综合演练。

【消防监督】 2020年，区消防大队严抓防火监督，狠抓火灾隐患整改，推进打通“生命通道”集中治理行动、“3·15”消防产品专项整治行动、集贸市场集中整治、校外培训及幼儿园消防安全大排查、人员密集场所消防安全大排查、仓储经营类场所摸排、自建房火灾风险隐患排查、大型商业综合体火灾防控等消防安全专项整治活动。对玉州辖区2家定点医疗机构、9个隔离点、1家涉疫企业、15家复工复产企业进行服务指导。完成打通“生命通道”整治小区58个，摸排自建房8万幢，指导完成3家大型商业综合体和1家文博古建筑消防安全标准化建设。全面检查各类社会单位共459家，发现并消除火灾隐患179处，下发《责令改正通知书》116份，处罚15起，责令三停4家，临时查封1家，罚款28.6万元，拘留0人。

【消防宣传教育】 2020年，区消防大队与区扶贫办联合发文，将消防宣传工作纳入当地扶贫工作同步推进。在玉州区仁东镇鹏垌村建设全区首个村级消防科普教育阵地，同时完成全区电动车消防安全和古村落消防安全网络直播活动，全网观看人数超过400万人，话题阅读超过1500万人次。开展多种形式消防力量示范建设工作，协调城北街道完成高山村志愿消防队建设工作，并作为玉州区村级志愿消防队示范点向辖区范围内推广。全年发放各类消防宣传资料25000余份，张贴各类挂图海报1100余张，累计发送手机短信6100多条，接待群众咨询400余次，辖区各单位滚动播放消防宣传标语5600条次，进学校33次、进企业21次、进社区43次、进农村52次、进家庭36次，宣传车巡回宣传56次，消防站累计接待参观群众3360余人次。

【专职消防建设】 2020年，区消防大队学习贯彻习近平总书记关于安全发展的重要论述、重要指示批示和为国家综合性消防救援队伍致训词精神。加强队伍正规化、职业化、专业化建设。狠抓《玉林市贯彻实施国家标准〈乡镇消防队〉工作方案》落实，新建乡镇消防队仁厚、大塘镇2个。区消防大队管辖的茂林、仁东、仁厚、大塘4个乡镇建成专职消防队并投入正常运作。

（区消防大队）

退役军人事务管理

【退役军人事务工作机构概况】 玉州区退役军人事务局（简称区退役军人事务局）为区政府组成部门，属正科级。核定行政编制7名（其中工勤编2名）。有政秘股、拥军优抚和褒扬纪念股、移交安置和就业创业股、政策法规和权益维护股4个股室，领导设置1正2副，至年末实有人员7人。下属二层机构有玉州区退役军人服务中心，为副科级单位，核定编制12名，领导设1正2副，副科级领导职数1名，至年末实有人员12人。

【优抚对象抚恤金和生活补助金发放】 2020年，玉州区有享受抚恤及生活补助的优抚对象2800余人，全年为重点优抚对象发放抚恤补助2000余万元。

【双拥工作】 2020年，春节和“八一”建军节期间，区退役军人事务局开展走访慰问活动，共送去慰问品折合人民币30余万元；走访慰问伤残军人、复退军人、企业军转干部、老复员军人、烈军属、特困复退战士等对象，发放慰问金和慰问品折合人民币180万元。开展向立功受奖官兵家庭送喜报活动，为2019年在部队荣立三等功的现役军人制作牌匾，并与区人民武装部领导一同送喜报和牌匾上门，发放立功奖励金2.1万元；2020年度为义务兵家属发放优待金680多万元；组织区、镇、村等“三级”退役军人部门人员到仁东镇鹤林村烈士陵园开展清明祭扫活动，并按照市退役军人事务局的要求，组织开展“致敬·2020清明祭英烈”网上祭扫活动和玉林英烈园“9·30”公祭仪式；慰问抗美援朝老战士，为他们佩戴纪念章、绶带，发放慰问金和慰问品；参加广西“脱贫攻坚领域退役军人”“优秀退役军人”评选活动；配合做好玉林市争创全国双拥模范城，完善工作台账和两个检查点建设，助力2020年玉林市获“全国双拥模范城”称号；组织“爱心献功臣”活动，联系爱心企业，慰问老兵；组织对困难企业军转干部进行身体检查。

【退役军人权益维护】 2020年，区退役军人事务局开展“基层基础基本建设年”“思想政治工作年”活动，制定出台活动方案，关心关爱贫困退役军人脱贫致富，全区建档立卡贫困优抚对象96%以上已脱贫。根据《广西壮族自治区退役军人事务厅关于坚决打赢脱贫攻坚战的通知》《自治区退役军人事务厅 自治区扶贫办关于做好全区退役军人事务领域脱贫攻坚工作的通知》文件精神，利用2019年优抚对象帮扶解困结余资金，对全区建档立卡退役军人及其他优抚对象予以帮扶。

2020年9月30日，玉州区举行“9·30”公祭仪式

【退役士兵社会保险接续】 2020年，区退役军人事务局推进部分退役士兵社会保险接续工作，提交保险接续材料，核算养老缴费人数及政府补缴资金，核算医疗补缴人数及政府补缴资金。部分符合社会保险续缴的退役士兵工作已全部完成。

【退役安置】 2020年，完成转业士官的安置工作，落实退役士兵一次性经济补助金。

【扶持退役军人就业创业】 2020年，区退役军人事务局联合市退役军人事务局在五彩田园举办3场退役军人专场培训和招聘会，加强退役士兵职业教育和技能培训工作，落实退役士兵技能培训补助金。

（区退役军人事务局）

扶贫开发

【扶贫工作机构及概况】 玉林市玉州区扶贫开发办公室（简称区扶贫办）是区政府工作部门，为正科级。行政编制4名，设主任1名，副主任3名。内设综合股、业务股（玉州区革命老区建设委员会办公室）、督查和社会扶贫股3个股（室）。主要职责是贯彻落实党中央、国务院，自治区党委、区政府，市委、市政府和区委、区政府有关扶贫开发工作的方针政策和决策部署，根据区委、区政府确定的扶贫开发目标、任务，组织制定并实施玉州区扶贫开发计划。

2020年，玉州区加快推进脱

贫攻坚“四大战役”工作。做好义务教育保障工作。落实双线四包工作制度，做好辍学学生排查工作和返校复学学生关爱帮扶工作，确保无贫困户辍学学生。做好医疗保障“198”政策落实工作，确保健康扶贫政策落实到每一户每一人。加大住房保障工作力度，全面完成贫困户危房改造工作。抓好饮水安全保障，确保农村饮用水水质安全达标。

【贫困户全部达标脱贫】 截至2020年10月31日，玉州区剩余建档立卡贫困户234户706人全部脱贫，并达到“一过线两不愁三保障”的标准。

【防贫措施】 2020年，玉州区对脱贫监测户落实差异化的帮扶措施，纳入低保167人，安置扶贫公益性岗位就业9人、扶贫车间就业2人，获得“以奖代补”产业扶持32户，享受教育帮扶53人，享受“防贫保”158人。边缘户1084人中，全部落实边缘户医疗保障政策，参加城乡居民医疗保险的每人差异补助60%，住院报销比例达90%，门诊特殊慢性病就诊报销比例达80%，落实“两免一补”、补助建房和综合保障兜底政策，已纳入低保945人。将返（致）贫风险的监测户、边缘户全部列为监测对象，开展精准防贫集中大排查行动，严控漏评，同步推进问题排查、问题整改，确保贫困人口识别无漏评现象，共纳入脱贫监测户10户，边缘户81户。

【建档立卡信息数据质量提升】2020年，玉州区印发《关于严格落实建档立卡贫困户信息“双检查”工作通知》，明确坚持帮扶联系人和后盾单位领导“双检查”责任。后盾单位主要领导亲自组织帮扶联系人学懂弄通《精准扶贫政策一览表》《帮扶手册指标填写解释和填写注意事项》等应知应会知识，帮扶联系人到贫困户家中逐项核对政策享受情况、查漏补缺，将核查情况提交单位主要领导、业务骨干进行再检查，确保信息数据真实准确。

【“四大战役”工作】 2020年，玉州区教育项目如期完成，玉州区第二实验初中（原秀石路中学）于8月末交付使用并实现招生；围绕易辍学学生，加大控辍保学排查劝返力度，玉州区义务教育建档立卡户学生2652人，全区失学辍学0人，建档立卡失学辍学学生0人；玉州区建档立卡适龄残疾儿童送教上门4人，均按要求落实送教上门政策。2020年春季期符合义务教育资助的建档立卡贫困学生2460人，其中：寄宿生补助发放936人，非寄宿生补助发放1524人；2020年秋季期符合义务教育资助的建档立卡贫困学生2311人，其中：寄宿生补助发放873人，非寄宿生补助发放1438人。出台《玉州区农村危房改造奖励办法》，对按期完工的建档立卡贫困户、低保户、农村分散特困户、残疾人户给予奖励，加快危改进度，2020年28户危改任务（其中建档立卡贫困户15户）在5月末全部完成；建立巡查、举报奖励和镇街包村领导负责制等三项制度，加大对危旧房排查力度，解决危旧房住人的问题。全面落实医疗保障“198”政策，玉州区建档立卡贫困人口16963人（含玉东），符合参加基本医疗保险条件16936人，实际参加基本医疗保险人数为16936人（含玉东），参保率为100%；贫困户住院报销比例达到90%，门诊特殊慢性病就诊医疗费用报销比例达到80%；玉州区财政安排专项经费230万元，补助贫困户体检办理29种门诊特殊慢性病证，共为3644人办理门诊特殊慢性病证；推进村卫生室标准化建设，玉州区政府管辖的57个村卫生室业务用房、设备配置、乡村医生配备、乡村医生服务达到基本医疗保障内涵和标准。投入资金1332.11万元，建设完成2020年度农村饮水安全巩固提升工程9个，受益人口38183人（其中受益贫困人口5064人）；建立健全饮水工程运行维护长效机制、落实管护主体、维护资金；全年玉州区集中供水率为93.86%，自来水普及率为93.86%，饮水安全达标。

【扶贫资金项目】 2020年，玉州区共投入各级财政专项扶贫资金5859.82万元，其中：中央资金2255.86万元，自治区资金1663.96万元，玉林市资金640万元，玉州区财政预算安排专项扶贫资金1300万元。资金累计支出5718.62万元，进度为97.59%。2019年玉州区各级扶贫资金结转结余共计111.07万元，已完成年度各级财政专项资金全年末结转率小于5%的任务，并按要求于2020年6月底前全部投入使用。

【扶贫小额信贷】 2020年，玉州区组织人员开展摸排工作，通过发放告知书、召开动员会、政策明白人活动等方式进行政策宣传，通过宣传新增贷款937户3256.3万元，超额完成“保六争百”工作任务；加强贷后资金监管力度，组织村级扶贫小额信贷工作队入户引导贫困户积极发展产业，避免出现资金闲置或违规使用；加大到期贷款清收及异常类贷款排查力度，杜绝贷款逾期及异常类贷款未处置情况；按时审核、拨付小额信贷贴息，截至2020年12月31日，全年共计贴息78.26万元。

【雨露计划】 2020年，玉州区开展雨露计划扶贫培训政策"宣传月"活动。通过宣传，让全区农村建档立卡贫困户学生及青壮年劳动力知晓扶贫培训补助政策，确保"雨露计划"精准补助、应补尽补政策落到实处。2020年度玉州区共补助贫困学生和学员1697人，发放补助资金264.07万元（不含茂林）。

【消费扶贫】 2020年，玉州区已通过认定的扶贫产品供应商有12家，扶贫产品98个。全区各级各部门年内认购扶贫农产品数量不低于年消费农产品总量的20%的任务已基本完成。推进消费扶贫专柜落地，已确定10个柜址。推进消费扶贫活动，年内举办2场农产品产销对接会，扶贫产品销售金额4318.75万元。

【就业扶贫】 2020年，玉州区开发扶贫公益性岗位333个、非固定性村级扶贫公益性岗位600个，共安置贫困劳动力上岗933人；全区共有就业扶贫车间12个，共录用贫困劳动力82人；发放稳岗补贴574.8万元、交通补贴26.56万元，外出务工7717人，比2019年增加330人，增长4.47%。

【产业扶贫政策落实】 2020年，玉州区制定《玉州区2020年疫情防控期间以奖代补工作方案》，按照自治区以奖代补政策门槛调整时间节点，分批组织开展以奖代补工作。年内累计拨付奖补资金688.12万元，受益贫困户2670户。

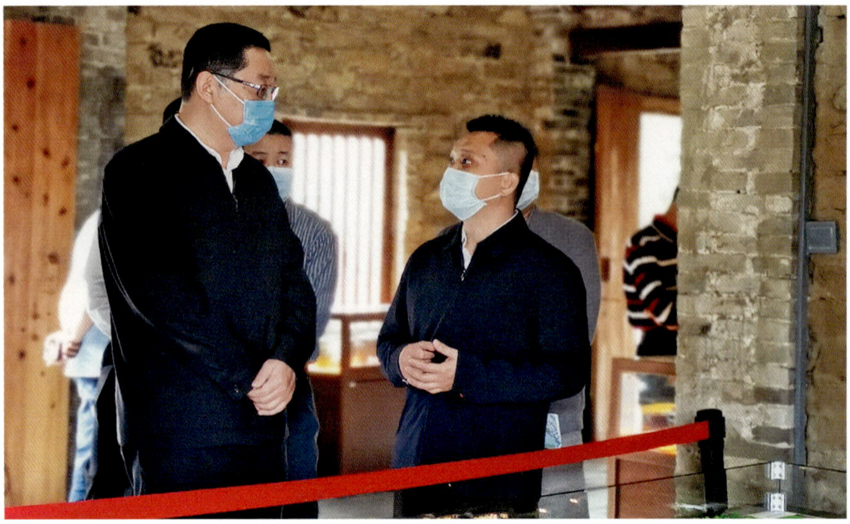

2020年2月28日，玉林市委副书记张壮（左一）在鹏垌村调研乡村振兴工作（区乡村振兴办 提供）

【综合保障】 2020年，玉州区新办和变更等级残疾证228个，确认事实无人抚养儿童91人并落实发放基本生活补贴，排查出符合纳入低保条件的569人、特困人员供养222人，已全部落实补助政策。

【驻村结对帮扶】 2020年，玉州区严格执行选派管理办法、对符合调整情形的驻村工作队员进行调整，80%以上的驻村工作队员全部留任；持续实施驻村工作队员关爱工程，为驻村队员购置一批冰箱、热水器、空调等驻村生活必需品；落实工作队员每天100元驻村伙食补助、每月400元乡镇工作补贴、第一书记1.5万元专项工作经费和5万元帮扶经费，协调选派单位为工作队员办理人身意外伤害保险以及组织健康体检；举办驻村工作队员全员培训班和农村党员脱贫攻坚专题培训班，提升素质能力。

【"回头看"反馈问题全部整改落实】 2020年，玉州区对照2019年中央脱贫攻坚专项巡视"回头看"自查认领12个问题，制定31项整改措施；2019年国家脱贫攻坚成考核自查认领20个，制定44项整改措施；中办国办中纪委反馈共自查认领7个问题，制定17项措施，已全部完成整改任务。

（区扶贫办）

水库和扶贫易地安置

【水库和扶贫易地安置中心工作机构及概况】 玉州区水库和扶贫易地安置中心（简称区水库和扶贫易地安置中心）为区人民政府直属单位，由区发改局代管，列为公益一类，承担移民安置、易地扶贫搬迁等相关事务性工作。内设政秘股和安置扶贫股2个职能股室；有编制6名，设主任1名，副主任1名。

2020年，区水库和扶贫易地安置中心以习近平新时代中国特色社会主义思想为指导，贯彻落

2020年12月15日，《玉州区大中型水库移民后期扶持“十四五”规划》编制工作座谈会召开　（区水库和扶贫易地安置中心　提供）

实中央、自治区、玉林市、区委、区政府的指示精神，在玉林市水库和扶贫易地安置中心的具体指导下，贯彻落实国家水库和扶贫易地安置有关政策。

【水库移民信访】 2020年，区水库和扶贫易地安置中心落实水库移民信访工作责任制，全面推进领导干部接待移民群众来访活动，通过重点约访、专题走访、带案下访、领导包案等方式，着力解决水库移民信访突出问题、化解库区信访积案。

【探索水库移民增收新途径】 2020年，区水库和扶贫易地安置中心配合上级部门做好水库移民企业发展工作，推进水库移民增收工程，增加移民收入，选派移民参加自治区水库和扶贫易地安置中心组织的水库移民培训班。

【水库移民后期扶持】 2020年，区水库和扶贫易地安置中心全面贯彻落实后扶政策，完成后扶资金发放任务。贯彻实施国家大中型水库移民后期扶持政策，按期发放水库移民后期扶持资金365.07万元。推进库区移民基础设施建设工程项目，向上级部门申请，争取到2020年玉州区大中型水库移民后期扶持资金项目3个，总投资456万元。

（区水库和扶贫易地安置中心）

机关事务管理

【机关事务管理工作机构概况】 玉林市玉州区直属机关后勤服务中心（简称区直属机关后勤服务中心）内设政秘股、财务股、办公用房管理股、维修股、会务股、公务用车管理股、公共机构节能股、保卫股、服务股、接待股共10个职能股，核定事业编制39名，其中主任1名，副主任3名。2020年在职在编人员33人。

【疫情防控】 2020年，区直属机关后勤服务中心成立中心防控工作领导小组。每日排查体温异常情况和隔离人员；对办公环境定时消毒、消杀，设置废弃口罩投放垃圾桶等。单位主要领导和两名干部抽到区疫情防控后勤物资小组进行防控物资采购工作。负责3个隔离点的后勤服务工作，对玉州区旧妇幼保健院、城市便捷酒店青年广场店和玉林市交警招待所进行加固、安装监控、防盗网、热水器等，落实好消毒消杀、清理卫生及送餐等工作。负责玉州区防控工作所产生的费用资金报账工作。

【办公用房管理工作】 2020年，区直属机关后勤服务中心起草并

玉州区政府大院保卫对进出人员测温

（区直属机关后勤服务中心　提供）

配合印发办公用房管理实施细则、工作方案,推进国有资产回收工作。根据上级文件精神,4月报送《玉林市玉州区人民政府招待所改制实施方案》,做好对招待所改制的前期工作。对单位所属铺面资产进行回收并实行统一管理,清理到期铺面,对闲置铺面进行招租前期准备工作,全年已收回铺面租金并上缴国库67.9万元。根据有关单位申请办公用房的诉求,合理地对各单位需求进行调整。同时为规范区政府生活区公有住房的管理,于2020年第一季度完成对大院公房25户租户欠缴房租、水电费用的追缴工作,共追缴回水电费6.55万元,房租10.56万元。对大院内的公房进行全部的清理整顿,分别于2020年5月19日、5月27日召开周转房问题处理会,对强占公房住户劝说限期搬离;针对现存在的24套公有住房转租情况,要求立即停止转租。共清理不符合条件居住6户,调整暂租3户,签订承诺书3户。

【水电设施管护、绿化美化净化及会务工作】 2020年,区直属机关后勤服务中心以统一安排、统一调度为原则,抓好区委、区政府会议会务工作,能及时完成会场布置、清洁、茶水供应、对参会人员测温等会务工作,加强各会议室灯光、音响、空调、线路以及台椅、电梯等设施设备的检修维护,全年共保障各类大、小型会议968场次。营造优美办公环境,结合创城活动,做好大院的绿化日常护理工作。对大院各办公楼维修60多次,改善提升办公环境;投入会议电信设施维护资金保障各类电视电话会议的正常进行;投入资金对会议室进行升级改造,有效满足各种会议的不同需求。

【应急和机要通信用车管理】 2020年,区直属机关后勤服务中心采取"集中管理、统一调配"的模式,严格公务用车纪律,合理有效配置公务用车资源,做好公务用车编制、配备、使用和监督管理工作,及时完成公务用车的报废、消编和划转工作。充分利用平台监控和GPS卫星定位对52辆公务用车进行静态和动态监督管理,与安徽中科美络信息技术有限公司进行续约,继续完善玉州区公务用车管理信息平台,为更科学、有序地管理车辆提供条件。做好疫情防控公务用车保障,司机24小时备勤,做好公务用车日常消毒工作,保障车辆安全运行,配合做好疫情督查、复工复产、到外地转接隔离人员等各项工作。

【公共机构节能】 2020年,玉州区自申报创建国家级节约型公共机构示范单位以来,为实现创建目标,把节能工作贯穿各项工作中,以提高资源利用率为核心,以节水、节能、降耗及资源综合利用为重点,遵循"以评促建谋长远"的原则,持续推进节约型单位建设步伐。于2020年12月获国家级"节约型公共机构示范单位"称号。组织全区共380家公共机构利用节能数据平台完成能耗数据统计工作,全年用能人数为10.09万人,建筑面积110.89万平方米,占地面积54.35万平方米,人均综合能耗33.23千克标煤/人,单位建筑面积能耗2.87千克标煤/平方米,人均水耗16.74平方米/人。根据上级文件要求,制定印发《2020年玉州区公共机构能源资源节约和生态环境保护工作安排的通知》,对承担的各项重点任务进行合理分解,并完成各项任务。在区政府大院生活区停车场安装10套国标7千瓦充电桩并已投入使用;完成全区新增分类垃圾桶820组,垃圾箱房、垃圾桶站26个;组织全区3名节能统计员参加第七期全国公共机构节能管理远程培训并全部通过考核,取得证书。狠抓绩效任务完成质量,落实完成玉林市公共机构节能绩效考评指标任务。针对玉州区承担有建筑面积改造2万平方米任务,落实对区第一实验初级中学、名山初中、名山中学进行空调工程改造、节水节电改造等,改造面积约9.9万平方米,超额7.9万平方米完成任务,并通过验收。针对节约型机关达标率的任务,玉州区已完成国家型示范单位创建任务数1家和创建国家节约型公共机构示范单位及能效领跑者创建28家单位的任务,并通过验收。玉州区承担市下达节约型机关示范创建任务数13家,玉州区完成创建28家,创建达标率42.42%,大于20%,完成任务。

【安全保卫管理】 2020年,区直属机关后勤服务中心做好消防、治安、信访、户籍管理、车辆停放等安全保卫工作,为大院营造安全的办公和生活环境。疫情发生以来每天安排15名安保人员进行三班次值班,对进入区政府大院人员进行体温测量,询问并登记外来人员状况,发现异常情况及时报告,加大对政府大院的安保工作力度,加强巡逻力度;外来人员、快递员、外卖员一律不得进入区政府大院。指派2名干部职工配合社区做好大院生活区人员进出体温测量、排查、环境消杀、疫情防控知识宣传以及健康防护、生活物资配送等工作。

【机关食堂服务管理】 2020年，区直属机关后勤服务中心抓好机关大院食堂的服务与管理，不断在改进菜肴品种、质量、口味、营养、特色上下功夫，提高餐饮服务质量，共保障机关人员就餐6.66万人次。为响应习近平总书记关于“厉行节约、反对浪费”的号召，主动推进“光盘行动”，每天在窗口LED屏上滚动播放“光盘行动，从我做起”等宣传标语，餐桌上摆放着“拒绝浪费，厉行节约”等提示牌70多个、悬挂宣传画14幅，倡议广大领导干部职工人人都争做“光盘侠”，坚决杜绝“舌尖上的浪费”。在新型冠状病毒感染的肺炎疫情防控工作初期，机关食堂充分调动积极性，及时调整食堂外带服务以适应常态化的疫情防控工作。打造温馨舒适的就餐环境，投入人力和物力对机关食堂进行升级改造，改造面积约1212平方米，改造已全部完成并投入使用。为更好提供优质服务，采取购买服务模式，将食堂交由广西翰天餐饮服务有限公司专业服务团队进行服务管理。

玉州区政府食堂　　（区直属机关后勤服务中心　提供）

【接待工作】 2020年，区直属机关后勤服务中心完成国家、省、市及各县（市、区）来宾的接待任务共143批次，1940人次。充分发挥公务接待的桥梁纽带作用，主动服务于全区发展大局。抓好规章制度落实，严格落实中央八项规定、六项禁令，抓好《党政机关厉行节约反对浪费条例》《公务接待管理办法》的贯彻执行，规范公务接待活动，严格执行公务接待标准，坚决禁止超标准、超范围接待。严格按照疫情防控措施，做好餐前消毒、服务人员监测体温、戴好防护装备、就餐保持1.5米距离等工作，确保做到公务接待安全有序开展。

（区直属机关后勤服务中心）

政协玉州区委员会

政协事务

【政协工作机构及概况】 2020年，中国人民政治协商会议玉州区第五届委员会（简称区政协）下设办公室、提案法制工作委员会、经济联谊工作委员会、教文卫体工作委员会、农业和农村委员会，编制21人。

2020年，区政协以习近平新时代中国特色社会主义思想为指导，积极融入全区全面深化改革发展大局，切实履行政治协商、民主监督、参政议政职能，把“懂政协、会协商、善议政”的要求贯穿于履职全过程，着力推动协商民主广泛、多层、制度化发展，为助推玉州区经济社会发展做出了积极贡献。

【参政议政】 2020年，区政协围绕区委、区政府年度工作安排，紧扣全区发展大局，确定“加强突发公共卫生事件应急物资储备”“发展生态观光农业”“打造玉林牛腩粉特色品牌”等课题为重点调研课题，深入开展调研，为全区经济社会高质量发展多谋实招、多献良策。利用委员活动小组平台，要求委员开展走访社区活动，运用微信、短信等信息手段，开展社情民意征集，为党委、政府体察民情、了解民意、解决民需提供重要依据和参考。2019—2020年，区政协连续两年在自治区政协反映社情民意座谈会上作经验交流。12月，区政协组织市、区两级政协委员开展以“乡村振兴”为专题的年度视察活动，通过参加活动的委员把区委、区政府的工作成效传达到社会各个层面，转化为社会各界人士的共识和行动。

【政协提案办理】 2020年，玉州区政协五届五次会议期间，收到提案74件。经审查，立案62件，占提案总数的83.78 %，不立案12件，占提案总数的16.22 %。在立案的提案中，委员提案58件，集体提案4件。按类别分：工交城建方面的提案15件，占立案24.19 %；农林水方面的提案8件，占立案12.9%；科技文教方面的提案8件，占立案12.9%；医卫体方面的提案9件，占立案14.52 %；政治法律方面的提案3件，占立案4.84 %；其他方面的提案19件，占立案30.65%。列为重点提案5件。至12月31日，所有提案全部办理完毕，办复率100%。其中得到解决和正在解决的提案60件，占提案总数的97%；因各种原因暂时不能解决或正在解决的提案2件，占提案总数的3%。

【政协专题调研】 2020年，政协玉州五届委员会共开展专题调研4次，经协商后，形成调研报告报中共玉州区委、玉州区人民政府。

玉林牛腩粉产业化、品牌化经营调研　7月13日至17日，玉州区政协调研组赴柳州市鱼峰区、桂林市永福县、桂林经济技术开发区和南宁市兴宁区召开座谈会、实地考察、走访等形式，深入了解柳州螺蛳粉、桂林米粉和南宁老友粉产业化、品牌化经营的情况。形成《关于玉林牛腩粉产业化、品牌化经营的调研报告》，调研报告重点贯彻落实中共十九大精神，紧扣市政协、区委、区政协的中心工作，结合玉州区的实际情况，提出关于玉林牛腩粉产业化、品牌化经营可行性的建议。

现代生态观光农业发展调研　7月27日至31日，玉州区政协调研组赴南宁市武鸣区、河池市大化县和巴马县、百色市田东县考察调研现代生态观光农业发展情况。调研组采取听取汇报、座谈、实地考察等方法，深入了解广西部分地区在发展现代生态观光农业先进经验和做法，形成《关于玉州区现代生态观光农业发展的调研报告》，调研报告重点贯彻落实十九大报告精神，紧扣区委、区政协的中心工作，围绕乡村振兴，结合玉州区的实际情况，提出发展现代生态观光农业可行性的建议。

突发公共卫生事件应急物资储备情况调研　8月18日，玉州区政协调研组召开了《关于加强突发公共卫生事件应急物资储备》专题调研座谈会。9月21日至25日，调研组赴柳州市融安县、桂林市秀峰区和灵川县、来宾市金秀瑶族自治县考察调研突发公共卫生事件应急物资储备情况。调研组采取听取汇报、座谈、实地考察等方式，深入了解广西部分地区在突发公共卫生事件应急物资储备的先进经验和做法，形成《关于加强突发公共卫生事件应急物资储备的调研报告》，调研报告重点贯彻落实习近平总书记在统筹推进新冠肺炎疫情防控和经济社会发展工作部署会议上的重要讲话精神，紧扣区委、区政协的中心工作，结合玉州区的实际情况，提出加强玉州区突发公共卫生事件应急物资储备的建议。

打造教育品牌，推进玉州教育深化发展调研　9月14日至18日，区政协提案法制工委组织调研组赴南宁市西塘区、桂林市象山区、柳州市柳北区考察调研。调研组采取听取汇报、座谈、实地考察、问题咨询等方法，深入了解广西部分先进地区打造教育品牌，深化发展教育取得的成效和经验，形成《关于打造教育品牌　推进玉州教育深化发展专题调研报告》，调研报告重点贯彻落实党和国家的教育方针，紧扣区委、区政府的中心工作，结合玉州区的实际情况，提出打造教育品牌，深化推进玉州教育发展的建议。

【服务大局】 2020年，新冠肺炎疫情发生后，区政协全体领导班子成员在第一时间前往各自包联的镇(街道)检查指导疫情防控工作，抓紧抓实抓细各项疫情防控措施的落地执行，坚决遏制疫情扩散蔓延。同时，充分发挥政协优势，组织政协机关干部职工和全区政协委员参与疫情防控工作，发动委员踊跃捐款捐物，集中一切力量投入疫情防控阻击战，全力保障人民群众健康安全。全年全区政协委员为疫情防控工作共捐款74.6万元以及捐赠口罩、消毒液、食品等物品一批。区政协领导班子成员带头投身脱贫攻坚工作，指导区政协机关包联的仁厚镇上罗村创建5A幸福村，组织多名委员企业家捐款7万元，用于支持上罗村基础设施建设，打造新时代的新农村。2020年以来，区政协主席杨树信亲自组织和带领有关部门、镇(街道)领导到海南省、广东省及区内南宁等地有针对性地开展招商引资工作，年内，对接走访广东省广西商会和对接洽谈光大国际集团、南宁芳乐达食品有限公司、海南椰树有限公司、海南美康达药业有限公司、海王药业有限公司、恒大旅游投资有限公司等8家企业。

【委员活动】 2020年，区政协利用主席会议、常委会会议、座谈会和委员活动的形式，组织委员加强对中共十九大精神、习近平新时代中国特色社会主义思想、全国“两会”精神和政协理论的学习，提高委员履职能力水平；为加深对居民群众和社区工作的了解，区政协第五委员活动小组经常在元旦、“六一”、敬老节等节假日到北辰社区开展庆祝活动，慰问孤寡老人和困难儿童，拉近与群众的距离，为日后各项履职工作的顺利完成奠定良好的基础；为助推企业复工复产、学校复课复学，区政协第五、第六委员活动小组组织委员

2020年12月2日，区政协组织开展以“乡村振兴”为专题的年度视察活动
（区政协办　提供）

走访相关复产企业和村(社区)小学，捐献一批防疫物资帮助企业和学校更好地开展复工复学；区政协组织委员秉持“协商于民”“协商为民”的理念，深入基层，开展一线协商，召开协商议事会议，为企业、学校和群众协调解决在复工复产、复课复学中遇到的困难。政协委员陈燕广为东环小学建设捐款280万元。

【政协自身建设】 2020年，区政协组织政协委员打造学习型组织，建设“书香政协”。7月，在自治区“书香政协”座谈会上作经验交流发言，是县市区2个发言单位之一。通过建设区政协文史馆、创办《玉州记忆》等文化建设和学习载体，弘扬主旋律，传播正能量，营造浓厚书香氛围，为推动协商民主新发展奠定坚实基础。2019—2020年，区政协连续两年获自治区年度政协报刊宣传工作先进单位称号。

政协会议

【区政协五届五次会议】 2020年9月6—8日在玉林城区举行，应出席委员217人，实到会委员185人。区委书记吕燕梅和区委副书记、代区长莫景彪等领导出席会议，听取大会发言，参加分组讨论，与委员们共商玉州区改革发展大计。区委书记吕燕梅在开幕会上作讲话。会议听取并审议通过区政协主席杨树信代表政协玉林市玉州区第五届委员会常务委员会作工作报告；听取并审议通过区政协副主席吴朝宗代表政协玉林市玉州区第五届委员会常务委员会作关于提案工作情况报告。

2020年9月6—8日，中国人民政治协商会议玉林市玉州区第五届委员会第五次会议在玉林城区召开　（区政协办　提供）

【区政协常委会会议】 五届常委会十八次会议　2020年8月27日，在区政府三号楼七楼会议室召开。会议听取区人民法院有关工作情况通报；审议通过《关于玉林牛腩粉产业化、品牌化经营的调研报告(草案)》和《关于玉州区现代生态观光农业发展的调研报告(草案)》；审议通过关于召开区政协五届五次会议的决定；审议通过政协玉林市玉州区第五届委员会第五次会议的有关文件；审议通过人事事项；审议通过《关于开展评选“玉州政协好委员”活动的实施方案(草案)》。

五届常委会十九次会议　2020年9月8日，在区政府会议中心一楼会议室召开。会议听取分组讨论情况综合汇报；审议通过区政协五届五次会议选举办法；审议通过增选区政协常务委员候选人名单；审议通过区政协五届五次会议关于常务委员会工作报告的决议(草案)；审议通过区政协常委会关于提案工作情况的报告；审议通过区政协五届五次会议政治决议(草案)。

五届常委会二十次会议　2020年12月25日，在区政府三号楼七楼会议室召开。会议听取区政府关于区政协提案办理情况的通报；听取区人民检察院有关工作情况的通报；审议通过《关于加强突发公共卫生事件应急物资储备的调研报告(草案)》《关于打造教育品牌，推进玉州教育深化发展的调研报告(草案)》《关于玉州区乡村振兴工作情况的视察报告(草案)》；听取区政协各委员会2020年工作汇报。

（区政协）

人民团体

玉州区总工会

【工会工作机构及概况】 2020年，玉州区总工会（简称区总工会）有镇（街道）工会联合会5个、总工会3个，社区工会（联合会）27个，建成爱心驿站3个，农民工服务站3家，女职工关爱室2个，全区有基层工会554家，工会会员37508人，基层工会“六有”职工之家建设达标率85%。

【党建带工建】 2020年，区委组织部、区两新党工委与总工会建立联动机制，加强对工建工作的指导，把两新组织的党组织、工会组织的组建一并部署、一同推进，推动“党群活动服务中心”与“职工之家”（职工小家）融合共建，“党建带工建、工建服务党建”取得新成绩。在区委组织部、两新党工委的牵头下，总工会在古玩城、宏进农批市场、文化广场商圈、乾隆苑住宅小区、胜利垌工行小区、都市绿洲小区等党群活动服务中心建设职工之家（职工小家），成为全市党工共建示范点。

【司机之家建设】 2020年，区总工会在玉林永润仓储服务有限公司建设“司机之家”，为全国各地货车司机提供系列贴心服务。9月16日，自治区总工会、交通运输厅在玉林市召开“司机之家”建设工作推进现场会，区总工会作经验介绍，永润仓储服务有限公司“司机之家”成为现场会参观点。

玉林市文化广场商圈职工之家（区总工会　提供）

【工会组织建设】 2020年，区总工会持续开展建会入会活动，重点抓好货车司机、快递员、护工护理员、家政服务员、商场信息员、网络送餐员、房产中介员、保安员“八大群体”建会入会工作，到年末，全区“八大群体”累计建会157个，入会8094人；开展百人以上企业、电商企业工会的组建工作，成立科鲜配送服务有限公司工会、荟翠餐饮服务有限公司工会、百源堂药业有限公司工会、玉林慈铭门诊部有限公司工会、上海美凯龙品牌管理有限公司工会、老芳食品有限公司等企业工会，全年新建工会21家，新增会员2667人。

【职工维权帮扶服务】 2020年，区总工会持续开展“四送”品牌活动，开展“春送岗位”活动，联合区人力资源和社会保障局开展线上线下现场招聘会5场，指导各基层工会在辖区内开展联系用工企业，介绍用工岗位，提供咨询服务350人次；开展“夏送清凉”活动，慰问工厂、企业、工地一线职工1300余人，送去2.5万元清凉饮料；开展“金秋助学”，为3名特困学子发放助学金9000元；开展“送温暖”活动，春节期间向区内各行业困难职工、农民工、劳模等送温暖，共发放救助金、慰问金20.59万元，开展困难职工子女和留守儿童关爱行动，“六一”前夕，走访慰问19名职工子女和留守儿童，发放价值5000元的慰问品。以区总工会职工服务中心为窗口，聘请1名律师，受理职工来信来访1件，办结1件，为职工、农民工提供法律咨询，参与劳动争议案件的调解、诉讼等援助服务；推动企业厂务公开民主管理工作，举办企事业民主管理工作培训班1期，共培训基层工会干部300余人，建立第二人民医院、第八中学2个民主管理示范点；玉药集团、达业机械、科鲜配送等企业相继开展安康杯竞赛，参与职工385人，通过举办安全生产知识培训、警示教育、应急消防演练，建立职工健康档案，职工安全健康意识不断提高；参与辖区安全生产事故调查3次，维护职工的合法权益；推进职工医疗互助保障活动，到12月末，参保单位共184家，参保职工人数13847人，超额完成市总工会布置的任务，共有582名住院职工申报住院医疗补助，共获得补助金85.2万元；开展一线职工疗休养活动，组织区内科技卫生、文化教育、脱贫攻坚、乡村建设、疫情防控等工作岗位的75名一线职工参加疗休养活动，全面完成市总工会下达的任务。

【职工技能比赛培训】 2020年，区总工会实施“十万职工职业技能素质提升工程”，依托职工业余技术培训基地和专业培训机构，全力提高区内广大职工就业创业技能。开展“技能培训促就业行动”，在五彩田园培训基地举办脱贫攻坚产业培训（电商扶贫）班，共培训返乡创业农民工、农村致富带头人、脱贫攻坚驻村工作队员50名；深化“送培创”工程，进一步加强对受新型冠状病毒肺炎疫情影响的职工、供给侧结构性改革企业职工、困难职工、下岗失业人员、农民工和女职工等重点困难群体的培训，投入经费8.1万元组织开展家政、汽修、种植等技能培训6期，培训职工350人；开展在岗职工技能提升培训活动，投入经费11.4万元支持玉药集团、凤林国际大酒店等企业开展在岗职工岗位技能提升培训，年培训达到1000人次；与有关部门联合举办企业用工招聘会，促进高校毕业生、退役军人、困难下岗职工为主的群体充分就业，缓解各类民营企业因受疫情影响的用工困难；联合区人力资源和社会保障局举办广西第六届农民工技能大赛玉州区初赛，共有75人参加比赛；开展建功立业行动，发挥劳模创新工作室、工匠培育基地的引领示范作用，开展技术革新、发明创造、合理化建议等职工技术创新活动；发挥企业特点、行业特色，先后组织引导教育、卫健系统和非公企业开展岗位练兵、技术比武、技能展演为主要内容的劳动竞赛活动10余场，参与职工1200人。

【职工文体活动】 2020年11月14日，区总工会、区妇联、团区委联合举办玉州区机关企事业未婚干部职工交友联谊活动，吸引区内机关、企事业单位的300余名单身职工参加，为适龄未婚单身干部职工搭建一个相聚、相识、相知的平台。在各社区、单位开展读书会、书法、绘画、健康讲座、健身活动60余场次，举办中老年人气排球、健身操交流比赛，发挥联系职工、凝聚职工、服务职工的作用，打造玉州工会文化服务品牌。向各级媒体投稿，宣传全区工会工作和活动情况，全年被《广西工

2020年11月13日，玉州区总工会举办2020年家政服务技能培训
（区总工会　提供）

人报》采用1篇、被玉州城事微信平台采用7篇。

【劳模和工匠管理】 2020年，区总工会开展劳动模范和先进工作者、五一劳动奖章奖状、工人先锋号、玉林工匠和玉林最美职工的推荐选树工作，黄杰（玉林达业机械配件有限公司技术员）、梁惠雄（南江街道美丽办垃圾收集员）获得自治区劳动模范称号；罗林（玉州区自然资源局森林病虫害防治检疫站站长、驻玉州区仁东镇沼心村第一书记）获得广西五一劳动奖章称号，广西参皇养殖集团有限公司获得广西五一劳动奖状称号；李琴（广西玉林制药集团有限责任公司中药大健康新品研究主管、正高级工程师）获得玉林工匠称号；梁惠雄（南江街道美丽办垃圾收集员）、罗林（玉州区自然资源局森林病虫害防治检疫站站长、驻玉州区仁东镇沼心村第一书记）、庞钘（玉林市第二人民医院）、朱红梅（玉林市玉州区大北小学）获得玉林最美职工称号。开展各项关爱劳模工作，组织17名自治区以上的劳模到医院进行体检；组织全国劳模钟坤宏、全国五一劳动奖章获得者陈惠新参加疗休养活动；开展困难劳模情况调查，为8名生活困难的自治区劳模（先进工作者）申报生活困难补助金，共获得生活困难补助金6万元；在春节期间向区内各行业劳模开展送温暖活动，慰问自治区劳模24人，发放慰问金4.8万元。

【集体协商合同】 2020年，区总工会按照工资集体协商实施方案的具体要求，在全区开展工资集体协商工作，全年共签订工资专项集体合同50份，涵盖企业214家，覆盖职工1.2万人，其中25人以上建会企业129家，签订工资专项集体合同为120家，25人以上建会企业工资专项集体合同签订率为93%。

【阵地建设】 2020年，区总工会继续推进玉州区工人文化宫建设。年末，区政府批复建设业主由宏源公司更改为区交投公司。12月14日，区委常委会听取区总工会工作汇报，对工人文化宫建设问题进行研究。

2020年12月25日，玉州区获2020年"玉林工匠""玉林最美职工"称号代表合影
（区总工会 提供）

【新冠肺炎疫情防控】 2020年，区总工会关心关爱一线防疫医护人员、社区干部，共慰问499人，发放慰问金14.4万元。组织45名一线防控医护人员、社区干部以及一线优秀教师到防城、桂林休养。全面落实推动企业加快复工复产的各项政策措施，为企业送去口罩、消毒液等抗疫物资价值2.9万元。贯彻落实全总部署全额返还小微企业工会经费的决策部署，加强政策宣传，强化服务和业务指导，帮助7家小微企业落实返还工会经费政策。

【城市困难职工脱困解困】 2020年，区总工会全力做好城市困难职工脱困解困工作，对全区困难职工（农民工）45户进行评估，按要求委托第三方对45户脱贫户、注销户、未建档户三类对象入户进行评估，确保城市困难职工解困脱困目标任务按期完成，对纳入自治区总工会帮扶系统在档的13名困难职工开展疫情救助、生活救助、医疗救助、助学救助以及送温暖活动等多形式的帮扶救助活动及解困脱困工作，共发放救助金10.33万元。年末，在档的困难职工脱困7户，解困6户，达到自治区解困脱困目标要求。

【脱贫攻坚】 2020年，区总工会在"十三五"时期全面完成脱贫攻坚工作任务，所帮扶的6户贫困户已全部脱贫。区总工会及工人文化宫包联平志村，并派出1名干部担任驻村工作队员，全力支持驻村干部工作，筹集2万元支持平志村乡村振兴和风貌提升工作，完成脱贫攻坚组织保障小组安排的工作任务。全力推进"抗疫情促消费助脱贫”系列活动，2020年，共发动179个基层工会购买扶贫产品460.92万元，占职工当年福利支出总额比例52%，全面完成上级下达的任务。

（区总工会）

共青团玉州区委员会

【共青团工作机构及概况】 共青团玉州区委员会（简称团区委）是领导全区共青团工作的群团组织。内设办公室、组织部、团务部3个职能部门。机关核定编制5名，领导职数设置为书记1名，副书记2名。2020年实有在编人数3名，领导班子配备书记1名，副书记2名，挂职副书记1名，兼职副书记2名和聘用人数2名。

2020年，团区委坚持围绕中心、服务大局，聚焦主责主业，抓好各项工作落实。获国家级荣誉1个：广西中翀科技有限公司团支部书记朱永盛被共青团中央授予“全国抗击新冠肺炎疫情青年志愿服务先进个人”称号，为2020年玉林唯一获此荣誉的个人；获“广西五四红旗团支部（总支）”“广西优秀共青团干部”“广西优秀少先队辅导员”等自治区级荣誉9个。

【基层团组织建设】 2020年，玉州区86个村（社区）均按期召开团支部换届大会，把有影响、有号召力、能带领青年致富、有青年工作热情的党团员青年典型选拔到团组织书记的岗位上来，圆满完成区团组织的首次单独换届。全面推行团支部评星定级，进一步加强基层团组织的自身建设。抓好“智慧团建”“学社衔接”等工作，团建工作排名全市前三。年内，全区110所中小学和中心校全部成立少工委，实现少工委全覆盖。开展非公团建工作，在建材市场、中药材市场等建立团支部。开展市级、区级青年文明号创建工作，组织区人民检察院、市第二人民医院和广西中翀科技有限公司创建市级青年文明号集体。完善青少年综合服务平台、“青年之家”等阵地建设，依托现有的6个青少年综合服务平台开展敬老孝老活动、学雷锋系列活动、社区服务和家庭教育培训等系列青少年服务活动。

【青少年思想引领】 2020年，在团中央开展的“青年大学习”网上主题团课中，玉州区连续37期综合排名广西第一，并在“广西青年圈”公众号作经验推广；组织全区168个团支部开展“‘致青春 为家国’——争做黄文秀式好青年”等主题团日活动；推出“我与玉州共奋进”青春随手拍主题线上评选活动、“传承五四战疫有我”公益宣传作品线上征集展示评选活动，制作玉州青年的“五四”特辑短视频、“六一”特辑短视频，其中《“我与玉州共奋进”青春随手拍》的阅读量达2.6万人次；推出朱永盛、潘超等一批先进青年典型，举办“青春在战疫中绽放”玉州青年战疫事迹分享会，讲好榜样故事；推进“传承红色基因，培育时代新人 2020年玉州区《红色传奇》进校园”系列活动，引导广大青少年传承红色基因、弘扬革命精神。

【开展玉州区“青春扶贫”系列活动】 2020年，团区委实施共青团“情暖童心”工程，开展关爱贫困地区农村留守儿童活动，共筹集资金2万余元在春节、“六一”等节日慰问区内建档立卡贫困留守儿童约100人；开展“四点半课堂”活动，全年共组织青年志愿者120余人次到贫困村为农村学生上公益课，开展扶智和扶志活动；开展消费扶贫工作，春耕期间广泛发动青年志愿者到仁东香蒜基地帮助蒜民采拔香蒜，并联系青年企业家认购1吨滞销香蒜；实施乡村振兴“领头雁”计划，以新农人青年骨干为带头人开展3场玉州区“青春扶贫 乡村振兴”青年创业创新沙龙活动，邀请创业青年典型代表到村（社区）开展青年创业创新沙龙培训；开展共青团助力控辍保学活动，在农村学校广泛开展“一个都不能少——控辍保学知识宣传活动”，组织40名青年志愿者深入各村中小学进行控辍保学法律知识宣传。

【打造共青团志愿服务品牌】 2020年，团区委成立县级青年志愿者协会，组建玉州青年志愿者服务队，在疫情防控、脱贫攻坚、环境保护、文明城市创建等工作上发挥共青团突击队和生力军作用。招募205名青年志愿者组建玉州青年应急志愿服务队到一线开展疫情防控工作，开展清洁消杀；到农贸市场开展体温监测、指导进出扫码；协助社区入户或电话开展排查登记工作；发放政府公告和防疫资料；为居家隔离观察者购买生活物资；到324国道监测点参与检测工作；开展爱心义剪服务，为奋战在一线的公安民警、基层干部免费理发；打造线上配送APP平台，开展网上抗“疫”服务；招募心理咨询专业人员组建防疫心理援助热线志愿服务队，为广大青少年提供相关

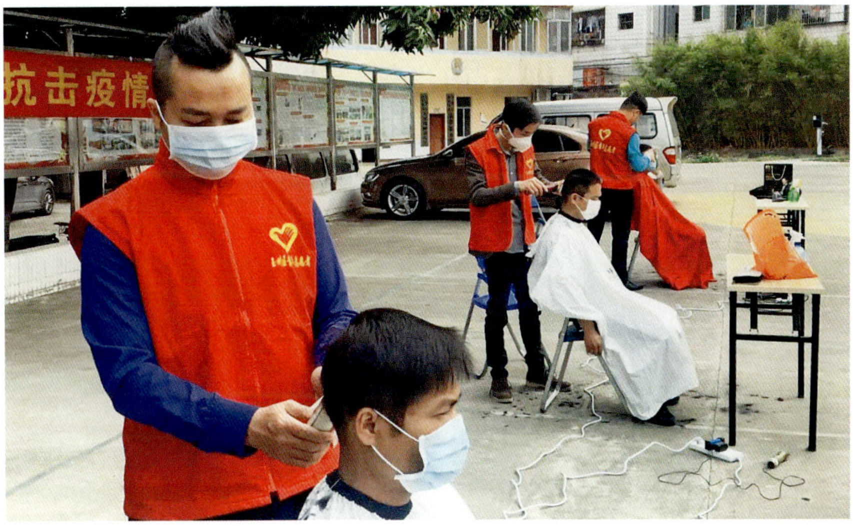

2020年，团区委组织理发志愿者到玉州区的基层派出所和街道及社区为奋战在抗疫一线的公安民警、基层干部理发　（团区委　提供）

心理咨询服务；开展“同舟共济 青春偕行——学雷锋月志愿服务行动”，为防疫一线医务子女送课上门，慰问抗疫前线医务人员家属；开展“防疫在行动，复学我护航”校园消杀志愿活动4场，青年志愿者累计服务对象人数2万余人；在早、晚稻收获季节对全区30余所农村中小学开展以“三个一”为内容的小手拉大手“禁燃秸秆 保卫蓝天”主题教育活动，覆盖学生达1.5万人，初步形成以学生促家长、以家庭促社会的良好氛围；开展垃圾分类宣传，组织青年志愿者到20所中小学推广普及垃圾分类知识，引导青少年参与生活垃圾分类；开展“助力创城，青年当先锋”系列活动，组织团员青年参与各项志愿服务工作，展现青年担当。同时，常态化开展玉州区“党员团员1+1，志愿服务进社区”活动和“学雷锋”活动。

【预防青少年违法犯罪】 2020年，团区委开展“法治课堂进校园”“心理辅导进校园”等活动，覆盖全区112所中小学校。与区人民检察院、区人民法院共同签订构建未成年人检察工作社会支持体系合作框架协议，建立保护未成年人联动机制。联合区人民检察院举行亲职教育课堂，对涉罪未成年人开展司法训诫和心理干预，并对其监护人开展强制亲职教育，创新加强未成年人保护工作。与玉林市公安局玉州分局联合建立未成年人“一站式”取证救助工作站，共同织好未成年人权益“保护网”。

【贯彻落实青年发展规划】 2020年，团区委组织召开《广西壮族自治区中长期青年发展规划（2018—2025年）》实施工作玉州区联席会议第一次全体（扩大）会议，凝聚思想共识。将落实青年发展规划工作纳入《玉州区2020年度党的建设专项工作绩效考评方案》进行绩效考评，把“党管青年”原则转化为实际行动和具体举措。

（团区委）

玉州区妇女联合会

【妇女工作机构概况】 玉州区妇女联合会（简称区妇联）负责统筹城乡妇女发展，依法维护妇女儿童权益，立足家庭推进社会和谐，扩大宣传优化舆论环境，团结动员各族各界妇女，促进和谐社会建设。区妇联内设办公室、城乡宣传部、权益部、家庭和儿童工作部。区妇女儿童工作委员会办公室设在区妇联，由区妇联承办区妇女儿童工作委员会办公室日常工作。2020年，妇联机关行政编制为4名（含事业编制），领导职数3名，其中：主席1名，副主

2020年12月29—30日，团区委在玉林市委党校举办“青春引擎”基层团干部暨预防青少年违法犯罪专项培训班　（团区委　提供）

2020年5月22日，玉州区妇女儿童活动中心挂牌仪式在玉州区文化馆举行
（区妇联　提供）

席2名。区妇联下辖8个镇（街道）妇联，全区镇（街道）、村（社区）妇女组织94个，“两新”组织妇女组织32个。

【妇联改革】 2020年，区妇联完善兼挂职干部制度，着力从基层、各个领域选用优秀人才，充实干部队伍及调整优化区妇联机关部门职能，已配备兼职副主席3名，打造专职、兼职相结合的妇联机关干部队伍，优化妇联领导班子结构。新成立的妇女儿童活动中心，为区妇联二层事业单位，事业编制3人。

【基层妇联组织建设】 2020年，区妇联依托党群服务中心成立妇女组织，推进“妇女微家”融入党群服务中心，形成党群共建共享格局。通过成立“妇女微家”构筑起横向到边、纵向到底的基层妇联建设体系，不断加强基层阵地建设，拓展阵地覆盖面，打造“上面千条线、下面一张网、身边一个家”的基层妇联组织建设新格局，推进妇联基层组织工作创新发展，打造基层妇女工作新模式，并取得初步成效。在9月自治区妇女联合会召开的“自治区深化妇联组织建设改革实施‘破难行动’现场推进会”上作交流发言。

2020年9月23—25日，自治区妇联在桂林市兴安县召开全区深化妇联组织建设改革实施“破难行动”现场推进会，玉州区在会上作交流发言
（区妇联　提供）

【妇女人才培养】 2020年9月18日，区妇联在玉林市两新组织党建学院培训基地举办玉州区基层女干部暨农村妇女“领头雁”培训班，区妇联全体干部、各镇（街道）妇女领队、各村（社区）妇联执委、两新组织妇联代表、妇儿工委成员约135人参加培训。学习《中国妇女发展纲要》和《中国儿童发展纲要》的内容。特别邀请广西婚姻家庭纠纷调解专家李雪梅和黄敏芬分别做《信访接待与调解技巧》《健康婚姻关系的建立》的专题培训，邀请玉林师院庞梅教授进行培训礼仪。

【妇女创业就业扶持】 2020年，区妇联依托巾帼示范基地，将家政服务培训作为全区妇女联合会组织服务大局、推动创业就业工作的重要举措，健全“岗前培训、有序输转、顺利就业、全程服务”的巾帼家政服务模式，开办月嫂育婴、医疗护工等家政培训班40期，培训妇女2498人次。9月11日，玉州区2020年“双学双比”月饼制作技能比赛在自治区级巾帼科技示范基地—玉林市果树林家庭农场拉开帷幕，西岸村30名妇女参加，通过比赛提高生产技能，同时区妇联领导还为“玉州区妇女居家灵活创业就业基地”揭牌，通过基地的辐射带动作用，发挥妇女居家灵活创业就业基地的示范作用，培训村民，为村民提供就业岗位和订单。

【“创建美丽庭院助力乡村振兴”活动】 2020年9月末，区妇联在陈旺村组织召开区妇联“创建美丽庭院助力乡村振兴”活动启动仪式，有60名陈旺村的巾帼志愿者参加启动仪式，启动仪式上给妇女姐妹发放争创美丽庭院助力乡村发展倡议书。启动仪式结束后，由陈旺村30多名巾帼志愿者组成的环保妈妈志愿者服务队和村干部一起，分别在陈旺村主村道、村公共区域进行全面的清洁。区妇联在包联村陈旺村乡村振兴筹资捐款大会上捐赠1000元。

（区妇联）

玉州区科学技术协会

【科学技术工作机构及概况】 玉州区科学技术协会（简称区科学技术协会）是区委领导下的人民团体组织，单位性质为党政群机关，下设1个全额拨款的二层事业单位玉州区科普工作中心。内设机构有办公室、科普工作中心办公室、档案资料室；2020年有人员编制4人，其中：参照公务员管理的编制2人，事业编制2人。

2020年，区科学技术协会贯彻落实中共十九大精神，以及习近平总书记系列重要讲话和市委、区委全会精神，围绕区委、区政府的中心工作，贯彻落实《中共中央关于加强和改进党的群团工作的意见》《广西壮族自治区科协系统深化改革实施方案》《玉林市科协系统深化改革实施方案》《玉州区科协系统深化改革实施方案》精神，全面履行“四服务”的区科学技术协会职能，圆满完成工作目标和任务并取得一定成效。

【科技服务】 2020年，区科学技术协会以《全民科学素质行动计划纲要》为抓手，围绕未成年人、农民、城镇劳动人口、公务员和领导干部等四类人群，重点开展“全国科技活动周”“八桂科普大行动”等一系列科普活动，全年共组织开展各类科普活动5次，参与人数1.5万人，发放科普资料0.4万册。组织农技协负责人开展“科普服务乡村振兴助力精准扶贫”活动，将科技知识、科技成果、种养市场信息宣传给农民，引领贫困农民脱贫致富，推动乡村振兴。全年共培训农民700多人。通过广西“科普惠农兴村计划”发展建设农技协，充分发挥农技协的引领作用，传授种养技术的最新知识，利用“科普惠农兴村计划”成果展销会等平台，拓宽农产品的销路，带动农民脱贫致富。

【青少年科技教育活动】 2020年，区科学技术协会举办玉州区青少年科技辅导员培训班，采用专题讲座、经验交流讨论、案例分析及项目展示等方法重点讲解科技创新作品的创作方法，全区各中小学校的科技辅导员约120人参加培训。配合玉林市科学技术协会开展2020年广西“科普报告希望行”专场报告会，报告会分别在玉州区第八初级中学、玉州区第三实验小学、玉州区大北小学、玉州区东成小学进行，聘请区内外专家授课。在玉州区仁东镇都甘小学、仁厚镇仁厚中心小学、城北街道钟周村分校开展“快乐科普进校园”活动，参与师生约2200人。举办2020年玉州区青少年科技创新大赛，共收到参赛作品810件，评出优秀作品94件，其中自动化双向传输带等7件作品被推送参加广西2021年青少年科技创新大赛。

【科普进社区活动】 2020年，区科学技术协会以“基层科普行动计划”为载体，推进科普进社区活动。在获得全国科普示范社区的五里桥社区、西就社区、南观社区、江滨社区等开展各类科普宣传活动，全年共举行新冠肺炎疫情防控、防震减灾、预防一氧化碳中毒、预防艾滋病、保健养生等方面的讲座10场。区科学技术协

2020年12月30日，玉林市科学技术协会调研组到玉州区开展乡村振兴工作调研

（区科学技术协会　提供）

会与玉林市科学技术协会、江滨社区科学技术协会联合在玉林市体育馆东门广场举办“决胜全面小康 践行科技为民”全国科普日主题宣传文艺晚会。

【新型冠状病毒肺炎科普宣传】 2020年，区科学技术协会利用科普宣传栏、科普E站、政府网络公众号等平台广泛开展防控科普知识宣传，发布预防新型冠状病毒肺炎科普小知识，充分利用网络媒体，网络科普宣传形成常态化；区科学技术协会发动青少年科技辅导员、科普工作志愿者通过微信工作群、QQ工作群转发科学预防新型冠状病毒肺炎科普短视频和相关科普知识；依靠“三长”和科普志愿者把病毒预防科普宣传下沉到乡村、学校。到各村、各学校发放、张贴“科学防疫 守护生命——新型冠状病毒肺炎学生科普指南”宣传海报，助力各学校复学。

【科协系统深化改革】 2020年，区科学技术协会按照《中共玉林市玉州区委办公室关于印发〈玉州区科协系统深化改革实施方案〉的通知》《玉州区推进科协基层组织建设和“三长”进入区、镇（街道）科协组织工作方案的通知》的要求，共成立乡镇科协3个，街道科协5个，社区科协27个，完成上级布置的改革任务。

（区科学技术协会）

玉州区归国华侨联合会

【归国华侨工作机构概况】 玉州区归国华侨联合会（简称区侨联）为玉州各级侨联的领导机关，是区委领导的由归侨侨眷组成的全区性人民团体，是区委、区政府联系广大归侨侨眷、海外侨胞的桥梁和纽带，是党的群众工作的重要组成部分。核定事业编制2人，实有在编在职干部1名（主席1名），聘用人员2名。

【推进侨联改革】 2020年，区侨联学习领会《玉州区侨联改革实施方案》文件精神，贯彻落实习近平总书记关于群团改革的重要讲话精神。3月，由广西壮族自治区侨联副主席林振龙和玉林市侨联主席杨志光、区侨联主席梁逸祥共同为祥和源化工药业有限公司新创建的“侨胞之家”进行挂牌，9月，在玉林借山居新创建的“侨胞之家”进行挂牌。12月，成立祥和源化工药业有限公司侨联小组，召开南江街道玉柴社区侨联成立大会，进一步健全基层组织网络，争取多方建设资金，完善硬件设施设备，确保“侨胞之家”“有组织、有队伍、有经费、有阵地、有活动”。全区已创建“侨胞之家”6家和社区（企业）侨联组织2家，完成侨联的改革方案任务。

【强化新冠肺炎疫情防控期间服务】 2020年，区侨联联络海外侨团、侨界人士，利用微信、QQ等网上平台发布相关消息，畅通玉州疫情防控工作联络渠道，积极做好侨界群众工作。2月24日，区侨联派驻一名工作人员到南江街道玉柴社区参加一线疫情防控工作，落实戴口罩扫码进出、体温登记、行程查询、医院发烧人员体温追踪等措施。5月28日，区侨联陪同自治区侨联秘书长李开伟和玉林市副主席陈毅南一行3人，分别到玉林市玉州区德鑫幼儿园、玉林市祥和源化工药业有限公司进行华商企业复工复产工作调研。察看幼儿园开园情况，了解新冠肺炎疫情防控工作体系是否到位，明确具体措施和操作规范。询问祥和源药业公司负责人企业复工复产的情况。

【优化内部营商环境】 2020年12月，区侨联按照玉林市侨联《关于召开玉林市侨商联合会成立大会通知》要求，团结联系海内

2020年6月29日，由玉林市侨联主办、玉州区侨联承办的纪念印尼归侨回国60周年座谈会在玉林市中医院会议大厅举行（区侨联 提供）

外广大侨商侨企，服务经济建设、推进"一带一路"建设，区侨联接到通知后主动联系玉州范围内的侨商侨企报名参加会议，共同谋发展、促进步。

【慰问帮助归侨侨眷】 2020年1月9日，在东岳社区"侨胞之家"举行玉林归侨侨眷迎春茶话会，区委书记邹宇鹏到会座谈，80名归侨侨眷代表参加茶话会。茶话会总结2019年侨联的工作情况，并传达上级侨务政策以及春节慰问活动的安排。据统计，春节期间区侨联共慰问归侨侨眷60多户，200多人，发放慰问金及物品合计3万多元。11月，联合区侨办与华港职业技术学校共同开展玉州区归侨侨眷职业技能培训班，玉州区40多名归侨侨眷参加培训，学员在1天时间里，学习西式糕点制作业务技能，掌握实用技能。

【精准脱贫攻坚】 2020年，区侨联每月走访贫困户，过年过节送去食品、衣物等慰问品，与贫困户细心交谈、嘘寒问暖，帮助他们解决生活中存在的困难问题，利用扶贫期间的好政策，增加家庭收入，摆脱贫困。教育贫困户子女认真学习，并向他们宣传国家教育扶贫政策。10月，区侨联联合玉林市爱尔眼科医院医生到仁东镇木根村开展主题为"保险助脱贫 扶贫暖人心"的为贫困户送健康爱心捐助活动。活动现场，玉林爱尔眼科医院的医疗团队耐心地向现场的贫困建档立卡户科普眼健康知识，并为大家免费进行视力检查、裂隙灯检查、螨虫检查等眼健康基础检查。

（区侨联）

玉州区工商业联合会

【工商业联合工作机构概况】 玉州区工商业联合会（简称区工商联）是区委领导的由玉州区工商界组成的人民团体和商会组织，是党和政府联系非公有制经济人士的桥梁纽带，是政府管理非公有制经济人士的助手，具有统战性、经济性、民间性相统一的特征。区工商业联合会机关编制5名，实有正科级领导2名，其中：党组书记1名，主席1名；科级领导以外干部1名；聘用人员1名；执行委员61名，常委23名，副主席15名（其中兼职副主席14名），副会长10名（其中兼职副主席9名）。

【组织建设】 2020年，区工商联通过深入走访企业开展调研、发放问卷等方式，对全区非公企业的相关情况开展一系列调研活动。3月，对接上级工商联做好联系企业信息各项的对接和反馈，协助各部门开展"民企入桂"调研工作。4月，开展上规模民营企业调研工作，收集《2019年度全国工商联上规模民营企业调研表》17份，通过开展调研工作，协助上级工商联分析玉州区民营经济发展趋势、民营企业发展规律，为党委政府分析本地民营经济发展水平、制定民营经济发展政策提供参考。9月25日，全国工商联副主席鲁勇一行到区工商联开展联系调研基层工商联工作情况。围绕学习贯彻习近平总书记在企业家座谈会上的重要讲话精神和对新时代民营经济统战工作的重要指示精神展开实地走访。

【会员服务】 2020年，区工商联通过区工商联微信执委群、微信企业号等宣传平台，及时向会员企业传递区委、区政府权威信息和政策导向，向企业精准推送各类优惠政策信息。7月，组织动员工商联执委线上观看2020年全国工商联主席高端峰会暨全国优强民营企业助推贵州发展大会；同月27日，市工商联组织召开上海市玉林商会莅临玉州投资交流座谈会，区工商联领导干部陪同考察团走访区工商联会员企业，围绕"玉商回归"活动精神发挥资源和联络优势，通过直接投资、推荐优秀人才、牵线优质项目、积极建言献策等多种方式和途径，宣传玉林、推介玉州。同月29日，联系会员企业参加第五期民族地区小微企业经营者培训班，落实习近平总书记关于统筹推进新冠肺炎疫情防控和经济社会发展重要指示和在7月21日企业家座谈会上的重要讲话精神，助力民族地区小微企业发展。11月28日，联合区人社局、区退役军人事务局举办"2020年金秋招聘月暨民营企业家日招聘会"，并组织发动12家会员企业参加，为各求职者提供就业岗位9000多个。12月，联合区人社局、区总工会、区应急管理局开展2020年玉州区劳动关系和谐企业培育工作，认定会员企业广西蓝天口腔集团有限公司为玉州区3A级劳动关系和谐单位。

【推优评优】 2020年5月，区工商联推荐出8名年轻民营经济人士代表、12名优秀玉商代表参加民营经济代表人士综合评价工作。同月23日，推荐的广西云天实业集团有限公司、广西参皇养殖集团有限公司、玉林富英制革有限公司3家企业获得2019年由广西壮族自治区工商联、扶贫办在南宁举办的广西“万企帮万村”精准扶贫行动先进民营企业荣誉称号。7月，协助市工商联推荐会员企业广西参皇养殖集团有限公司参评2020年度广西民营企业100强企业，并光荣上榜。10月13日，推荐的益康菌业、金碧湖农业两家会员企业获自治区颁发的2020年广西“万企帮万村”精准扶贫行动先进民营企业荣誉。

2020年12月26日，区工商联组织民营企业开展助学金发放暨公益读书会活动
（区工商联　提供）

【履行社会责任】 2020年，在抗击新冠肺炎疫情中，区工商联响应区委、区政府、区委统战部的号召，动员企业会员、商会组织和非公人士，众志成城、共克时艰，踊跃捐款捐物，驰援第一线，累计捐款23笔共198万元，物资13批次，折合人民币30万元。同时，引导民营企业积极做好疫情防控工作，加快复产复工。2月16日，召集玉州辖区24家玉林市异地商会参加复工复产疫情防控工作座谈会，了解新冠肺炎疫情对全区企业生产经营的影响，了解企业诉求和企业复工复产的实际困难和服务需求，沟通协调有关部门予以解决，确保企业顺利复工复产。6月29日，为发扬“致富思源，回馈社会”的光彩精神，组织玉林市富英制革有限公司、玉州区光彩公益基金会及部分会员企业家到南江街道广恩村看望慰问困难老党员、贫困户，为村里的181户贫困户赠送慰问品。12月，引导并协助会员企业广西云天实业集团有限公司、云天慈善基金会在玉州区开展“云天英才·万人奖学”（玉州站）爱心助学活动，资助玉州69名大、中、小学贫困学生，累计发放9万余元助学金，并为他们办理读书卡。

【民营企业理想信念教育】 2020年，区工商联引导企业贯彻执行党的方针政策，遵守国家法律法规。配合上级工商联组织民营企业家参加各类专题教育培训班，学习党和政府鼓励支持民营经济发展的政策措施；主动联系和指导商会党建工作，指导商会党组织发挥政治引领作用；引导和发动商会党组织参与脱贫攻坚，引导民企和商会开展“万企帮万村”精准扶贫、乡村振兴等各项活动。

【基层商会建设】 2020年，区工商联指导9个镇（街道）商会按照时间节点依法完成合法登记工作，并指导镇（街道）商会履行政治引导、经济服务、诉求反映、权益维护、诚信自律、参与社会治理等职能。制定自律公约，建立信用承诺制度，引导会员依法经营、依法治企，推动构建“亲”“清”新型政商关系。

（区工商联）

法治·军事

政法委及综治

【政法委工作机构及概况】 2020年，中共玉林市玉州区委政法委（简称区委政法委）内设政秘股、政治安全和维稳指导股、综治督导股、反邪教协调股、信息宣传股、执法监督股6个股室；有行政编制11人，实有9人。6月，在8个镇（街道）全部配备政法委员，政法工作基层基础得到夯实。11月，把区委政法委政法信息网格指挥中心改名为区综治中心，有事业编制11人，实有9人。

2020年，玉州区坚持党对政法工作的绝对领导，推进平安玉州、法治玉州建设，推动政法领域全面深化改革，加强队伍建设，深化智能化建设，严格执法、公正司法，履行维护国家政治安全、确保社会大局稳定、促进社会公平正义、保障人民安居乐业的主要职责，创造安全的政治环境、稳定的社会环境、公正的法治环境、优质的服务环境，增强人民群众获得感、幸福感、安全感。

【社会治理】 2020年，区委政法委贯彻落实中共十九届四中、五中全会精神，开展市域社会治理建设，创新法律服务方式，打造家事审判中心、民营经济法律服务配送中心和青少年法律服务配送中心。加快推动5A幸福村（小区）创建活动，实现玉州区综治中心实体化建设，探索网格党建工作，在每个网格成立党支部或党小组，实现全覆盖。镇（街道）综治视联网、综治信息平台建成率

①2020年2月28日，玉州区政法工作会议召开；②玉州区家事案件审判中心正式启用
（区委政法委 提供）

100%，村（社区）综治信息平台建成率 100%，综治视联网建成率 65%。强化群防群治，由网格员、警务助理、治安志愿者组成的巡防队坚持巡逻、护学，维护社会稳定。

【扫黑除恶专项斗争】 2020 年，区委政法委紧扣为期三年总目标，开展“六清行动”和重点行业专项整治，扫黑除恶专项斗争取得成效。自扫黑除恶专项斗争开展以来，玉州区共打掉黑社会性质组织 1 个，恶势力犯罪集团 6 个，恶势力犯罪团伙 2 个。查封、冻结、扣押涉案资产 1793.75 万元。共查办党员干部涉黑涉恶腐败类和充当“保护伞”问题 11 件 11 人，给予开除党籍处分 6 人，党内警告处分 3 人，组织处理 1 人，其中移送司法 1 人。在 2020 年扫黑除恶成效调查中，玉州区全年得分 97.01%。

资料链接

“六清行动”：线索清仓、逃犯清零、案件清结、伞网清除、黑财清底、行业清源。

【社会矛盾预防化解】 2020 年，区委政法委开展矛盾纠纷精准排查和精细化解工作，持续提高信访工作能力和水平。发动镇村干部、网格员、警务助理开展矛盾纠纷精准排查精细化解工作，完善“以案定补”工作机制，深入开展“三官一律”进社区活动。全区共组织 28 名律师，19 名法律工作者在玉州区 86 个村（社区）担任法律顾问，进村入社化解一批社会矛盾纠纷。组建涉稳矛盾纠纷化解“四人组”和服务民营企业四人法律工作组，成功化解玉柴世纪城等一大批案件，特别是成功化解仁厚镇仁厚村马山坡水库移民横跨 54 年、涉及人数 1000 余人的积案。全年区内排查矛盾纠纷 1458 件，调处成功 1410 件，成功率 96.71%。

安装视频监控　　（区委政法委　提供）

【平安玉州建设】 2020 年，区委政法委加强平安玉州创建工作的组织领导，把原玉州区平安玉州建设领导小组调整为平安玉州建设协调小组，建立重大事项协商会议制度，深入推进区、镇（街道）、村（社区）三级平安创建和平安企业、平安校园、平安医院等行业性平安创建活动。开展“雪亮工程·平安家园”治安视频监控系统建设，全区在重点路段、治安乱点新安装治安摄像头。群众安全感稳中再升，年度综合得分为 97.75%，人民群众对政法队伍满意度综合得分为 93.09%。在玉林市对各镇（街道）2020 年度的调查中，各镇（街道）安全感得分均达 95% 以上。

（区委政法委）

公　安

【公安工作机构及概况】 2020 年，玉林市公安局玉州分局内设机构有 15 个，分别为办公室、政工室、指挥中心（情报中心）、经济犯罪侦查大队、刑事侦查大队、法制（预审）大队、国内安全保卫大队、网络安全保卫大队、巡逻防控大队、户政大队、治安管理大队、警务保障室、科技信息化大队、警务督察大队、禁毒大队，派出所 18 个，分别为玉林市公安局东成派出所、玉林市公安局西就派出所、玉林市公安局北辰派出所、玉林市公安局东岳派出所、玉林市公安局环东派出所、玉林市公安局环西派出所、玉林市公安局城北派出所、玉林市公安局城西派出所、玉林市公安局城站派出所、玉林市公安局大塘派出所、玉林市公安局环南派出所、玉林市公安局名山派出所、玉林市公安局南江派出所、玉林市公安局仁东派出所、玉林市公安局仁厚派出所、玉林市公安局玉东派出所、玉林市公安局南观派出所。在编在职民警 303 人。办公地址：玉州区玉城街道人民中路 32 号。

2020 年，玉林市公安局玉州分局共立刑事案件 4713 起，破案 1875 起（其中破年前案 179 起），立案数、破案数与上年同比分别上升 51.7% 和 103.14%。共发生命案 9 起，破案 14 起（其中破获 5 起积案），破案率 100%。共受理行政案件 7416 起，结案 1501 起；治安处罚 2809 人。共刑拘 1059 人，逮捕 1161 人，强戒 513 人，抓获网逃人员 149 人。

【队伍建设】 2020 年，玉林市公安局玉州分局开展“党的建设提升年”活动。建强党委班子，打造“五型”党委；夯实支部堡垒，打造“四化”支部，完成 33 个党支部的星级评定。东成派出所获全区首批枫桥式派出所称号。完成全部民警职级套改和晋升工作，对因重病导致生活困难的民警，协调落实优抚金。1 个单位获区厅基层单位二等功和全国公安机关集体一等功，1 人获全国公安系统抗击新冠肺炎疫情先进个人和自治区先进工作者称号。培树先进典型，先后涌现和挖掘出全区信息化标兵、最美民警、全区最美辅警，2 人获玉林市“十佳政法干警”称号、1 人获玉林市“卓越政法人才”称号。

【维护稳定】 2020 年，玉林市公安局玉州分局围绕新冠肺炎疫情稳控和各类社会矛盾问题交织叠加的治安形势，始终将维稳工作作为压倒一切的首要政治任务。开展风险隐患排查化解，最大限度把问题隐患解决在基层、消除在萌芽状态。共排查、管控外来人员 75 万余人次，流调 3000 余人。全年处置预警信息 1500 多条，抓获 42 名网逃人员，带破刑案 77 起，维护社会正常秩序，保持社会局势的持续稳定。

【打击防范】 2020 年，玉林市公安局玉州分局刑事案件立案同比上升 140.58%。推进扫黑除恶专项斗争向纵深发展，共判决恶势力犯罪集团 2 个 14 人，侦办组织卖淫恶势力团伙案 2 个。新发命案连续 8 年保持全破。破获 5 起命案积案，其中 1 起为 1989 年的积案。提升电诈犯罪现行破案率，共破电信诈骗案 200 起。共起诉盗窃和掩饰、隐瞒犯罪所得嫌疑人共 192 人。开展“亮剑 2020·严打黄赌”专项行动，办理 445 起黄赌案件，侦破跨境赌博刑事案件 11 起，逮捕 11 人。破获部级目标案件、省级目标案件两个特大运输毒品团伙案，抓获团伙成员 11 人。重拳打击枪爆等违法犯罪行为，共逮捕 7 人。

【科技强警】 2020 年，玉林市公安局玉州分局推动“天网”等科技应用建设向纵深推进。突出维护打击犯罪、治安防控、应急处突、疫情防控等重点任务，全面打造集“情指行”一体化社会治安防控和打击体系，提升预知预警预防能力，运用新一代信息技术，进一步提高各类警情处置效率，全力提升对各类犯罪行为的打击效能。

【执法规范】 2020 年，玉林市公安局玉州分局狠抓执法主体建设，深化全警实战大练兵，定期集中学习法律法规知识，提高民警执法水平。建立健全执法制度，使执法活动的源头处理更加规范，执法办案的效能质量不断提升。建立“月通报、季分析、半年检查、年终考核”的一整套执法监督体系，依托警务综合平台等开展日常执法巡查监督，落实法制全流程监督工作机制。着力受立案管理制度改革，提升执法办案质量。健全受案登记制，完善立案审查制，建立受案立案分离和立案归口管理制度。

【便民服务】 2020 年，玉林市公安局玉州分局在玉林城区设立 2 个 24 小时自助业务办理服务点，

户籍民警指导群众使用自助服务设备（玉林市公安局玉州分局　提供）

优化户籍窗口服务，推行户政业务预约办理和网上自助办证等便民服务。提高对“放管服”改革和优化营商环境工作的认识，开办企业办理环节压缩至工商、税务、刻章3个环节，推进开办企业“一网通”，利用印章治安管理信息系统实行网上备案，初步构建形成“一张网”服务模式，实现数据共享、业务协同。设立5家印章刻制企业。并提供免费同城寄递服务，使全市企业开办达到“零成本”。

【公共安全】 2020年，玉林市公安局玉州分局加强社会面整体防控，狠抓危爆物品管理。加强校园安全管理，设立护学岗，加强校园周边巡逻防控，全力维护校园内外秩序，落实见警察、见警车、见警灯“三见警”措施，深入学校检查督导，全面提升中小学校人际、技防、物防等各方面的能力。狠抓食药安全，开展“昆仑2020”专项行动，共破获案件12起。安全严格落实重点物品、重点群体、重点行业安全管控措施，严防发生各类安全事故和个人极端案事件。做好各类安保工作，确保绝对安全。加强疫情防控，牵头做好玉州区联防联控组工作，细致排查、管控外来人员75万余人次，流调3000余人。

（玉林市公安局玉州分局）

检　察

2020年12月18日，黎倍、甘益存被评为玉林市政法系统首届“优秀政法干警”，覃静惟、谢健平、陈姗姗被评为玉林市政法系统首届“卓越人才”。图为谢健平、甘益存、黎倍、覃静惟、陈姗姗合影

（区人民检察院　提供）

【检察工作机构及概况】 2020年，玉州区人民检察院（简称区人民检察院）内设机构8个，分别为办公室、第一检察部、第二检察部、第三检察部、第四检察部、第五检察部、综合业务部、政治部等机构。

2020年，区人民检察院坚持以习近平新时代中国特色社会主义思想为指导，学习贯彻中共十九大和十九届二中、三中、四中、五中全会精神，围绕讲政治、顾大局、谋发展、重自强的检察工作总体要求，忠实履行法律监督职责，应对新冠疫情挑战，各项检察工作稳步向前，为玉州经济社会高质量发展提供有力的法治保障。

2020年区人民检察院荣获集体和个人荣誉共177项，其中：国家级荣誉4项，自治区级荣誉25项，市级荣誉57项，县级荣誉91项。检察工作实现两个首次突破：首次被最高人民检察院检察长批示肯定、首次被评为全国检察机关化解信访积案典型案例。

【服务疫情防控大局】 2020年，区人民检察院坚决落实依法防控要求，组织干警深入社区参与一线联防联控。依法严惩妨害疫情防控措施、制假售假、哄抬物价、诈骗、造谣传谣等违法犯罪行为，批准逮捕涉疫犯罪案件5件13人，提起公诉4件12人。在2020年3月新冠疫情防控关键期，准确适用法律，依法将故意违反疫情防控规定的犯罪嫌疑人薛某涛以妨害传染病防治罪批准逮捕，成为广西首个以该罪名批捕的案件，为依法打击涉疫违法犯罪厘清法律适用的模糊认识，该案也入选广西检察机关妨害新冠疫情防控犯罪典型案例。

【优化法治营商环境】 2020年，区人民检察院开展以案释法“六进”活动，走进企业25家，开展座谈12次，举办“服务‘六稳’‘六保’护航民企发展”检察开放日活动，为企业渡难关、稳经营、谋发展提供法律帮助。严厉打击侵犯企业合法权益犯罪，依法批捕职务侵占、合同诈骗、强迫交易、敲诈勒索等侵犯企业合法权益的犯罪嫌疑人22人，起诉18人。持续落实服务民营经济的各项检察政策，做到慎捕、慎诉、慎用强制措施，对社会危害性不大、自愿认罪认罚的涉罪企业经营者和有关员工，不批捕8人、不起诉6人，对依法提起公诉的4名涉企案件被告人提出宽缓量刑的建议，减少司法办案对企业正常生产经营活动的影响。

【助力打赢“三大攻坚战”】 2020年，区人民检察院围绕防范化解重大风险攻坚战，严厉打击涉众型经济犯罪，批准逮捕破坏社会主义市场经济秩序犯罪嫌疑人26件38人，起诉33件48人（含上年积存，下同）。围绕脱贫攻坚战，以“法律扶贫”助推“精准扶贫”，在玉东新区工委会、区委政法委的支持下，向因案致贫或因案陷困的25名刑事被害人发放司法救助金29.7万元。围绕污染防治攻坚战，对破坏环境资源犯罪的犯罪嫌疑人，批准逮捕6件7人，提起公诉15件20人，办理环境和自然资源保护领域公益诉讼案件26件，督促有关部门整改大气污染、林地保护等问题5处。贯彻恢复性司法理念，在办理督促渔政部门整治南流江非法电鱼案件时，与玉林市农业农村局建立联合打击非法捕捞工作机制，推动该局部署开展玉林市渔政“亮剑”专项执法行动，并联合开展向南流江增殖放流活动，首批放流鱼苗400万尾，起到“办理一案、警示一片、治理一片”的效果。

【依法打击各类刑事犯罪】 2020年，区人民检察院共受理侦查机关移送审查逮捕案件884件1319人，审查后批准逮捕753件1101人；受理移送审查起诉案件767件1162人，审查后提起公诉724件1065人。依法严惩危害国家安全犯罪，严厉打击邪教组织犯罪，批捕1件2人。严厉惩治危害国（边）境管理秩序犯罪，批捕17件69人，起诉14件56人。严厉打击故意杀人、故意伤害致人重伤或死亡、强奸、绑架等严重暴力犯罪，共批捕39件49人，起诉31件37人。对“两抢一盗”等侵犯群众财产安全犯罪依法快捕快诉，共批捕238人，起诉224人。对毒品犯罪案件持续保持高压态势，共批捕159件192人，起诉144件187人。依法从严从快办理“3·20”杀人碎尸案、“6·6”入室抢劫杀人、绑架案等一批社会影响大、群众反响强烈的案件。

【扫黑除恶专项斗争】 2020年，区人民检察院围绕“六清”行动，狠抓办案质效，所办理的6件71人涉黑恶案件均审结并提起公诉，完成“案件清结”任务。集中精干力量，成功办理自治区扫黑办挂牌督办、市检察院交办的刘某东等37人黑社会犯罪案，庞某勇等20人黑社会犯罪案等重大、复杂案件，得到市委政法委主要领导的充分肯定。严把案件质量关，做到“是黑恶犯罪一个不放过，不是黑恶犯罪一个不凑数”，追加逮捕遗漏犯罪嫌疑人3人，追加起诉遗漏犯罪嫌疑人17人。坚持“破网打伞”，发现并向相关部门移送涉黑恶案件“保护伞”线索14条。注重“打财断血”，督促、配合侦查机关查封、扣押、冻结涉案钱款104.81万元、房产39处、车辆11辆。区人民检察院被评为2020年度玉林市检察机关扫黑除恶专项斗争先进单位。

【未成年人保护】 2020年，区人民检察院持续抓好“一号检察建议”监督落实，从重从快惩处故意伤害、拐卖、性侵、强迫卖淫等侵害未成年人犯罪，批准逮捕58件75人，提起公诉53件79人。成功办理全市首例由检察机关支持起诉的撤销监护权案。秉持教育感化挽救方针，对未成年犯罪嫌疑人不批准逮捕13人、附条件不起诉8人、相对不起诉4人。依托未成年被害人“一站式”取证、救助工作站，向48名未成年被害人提供心理疏导、司法救助、转学等帮助，联合相关部门在玉林市

2020年10月22日，区人民检察院检察官联合玉林市“检爱”家长法治宣讲团到玉州区迴龙小学开展“一网同行”学习联盟启动仪式
（区人民检察院 提供）

第二人民医院开通保护未成年被害人的医疗救助绿色通道。参与平安校园、法治校园建设,疫情防控期间,录制10期法治教育微课堂,在玉州区教育公共服务平台播放,让孩子们在学校、在家里都能通过“云课堂”学习法律知识。创新完善未成年人检察帮教体系,聘任区妇联、共青团的2人担任检察官助理。区人民检察院获广西妇女儿童维权项目成果优秀奖,1件案件被评为2020年广西维护妇女儿童权益典型案例。

【助推社会综合治理】 2020年,区人民检察院将检察职能向化解社会矛盾、修复社会关系、推动社会治理方面延伸。依托“12309”检察服务中心、检察长接访、公开听证等方式,妥善处理来信来访279件次,检察长接访12次,举行公开听证7次,均做到受理来信来访后7日内程序回复、3个月内过程或结果答复,持续保持涉检赴邕进京“零非访”,所化解的陈某群信访积案被最高人民检察院评为全国检察机关“十大化解信访积案典型案例”。贯彻宽严相济刑事政策,既坚持打击犯罪又注重修复社会关系,对构成犯罪但自愿认罪、真诚悔罪,且取得谅解、达成和解、社会危害性不大的案件,依法不批准逮捕44人,不起诉62人。全面落实认罪认罚从宽制度,对960名犯罪嫌疑人、被告人适用认罪认罚从宽制度,适用率为84.58%,有效减少社会对抗,推动社会关系修复。依法准确量刑,已判决认罪认罚案件的量刑建议采纳率为88.06%,检察公信力不断提升。针对办案中发现的社会治理方面的存在问题,及时向有关部门发出检察建议13份,推动完善制度、强化管理。

【做优刑事诉讼监督】 2020年,区人民检察院加强对刑事立案、侦查、审判、执行活动的监督。坚持不懈防范冤假错案,对不构成犯罪或证据不足、事实不清的,依法不批捕162人、不起诉4人。对侦查机关应立案而不立案、不应立案而立案的,监督侦查机关立案23件、监督撤案5件。依法纠正漏捕25人,纠正漏诉22人,对侦查活动中的违法情形提出书面纠正意见33件次。依法提出刑事抗诉8件。对捕后无继续羁押必要的犯罪嫌疑人,决定变更强制措施20人。加强刑事执行监督,纠正减刑、假释、暂予监外执行不当5人次,纠正漏管4人,所办理的唐某社区矫正监督案被评为广西检察机关刑事执行检察优质案件。

2020年6月9日,区人民检察院举办“民有所呼,我有所应——群众信访件件有回复”检察开放日活动 (区人民检察院 提供)

【做实民事行政诉讼监督】 2020年,区人民检察院依法对民事、行政诉讼活动进行监督,全年共审查民事、行政诉讼监督案件线索45件,立案办理各类民事、行政诉讼监督案件14件,发出检察建议4件,法院答复并采纳建议3件。扎实开展行政非诉执行监督专项活动,办理行政非诉执行监督案件2件。加大对虚假诉讼的查处力度,在市人民检察院的支持下,对1件涉案金额150多万元的民事虚假诉讼案件提请抗诉,市中级人民法院采纳检察机关的抗诉意见,指令原审法院启动审判监督程序对案件再审。对不支持监督的8件案件,同步做好对当事人的释法说理、服判息诉工作,维护司法权威。

【做强公益诉讼检察】 2020年,区人民检察院贯彻落实区人大常委会《关于加强检察机关公益诉讼工作的决定》,坚持双赢多赢共赢的理念,依法履行公益保护职责。全年共收集公益诉讼案件线索65件,立案办理公益诉讼案37件,其中:诉前磋商13件,发出诉前检察建议8件,提起刑事附带民事公益诉讼16件。拓展公益诉讼监督合力,率先在广西检察机关聘任5名行政机关专业人员兼任检察官助理,该项工作得到最高人民检察院张军检察长的批示表扬,并通过最高人民检察院工作简报向全国推广。探索军地检察公益诉讼协作助力双拥工作，与区人民武装部签订《关于加强公益诉讼协作工作的意见》，推动政府投入40多万元，完成玉州区、玉东新区20处烈士纪念设施的修整。年内，被评为广西检察机关优秀行政公益诉讼案1件、精品检察建议1件，公益诉讼工作在广西检察机关公益诉讼工作现场会上作经验发言。

【做好职务犯罪检察】 2020年，区人民检察院坚决肃贪反腐，发挥决定逮捕、提起公诉职能作用，全年共受理监察机关移送审查起诉职务犯罪案件1件1人，决定逮捕并提起公诉1件1人。依法履行对司法工作人员相关职务犯罪侦查权，对1件司法工作人员涉嫌刑讯逼供犯罪案件线索进行调查核实，在保护公民权利、维护司法公正和推动反腐败斗争中发挥应有作用。

【队伍建设】 2020年，区人民检察院组织开展“红色家书”诵读、“书香检察”、“七一党建知识竞赛”等党建活动，教育引导干警听党话、跟党走。在“党课开讲啦”暨玉州区第三届微党课大赛中，1名干警被评为“十佳微党课”，并获“党员教育好讲师”称号。

以“案件比”引导检察官在工作中求极致，把案件办到最优，全年没有出现超期羁押、超审限、撤回起诉及无罪判决案件。按照“专业化办案、专业化研究、标杆性培养”的原则，探索建设专业化办案团队，“专办+专研”的团队建设初显成效，1个办案团队被评为玉林市扫黑除恶专项斗争优秀办案团队。组织干警参加各类业务竞赛活动，全年有11人次在上级检察院举办的业务竞赛、岗位练兵等活动中获奖，其中在全市检察机关公诉人业务竞赛中，全院有4名干警以前五名的成绩获玉林市“十佳公诉人”称号、2名干警获“优秀公诉人”称号。全年共有63人次获得市级以上荣誉，8个案件被评为广西检察机关精品案件或优质案件。

运用监督执纪“每一种形态”加强队伍监督管理，开展谈心谈话40余人次，提醒谈话2人。开展“五查五整顿”专项行动，严格执行“三个规定”及重大事项记录报告月报制度，联合派驻纪检组共同开展检务督查6次，对发现的问题点名到人、通报到事，并逐项销号整改，确保队伍能干事、干成事、不出事。全年没有发生检察干警违法违纪问题。

向区人大常委会报告、向区政协通报检察工作各1次，邀请人大代表、政协委员、人民监督员、机关干部、律师、基层群众等参加检察开放日、案件听证会等检务活动210人次。全面梳理人大代表审议报告、视察座谈提出的10余条意见建议，在日常工作中整改落实。落实人民监督员制度，启动人民监督员监督案件7件。落实检务公开，公开重要案件信息91件、程序性案件信息1480条、法律文书670份，接待律师查询222件次。通过“两微一端”发布微博400余条、微信75期250余条，“今日头条”发布信息150多条，在检察门户网站发布信息70多条，检察信息得分在广西111个基层检察院中排名第一，连续5年获全国检察宣传先进单位称号。

（区人民检察院）

法　院

【法院工作机构及概况】 2020年，玉州区人民法院（简称区人民法院）共有立案庭（诉讼服务中心）、刑事审判庭、民事审判一庭、民事审判二庭、综合审判庭、执行局、政治部（机关党委）、综合办公室、审判管理办公室（研究室）、司法警察大队10个中层部门，以及玉林人民法庭、南江人民法庭、名山人民法庭、玉东人民法庭4个人民法庭。管辖玉州区、玉东新区各类案件的审判、执行任务。在编在职人员111人，其中政法专项编制102人，工勤编制9人。其中员额法官41人。

2020年，区人民法院受理各类案件12595件（含旧存490件），同比增长16.07%；结案12228件，同比增长18.02%，结案率97.09%。员额法官人均结案305.7件，同比增长20.97%，是全市法官人均结案数的1.68倍。涌现出法院办案标兵集体立案庭（诉讼服务中心），全国优秀法官丘耀辉，全区优秀法官、一等功公务员高斯宜等先进集体和先进个人。全院共有7个集体、41名个人获上级表彰奖励。家事审判“玉州模式”、集约化电子送达等工作获向全区人民法院推广。

【立案登记】 2020年，区人民法院共登记受理各类案件12105件，同比增加2232件，同比增长22.61%。大力推进“一站式”多元解纷机制和现代化诉讼服务体系建设。在诉讼服务中心配备智能导诉系统、文书生成系统、诉讼风险评估系统等便民信息化设备，全方位满足群众诉讼服务需求；立足“让信息多跑腿、群众少跑路”的工作思路，推行网上立案、跨域立案、网上交费、网上开庭，使群众享受“足不出户参与诉讼”的司法服务，打造实体与网络、现场与远程相结合的现代化诉讼服务体系；进一步健全和完善调解、速裁、快审“一站式”多元解纷机制；深化人民调解员驻诉讼服务中心、人民调解委员会驻家事案件审判中心机制；建立公证处驻法院司法辅助中心、玉州区涉房地产纠纷调处中心，加强诉前调解，推进“尽可能一次性解决纠纷”，促进案结事了。诉前调解收案942件，结案942件。2020年9月28日，区人民法院在全区中级人民法院院长座谈会暨一站式建设现场推进会上作经验介绍，得到与会领导的充分肯定。

【刑事审判】 2020年，区人民法院充分发挥刑事审判职能，依法惩治各类犯罪，维护社会稳定。全力决战决胜扫黑除恶专项斗争，审结涉黑恶案件9件83人。从严从快审结4件48人的新团系列涉恶案件；依法审结上级法院指令审理的庞某勇等20人涉黑案件，圆满完成“案件清结”任务；推进对涉黑恶犯罪“打财断血”，执行到位财产214.85万元。依法惩治各类刑事犯罪。全年受理刑事案件778件，审结711件，判处被告人1046人。其中判处五年以上有期徒刑101人，5年以下有期徒刑或拘役871人，依法宣告缓刑21人。审结故意杀人、故意伤害、强奸、绑架等犯罪案件61件，保护人身安全；审结“两抢一盗”及诈骗等犯罪案件249件，维护社会治安；审结黄、赌、毒犯罪案件175件，净化社会环境；审结危险驾驶、交通肇事犯罪案件50件，保障社会安全；审结传销、非法经营、食品药品安全、合同诈骗等犯罪案件21件，维护市场经济秩序；审结职务犯罪案件7件，有效惩治腐败。

【民商事审判】 2020年，区人民法院充分发挥民商事审判职能作用，依法保护当事人的民事权利，有效化解民事纠纷，促进经济发展与社会和谐。受理民事案件5931件，结案5812件。其中，审结婚姻家庭及继承、抚养、赡养等家事纠纷案件399件，维护婚姻家庭稳定；审结侵犯生命、健康、人格等权利纠纷案件73件，切实保护人身权利；审结各类合同纠纷3266件，依法维护公平竞争的市场秩序；审结物权纠纷案件48件，加强权益司法保护。强化和谐办案，注重依法调解，灵活运用各种调解方式化解矛盾，案件调撤率39.74%。

【行政审判】 2020年，区人民法院依法审理行政诉讼案件，妥善化解行政争议，助力法治政府建设。受理各类行政案件91件，结案91件。对行政机关申请执行的30件行政非诉执行案件，裁定准予强制执行，依法支持行政机关执法工作；加强沟通协调，对审判中发现的行政机关在执法中存在的问题，提出司法建议，促进行政机关改进工作。

【案件执行】 2020年，区人民法院创新执行工作模式，强化执行攻坚，全力巩固“基本解决执行难”成果。受理执行案件4897件，执结案件4716件，同比分别增长17.86%和18.82%，执行到位标的5.14亿元，有财产可供执行案件法定期限内实际执结率100%。围绕巩固“基本解决执行难”成果，坚持依法严格公正执行，用足用好查封、冻结、扣押、划拨等各类执行措施，坚决打击逃避、抗拒执行行为，保障胜诉当事人合法权益。查询查控案件2485件，冻结账户64610个；纳入失信被执行人名单3197人，限消被执行人2830人，促使183名被执行人主动履行义务；对4名有能力而拒不履行法律义务的被执行人，以涉嫌拒执罪移送公安机关侦查；深入推进网络拍卖，加快执行财物变现力度，网络拍卖1245件，成交783件，成交额1.04亿元。

【审判监督】 2020年，区人民法院共受理再审案件4件。其中：刑事案件1件，民事案件3件，全部审结。

【服务和保障大局】 2020年，区人民法院依法严厉打击涉疫情违法犯罪，妥善化解涉疫情民商事案件；运用智慧法院建设成果，开展线上诉讼服务和执法办案，确保法院各项工作有序推进、正常运转，司法职能充分发挥。全年网上立案2005件，跨域立案20件，网上交费135笔，电子送达1786人次；利用网上“云法庭”远程开庭审理案件467件，推进案件庭审和疫情防控工作“两不误”。

全力优化法治营商环境。建立服务企业的“绿色通道”，对涉企业纠纷案件，坚持快立、快调、快审、快执，快速化解涉企业纠纷；加强审判管理，严格审限监管，防止因诉讼拖延影响企业正常生产经营；妥善审理、执行涉企业案件，加强调解工作，化解涉企业纠纷，助力企业发展。一审受理涉企业纠纷案件2206件，结案2190件，平均审理天数45天，平均执行天数36天，平均解决总天数82天，大大低于营商环境考核330天的要求。

全力服务“六稳”落实“六保”。开辟涉疫情案件执行绿色通道，加强调解和释法工作，强化文明执行意识，助力辖区企业顺利复工复产。开展“六稳六保”服务企业专项执行行动，执结涉企案件651件，执行到位标的8.36亿元。其中在云南一次性为玉柴机器股份公司依法追回债权6500万元。做好涉民生司法救助工作，办理缓交诉讼费130多万元，为确有生活困难的38名当事人发放救助金34.82万元。

全力防范化解重大风险。坚决维护金融安全，审结金融借款纠纷案件1048件，民间借贷纠纷案件1037件。开展涉金融机构执行案件专项清理活动，加大对规避金融债务执行行为的打击力度，为金融机构实现债权3.6亿多元。高度重视、妥善处理群体性纠纷案件。有效化解劳动及劳务争议、商品房销售、物业服务等群体性纠纷案件28批次共1476件。其中以调解或撤诉方式结案935件，调解率63.35%。

全力保护美丽宜居家园。用法治助推打好蓝天碧水净土保卫战，严惩破坏环境资源的犯罪。审结非法采矿、滥伐林木、污染环境、非法收购、出售珍贵、濒危野生动物等破坏环境的犯罪案件20件。遵循“谁破坏谁修复”原则，判令4名刑事被告人承担生态修复民事责任，支付土地复垦费用共948万余元。

资料链接

“六稳”：稳就业、稳金融、稳外贸、稳外资、稳投资、稳预期。

“六保”：保居民就业、保基本民生、保市场主体、保粮食能源安全、保产业链供应链稳定、保基层运转。

【涉诉信访工作】 2020年，区人民法院加强信访接待，抓好初信初访的化解工作。落实院领导接访制度，实行“五包”责任制；充分运用远程视频接访系统及网上信访系统，为当事人畅通信访渠道；贯彻落实“案件信访风险评估制度”，在立案登记阶段对案件进行信访风险评估，做到早发现、早化解。全年接待来访203人22次，处理来信80封。没有因接访不力、处置不当而发生矛盾激化的事件。

【审判管理】 2020年，区人民法院大力创新审判管理监督。突出狠抓结案的工作重点，制定详细结案目标，落实办案任务及办案责任到各业务部门和办案人员，定期通报任务完成情况，层层传导压力；建立未结案件督促制度和审限变更、程序转换审批制度，杜绝随意利用变更审限和转换程序而变相拖延审理期限的现象；常态化开展案件质量评查，对上诉发回重审或改判的案件深入分析原因并予通报，促进提高审判质量；发挥专业法官会议指导、监督、规范审判工作的职能和审判委员会对重大敏感和疑难复杂案件的把关作用，促进审判质效的提升。召开专业法官会议78次，讨论案件及问题139件（个），召开审判委员会21次，讨论案件30件。全院法定第一次审限内结案率97.12%，同比提升15.4%，居全区法院第三位；上诉案件改判率1.24%，同比下降0.29个百分点；上诉案件发回重审率0.71%，同比下降0.14个百分点。

2020年区人民法院大力推进集约化管理提升服务效率。推进执行工作集约化，集中处理网络财产查询、冻结、扣划、执行委托、案款发放、网络司法拍卖等执行辅助事务；建立涉金融、罚金执行团队，推进执行工作专业高效；组建保全团队，统一办理财产保全案件，提高保全效率。打造集约化送达新模式。引入社会服务，在玉林市法院中率先采用集约化电子送达，建立电子送达与传统送达相辅相成的集约化送达新模式。总送达2656人次，成功送达1786人次，送达成功率67.24%，送达效率进一步提高，有效缓解送达难，节约办案经费，为当事人提供便利。在全市法院优化营商环境百日攻坚行动现场推进会上，区人民法院介绍集约化电子送达经验，得到与会人员的充分肯定。

【司法改革】 2020年，区人民法院承担玉林市认罪认罚从宽制度速裁程序的示范试点工作。组建刑事速裁团队，推进工作开展。适用认罪认罚速裁程序结案147件，占刑事结案的20.76%。速裁程序审理期限仅10天，审判效率大幅度提升，速裁案件上诉率3.4%，比刑事案件上诉率低16.63%。推进民事案件繁简分流，诉讼服务中心3个速载团队结案共1801件，占民事案件总数30.99%，速裁案件平均审理周期较一审民商事案件缩短31.3%。深入推进小额诉讼程序适用工

2020年10月15日，广西法院家事审判改革向人民法庭延伸现场推进会在区人民法院召开　（区人民法院　提供）

作，受理小额诉讼案件1748件，结案1745件，结案率99.83%，小额诉讼案件适用率30.35%，平均结案时间33天，比普通简易程序案件缩短时长30%。区人民法院适用小额诉讼程序工作经验得到自治区高级法院副院长戴红兵批示在全区法院推广。

打造家事审判“玉州模式”。加强对家事审判品牌的打造，以家事审判案件中心为平台，以集约化办理为抓手，完善立案、调解、审判一条龙快捷服务，构建一站式多元化解家事纠纷机制。家事案件呈现结案率高、调解率高、服判息诉率高、群众满意度高、发改率低、无一件涉诉上访的“四高一低一无”良好态势。受理家事案件402件，结案399件，其中调撤结案217件，调撤率54.39%，同比提升15%；一审服判息诉率93%，当事人对家事纠纷化解满意度达95%。以“玉州模式”为代表的家事审判“玉林模式”写进最高人民法院院长周强在十三届全国人大三次会议上所作的最高人民法院工作报告。2020年10月15日，广西法院家事审判改革向人民法庭延伸现场推进会在区人民法院召开，家事审判“玉州模式”得到与会领导的充分肯定。

【诉源治理】 2020年，区人民法院创新发展新时代“枫桥经验”，打造诉源治理新格局。在五彩田园、经济开发区等重点园区，建立区人民法院司法服务工作站；在区联社设立“玉州区农村中小金融机构经济纠纷联动调解站”；在仁东龚罗、鹏垌等村屯建立家事纠纷化解工作站；在玉州、玉东两区108个村（社区）全覆盖开展“一村一法官”活动，并与“三官一律”、法治副校长、“庭审三进”等工作相融合，推进诉源治理。把玉林人民法庭打造成为新时代的“枫桥法庭”，强化矛盾纠纷的调处化解，把纠纷化解在基层，化解在诉讼前，推动“枫桥经验”焕发新的生机活力。强化法治宣传教育，开展“庭审三进”活动7次，家门口的以案说法，使群众身临其境，受到生动的法治教育，达到审理一案、教育一片的效果。送法进校园25次，受教育师生群众4000多人。

【法警队伍建设】 2020年，区人民法院法警大队围绕为审判执行工作做好服务和保障，加强警务理论学习和政治建警，不断推进法警队伍正规化、专业化、职业化建设；严格管理，规范执法，强化训练，提升技能，进一步提高警务保障水平，圆满完成全年的提押、值庭、安检及其他重大警务保障工作任务。全年法警大队共参与刑事值庭545件，值庭出警872人次；进驻看守所协助远程视频庭审提押被告人150件案件169人次，押解、看管出警32人；安

2020年8月28日，玉州区农村中小金融机构经济纠纷联动调解站成立　（区人民法院　提供）

检接待来访人员29028人；接受上级法院调警4次18人，执行保障任务24天；协助执行次数241次，出警536人，拘传、拘留出警25人，确保审判执行工作的顺利进行。

【司法公开】 2020年，区人民法院切实加强“阳光司法”，主动接受监督。配合人大检查组做好反家庭暴力法贯彻落实情况的检查、调研；邀请代表委员视察法院、旁听庭审、见证执行等50人次。落实人民陪审员法，扩大参审范围，陪审员参审案件1082件。加强裁判文书上网和庭审公开。上网公开裁判文书12695份，裁判文书上网率100%；网上直播案件庭审725件，31.6万人观看。举行法院开放日5次，让群众了解、支持、监督法院工作。强化法治宣传教育，开展法院开放日5次，送法进校园25次，受教育师生4000多人；加强宣传工作，弘扬法院正能量，以取得群众对法院工作的理解与支持。共编发宣传稿件430多篇，获各媒体采用230多篇。

【基础建设】 2020年，区人民法院基础建设取得新进展。11月1日，玉东人民法庭办公大楼揭牌启用，改善法庭的办公条件，助力法庭职能作用更好发挥。按照“六专四室”规范化标准的要求，完成专用通道、专用囚车、专用桌椅、专用卫生间、专用囚车库、专用电梯、羁押室、监控室、装备室、枪弹库的建设改造，提高警务保障水平。

【集约化电子送达助力审判工作提质增效】 2020年4月，区人民法院引进集约化电子送达服务，建立电子送达与传统送达相辅相成的集约化送达新模式，进一步提高送达到位率，使法院送达走上信息化的“高速路”。全年电子送达共2656人次，成功送达1786人次，送达成功率67.24%，送达效率进一步提高，为当事人提供便利。

（区人民法院）

司法行政

【司法工作机构及概况】 2020年，玉州区司法局（简称区司法局）设置6个内设机构，分别为政秘股、普法与依法治理股（区委依法治区办秘书股）、行政法规股（玉州区行政复议办公室）、社区矫正管理股（玉州区社区矫正执法大队）、土地山林水利纠纷调处股（人民参与和促进法治股）、公共法律服务管理股（玉州区法律援助中心）。

2020年，区司法局被评为全市司法行政系统特赦实施工作突出贡献单位；区司法局副局长梁诗获玉林市政法系统首届“十佳政法干警”荣誉称号；区司法局法援中心吕飞凤被司法部评为公共法律服务工作先进个人；区道路交通第二调委会被评为全国模范人民调解委员会。

【民主法治建设】 2020年，区司法局重新调整区委全面依法治区委员会及各协调小组组成人员，召开全面依法治区委员会第二次会议，会上听取2019年玉州区全面依法治区工作报告，书面审议4个协调小组的2019年工作情况报告。区政府常务会议集体学习《中华人民共和国野生动物保护法》等一批与工作密切相关的法律法规，组织召开《中华人民共和国民法典》专题讲座，举行2019年、2020年区人民政府任命的国家工作人员集体宪法宣誓仪式。

【统筹协调法治政府建设】 2020年，区司法局印发《玉州区2020年法治政府建设工作要点》，执行《法治政府建设与责任落实督察工作规定》，将法治政府建设工作情况列入《2020年玉州区督查检查考核计划》，督促法治政府建设各项任务落到实处。

2020年11月25日，区委全面依法治区委员会第二次会议召开

（区司法局　提供）

【优化政府职能】 2020年，区司法局根据《广西壮族自治区人民政府关于公布自治区部门权责清单的通知》，对全区32个部门10类行政权力事项及其责任事项等有关要素进行调整修订，共保留17078项权责事项，其中：权力事项2147项，责任事项14931项。2020年6月，根据实际情况，对行政审批制度改革工作领导小组成员进行调整，全区保留行政许可事项192项。着力推进"一事通办"改革，实行固定资产投资项目并联审批，优化办事流程，办结时限提速67.2%，"最多跑一次"事项占98.8%。政务事项网上可办率为99.91%。

【依法行政制度建设】 2020年，区司法局配合市人大在大塘镇开展《玉林市苏烟水库水质保护条例》立法征询意见座谈会，听取区人大代表、镇干部和村民群众的建议意见，为市人大提供立法建议9条。根据《玉林市人民政府关于废止和修改部分市人民政府规范性文件的决定》，对全区涉及证明事项、产权保护和公平竞争等行政规范性文件进行专项清理，共保留13件，废止10件，修改1件区政府规范性文件。

【提高依法行政实施水平】 2020年，区司法局组建玉州区市场监管执法稽查大队，通过改革，初步解决玉州区市场监管执法力量分散薄弱、多头重复交叉执法等问题。12月1日，玉州区召开"互联网+监管"绩效工作推进会。共认领事项子项总数905项，共监管对象526个，监督行为20928宗，完善网上执法办案及信息查询系统。

【依法行政监督】 2020年，区司法局利用信用中国等平台，对行政许可、行政处罚等及时公开。截至2020年12月31日，全区无政府失信案件发生，共归集信息30461条，报送政策性和动态性文件139篇，信用承诺书112份。5月9日，印发《玉林市玉州区办理国务院、自治区政府"互联网+督查"平台留言工作细则(试行)》，建立高效协同的运转机制。全年共办结"互联网+督查"事项16件。

【法治宣传教育】 2020年，区司法局印发《2020年玉州区普法依法治理工作要点》《关于做好2020年"谁执法谁普法"工作的通知》，指导各普法责任单位围绕重大时间节点、重点工程、重大项目开展普法宣传活动。8—9月，根据各单位收集整理的总结和材料和玉林市司法局的要求，撰写《玉州区"七五"普法总结验收工作汇报》先后向玉林市和自治区"七五"普法督察验收组汇报2016—2020年以来全区"七五"普法总结，整理好"七五"普法总结验收台账，圆满完成"七五"普法总结验收迎检工作。组织全区各单位各部门参加全区统一的国家工作人员学法用法考试，全区参考率99.91%，通过率99.89%。

【人民调解】 2020年，玉州区建立完善区、镇(街道)、村(社区)三级调解网络，共有人民调解委员会99个，其中：区直调委会5个，镇(街道)8个，村(社区)86个，有人民调解员694人。组织辖区9个司法所和人民调解组织到基层开展矛盾纠纷排查调处工作。是年，全区各调解委员会共受理各类矛盾纠纷1598件，成功调解1545件，调解成功率达96.68%。开展集中化解积案突击行动，成功化解历史遗留积案4件，涉及群众约3200人。

【公共法律服务】 玉州区以玉州区法律援助中心为核心，在全区9个镇(街道)均成立法律援助工作站，在全区86个村(社区)均设立法律援助联系点，聘请法律援助联络员，完善各村(社区)法律援助联络员公示栏、法律联络员制度等上墙制度。

2020年10月23日，在广西2020年社区矫正学术年会暨广西社区矫正工作经验交流会上，玉州区社区矫正中心作为参观点　（区司法局　提供）

贯彻执行《关于刑事诉讼法律援助工作的规定》，加强与公、检、法机关在刑事法律援助案件办理中的协作配合，完善刑事辩护案件办理工作协作机制。2020年玉州区公共法律服务中心共接待来电来访人数1631人次，办理法律援助案件245件，挽回经济损失20多万元。全区86个村（社区）均已配备法律顾问，实现一村（社区）一法律顾问全覆盖。年内，全区法律顾问为群众起草、修改法律文书105份；为村（社区）提供法律意见27份；进村、进社区、进企业、进学校开展法治宣传192次、法制讲座105次；参与矛盾纠纷化解223件。

【社区矫正】 2020年，区司法局加强对社区矫正对象的依法监管，严格执行社区矫正相关法律和规范性文件，及时了解社区矫正对象的思想动态、家庭状况及生活情况，加强对社区矫正对象教育管控，严格执行刑罚，全区在册社区矫正对象无脱管、无漏管现象。截至12月31日，符合使用GPS手机定位要求的在册社区矫正对象130人安装定位手机，安装率98.48%。对社区矫正对象开展定期或不定期的电话、微信实时定位抽查，在重点时段、重大活动期间增加对社区矫正对象电话、微信实时定位核查次数，实时掌握社区矫正对象活动情况。

2020年1月，玉林市社区矫正安全稳定工作现场会在玉州区召开；10月，广西2020年社区矫正学术年会暨广西社区矫正工作经验交流会在玉林市召开，玉州区社区矫正中心作为现场参观点。

【社区戒毒社区康复】 截至2020年12月底，玉州区共有612名社区戒毒社区康复人员签订社区戒毒社区康复协议书，签订率100%，执行率97%。5月末，为迎接自治区禁毒办关于开展禁毒重点整治"回头看"工作，组织各工作站工作人员对全区社区戒毒社区康复脱失人员以及严重违反协议人员开展大排查、大走访行动，共走访社区戒毒社区康复人员784人，走访率100%。6月3日，在名山街道社区戒毒社区康复工作站对全区各工作站专职工作人员就吸毒人员的毛发采集、检测业务进行培训。从6月3日开始，组织全区各工作站工作人员对各社区戒毒社区康复人员开展毛发检测工作。

【调处"三大纠纷"工作】 2020年，区司法局全年共调处"三大纠纷"案件41件，调结38件，调解率100%，调结率92.7%，其中：土地纠纷39件，调结37件，山林纠纷2件，调结1件；在结案38件中，和解结案29件，调解结案7件，行政裁决2件；调处上年积案5件，调结4件，调结率80%。组织争议双方当事人召开勘验会、陈述会、调解会共201次。全年共接待来访群众1087人次，处理群众信件3件。

（区司法局）

人民武装

【人民武装工作机构概况】 玉州区人民武装部（简称区人民武装部）属军队建制，为正团级单位，省军区系统调整改革后，实行现役军人和文职人员编配，是玉州区的军事领导指挥机关，区委的军事工作部和区人民政府的兵役机构，受上级军事机关和同级地方党委、人民政府的双重领导，其主要任务是负责辖区内的民兵、兵役和动员工作。

【队伍建设】 2020年，区人民武装部通过集中培训和个人自学，提高干部、文职的岗位任职能力。针对体能、技能短板弱项，抓训练落实，制定训练计划，指定专人负责，每周安排不少于3次基础体能训练和1次军事技能训练，严格落实考勤登记，并定期对干部参加训练情况进行讲评和公布。通过交任务压担子和经常性的教育引导，增强干部文职的事业心责任感。通过把职工分配到各科室，由各科负责管理和具体的业务指导，在征兵工作、民兵整组和民兵训练等大项工作中交任务压担子。围绕提高抓好专武干部队伍的"五个能力"（组织开展民兵整组的能力，组织开展民兵军事训练的能力，组织开展征兵工作的能力，组织完成急难险重任务的能力，请示、汇报、沟通、协调的能力）做文章，为确保年度各项工作任务的顺利开展打基础。建立和完善六项武装工作制度机制（约谈问责机制、专项工作通报机制、述职讲评机制、评优表彰机制、工作时段划分机制、大学毕业生参军奖励机制），有效促进武装工作的落实。应急民兵队伍建设上，按照"平时服务、急时应急"的要求，配实配强应急分队，强化管理教育，狠抓军事训练，为严格落实备勤，先后组织四批次应急力量协助地方进行卫生常识宣传、消毒、排查、路口检测等疫情防控工作。

【民兵整组】 2020年，区人民武装部研学新政策、把握新标准，科学论证民兵整组需求，合理调整民兵编组布局，完成年度基干民兵普通民兵整组任务。年前，先后深入玉柴、燕京集团、海岸驾校、玉林市无人机协会、蓝天救援队等44个企业、行业，并指导全区专武干部深入辖区企业、社区、村屯调研，基本摸清民兵整组的潜力，发动企业、行业踊跃组织员工参加民兵编组，提高编兵质量。4月中旬，专题向区委、区政府和玉东新区工委、管委主要领导汇报年度整组任务，及时召开全区整组工作暨业务培训会议，全面展开民兵整组工作，确保整组实效。按照标准及时下拨整组工作经费，按标准逐批次配发民兵应急装备器材，指定体检中心全程负责民兵入队体检等。5月13—19日，对民兵整组工作进行检查验收，逐个单位点验，与所有基干民兵见面，现场采集数据信息、建立联系和管理方式，完善档案资料。为提高整组质量，5月，先后两次组织专武干部集中办公，对检查发现的问题拉单列表、逐项整改销账。11月，根据广西军区深化民兵调整改革检查考评反馈需整改的问题，专门召开玉州区、玉东新区武委会暨国防动员委员会，通过讲形势、列问题，压责任、促整改、抓落实。同时，分组到9个镇（街道）进行民兵拉动演练，根据考评细则逐项内容检查督导落实，取得较好成效。

【征兵工作】 2020年，区人民武装部围绕“两征两退”改革，积极筹划、紧前推进征兵工作。从年初开始，广泛开展国防教育活动，深入学校、社区、村屯宣传发动，坚持每周向各镇（街道）征兵办公室、区征兵办主要领导通报辖区兵役登记和应征报名动态。2020年是实行两季征兵的第一年，时间紧任务重，年前，健全跟踪督导讲评、专武干部进村入户、预征对象座谈会等制度措施。春节前，抓住大学生放假返乡有利时机，精准组织征兵宣传，先后召开大学生座谈会10场次。此外，还利用全市215辆公交车电子屏，大型商场入口电子屏，移动、电信等短信群发，微信推送等方式进行征兵宣传。发挥兵役机关牵头作用，主动向地方党委、政府请示汇报，将征兵工作纳入政府重要议事议程，落实征兵预算经费，进一步健全大学生入伍奖励机制，并落实一系列优抚措施，为征集优质兵员奠定基础。建立以区委、区政府及各镇（街道）征兵工作主要负责人为主的征兵工作动态微信群，对工作成绩靠前的单位及时予以肯定，对工作后进单位予以鞭策，有效保证征兵工作质量和进度的落实。通过多措并举，全区圆满完成兵员征集任务，“五率”考评得分98.2分，排名全市第一。

【军事训练】 2020年，区人民武装部组织干部、职工和同级国防动员委员会专业办公室，参加军区组织的军地联合国防动员演练。严格落实常态化军事训练制度，每月组织现役、文职人员不少于2天训练，指导干部下载军委推行的“军职在线”手机APP进行自主学习和训练。坚持以考促训，落实每月一考，促进军事训练落实。选送专武干部参加集训，落实专武干部每月不少于2天的集中训练；结合每月“部领导下基层周”，指导督促专武干部开展自学、自训，专武干部能力素质有明显提升。按照“全年度、部队式、基地化”的民兵训练要求，严密制订计划，分批分段组织民兵训练。对于部分因工作原因未能参训的基干民兵，通过岗位自训和随机督导检查的办法，确保圆满完成年度训练任务。

【综合保障建设】 2020年，区人民武装部围绕民兵整组、军事训练、专武干部队伍建设、应急队伍演训、兵员征集、“四个秩序”正规化建设等大项工作，科学预算，重点保障，确保重点工作出实效、出战斗力。严格落实《军队单位经费结算报销暂行办法》《广西军区财务管理暂行规定》和军区印发的《后装保障法规制度汇编》，坚持党委集体理财和“主官联审”制度，各项开支严格按预算执行。严格落实物资集中采购制度和公务卡使用规定，车辆维修、加油、办公用品等实行定点采购，确保保障有序。为不断改善区人民武装部战备、训练、工作和生活环境，共投入2万余元用于推进营区绿化管理社会化保障。坚持军用车辆定期维护保养，确保车辆全年安全无事故。投入15万元安装办公楼玻璃幕墙和基地楼晒衣场，进一步改善干部职工办公环境和参训民兵、新兵的生活环境。提前准备，周密计划，密切协同，安全顺利完成民兵武器装备仓库的搬迁和移交工作。

【安全稳定工作】 2020年，区人民武装部严格正规化管理，落实规章制度，持之以恒抓好安全稳定工作。持续抓好常态学条令、用条令、守条令活动；严格学习贯彻《关于严禁违规宴请喝酒的规定》《部队管理工作若干问题暂行规定》和广西军区《从严管控部队十条特别措施》《广西军车交通违法抄告办法》，增强干部、文职和职工遵规守纪意识。常态化开展安全大检查和保密工作专项检查，对照《中央军委国防动员部安全工作检查考评暂行细则》，开展自查自纠，协调新营院项目建设单位对营区电路、监控、消防设施等方面存在的问题进行整改。及时传达学习上级事故通报，搞好安全教育，常态组织营区执勤人员应急处突训练，提高防范意识和应急处突能力。新冠疫情防控期间，有针对性地制定本部疫情防控具体措施，完善疫情防控方案，严格按照“八个严禁”要求，紧盯办公楼、食堂、大门岗、外部人员、大院外职工严防死守，严把营门进出关口，注重营院洗消灭杀，确保人员零感染，维护部队安全稳定。

【扶贫工作】 2020年，区人民武装部共投入20万元协调推进彭村青少年活动中心和国防教育长廊项目建设，投入4.5万元对结对帮扶的5户贫困户进行危房改造。

【双拥工作】 2020年，区人民武装部共投入经费用于营区政治文化建设，根据形势任务，适时更换路边灯箱宣传教育内容和制作国防教育展板。配合玉林市做好再创全国、全区双拥模范城工作，督促地方抓好各项优抚政策落实。抓好相关制度机制的落实。协调党委政府落实好自治区党委、政府和广西军区《关于支持深化国防和军队改革进一步增强军人职业荣誉感的意见》，通过走访慰问、悬挂军烈属光荣牌匾、送立功喜报、家属就业、子女入学等工作，进一步提升军人荣誉感。在配合玉林市争创全国双拥模范城工作上献言献策，主动作为，区人民武装部被玉林市评为双拥工作先进单位。

2020年9月17日，玉州区在城区人民中路开展“全民国防教育日”宣传一条街活动（区委宣传部　提供）

【国防教育】 2020年，区人民武装部持续抓好国防教育示范校建设工作，把国防教育与校园文化建设、教学课程安排和主题实践活动紧密结合起来，实现校园文化与国防文化有机融合。还参与推进玉林市中小学校国防教育“五个一百”活动（打造百所国防教育示范校、聘请百名国防教育校外辅导员、举办百个主题班会、开展百堂国防教育优质课进校园、唱响百首爱国歌曲），此外，下大力落实好自治区党委、政府和广西军区《关于支持深化国防和军队改革进一步增强军人职业荣誉感的意见》以及市委、市政府、军分区文件精神，通过宣扬现役（退伍）军人先进典型、悬挂军烈属光荣牌匾、送立功喜报等工作，营造爱国拥军优属的浓厚社会氛围。

（区人民武装部）

财税·金融

财　政

【财政工作机构概况】玉州区财政局（简称区财政局）是区政府职能部门。基本职能是：管理财政收支、主管财经政策、实施财政监督、参与国民收入再分配。局机关核定编制13人，2020年年末在编在职13人。核定领导职数4名（1正3副）。内设股室9个，局二层事业单位5个，镇（街道）财政所8个。办公地址：玉林市清淳路106号。

【财政收支】2020年，玉州区组织全口径财政收入219416万元，完成年初预算的84.89%，下降10.88%。其中，上划中央收入完成55460万元，完成年初预算的67.49%，下降13.89%；上划自治区收入完成16056万元，完成年初预算的62.5%，下降22.1%；一般公共预算收入完成147900万元，完成年初预算的98.21%，下降8.31%。全区一般公共预算总支出328029万元，比上年增长8.33%，其中：一般公共预算支出320168万元，比上年增长8.84%；上解上级支出5861万元；一般债券还本支出2000万元。

2020年9月21日，玉州区财政局开展财政业务培训（区财务局　提供）

【保障和改善民生】2020年，玉州区投入各级财政专项扶贫资金5859.82万元。全年玉州区财政教育投入10.14亿元，同比增长4.45%；新建或改扩建一批中小学校，其中玉州区第二实验初中于8月末如期竣工招生，解决玉州区初中学位紧缺问题。按照国家教育督导相关要求，玉州区落实义务教育教师的岗位考核津贴、班主任津贴、乡村教师生活补贴、伙食补、物业补等各项津补贴，义务教育教师年均工资收入高于公务员年均工资收入。城乡居民基本医疗保险人均政府补助标准由2019年的490元提高到2020年的550元；进一步提高基本公共卫生服务项目的数量和质量，基本公共卫生补助标准由2019年的69元/人/年提高到2020年的74元/人/年，全年基本公共卫生服务项目投入4668.78万元，同比增长20.71%，促进公共卫生服务均等化。落实城乡居民基本养老保险政策，各级财政对城乡居民社会养老保险的补助为7702万元；推进城乡低保资金统筹使用力度，合理消化结余资金规模，全年中央和自治区下达城乡低保补助资金9114.56万元，累计支出9001.89

万元；做好弱势群体保障工作，完善社会救助体系，全年各类社会救助补助累计支出2759.04万元；进一步抓好就业再就业工作，全年各级财政安排就业补助金2629.88万元，累计支出2502.42万元；加大对财政社保资金监管力度，规范资金管理，全年划入财政社保专户各级财政补助资金共计49959.4万元。加快推进农业产业化建设，加强水利基础设施建设和林业生态保护。玉州区全年发放耕地地力保护补贴资金985万元，投入820万元加强水利基础设施建设，投入1025.97万元用于林业生态保护。全年玉州区部门工资和福利支出104828万元，商品和服务支出70994万元，对个人和家庭补助支出33925万元。按财政部口径计算，全年玉州区财政民生支出28.21亿元，占当年玉州区一般公共预算支出的比重为88.11%。

【收支管理】 2020年，区财政局抓好税收入库和非税收入征管，密切关注经济形势的发展变化和税收政策调整对财政收支的影响，消化减收因素，落实应对措施。在化解既有债务的基础上，加强对债务的管理和债务风险的防控。截至年末，玉州区累计化解政府隐性债务49614.21万元，完成计划的149.43%。规范财政支出管理，确保“三保”，稳定“六保”，坚持厉行节约，压减一般性支出，全力减少新冠肺炎疫情对玉州区经济社会发展带来的冲击和影响。加强财政扶贫资金动态管理，对财政扶贫资金进行专项绩效评价，逐步健全扶贫项目资金全过程绩效管理的常态化、制度化、规范化机制。年末，盘活财政存量资金，根据中央和自治区盘活财政存量资金的有关规定，将一般公共预算结转结余资金、政府性基金预算结余结转资金、国有资本经营预算结转结余资金、转移支付结转结余资金、部门预算结转结余资金等共计32647万元盘活统筹安排使用，全部统筹安排用于增资项目和稳增长及惠民生等重点项目。

【财政改革】 2020年，区财政局继续深化财政改革工作，增强财政预算约束力。继续推进预决算公开常态化、规范化，开展财政资金安全监管和内控制度建设。推进政府采购改革，完善“政采云平台”，压缩签订合同时间，降低市场交易成本，支持小微企业参与政府采购，切实优化营商环境。推进投资评审改革，简化财政投资评审，建立健全财政评审限时办结制，进一步压缩评审时限。继续推进国库集中支付电子化管理改革试点工作、公务卡结算。

【政府采购管理改革】 2020年，区财政局加强对采购单位主体责任的宣传；从严格程序入手，规范采购行为，确保政府采购公开、公平、公正；对政府采购资金结算严格实行财政集中支付办法；促使政府采购代理机构严格执行政府采购的法规制度。5月30日起，启用“政采云—项目采购交易系统”，进一步提高政府采购规范化、透明化程度，提升政府采购的效率和效益。截至年末，全区完成采购预算23230.16万元，实际采购资金23052.5万元，共节约资金177.66万元，资金节约率为0.43%。

【财政投资评审】 2020年，区财政局加强对项目投资预决算的审核及跟踪问效，并对重点项目实行全程监督，通过工程项目审计中介机构对建设项目进行预决算审查。全年玉州区委托中介机构对全区205个项目进行财政投资评审，送审金额46683.4万元，审定金额41886.5万元，核减额4796.9万元，核减率10.28%，提高政府投资效益。

【财政监督】 2020年，区财政局委托中介机构对全区205个项目进行财政投资评审，有效提高政府投资效益。开展直达资金专项检查，同时加强政府投资项目、财政支农项目资金和社会保障、教育等各项经费跟踪检查，不断规范财政资金使用管理。

【财政收支平衡】 2020年，玉州区一般公共预算方面，收入总计329849万元，支出总计328620万元。收支相抵，年终结余1229万元。

【国有资产监督管理】 2020年，区财政局对拟报废的资产金额大、数量多的单位，坚持与各自的主管部门深入核对，确保资产在规定期限内发挥其使用；加强对各行政事业单位资产出租的审批，对前来申请拟出租的资产，全部都能深入出租地点，结合实际，与周边地段的出租单位做比较，合理为各单位提出租赁期限及起租底价，并进一步规范玉州区各行政事业单位资产出租程序，防止腐败，增加国有资产有偿使用收入。区财政局协助区直属机关后勤服务中心对全区各机关事业单位资产进行调查摸底，造册登记，核查各单位经营性资产经营现状的合法性，指导全区各机关事业单位将经营性国有资产移交区直属机关后勤服务中心进行统一经营管理工作。

2020年，区财政局加强改制企业资产出租的管理，对改制企业闲置资产通过公开招租的方式进行出租，确保企业国有资产保值增值。做好已改制企业的一些遗留工作及信访工作。玉州区共接收167家国企的退休人员，其中：驻玉中央企业45家，驻玉自治区直属企业30家、市直属企业55家，玉州区属国有企业37家。共接收退休人员12631人，接收档案12631份。

（区财政局）

2020年度玉州区一般公共预算收入决算一览表

表2　　　　单位：万元

科目编码	科目名称	决算数
—	一般公共预算收入	147900
101	税收收入	74133
10101	增值税	24962
1010101	国内增值税	9279
1010104	改征增值税（项）	15683
10104	企业所得税	6664
1010433	股份制企业所得税	4893
1010435	港澳台和外商投资企业所得税	107
1010440	分支机构预缴所得税	159
1010444	跨市县分支机构预缴所得税	56
1010445	跨市县总机构预缴所得税	56
1010448	跨市县分支机构汇算清缴所得税	2
1010449	分支机构汇算清缴所得税	14
1010450	企业所得税税款滞纳金、罚款、加收利息收入	87
10106	个人所得税（款）	2445
1010601	个人所得税（项）	2576
10107	资源税	14
10109	城市维护建设税	5410
1010901	国有企业城市维护建设税	331
10110	房产税	1420
10111	印花税	1868
10112	城镇土地使用税	4683
10113	土地增值税	14907
10114	车船税（款）	7610
10118	耕地占用税（款）	3949
10121	环境保护税（款）	70
10199	其他税收收入（款）	131
103	非税收入	73767
10302	专项收入	4852
1030203	教育费附加收入（项）	2281
1030216	地方教育附加收入（项）	1519
10304	行政事业性收费收入	8301

续表2

科目编码	科目名称	决算数
1030402	法院行政事业性收费收入	1799
1030407	财政行政事业性收费收入	8
1030427	教育行政事业性收费收入	1
1030433	建设行政事业性收费收入	169
1030446	水利行政事业性收费收入	255
1030447	卫生健康行政事业性收费收入	5891
1030449	民政行政事业性收费收入	171
1030450	人力资源和社会保障行政事业性收费收入	7
10305	罚没收入	1369
1030501	一般罚没收入	1369
10306	国有资本经营收入	25468
1030603	产权转让收入	25459
10307	国有资源（资产）有偿使用收入	33121
1030705	利息收入	112
1030706	非经营性国有资产收入	32800
1030719	水资源费收入	209
10308	捐赠收入	624
10399	其他收入（款）	32

2020年度玉州区相关指标一览表

表3 单位：万元

项目	数额
一、上划税收	
上划中央税收	55460
上划中央国内增值税	35640
上划中央国内消费税	63
上划中央企业所得税	13890
上划中央个人所得税	5867
上划省税收	16056
增值税	12250
企业所得税	2222
个人所得税	1467
环境保护税	30
其他税收收入	87

2020年度玉州区一般公共预算支出决算功能分类一览表

表4　　单位：万元

科目编码	科目名称	决算数
—	一般公共预算支出	320168
201	一般公共服务支出	26144
202	外交支出	—
203	国防支出	408
204	公共安全支出	8544
205	教育支出	101374
206	科学技术支出	5274
207	文化旅游体育与传媒支出	11205
208	社会保障和就业支出	52917
210	卫生健康支出	52137
211	节能环保支出	15038
212	城乡社区支出	9342
213	农林水支出	26591
214	交通运输支出	3001
215	资源勘探信息等支出	404
216	商业服务业等支出	703
217	金融支出	432
219	援助其他地区支出	—
220	自然资源海洋气象等支出	2523
221	住房保障支出	1629
222	粮油物资储备支出	353
224	灾害防治及应急管理支出	1157
229	其他支出(类)	—
232	债务付息支出	979
233	债务发行费用支出	13

税　务

【税务工作机构及概况】 国家税务总局玉林市玉州区税务局(简称区税务局)局机关设在一环东路56号，隶属国家税务总局玉林市税务局管理，负责管辖玉林市直以及玉州区区域内各项税收、社会保险费和有关非税收入的征收管理。局机关内设机构11个，事业单位1个，另设机关党委、党委纪检组。设置第一税务分局(办税大厅)、第二税务分局、玉城税务分局、南江税务分局、名山税务分局、城西税务分局、城北税务分局7个派出机构。2020年度，纳税人登记户数48255户，其中：一般纳税人3404户，小规模纳税人44851户。

2020年，区税务局在区委、区政府和上级税务局的领导下，坚持以习近平新时代中国特色社会主义思想为指导，坚持“稳中求进”工作总基调和新发展理念，提升站位勇于担当，服务“六稳”“六保”大局，统筹兼顾、有条不紊落实落细各项工作，较好地完成各项工作任务，实现“十三五”规划圆满收官。

【减税降费】 2020年，区税务局建立减税降费常态化工作机制，构建减税降费“1+5+2”牵头协作机制，组建工作专班，落实工作任务。税政部门牵头，全面对接梳理归纳优惠政策内容、执行方式、执行操作指引，并分发各分局、各业务股室进行学习，尽快让税务干部准确掌握最新税收优惠政策内容。纳税服务部门牵头成立服务团队，落实办税大厅业务骨干值班制度，各分局和业务股室指定专人及时做好线上涉税咨询回复工作。开展以“线上”为主阵地的税收宣传活动，在坚持横幅标语、走访调研、联户进企宣传等传统方式的同时，充分利用税企微信群、QQ群和税务干部职工个人朋友圈转发等形式开展全覆盖的税收宣传。推广“非接触式”办税缴费服务，优化现场办税、提高退税审批率，落实延期申报和缴纳税款等征管措施，在政策宣传落实过程中，法制部门全程把关督察，纪检部门跟踪监督，确保政策宣传准确落实到位。全年玉州区累计新增减税降费14151万元，其中：2020年出台的支持疫情防控和经济社会发展税费优惠政策新增减税降费5754万元，2019年年中出台政策在2020年翘尾新增减税降费8397万元。

2020年11月，玉州区税务局举办企业社保费划转业务培训班
（区税务局　提供）

【组织收入】 2020年，区税务局累计组织玉林市人民政府口径收入150480万元，同比减收27499万元，下降15.45%，完成调整后全年预算目标任务150300万元的100.12%。稳步推进社保费征管职责划转工作，实现接得住、接得稳、接得好的预期目标，2020年累计组织社会保险费137132万元，累计组织非税收入4793万元。

【征收管理】 2020年，区税务局加强所得税、增值税等各税费种管理，个税首次年度汇算平稳落地、稳步推进企业所得税汇算清缴和后续管理、积极防范出口退税风险、企业社保费划转和水土保持补偿费等4项非税收入职责顺利划转。加强内部数据质量管理，处理各类数据2.68万条；对38651户纳税人联系电话进行核实修改。推广优化电子税务局管理，采取深挖问题多维度完善、强化沟通多渠道宣传、加强问题收集多方面反映、优化服务多方式辅导的“四多”举措，推广电子办税和优化工作，促使纳税人逐步形成“网上优先办税”的理念；做好限时办结事项监控，组建18人客服团队做好在线事项办理工作；组建工作专班，以推进征管质量5C评价为抓手打牢各项基础工作。成立工作组，抓好业务培训和落实清单任务，稳妥做好专票电子化试点准备工作。

【依法治税】 2020年，区税务局推进依法治税，落实行政执法事前、事中、事后公示，行政执法全过程记录，行政执法重大决定法制审核“三项制度”，制定公布权责清单，保障纳税人权益；加强内控平台监控，强化执法风险数据核查抓实问题整改，对监督发现的问题及时通知相关责任人进行整改，确保整改率达到100%，并建章立制防止类似问题再发生。实施“信用＋风险”动态监管，对列入“黑名单”的38户纳税人落实联合惩戒；落实税费征缴司法协作合作协议，维护合法税收债权，全年司法拍卖入库税款6727.73万元。开展重大项目、重点行业风险核查和各类疑点数据核查，应对风险主动有效，风险命中率100%，风险入库税款及滞纳金6311.41万元。全年无重大税务案件，无纳税人提起行政复议。

【税收服务】 2020年，区税务局加力优化税收营商环境。按照税务总局“优惠政策落实要给力，非接触式办税要添力，数据服务大局要加力，疫情防控要尽力”的“四力”要求，围绕“营商环境突破年”活动，致力于“优服务、添便利”，提升纳税人缴费人“获得感”，落实压缩纳税次数、减少纳税时间、企业开办、不动产交易办理等各项指标任务；出口退税提速至3个工作日，同比

2020年6月，玉州区税务局邀请税收中介参加纳税体验活动
（区税务局　提供）

提速56.9%。推行“非接触式”办税，实现占涉税事项办理94%的257个涉税缴费事项全程“网上办”，99项业务同城通办；邮政寄递发票95688份。致力于“强体系、深互动”，提升纳税人缴费人“幸福指数”，健全纳税信用管理，对16454户纳税人开展纳税信用评价，评出A级纳税人557户，B级纳税人6553户；配合开展“银税互动”宣传活动，帮助开展信息查询和开具有关证明，促进企业以“纳税信用”名片换成“银税贷融资”，纾解中小企业融资困难；开展满意度工作调查回访，联户进企16267户征询响应需求。优化服务流程，推行“容缺办理”机制，容缺非法定事项，全力保障纳税人“最多跑一次”；落实大厅首问责任制、导税服务、领导带班值班制度、主动预约服务、业务分类引导服务、“容缺办理”服务，“特事特办”服务等，进一步优化现场办税。

【税收宣传】 2020年，区税务局重点围绕落实减税降费开展多渠道的税收宣传辅导。做实做优“微平台”“网平台”“邮平台”，线上“云咨询”为纳税人提供远程在线辅导和“一对一”税收政策支持，完善和推广升级版减税降费“红利账单”，共宣传辅导35万余人；组织开展为期50天的“加长版”税收宣传月活动，采取定向推送、“一对一”和专场辅导以及开展便民办税换位体验、走访外贸出口企业和中小微企业、税收知识普及“进单位”“青春扬帆·税企同行”青年创业税法论坛、“双百双新”产业项目税务服务等特色主题宣传活动等形式精准辅导近4000人次，发放宣传资料3万余份。

（区税务局）

金　融

金融服务

【金融服务工作机构概况】 玉州区金融工作服务中心（简称区金融工作服务中心）是玉州区人民政府直属事业单位，为正科级，列为公益一类。内设政秘股和业务改革发展股。

【金融门户开放建设】 2020年，区金融工作服务中心配合自治区、玉林市金融门户开放建设各项部署，以玉林中药材市场、香料市场这两个市场为切入点，引导这两个市场从事中药材、香料加工和贸易的企业把握自治区建设面向东盟金融开放门户的发展契机，利用好政策红利，到玉林市商务局申办企业对外贸易经营备案登记，获得自营进出口贸易业务许可。规范玉林中药材（香料）与东盟各国的贸易行为，推进人民币本位币的结算。玉州区从事中药材、香料加工和贸易的企业获得自营进出口贸易业务许可的有26家。

【强化金融信贷支持企业复工复产】 2020年，区金融工作服务中心创新利用“五个一”措施强化金融信贷支持疫情防控和企业复工复产工作。成立一个强化金融信贷支持工作专班、出台一系列方案、上报一批企业复工贷款贴息贷款、建立一份企业融资需求清单、鼓励续贷一批企业。

【政银企合作】 2020年，区金融工作服务中心加强政银企合作，通过玉州区各经济部门、辖区内的商协会和微信、邮箱等渠道发送国家、自治区、玉林市等有关支持企业复工复产的金融政策，鼓励引导企业通过广西综合金融服务平台发布融资需求、指导银行机构通过广西综合金融服务平台实时报送财政贴息复工贷款发放情况，落实“六稳”“六保”政策。2020年，全区在广西综合金融服务平台上注册的企业有583家，发布融资需求的企业563家，放款金额已达13.83亿元。已通过自治区地方金融监管局审核的复工贷贴息39笔（含小微企业、个体工商户），获得自治区财政贴息160.36万元，玉州区财政应贴息160.36万元。已报市金融办审核的第二批复工贷贴息237笔（含小微企业、个体工商户）。

【实施企业上市（挂牌）三大工程】 2020年，区金融工作服务中心做好2020年企业上市（挂牌）“三大工程”的工作，引导玉州区辖区内有条件的企业申请进入自治区、玉林市上市后备企业库。全区列入上市（挂牌）后备企业资源库自治区级企业6家，拟进入市级企业8家。根据企业规模、所处行业发展阶段的不同，分层次分类推动企业上市（挂牌），正在申报2020年拟上市重点企业4家。对有意上市（挂牌）的企业进行实地调研，详细了解企业在上市（挂牌）过程中面临的困难和问题，并帮助企业解决一些在上市（挂牌）过程中遇到的实际的困难和问题。

【优化营商环境】 2020年，区金融工作服务中心推进优化营商环境获得信贷指标，加强与辖区各大金融机构的沟通和联系，了解各金融机构对小微企业提供50万～1000万元以下额度抵押贷款办理环节、材料、时间是否都达到目标，并确保全部达标。配合市金融办做好降低民营企业政府性融资担保费率的工作，配合市金融办做好推动设立民营小微企业首贷续贷中心工作，配合市金融办持续扩大全市征信机构覆盖面。加强与大数据发展和政务服务局的联系，持续推进涉企信息归集共享工作。

【扶贫小额信贷清收处置工作】 2020年，区金融工作服务

2020年10月14日，区金融工作服务中心联合区人民法院与玉州辖区内各银行、保险公司召开司法确认工作座谈会　（区金融工作服务中心　提供）

中心成立由区委常委、常务副区长王永坚担任组长的玉州区扶贫小额信贷工作专班。玉州现存量扶贫小额信贷全部是自主经营贷款，无逾期贷款余额。补发的2019年扶贫小额信贷奖励金额已于2020年5月15日全部发放完毕。

【扶持村级集体经济发展】 2020年，区金融工作服务中心鼓励银行业金融机构加大对村级集体经济的扶持力度，尤其是支持区联社逐步回归本源，为本地“三农”服务，引导金融资源向“三农”等薄弱领域倾斜。4月15日，组织召开玉州区金融工作服务中心发展壮大村级集体经济工作座谈会，引导金融机构对村级集体经济组织经营或参股的项目提供优质的金融服务。完善农村金融基础设施，玉州区辖区内3个乡镇所有的村三农金融服务室建设已全覆盖。玉州辖区农村支付服务点全部覆盖到所有行政村，助农取款点全部升级为惠农服务点。根据玉州区发展壮大村级集体经济联系督导工作要求，到大塘镇对发展壮大村级集体经济开展督导调研。

【防范化解金融风险】 2020年，区金融工作服务中心印发《玉林市玉州区防范化解重大金融风险工作领导小组关于领导小组组织架构及工作规则的通知》，成立玉州区防范化解重大金融风险工作领导小组。印发《玉林市玉州区打好防范化解重大金融风险攻坚战实施方案》，明确各成员单位职责，已向各成员单位征求《玉林市玉州区农村中小金融机构风险化解处置工作方案（征求意见稿）》的意见，全力压降农村高风险机构风险，为农村金融机构信贷投放营造安全稳定的外部环境。

【成立农村中小金融机构经济纠纷联动调解站】 2020年8月28日，区金融工作服务中心和区人民法院联合成立玉林市玉州区农村中小金融机构经济纠纷联动调解站。10月14日，区金融工作服务中心联合区人民法院与玉州辖区内各银行、保险公司召开司法确认工作座谈会。通过司法确认制度，拓宽金融、保险等纠纷化解渠道，提升金融债权回收效率、

2020年8月28日，玉林市玉州区农村中小金融机构经济纠纷联动调解站成立　　（区金融工作服务中心　提供）

保险理赔工作效率。

（区金融工作服务中心）

玉林市区农村信用合作联社

【农村信用合作工作机构及概况】 玉林市区农村信用合作联社（简称区联社）机关设立办公室、人力资源部、计划信贷部、资产管理部、风险管理部、市场开发部、经营核算部、资金业务部、网络金融部、党群工作部等16个部室，下设15个基层信用社和1个营业部，66个物理网点遍布玉林市玉州区、福绵区和玉东新区，在职员工681人，机构网点和从业人员分别占全市银行业金融机构的35%、26%，是辖区内人员数量最多、服务网络最广的一家银行业金融机构。

2020年，区联社坚持以习近平新时代中国特色社会主义思想为指导，坚持以新理念谋划新发展，以新举措防控风险，以提高经营质量为中心，业务覆盖玉州区87个社区（行政村），为玉州区社会经济发展作出积极贡献。全年区联社发放各项贷款余额155.36亿元；各项存款余额220.99亿元，比年初增加18.42亿元。区联社缴纳各类税金10084.35万元（含玉东新区），对玉州区财政收入贡献度持续保持在较优水平。

【构建城乡一体化的金融服务渠道】 2020年，区联社推进惠农支付服务体系建设，进一步完善电子银行系统功能，普及桂盛卡、金融社保卡等电子产品，让广大客户充分享受到高效、快捷、安全的现代金融服务。截至年末，在玉林市设立金融便民服务点（含金融服务站）161个，全年累计新增交易笔数41.73万笔，交易金额达3.76亿元；自助银行服务区（点）共70个；自助设备200台，累计布设POS终端1615台；桂盛卡存量113万张；社保卡共计账户42.81万户，卡均余额772.62元，卡均余额在玉林排名第一。

【完善信贷投放机制】 2020年，区联社不断完善信贷投放机制，优先满足优质涉农企业、农民专业合作社、种养大户、家庭农场等新型农业经营主体的资金需求，为实体经济拓宽融资渠道，成为田间地头的一股金融活水。截至年末，涉农贷款余额为108.42亿元，占各项贷款余额的69.79%。

【助力精准扶贫工作】 2020年，区联社探索开发扶贫小额信用贷款，发展农户小额信用、小额担保贴息、农民工创业担保贴息等贷款，为贫困对象创业就业提供信贷支持。全年新发放扶贫小额信贷0.58亿元，其中玉州区0.32亿元。

区联社农村金融服务站业务营销活动现场　　（区联社　提供）

【实施小微企业扶持工程】 2020年，区联社严格落实“复工贷”财政优惠政策，切实为企业“减负”；建立小微企业贷款绿色通道，确保贷款快受理、速审批，提高办贷效率，充分运用财政贴息为企业降低融资成本。截至年末，已上报财政贴息“复工贷”共126户，金额2.89亿元，为企业减少利息支出593万元；为符合条件的普惠小微企业提供贷款延期服务，涉及企业贷款865户，金额8.34亿元，有效缓解小微企业还本付息压力；小微企业贷款余额99.93亿元，占各项贷款总额的64.32%，有力地支持地方经济的发展。

区联社客户经理向贫困户了解沃柑生产情况　　（区联社　提供）

【“玉林市区农村信用合作联社”微信公众号】 2020年，区联社打造的综合性服务微信公众号集成“微银行”“业务介绍”“工作动态”三大板块，每日推送最新金融资讯，准确、全面、及时反映区联社开展的各项重点工作、重大活动等信息，为客户提供集资讯服务、金融服务和增值服务为一体的综合性金融服务。全年共发布信息620条。

（区联社）

经济综合管理

区域经济管理

【发展和改革管理工作机构及概况】 2020年，玉州区发展和改革局（简称区发改局）内设政秘股、改革规划综合股、经济社会发展股、项目投资股、资源节约和环境保护股、行政审批办公室、粮食和物资储备产业发展股、执法监督安全仓储股共8个股室；核定机关行政编制7名，后勤服务事业编制1名，实有人员8人。下属二层事业单位有玉林市玉州区政府投资项目评审中心，核定编制24名，实有人员14人；玉林市玉州区储备粮服务中心，核定编制10名，实有人员10人；玉林市玉州区新兴服务业发展促进中心，核定编制10名，实有人员2人。年内全市推动经济高质量发展和优化营商环境情况工作中玉州区获得80次红榜通报。2020年度月度新增规上其他营利性服务业企业数排名全市第一名。获得玉州区“先进集体”称号，选树3位“玉州好干部”。

【“十四五”规划目标编制】 2020年，区发改局牵头编制《玉林市玉州区国民经济和社会发展第十四个五年规划和二〇三五年远景目标纲要（草案）》，推进玉州区发展定位及发展路径、农文旅产业融合发展等课题研究。组织编制2020年度国民经济和社会发展报告及2021年度发展计划草案，为全区国民经济和社会发展工作的开展做好总体部署。

【资金筹措】 2020年，区发改局做好资金筹措工作。紧跟投资投向，组织区直各相关部门申报中央预算内投资项目。共筛选上报43个项目，申报总投资404819万元，其中中央投资38946万元，主要涉及社会领域、投资领域、环资领域、外经领域和农经领域。获得中央预算内投资项目1个，计划总投资3424万元，其中中央预算内投资1600万元。项目已开工建设，截至12月31日，投资完成率71.99%，资金拨付率76.5%。全年玉州区共向上申报专项债项目15个，总投资76.71亿元，获得新增政府专项债5个，累计获得地方政府专项债4.3亿元。

【固定资产投资】 2020年，区发改局统筹协调做好固定资产投资统计工作。加大辖区内市政基础设施项目、房地产项目、园区项目的跟踪服务，进一步梳理市级、区级广西统一在线联合平台审批项目；加大对玉州区科学统计的指导力度，优化营商环境，解决企业经营过程中的融资等困难问题；采取项目清单管理，做到“五到位”，实行固定资产投资“红黑榜”制度，增强镇街的责任感和紧迫感。全年辖区固定资产投资增长-9.4%，玉州本级增长3.8%。

【行政审批改革】 2020年，区发改局强化政务服务“简易办”，扎实推进政务服务“一网、一门、一次”改革，完成自建专业业务办理系统与广西数字政务一体化平台对接，动态调整政务服务事项实施清单，政务服务事项承诺提速率达97.58%。简化办事流程，公布一次性告知事项，提高办事效率，提速率达97.58%。全年共审批项目404个次，其中审批类项目93项/次，备案类308个/次，核准类项目2个，节能审查1个。开展“12345”政府服务热线工作。本年度签收（含不属于本单位职责范围内按规定退单的）并处理工单共21条，签收及退单及时率达100%，及时更新知识库内容，共录入信息33条。梳理区发改局权责清单事项，行政许可、行政处罚、行政检查及其他行政权力的权力事项共20项，责任事项共108项，追责情形共152项。

【优化营商环境】 2020年，区发改局统筹协调，强化各区直部门职责，不断巩固2018年以来全区优化营商环境工作取得的成果，推进2020年优化营商环境实施方案和百日攻坚行动各指标目标任务。玉州区充分应用数字政务一体化平台，实现事项网上"不见面"审批和群众办事"一次不用跑"，提升网上政务服务能力。截至12月31日，玉州区已通过一体化平台受理政务服务事项共13053件，政务事项网上可办率达99.32%。257个涉税缴费事项可在电子税务局全程网上办，据区税务局统计，截至年末，涉税缴费事项月均网报率达99%。推广使用广西移动微法院，实现网上办理审判、执行立案等一系列诉讼活动。提高人力资源服务、招标投标服务能力，加大知识产权创造、保护和运用和创新创业扶持力度，规范政府采购，加强市场监管，梳理问题清单，对标全国一流，营商环境持续优化，大大激发市场主体的创业活力。

【乡村振兴发展】 2020年，区发改局印发《玉州区乡村振兴战略规划（2018—2022年）》，明确玉州区乡村振兴发展目标和发展思路，提出未来几年乡村振兴发展方向和发展重点，组织有关单位开展振兴乡村战略项目储备申报工作。全年全区共谋划储备项目109个，项目总投资715621万元，向上申报2021年项目88个，项目总投资695629万元，其中申请自治区乡村振兴资金73787万元。年内，全区获得产业发展专项、基础设施专项、公共服务专项三大专项乡村振兴项目共2个，获得乡村振兴补助资金415万元，项目均已开工，正在有序推进中。

【服务业发展】 2020年，区发改局统筹协调抓好服务业发展工作。全区实现服务业增加值342亿元，增速2.9%，其他营利性服务业增长10.5%，新增其他营利性服务业企业入库13家，超额完成玉林市下达9家任务。玉柴融资租赁有限公司获得2020年自治区服务业发展专项资金500万元，该项目已完成建设内容。玉州区2020年服务业重大项目共33个，其中：新开工项目5个，在建项目9个，储备项目19个。新开工项目总投资5.73亿元，年度投资3.05亿元，截至12月，5个新开工项目完成投资4.62亿元；在建项目总投资50.06亿元，年度投资7.43亿元，完成投资11.34亿元。

【节能减排】 2020年，区发改局严把项目准入关，对六大高能耗、高污染的项目一律不予审批（备案、核准）。与区直属机关后勤服务中心联合开展以"绿水青山，节能增效"为主题的全国节能宣传周和全国低碳日活动。开展水资源环保宣传活动，每月组织"清河环保宣传队"到南流江江岸开展以"全员携手，护水清河，从我做起"为主题的清河环保宣传活动。宣传水资源生态环境保护知识，倡导低碳、绿色、健康环保的生活方式。加强南流江生态环境综合治理项目策划包装，协调推进玉州区南流江流域（仁东江支流）生态振兴项目、玉州区清湾江一联陂至大塘镇河道整治工程、玉州区东庆江流域生活污水处理厂项目，做好项目推进工作。落实自治区和玉林市关于新能源汽车推广应用攻坚行动工作部署，精心组织，多措并举，克难攻坚，玉州区新能源汽车保有量任务数1147辆，占全市总任务数44.12%，完成1196辆，完成率104.27%；充电桩建设任务数132个，占全市总任务数44%，完成170个，完成率128.79%；充电插座建设任务数287个，占全市总任务数44.15%，完成306个，完成率106.62%；专用停车位建设任务数264个，占全市总任务

2020年8月5日，区发改局到光大环保能源（玉林）有限公司调研玉林市生活垃圾焚烧发电项目二期工程　（区发改局　提供）

数 47.83%，完成 513 个，完成率 194.32%；示范单位建设任务数 12 个，占全市总任务数 40%，完成 14 个，完成率 116.67%，玉州区新能源汽车推广应用攻坚行动成效显著。

【“地条钢”核查】 2020 年，区发改局主动做好地条钢工作。牵头联合区直相关部门作为监管责任主体，全区 2 个排查小组分别对在册监管使用中（工）频炉的企业开展“地条钢”排查工作。排查小组深入厂区车间，就企业的生产经营状况、中频炉等生产设备、原材料、产成品和生产工艺、用电量状况等进行核查。在检查过程中，检查小组对企业负责人进行相关法律法规的宣传讲解，明确要求企业遵守使用中频炉的相关规范，诚信、守法经营，绝不生产“地条钢”。此次排查 15 家企业未发现有违法生产销售“地条钢”的行为。

（区发改局）

经济贸易和科技管理

【经济贸易和科技管理工作机构概况】 玉州区经济贸易和科学技术局（简称区经科局）是区政府行政工作部门，为正科级行政单位。局内设工业股、商务股、博览股、科技股 4 个业务股室。有行政编制 8 名，事业编制 31 名，截至 2020 年年末，区经科局在职在编人员 39 人，其中有行政编制 8 名，事业编制 31 名，工勤人员 4 名，空编 1 名。办公地址：玉林市玉州区玉州路 2 号。

【“五网”建设——物流网】 2020 年，区经科局实施“五网”建设（物流网）项目 1 个，即玉州区农产品加工及冷链项目，位于玉石公路仁厚镇，总建筑面积 20148.16 平方米，总建筑占地面积 9008.68 平方米。项目分两期建设：一期建筑面积为 10304.2 平方米，其中：大米加工车间建筑面积 2299.64 平方米；药材加工车间建筑面积 7473.6 平方米；办公综合楼建设第一层，建筑面积 490.68 平方米。二期建筑面积为 9843.96 平方米，其中：冷库厂房一的建筑面积 5530.4 平方米；冷库厂房二的建筑面积为 2350.84 平方米；办公综合楼建设第二层至第五层，建筑面积 1962.72 平方米。项目已开工建设，开工率 100%，项目已超额完成年度投资额。

（区经科局）

投资促进

【投资促进工作机构及概况】 玉林市玉州区投资促进服务中心（简称区投资促进服务中心）是区政府直属事业单位，为正科级，列为公益一类；领导职位设置为 1 名主任，2 名副主任；核定编制数 7 名，在职在编人员 6 名。办公地址：玉林市玉州区玉州路 1 号。

2020 年，区投资促进服务中心按照区委、区政府全面建成小康玉州，保持玉州经济可持续稳定发展的要求，围绕玉林市产业布局规划以及玉州区产业优势，遵循产业大招商、“三企入桂”“浙商广西行”工作思路，扎实有效开展工作。全区招商引资到位资金累计完成 87 亿元，完成目标任务 87 亿元的 100%。玉州区被评为“2020 年度产业大招商专项考评先进单位”。

【国内招商引资】 2020 年，区投资促进服务中心组建由区政协主席杨树信牵头的玉州区重点产业招商工作专班，先后多次召开集体会议对项目进行共同研讨，并招聘 6 名招商专班人员（编外合同制）。

全年玉州区共组织区内外招商引资活动共计 17 次，区四家班子领导多次带队分别前往北京、广州、深圳、东莞、佛山、珠海、江门、厦门、惠州、昆明、宜良、海口、三亚和南宁、柳州、桂林等地进行考察招商，对接、洽谈的企业（项目）共 83 个，是历年来招商引资对接项目数最多的一年。

牵头签约招商引资项目 8 个，累计签约总投资额 80.6 亿元，先后组织两次招商引资推介会，向逾 90 名客商全面宣传和推介玉州；参与玉林市组织的各类招商推介活动，主动加强与市投资促进局及其他县市区招商部门的工作对接，做好项目到位资金的上报工作，全面分析 2020 年下发的绩效考核内容和计分方法，对项目进行汇总与梳理，先后到北流、容县等县（市、区）考察交流招商引资工作经验；制定《玉州区近期招商引资项目汇总表》，详细记录对接项目的具体进展、存在问题及下一步计划，并根据各企业业务需要，安排专人与各职能单位对接。

草拟出台《关于鼓励玉州区总部经济发展的实施方案》《玉州区“三企入桂”工作方案》《玉州区产业大招商攻坚突破年工作方案》《玉州区招商引资激励办法》等相关政策文件，以增强综合经济实力和辐射带动能力为目标，完善配套政策和制度体系，细

2020年12月19日，玉州区驻粤港澳大湾区招商联络处在广东省广州市挂牌成立。图为挂牌仪式后与会人员合影　（区投资促进中心　提供）

化招商引资工作全过程，层层分解、压实责任、确保招商引资工作有序高效开展。同时，明确四家班子领衔招商、一把手全员招商、专业人员驻外招商的工作架构，12月在广东省广西商会成立广西玉林市玉州区驻粤港澳大湾区（广州）招商服务中心，委托广西商会作为中介力量，辅助玉州区开展驻点招商工作。

除上级文件规定不承担招商引资任务的单位外，通过玉州区产业大招商工作方案，明确包括全区四家班子领导在内所有领导和区直相关部门均要参与招商引资。全年区处级领导带头外出天数累计超过30天，四家班子领导均领衔外出开展招商活动，区招商专班成员全年均外出开展招商工作，每次组织外出，区投资促进服务中心均选派人员参与工作。配合区委统战部、区经科局开展民营经济园入园企业推介工作、非公经济工作、牛腩粉产业园招商工作、玉州区商贸服务业闲置资源统计规划、申报香料之都工作等内容。

【投资服务】 2020年，区投资促进服务中心履行区投资促进委员会办公室、区投资专业化服务代办领导小组办公室职责，多次召开项目协调会，为项目业主协调解决规划论证、审批备案、征地拆迁、开工手续、证照办理等项目落地过程中存在的困难和问题，确保招商引资项目“招得进、落得下、实施好”。

【重大项目招商引资】 2020年，玉州区先后对接光大集团、国药集团、中化学集团、中集集团、中恒集团等世界500强、中国500强企业，并初步形成可循环经济产业园项目、香料及中药物流园和保税仓、南流江综合整治项目等一批产业项目，对接高质量发展项目和500强企业数量创近年来新高。2020年，玉州区加快湾企入桂”步伐，成立驻粤港澳大湾区（广州）招商服务中心，去年共签约项目7个，签约金额68.6亿元，其中“湾企入桂”签约项目6个，签约金额67.4亿元。投资2.5亿元的中惠印刷包装“湾企入桂”签约项目，2020年7月签约，10月正式投产，是玉州区年内招商引资项目签约至落地最快的项目，也是玉州区大力发展“总部经济”的显著成果之一。

（区投资促进服务中心）

自然资源管理

【自然资源管理工作机构概况】 玉州区自然资源局（简称区自然资源局）属区政府组成部门，为正科级，加挂玉州区林业局牌子。主要履行玉州区全民所有土地、矿产、森林、草原、湿地、水等自然

2020年7月16日，区自然资源局举行新录用自然资源辅助巡查执法人员岗前培训班　（区自然资源局　提供）

资源资产所有者职责和所有国土空间用途管制职责。有编制7名，实有人数4人，其中，局长1人，党组书记兼副局长1人，党组成员2人（其中1人兼副局长）；设7个股室，下属事业单位8个；有在编在职人员55人。

【耕地保护】 2020年，区自然资源局完成国家对县级人民政府“十三五”期间耕地保护责任目标考核，开展永久基本农田核实整改，加强耕地占补平衡管理。推进土地综合整治攻坚行动，攻坚完成“旱改水”立项任务1200亩以上，耕地开垦任务1000亩以上。实施城乡建设用地增减挂钩1000亩，完成占补平衡指标承诺归还兑现任务。强化耕地动态监管，定期做好耕地和永久基本农田的动态监测；加强设施农用地管控措施，做好设施农业用地备案和上图入库工作，坚决制止耕地“非农化”、防止耕地“非粮化”。成立农村乱占耕地建房整治工作领导小组，出台多个方案，压实各级责任，推进农房调查工作。根据国家与自治区下发全区农村乱占耕地建房状况调查图斑共24910宗，经各镇（街道）的共同努力全部完成外业调查和图斑提报工作。以多种形式大力宣传农房管控整治的法律法规、农村乱占耕地建房“八不准”规定、典型案例。全区出动宣传车辆200辆次，悬挂宣传标语220条，制作宣传板报200个，发放宣传手册4万册，短信、网络舆论等5万条，发放、张贴宣传海报2000张，营造良好宣传氛围。按照上级工作部署，对镇（街道）、相关单位开展农民合理建房需求审批工作培训，下发相关数据和图集，委托下放乡村规划审批权限，指导镇（街道）开展农民建房审批工作，有效推进农房审批工作。

【矿产资源管理】 2020年，玉州区共有非煤矿山1座。全年上报1宗采矿权出让计划，批复后计划在2021—2022年出让1宗净采矿权。

【土地矿产执法监察】 2020年，区自然资源局新招录自然资源巡查执法人员60人充实到镇街一线，配备巡查电动车，执法工具，统一服装，加大巡查执法力度，对农村乱占耕地建房起到威慑作用。全年共开展打击拆除11次，拆除农民建房43处，约11亩，复耕完成1.84亩，特别是7月3日后7宗新增乱占耕地建房行为及时查处拆除，坚决遏制农村乱占耕地建房行为势头。贯彻落实自然资源执法监管共同责任，做好2019年度、2020年季度土地矿产卫片执法检查工作，严厉打击非法采矿毁林行为，维护自然资源管理秩序。全年共立案53宗，罚款289.8万元。2020年的立案罚款金额比2019年立案罚款金额增加36%。推进违建别墅问题清查整治专项行动，1个违建别墅问题已全部整改处置到位。做好2019年度耕地保护专项督查反馈问题整改。

【国土空间规划编制】 2020年，区自然资源局着力推进国土空间规划编制工作。自治区下达玉州区村庄规划编制任务1个，11月完成规划编制。

【存量土地盘活利用】 2020年，玉州区闲置土地共3宗，面积4.57公顷。市考核玉州区任务为2020年年末需控制闲置土地面积在5公顷以内，玉州区已完成处置任务。

【征地拆迁与安置】 2020年，玉州区羊义岭一期公寓式安置房顺利开工建设，并有47户群众完成选房。

（区自然资源局）

审　计

【审计工作机构概况】 2020年，玉州区审计局（简称区审计局）人员编制16人，在编13人。内设政秘股、财税审计股、经济责任审计分局、综合审计股、数据审计股5个股室，玉州区政府投资审计中心1个下属单位。

【审计计划安排】 2020年，区审计局共安排审计项目10个。在项目实施过程中，由于上级审计机关临时追加审计项目，根据《玉林市审计局关于组织开展玉林市基层医疗卫生机构能力建设资金管理使用情况专项审计的通知》文件精神，调增审计项目1个，调增的审计项目为“玉州区基层医疗卫生机构能力建设资金管理使用情况专项审计”。

【审计成果】 2020年，区审计局审计中共发现问题89个，涉及金额38726.83万元，向被审计单位提出审计建议34条。

【财政审计】 2020年，区审计局对玉州区2019年度本级预算执行及其他财政收支情况进行审计。重点审计本级财政管理和财政政策执行情况，审计发现12个

2020年7月9日，玉州区审计局参加对广西玉柴融资租赁有限公司应对疫情专项资金使用情况的专项检查　　（区审计局　提供）

问题，涉及金额31454.19万元，提出审计建议2条。

【专项资金审计(调查)】 2020年，区审计局对玉州区2020年重大政策措施贯彻落实情况及存在问题进行审计，并延伸审计新型冠状病毒感染的肺炎疫情防控资金和捐赠款物专项审计中的问题等，审计共发现3个问题，提出审计建议5条。

区审计局对新型冠状病毒感染的肺炎疫情防控资金和捐赠款物进行专项审计，重点检查玉州区应对新型冠状病毒感染的肺炎疫情防控资金和捐赠款物情况。审计发现部分镇(街道)新型冠状病毒感染的肺炎疫情防控物资管理不规范，审计发现1个问题，提出审计建议1条，对审计查出的问题督促整改，已全部整改完成。

区审计局对玉州区2019年脱贫攻坚政策落实、资金管理使用和项目建设管理情况进行审计。审计发现主要问题2个，涉及金额137.61万元；发现其他问题2个，涉及金额19.27万元，提出审计建议3条。

区审计局对玉州区2019年7月至2020年6月南流江流域环境综合整治进行跟踪审计。重点关注南流江流域环境综合整治工作的情况及效果、南流江治理专项资金筹集管理使用、南流江治理项目建设情况和南流江治理项目运营维护等情况。审计发现主要问题2个，涉及金额2718.06万元，发现其他问题2个，提出审计建议3条。

区审计局对玉州区党费进行专项审计。重点对区委组织部、区直机关工委等5个单位党费使用管理的情况进行审计，审计发现问题5个，涉及金额51.19万元，提出审计建议1条。

【固定资产投资审计】 2020年，区审计局对玉州区交通投资有限责任公司2015—2019年度竣工的政府投资建设项目竣工后管理情况进行专项审计调查，涉及金额125.71万元，审计发现问题8个，提出审计调查建议4条。

区审计局对区教育局及玉州区中小学2017—2019年度竣工的政府投资建设项目竣工后管理情况进行专项审计调查，审计发现问题4个，提出审计调查建议2条。

【经济责任审计】 2020年，区审计局对区司法局局长苏异勇进行任期经济责任审计，审计发现问题15个，涉及金额657.48万元，提出审计建议3条。

区审计局对原玉州区水库移民工作局局长、玉州区水库和扶贫易地安置中心主任陈政湖进行任期经济责任审计，审计发现问题20个，涉及金额3216.55万元，提出审计建议4条。

区审计局对原玉州区招商局局长、原玉州区投资促进局局长阮玉娟进行任期经济责任审计(离任审计)，审计发现问题8个，涉及金额6.87万元，提出审计建议3条。

（区审计局）

统　计

【统计工作机构及概况】 2019年，玉州区统计局(区简称统计局)为区政府工作部门，正科级行政单位，局长由唐桂琪担任。有编制5名，领导职数3名，内设股室4个，合署办公的统计局直属事业单位2个：玉州区统计局普查中心、玉州区数据服务中心。办公地址：玉州路1号。

2020年，区统计局以习近平新时代中国特色社会主义思想为指导，深入学习贯彻中共十九大和十九届二中、三中、四中、五中全会精神以及习近平总书记系列讲话精神，围绕区委、区政府中心工作，以提升数据质量为中心，以服务和推动高质量发展为目标，不断深化统计改革，求真务实，迎难而上，在做好疫情防控工作的同时较好完成各项统计任务。

【经济指标】 2020年，玉州区实现地区生产总值497.54亿元，比上年增长3.3%，排全市第三。其中：第一产业增加值19.84亿元，比上年增长4.6%；第二产业增加值135.47亿元，比上年增长4.1%；第三产业增加值342.23亿元，比上年增长2.9%。三次产业结构由2019年的4.2∶27.6∶68.2调整为4.0∶27.2∶68.8，呈现一产、二产下降，三产上升趋势。财政收入21.96亿元，比上年下降10.8%，其中一般公共财政预算收入14.79亿元，比上年下降8.2%；一般公共财政预算支出30.99亿元。固定资产投资比上年下降9.4%。社会消费品零售总额430.72亿元，比上年增长2.0%。城镇居民人均可支配收入42972元，比上年增长3.1%；农村居民人均可支配收入20202元，比上年增长8.1%。

【提高统计数据质量】 2020年，区统计局以党员带头为引领，开展"党建+专业"活动，发挥党员先锋模范带头作用，在抓好疫情防控、服务企业复工复产的同时严格执行统计报表制度，发展企业上规入统工作，加大对基层企业的指导和数据监控力度，指导、协调夯实统计年报、定期报表基础工作，为区委、区政府做好统计分析和预警预测，圆满完成2019年各专业年报和2020年工业、农业、固定资产投资、建筑及房地产、能源、商贸、服务业等各行业定期数据的收集、审核、汇总和上报和抽样调查工作。7月30—31日，自治区统计执法双随机抽查组对玉州区进行检查，抽取20家企业其中工业12家，批零业4家，服务业4家，通过查看台账、个别谈话、调查问卷、现场核查等方式，20家企业都能提供完善的统计台账和财务资料，平台上报数与台账数一致，现场登录网报数与报表数一致，数据质量较高。

【第七次全国人口普查】 2020年，区统计局在成立机构、抓好两员选聘和培训以及宣传动员的基础上，采取"确保标绘到位、确保经费到位、确保物资到位、确保指导到位"等措施，高标准、高质量完成人口普查工作。据统计，全区共有普查区86个、划分普查小区3348个、选聘"两员"4266人，共绘制标注建筑物10万个，绘制3348个普查小区图，完成户籍登记总户数17万户，户籍总人口数62万人，短表登记人口约100万人，长表登记人口约7.8万人，完成复查比对清单6类共15万多条。登记审核等主要环节工作已完成，人口普查工作进入收尾阶段。

【培育企业扩大发展规模】 2020年，玉州区新增"四上"企业共86家，居全市第一，其中：工业7家，建筑业10家，商贸业35家，房地产业16家，服务业18家。

【提高统计服务水平】 2020年，区统计局撰写疫情下玉州区工业、农业、商贸业、服务业经济运行情况调研报告、分析27篇。结合当前形势，提出对策建议，及时向党委、政府提供信息材料。全年共撰写统计信息、分析91篇，其中：被玉林市采用13篇，玉州区政务信息网采用86篇，自治区内网发表2篇，在"玉州先锋""玉州城事"等公众号发表信息2篇。投稿量及采用量均居全市各县前列。

【统计改革建设成效】 2020年4月7日，自治区党委常委、常务副主席秦如培在广西改革信息〔2020〕第5期玉州统计改革试点经验上批示"玉州区做法好，请自治区统计局深入总结推广"。

【统计网格化工作经验】 2020年6月10日，广西基本单位统计网格化管理试点工作总结会在玉州区召开，玉州区在会上做试点工作的总结汇报。

（区统计局）

2020年9月20日，玉州区第七次全国人口普查领导小组办公室、区统计局开展第七次全国人口普查宣传活动　（区统计局　提供）

市场监督管理

【市场监督管理工作机构概况】 玉林市玉州区市场监督管理局(简称区市场监督管理局)为区政府职能部门,机构规格为正科级,增挂玉林市玉州区知识产权局牌子。玉州区食品安全委员会的具体工作由区市场监督管理局承担。因"三定"方案未定,区市场监督管理局暂设龙船所、城中所、东岳所、玉州所、大市场所、新城所、城站所、环南所、工业品一所、工业品二所、南江所、城北所、城西所、大塘所、仁东所、仁厚所16个基层所。机关暂设办公室、综合股、政策法规股、执法与反不正当竞争股、行政许可登记股、商品交易市场监督股、消费环境管理股、食品生产安全监督管理局、食品经营安全监督管理股、食品餐饮安全监督管理股、药品医疗器械化妆品监督管理股、特种设备安全监察股、产品质量股、计量与标准化股、知识产权保护与管理股、广告商标管理股、财务和审计股、人事绩效股、执法大队、执法中队20个股室(单位)。2020年年末,全局共有干部职工194人,其中:行政编制138人,参公事业编制56人。另有聘用合同工17人。

【社会信用体系建设】 2020年,区市场监督管理局"双随机、一公开"抽查工作机制实现常态化、规范化、制度化,基本形成事中事后监管新模式。全区各部门通过广西"双随机、一公开"监管平台,调整"执法人员库",有15个部门发起双随机抽查任务31个、接收上级任务25批次、抽取检查对象1023户次,发起联合双随机抽查任务4个、抽取检查对象12户次,以上1035户检查结果全部通过国家企业信用信息公示系统向社会公示。

监管执法信息公示率达100%。持续推进涉企信息归集公示工作,各部门履职过程中产生的企业注册登记备案、行政许可、行政处罚、抽查检查结果等信息,准确、完整地记录于企业名下,并通过国家企业信用信息公示系统(广西)向社会公示。全年归集公示市场主体登记备案信息1.17万条、行政许可信息5175条、行政处罚信息373条、抽查检查信息21条。

【食品安全监管】 2020年,区市场监督管理局共完成食品抽检514批次,开展快速检测食品及食用农产品1758批次,核查处置抽检不合格食品55件。完成食品安全应急保障工作任务11场次,快检食品样品907批次,累计保障5.5万人次就餐人员安全用餐。保障校园食品安全,共出动1534人次,检查学校食堂698家次,其中使用电子监管系统检查181家,平板检查覆盖率100%;检查校园内及其周边食(杂)店、小卖部等食品经营单位589家次,检查托管机构415家次,发现问题69家次,责改53家,复查53家。先后开展校园及周边食品安全、调味面制品、食用植物油、酒类产品质量安全、春季种子执法、蔬菜干制品、元旦春节期间食品生产质量安全等系列专项、联合整治行动36次,共检查食品生产经营单位1.73万家次,督促整改120余家次,立案查处各类食品案件101件,罚没款50.85万元,全区食品安全环境进一步改善。开展非洲猪瘟防控工作,以农贸市场、商场超市为重点检查对象,督促猪肉经营者严格落实"两证两章一报告"制度。督促辖区猪肉生产经营户开展防控非洲猪瘟消毒灭源行动,降低非洲猪瘟疫情发生风险,累计开展非洲猪瘟消毒灭源行动46场次,消杀面积1.2万平方米。对猪肉交易市场和商超、肉品加工厂、生猪产品冷库场所消毒灭源效果进行评价性监督抽检39批次,结果均为阴性。以食品冷库、肉品生产经营场所、冷链物流为重点环节,持续开展查冷库底数、查贮存条件,查追溯管理、查产品质量、

区市场监督管理局依法对食品经营单位进行检查

(区市场监督管理局　提供)

查环境卫生“五查”冷冻冷藏肉品风险排查工作，确保冷链风险安全。共出动执法人员1112人次，排查食品生产经营环节冷冻库381个次，其中：肉类冷库184个次，水产品冷库68个次，综合性冷库129个次，暂未发现有违法违规行为。

【药械、化妆品安全监管】 2020年，区市场监督管理局共检查医疗机构药品安全专项检查135家次，对辖区470家零售药店和485家医疗器械进行多次巡检，从中立案查处13起哄抬价格和假劣产品的经营行为。共上报药品不良反应监测报告385份，医疗器械不良事件监测报告97份，化妆品不良反应监测报告44份。做好市场外围使用硫黄熏蒸中药材的监管取缔及日常仓储、晒场中药材经营户的抽查工作，共抽查外围中药材经营户3881户，抽样送检的中药材2个批次，经检验检测硫黄含量超标的中药材2个批次，均已立案。

【特种设备监管】 2020年，区市场监督管理局围绕“防风险，除隐患，遏事故”目标，做好重点场所特种设备安全工作，督促企业依据相关法律法规和安全技术规范要求，严格落实特种设备安全主体责任。先后制定《玉林市玉州区市场监督管理局安全生产大排查大整治实施方案》《玉林市玉州区市场监督管理局关于开展安全生产“七排查七整治”专项行动的通知》《玉林市玉州区市场监督管理局关于立即开展特种设备安全大检查工作的通知》，加大对学校、幼儿园、医院、车站、商场、住宅小区等公众聚集场所的电梯、自动扶梯、自动人行道、大型游乐设施及水上项目大型游乐设施等特种设备监督检查频次；依法督促特种设备使用单位深入开展隐患排查治理，对特种设备、危险化学品和烟花爆竹等重点行业领域进行排查整治，共出动检查人员407人次，共检查生产经营单位85家，对发现的问题督促限期整改，确保安全生产。配合相关部门开展电梯、大型游乐设施、客运索道以及油气输送管道等特种设备隐患排查专项整治工作，加强事中事后监管，实现特种设备监督检查全覆盖，对监督抽查中发现的问题，严格按照相关要求进行处理。

【严守产品质量安全】 2020年，区市场监督管理局指导企业落实质量管理主体责任，加强产品质量日常巡查、监督抽查、跟踪评价和风险监测。配合区市场监管局开展口罩产品质量监督专项抽查有关工作，对辖区多家药品经营、医疗器械公司开展口罩、防护服等防疫用品领域认证活动专项整治。配合自治区产品质量研究院开展工业产品抽检，其中铝材2批次、电动自行车3批次、电线4批次、化肥（复合肥）2批次。开展食品安全监督抽检，其中完成蔬菜干制品抽检30批次，合格30批次，不合格0批次；月饼抽检100批次，合格99批次，不合格1批次。

【市场专项监管执法】 2020年，区市场监督管理局组织开展侵权假冒、虚假违法广告、烟草市场专项整治、网络违法等各类专项整治执法行动，全年共出动执法人员6786人次，检查超市、商店、农贸市场等场所1.21万家次，查处办结各类违法违章案件524件，罚没入库140.78万元。全面加强价格管控，严厉打击少数经营者趁机捏造散布涨价信息、囤积居奇、哄抬价格等违法行为。共发放《玉州区市场监督管理局关于坚决维护防疫用品市场价格秩序的公告》900余份，《猪肉销售市场保供稳价倡议书》200余份。

【疫情防控】 2020年突如其来的新冠肺炎疫情发生以来，在农贸市场方面，区市场监督管理局安排工作人员全天候进驻市场，随时掌握市场供应和消费情况，组织工作人员每日对市场公共区

区市场监督管理局开展药品安全专项监督检查

（区市场监督管理局 提供）

域进行定时消毒，督促市场主体开展进店顾客信息登记、体温测量、宣传佩戴口罩等工作，在疫情一级响应阶段对活禽销售的14个市场、156户活禽经营户均暂停活禽上市销售。在全区21个农（集）贸市场设置废弃口罩投放专用桶59个。累计出动执法人员9546人次，检查农（集）市场4751个次，清洁消毒农（集）贸市场3158场次。药品经营单位方面，督促药品经营单位严格落实“退烧药”销售实名登记报告制度，顾客凭身份证方可购买“退烧药”，并详细了解购药者情况，特别是有无高烧、咳嗽以及武汉等疫情重点区域接触史等，做好信息登记和上报工作。严查企业产品进货渠道和进销存台账，严防经营假冒伪劣产品情况，督促企业落实质量主体责任。食品生产经营方面，加强食品生产经营场所、设施设备、配送用具的清洗消毒，要求食品生产经营者持证亮证经营，严格落实进货查验、索证索票等食品安全制度。严厉打击售假、经营“三无”和过期变质食品等不符合食品安全标准的违法违规行为。市场供应方面，密切关注粮油肉禽蛋等生活必需品市场价格变化，加强对猪肉、蔬菜等农副产品，特别是口罩、药品、消毒杀菌用品等重点商品价格监管，严肃查处不按规定明码标价、价格欺诈、囤积居奇、哄抬价格、捏造及散布涨价信息、串通涨价、假冒伪劣等扰乱市场的违法行为，维护防疫用品、药品医疗器械和民生用品供应市场价格秩序。共检查各类市场2526个次、各类经营户1.47万户次、电子商务平台275个次、餐饮服务单位1135户次、药械经营单位2590户次，接到口罩等其他防护物资价格投诉举报134件，办结134件，立案查处哄抬口罩价格等违法案件14件。宣传引导方面，共向市场开办方、经营者和群众发放《玉州区市场监督管理局关于加强活禽和动物经营市场监管做好新型冠状病毒肺炎疫情联防联控工作的警示》《关于禁止野生动物交易的公告》以及区政府1、2、3、4号令等宣传资料1.3万余份，粘贴海报1000余份，发出宣传警示信息50条，在各市场、超市、药店悬挂疫情防控宣传横幅91条，签订《农贸市场防疫承诺书》300余份，全面加强对疫情防控政策措施、防护常识的宣传教育。复工复学方面，成立专班审批工作小组，主动服务指导限上（住餐）企业，协调解决准备必需防控物资中遇到的实际困难，调拨2350个口罩以0.7元/个的价格给辖区内的限上商贸服务业（住餐）企业，帮助其实现持续复工复产。深入复课开学的学校食堂和学校配餐企业开展食品安全专项检查，指导做好疫情防控和食品安全工作，确保复课师生饮食安全。牵头组织开展校外托管机构恢复服务活动评估工作，联合教育、卫健等部门按照“准备到位一家、验收合格一家、恢复服务一家”的原则对校外托管机构恢复服务活动进行安全评估检查。对411家申请恢复服务活动校外托管机构已评估验收411家，审批通过406家。

【民营经济】 2020年4月，玉州区被评为广西民营经济示范区，南江街道被评为广西民营经济示范乡镇。截至年末，玉州区民营经济主体达6.65万户，从业人员达22.19万人。其中个体工商户5.2万户，总数排玉林市第一；私营企业1.7万户，总数排玉林市第一；农民专业合作社236户。一批民营企业逐渐由生产加工型向品牌经营型发展模式转变，形成一批知名品牌，如玉柴、玉林制药等知名企业，初步形成先进装备制造、健康等产业集群。

【商业服务业】 截至2020年年末，玉州区内共有商业服务业的市场主体共4750家，从业人员62247人，注册资金253955.62万元。近年来，受网络的快速发展、从业人员的年轻化、教育水平逐渐提高等因素影响，全区电子商务行业发展飞快，年轻、高学历的创业者在做实体店的同时，利用电子商务在网络上销售商品及提供服务等，改变传统商贸行业的交易模式。全年玉州区新发展电子商务业市场主体812家，新增从业人员1746人，新增注册资金15381.3万元。

【知识产权与专利】 2020年，区市场监督管理局围绕增强全社会知识产权保护意识，激发市场主体创新活力，开展专项执法行动、销毁侵权假冒伪劣商品、知识产权培训、现场宣传咨询等系列行动，做好知识产权保护工作。全年玉州区有效发明专利128件，增长率11.3%，每万人拥有量2.92件，增长率10.61%。全年玉州区商标申请件数130件，新增注册商标108件，较上年同比增长68.75%，有效注册商标数达5119件，增长28.75%。全年共立案查处商标侵权案件16件，案值7.75万元，罚没款12.12万元。

【玉州区中国驰名商标】 2020年，玉州区辖区内共有中国驰名商标2个。2007年由国家工商总局认定的“玉林 YULIN 及图”商标，注册人为广西玉林制药集团有限责任公司；2016 年由国家工商总局认定的“玉柴 YUCHAI 及图”商标，注册人为广西玉柴机械集团有限公司。

【玉州区中国名牌农产品】 2020 年，三黄鸡作为玉州区的优势产业得到迅猛发展。在广西参皇集团有限公司总部，投资 700 多万元的广西三黄鸡品牌展示馆正在抓紧建设中，这是广西（玉林）三黄鸡优势特色产业集群项目之一。广西参皇集团有限公司年产值突破 30 亿元，是中国黄羽鸡行业 3 强企业，国家农业产业化龙头企业 500 强。参皇集团通过“公司 + 农户”模式带动 1 万余户农户养殖致富；累计提供 1 亿多元资金，带动 1000 多户贫困户养殖脱贫致富。

【玉州区地理标志产品】 2020 年，玉林市水产畜牧协会的“玉林三黄鸡”申请获得广西地理标志商标。至年末，玉州区辖区内共有 4 个地理标志产品，分别是“玉林牛巴”“正骨水”“玉林三黄鸡”“玉林香蒜”。

群众在玉州政务中心市场监督管理企业开办专区当场办照立等可取
（区市场监督管理局　提供）

【优化营商环境】 2020 年，区市场监督管理局全面提升营业执照发放速度，下放审批权限，缩减行政审批时限，将营业执照办理时限压缩至 0.5 个工作日。简化规范提交材料，只要提交 1 套材料即可办理营业执照，实现“当日办结、立等可取”。整合企业开办文书为 1 套材料，实行套餐式选项服务。在企业开办综合窗口，实现 6 个事项（企业登记、印章刻制、企业发票申领、社保登记、医保登记、公积金登记）通办。全年辖区累计共有各类市场主体 6.39 万户，注册资本 653.99 亿元，从业人数 20.01 万人。新增市场主体 14179 户，同比增长 28.51%。辖区累计共颁发食品经营许可证 1707 户（食品销售 822 户、餐饮服务 833 户、单位食堂 52 户）；食品生产许可 21 户；小餐饮登记 901 户；小作坊登记 34 户。受疫情影响，校外托管机构和校外培训机构的复工复产时间较晚，5 月出现办照高峰，在此期间，窗口人员主动延时服务，及时帮助企业办理相关证照。实行动产抵押登记“一次办结”，帮助企业破解融资难题，助力企业复工复产，推动金融支持实体经济功能大创新。鼓励企业通过全国市场监管动产抵押登记业务系统办理动产抵押登记，申请人可通过系统实现动产抵押登记在线申请、在线审核、在线公示、在线查询一网通办。对办理动产抵押登记的申请材料明确专人进行受理审查，对材料齐全、符合规定的，自审核开始 24 小时内办结。全年共办理动产抵押登记 57 件，企业通过动产抵押融资 11776.95 万元。

【消费者权益保护】 2020 年，区市场监督管理局发挥“12315”消费者投诉举报平台作用，畅通投诉举报渠道，加强举报数据的分析研判，及时发现苗头性、倾向性问题，开展针对性的监管。全年共接到全国“12315”互联网投诉举报平台等各类投诉举报 8054 件，涉及争议金额 282.06 万元，为消费者挽回经济损失 109.14 万元。

【打击传销和规范直销】 2020 年，区市场监督管理局巩固“无传销区”创建成果，与公、检、法等部门密切协作，加强对有关信息的分析研判，摸清底数，掌握情况，及早发现，积极预防，加大对酒店、宾馆、农贸市场等人群密集处的检查监管力度，共开展联合执法活动 3 次，出动执法人员 130 余人次，立案 1 件（因无法找到当事人而终止调查），把引发社会问题的苗头和隐患消除在萌芽状态。组织执法人员对辖区内的直销企业进行排查摸底，开展宣传教育活动，共发放宣传资料 500 余份，引导广大群众认清合法直销与传销的区别，增强对直销经营的理性认识。

（区市场监督管理局）

农林水牧渔业

农业综述

【农业农村工作机构及概况】 玉州区农业农村局（简称区农业农村局）是区人民政府工作部门，为正科级，加挂玉州区水产畜牧兽医局牌子。区农业农村局局机关行政编制9名，设局长1名，副局长3名，水产畜牧兽医局专职副局长1名。局内设机构有办公室（农办综合股）、法规政策与改革股（行政审批办公室）、农业和农机股、水产畜牧兽医股（玉州区人民政府重大动物疫病防治指挥部办公室）、发展规划与农村社会事业促进股、农田建设管理股6个股室。局下设区农业技术推广站、区农业行政综合执法大队、区土壤肥料工作站、区种子工作站、区农村经济经营工作指导站、区植保站、区动物检疫站、区农产品质量安全检测站、区经济作物站、区动物疫病预防控制中心、区水产畜牧兽医站、区良种场、玉州区水产技术推广站、区鱼种场14个二层机构。

2020年，玉州区坚持以乡村振兴战略、农业优先发展等重大决策部署为指导，采取有力措施，加快推进水利建设、林业发展和农业农村各项工作全面发展。全年全区实现农林牧渔业总产值266312.2万元，增长4.66%，其中：农业167996.3万元，增长12.76%；林业8846.1万元，增长15.36%；牧业59070.8万元，减少13.34%；渔业20799万元，增长0%；农林牧渔业服务业9600万元，增长8.59%。实现农林牧渔业增加值201661万元，增长4.6%；农林牧渔业服务业3293万元，增长7.3%；农村居民人均可支配收入20202元，增长8.1%。

【农业农村基本情况】 2020年，玉州区农村有南江、城西、名山、城北4个街道，仁东、仁厚、大塘3个镇，村民委员会59个、居民委员会15个，村民小组1649个，自来水受益村60个，通有线电视村60个，通宽带村60个，乡（镇）村户数11.09万户45.4万人，乡（镇）村劳动力资源数27.73万人，乡（镇）村从业人员数24.09万人，其中农业从业人员10.58万人。机耕地面积24590公顷，机收面积19841公顷，农村用电量14270万千瓦时，农用塑料薄膜使用量111.18吨，农用化肥施用量实物23136.76吨，农药使用量实物266.1吨。全年农作物播种面积26242.72公顷。

【支农惠农政策落实】 2020年，区农业农村局全面落实《玉林市玉州区人民政府办公室关于印发〈2020年玉州区耕地地力保护补贴项目实施方案〉的通知》，全年全区发放耕地地力保护补贴面积6465.59公顷，补贴资金974.98万元，每公顷补贴1507.95元。全面落实《关于印发稻谷目标价格补贴实施方案的通知》和区农业农村局、区财政局《关于印发玉州区2020年稻谷生产补贴实施方案的通知》，全年共发放稻谷生产补贴面积3650.7公顷，补贴资金154.97万元，每公顷补贴424.5元。

【农业执法】 2020年，区农业农村局继续开展辖区内农药经营许可证发放工作，全年共接收到农药经营许可申请材料18份，发放农药经营许可证18张。

重点开展严厉打击各种制售假冒伪劣农业投入品、毒鼠强和滥用食品添加剂的违法行为。全年出动执法人员220人次，印发宣传资料1300份，检查企业240个，整顿市场13个次，肥料抽样送检6个样品，100%完成分配的任务；农药抽样送检4个，完成分配任务的100%，农药标签抽样150个，按时按量完成上级任务；早造异地登记保存违法经营的种子900千克；未发现有违法经营非食用物质和滥用食品添加剂的现象；没有发现“毒鼠强”和“百草枯”等46种禁销高毒高残留农药，也未发生因施用禁用高毒高残留农药而造成农药中毒事故或环境污染的事件发生。

贯彻落实《中华人民共和国种子法》《农作物种子生产经营许可证管理办法》，加强种子生产经营备案管理，在春夏两个销种季节，开展督促和审核经营者按照备案信息专项检查执法。全年共审核辖区24个经营网点，受理266个经营不分装备案，从源头上杜绝假冒伪劣种子在全区种子市场销售，从而规范全区的种子经营市场。

（区农业农村局）

稻田　　（区农业农村局　提供）

农　业

粮食生产

【粮食生产概况】 2020年，玉州区粮食播种面积15132公顷，总产量85436吨。

【水稻生产】 2020年，玉州区水稻播种面积13293公顷，总产量80765吨，其中：早稻面积6576公顷，产量42764吨；晚稻面积6717公顷，产量38000吨。全年优质稻播种面积12628公顷，占水稻面积的95%，主要分布在仁东镇、仁厚镇、城北街道、南江街道。

【马铃薯生产】 2020年，玉州区冬种马铃薯面积592公顷，产量8886吨，主要分布在仁东镇、仁厚镇、城西街道。

【红薯生产】 2020年，玉州区种植红薯面积754公顷，产量1503吨，主要分布在仁东镇、仁厚镇。

【经济作物种植业概况】 2020年，玉州区蔬菜播种面积10197.67公顷，产量355805吨；油料（花生）播种面积1044公顷，产量3721吨；甘蔗种植面积87公顷，总产量12173吨，主要是果蔗；中药材播种面积153公顷；木薯播种面积349公顷，产量2589吨；全区水果产量29650.51吨。

2020年玉州区粮食作物生产情况表

表5

类别	面积				产量			
	本期（公顷）	同期（公顷）	增减（公顷）	增速（%）	本期（吨）	同期（吨）	增减（吨）	增速（%）
一、粮食合计	15132.17	14630.00	502.17	3.43	85436.57	83250.00	2186.57	2.63
（一）谷物合计	13458.17	12838.00	620.17	4.83	81511.04	79057.80	2453.24	3.10
1. 稻　谷	13293.07	12699.00	594.07	4.68	80765.18	78384.90	2380.28	3.04
早　稻	6576.00	5840.00	736.00	12.60	42764.32	37937.87	4826.45	12.72
晚　稻	6717.07	6859.00	−141.93	−2.07	38000.86	40447.03	−2446.17	−6.05
3. 玉　米	165.10	139.00	26.10	18.78	745.86	672.90	72.96	10.84
（二）豆类合计	328.00	363.00	−35.00	−9.64	644.45	845.10	−200.65	−23.74

续表5

类别	面积				产量			
	本期（公顷）	同期（公顷）	增减（公顷）	增速（%）	本期（吨）	同期（吨）	增减（吨）	增速（%）
1. 大　豆	206.00	241.00	−35.00	−14.52	447.93	505.10	−57.17	−11.32
2. 绿　豆	2.00	20.00	−18.00	−90.00	9.00	36.00	−27.00	−75.00
3. 红小豆	5.00	5.00	0.00	0.00	13.70	13.00	0.70	5.38
4. 其他豆类	115.00	97.00	18.00	18.56	173.82	291.00	−117.18	−40.27
（四）薯类合计	1346.00	1429.00	−83.00	−5.81	3281.08	3347.10	−66.02	−1.97
1. 马铃薯（折）	592.00	582.00	10.00	1.72	1777.28	1475.00	302.28	20.49
2. 红薯（折）	754.00	847.00	−93.00	−10.98	1503.80	1872.10	−368.30	−19.67

2020年玉州区经济作物生产情况表

表6

类别	面积				产量			
	本期（公顷）	同期（公顷）	增减（公顷）	增速（%）	本期（吨）	同期（吨）	增减（吨）	增速（%）
一、经济作物合计	12143.67	11612.72	530.95	4.57	—	—	—	—
（一）油　料	1044.00	990.00	54.00	5.45	3721.00	3462.00	259.00	7.48
其中：花　生	1044.00	990.00	54.00	5.45	3721.00	3462.00	259.00	7.48
（四）甘　蔗	87.00	131.00	−44.00	−33.59	12173.00	13978.00	−1805.00	−12.91
1. 糖　蔗	2.00	2.00	—	—	275.00	273.00	2.00	0.73
2. 果　蔗	85.00	129.00	−44.00	−34.11	11898.00	13705.00	−1807.00	−13.18
（六）中草药材	153.00	198.72	−45.72	−23.01	—	—	—	—
（七）蔬　菜（含菜瓜）	10197.67	9688.00	509.67	5.26	355805.0	324846.0	30959	9.53
（八）食用菌（干鲜混合）	—	—	—	—	1647.00	1498.00	149.00	9.95
（九）瓜果类	85.00	82.00	3.00	3.66	1235.00	1223.00	12.00	0.98
1. 西　瓜	75.00	76.00	−1.00	−1.32	1104.00	1109.00	−5.00	−0.45
2. 香（甜）瓜	6.00	6.00	—	—	123.00	114.00	9.00	7.89
3. 草　莓	3.00	—	3.00	—	6.00	—	6.00	—
4. 其他瓜类	1.00	—	1.00	—	2.00	—	2.00	—
（十）其他农作物	577.00	523.00	54.00	10.33	—	—	—	—
1. 木　薯	349.00	343.00	6.00	1.75	2589.00	2540.00	49.00	1.93
4. 青饲料	143.00	42.00	101.00	240.48	—	—	—	—

2020年玉州区水果生产情况表

表7

类别	本年（吨）	上年（吨）	增减（吨）	增速（%）
一、园林水果产量	29650.51	26902.00	2748.51	10.22
2. 柑橘类水果	148.20	102.00	46.20	45.29
其中：柑	135.20	90.00	45.20	50.22
橘	13.00	12.00	1.00	8.33

续表7

类别	本年（吨）	上年（吨）	增减（吨）	增速（%）
3. 热带水果	7167.31	6471.00	696.31	10.76
其中：香蕉	3530.00	3265.00	265.00	8.12
荔枝	588.00	559.00	29.00	5.19
龙眼	603.00	572.80	30.20	5.27
芒果	576.80	542.00	34.80	6.42
火龙果	140.10	61.00	79.10	129.67
百香果	17.00	6.00	11.00	183.33
其他蕉	1672.40	1465.00	207.40	14.16
4. 其他水果	22335.00	20329.00	2006.00	9.87
葡萄	339.00	336.00	3.00	0.89
柿子（按鲜柿计算）	4.00	4.00	0	0
李子	17.00	15.00	2.00	13.33
其他	21975.00	19974.00	2001.00	10.02

特色产业发展

【仁东大蒜产业】 仁东大蒜在玉州区种植已有一千多年的历史，因其品质独特、香味浓郁、辣味强烈、蒜油丰富、衣泽紫红而久负盛名，所以当地群众称之为“香蒜”。由于独特地域条件和气候条件以及独特的栽培方式，形成现有的特有品种仁东大蒜。仁东大蒜曾获得国家地理标志保护产品——“鬱洲”牌玉林香蒜，是广西玉林市玉州区特有的特色农产品；是通过农业农村部农产品质量安全中心认证的无公害农产品；是广西优质农产品。产品主要销往上海、北京、广州等大中城市，出口东南亚及美欧等，深受消费者青睐。

仁东大蒜主要是利用冬闲田在冬季种植，具有病虫害小、少施或基本不施农药，无“三废”污染，产品具有优质、卫生、安全等特点。仁东大蒜常年种植面积在3万亩左右，青蒜亩产达3000多千克，干蒜头亩产550～650千克，青蒜产品一般在每年的1月开始上市，鲜蒜头在4月上市，5月大量供应干蒜头。2020年，仁东香蒜种植面积在2.76万亩，产量6.43万吨。

仁东大蒜种植　仁东大蒜种植品种为当地地方品种紫皮蒜。土壤类型为砂质壤土，土壤有机质≥2.35%、pH值5.6～6.5。一般在10月下旬至11月上旬播种，播种量每667平方米（亩）用种量60～70千克。选种选用紫色、蒜头完整、无畸形、肉质致密、蒜瓣较大、辣香味浓的蒜头作蒜种，蒜种质量应符合GB8079中种子二级以上要求。播种规格为行距18～20厘米，株距10～12厘米；播种方法采用开浅沟播种，将蒜瓣插入土，每亩用腐厩肥料600千克＋钙镁磷肥25千克均匀撒施畦面作盖种肥，然后在畦面上均匀覆盖一层稻草并立即浇

仁东大蒜基地　　（区农业农村局　提供）

水保湿。生长期保持土壤湿润，雨季注意排水；及时拔除田间杂草，氮磷钾合理配合使用，亩用氮肥 2.5 千克；不得使用城市垃圾、污泥、工业废渣和未经无害处理的有机肥。病虫害防治上按照“预防为主，综合防治”的方针，坚持以“农业防治、物理防治、生物防治为主，化学防治为辅”的无害化控制原则。禁止使用高毒高残留农药，使用其他农药时，严格按照 GB/T 8321 和 GB 4285 中的规定执行。一般香蒜出苗后 140 ~ 150 天，蒜叶逐渐转黄，蒜皮转微紫色，蒜头膨大已定型即可收获。

仁东大蒜产业发展　2020 年，仁东香蒜产地在各级政府、技术部门的支持和引导下，当地农民转变观念，在抓好基础设施建设，改善生产条件的基础上，推广标准化生产，致力提高生产技术含量，千方百计提升玉林香蒜原料的产品质量档次，取得显著成效。

仁东大蒜产业协会情况　2020 年，玉林香蒜正在向规模化、标准化、产业化发展，拥有玉林香蒜专业合作社、玉林市长贵食品罐头厂、玉林市仁东福昌酸料厂、中国东南亚大蒜储藏加工基地、玉林市香啦啦绿色农业公司等一批产业化经营组织。

【黑皮冬瓜产业】 玉州区黑皮冬瓜的主产地为名山街道太阳村，有 30 多年的种植历史。太阳村地处玉林市区二环路北面，交通便捷，土地肥沃，全部实现园田化管理，灌溉畅通，旱涝无忧，适宜种植各种农作物。全年黑皮冬瓜种植面积 2100 亩。黑皮冬瓜是玉州区名山街道 2010—2011 年在市政府、农业局、科技局、农业科学技术协会、玉林农校等部门支持下，为了适应玉林市的蔬菜市场需要而引进规模化、产业化、无公害化、基地化生产的广西有名的优质冬瓜，主要分布在名山街道太阳村，常年连片种植面积在 2000 亩左右，占全村耕地面积 50%。太阳村基地生产的“黑皮冬瓜”曾获得农业农村部颁发的无公害农产品称号。

黑皮冬瓜种植　2020 年，太阳村冬瓜基地在传统精耕细作的基础上不断引进使用农业新技术，近年来，共引进桂蔬 1 号黑皮冬瓜等新品种 8 个，冬瓜基地严格执行无公害蔬菜生产技术标准。采用地膜覆盖防护技术和废纸护颈遮阳防晒技术，实现保温、保湿、防虫防草、保墒促长和防晒；采用水旱轮作模式防病防虫增效，形成“水稻—黑皮冬瓜—荷包豆”“黑皮冬瓜—水稻—马铃薯（或冬菜）”等种植模式；采用间套种技术立体化种植，形成黑皮冬瓜套种黄豆、黑皮冬瓜套种油菜、黑皮冬瓜套种荷包豆等间套种模式，成倍地提高土地生产率；采用绿色防控新技术，在市植保站的帮助下安装 30 个振频式杀虫灯和一批黄板、诱虫器等绿色环保防治设备，实现病虫害防治低成本、无污染、无害化，提高黑皮冬瓜品质。此外，还采用测土配方施肥技术、节水灌溉技术等多项农业新技术。经过品比试验，桂蔬 1 号黑皮冬瓜亩产 9861.5 千克，比对比品种每亩增产 1473 千克，增产 18.7%，且品种抗病力强、耐贮藏、品质好，成为主推品种，推广面积约 1730 亩。“三避”技术是应用小拱棚薄膜育苗 + 地膜覆盖 + 报纸覆盖冬瓜（防晒）的模式，应用面积 2010 亩，防日烧瓜防效率达 99.5%。推广应用间套种技术基地引导农产改革变单一种植模式，独创向实践、空间要效益的理念，在冬瓜采收前套种辣椒、油菜、荷包豆等作物，仅此项人均增收 750 元。

黑皮冬瓜产业发展　黑皮冬瓜常年连片生产面积约 2000 亩，占全村耕地面积的 50%，亩产量 7.5 ~ 10 吨，平均亩产值 8000 ~ 10000 元，冬瓜产业人均纯收入 4000 元以上。太阳村在冬瓜生产管理全过程实行专业合作社组织化管理，统一采用优质

名山街道太阳村黑皮冬瓜　　（区农业农村局　提供）

良种，统一推广应用标准化生产、测土配方施肥、施有机肥、病虫害绿色防控、间套种等实用新技术，具有品质优良、耐贮运、效益高等特点，其中推广应用黑皮冬瓜间套种荷包豆、蔬菜等技术，每亩可增收 2000 多元。太阳村基地与科技局、协办、农业局、玉林农校以及广西农业大学、农科院的教授、推广研究员、高级农艺师等组成种植技术培训指导组，通过农业技术培训和技术指导工作，普及和提高农民科学技术知识水平，带动本村及周边的农业种植热情和种植技术的提升，因而形成黑皮冬瓜产业。2020 年，名山街道黑皮冬瓜种植面积 3300 亩，总产量 29477 吨。

黑皮冬瓜产业协会情况　玉林市彩阳蔬菜农民专业合作社于 2009 年 10 月经工商部门批准登记注册成立。合作登记在册成员 53 人，新增成员 50 人，成员出资 5 万元，有固定的办公场所，独立的银行账户，实行独立核算，有兼职的专业财会人员。太阳村黑皮冬瓜品质优良，瓜大肉厚，远销广州、湖北、海南等大中城市，合作社充分发挥示范作用，带动农户 817 户。合作社实行“合作社 + 农户”经营模式，推行“品种、肥料、种子、防疫、销售”统一管理，促进黑皮冬瓜种植发展，黑皮冬瓜已成为该村的主导产业，取得显著的经济效益和社会效益。

仁厚红薯　　（区农业农村局　提供）

【仁厚番薯产业】　仁厚番薯在玉州区仁厚镇有悠久的历史。仁厚镇土地类型主要以砂壤土为主，为种植优质红薯提供得天独厚的地理优势，并蕴藏着丰富的红薯种植经验。仁厚镇种植出的红薯薯形匀称、整齐，皮色光亮，卖相好，口感肉质细嫩、松绵无筋、清香可口，种植品种以西瓜红、紫罗兰、桂薯 1 号等 3 个品种为主，亩产量达 2 吨。

仁厚番薯种植　仁厚镇耕地面积约 2 万亩，水田交通便利、排灌方便、土层深厚疏松、肥力充足持久、保水保肥能力强，每年种植红薯的面积不少于 1 万亩。主要采用“水稻 + 红薯”的水旱轮作的方式种植，有效减少地下虫害的发生。一般红薯种植收获时间为：早造 3 月初开始种植，7 月中旬收获；晚造 7 月中旬种植，11 月末收获。

仁厚番薯产业发展　2020 年，仁厚番薯种植面积 3449.55 亩，单产 1994.43 千克，产量 2405 万吨，产值 2405.3 万元。仁厚镇抓住这机遇，将仁厚番薯作为一项主推产业来发展，2020 年举办仁厚番薯文化旅游节，活动中，游客们可以下地体验挖番薯、窑番薯，吃上正宗的仁厚富硒番薯，还设置番薯等特色农副产品展示区，举办千人窑番薯比赛等活动。仁厚镇通过此次集展、游、购、吃于一体的 2020 年仁厚番薯文化旅游节，全面展示仁厚镇农业发展成果，宣传和推广仁厚镇的优质富硒番薯，同时以番薯节为载体，全方位展示仁厚镇的乡村振兴成果，打造“一个中心一条主线”乡村旅游示范带，打造结合观光与产业经济发展为主线的乡村旅游文化品牌活动。

【三黄鸡发展概况】　“三黄鸡”在《中国家禽志》一书中排名首位，是中国最著名的土鸡品种之一。早在鸦片战争时期玉林就培育出三黄鸡优良品种，已有 170 多年历史。解放后，三黄鸡的饲养范围扩大到玉林地区各县，且主要为出口。在 20 世纪 90 年代，为了帮助农民加快增收步伐，玉林在广西率先大力扶持推广“公司 + 农户”养殖经营模式，带领广大农户向山地、林果地进军，将鸡场建在山间林场。专业饲养管理技术取代养殖传统模式。到 20 世纪玉林的养鸡业由传统粗放、自给自足的小农经济开始向规模化、集约化、标准化、产业化的百亿产业方向发展，玉林市成为全国最大最集中的优质三黄鸡养殖基地，先后获中国名牌农产品、中国地理标志、中国特色农产品优势区等一系列重要认定。

三黄鸡自动投料喂养　　（区农业农村局　提供）

三黄鸡养殖　2020年，区农业农村局推进三黄鸡标准化生产，以国家级龙头企业广西参皇养殖集团带动玉林市海纳养殖专业合作社、玉林悦美种养专业合作社等农业新型经营主体，并不断辐射周边农户，形成以城北、城西、仁厚、仁东等为主要生产基地的林下三黄鸡养殖产业带。全区9个乡镇，有78个村林下养殖三黄鸡，占全区总村数的95.12%；在全区10.63万农户中，养鸡农户1.65万户，占农户总数的15.52%。三黄鸡林下养殖面积由2000年的1000亩增长到2020年的10.3万亩；三黄鸡年出栏由2000年的100万羽增长到2020年的716.18万羽。

三黄鸡产业发展　2020年，玉州区总投资达9904.6万元的广西（玉林）三黄鸡产业优势特色集群项目启动实施。玉州区充分发挥三黄鸡特色优势产业集群项目示范带动作用，进一步延伸产业链条，提升产业集群综合生产能力，合理优化产业区域结构，三黄鸡产业成为实施乡村振兴的新支撑、农业转型升级的新亮点和产业融合发展的新载体。全年玉州区三黄鸡产业综合产值达40.53亿元。

现代特色农业示范区建设

【现代农业和示范区】　2020年，玉州区现代农业发展加快，设施农业、标准化生产、测土配方施肥、病虫害综合防控、生态栽培、节水农业、全程机械化、无人机等现代农业元素在全区农业生产应用水平实现新提高。现代特色农业示范区创建工作实现新突破，全年新创建广西现代特色农业自治区级核心示范区（三星级）2个（正等待自治区验收）、县级示范区1个，累计获得自治区现代特色农业核心（三星级）示范区1个、县级示范区5个、乡级示范园11个、村级示范点40个。

【新型农业经营主体】　2020年，玉州区累计有市级以上农业产业化龙头企业41家，其中：国家级2家、自治区级5家；农民专业合作社210家；家庭农场55家，其中自治区级示范家庭农场9家。

生态农业建设

【农作物秸秆综合利用】　2020年，区农业农村局创新秸秆利用模式，在全区推进水稻秸秆粉碎还田、推广秸秆粉碎翻耕压青还田、发展秸秆覆盖还田、秸秆基料化利用及开展秸秆原料化利用等五种利用模式，疏堵结合提高利用率；探索秸秆原料化利用，采取“企业＋农户”的模式，给农户带来可观的经济收益，减少焚烧稻草污染环境；发展绿肥

水稻秸秆粉碎还田　　（区农业农村局　提供）

秸秆覆盖，撒播绿肥后农户也不会焚烧秸秆，实现双赢。全区农作物秸秆作物面积22.83万亩，秸秆产生量75310吨，秸秆利用量70734吨，秸秆综合利用率达到93.92%以上。各镇（街道）共与7家公司签订水稻秸秆综合利用协议，其中水稻秸秆粉碎收割机108台，耙田翻耕机125台，草绳编织机100台，秸秆收储机械12台。区级全年秸秆综合利用实施面积21.45万亩，在全区7个镇（街道）重点村屯推进水稻秸秆粉碎还田、推广秸秆粉碎翻耕压青还田约12.8万亩；在城北街道、城西街道、仁东镇、仁厚镇重点村屯发展秸秆覆盖（马铃薯、大蒜、绿肥）等还田、推进秸秆基料化利用及开展秸秆原料化利用约8.7万亩。实现玉州区4个监测点周边秸秆综合利用全覆盖，有效地避免秸秆焚烧现象发生，降低大气环境污染，全年水稻收割季（早稻、晚稻）天气污染天数为0。

农业植保

【病虫害预测预报】 2020年，区农业农村局全年发布病虫情报15期，病虫害预测预报准确率96.26%，覆盖行政村100%。

【病虫害防治】 2020年，区农业农村局推进绿色防控和精准科学用药，推广高效植保药械，推行达标防治、对症用药、适时适量用高效低风险农药防治农作物病虫害。全区主要农作物病虫害绿色防控技术覆盖率达40.89%，主要粮食作物专业化统防统治覆盖率达46.55%，农药利用率41.34%，农药使用量减少1.06%。水稻病虫防治以两迁害虫稻飞虱、稻纵卷叶螟及纹枯病为主攻防治对象，指导水稻病虫鼠螺害防治面积46.72万亩，总体防治效果达95.34%，经防治后挽回稻谷7510.44吨，粮食生产安全得到有效保障。

果园安装绿色防控太阳能杀虫灯　　（区农业农村局　提供）

农业科技推广应用

【绿色高效栽培模式示范推广】 2020年，区农业农村局重点在仁厚、仁东建设万亩一年三造粮绿色高效技术，亩节本增效5%以上，辐射带动面上示范推广1万亩以上。

【测土配方施肥跨越行动】 2020年，区农业农村局在全区部署开展测土配方施肥技术整建制推进工作，按照每666.7公顷采集1个土样，全区共采集土样22个，通过检测养分元素及重金属元素确定施肥配方，在大塘镇大塘村建立水稻测土配方技术100公顷示范片、在仁厚镇仁厚村、荔枝村建立番薯测土配方技术134公顷示范片，全年推广该项技术面积达到23600公顷，减少不合理施肥177吨（纯量）。

【农民科技培训】 2020年，区农业农村局举办各种农业培训班47期、培训4321人次。开展高素质农民培训326人。

农业机械化

【农业机械化工作机构概况】 玉州区农业机械化服务中心（简称区农业机械化服务中心）是玉州区人民政府直属事业单位，由区农业农村局代管，为正科级，列为公益一类。负责全区农业机械购置补贴专项工作的组织实施，指导全区农业机械化生产、农机社会化服务体系建设工作。有事业编制15名，设3名领导职数（其中主任1名，副主任2名）。内设秘书股、财务股、产业发展与技术推广股、标准与信息化股4个股室。

【农机服务】 2020年，区农业机械化服务中心在大塘镇三和村、阳山村、苏烟村、大塘村、大双村，仁东镇荔枝村，南江街道分界村7个村开展微灌机购机补贴业务现场办理及使用培训活动，共为群众办理农机购置补贴机具约

500台(套),服务和培训群众约500人次。发放购置补贴和微灌设备使用等培训宣传材料800余份,干部下乡60人次。

跨区作业证是联合收割机跨区作业免交车辆通行费的凭证和依据,由县级农机化主管部门免费发放。全年受区农业农村局委托,区农机中心共办理跨区作业证25份。

【农机补贴】 2020年,区农业机械化服务中心为民办实事指标任务为完成农机具购置补贴中央资金总额265万元(含玉东新区)。2020年,共办理农机购置补贴申请表数630份,受益户数539户,机具数量753台,总补贴289.344万元(其中中央补贴281.844万元,省补贴7.5万元),完成总任务中央补贴资金265万元的106.35%。全年结算289.344万元(其中中央补贴281.844万元,省补贴7.5万元),完成总任务中央补贴资金265万元的106.35%。全年的补贴任务全部完成。

【农机培训】 2020年,区农业机械化服务中心通过投影共转播6期自治区农机推广人员能力提升线上培训班,共计30人次参训,举办3期农机手再培训共120人次。通过组织推广人员参训及向农机手再培训,使全区农机从业人员在丘陵山区宜机化改造、畜牧水产、甘蔗生产、水稻生产、茶园生产及果蔬生产等方面的机械化技术知识得到很大的提升,为全区农机化事业发展打下坚实的基础。

【农机技术推广】 2020年,区农业机械化服务中心继续全力推进

水稻机械化收割　　（区农业农村局　提供）

水稻生产全程机械化,全区水稻播种总面积为13309公顷(不含茂林镇),机耕水平99.33%,机插率38.94%,机收水平为99.36%,水稻耕种收综合水平为81.22%。主要农作物(水稻、玉米、马铃薯、花生、甘蔗)耕种收综合机械化水平73.75%,机耕水平91.72%,机插率35.79%,机收水平为87.75%。

农产品质量安全

【农产品质量安全监测】 2020年,区农业农村局加强例行风险监测力度,重点对玉州区大塘蔬菜基地、钟周村蔬菜基地、名山太阳蔬菜基地、绿一蔬菜基地、星期绿蔬菜种植基地等主要蔬菜生产基地和城北菜市、天心菜市、名山菜市进行例行监测监控。2020年1月1日至12月23日,共检测样本2212个,合格样本2211个,合格率为99.95%,不合格样本1个,超标率为0.05%。检测结果总体合格。3月7—10日,共对9家企业47.5吨驰援湖北农产品(蔬菜33.5吨、马铃薯8吨、水果6吨)快速检测样本15个,合格样本15个,不合格样品0个。

【农产品质量安全信用档案建设情况】 2020年,玉州区2020年度有效期内“三品一标”企业共11家,共36个产品。

玉林全国农村改革试验区建设

【农村集体产权制度改革】 2020年,区农业农村局进一步加大农村事业的改革力度。全区8个镇(街道),75个涉农的村(社区),1564个村民小组,在完成农村集体资产清产核资工作的基础上,开展农村集体经济组织成员身份确认工作,59个行政村已完成3次公示工作,确定集体经济组织的最终名册,成立新的集体经济股份合作组织,进行集体经济组织股权量化等工作。

【农村集体土地承包权登记颁证】 2020年,区农业农村局共完成农村土地承包经营权确权登记36个村,29125户,耕地面积约4674.7公顷,完成颁证99.1%。

【农村土地承包经营权抵押试点】 2020年，区农业农村局农村产权交易服务分中心及镇（街道）、村三级网络服务平台运行良好，对农业规模经营服务力度加大。至年末，全区累计农村承包土地流转面积3466.7公顷，流转率44.2%。

乡村振兴战略实施

【强化高位推动乡村振兴工作】 2020年，玉州区成立由区委书记、区长为组长的乡村振兴工作领导小组，由区委副书记兼任乡村办主任，区委办、区政府办副主任担任乡村办常务副主任，五大常委部门常务副职担任乡村振兴办副主任，承担领导小组日常工作，筹办重要会议和重要活动，牵头拟订全区乡村振兴战略决策部署和规划，督促检查重要工作，具体落实绩效评估与考核工作，统筹协调各专项小组等各项工作。从各单位抽调17名骨干人员充实乡村办人员力量，将区信访办公楼改造成为乡村振兴办的办公地点，以提高全区乡村振兴工作的组织、协调和指导力度。6月，玉州区与四家公司签订水稻秸秆综合利用协议，完成仁东镇沼心村和仁厚镇道良村两个水稻秸秆收储运基地建设。制定《玉州区乡村振兴资金管理办法》，规定对2020年8月1—31日存入村理事会账户的募捐资金额按照1∶1进行财政资金配套，9月1日至10月31日存入村理事会账户的资金额按照1∶0.5进行配套。截至12月4日，募集资金1475万元，配套资金达1364万元。全年安排中央300万元和玉林市配套资金200万元，建设城北潘岭村、名山太阳村2个农村“厕所革命”整村推进试点示范村管网工程及部分配套设施。由区政府出资做乡村建设规划，聘请多个专业团队分区分别对全区乡村风貌提升进行建设规划，并聘为玉州区乡村振兴建设顾问，指导推进玉州区全域展开，创新建立乡村振兴战略玉州发展新模式。全区60个村（社区）落实有区领导担任的全域推进乡村风貌提升建设包联督导领导、区直后盾包联单位和乡村振兴工作队。

【乡村产业实现平稳发展】 2020年，玉州区完成粮食播种面积23.2万亩，种植业全面增长。生猪全面恢复生产，生猪存栏4.3万头。渔业保持较快发展，水产品产量1.42万吨。深入开展玉林香蒜、番石榴等特色产业基地建设，西岸村番石榴基地、中药材、仁东仁厚玉林香蒜和特色蔬菜、三黄鸡等特色农业基地生产规模和效益同比增长7%以上。实现新增2个创建自治区级核心示范区、1个县级示范区建设任务基本完成。加大特色产业培育力度，推行“企业+合作社+基地+农户”发展模式，县级“5+2”特色产业覆盖率达97.04%。

【稳步推进乡村旅游业】 2020年，玉州区稳步推进乡村旅游业发展，建设自治区级“玉林寒山祈福习俗”寒山村传承示范基地1个。开展乡村旅游创建工作，指导完善花果山庄、新景象农庄、理想家园3家乡村旅游点基础设施，创建星级农家乐。

【规范专业合作社管理】 2020年，玉州区全系统13个专业合作社全部完善规章制度，建设乡村综合服务站（社）、发展农民专业合作社及“农合联”，建设农产品示范基地4个，面积3400多亩，实施标准化生产，引进新品种、新技术。与包联村“两委”开展“社村共建”，助推村集体经济发展。

【消费扶贫引领】 2020年，玉州区5家农业企业共组织20多个名特优农产品，参加2020年粤桂扶贫协作消费扶贫对接活动暨第18届广西名特优农产品（广州）交易会，与广西区外采购商达成采购意向签约2个，采购额5690万元，现场销售额45万元。并

2020年10月30日，玉州区消费扶贫大行动启动仪式在玉林城区万达广场举行
（区委宣传部 提供）

对接上级电子商务平台，参股自治区农产品集团，在村级综合服务社设立电子商务服务，推销当地农产品。建设网上商城，推动农村电子商务发展。发展农村电子商务，成立玉林市桂鲜泰蔬菜配送有限公司电子商城，电子商务销售额2424万元，同比增加8.7%。加强农产品市场流通，在仁东圩正大百货超市建设生鲜农产品经营区，推销本地农产品，解决农民销路问题。同时为做好消费扶贫工作，在南江社、名山社市、仁东社、城北社4个超市建立消费扶贫专区。全年通过消费扶贫专区（柜）销售农产品30余吨，销售金额180余万元；成立玉林市玉州区供销社农产品展示中心，全年通过农产品展示中心销售富硒土特产产品20余吨，销售金额160余万元。

【生态宜居环境改善】 2020年，玉州区完成农村户厕改造6429户，开展改厕以来累计改造无害化卫生厕所88816户，无害化厕所普及率达到98.1%。2020年，列入自治区饮水安全战役的项目1个，即仁东镇石地村饮水安全巩固提升工程，已投入运行。玉州区贫困户接通自来水入户工程、2020年玉州区水质提升改造工程已竣工验收并投入使用。城北街道西岸村管网改造工程，三和村、沼心村、寒山村、苏烟村饮水安全巩固提升工程和2020年贫困户饮水安全巩固提升工程已完工并投入使用。截至年末，玉州区集中供水率93.86%，自来水普及率为92.31%，供水保证率为90%，水质达标率为92.31%。

【实施文化兴盛行动】 2020年，区纪委拍摄的微电影《饵》获自治区“德行天下·微影故事”活动优秀作品提名。全区建设新时代文明实践中心1个，实践所8个，实践站86个，实行挂牌管理。开展文明实践主题志愿活动，组织志愿者深入乡村送技能、传知识，辖区8个镇（街道）及相关单位开展活动共200余场，受益共计1.5万余人。组织宣讲队到各镇（街道）、村（社区）宣传贯彻中共十九届五中全会精神，在全区59个村组织开展“戏曲进乡村”文艺会演，举办“文化惠民”送戏下乡11场，脱贫攻坚送戏下乡演出18场。鼓励开展文明村评比活动，2020年玉州区仁东镇鹏垌村获全国文明村镇的称号。组织书法家到仁东镇中庞村和鹏垌村开展2020年玉州区书法家义写春联活动2场。各镇（街道）文化站配合党委政府的中心工作，组织并指导各村举办各类演出和文体活动共224场。开展“百镇千村”文明创建行动，全年全区各级文明村创建率达65%以上，文明镇创建率达95%以上。

【实施脱贫项目建设】 2020年，玉州区发放产业奖补资金708.25万元（不含玉东区），累计受益贫困户2688户。安排扶贫资金1488万元用于建设新定村成衣加工厂建设工程、石地村厂房仓库建设项目、沼心村厂房仓库建设项目、城北街道彭村产业园项目、城北街道陈旺村成衣车间建设项目、大塘镇阳山村成衣加工厂房项目、名山街道腾扬村村集体经济成衣加工车间项目、南江街道七一村仓储建设项目、南江街道广恩村成衣加工厂建设项目、南江街道七一村仓储建设项目、仁东镇木根村厂房仓库建设项目、仁厚镇上罗村农副产品加工厂建设项目共12个脱贫项目，发展壮大村级集体经济。

（区农业农村局）

林业

【林业工作机构概况】 区自然资源局为区政府组成部门，加挂玉州区林业局牌子，不再单设玉州区林业局。区自然资源局设生态修复股、森林资源股2个涉林股室，玉州区林业技术推广站、玉州区绿化工作站、玉州区林业种苗站、玉州区森林病虫害防治检疫站、玉州区仁东苗圃5个涉林二层单位，共55人。

【主要林业资源】 玉州区森林植被种类繁多，其中用材林主要有马尾松、湿地松、杉木、大叶栎、红椎、荷木、尾叶桉、柠檬桉、苦栎、樟木、鸭脚木等；经济树种有八角、玉桂、油茶、芒果、板栗、荔枝、龙眼、三华李、竹类、桉树等；观赏树种有扁桃、桂花、白玉兰、鱼尾葵、罗汉松、南洋杉、大叶榕、细叶榕、羊蹄甲、葵花等。主要动物资源，鸟类有乌鸦、麻雀、山雀、燕子、八哥、画眉、白鸽、啄木鸟、山鸡、鹧鸪、斑鸠、猫头鹰；兽类有山猪、黄猄、猫狸、果子狸等。还有蛤蚧以及品种繁多的蛇类。

【植树造林】 2020年，区自然资源局完成植树造林1423.3亩，占任务118.6%；完成中幼林抚育3450亩，占计划任务的172.5%。组织完成义务植树70.8万株，占任务的101%，完成油茶“双千”计划新造林260亩，占任务400亩的65%。

森林防火宣传　　（区自然资源局　提供）

【林业经济】 2020年，玉州区林业总产值达42.46亿元，同比增长0.02%；木材加工和造纸产值达26.84亿元，完成量占任务26.76亿元的100.3%，同比增长12.16%；木材产量2.44万立方米，完成量占任务2.4万立方米的101.67%，同比下降1.61%；花卉产值达1.33亿元，完成量占任务1.3亿元的102.3%，同比增长0.76%；林下经济产值达3.41亿元，完成量占任务3.38亿元的100.9%，同比增长0.59%；人造板产量达23.46万立方米，完成量占任务23.3万立方米的100.69%，同比下降14.13%；森林旅游与休闲产业收入达7460万元，同比增长2.19%。全区完成林业部门固定资产投资3.6亿元，完成量占任务3.5亿元的102.86%，同比下降18.55%。

【森林资源管理】 2020年，玉林市林业局没有下达玉州区林地定额具体指标，实际使用95.26公顷，未突破玉林市林业局规划的定额。严格执行年森林采伐限额制度。到2020年12月，玉州区凭证实际采伐林木蓄积21644立方米，严格执行上级下达的采伐限额和木材生产计划，全部按照“十三五”期间年森林采伐限额执行，不存在违规调剂使用采伐限额和超年度使用森林采伐限额采伐林木的情况。到2020年12月，全区签发林木采伐许可证420份。2019年广州专员办督办重点案件4件（玉州区1件，玉东新区3件）。立案4件，结案4件。其中立刑事案件3起，办结3起，强制3人，起诉2人，判决1人，罚金90.6万元。玉州区16户建档立卡贫困户人工繁育陆生野生动物已兑付补偿金16户，金额95.54万元，兑付率为100%。玉州区除贫困户以外，人工繁育陆生野生动物合法养殖户已兑付补偿金97户，金额1131.52万元，兑付率100%。合计补偿金共1227.06万元；玉州区（不含玉东区）应处置活鼠蛇168.57吨，眼镜蛇52.17吨，王锦蛇52.64吨；豪猪57头，果子狸22只，蓝孔雀30只，竹鼠1962只。截至8月10日，王锦蛇、豪猪、果子狸、蓝孔雀、竹鼠等已100%完成处置，建档立卡贫困户16户100%完成处置。与企业签订养殖合同26户，转型药用活鼠蛇121.77吨、眼镜蛇44.1吨；8月21日已全部完成蛇类处置工作。全年国家森林督查下发图斑100个，已立刑事案7个，已立行政案17个，行政案结案17个。

【森林病虫害防治与检疫】 2020年度林业有害生物预报发生面积34884亩，实际发生面积33140亩，均为轻级发生。主要病虫为马尾松毛虫、湿地松粉蚧、松突圆蚧、桉蝙蛾，全区各地均有分布。其中马尾松毛虫（含松毒蛾）累计发生面积5049亩，实际发生面积1995亩（均为轻级）；湿地松粉蚧累计发生面积11386亩，实际发生面积5793亩（均为轻级）；松突圆蚧累计发生面积48712亩，实际发生面积24356亩（均为轻级）。油桐尺蛾累计发生面积16亩，实际发生面积16亩（均为轻级）；桉蝙蛾累计发生面积13亩。年度林业有害生物实际成灾面积为485亩，成灾率为2.36‰，控制在上级下达的年度目标管理指标成灾率年度控制指标4.2‰以内。

【农村能源建设】 2020年，区自然资源局完成大塘镇苏烟村公厕沼气池净化处理项目、南江街道云良村太阳能路灯建设、仁东镇沼心村和大塘镇苏烟村太阳能路灯建设，并投入使用。

（区自然资源局）

水　利

【水利工作机构概况】 玉州区水利局（简称区水利局）是区人民

政府的工作部门，为正科级。局内设秘书股、规划计划与财务股（行政审批办公室）、水旱灾害防御与水利工程建设运行管理股（河湖管理股）、水土保持与水政水资源股（玉林市玉州区节约用水办公室）、政策法规与监管股、河长制工作股6个股室。核定行政编制4名，后勤服务事业编制1名（现在编人员1人，按只减不增的原则，逐年核减）。领导设置为1正2副。2020年年末，局实有人数5人。办公地址：市教育中路510号。

【水旱灾害防御工作】 2020年，玉州区先后遭受3次较强降雨和3次台风影响过程，区水利局强化以行政首长负责制为核心的各项防汛安全责任制，着力抓好水库、山洪灾害易发区、中小河流等重点区域和重点部位的安全防范工作。落实水库“三个责任人”“山洪预警网格责任人”和“三个重点环节”。从4月1日开始严格执行24小时防汛值班制度，加强监测预警，及时会商分析，提前发布预警信息。先后组织各职能部门参加强降雨、台风防御视频会和水利工作视频会共49次，防御强降雨和防御台风会商会2次，系统自动发布山洪预警545条，人工发布通知、宣传、工作布置等信息2127条，暴雨、台风防御警报8次，抽查水库值班值守5次，发出防御通知2次，启动应急响应3次，派出工作组开展防汛安全检查7次。同时，由于全区降雨量偏少，大部分镇（街）出现旱情，协调从兴业县买水调水缓解鸦桥江灌区旱情；发动各镇（街）群众开展生产自救，抽水抗旱。全区累计完成抗旱浇灌面积6万多亩，有效应对仁厚、仁东、南江、城北、名山等地的旱情，减少干旱损失。

【农村饮水安全建设】 2020年，玉州区农村饮水安全工作的目标任务是：全区落实资金1332.11万元，建设农村饮水安全巩固提升工程9处，受益人口3.41万人，其中贫困人口0.49万人，玉州区集中供水率为94.34%，自来水普及率为92.8%，供水保证率为95%，水质达标率为86.54%。3月以来，区水利局每个星期召开工作会议安排饮水安全工作，倒排工期，挂图作战，加快工程建设进度和质量。截至5月末，全区农村饮水安全工程建设任务的投资完成率、项目完工率和受益人口均达100%，提前完成自治区布置的年度建设任务。

【中小河流治理】 2020年，中小河流治理项目下达投资计划1663万元，在建项目1处，已完成投资530万元，新建堤防及护岸900米。全区完成审批生产建设项目水土保持方案11个，正在审查的方案1个，参加评审玉林市的方案7个；征收水土保持补偿费约278万元；完成治理水土流失面积6平方千米，提前完成5平方千米的全年治理任务。

【重大水利项目前期工作】 2020年，寒山水库除险加固工程总投资约6279.22万元，初步设计报告已批复，正在开展前期工作。

【河长制工作】 2020年，区水利局全面谋划，持续深入推进“河长巡河”“河长治污”“清四乱”“河湖划界”工作，督促河长巡河履职。年内，全区各级河长累计巡河6580人次，切实整治多处巡查发现问题。加快推进河库管理范围划定工作，列入自治区任务数的3条流域面积50平方千米以上的河流管理范围划定成果已上报市河长办，任务数外的11条河流及20座水库管理范围划定成果已报区政府待审定公告后上报市河长办。持续推进“清四乱”专项行动，全年新发现“四乱”问题18个，整改完成18个，整改完成率100%。全面开展河库保洁工作，5月29日起每月第一周周五为“清河日”。“清河日”当天，全区各级河长、干部带头，到辖区河段、包片村（社区）设置宣传点、打捞河道垃圾。已开展8次“清河日”行动，8次行动共有7040人次参与，设置横幅208条，张贴公告257张，发放传单19983张，出动车辆713台次，清理河流、水库、池塘沟渠900余个，垃圾1027吨。南流江流域水质逐步改善并取得明显成效。

【水利改革创新】 2020年，区水利局推进农业水价综合改革工作，以玉州区寒山灌区为试点，下达投资106万元，截至6月末，已完成改革内容。推进水行政审批制度改革，全面推行政务服务“简易办”改革，进一步明确投资项目审批“容缺后补”措施和事项清单，实行容缺受理材料4项，压缩4个审批事项的承诺办结时限，行政许可事项承诺办结时限提速60%以上。实行“一窗受理，并联审批”，截至年末，已办结水利工程项目建设审批件11件，平均办结时限为7个工作日，实现100%的申请办理的行政审批和公共服务事项“最多跑一次”。将原有经营性质、但属事业编制的玉州区岭塘供水站、玉州区江南自来水厂、玉州区寒山水库工程养护站、玉州区寒山自来水厂、玉州区鸦桥江灌溉工程管理所、玉州区鸦桥供水站，整体划拨到玉林市城投水务集团，实行全企业化管理，102名干部职工脱离事业编制。同时按照“职能相近、性质相同”的改革精神，将玉州区岭塘电灌站、玉州区寒山水库管理所、鸦桥江灌溉工程管理所合并成立玉州区农村水利工作站。在机构改革中，区水利局下属参公单位玉林市玉州区防汛抗旱指挥部办公室职能及人员划转到区应急管理局，因原防汛职能90%仍留在水利部门，故参照自治区、玉林市做法成立玉林市玉州区水旱灾害防御中心。

【水资源管理】 2020年，区水利局严格水资源“三条红线”控制，推进国家节水行动。完成2019年度实行最严格水资源管理制度考核和现场抽查检查工作，着力抓好问题整改。突出“节水优先”，与区教育局联合开展节水大使评选推荐工作。完成18个取水工程核查登记，摸清全区取水设施家底，落实取水统计调查和用水计量制度，做好国控系统站点运维及应用。

【水利工程建设质量与安全监督】 2020年，区水利局严格实施水利工程建设质量责任终身制，做好水利水电工程质量与安全监督申报工作和2019—2020年度水利建设质量工作考核工作，2020年对城北街道彭村饮水安全巩固提升工程、大塘镇阳山村饮水安全巩固提升工程和苏烟村饮水安全巩固提升工程3处项目工程依法依规进行质量与安全监督，过程中强调质量建设及安全生产，所监项目都取得良好效果。

2020年10月22日，区水利局开展“节约用水”宣传活动
（区水利局 提供）

【水资源费征收】 2020年，区水利局共收缴水资源费约293万元。

【扫黑除恶】 2020年，区水利局党组先后6次召开会议研究水利行业重点领域综合整治推进扫黑除恶专项斗争工作，全局召开水利行业重点领域综合整治工作动员会、推进会、攻坚会、部署会、研判会等11次。截至7月末，全区水利系统共排查和上报涉黑涉恶线索0条；中央扫黑除恶督导组转办案件0件；核办相关部门转办的案件、举报件0件。达成2018年以来全部“线索清仓”目标。

【水政执法巡查】 2020年，区水利局共对清湾江、南流江、仁东江等河段进行巡查共37次，出动车辆37车次，人员124人次，巡查河道长度979千米，河道内均未发现有非法采砂行为。

【水法律法规宣传】 2020年3月22日“世界水日”“中国水周”，区水利局结合疫情防控实际，通过宣传车移动宣传、拉横幅、报刊、短信、网络等方式进行宣传活动。

【安全生产大排查大整治专项行动】 2020年，区水利局围绕水利行业安全生产工作大局，在全区水利系统开展为期1个月的水利行业安全生产大排查大整治专项行动，到工程项目施工现场，检查工程施工质量及安全施工、文明施工情况，履行防溺水工作的职责。

（区水利局）

畜牧渔业

畜牧渔业综述

【水产畜牧工作机构及概况】 玉州区水产畜牧兽医站（简称区水产畜牧兽医站）是财政全额拨款的公益性副科级事业单位，隶属于农村农业局的二层机构，无内设机构。编制人数8人，领导设置为1正2副；2020年年末，实有人数8人。办公地址：大理街25号。

2020年，全区水产养殖面积865公顷，与上年同期持平。突如其来的新冠肺炎疫情发生后，外销渠道受阻，影响水产品销售。水产品总产量13268吨，与上年同期持平，养殖名特优品种面积735公顷，比上年增长4.97%。渔业经济总产值26326万元，比上年26136万元增加190万元，增长0.7%。投放各种淡水鱼种2492吨。淡水鱼苗生产21500万尾，水产品产量、产值保持稳定的势头。

【畜牧业生产情况】 2020年年底，玉州区生猪存栏3.81万头，其中能繁殖母猪0.38万头，出栏6.73万头；牛存栏0.27万头，出栏0.2万头；家禽存栏341.62万羽，出栏908.53万羽；肉类总产量19554.69吨，其中：猪肉产量5112.61吨，牛肉产量226.82吨，禽肉产量13759吨，兔肉产量59吨，羊肉产量15.26吨，其他肉产量382吨；禽蛋产量4114.72吨。

【水产养殖产业结构调整】 *发展稻鱼综合种养* 2020年，玉州区实施稻鱼种养增收工程，确保农民增产增收。推广"一水两用、一田双收、粮渔共赢"的发展模式，加强稻鱼种养的宣传、培训和扶持，并请专家编写成一张"稻鱼种养增收工程技术明白纸"，让广大稻农一看就懂、一学就会。与此同时，通过设立宣传牌，大力宣传稻鱼种养增收工程"稻鱼增收、蓄水保水、抗旱减灾、气候调节"的四大功能。稻鱼综合种养亩产稻谷按照以往水稻产量的90%计算，保守估计按稻谷每亩500千克，鱼每亩不低于50千克，稻谷价格按每千克4元，鱼每千克20元，至少可每亩收获3000元；除去基础建设成本、稻种鱼苗成本、田间管理费用，亩毛利润可达1500元，每亩纯利润可增加577元，经济效益显著。

位于仁东镇鹏垌村的玉林市上东农业公司稻鱼综合种养基地
（区农业农村局　提供）

围绕"生态型渔业"，抓好项目的引进与实施，促进渔业生态健康发展。围绕"服务型渔业"，抓好新技术、新品种的引进推广工作，通过示范基地带动，改善传统渔业养殖模式、品种单一的局面，大力推动全区水产养殖业向生态化、专业化、产业化发展，提升渔业产业结构综合发展水平。

发展（陆基）圆池养殖 据2020年年末统计和现场调查，玉州区已建成及在建（陆基）循环水养殖圆池约50个（包括部分建池尚未投产的场点），养殖水体约1万立方米，全部建成投产后，优质水产养殖品产能约800吨。已投入建池经费（包括部分配套设施）约300万元，全部为民间自有资金投入。总体上，已建循环水养殖圆池发展速度快，趋势向好。

位于城北西岸村的玉林市陆基圆形池循环水养殖
（区农业农村局　提供）

建池场（点）绝大部分为非“红线耕地”之闲置地所（荒地）。建设者生态意识、环保意识、节能意识和质量意识强，投资意向明确，建设起点高。在配套设施建设上，均配套建设进、排水处理和水循环利用系统，以及氧控和主要水质因子在线监测（控）系统，具备智能化管理的基础条件。

推进养殖尾水治理　区水产畜牧兽医站推动出台水产养殖尾水处理设施建设规范或要求，不断提高水产养殖尾水处理设施建设水平。指导实施池塘生态化改造，推动池塘底排污循环水、气动式循环水和工程化循环水养殖设施改造。整治养殖环境突出问题，着力抓好养殖尾水治理，推广生物净化、人工湿地、种植水生蔬菜花卉等技术。开展池塘养殖区尾水处理试点，组织开展养殖尾水例行监测，推动使用养殖尾水排放有关标准。

围绕“生态型渔业”，抓好项目的引进与实施，促进渔业生态健康发展。围绕“服务型渔业”，抓好新技术、新品种的引进推广工作，通过示范基地带动，改善传统渔业养殖模式、品种单一的局面，推动全区水产养殖业向生态化、专业化、产业化发展，提升渔业产业结构综合发展水平。

【鱼类资源】　玉州区水产资源较丰富，有鱼类、虾蟹类、淡水贝类，种类繁多。有记载的淡水鱼种类有116种，分属12个目25个科，其中鲤科鱼类70种，占总数60.34%，鳅科鱼类7种，占总数6%；洄游性鱼类有鲥鱼和白肌银鱼、中华鲟，降河性鱼类有鳗鲡等。洄游性鱼类已消失。

可养品种　能在水温8℃～32℃之间存活、生长的鱼类，爬行类，软体动物的腹足类，甲壳类等水生动物均可在玉州区的水体养殖。

已养品种　传统养殖的鱼类主要有草鱼、鲢鱼、鳙鱼、鲤鱼、鲮鱼、鳊鱼、鲫鱼、青鱼、胡子鲶、泥鳅等。近年来引进和推广的鱼类有团头鲂、莫桑比克罗非鱼、尼罗罗非鱼、禾花鲤、荷元鲤、兴国红鲤、散鳞镜鲤、露斯塔野鲮、埃及塘角鱼、麦瑞加拉鲮、罗氏沼虾、丰鲤、移德鲤、澎泽鲫、先科鲫、湘云鲫、银鱼、星洲鱼、斑点叉尾、大口鲶、珍珠鳖等。

【渔业增殖放流】　2020年，区水产畜牧兽医站配合玉林市级在南流江的人工渔业增殖放流工作，全年在南流江玉东湖放养鲢鱼、鳙鱼、鲮鱼和本地塘角鱼种约380万尾，提高南流江水域鱼类生态平衡。

玉州区可养殖品种的种类结构和区域分布情况表

表8

品种	玉城街道	南江街道	城西街道	城北街道	名山街道	仁东镇	仁厚镇	大塘镇
草鱼	已养	已养	已养	已养	已养	已养	已养	已养
青鱼	已养	已养	已养	已养	已养	已养	已养	已养
鲢鱼	已养	已养	已养	已养	已养	已养	已养	已养
鳙鱼	已养	已养	已养	已养	已养	已养	已养	已养
鲤鱼	已养	已养	已养	已养	已养	已养	已养	已养
鲫鱼	已养	已养	已养	已养	已养	已养	已养	已养
鲮鱼	已养	已养	已养	已养	已养	已养	已养	已养
白鲳	已养	已养	已养	已养	已养	已养	已养	已养
泥鳅	—	已养	已养	已养	已养	已养	已养	已养
胡子鲶	已养	已养	已养	已养	已养	已养	已养	已养
鲶鱼	已养	已养	已养	已养	已养	已养	已养	已养
黄颡鱼	—	已养	已养	已养	已养	已养	已养	已养
斑鳢	已养	已养	已养	已养	已养	已养	已养	已养
月鳢	—	—	—	—	—	已养	已养	已养
黄鳝	—	—	已养	—	—	—	—	—

续表8

品种	玉城街道	南江街道	城西街道	城北街道	名山街道	仁东镇	仁厚镇	大塘镇
武昌鱼	—	已养	已养	已养	—	—	—	—
罗非鱼	已养	已养	已养	已养	已养	已养	已养	—
鳖	已养	已养	已养	已养	已养	已养	已养	—

2020年玉州区水产业生产情况表

表9

单位	淡水产品产量（吨）	淡水捕捞（吨）					淡水养殖（吨）					淡水养殖面积（公顷）				
		合计	鱼类	虾蟹类	贝类	其他类	合计	鱼类	虾蟹类	贝类	其他类	合计	池塘养殖	河沟养殖	山塘水库养殖	其他养殖
合计	13268	721	513	9	121	78	12547	12051	0	95	401	865	668	0	169	28
南江	4230	191	121	3	39	28	4039	3885	—	23	131	242	212	—	26	4
城西	2571	96	73	2	15	6	2475	2404	—	12	59	149	134	—	12	3
城北	1363	90	71	—	13	6	1273	1232	—	10	31	80	40	—	35	5
大塘	186	38	26	2	9	1	148	120	—	10	18	48	14	—	33	1
仁东	2713	158	116	2	21	19	2555	2486	—	15	54	196	171	—	18	7
名山	1118	77	56	—	11	10	1041	948	—	12	81	79	60	—	14	5
仁厚	1087	71	50	—	13	8	1016	976	—	13	27	71	37	—	31	3

畜牧业行业管理

【畜牧业行政许可】 2020年，区水产畜牧兽医站共办受理和办结10件行政审批申请，其中：兽药经营许可审批7家，动物诊疗许可1家，动物防疫条件许可2家。

【饲料安全生产】 2020年，区水产畜牧兽医站开展安全生产“强监管严执法年”专项行动、安全生产专项整治三年行动、安全生产大排查大整治行动，强化饲料行业领域安全监管，严厉打击违法违规行为。全年对辖区内8家饲料企业进行不定期检查，累计检查饲料企业52家次，出动检查人员119人次，全年无重大安全生产事故发生，全力确保饲料行业安全生产形势持续稳定。

水产畜牧检疫与防治

【动物卫生监督执法】 2020年，区水产畜牧兽医站共出动执法人员531人次，出动执法车辆85车次，检查单位64户。

【产地、屠宰检疫】 2020年，区水产畜牧兽医站开展产地检疫，覆盖全区9个镇（街道）全部行政村和所有规模化养殖场，覆盖面100%。全区共11个检疫申报点，其中：产地检疫申报点8个，定点屠宰场检疫申报点3个。全年产地检疫生猪0.67万头，禽类13.62万羽，屠宰检疫生猪15.51万头。

【兽药经营及使用监管】 2020年，区水产畜牧兽医站举办全区兽药经营者兽药质量规范培训班1期，与各兽药经营业主签订《兽药经营规范承诺书》24份。加强兽药日常经营监管和执法检查，根据农业农村部和自治区农业农村厅文件要求，全年开展3批次假劣兽药查处活动，组织开展兽药经营资质的清理活动，严厉查处进货渠道混乱、购销渠道记录不完整等违规经营行为；严厉打击非法从事兽药经营活动的单位（个人）。宣传告知广大养殖户、饲料兽药经营企业等合法销售、使用饲料兽药，督促各养殖场建立健全养殖档案，指导监督养殖场（户）科学用药、用料，不使用违禁药物，严格执行兽药休药期，全区24家兽药经营店检查覆盖率达100%。

【动物无害化处理及监管】 2020

玉州区水生动物疫病防治实验室开展苗种检测

（区农业农村局 提供）

年，区水产畜牧兽医站落实动物卫生监管责任，防范、及时处理随意抛弃、运输、贩卖、屠宰、加工病死畜禽的违法行为。以加强动物防疫条件监管为抓手，加强对养殖场的日常监管，督促辖区养殖场无害化处理设施设备配备，落实无害化处理责任并建立真实有效的病死动物无害化处理记录。加强对生猪定点屠宰场的监管，监督屠宰场对屠宰检疫检验不合格的生猪、猪肉、产品及屠宰废弃物按规定做好无害化处理工作，坚决防止检疫检验不合格的猪肉产品流入市场、流上餐桌。落实监督人员对病死动物无害化处理中心的监管，督促无害化处理中心完善收集、运输、储存、处理各环节衔接和管理制度，做好病死猪收存、处理等档案记录，杜绝管理漏洞，做好处理场地、人员、车辆的消毒，防范病毒传播。

【水产养殖疫病防控】 2020年，区水产畜牧兽医站对各水产养殖疫情测报点进行疫病跟踪监测、预报，每月及时上报监测数据。完成诊断水生动物病害1050例，采集样本126尾（个），检测样本126尾（个）；细菌接种126尾（个），分离菌株30株，药物敏感检测30例；指导养殖户防病或提出防病建议1120次，水样检测930次（监测合格率100%）。全年为养殖户提供鱼病防治、技术和信息咨询1240人次，发放技术资料320余份，到养殖户现场技术指导1120余次。

【动物防疫免疫与监测】 2020年，玉州区动物疫情测报站监测工作按照常规监测进行，每月开展。全年共监测猪血清240份（其中：监测猪口蹄疫O型120份，合格76份，合格率63.33%；监测猪瘟120份，合格111份，合格率92.5%），家禽血清1920份（其中：监测禽流感H5抗体420份，合格402份，合格率95.71%；监测禽流感H7抗体420份，合格405份，合格率96.66%；监测禽流感H7N9抗体1080份，合格1058份，合格率97.96%；监测鸡新城疫230份，合格220份，合格率95.65%），牛血清42份（其中监测牛口蹄疫O型42份，合格39份，合格率92.86%），羊血清60份（其中监测羊口蹄疫O型60份，合格38份，合格率63.33%；监测羊小反刍兽疫20份，合格0份，合格率0%），监测非洲猪瘟样品374份（全部阴性），耕牛血吸虫病200份（全部阴性），监测结果符合有关要求，对监测畜禽能起到免疫保护作用。

每月都对各自辖区的养殖业作有质量和数量的动物疫病流行病学调查。全年共调查48个规模场（村），调查养殖户373户。调查规模猪场存栏猪9670头，散养户存栏猪186头；散养户存栏牛668头；规模羊场存栏羊300头；规模禽场存栏鸡99400羽，散养养禽户存栏鸡1946羽；规模养鸭场存栏鸭37680羽。在专项流行病学调查中，同时开展禽流感、口蹄疫、猪瘟、非洲猪瘟等重大动物疫病的调查工作。根据流行病学调查的详细记录，调查范围完全覆盖全区管辖的7个镇（街道），全年区内未见国家规定的重大动物疫病发生。

【水产畜禽产品质量安全监测】 2020年，区水产畜牧兽医站开展生猪屠宰环节"瘦肉精"检测专项工作，全年抽取辖区内的养殖场、屠宰场猪尿进行检测，抽检尿样包括克伦特罗150份、沙丁胺醇150份、莱克多巴胺150份，未发现不合格猪尿样品，任务完成100%。开展农产品质量安全监测，抽检猪肉15份，鸡肉4份，完成全年抽检任务。

【打击生猪私屠滥宰违法行为专项行动】 2020年，区水产畜牧兽医站贯彻自治区、玉林市关于生猪私屠滥宰工作的部署要求，持续加强联动打击，联合开展打击行动，出动工作人员37人次，共计查处取缔3个生猪私宰窝点。

【非洲猪瘟防控】 2020年，区水产畜牧兽医站严格疫情排查监测和报告，建立生猪养殖网格化管理。落实防控包片工作制，全面实行网格化管理，建立生猪养殖场户网格化监管一览表，全区共有266个养猪场（户）纳入网格化管理。严格落实非洲猪瘟紧急排查日报告制度，全面覆盖规模养殖场、生猪散养村、生猪散养户、生猪定点屠宰场、野生动物疫病排查，强调每日报告要在当天下班前汇报到区农业农村局，充分发挥日报告作用。全区累计排查养猪场4412家次，排查生猪28.78万头次；排查生猪屠宰场1079场次，排查生猪15.93万头次。举办培训班7期，培训193人次；发放宣传资料456份，张贴宣传标语23条。对规模养殖场户、屠宰场、猪肉交易市场和商超、生猪产品冻库等场所环境监测采样209份，累计开展消毒778次。加强生猪调动监管，全面强化调运监管工作。开展违法违规调运生猪专项整治行动，共组织监督执法人员790人次，出动执法车辆252车次，在全区范围内对生猪及冻品运输经营等场所以及养殖、屠宰、无害化处理各环节进行监督检查，检查相关企业和个人273家次。开展违法违规调运生猪百日专项打击行动，累计检查运输车辆44辆、生猪2262头。加强运输车辆备案和收购贩运管理，全年为8辆生猪运输车辆办理备案，及时注销2辆情况变更的车辆，督促2辆备案过期车辆办理续证，备案生猪运输车辆14辆。严格执行备案生猪运输车辆黑名单制度，通过生猪运输车辆监管系统监控生猪运输车辆680余车次（批次）。加强运输生猪及其产品车辆检查，全年累计外省调入玉州区运输生猪车辆391车次，广西区内运输生猪车辆2662车次，运输生猪13.72万头；外省调入玉州区生猪产品68车次，运输生猪产品348.41吨。

【畜禽养殖污染治理】 2020年，玉州区26家生猪规模养殖场已全部完成设施建设，配建率达到100%；另外，规模以上养殖场（小区）粪污实现无害化处理、资源化利用和达标排放，散养户养殖污染得到有效治理，通过依托玉州区种植、养殖大户与玉林市丰标生物科技有限公司签订《畜禽养殖粪污还田利用合同》等方式，进一步提升全区畜禽粪污资源化利用量，确保养殖场粪污不对周边环境造成污染，并为有机肥生产、还田循环利用等资源化利用工作打下基础。

（区农业农村局）

工业·交通

工业综述

【工业概况】2020年，区经科局坚持新冠肺炎疫情防控和发展工业“两手抓”消除疫情影响，推动工业企业发展。全区规模以上工业企业63家，实现规模以上工业总产值364.23亿元，比上年增长14%；实现规模以上工业增加值44.63亿元，同比增加10.5%。市工信局下达全区年度新增规上工业企业目标任务为7家，1—12月，全区已新增规上工业企业8家，完成年度目标任务的114.28%。

【重点行业、企业经济运行情况】2020年，玉州区机械制造行业24家规模以上工业企业累计实现产值222.2亿元，同比增长23.4%；健康食品行业6家规模以上工业企业累计实现产值28.7亿元，同比下降4%；医药行业7家规模以上工业企业累计实现产值4.7亿元，同比下降31.7%；建材行业5家规上工业企业累计实现产值4.1亿元，同比增长3.1%。

机械制造业　2020年，机械制造行业24家规模以上工业企业1—12月累计实现产值222.2亿元，同比增长23.4%。机械行业规上工业总产值的高增长率主要得益于玉柴股司产值本年的下半年以来持续维持的高增长率。随着国家第六阶段机动车污染物排放标准正式施行，玉柴国六标准发动机订货量增加，同时国六标准发动机的单机价格较国五标准机器高，因此，拉动产值上升。

大健康产业　1—12月，全区医药行业7家规模以上工业企业累计实现产值4.7亿元，同比下降31.7%，较1—11月累计增速-34.5%提升2.8个百分点，降幅缩小。

食品及饲料行业　食品及饲料行业主要面临非洲猪瘟的持续影响及市场饱和冲击，行业产值负增长。1—12月，全区健康食品行业6家规模以上工业企业累计实现产值28.7亿元，同比下降4%。

建材行业　全区建材行业继续正增长态势，5家规上工业企业1—12月累计实现产值4.1亿元，同比增长3.1%，总体运行稳定。

【“双百双新”产业项目推进】2020年，玉州区谋划双新项目2个，即广西科创机械股份有限公司年产200万件规模耐温耐磨新材料产

玉林尚宏实业有限公司生产车间　（李　荣　摄）

品生产线项目，广西嘉德机械股份有限公司扩建发动机缸盖（国六、船电）生产线项目。

【生态工业建设】 2020年，自治区、玉林市未下达淘汰落后产能、过剩产能目标任务。全年玉州区规模以上工业增加值能耗下降8%。为有效应对污染天气，督促玉药集团、玉林市天菱泡沫有限公司、玉林皇宫建材有限公司、玉林市一方城源玻璃制品有限公司等工业企业，合理调整生产计划，实施错峰生产，减少污染物排放。全年经备案的技改项目符合国家、自治区产业政策，不属于高耗能、高污染项目。

【“专精特新”企业培育】 2020年，玉州区有3家企业获自治区认定为2020年“专精特新”中小企业。即广西金锋汽车零部件制造有限公司、广西华原过滤系统股份有限公司、广西玉林制药集团有限责任公司。

【区领导联系服务工业企业】 2020年，玉州区处级领导参与联系服务工业企业（项目）共计23人，服务企业247次，现场调研245次，收集企业反馈问题个数共计65件，已解决企业反馈问题个数共计65件。

（区经科局）

工业园管理

【工业集中区工作机构及概况】 玉林市玉州区工业集中区（简称区工业集中区）工作委员会作为区委主管玉州区工业集中区辖区内党务工作的派出机构，玉林市玉州区工业集中区管理委员会作为区政府派出机构。工作委员会和管理委员会实行一个机构、两块牌子、一套人马，级别为正科级。核定行政编制8名（所需人员在区直党政机关连人带编调剂解决），后勤服务事业编制1名。领导职数：管委主任（兼党工委书记）1名、副书记1名、副主任2名。办公地址：玉州区玉博大道492号（玉州区图书馆五楼）。2020年主要工作是完善园区基础设施建设，推进重大项目建设，服务好企业，努力做好招商引资工作，为玉州区引进一批实力雄厚的企业，做好园区安全生产工作。

2020年11月27日，区工业集中区联合区住房和城乡建设局对园区内非法占地、乱搭乱建进行清理维护 （区工业集中区 提供）

【园区重大项目建设】 2020年，区工业集中区重点推进的重大项目共2个，各项目已取得阶段性成果。其中：电动车零部件生产项目获得项目环评初步意见，获得项目用地意见批复，完成项目建议书编制，完成2020年第四批自治区层面统筹推进重大项目申报；广西玉林市康茂汽车配件制造有限公司车载无油活塞空压机建设项目获得项目用地预审与选址意见书，获得土地指标约113.81亩。截至年末，园区累计引进企业60多家，竣工投产的企业50多家。园区实现工业总产值22.1亿元；工业增加值7.2亿元；完成固定资产投资3.8亿元。

【园区招商引资】 2020年，区工业集中区引进重大项目2个。包括广西美豹电动车科技有限公司年产32万辆摩托车项目，配备2幢生产车间和研发中心、1幢办公大楼、1间配电房、1间门卫，面积为35534.58平方米，形成冲压成型、焊接、涂装、装配四大工艺，购置冲压成型、焊接设备、涂装生产线，喷漆生产线。广西玉林市康茂汽车配件制造有限公司车载无油活塞空压机建设项目征用土地10公顷，建设符合机械制造规范要求的各类生产车间、仓库以及行政办公楼、生活用房等设施，建筑面积10.6万平方米。

【园区安全生产】 2020年，区工业集中区围绕“开展安全生产标准化”和“打非治违专项行动”以“建立安全隐患排查治理体系工作方案”为主要抓手，深化安全责任落实，强化隐患排查治理，实现园区安全生产形势的持续稳定。

实施目标责任管理。在区工业集中区管委会、相关部门、企业三级目标管理体系的基础上，继续层层签订安全生产责任书，进一步明确各自的安全职责，对安全生产的事故控制指标、管理工作目标和安全生产责任逐级细化分解，实行量化考核，全面进行落实，建立起科学严密的安全生产责任体系，形成上下联动、齐抓共管、层层级级保安全的局面。企业安全员队伍作用得到有效发挥，实现安全生产工作向基层的延伸。通过强化政府引导和部门监管，加快企业安全生产主体责任的落实，不断增强责任意识和主动意识，形成政府统一领导，部门依法监管，企业全面负责，群众广泛参与，社会监督支持的安全管理格局。

开展建立安全隐患排查治理体系工作。根据区安委办《关于印发〈玉州区做好全国“两会”期间安全生产工作暨开展2020年第一季度安全生产大检查工作方案〉的通知》文件精神，开展建立工业集中区安全隐患排查治理体系平台工作，对企业安全隐患排查治理工作进行全程管理，对潜在隐患实施有效监管，实现安全隐患排查治理常态化、规范化、法治化，工业集中区结合安全生产标准化建设工作设立安全隐患排查治理体系试点企业，选择6家具有代表性的重点企业开展试点建设。在吸取试点企业成功经验后将在以后的工作中继续大力推广。

开展打非治违专项行动。以园区建筑施工工地、各企业车间现场为重点，组织相关单位和部门开展“打非治违”安全生产专项行动大检查和专项执法整治，指导企业发现潜在的安全问题，帮助企业进行整改。做到将安全检查与行政执法相结合，将治理安全隐患与打击安全生产违法行为相结合。年内，工业集中区累计监督监察重点领域生产经营企业100余次，下发各类整改文书20多份，有效遏制非法、违法安全生产经营行为的势头。活动开展以来，园区各企业也积极自查，消除隐患，制订方案，提高企业安全工作水平。

落实安全生产基础工作。组织开展生产经营企业调查登记，进一步明晰监管对象；围绕“全国安全生产月”活动，工业集中区开展大规模安全生产咨询日活动，活动中陈列大量安全生产挂图、安全生产展板，发放400份宣传资料。参与群众也踊跃咨询，在园区形成良好的安全宣传效果。

（区工业集中区）

二轻集体工业

【二轻工业工作机构及概况】 玉州区二轻城镇集体工业联社（简称区二轻城镇集体工业联社）为区人民政府直属的参照公务员法管理的事业单位，对下属企业行使“指导、协调、维护、监督、服务”的职能和行业管理职能；核定编制10人，其中：主任1名，副主任1～2名，内设股室领导3名；内设政秘股、行业指导管理股、资产财务管理股。年末，实有人数7人，其中：主任1人，副主任2人，副主任科员2人，普通干部2人。办公地址：玉林市城站路92号。

2020年，区二轻城镇集体工业联社坚持以习近平新时代中国特色社会主义思想为指导，贯彻中共十九大和十九届三中、四中和五中全会精神，履行对二轻下属企业行使“指导、协调、维护、监督、服务”的职能和行业管理职能，开展“服务基层 创新发展”各项工作。全年玉州区二轻企业累计完成工业总产值1068万元，同期减少8%；累计完成工业增加值208万元，同期减少41%；累计上缴税收64万元，同期减少20%。

【工艺美术成果】 2020年，区二轻城镇集体工业联社加大人才培养力度，组织参加全国性和自治

区二轻城镇集体工业联社、玉林市美术厂及羽毛画传承人李普新制作羽毛画 （区二轻城镇集体工业联社 提供）

区级展会。7 月 10—12 日，组织参加在山东青岛举办的第 55 届全国工艺品交易会暨 2020“金凤凰”创新产品设计大奖赛，玉州区参赛作品获 2020“金凤凰”创新产品设计大奖赛“金奖”1 个、“银奖”1 个、“铜奖”2 个。9 月 4—7 日，2020 广西工艺美术作品旅游工艺品暨大师精品展览在南宁会展中心举行，玉州区参评作品获“金奖”2 个、“银奖”2 个、“铜奖”3 个。11 月 26 日，玉林茶子树实业有限公司梁昊昊获第九届广西工艺美术大师称号。

（区二轻城镇集体工业联社）

玉林市玉州区仁东经石地至龙安二级公路改建项目一标段施工图

（区交通运输局　提供）

交通运输管理

【交通运输工作机构及概况】 玉林市玉州区交通运输局（简称区交通运输局）是区政府管理交通运输工作的职能部门，单位性质为党政群机关，2020 年核定行政编制 6 人，年末实有人数 6 人，领导职位设局长 1 名、副局长 2 名；局机关内设政秘股、计财股、综合股、玉州区国防动员委员会交通战备办公室 4 个股室。下辖机构有 2 个：玉林市玉州区公路建设养护中心、玉林市玉州区港航发展中心。办公地址：玉林市一环北路 600 号。

2020 年，区交通运输局推进“四好农村路”建设，围绕 2020 年实现“建好、管好、护好、运营好”的“四好农村路”目标和脱贫攻坚大局，坚持“抓建设、强管理、保畅安、上水平”的指导思想，强管理，改体制，推进“四建一通”工程建设。

【交通基础设施建设】 2020 年，玉州区在建重大项目仁东经石地至龙安（玉州段）镇镇通二级公路项目，计划投资 3900 万元，完成投资 2300 万元。全年共新（改）建、续建农村公（道）路项目 8 个，竣工 7 个，完成总投资 2846 万元，其中：改建桥梁 2 座，即仁东桥、寒山水库桥；大中修项目 1 项，即仁东二中至李屋水泥混凝土路面硬化改建工程；村际联网工程（以奖代补连通工程）项目共 3 项，分别是腾蛟山至挂榜山、庙佛岭至子库、大双至金华项目；农村公路安全生命防护工程共 1 项，即阳山至苏烟农村公路安防工程。

【公路养护】 2020 年，区交通运输局推进农村公路养护体制改革，实现管养分离，实行市场化、公司化、专业化养护。推进养护机械化，降低农村公路养护成本。养护农村公路 200.43 千米，按行政等级分，有县道 6 条 31 千米，乡道 30 条 101.85 千米，村道 43 条 67.57 千米；按技术等级来分，二级路 11.95 千米，三级路 8.83 千米，四级路 179.64 千米。全区

玉州区仁东至木根公路养护路段　　（区交通运输局　提供）

乡、镇已全部通二级公路，59个行政村、27个社区均实现通硬化道路。年末优良路率达46.25%，路面使用性能指数（PQI）为82.68，位列全市第一。

【路政管理】 2020年，区交通运输局完善公路标志，特别对涉铁路、涉学校、涉圩镇、存在重大安全隐患路段进行整治及设置标志，提高群众安全意识和警示防护设施，设立安全标牌73处共80块；配合玉林市有关部门开展“三清三拆”“五乱整治”活动和玉林市城区市容市貌综合整治行动。

【公路运输】 2020年，玉州区辖区内运输企业共193家；拥有民用汽车9524辆，其中营业性运输车辆9524辆（营运客车668辆，营运货车8218辆，出租汽车638辆）。全年完成道路客运量878万人和周转量62770万人千米，同比分别增长-22.57%和-26.35%；完成道路货运量5195万吨和周转量5104万吨千米，同比分别增长1.78%和0.83%。

【交通运输安全管理】 2020年，区交通运输局共出动检查组56个，出动检查人员251人次，累计开展安全检查53次，累计检查交通在建工程施工企业3家，检查临水临崖路段14处，检查农村公路涉学校、平交路口危险路段21处，排查发现安全隐患23处，整改完成23处，修复防护栏2处，安装完善荔枝村路口等13个涉学校平交路口安全设施，安装完善安全标志牌12套、斑马线230平方米、减速带252.36平方米，投入资金66734.09元，并按要求开展推进“一灯一带”建设工程，安装完善鹤林至上罗等10个交叉路口的安全设施，安装完善安全标志牌12套、减速带59.85平方米，投入资金31961.2元。及时消除存在的安全隐患，确保辖区农村公路安全畅通。

加强对辖区水域南流江玉州段、清湾江玉州段、苏烟水库、寒山水库等水域的水上交通安全检查。结合防范中小学生溺水专项整治行动，深化水上交通安全整治，全年共开展水上交通安全检查11次，出动检查人员38人次，未发现有非法营运船舶在水上从事载客运营现象。加强对南江街道广恩村的水上交通安全监控，防止非法排筏在水上载客运营，同时，做好防范中小学生溺水的宣传及排查整治。

重点围绕“六清”行动开展工作，通过排查，全区交通工程建设领域未发现煽动闹事、强揽工程、垄断工程材料供应、损害公路水路设施等乱象。

【疫情防控】 会同卫生健康、公安等部门在玉州区辖区内设7个新型冠状病毒肺炎疫情交通检测检疫站点，组织干部职工投身一线疫情防控阻击战，在疫情防控期间累计监测车辆数15.98万辆，累计监测人数27.81万人。同时按照交通运输部“一断三不断”原则和农村疫情防控“十严格”，全力统筹做好全区各镇街疫情防控和交通运输保障工作。在疫情防控常态化前提下，做好玉州区交通运输企业复工复产，推进企业达产满产，做好“六稳”工作，全面落实“六保”任务。

（区交通运输局）

商贸·旅游

商业贸易

【商贸业经济指标】2020年，玉州区实现社会消费品零售总额430.72亿元，同比增长2%。批发业销售额同比增长14.8%，零售业销售额同比增长3.4%，住宿业营业额同比增长-24.8%，餐饮业营业额同比增长1.2%。

全年累计实现进出口总值89387万元，同比增长-9.1%，其中：进口50641万元，同比增长-24.79%；出口38746万元，同比增长35.46%。

全年累计实现加工贸易进出口总额741万元，同比下降81.3%，其中：进口450万元，同比下降76.35%；出口292万元，同比下降85.83%。仅前4个月存在加工贸易数据。玉州区原有的两家加工贸易企业为丰强电子和富英制革，4月，丰强电子撤销玉林工厂；富英制革则受近年非洲猪瘟和中美经贸摩擦等影响，不再有国外订单，原材料进口转为一般贸易。

全年新增商贸限上企业35家（市下达目标任务为9家）。全年实际利用外资1539.45万美元，同比增长-17.85%。

【商贸促销活动】2020年，区经科局引导商贸企业开展各种促销活动带动消费增长，发动辖区商贸流通企业紧紧把握好节庆、暑期、开学季和年终岁末等消费旺季，重点围绕汽车、服装、金银珠宝、家电、家居建材等热点商品，开展形式多样的促销活动，掀起节日消费高潮。配合市商务部门开展2020年“双百”促消费活动，通过“百日促消费”“百店大促销”活动，组织金城商厦、南城百货、大润发等商贸企业打造消费热点，激发消费潜力，促进消费增长。在玉林城区举办汽车大巡展等系列大型汽车展销会，促进汽车消费。配合市商务部门举办玉林市第八届“岭南都会”消费购物节。配合自治区、玉林市组织企业参加“33消费节”，为激活疫情防控期间累积的消费热情，2020年首次尝试“政府引导＋商家让利”，线上带动线下的消费模式成功促进社会消费品零售额的增长。

【着力推动外贸稳增长】2020年，区经科局鼓励企业参与各类展会，进一步开拓市场，利用好中国—东盟博览会、药博会、玉博

2020年11月16日，广西“33消费节”（第二季）冬季新消费系列活动动员部署电视电话会议召开（区政府办　提供）

会、广交会、上交会等平台，加快培育出口竞争新优势，鼓励外向型经济发展。配合市有关部门组织辖区企业参加2020年广西中小出口企业海外信用风险保障政府支持计划宣讲会暨信保业务推介会，使全区中小出口企业及时了解并参与“2020年广西中小出口企业海外信用风险保障政府支持计划”，经过动员，共有24家出口企业和中国出口信用保险公司签订合同，为企业防范收汇风险，解决企业海外信用风险防范问题。组织辖区10多家企业参加第三届进口博览会活动，以进博会等系列展会为契机，拓宽对外开放格局。强化外贸企业服务，加强对企业的走访，问需于企、问计于企，深入企业宣讲进口贴息资金申报等外贸政策，千方百计扩大玉州区的出口。

（区经科局）

电子商务

【农村电子商务】 2020年，玉州区成立玉林市桂鲜泰蔬菜配送有限公司电子商城，开展电子商务销售。依托供销合作社电商企业、农产品批发市场等，整合各方物流设施资源加快建设农村流通服务网点，增强仓储、包装、初加工、冷链物流等综合服务能力，着力拓宽贫困村和非贫困村农产品销售渠道，在综合服务平台设立消费扶贫专区，着力提升农产品供应水平和质量，为助力打赢脱贫攻坚战作出积极贡献。全年采购贫困地区产品7.61万元。同时加强对农村电子商务发展的指导，进一步提升系统电子商务发展质量。根据综合超市、综合服务站、综合服务社和电子商务等新兴业务的需求，吸纳农民就近就业，带动贫困户在家门口就业增收脱贫。

【电子商务销售】 2020年，玉州区电子商务销售额2424万元，同比增加8.7%，农村电子商务销售得到快速发展。与城区各大超市合作，以超市电子商务平台和消费扶贫专区（柜）为载体打造消费扶贫“线上＋线下”的联动模式，全年通过各大超市电子商务平台销售农产品80余吨，销售金额400余万元。

（区经科局）

供销合作经营

【供销工作机构及概况】 玉州区供销合作联社（简称区供销社）为区直属事业单位，领导职数理事会设主任1名，副主任2名，监事会设主任1名；内设政秘股、综合业务股、财会审计股（监事会办公室）；核定事业编制（含工勤人员）9名，年末实有人数7人。办公地址：玉林市玉州区大北路171号。

2020年，玉州区供销社系统购进总额161508万元，完成年计划的101.6%，比上年增长15.6%；销售总额达232192万元，完成年计划的102.1%，比上年增长15.7%；农副产品收购额达5908万元，完成年计划的102.5%，比上年增长16.3%；消费品零售额达41338万元，完成年计划的100.6%，比上年增长14.5%；售给农民的农业生产资料63228万元，完成年计划的102%，比上年增长11.2%。新增土地托管面积7126亩，完成市下达计划的101.8%；电子商务销售额2797万元，比上年增长14%；再生资源销售额7749万元，完成年计划的103.3%。

【商品购销与网络建设】 2020年，区供销社继续加强商品购销与网络建设。完善县乡村三级综合服务平台。全区有县级综合服务中心1个；乡镇级综合服务站5个，至此，供销系统5个基层供销社已全部建立综合服务站；全区供销系统改造完善村级综合服务社19个，其中2020年新建4个。区、镇（街道）、村三级综合服务网络不断完善，基层社或其他经营服务组织达到100%乡镇覆盖，服务领域在日用消费品供应、农资供应、农副产品购销、再生资源回收等不断发展的基础上，在土地托管、电子商务、物流快递、金融服务等方面继续取得新成效，综合服务网络逐步健全。全年区供销社系统发展农民专业合作社25个（含5个联合社），新增基层社社员数400个。线上线下联动，发展农村电子商务，以电子商务助农扶贫。以各大超市电子商务平台和消费扶贫专区（柜）为载体打造消费扶贫“线上＋线下”的联动模式。2020年，通过玉林市桂鲜泰蔬菜配送有限公司电子商城、各基层社开展电子商务销售。通过各大超市电子商务平台销售农产品80余吨，销售金额400余万元，拓宽贫困村农产品销售渠道，让贫困户自产农产品成为电子商务领域农产品的“主角”。采取开放办社的方式，同本地正大、皆好等商业公司加强合作，依托他们大型超市平台实力，发挥各自优势，整合资源，促进农村电子商务的发展，用网络服务“三农”，为当地农民推销农产品，促进农民增产增收。建成有桂鲜泰公司网上商城，4个镇级供销社设立有电子商务服务站，在10个村级综合服务社设立电子商务服务点。全年电子商务销售额2797万元，比上年增长14%。

【固定资产投资】 2020年，区供销社整合资源，盘活资产，以项目建设推进基层社改造。区供销社招商引资3500多万元，由广西百耀建材有限责任公司租用兴业县葵阳镇工业区50亩工业用地，建设安装节能环保型氧化钙生产线4条，预计年生产氧化钙30万吨；兴业县万润建材有限公司追加投资1500万元增加两条生产线，扩建年产20万吨钙工业生产线，在原80亩厂房基础上继续扩租14亩土地作为原材料堆料场；南江供销社改造建设马路圩占地4300平方米的加油站。

【综合改革工作】 2020年，区供销社创新组织体系，组织体系更加坚实完善。建设南江云良村供销社等5个村级供销合作社，吸纳村委干部9人，社会优秀人才5人。改造升级仁东镇供销社1个薄弱社，创南江街道云良村供销社1个基层标杆社，构建“三位一体”组织架构5个。领办创办农民专业合作社17家，其中4家吸纳为市级农民专业合作社“联合社”的成员社。引导发展农民专业合作社联合社6家（1家县级农合联、5家乡镇级农合联）。建立对成员社的业绩考评机制，每年都对成员社进行业绩考核评分。

创新服务体系，为农服务功能更加完备。依托土地托管提供规模化服务，托管服务内容有土地翻耕、病虫害统防统治，水稻收割等，2020年新增土地托管面积7126亩。配合“美丽玉州”乡村建设，开展农村社区综合服务，发展村级综合服务社65个，其中改造升级20个，累计投入资金150多万元。以“党建带社建、村社共建”，助推村集体经济发展。城北供销社分别与大塘镇苏烟村委、城北街道高山村委签订合作协议。南江供销社与云良村委合作组建云良村供销社。开展农村职业技能培训，培训农民350人，进一步提高农民科学种养水平。发挥供销社优势，参与精准扶贫工作，在全区供销社4个综合超市设立扶贫专区（柜），设立玉州区凌志养殖农民专业合作社、大鹏香蒜农民专业合作社。区供销社作为玉州区产业扶贫专责小组成员单位，积极参与全区产业扶贫工作。

创新经营体系，社有企业发展实力增强。通过玉林市桂鲜泰蔬菜配送有限公司电子商城、各基层社开展电子商务销售，全年电子商务销售额2797万元。通过在4个超市建立消费扶贫专区，销售农产品250余万元；通过农产品展示中心，销售农产品金额320余万元。

创新合作方式，联合合作内容日益丰富。通过南江云良村5个村级供销合作社，吸收入社社员502个，解决为农服务“最后一百米”的难题。南江供销社以土地资产和经营权折价出资，客商现金投入，共同升级改造新联加油站、云良加油站，取得双赢。

创新金融体系，农村金融业务稳步发展。建成惠农金融服务点1个（三和综合服务社），区供销社与中国人保联合设立“三农保险服务站”20个并正常开展保险代办业务。在农民专业合作社开展农村资金互助合作，金额7万元。

创新联合社治理，双线运行机制不断完善。供销社设立合作发展基金，制定《玉州区供销社合作发展基金管理办法（暂行）》。运行“县基一体化”治理新机制，深化供销社改革发展。通过区供销社社有资产委员会、玉林市桂鑫资产经营有限责任公司社有资产管理公司、区供销社财务核算中心，强化对社有资产的营运和监管。

【服务“三农”】 2020年，区供销社围绕“服务三农，助农增收”这个中心，进一步强化为农服务基础，创新经营机制，拓展服务领域，发展农民专业合作社，通过吸纳社会资金等多种方式多渠道筹集资金，不断健全农资、农副产品、日用消费品、再生资源四大网络，搭建好服务“三农”的主要平台，为农民生产生活提供优质服务。全年新建村镇基层社5个，创建标杆社1个，改造升级薄弱社1个，新增基层社社员数400个，新建综合服务社4个，成立新农业生产服务中心1个，新建庄稼医院1个，创建村级基层社试点1个，新增土地托管面积7126亩。

【供销合作工作促脱贫攻坚】 2020年，区供销社捐款2万元，用于名砂路（硃砂村委段）208米排水不畅、积水严重的排水沟修缮。按照开放办社的要求，吸纳部分贫困村农民专业合作社加入农合联，提高农业组织化程度，采取专业合作社+基地+贫困户的产业化模式，引导贫困村农户发展特色产业，带动农民增收脱贫。

区供销社牵头组织参展团赴广西名特优农产品交易会推介玉州特色扶贫农产品　　　　（区供销社　提供）

玉州区振光果蔬专业合作社在仁厚租赁土地发展种植示范基地300亩，引种日本栗味南瓜、香糯玉米，聘用当地贫困户农民工35人，兴业绿金中药材农民专业合作社租用农民土地150亩，聘用农民工30人，种植品种葛根、莪术等，示范带动当地中药材种植。在南江社石子岭皆好超市、名山社皆好超市、仁东社正大百货超市、城北社正大百货超市4个超市建立消费扶贫专区，划分为粮食、蔬菜、水果等几大专柜，销售玉米、饭豆、花生、红薯、冬瓜、南瓜、莜麦菜、番石榴等特色农产品，全年通过消费扶贫专区（柜）销售农产品30余吨，销售金额180余万元；区供销社党委与玉林市农业企业协会对接，合作成立区供销社农产品展示中心，全年通过农产品展示中心销售富硒米、面粉、花生油、土鸡、鸡蛋、香菇、白馓、腐竹、米粉、柑橘等土特产品20余吨，销售金额160余万元，供销社产业扶贫渠道日益完善。区供销社牵头组织玉州区5家农业企业共20多个名特优农产品，参加2020年粤桂扶贫协作消费扶贫对接活动暨第18届广西名特优农产品（广州）交易会，通过现场宣传推介，网上直播带货等，特别重点宣传推介玉林特色牛腩粉，得到客商的高度评价，现场采购活跃，与广西区外采购商签约2个，采购额5690万元，现场销售额45万元，达成采购意向金额1050万元。

【安全生产和维稳工作】2020年，区供销社贯彻落实上级部门有关文件和会议精神，全系统安全生产工作形势稳定，没有发生重特大安全生产事故。领导高度重视安全生产工作，严格贯彻落实“党政同责、一岗双责、齐抓共管”制度，紧扣安全生产的主题开展日常安全生产大检查大整改工作。每季度召开安全生产例会，每季度至少召开一次安全生产工作会议，主要领导亲自传达上级会议精神和对系统安全生产工作提出要求，分管领导对当前的安全生产工作进行具体布置。区供销社组织人员下乡督导基层的安全生产大检查和隐患整治工作。每月区供销社领导均组织人员下乡督查各单位安全生产检查和隐患整改工作，并记录大量的检查卡和收集大量的检查图片，发现隐患及时直接指定责任人，能直接当场整改的直接督促整改，不能直接整改的给出整改时间限时整改。年初，与下属的19个单位签订安全生产责任书，签订率达100%。落实安全生产专项资金。制订各种安全生产预案、方案和通知，强化部署落实。每季度区社最少组织两次的安全生产大检查，对检查发现隐患及时整改，全年区供销社对全系统14个单位、172个网点全覆盖式检查，共发现隐患和问题共80余处，整改落实80余处。召开各种安全知识培训和应急演练。制订《2020年安全生产月活动工作方案》《2020年消防演习方案》，组织开展“消除事故隐患，筑牢安全防线”为主题的第19个“安全生产月”活动。区联社领导带队组织人员参加区应急管理局举办的安全生产咨询日活动，共发放安全知识资料600余份。“安全生产月”期间系统各单位发放800余份宣传资料，悬挂30余条宣传横幅，张贴标语100余条，用滚动电子屏滚动播放宣传标语20条。举办“安康杯”安全知识竞赛活动，出版多版板报。开展一系列的安全生产应急演练和知识培训活动，总参加人数达300余人次。全年全系统没有发生非法上访事件。

（区供销社）

粮食收储与经营管理

【粮食宏观调控】2020年，玉州区粮食和物资储备局（简称区粮食和物资储备局）做好粮食流通统计月度、季度、年度报表及开展社会粮油供需平衡调查，加强地方粮食宏观调控。为全面、准确掌握玉州区社会粮油供需状况及发展趋势，确保粮油供应安全，全区定期上报粮食流通统计报表，组织人员收集城乡居民固定调查户21户2019年1—6月粮油收支情况台账，完成对调查数据的整理、推算、分析、审核、汇总、上报，为自治区、地方政府加强改善粮食宏观调控提供重要的依据。

【粮食流通监管】 2020年，区粮食和物资储备局开展政策性粮食库存检查工作。根据国家、自治区、玉林市要求，制定工作方案和成立检查工作小组，严格按工作流程扎实开展各项阶段的工作，对检查发现的问题及时进行整改，并登记造册。开展粮食收购资格认定办理“同城通办”。推进行政审批制度改革，优化办事流程，打破粮食收购资格认定事项办理由属地全程办理模式，全面推行同城办理、实行粮食收购资格认定“一表申请”材料，实现粮食收购资格认定“一套材料、一表登记、一次采集”，不断提高政务服务水平。全年政策性粮食库存检查粮食抽样14份，2020年新收获普通早籼稻和早籼优质稻抽样14份，由玉州区粮油质量检验站（玉林市南江粮库检验室）寄送至广西壮族自治区粮油质量检验中心，确保收储粮食符合质量卫生标准。根据区食品安全委员会对2020年食品安全工作任务要求，对全区收获、收购、储存的稻谷及应急储备的大米、食用油抽取40批次样品并送玉林市检验检测院检测，确保全区粮食安全。通过完善全区统一的“双随机、一公开”监管信息化系统，以“双随机、一公开”监管为基本手段、以重点监管为补充，加强粮食流通监督检查行政执法力度。在夏粮收购期间联合工商部门开展粮食收购市场检查，杜绝“打白条”和“转圈粮”现象，维护粮食收购市场秩序。对储备粮经营管理情况、政策性粮食出库质量安全、政策性粮食库存、粮食质量安全等进行监督检查。组织开展2020年世界粮食日和粮食安全系列宣传活动，围绕“端牢中国饭碗，共筑全球粮安”主题，落实习近平总书记多次强调要“厉行勤俭节约，反对铺张浪费”和要坚决制止餐饮浪费行为的指示精神，正确引导人民群众切实培养节约习惯，在全社会营造浪费可耻、节约为荣的良好氛围。

【粮食购销】 2020年，玉州区国有粮食企业发挥国有粮食主渠道作用，全力做好储备粮收购工作。执行收购政策，安排合理收购网点，完成自治区下达的粮食收购任务和市场化粮食收购任务。广泛宣传粮食收购政策，粮食收购网政策上墙、样品上台、价格公开，凭粮食收购许可证入市场收购，开展粮食收购市场检查2次，未发现违规行为；2020年12月16日，完成自治区粮食收购，占自治区下达年度目标任务的100%（其中普通早籼稻任务于9月21日完成）；11月16日，完成市场化粮食收购。收购企业玉州区粮油贸易总公司，按计划协调农发行玉林分行于7月23日办理自治区粮食收购资金贷款共290.4万元；于10月20日办理市场化粮食收购资金贷款542万元，共办理政策性粮食贷款832.4万元。做到售粮款当场兑现或通过银行支付给农民，未出现政策性收购资金不及时到位，向农民“打白条”现象。同时配合财政部门发放给售粮农民补贴资金46.64万元，增加种粮农民的收入，保障储备粮源，把党和国家支农惠农政策落到实处，拓宽粮食企业经营渠道，提高企业经济效益。

2020年，玉州区实现销售量12948.89吨，同比减少8264.96吨，销售收入3484.43万元，同比减少2181.21万元；其他业务净收入460.16万元，同比减少161.92万元，收支相抵后实现利润亏损114.95万元，同比减少162.4万元。附营商业其他业务净收入0万元，同比增加0万元，净利润0万元，同比减亏增盈0万元。

【粮食应急体系建设】 2020年，区粮食和物资储备局落实应急成品粮油储备，本级财政拨付应急成品粮油补贴费用15万元。自治区核定玉林市应急成品粮储备规模，玉州区承担成品粮油储备规模，是唯一承担此项任务的县（市、区），提高应对自然灾害和突发性事件发生能力。

【储备粮管理】 2020年，区粮食和物资储备局加强储备粮管理，加强储备粮轮换管理。及时下达轮换任务，并按文件要求组织储备粮出库，全部通过在玉林市农村产权交易中心有限公司进行拍卖完成本级储备粮轮换销售任务。在夏粮上市期间完成本级储备粮收购任务；于12月23日由区发改局、区农发行、区财政局组织人员对2020年入库本级储备粮进行验收。采用新的储粮技术，确保储粮绿色安全环保。经过2019年进行食品级惰性粉绿色安全防治技术试验，杀虫效果良好，费用低，在2020年新入库的粮食均采用食品级惰性粉防虫技术，达到绿色环保。

【粮食安全管理】 2020年5月，区粮食和物资储备局与各国有粮食企业签订安全生产和食品安全责任书，层层压实责任，将责任落实到单位、岗位和具体工作人员；坚持每月开展安全生产检查1次，每季召开1次防范重特大安全生产事故和食品安全分析会，结合重要节假日、安全生产专项整治三年行动定期对下属企业进行安全生产检查，加强职工安全生产和食品安全教育；开展安全生产宣传月和食品安全宣传周活动，举办世界粮食日宣传活动，提高粮食系统干部职工安全生产和食品安全意识，2020年全区粮食系统实现粮食安全生产和食品安全“零”事故。

【优质粮食工程】 2020年，区粮食和物资储备局深入实施优质粮食工程。11月3日，玉州质检体系建设项目通过市级验收。该站具备检测粮食常规指标以及重金属快速检测能力，承担着辖区内收获环节、收购环节、各级储备粮和其他政策性粮食储存环节的随机抽查以及例行检验、销售出库环节的检验等。建成总投资400万元的玉州区粮食产后服务中心1个。玉州区粮食产后服务中心项目位于玉林市玉州区粮油贸易总公司基层储粮点城北粮所。项目名称玉州区城北粮所粮食产后服务中心，项目总投资400万元，其中，中央财政补助120万元，企业自筹280万元（以基础设施、设备、土地折算）。项目的投入使用为城北街道、大塘镇甚至覆盖到名山街道、茂林镇及仁东镇等周边镇街的种粮农民及种粮大户、粮食专业合作社等新型粮食生产经营主体提供清理、烘干、储存等业务。

【粮食仓储建设】 2020年，玉林市南江粮库智能库建设改造项目与自治区平台实现互联互通。按“退城进郊”方式，由政府整体处置玉林市南江粮库资产并搬迁，建设新南江粮库。新库可研报告评审已通过。初步设计方案已获得批复，正在办理新库规划建设许可证，新库地块场地“三通一平”的工作已经开展。

【国企改革】 2020年1月，区粮食和物资储备局成立玉林市城市工矿粮油供应公司企业改制和拆迁工作领导小组，进驻供应公司指导开展改制工作。3月，召开全体职工大会、无记名表决通过，同意进行企业改制。经区政府批准，改制基准日定于2020年5月31日。截至5月31日，涉及在职职工47人，退休153人，聘用合同工3人，法定代表人郑明。按照国有企业改革政策和程序依法依规组织实施改革，领导小组做好职工思想工作，已完成职工工龄审核、资产审计评估、职工住房调查、各项改制费用匡算和企业改制方案（草案）的制定等工作。截至12月31日，尚有玉林市城市工矿粮油供应公司1家企业未完成改制工作。

【疫情防控】 2020年，区粮食和物资储备局承担玉州区疫情防控生活物资保障领导小组办公室工作，抓好粮油等重要民生商品的价格监测及供应保障工作。为保障粮油供应，维护市场稳定，玉州区国有粮食企业主动担当，组建价格监测党员先锋小分队每日对各镇街农贸市场、重要超市的重要民生产品实行价格监测和库存调查，强化市场每日价格纵向比对和市场与市场之间的横向比对的“双比对”机制，紧盯价格和供应波动，做好应对措施，有效稳定供应、稳定物价、稳定预期。全年共派出监测人员7642人次，悬挂宣传标语8条，发放宣传单8.6万份。疫情防控期间，玉州区各镇（街道）超市、农贸市场粮油供应正常；肉类、蔬菜、水果供应充裕，市场有序，价格总体平稳，无抢购现象。

（区发改局）

玉林市商业总公司

【商业总公司工作机构概况】 玉林市商业总公司属国有企业，下属的国有企业2家，分别为玉林市百货总公司、玉林市糖业烟酒公司；下属的集体企业6家，分别为玉林市第二百货公司、玉林市第二饮食公司、玉林市第二糖业烟酒公司、玉林市综合公司、玉林市城区旅社、玉林市理发总店。办公地址：大北路192号。

【经济指标完成情况】 2020年，玉林市商业总公司在区委、区政府的领导下，面对突如其来的新冠肺炎疫情对消费市场带来的严峻挑战，玉林市商业总公司深入贯彻落实党中央、国务院决策部署，扎实做好“六稳”工作，全面落实“六保”任务，统筹抓好疫情防控和消费促进工作，密切研判消费形势，采取有效措施、激发市场活力，促进消费复苏。全年商业系统租赁企业实现商品零售销售总额11637万元，同比增长-8%，减少1011.9万元，完成年度商品销售总额目标任务12648万元的92%；上缴税金360.1万元，同比增长-11%。减少44.5万元，完成年度上缴税金目标任务404万元的89%。

【商品销售】 2020年，商业租赁企业按照党中央、自治区党委、玉林市委、区委关于推动商贸服务业开复工的通知精神，按照低中高风险分三类推动复工复产。3月，适当有限制放开百货商场、商店、餐饮外卖、宾馆住宿等服务业开复工。超市食杂店、糖烟副食类商店应开尽开。各租赁企业对照防疫防控的工作规范，落实措施。与此同时，多渠道、多路径增加适销商品供应，改善库存商品结构，提高服务保障能力，保障市场供应。组织开展多种形式的促销活动。各租赁企业参加“壮美广西、三月三暖心生活节”系列活动，以及发放消费券活动，开展美食推广，打折促销、绿色促销等各种形式的促销。通过这些举措，聚集市场人气，消费加快复苏。全年服装鞋帽、日用品、通信器材、家用电器、文化办公用品同比分别增长2.6%、3%、4.1%、3.6%、2.6%。餐饮住宿行业10月首次实现正增长，同比增长0.2%，实现恢复性增长。抓好“五一”“十一”节日营销工作。商业各租赁企业组织应节商品，投放市场，以“五一”、国庆、中秋等节日，推出婚庆，亲情、休闲、时尚为主题的系列促销活动，丰富节日市场，推出惠民让利举措，促进消费，拉动销售增长。

全年生猪饲养量恢复性增长，生猪市场呈现量增价格有所回落的态势。受新冠肺炎疫情影响，玉林市华邦食品有限责任公司生猪定点屠宰量9.8万头，同比下降-18%。

【减租免租助力租户复工复业】 2020年突如其来的新冠肺炎疫情，对租赁行业影响较大，有的租户无法经营下去，被迫关闭停业。针对这一情况，玉林市商业总公司下属企业主动为50多户租户减免程度不等的租金，助力租户复工复业。

【商业系统疫情防控】 2020年新冠疫情防控期间，玉林市商业总公司迅速响应区委、区政府的决策部署，动员商业系统全体干部职工第一时间投入疫情防控工作中去，严格按疫情防控的防疫要求，对商场、商店、酒店、住宿旅店等场所做好体温检测、日常消毒等相关工作，对住宅小区进行人员登记、测试体温、小区消毒。各企业全力以赴，做好新冠肺炎疫情防控工作，及时应对，强化措施，运用多种形式，对干部职工开展健康教育活动。

【安全生产】 2020年，玉林市商业总公司始终把企业安全生产，作为重中之重的工作来抓，抓细、抓实，绷紧企业安全生产这根弦。对各企业实行签订安全生产责任制责任书，强化责任意识。注重日常的安全生产管理，实行每季一次安全生产例会制度。加强对重要节假日的安全防范工作，对元旦、春节、“五一”、“十一”等重大节日，严格组织安全生产大检查，及时发现问题，消除安全隐患，确保企业安全生产。全年召开安全生产专题会议4次，检查营业场所等80多处，宿舍16处，参加检查人次80多人。对安全生产检查中发现的16处隐患，商业总公司下达整改通知，限期整改完毕。

（玉林市商业总公司）

旅 游

【旅游综述】 2020年，区文体旅局牢固树立并切实贯彻创新、协调绿色、开放、共享五大发展理念，联系玉州区旅游业发展情况，较好地推进各项工作。面对新冠肺炎疫情影响，玉州区统筹推进疫情防控和经济社会发展，推进复工复产复商复市，文化旅游逐步复苏，全年共接待游客886.99万人次，与上年度相比恢复比例达到70.24%；旅游总消费126.06亿元，与上年度相比恢复比例达到70.23%。辖区内有星级旅游饭店4家，旅行社49家（总社15家，分社7家，门市部27家），国家AAAA级景区1家，星级乡村旅游区2家，星级农家乐4家（其中四星级农家乐2家，三星级农家乐2家）。

【旅游市场开发】 2020年，区文体旅局大力推进旅游开发建设，加快推进乡村旅游创建工作，指导花果山庄、新景象农庄、理想家园等乡村旅游点创建星级农家乐；调查储备招商引资项目，配合玉林市做好项目建设和招商引资工作，对玉林市玉州区仁东示范镇鹏垌核心示范村、玉林市硃砂庄现代化客家农业科技园区、广恩村白泥湾改造项目进行摸底调查。

【旅游开发建设】 2020年，区文体旅局指导辖区内乡村旅游点完善基础设施，提档升级。开展A级旅游厕所创建工作，全年新建A级旅游厕所8座，其中：AA级7座、A级1座。

【旅游行业监管】 2020年，区文体旅局开展暑期旅游市场秩序专项整治、旅游市场突出问题综合治理、黄金周旅游市场秩序检查、旅游行业安全生产等工作，全年进行各项旅游市场专项检查、执法10余次，力抓旅游案件办理工作，共受理旅游投诉7件，已全部按期办结。

【旅游饭店管理】 2020年，区文体旅局推进星级旅游饭店建设，规范旅游接待服务，做好星级旅游饭店业务指导服务工作，组织辖区内星级旅游饭店管理人员参加年度各种业务培训班。组织1家三星级旅游饭店做好满三年期复核迎检工作，并顺利通过。

区文体旅局成立工作组到辖区内符合创建条件的农家乐开展摸底工作
（区文体旅局　提供）

【旅游安全检查】 2020年，区文体旅局召开玉州区文化旅游行业安全生产工作会议，落实旅游企业安全生产管理目标责任，加强对各节庆期间的安全保障工作，并制定旅游安全生产管理工作方案和旅游突发事件应急预案，开展旅游安全自查自纠和重点抽查，杜绝重、特大旅游安全事故的发生。

（区文体旅局）

城建·环保

城乡建设与管理

【城乡建设与管理工作机构概况】 玉州区住房和城乡建设局(简称区住房和城乡建设局)是区人民政府工作部门,为正科级。设政秘股、政策法规行政审批股、住房保障股、工程规划建设管理股、物业管理股5个股室。2020年,局核定行政编制5名,后勤服务事业编制1名(在编人员1人,按只减不增的原则,逐年核减)。领导设置为1正2副。2019年机构改革,将事业单位原区地震局的震害预防相关行政职能划入区住房和城乡建设局;将区住房和城乡建设局的城乡规划管理职责,以及自然资源保护区、风景名胜区、自然遗产、地质公园等管理职责划出归入区自然资源局;将区住房和城乡建设局的城市管理职责划出归入区城市管理监督局;将区住房和城乡建设局下属事业单位的行政职能划归区住房和城乡建设局。局下属二层机构有玉州区规划建设监察大队(参公事业单位)、玉州区建设工程质量安全站(参公事业单位)、玉州区物业管理服务中心(公益Ⅰ类事业单位)、玉州区建设工程招投标站(公益Ⅰ类事业单位),2020年玉州区住建系统共有编制33个(其中行政编制6个、参公事业编制12个、其他事业编制15个)。办公地址:玉林市玉州区沿江西路7号。

【棚户区改造】 2020年,玉州区国家棚户区改造项目2个,其中:玉州区南江街道羊义岭片区棚户区改造项目(一期)棚户区改造任务232套,项目已开工建设;玉州区名山街道绿杨社区(扫帚坡片区)棚户区改造项目(第一期)棚户区改造任务65套,项目征地工作已完成,项目内棚户区改造户统一安置到养马坡安置区,由征地部门开工建设。

【特色文化小镇培育】 2020年,玉州区仁厚中医药特色文化小镇经过两年培育,从当初只有2006年引进的玉林制药厂1家企业,发展到现在多家上市公司进驻,康臣制药完成投资10亿元、大参林完成投资4亿元、民众药业完成投资1.2亿元、平安堂药业完成投资1.048亿元,和颐养园完成投资1.2亿元,基础设施已投入1.6亿元,健康产业园标准厂房完成投资0.9亿元、洋平石斛完成投资1.85亿元、岭南御泰药业完成投资2亿元、健生药业完成投资0.5亿元、中滔万吨工业污水处理厂完成投资1.5亿元、核心区完成投资共计25.8亿元。基本建成主干路网,水、电、通信、工业废水处理厂、生活污水处理厂等基础设施日臻完善,垃圾处理采用"村收—镇运—市处理"模式,统一运到玉林市垃圾处理厂处理。生活垃圾无害化处理率达100%,仁厚镇自来水供水率达100%。仁厚镇的古村落得到有效保护,茂岑村获得中国传统村落称号,上罗村、荔枝村获得广西壮族自治区传统村落称号。乡土特色有仁厚烤红番薯节,有拾心湖大型农庄。已制作《仁厚特色小镇建设阶段动态评估概况展示》文件,并通过自治区的验收。

【公共租赁住房保障】 2020年,玉州区享受保障的公租房保障户共2884户,其中:租赁补贴保障户245户,实物配租2639户。全年审批公共租赁住房新增申请户313户,其中:保障方式为租赁补贴的城镇收入住房困难家庭75户,实物配租方式的城镇低收入住房困难家庭80户,城镇中等偏下收入住房困难家庭38户，外来务工人员（含医生3户）120户。全年租赁补贴累计发放约27.49万元。全区公租房房源较为充足，保障方式以实物配租为主。全年共有240户保障户住进城西、上岭垌、岭塘等公租房小区。加强审批前入户调查，通过实地调查、电话访问等方式核查250余户，发现异常不予以审核通过10户，发现通过伪造材料获取公租房保障3户，均已取消资格并上报上级业务部门，同时在各公租房小区张贴通报以警示。对于新纳入保障的每一户保障户，坚持把好最后一关，要求申请人本人亲自核实本人的申请信息并签署租赁补贴协议或者领取通知，一旦发现信息不符的情况，经核实不符合保障的，一律不予以保障，规范新增审核工作。对于新进入保障的申请户，工作人员一一解释房源情况及后续管理的各项事宜，特别强调公租房办理过程不收取任何费用，并制作“注意事项”卡片，分发给保障户，指导其有不明之处致电咨询。公租房保障实行动态管理，对于已建住房或购买有住房、收入不符合等原因不再符合保障条件的保障户，及时做清退处理，全年累计清退保障户645户（其中租赁补贴43户，实物配租602户）。全年共审核二环南路项目23户征地拆迁户的公共租赁住房资格，解决该部分群众的住房问题。

【住房安全保障】 2020年，自治区下达玉州区危改指标任务数28户，其中：建档立卡贫困户15户，3类重点对象9户。实际完成危房改造30户，其中：建档立卡贫困户16户，三类人员10户，投入补助资金73.9万元。全区2020年建档立卡贫困户住房不达标改造任务37户，同年6月30日已竣工验收44户，投入补助资金120.71万元。

【乡村风貌提升改造】 2020年，根据《广西壮族自治区发展和改革委员会等4部门关于印发乡村振兴产业发展基础设施公共服务能力提升三年行动计划2020年实施计划的通知》文件精神，玉州区乡村风貌提升工作任务是：5个村村屯公共照明，1个村传统村落保护规划编制，1个行政村的村庄规划编制，125个（含玉东新区30个）基本整治型村庄建设，自治区计划共下达资金265万元。全年完成5个村村屯公共照明，完成投资10万元；完成1个村传统村落保护规划编制、1个行政村的村庄规划编制、95个基本整治型村庄建设，已完成投资842万元。玉州区已全面开展“三清三拆+”行动。

【建设工程招投标】 2020年，玉州区（玉林市城区总规外）已备案工程共16个（含13个公开招标、3个直接发包项目），16个项目已完成招投标工作，累计中标金额约7.3亿元。所有应招标工程招标投标率100%，应公开招标工程公开招标率100%。采用玉林市电子招投标系统，优化营商环境，与市级同步，所有在玉州区备案的施工标、总承包项目均需进入玉林市电子招投标系统，采用电子标、半电子标的形式公开招标。根据上级要求，招投标站已严格按要求办理好各项变更手续，并告知相关的业主、代理公司。疫情防控期间暂停所有招投标活动，并做好相关解释工作。

【物业管理服务】 2020年，区住房和城乡建设局对全区符合成立业主委员会条件的小区，指导街道办事处开展业主大会和业主委员会的选举工作。全年共有钻石时代广场、中宜尚品小区、城北经济适用房小区、玉林市绿城公园1号住宅小区、和兴花园小区等5个小区业主委员会完成备案。全年共办理12个玉林市前期物业服务合同备案。全年共处理5个信访案件，42个“12345”政府服务热线平台投诉，处理1件区

2020年10月23日，区住房和城乡建设局到二泉村指导乡村风貌改造提升工作
（区住房和城乡建设局 提供）

扫黑除恶办移交线索案件。

【镇级污水治理】 2020年，玉州区3个镇级污水处理厂管网延伸工程管网延伸二期工程共投入建设资金800万元，3个镇共建成7.72千米管网；由仁厚镇政府投入715万元,建设上罗村、下罗村管网延伸工程，于2020年6月完工；由仁东镇政府投入500万元，建设仁东镇三级管网，于2020年6月完工；收到中央预算内投资1600万元的资金下达文件，区住房和城乡建设局根据区政府工作部署，主要建设大塘镇阳山村、大塘村的横岭村和南流村延伸污水管网，将上述几个村进行雨污分流后的生活污水收集到大塘镇污水处理厂进行处理。余下的资金再投入仁东镇、仁厚镇生活污水处理厂管网延伸工程，已开工建设。玉州区3个镇级污水处理厂管网延伸工程二、三期共完成投资2030万元，已拨付资金1836.96万元，已完成11.8千米主管，完成相应配套的入户支管铺设。在正常开工期间，仁东镇、仁厚镇生活污水处理厂的负荷率均达到70%以上，大塘镇污水处理厂负荷率达到50%以上，3个厂的COD进水浓度平均值均达到100。

【建筑施工安全监督】 2020年，区住房和城乡建设局共受监在建工程项目24个，其中在建工程15个，停工3个，未开工1个。对辖区在建工程开展安全生产专项检查15次，检查项目学府名苑、翰林学府等建筑工地18个，组织检查人员174人次。发现存在问题的工地9个，下发整改通知书9份，停工通知书6份，发现隐患35处。已要求存在问题的项目当日整改，并及时将整改材料送区住房和城乡建设局报备。重点检查建筑施工深基坑、塔吊、危化品等重大危险源。每次检查组织项目业主方、施工方、监理方人员在场，传达市委、区政府关于安全生产文件通知，并布置相关安全生产工作。同时，到施工现场检查生产情况，发现问题及时提出并下达整改通知，限时整改绝不手软，杜绝不必要的安全事故发生。

2020年6月17日，区住房和城乡建设局开展建筑领域“安全生产月”活动
（区住房和城乡建设局 提供）

【城镇化建筑节能】 2020年，区住房和城乡建设局引导辖区内新建符合条件的项目采用绿色建筑设计，减少建筑能源消耗。进一步完善绿色建筑评价标识管理，加快推进绿色建材推广并引导申报绿色建筑建材评价标识。全年在住房和城乡建设局施工图备案项目为10个，其中9个项目涉及公共建筑，均已采用绿色建筑设计，总建筑面积为19.89万平方米。严格执行绿色建筑相关标准，满足使用绿色建筑设计条件的新建项目，在施工图备案阶段均已要求按绿色建筑设计，新建民用建筑在设计阶段的绿色建筑标准执行率达100%。经统计，玉州区城镇新增节能建筑10栋，其中：公共建筑10栋，建筑面积7.08万平方米；居住建筑3栋，建筑面积3.15万平方米，设计阶段和施工阶段均已执行建筑节能设计标准。贯彻落实《玉林市加快推进装配式建筑发展实施办法》《玉林市装配式建筑产业发展专项规划》，落实推进装配式建筑发展有关优惠政策，加快发展装配式建筑产业。全年进行节能验收项目7个，验收建筑面积9.36万平方米；进行墙体验收项目2个，验收面积2.96万平方米。

【打击“两违”】 2020年，市区两级和部门之间通力协作，依法打掉羊义岭储备用地、健康产业园、碧桂园、仁厚教育城、毅德四期、瑞安物流、新民路棚户区、红星路棚户区、玉林市一中、云龙灌区和二环路等重大项目内的一批抢建套利的房屋，为项目顺利推进提供强有力的保障。全年累计拆除违法建筑100多处共13.65万平方米。全年组织联合巡查300余次，大规模联合执法行动42次，出动钩机90多台次，人员1200多人次，形成清理整治"两违"的高压态势。啃下羊义岭项目、广西先进装备制造城等一大批违建"硬骨头"。配合区自然资源局重拳出击，一举拿下佛子山等地违建别墅。全年共进行维护施工100余次，共出动1100多人次，对重点项目羊义岭、碧桂园、中央商务区CBD项目进行维护施工。组织人员配合开展市容综合整治，特别是对玉桂路城北两侧、大塘镇、玉石路、博白路的"五乱"整治，既保障棚户区改造项目的顺利进行又有效促进市容环境整体质量的改善提升。派出700多人次配合市区两级城管局开展露天烧烤摊整治工作。

【城区建筑工地扬尘防治】 2020年，区住房和城乡建设局组织人员到新民路排涝工程、恒大悦龙台、绿地城、鑫盟盛景等建筑工地检查，共开展检查307余人次。年内上报玉林市住建局工地扬尘问题2个，均已严格按照要求进行整改。城区内建筑工地大部分能严格按照市住建委要求开展相关防尘抑尘工作，落实扬尘防治"八有"措施总体情况良好。

【防范非职业性一氧化碳中毒】 2020年，区住房和城乡建设局研究制定工作方案，对全区相关燃气企业、建筑企业开展排查整治工作，重点检查是否存在燃气灶超期使用、未设置熄火保护装置；燃气壁挂炉、燃气挂炉等设备是否存在排烟不畅、倒灌风；地下、半地下室或者密闭空间内使用燃气器具的，是否安装通风换气装置等。特别是建筑工地，配合市燃气办重点检查使用液化气、散煤取暖时是否采取防烟气泄漏、防中毒设施。对存在隐患的，责令限期整改，并依法依规严肃处理。对于餐饮、娱乐场所、医院、商场、学校食堂等人员密集场所，配合相关行业主管部门进行督查，消除中毒隐患。组织人员进小区、社区、建筑和燃气企业进行宣传，对玉林城区内70余个小区、物业公司开展宣传工作。全年累计发放防范一氧化碳中毒宣传资料4万份，拉挂横幅150条，布告标语1200张。同时，加强对建筑业农民工、燃气用户和燃气从业人员防范一氧化碳中毒的科普宣教工作，充分利用各种媒体和建筑工地的活动室、宣传栏、手机短信、微信群、LED显示屏等等，采取多种形式，广泛开展非职业性一氧化碳中毒事件的防控知识普及教育。

【驻政务服务窗口工作】 2020年，玉州区工程建设项目一窗受理窗口共办结107件。行政审批共办理174件，其中：行政许可34件（包括建设工程规划许可证核发17件、建筑工程施工许可证核发13件、建设工程抗震设防要求的确定4件），其他行政权力132件（包括建设工程报建备案4件、建设工程施工招标事项备案4件、施工图审计文件审查情况备案14件，竣工验收备案3件，已购公有住房上市交易审查共107件）、行政确认8件（建设工程竣工规划条件核实8件）。广西"12345"政府服务热线管理平台系统共处理工单316件，其中：办结107件，退回209件。2020年开始所有工程建设项目实行一窗受理，并联审批，全面推行零跑腿或少跑腿，为优化营商环境提供有力保障。通过广西一体化政务服务平台完善并发布区住房和城乡建设局的100多项行政审批事项相关要素内容，包括办理时间地点、咨询监督电话、前置审批条件、中介服务、办事流程、流程图、申请表（书）空表及示范文本、办理结果空白文本及示范文本等。完善一次性告知制度，着力解决群众堵点问题。对于前来办事的申请人，均发放一次性告知单，并告知相关事项的申请材料、申请表（书）的空表及示范文本等除通过窗口现场获取外，还可通过登录广西一体化网上政务服务平台获取，且提供信息获取的具体操作步骤。凡是要求提交复

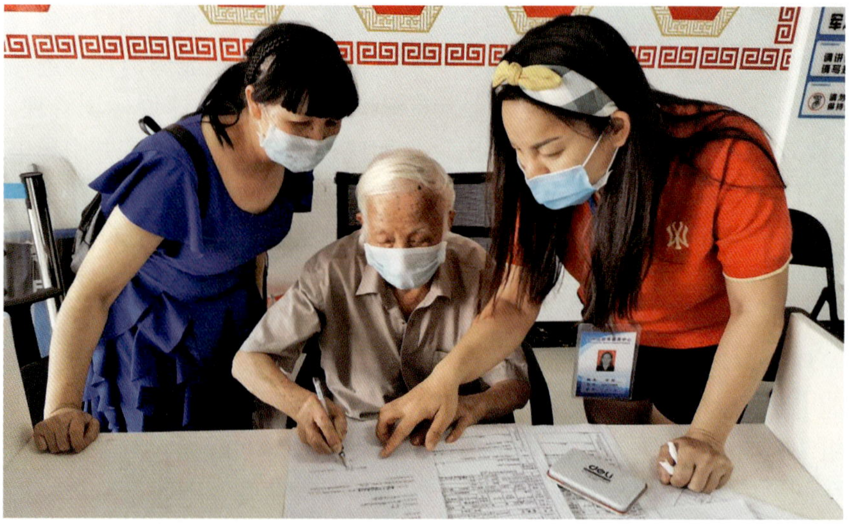

区住房和城乡建设局窗口工作人员为办事群众提供上门服务
（区住房和城乡建设局 提供）

印件的申请材料，一律不再要求申请人提交，而是窗口自行复印留存。

【老旧小区改造】 2020年，玉州区本级无老旧小区改造任务，下半年开展摸底调查工作，并根据《自治区住房和城乡建设厅 发展改革委 财政厅转发住房和城乡建设部办公厅 国家发展改革委办公厅 财政部办公厅〈关于申报2021年城镇老旧小区改造计划任务的通知〉》等相关文件要求，筛选上报一批改造意愿强烈的老旧小区。

【建设工程施工图备案】 2020年，玉州区施工图备案总共10份。经政务中心收齐项目的相关资料之后，交由区住房和城乡建设局负责对合同的审核。经政务中心收集齐全如下材料：建设工程施工合同登记备案表、招标文件、中标通知书、廉政协议书、建设工程施工合同，严格按照相关文件规范进行审核，对存在问题的材料进行退回，审核通过再由局领导签字确认，最后返回政务中心登记、通知业主领取。

【建设工程抗震设防】 2020年，区住房和城乡建设局共接收抗震设防申请4件，申请项目主要为乡村学校、健康产业园等，年内，共发放建设工程抗震设防许可决定书4份。

（区住房和城乡建设局）

乡村建设

【农村人居环境整治】 2020年，根据《玉州区农村人居环境整治三年行动实施方案》《玉州区乡村风貌提升三年行动》的要求，玉州区乡村振兴（“美丽玉州”乡村建设）领导小组办公室持续推进“美丽玉州”乡村建设，基本完成玉林市和区委、区政府预期的整治任务。组建包括各机关单位人员、包联村街道干部在内的领导干部回乡美化家园工作队，形成“主要领导亲自抓、负总责，分管领导具体抓，相关部门协调联动”领导机制。把城乡环境综合整治工程摆到突出位置，列入重要议事日程，纳入全局工作统筹安排。其中各村（社区）建立“美丽玉州·生态乡村”环境综合整治理事会及理事会章程，制定相应村规民约，为村民起到有观念引导和行为约束的作用，实现农村环境整治村民自治化，对于推进美丽乡村建设持续长效开展发挥着重要的现实意义。玉州区共有632名保洁员，落实2020年清洁乡村专项经费894万元，该项经费主要用作保洁员工资支出及保洁工具维护等。上半年，针对第一次创建国家卫生城市的初次审查中存在的问题有针对性地进行整改，下半年，继续加大整治力度，增派人员对各镇（街道）开展督查行动，及时做到当日发现问题当日整改。

对标人居环境整治三年行动一类县指标任务，统筹推进农村户用厕所无害化改造工作。玉州区有农村户90536户，开展改厕以来累计完成农村户厕改造6429户，累计无害化卫生厕所88816户，无害化厕所普及率达到98.1%，年内，一类县农村户厕无害化率达90%以上。

中央补助资金300万元的城北潘岭村“厕所革命”整村推进管网工程项目顺利开工，完成投资97万元，完成支付85万元；玉林市补助200万元的名山太阳村“厕所革命”整村推进管网工程项目完成实施方案批复，开展工程设计、测设、招标等前期工作。

完成清拆关闭禁养区内所有养殖场和禁养区外违法排污养殖场工作。建成粪污贮存池6.84万立方米，完成163家养殖场户畜禽养殖污染截污和处理。对现有整改不到位的养猪场采取强制性措施全部完成截污建池。100%畜禽规模养殖场配套建设有畜禽粪污全量化处理利用设备设施，72%以上小散养殖户畜禽粪污综合利用实现第三方服务机构服务。畜禽规模养殖场生态认证比例达到96.67%。全区畜禽粪污资源化处理率达到86.54%。

加大农作物秸秆综合利用技术、模式的宣传力度，推广以水稻秸秆为主的粉碎还田、粉碎压青还田、秸秆覆盖利用、基料化利用栽培食用菌、原料化利用等技术模式，提高农作物秸秆综合利用率。全年水稻面积19.5万亩，累计投入各级奖补资金470余万元，完成秸秆综合利用面积18.3万亩，其中秸秆直接还田利用9.8万亩、覆盖作物利用还田6.5万亩、秸秆基料化利用1万亩、原料化利用0.5万亩、其他利用0.5万亩，全年水稻秸秆综合利用率93.8%。

2020年，玉州实施建设农村饮水安全巩固提升工程9处，分别是2020年列入自治区饮水安全战役的项目1个，即仁东镇石地村饮水安全巩固提升工程，已投入运行。玉州区贫困户接通自来水入户工程、2020年玉州区水质提升改造工程已竣工验收并投入使用。大塘镇三和村饮水安全巩固提升工程、仁东镇沼心村饮水安全巩固提升工程、城北街道西岸村管网改造工程、寒山村饮水安全巩固提升工程、苏烟村饮水安全巩固提升工程和2020年贫困户饮水安全巩固提升工程已完工并投入使用。总投资1332.11万元，受益人口3.41万人，其中贫困人口0.49万人。2020年，玉州区集中供水率为93.86%，自来水普及率为92.31%，供水保证率为90%，水质达标率为92.31%。

2020年，玉州区农村生活垃圾处置体系基本实现全覆盖，全区59个行政村建立村级环卫队，垃圾收集点964处，垃圾收运车549辆，100%的村庄垃圾实现村收、镇运、市处理模式，29%的村实施垃圾分类处理。

【建设乡土特色试点村】 2020年，南江街道广恩村白泥湾道路改造、路基工程已完成50%以上。白泥湾客家古村落乡土风貌特色改造工程，修缮和改造白泥湾客家古村落特色乡土风貌，建设完成约70%。玉州区广恩村白泥湾“小漓江”古丝绸之路生态休闲养生文旅项目建设工程正在申报立项。

仁东镇鹏垌村鹏垌屯建设。已完成道路改造、改善道路两侧绿化环境、排水排污工程。玉州区仁东镇鹏垌传统村落遗址文化公园古民居修缮和保护工程进入二期工程。

名山街道太阳村建设。已开始道路周边的居民楼立面统一美化装饰，沥青路面改造，村庄环境整治，小水塘、大水塘改造，打造微果园、微菜园、微田园，建设精美“农家乐”。

【乡村风貌提升三年行动】 2020年，玉州区在集中力量实施“双百村”项目建设中，统筹整合涉农项目资金，向各级各部门收集乡村振兴优秀项目，以示范村为模板建设打造，将玉州区乡土特色及优势发挥，按照“规划引领、项目整合、资金聚集、优先推进”的原则，围绕目标任务，突破行业部门市县界限，在“因需而整”的前提下“应整尽整”，建立“整合合理、库目引导、投向精准、使用高效、运行规范”的涉农项目资金投入管理新机制，助推乡村风貌提升工程。全区共计632名保洁员，垃圾收集点964处，垃圾收运车549辆，100%实现垃圾实施村收镇运市处理模式。推进“三清三拆”和干部回乡清洁行动，玉州区回乡的干部带动区外工作、外出经商人员、新乡贤及当地群众共2.5万人次参与到美化家园行动中来，干部群众捐赠资金共53.7万元，开展集中整治活动400余次，召开座谈会286场，清理陈年垃圾堆放点458个、房前屋后乱堆乱放点1188个、有淤泥及漂浮垃圾的池塘沟渠503个，拆除废弃危旧房928栋、废弃猪牛栏222个、非法占用耕地乱搭乱建44处、乱搭乱盖205处，露天厕所61个，非法广告牌、招牌1783个，建造微田园、微菜园、微果园104个。95个基本整治型村庄建设已全部开工，完工80个。

【乡村振兴宣传】 2020年，玉州区累计发放乡村振兴宣传传单、折页、画册材料49880份，制作宣传牌、标语、横幅、专栏、喷绘1530处，市级以上媒体报道65次。12月，召开年度新闻发布会，并开展多种样式的群众活动；在2020年度“美丽玉林”乡村建设“红黑榜”评比活动先进单位中，区乡村振兴办获得三等奖。

【实行多元化经营】 2020年，玉州区乡村振兴（“美丽玉州”乡村建设）领导小组办公室推广“合作社+基地+农户+市场”产业模式，提升特色种植基地影响力，农业产业规模化、专业化发展水平明显提高。在嘉垌路口至大塘镇政府主干道两旁，打造一条现代农村休闲观光产业带，建成百亩玉林市优景花卉基地，建成

2020年，名山街道太阳村开展河道清理工作　（名山街道　提供）

300亩的大良江蔬菜种植基地及百亩的优质水稻种植基地。通过在大塘、三和两个村建立农业科学发展实验区，带动全镇农业发展方式转变和农业产业结构调整，促进农业高效增收。

【完善公共基础服务】 2020年，玉州区各个行政村按照服务惠民“六有”标准完成村级综合服务中心建设，并完成就业、社保、卫生、文体、教育、法律“六项”服务挂牌，完善上墙制度，明确服务功能；做好就业、社保、卫生、文体、教育、法律“六项”服务。设立“六项服务”窗口，通过招聘或村干部兼职等方式配备“服务惠民”协管员、乡村签约医生、康复协调员、法律顾问等人员，确保“六项服务内容”有人管，“十个服务方式”有人做。

【改善城乡清洁状况】 2020年，南江街道创建“南江美丽办”微信公众号，把所有的保洁人员集合进群里；每辆保洁车都安装有GPS定位器，随时可以抽查保洁人员工作状态。全街道建立周边范围内“村收镇运市处理”的垃圾收集处理体系。根据各镇街实际情况，制定卫生保洁机制，以政府补贴与群众自筹相结合的方式保障环卫保洁基本支出，采取统一聘请办法组建保洁员队伍，通过村规民约、门前三包、文明创建评比、财政奖补等措施强化激励约束。

【成立乡村振兴理事会】 2020年，玉州区乡村振兴（“美丽玉州”乡村建设）领导小组办公室促成各村成立乡村振兴村民理事会，并制定相关的管理机制。各村理事会在成立后都获得本村群众的大力支持，筹措乡村振兴建设资金，截至11月，全区60个行政村累计筹得资金1489万元，再根据《玉州区乡村振兴资金管理办法》进行相应的配套资金作为补助，有效地缓解乡村振兴建设过程中遇到的资金问题；理事会成员招纳人才，为后续的工作开展储备人才资源，通过资金和人才带动项目建设，激发乡村内生动力。

【“三清三拆”专项行动】 2020年，玉州区乡村振兴（“美丽玉州”乡村建设）领导小组办公室根据玉林市“三清三拆”百日攻坚迎小康大会战推进会和玉州区百日攻坚工作布置会，要求各镇（街道）进一步摸准摸清“三清三拆”实际存量，对照玉林市的要求和玉州区《玉州区开展“三清三拆”百日攻坚迎小康大会战的实施方案》的工作要求，根据制定的《玉州区乡村风貌提升“扫一遍”五个一工作要求》，继续开展乡村风貌提升“扫一遍”专项工作，扫清“三清三拆”实际存量。各镇（街道）根据“五个一要求”指导各村结合实际情况制订工作方案积极行动，建立长效机构，共60个村组建乡村振兴工作队、乡村振兴理事会、施工队伍，完成“三清三拆”任务表和乡村振兴规划图的规划研究。

玉州区从各职能部门抽调精干力量，组成7个工作督查组，由分管领导带队，到各建制村内巷屋后，对各村上报的“三清三拆”存量和开展农村环境整治情况进行明察暗访，摸清摸准底数，找准存在问题。同时对各镇（街道）每日开展工作的情况进行督查，特别是对省道、县道、村道以及高速公路沿线的乱搭乱建、违章建筑和非法违规商业广告、招牌和水体漂浮物，同时对各村开展“三清三拆”进行指导，找准“三清三拆”对象，明确什么该拆什么该清，做到清理拆除心中有数。

玉州区回乡工作队、区直各部门各单位261名领导干部和党员投入大行动中，利用双节长假回原籍乡村，带领和引导乡亲们共同参与清洁乡村、美化家园，进一步转变干部作风，密切党群干群的血肉关系。

仅国庆假期期间回乡领导干部通过召开动员部署会25场，乡村振兴座谈会46场，发放宣传资

2020年12月3日，玉州区南江街道召开乡村风貌改造现场观摩会。图为参会人员现场观摩坡塘村微菜园建设情况　　（南江街道　提供）

料8200份，发送宣传短信320条，张贴宣传标语、宣传横幅236条等宣传方式，营造浓厚的工作氛围，带动群众2500余人次参与到美化家园行动中来。回乡领导干部带头并发动经济能人、新乡贤和群众为美丽乡村建设基金筹措244多万元。

回乡的领导干部党员带头开展“三清三拆”整治工作，把自家房屋及周边的环境卫生整治好，动员兄弟叔伯或帮扶的贫困户把各家房屋及周边的环境卫生整治好，走访动员乡村经济能人、新乡贤把各家房屋及周边的环境卫生整治好，依靠基层党组织和村民理事会、村务商议团等自治组织，动员全体村民把各家房屋及周边环境卫生整治好。同时因地制宜开展好所在村庄基本整治、设施完善、精品示范等工作。

玉州区“三清三拆”专项工作开展以来，累计出动大型机械1300余台次，清理积存垃圾、卫生死角等423处，陈年垃圾堆放点515处、房前屋后乱堆乱放点1582个、有淤泥及漂浮垃圾的池塘沟渠684个，拆除废弃危旧房1055栋、废弃猪牛栏232个、非法占用耕地乱搭乱建44处、乱搭乱盖223处，露天厕所61个，非法广告牌、招牌2575个，建造“微菜园”“微果园”958个。乡村风貌提升建筑总数232栋、其中外墙刷漆203栋、安装花架268栋、广告牌改造78个、三角梅约1200盆。种植树木、花草15670棵。依托各村特色，打造“一村一景、一村一品、一村一韵”示范点。2020年年末，建设完成基本整治型村庄95个、设施完善型村庄8个、精品示范型村庄4个，培育“城北—仁东—仁厚—南江”乡村游憩带。各行政村理事会账户募集资金1475万元。

［玉州区乡村振兴（“美丽玉州”乡村建设）领导小组办公室］

征地事务

【征地事务工作机构概况】 玉林市玉州区征地办公室（简称区征地办）隶属区政府直接领导，经费形式为财政全额拨款。设有综合管理股、土地征收股、财务股、安置建设股、政策法规宣传股5个职能股室；核准事业编制为43人，设置主任1名、副主任3名（主任和1名副主任为公务员兼任，不占事业编制）；有在职在编40人，空编3人。

【征地拆迁】 2020年，区征地办配合全区各镇（街道），针对各个重点项目存在问题和困难不同的特点，实行一个项目一套方案，采取“先征地、后拆迁，及时规划建设安置区，以及租山地集中迁移安置坟山”等工作方式方法，推进征地拆迁工作。全年共完成征收土地2686.77亩。其中，有6个重点地块征地项目，即：星火路与沙圳江交汇处南侧地块42亩，二环北路南侧、毅德商贸西侧地块513.5亩，二环南路白马岭北面地块（正威项目用地）98亩，羊义岭地块七、地块九842亩，二环南路南侧（原瑞安物流项目用地）地块538亩，太阳村东侧、石牛路南侧地块381亩。年末，6大地块项目重点地块累计完成征地1646.8亩，其中：星火路与沙圳江交汇处南侧地块完成征地42亩，二环北路南侧、毅德商贸西侧地块完成征地456亩，二环南路白马岭北面地块（正威项目用地）完成征地25.3亩，羊义岭地块七、地块九完成征地680.5亩，二环南路南侧（原瑞安物流项目用地）地块完成征地443亩，太阳村东侧、石牛路南侧地块未开始征地。

2020年，区征地办仅用10天时间完成南玉高铁良睦隧道先行开工点征（租）地、迁坟工作，大塘段工作组仅用1个月时间完成大塘段房屋拆迁共76幢，面积达到10611平方米，城北段工作组仅用不到1个月的时间完成19

红星路棚户区改造项目调研　　（区征地办　提供）

户拆迁户全部签订房屋拆迁补偿方案，并及时拆除房屋，交地给施工方；5月，用1个月时间完成广西先进装备制造城900多亩征地任务；12月，用1个月时间超额完成文体北路项目120亩的征地任务，实际征地270亩；仅用1个月时间完成宏桂项目144.5亩的征拆任务，共迁坟506穴，拆除房屋5栋，处理纠纷用地45亩；完成红星路项目集体土地40户和国有土地12户的拆迁工作。

【安置区建设及处遗工作】2020年，玉州区集中攻坚的安置区有8个，分别是毅德新增安置区、红星美凯龙安置区、长淇安置区、养马坡安置区、余善桥安置区、泉西塘安置区、南梧高速安置区、五联安置区。毅德新增安置区已完成征地；红星美凯龙安置区已完成征地、设计招标、办证，已出红线图、规划条件、论证报告，正在报建变电工程；长淇安置区已完成征地、填土，已出划技术报告、规划用地红线图、用地规划条件，安置区总平面图2020年9月经过审批；养马坡安置区已完成征地、设计招标，已出红线图、规划条件、论证报告，正在建设安置区道路配套工程；泉西塘安置区已完成全部工程；余善桥安置区道路排水工程和电力配套工程正在施工中；南梧高速安置区已完成征地、填土，已出规划红线图、论证报告、规划条件，总平图按审查意见与建筑设计院反映，正在完善修改中；五联安置区已完成征地拆迁工作、设计招标，已出红线图、规划条件、论证报告，安置区正在施工；瑞安物流项目安置区已出规划红线图；美豹电动车项目安置区已取得征地批文及公告；南玉高铁项目已选定安置区地块，已出安置区红线图。

（区征地办）

城市监督管理

【城市管理监督工作机构及概况】玉州区城市管理监督局（简称区城管局）作为区政府工作部门，机构规格为正科级。区城管局内设秘书科，有行政编制6名，事业编制5名，2020年年底在职在编人员9人。

2020年，区城管局配合玉林市城市管理监督局加大城区市容市貌整治和环境卫生建设，建造良好的城市环境，开展玉州区乡村风貌“三清三拆”专项整治工作。

【垃圾分类】2020年，区城管局制定《玉州区生活垃圾分类实施方案》，加大垃圾分类宣传力度，印发《参与“垃圾分类”共建美丽玉州倡议书》25.5万份、《玉州区生活垃圾分类行动指引》25.5万份、《玉州区生活垃圾分类宣传手册》4.7万份；与移动、电信等公司加强合作，通过发送短信、来电语音提示等方式开展垃圾分类知识宣传，已签约发送短信60万条。在征求镇（街道）及有关部门意见的基础上，选择名山街道作为垃圾分类示范片区，玉城街道胜利垌社区作为示范社区，南江街道银丰世纪城和乾隆苑、城西街道恒大城等3个住宅小区作为试点小区，为下一步开展垃圾分类工作开展奠定基础。投入专项经费用于垃圾分类亭建设，截至年末，银丰世纪城已建成分类亭4个；玉城街道胜利垌社区已建成分类亭5个；名山示范片区已建成分类亭4个，拟再建3个，待施工条件成熟即可开工建设。

【四城同创市容环境联合执法】2020年，区城管局配合玉林市联合执法组对玉林城区开展联合执法。玉林市城区周边的小街小巷、以火车站、酒店、施工工地、农贸市场及周边为整治重点，对背街小巷、建筑工地、农贸市场、交通秩序、“小广告”、校园周边环境、环境污染行为进行全面整治。重点对临街店铺超出门（窗）经营、作业以及乱摆广告牌、灯箱行为，乱扔乱倒垃圾，焚烧树叶、垃圾行为，乱涂乱写行为，车辆清洗维修废水外流行为，屠宰加工影响环境卫生行为，餐厨垃圾油污污染路面行为，施工工地废水、泥浆浸漫路面行为，私设户外广告行为，乱搭乱盖行为等有损市容环境卫生行为进行集中清理。年内，联合执法共出动领导干部人员1559人次，出动车辆180车次，清理街道151千米，清理垃圾约47.5吨，拆除旧广告103处，拆除违章建筑2处，清除“牛皮癣”55处，共整治占道经营摊点499摊次，占道车辆52车次，发放“门前三包”倡议书及“垃圾分类”等宣传资料1万余份。

【乡村风貌提升“三清三拆”专项整治】2020年，区城管局根据《自治区党委办公厅 自治区人民政府办公厅关于印发〈广西乡村风貌提升三年行动方案〉的通知》文件精神，以及《南江街道坡塘村开展乡村风貌提升“三清三拆”专项整治工作方案》要求，对南江街道坡塘村二环南路、机场路两侧可视范围进行专项整治。查遗补缺垃圾桶和垃圾箱，回收和资源化利用玻璃瓶等废弃物，清理村庄禽畜粪便，规范禽畜养殖。清理村庄及周边的建筑垃圾并规范填埋，清理村庄道路障碍物并规范车辆停放，整理村庄和房前屋后建筑材料、农具、柴草杂物并规范堆放。拆除村庄及周边的乱搭乱盖、违法违章建筑。按照“一户一宅”的要求，拆除农村危旧房、废弃猪牛栏及露天厕茅房和废弃建筑“残垣断壁”等。共出动工作人员 25 人次，5 车次。通过专项整治工作，共拆除乱搭乱盖、违法违章建筑 5 处，清理各种垃圾 10 吨，拆除违章广告 2 处。

（区城管局）

环境保护

【生态环境管理工作机构概况】 玉州生态环境局为玉林市生态环境局派出机构，行政级别为正科。2020 年年底，玉州生态环境局行政编制 6 个，在编在职 4 个，内设政秘股、生态项目股、污染防治股 3 个股室。玉林市玉州区生态环境保护综合行政执法大队、玉林市玉州区生态环境监测站于 2020 年年底挂牌成立。玉林市玉州区生态环境保护综合行政执法大队与玉林市玉州生态环境局实行“局队合一”体制，作为玉林市玉州生态环境局的内设机构设置。玉州生态环境局共有编制 43 个（其中行政编制 6 个、后勤服务人员控制数 1 个、参公事业编制 36 个），2020 年年底，实有在编在职人数 31 名（其中行政人员 4 名、后勤服务人员控制数 1 个、参公事业人员 26 名），聘用人员 36 名。办公地址：玉林市玉州区天心路 159 号。

【空气污染控制】 2020 年，玉林城区空气质量情况（括号内为上年同期实况数据）：空气质量指数（AQI）优良天数共为 362 天，优良率为 98.9%，优良率与 2019 年同期（93.4%）相比上升 5.5 个百分点。PM2.5 累计均值浓度为 28 微克 / 立方米，比 2019 年同期（35 微克 / 立方米）下降 20%。环境空气质量整体同比大幅提高。

2020 年，玉州生态环境局组织开展建筑工地大清查，重点检查扬尘防治“八有”措施，确保所有工地严格落实防控扬尘措施。2020 年，分别对学府名苑、恒大城、绿地城、盛世国际等建筑工地开展检查，出动人员 742 余人次，对鑫盟公园丽景进行立案处罚。全年共投入资金 142 万余元用于城区主干道以外的道路洒水。督促城区 4 个街道根据各自保洁范围，明确责任，提高保洁标准，保持常态化清洁管理。加强重点路段泥土清理、路面冲洗，根据需要加密城区道路洒水频次。对国控环境空气监测点位 2 千米范围内的道路每日 7：00—24：00 时段保持湿润状态。通过可视化监控平台对露天焚烧秸秆垃圾进行监控，同时加强巡查和执法力度，一旦发现火点及时扑灭。2020 年，共对 4 起焚烧秸秆违法行为进行查处，处罚款 4000 元。加强烟花爆竹禁燃禁放管控，严格按照《玉林市销售燃放烟花爆竹管理条例》的要求，依法做好烟花爆竹禁燃限放工作。通过多途径宣传教育引导、巡逻打击、查罚拘留等措施，巩固烟花爆竹管控成果，杜绝城区内的燃放行为。加大整治硫黄熏中药的力度，全年出动执法人员 2305 人次，执法车辆 496 车次，对辖区内中药仓储场所开展监督巡查，根据现场巡查情况制作巡查记录 3738 份。坚决杜绝“散乱污”项目建设和已取缔的“散乱污”项目异地转移、死灰复燃。2020 年，立案查处涉气违法案件 9 件，处罚金额 13.4 万元。开展制砖行业企业环境整治专项行动。需完成改造任务的 11 家企业，有 7 家完成烟气自动监控设备安装（其中 3 家与市污染自动监控中心联网运行），2 家正在改造脱硫塔和在线安装，余下 2 家长期停产。开展混凝土搅拌站专项整治行动。对辖区 5 家混凝土搅拌站开展检查，对易产生扬尘的物料堆场要求建设密闭的料仓；暂时未建密闭料仓的，要求采取安装防尘棚或防风抑尘网、喷洒稳定剂等措施，防止扬尘污染。开展挥发性有机物（VOCs）综合治理行动。推进汽车喷漆、家具喷漆等行业挥发性有机物（VOCs）治理升级改造，对设施不完善的责令限期整改，对整改不到位的责令停产整顿。全年玉州区改造加油站 5 家，改造地下油罐数量 18 个。

【水环境污染控制】 2020 年，玉州区大塘镇支流水质均值达到目标Ⅲ类；清湾江下游水质均值达到目标Ⅲ类；仁东镇支流断面水质均值达到目标Ⅳ类；叉江断面水质均值为Ⅳ类；玉林市考评四个断面水质均值全部达标。苏烟水库饮用水水源和梨山饮用水源水质达到或优于Ⅲ类标准。出台《玉州区畜禽规模养殖禁养区划定方案》，加大禁养区监督管理力度，南流江干支流禁养区内严禁开展畜禽养殖生产活动。原有畜禽养殖场（小区、专业户）要求实施生态化、标准化技术改造，实现养殖废弃物全量化资源化利用。2020年31家规模养殖场中，完成生态化改造并通过自治区“生态养殖场”认证的规模养殖场已有29家，畜禽规模养殖场生态养殖比重已达93.26%，规模养殖场粪污处理利用设施配套率达100%。加大仁东江流域畜禽养殖、水产养殖监管，多次召开水产、畜禽养殖户会议，对仁东镇禾镰塘水库的3家养鸭户下达《责令改正违法违规行为通知书》，已搬迁。3个镇污水处理厂二期管网铺设工作已全部完成，尾水全部稳定达到一级B标排放，在线监控数据正常上传自治区生态环境厅。城西街道永上村和新定村、城北街道西岸村、仁厚镇上罗村和下罗村吉洲及下塘片区生活污水管网铺设已全部完成。仁东镇东庆江在建的3000吨污水处理厂主体工程已完成85%。3个镇级污水处理厂和61套农村生活污水处理设施聘请第三方运维公司加强日常监管维护，规范内部管理，落实运行经费，确保稳定运营。开展涉水污染企业专项整治，彻底排查环境风险隐患，加大对涉水环境违法行为打击力度，依法查处违法违规企业，截至12月末，立案查处涉水企2件，处罚金额11.5万元。每月对玉林市考核的南流江流域水质断面及各镇（街道）考核断面进行采样监测分析，及时通报监测结果，为治理提供科学依据。3个微型水质自动监测站由第三方运行，设施正常运行，实现实时监控。

2020年10月14日，城西街道2020年晚稻秸秆综合利用暨禁烧秸秆工作部署会召开

（玉州生态环境局　提供）

【土壤污染控制】 2020年，玉州生态环境局开展土壤环境质量调查工作，全区列入全国重点行业企业用地土壤污染状况调查的企业有17家，经与检测单位实地核实，已经停产关闭的企业有9家。全区列入重点行业企业用地土壤污染状况调查的企业有广西玉柴机器股份有限公司和玉林市玉州区新星化工厂，玉林市玉州区新星化工厂已停产。已对这两家企业地块进行前期现场踏勘确定采样点和初步采样。印发《玉州区2020年农用地土壤环境质量类别划分工作方案》《2020年玉州区农用地安全利用工作实施方案》，对行政区域内土壤污染问题突出区域进行逐一核实，共划定详查单元49个，核实农用地详查点位361个，为下一步开展土壤污染综合防治工作打下基础。全区高度重视涉重金属行业污染防控，制定《加强玉州区危险废物全程监管实施方案》，对重点行业、重点企业进行调查。同时加强污染源头监管，严控新增重金属污染土壤项目的准入，全年无新批、扩建涉重金属项目，也未发现疑似污染地块和污染地块。

【环境监管执法】 2020年，玉州生态环境局完成中央环保督察“回头看”反馈6个问题的整改。其中有5项已于2019年率先完成，并报市生态环境局申请销号，余下1项，即南流江污染严重，水质下降问题，整改期限到2020年12月，于12月31日完成。自治区南流江流域环境问题专项督察指出的9个问题，已全部完成。截至12月末，共出动环境执法人1466人次，检查企业1106家次，查处环境违法案件20件，处罚金额37.1万元，使用《中华人民共和国环境保护法》配套办法查处4件，生态环境监管执法能力得到省生态环境厅肯定。不断健全信访工作制度，12月末，受理信访件927件，对反映情况主动开展调查，做到件件有回音、事事有结果，确保调处率为100%，结案率达97%以上。继续巩固14个饮用水水源地环境问题整改成果，守护百姓的“水缸”安全。建立跨区域环境联防联控和突发环境事件应急协调处理机制方案，截至目前未发生较大及以上级别的突发环境事件。

【医疗废物管理】 2020年年初，新冠肺炎疫情防控形势严峻，玉

2020年6月5日，玉州生态环境局到仁东镇开展生态文明宣传教育
（玉州生态环境局　提供）

2020年6月4日，玉州生态环境局开展“6·5”环境日进企业宣传
（玉州生态环境局　提供）

州生态环境局高度重视疫情防控工作，结合部门职责，加强医疗废物环境管理，对辖区19家镇级以上医疗卫生机构进行排查，要求各医院分类收集医疗废物和生活垃圾，严格按照规范化管理要求做到分类贮存和及时转运。玉州区每日医疗废物产生量约8吨，现有正常运行的医疗废物集中处置设施2个（处置生产线2条），日处理能力为15吨/天，处置能力能满足每日负荷量。同时加强医疗废物处置单位玉林市爱民医疗废物处理公司检查，督促其按时上门收集转运处理，消除医疗废物环境污染风险隐患，保障辖区环境安全。

【服务质量提升】 2020年，玉州生态环境局推进“互联网+环评审批”，实现相关系统互联互通和网上申请受理审批。建设项目影响登记表由审批制改为备案制，业主只需要在上网备案，不用出门就可以申报。简化环评审批流程，建设项目环境影响评价报告表审批，由原来的法定办结时限30个工作日，压缩到9个工作日内办结，大大缩短审批时间，截至12月末共审批建设项目54个。为切实做到“核发一个行业、清理一个行业、规范一个行业、达标一个行业”，实现固定污染源排污许可全覆盖，生态环境局对辖区行业企业进行登记发证，截至12月末，已完成登记管理的企业518家，发证74家，完成上级下达的核发任务。

（玉州生态环境局）

科技·教育

科技事业

科技工作

【科技工作机构概况】 区经科局科技股负责大多数原区科技局大部分工作，主要业务为：组织推荐科技项目申报，科技型中小企业认定申报工作，高新技术企业认定申报工作，星创天地及众创空间建设工作，科技成果转化工作，创新大赛及“两周一展（全国科技活动周广西活动暨广西科技活动周，广西科技创新支撑产业高质量发展成果展）”工作，创新发展战略工作，实施“三百两千”科技创新工程工作，工程技术研究中心、企业技术中心申报工作，科技特派员工作。

【科技型中小企业】 2020年，区经科局认定科技型中小企业54家，为历年数量之最。上半年受疫情影响，玉林市为帮助企业渡过难关出台《玉林市应对新型冠状病毒感染的肺炎疫情支持中小企业共渡难关的十六条政策措施》，规定于2020年6月前获认定的科小企业可得到5万元补助。

【高新技术企业】 2020年，玉州区新增高新技术企业5家，分别为：广西桂小粮农业集团有限公司、广西永高机械设备检测有限公司、玉林市伟铭机械有限公司、玉林市振来铸造有限公司、广西玉林水利电力勘测设计研究院。2020年到期重新认定的1家：玉林市正力密封件有限责任公司。2020年玉州区高新技术企业保有量总计为16家。

【创新平台】 2020年，区经科局大力推进创新平台建设，为企业发展提供平台支持。玉州有2家自治区创新平台获得认定，4家市级创新平台获得认定。

【科技成果转化】 2020年，区经科局推进科技成果转化，共有6项获批，质量分为1160.72分，居全市第一。6项科技成果分别为：广西屏客名榜网络科技有限公司向广西集成科技有限公司购买的“益农电子商务软件V1.0”、广西建辰网络科技有限公司向玉林市红彬商贸有限公司购买的“红彬

2020年10月10日，玉林市科技局高新科科长黄庆源（左三）带队到玉林智慧众创空间调研 （区经科局　提供）

客户管理系统 V1.0”和“红彬财务管理系统 V1.0”、玉林市成鑫机械有限责任公司转化自有的“一种改进型的连杆生产精镗机床”、广西华原过滤系统股份有限公司转化自有的“自动化集成生产技术在机油/柴油滤清器关键零部”、广西兰科资源再生利用有限公司转化自有的“一种铸造废砂再生方法”。

【科技项目】 2020年，区经科局共组织玉州区相关部门和企业申报市级以上的科学研究与技术开发计划项目业申报项目26项，有10项获得立项。

【科技特派员工作】 2020年，区经科局选派13名自治区级贫困村科技特派员，全面覆盖全区所有有需求的贫困村。科技特派员在贫困村开展产业扶贫培训、引育新品种等工作，发挥科技助力乡村经济作用。

【科技活动】 2020年8月，区经科局组织8家企业参加第九届中国创新创业大赛广西赛区玉林市选拔赛暨第四届玉林市创新创业大赛，其中广西玉林市树锋农业机械科技有限公司晋级自治区高端装备制造产业复赛。开展2020年全国科技活动周广西活动暨第二十九届广西科技活动周玉林市动·广西创新驱动发展成果活动。组织4家企业报名参加线下实体成果展，配合市科技局做好线下参展的推荐工作；组织企业进入网站观看成果展网上展示；广西建辰网络科技有限公司在玉林市“重大科技成果转化”版块线上参展，玉林金锋新能源汽车零部件企业技术中心、广西金拇指集团、玉林市青年农业星创天地在玉林市“创新平台”版块参展，通过在微信群、微信、QQ发送视频链接等形式组织企业观看线上成果展。

（区经科局）

防灾减灾

【减灾救灾】 2020年，区自然资源局落实减灾救灾工作，修订完善应急预案，及时调度处置灾情信息。清明节、重阳节和秋冬季节等重点时段，区专业森林消防队员靠前布防，严阵以待，随时准备出击。2020年1月1日，玉州区城北街道钟周村牛梯山脉发生森林火灾。2月24日，分别在：南江街道喇叭山、白马岭，仁东镇鹤林村校椅村茶厂后山岭，名山街道挂榜山岭，仁厚镇大卢村的挂地交界处发生山火。在玉州区应急管理局领导班子的带领下，玉州区森林消防队24小时集中待命，迅速出击，把森林火灾扑灭在初发阶段，严格按照扑火应急预案执行，做到科学扑救，有效控制森林火灾的发生，确保森林防火灭火各项工作落到实处。全年区专业森林消防队共出警扑救森林火灾12次，前线指挥员始终把安全放在第一位，确保在有组织的扑火过程中无人员伤亡，顺利完成火灾扑救任务。

【地质灾害防治】 2020年汛期以来，区自然资源局加强汛期地质灾害安全宣传，加强汛期防灾安全责任落实，加强重点区域隐患排查，加强应急值班值守，辖区内未接到发生地质灾害及人员伤亡事故报告。

【森林防火】 2020年，区自然资源局做好清明节、重阳节等重要时段的森林防火工作，使各项防范措施落实到位，区自然资源局督导组共80人次深入各镇（街道）开展明督导。重点督导检查中央领导重要批示要求、国家森林草原防灭火工作电视电话会议及全区、全市森林防火灭火工作电视电话会议精神贯彻落实情况，以及防火责任制、森林防火宣传教育、野外火源管理措施和应急准备工作等落实情况，做到不留死角、没有盲区、实现全

2020年，广西创新创业大赛复赛现场照　　（区经科局　提供）

覆盖。

（区自然资源局）

地震监测服务

【地震监测服务工作机构及概况】玉州区地震监测服务中心（简称区地震监测服务中心）是区政府直属事业单位，由区应急管理局代管，机构规格为正科级，列为公益一类。负责建立本行政区域内的地震监测预报工作体系，负责地震科普知识宣传。2020年，有编制2名，实有人员2人，其中1名为在编在职人员、1名为公益性岗位人员。

2020年，区地震监测服务中心深入贯彻落实中共十八大、十九大和十九届二中、三中、四中、五中全会精神及习近平新时代中国特色社会主义思想，围绕玉州区“稳中求进”的工作总基调和加快建成“两都一区”、率先全面建成小康社会的奋斗目标，不断强化防震减灾社会管理和公共服务，增强依法行政能力，采取有效措施扎实推进监测预报、震害防御、地震应急救援等各项防震减灾工作，为实现富民强区新跨越提供地震安全保障。

2020年7月8日，自治区地震局监测预报中心主任、研究员周斌（右二）、玉林市地震监测服务中心主任梁志勋（左二）到玉州区开展地球化学观测可行性调研（区地震监测服务中心　提供）

【地震监测环境保护】2020年，区地震监测服务中心开展地震观测台站现场巡查工作，对台站观测室内外卫生进行全面清扫，及时做好地震观测环境清洁和保护工作；检查地震监测设施标识，确保地震监测设施标识齐全完好；检查设备安全隐患，查看线缆有无破损以及观测设备是否正常运行。

【地震监测管理】2020年，区地震监测服务中心制订《2020年度玉州区震情监视跟踪和应急准备工作方案》，完善定期收集整理观测数据工作制度、明确责任人等方式，确保全区地震监测预报数据的收集、分析和上报工作扎实开展，定期派技术人员到全区的6个地震监测点检查指导监测工作，并及时对监测数据进行汇总分析，全年的地震宏观观测和断层气二氧化碳观测都没有观测到异常情况。完善定期分析会商工作制度，平时经常和周边县（市、区）地震监测部门进行震情会商。

【地震监测应急准备】2020年，区地震监测服务中心修订完善《玉州区地震监测服务中心地震应急预案》和《玉州区地震监测服务中心值班制度》，制定地震应急值班、震情信息报送、地震观测异常处置、震情跟踪、地震应急新闻宣传等工作机制。全体干部职工参加市地震监测部门组织的全市地震系统地震流动监测演练。做好特殊时段的应急值守工作，配合有关部门加强舆情监控。

【地震科普宣传】2020年，区地震监测服务中心利用“5·12”全国防灾减灾日活动、全国“安全生产月”咨询日活动等各种活动，推进防震减灾知识“进校园、进社区、进农村、进机关、进企业、进家庭”。在活动中，制作科普宣传板报和宣传横幅，共接受群众咨询200多人次，发放《中华人民共和国防震减灾法》《广西壮族自治区防震减灾条例》《防震避震宣传手册》等防震减灾法律法规、科普宣传资料1200余份。走进农村，到城北街道陈旺村开展防震减灾科普讲座，对村两委干部、村民和志愿者近30人进行地震科普培训，让群众了解地震灾害知识和自救、互救技能。此外，还赠送地震科普DVD和1500份地震科普宣传资料。指导玉州区万秀小学创建自治区级防震减灾科普示范学校工作。2020年12月，玉州区万秀小学被认定为2020年自治区级“防震减灾科普示范学校”。

【防震减灾规划编制】2020年6月，区地震监测服务中心开始编制《玉州区“十四五”防震减灾

2020年5月12日，区地震监测服务中心、区科学技术协会开展防灾减灾科普一条街活动　　（区地震监测服务中心　提供）

规划》，提出“十四五”期间防震减灾指导思想、发展思路、工作目标、主要工作任务、政策导向和战略重点等内容，明确“十四五”期间玉州区防震减灾重要项目。

【筹备建设玉州区断层痕量氢观测站】2020年，玉州区断层痕量氢观测项目获得自治区地震局批准，完成租用观测用房用地协议签订。在玉州区南江街道分界村，选定北流——博白断裂带上的断层土壤气测线剖面，并对这条测线剖面上2个测点的土壤气二氧化碳和氢气等浓度进行测量，为论证、调研玉州区拟建台站开展断层痕量氢观测的可行性提供技术数据。

（区地震监测服务中心）

教育事业

教育综述

【教育工作机构概况】2020年，玉州区教育局（简称区教育局）有在编人员8名。设秘书股、教育股、计财股、人事股、民办教育管理股、教育工委办公室等6个股室，教育研究室、教师进修学校、学生资助服务中心、青少年宫、电教仪器站5个二层机构。

【学校概况】2020年，玉州区有公民办幼儿园共151所，在园幼儿29782人，学前教育专任教师1788人，师生比约为1∶16，校舍建筑面积27.39万平方米。公办小学90所，教学点5个，在校小学生75720人，小学专任教师3044人，师生比约为1∶24，小学占地面积78.75万平方米，校舍建筑面积38.22万平方米；公办初中20所，初中生27407人，初中专任教师2086人，师生比约为1∶13，初中占地面积62.18万平方米，校舍建筑面积40.27万平方米。民办小学20所，在校小学生9683人，小学专任教师481人，师生比约为1∶20，小学占地面积10.16万平方米，校舍建筑面积10.06万平方米；民办初中6所，初中生726人，初中专任教师54人，师生约比为1∶13，初中占地面积25697平方米，校舍建筑面积6890平方米。

【教育经费】2020年，玉州区教育经费总收入117245万元，比上年多收入1069万元。其中财政拨款收入101374万元，比上年多收入4321万元，增长4.45%。总支出中，公共财政教育支出100345万元，教育费附加支出1029万元。

【学校基础设施建设】2020年，玉州区有新建学校续建项目3个，第二实验初级中学于2020年8月末顺利招生，增加学位1800个；仁东镇良村小学幼儿园的保教楼等工程正在装修；东成小学绿地城校区校舍工程已完成主体正在装修，运动场及附属设施准备建设。新建学校前期工作项目10个，2所幼儿园正在办理招投标手续，4所幼儿园正在办理可行性研究报告审批，3所小学、1所初中正在办理项目前期手续。全面改薄工程、项目绩效考评任务如期完成。加快项目竣工验收和结算、资金拨付等工作，完善竣工验收材料等后续工作。

【教育信息装备现代化】2020年，玉州区信息化投入约2561.92万元，其中：新增多媒体教学一体机395套，新增教师电脑1245台，新增学生电脑30台。全区有云录播直播室28间，并且实现常态化使用。玉州区开展的中小学信息技术与学科教学深度融合比赛活动通过玉州区教育公共服务平台同步直播。6月，玉州区举行基于“数字玉州·教育”网络科研暨“毓秀教育”小学六年级教学与复习研讨活动，活动采用“1+1同步课堂”“1+N同步教研”的形式开展，全程进行现场直播，研讨活动主会场设在旺瑶小学，共设11个分会场（城区4个、乡镇7个），全区（包括民办学校）

六年级语数老师 900 多人参与研讨活动。分会场的学生，通过“数字平台”云课堂参与学习互动，与城区孩子共享名师课堂。评课活动“1+11”同步进行，主会场与 11 个分会场通过云端研讨方式实现交互评课。学区龙头学校与乡镇中心小学、乡镇中心小学与村小尝试同步课堂“1+1”教研活动也取得一定成效。例如：东成学区以东成小学作为主会场，仁东中心小学作为分会场，多次举行“毓秀教育”暨“数字玉州·教育”英语双师同步课堂、音乐学科“1+1”研讨活动；古定学区以古定中心小学为主会场，大塘中心小学为分会场开展小学语文学科同步“1+1”研讨活动；城西中心小学与村小玉豸小学开展英语同步课堂；三中与城北初中、城北二中开展“1+N”复习研讨课活动等。网络同步课堂“1+1”教学的尝试，颠覆传统课堂的教学模式，学生自主学习更便捷，学生为主体，教师为主导的教学模式得以创新，农村小学通过平台共享城市优质教育资源。同步教研训“1+N”模式，通过数字玉州·教育平台实现大容量的快速交互。区教育局获玉林市中小学教育装备工作先进集体称号；在玉林市中小学电脑机器人创客竞赛活动中区教育局获优秀组织奖。“书香校园·阅读圆梦”读书活动，区教育局 2019—2020 年连续两年获自治区级优秀组织单位奖；信息技术与教学深度融合优秀课例展示观摩评选活动，区教育局获玉林市级优秀组织奖。玉州区 5 名选手代表玉林市参加自治区比赛，占比 50%，其中 3 人获自治区二等奖、1 人获三等奖。

【党的建设】 2020 年，区教育局在中小学校“党建质量提升年”活动基础上，创新实施“四大工程”“135 工程”，开展“两个年一活动”（支部建设年、品牌提升年、争创“六好党支部”活动），推进“红色堡垒建设、红色园丁培育、红色基因传承”活动，扎实推进主题教育，打造玉州教育“党建引领，大兴教育”党建品牌，实现党建与教育中心工作“双融合，双促进”良性循环，谱写玉州教育“奋进之笔”。全年 12 所学校获“玉林市党建示范学校”称号，16 所学校被评为玉林市“五星级”党组织，11 所学校党组织被评为玉林市“六好党支部”，在全市打响古定中心小学“大成教育”、东环小学“和·慧教育”、八中“智慧教育”等 28 个党建特色品牌。东环小学获选为自治区中小学校党支部标准化规范化建设参观点。

2020年11月6日，区教育系统传达贯彻党的十九届五中全会精神会议召开
（区教育局　提供）

基础教育

【学前教育】 2020 年，区教育局完成第三期学前教育行动计划。全区学前三年毛入园率达 110.2%，比 2015 年 94% 提高 16.2 个百分点。公办幼儿园在园幼儿占比达到 50.2%，比 2015 年的 9.78% 提高 40.42 个百分点。发展多元普惠幼儿园，全区共有 95 所普惠性民办幼儿园，普惠性幼儿园覆盖率为 86.9%，比 2016 年的 54% 增加 32.9 个百分点。建成 3 所乡镇中心幼儿园，实现乡镇中心幼儿园全覆盖。全区有自治区示范性幼儿园 5 所、市级示范幼儿园 5 所。获认定为自治区学前教育集团化办园改革试点县。

【义务教育】 2020 年，区教育局按照标准化建设要求，加快新改扩建中小学步伐，消除中小学校舍安全隐患。2016—2020 年，玉州区统筹利用全面改薄、校舍维修改造等各级各类义务教育建设资金 11.9 亿元。其中：投入中央及省级资金 2.1 亿元，为农村义务教育学校新建教学楼、综合楼、学生厕所等 7.17 万平方米，硬化活动场地 2.73 万平方米；投入中央预算内资金 0.17 亿元，新建教师周转宿舍 0.93 万平方米，逐步缓解偏远农村教师住宿困难问题。投入区级财政资金 9.62 亿元。其中：投入 4454 万元，为农村规模较小的学校补齐平房教室、活动场地、围墙、大门等硬件“短板”；投入资金5831.3万元，为全区中小学配齐配足教育信息化设备、实验仪器、音体美器材等各类教育设备；投入8.6亿元，消除城区学校大班额问题。2016—2020年，新建成玉州区第一实验中学、金港小学、城南实验小学、旺瑶小学（东环小学万昌校区）、古定小学天湖校区、第五实验小学、第二实验初级中学、大塘镇中心幼儿园、仁东镇中心幼儿园、仁厚镇中心幼儿园、直属机关第一幼儿园清宁分园、直属机关第三幼儿园等12所中小学、幼儿园，增加学位1.52万个。同时为50所新建学校采购配足、配齐实验仪器、音体美器材等各类教育装备。

【特殊教育】 2020年，区教育局出台《玉州区特殊教育第二期提升计划（2017—2020）》等方案，为特殊教育事业的发展提供制度保障。除因身体原因不具有学习条件的重度残疾及其他不应安置儿童少年外，应安置残疾儿童少年入学率达100%。2017年以来，完成1个随班就读资源教室设施设备配置工作。

素质教育

【践行立德树人使命】 2020年，区教育局开展《红色传奇》系列活动，包括“红色故事”演讲、“红色歌曲”演唱、“红色画卷”书画征文评比、“红色诵读”主题阅读和“红色足迹”研学实践等六大主题活动。全区有160多所学校、共9万余人次参与“红色足迹”研学实践活动。加大德育工作宣传报道，扩大立德树人教育影响力，每周均有《红色传奇》进校园宣传报道在“玉林先锋”“玉州先锋”“玉州教育”等公众号媒体发表。东环小学少先队大队、万秀小学154乐动中队获“全国优秀少先队集体”称号。八中获第二届全国文明校园，名山中学、苗园中学、万秀小学、第二实验小学获得第二届自治区文明校园称号。《红色画卷》作品评比推选，获自治区二等奖3人，三等奖2人，优秀奖3人。45人被评为“玉林市优秀思政与德育工作者”。古定中心小学钟雨菲获玉林市“新时代好少年”称号。

【注重身心健康发展】 2020年，区教育局开展中小学生“5·25”心理健康教育活动月活动，共收到微课作品114个，获自治区级心理危机干预案例、微课奖2人，获市级一等奖优秀微课4人，二等奖8人，危机干预案例4人，二等奖8人，优秀心理健康教育工作者4人。评选玉州区优秀心理健康教育工作者400名。开展中小学“生命教育”主题班会录像课评比活动，共收到作品40个。开展公民办中小学心理健康教育暨班级安全管理专题视频培训会，3000多人参会。玉州区心理健康教育工作小组咨询专家到第一实验初中送教上门，到乡村少年宫仁东、大塘中心小学开展心理健康辅导志愿服务。

【文体教育】 2020年，玉州区万秀小学《校园“乐动”体育文化案例》获第四届全国小学体育活力校园优秀案例“最佳校园创新奖”，是广西唯一一间获得表彰的学校。完成《国家学生体质健康标准》的测试和数据上报工作。玉州区代表队获得玉林市第二十四届中学生田径运动会初中团体总分第二名，区教育局获得体育道德风尚奖。举办2020年节水大使评选活动，东环小学李昕晓的创意微视频作品入围“节水中国”评选。组织中小学教师“笔墨家乡 大美中国”书画大赛；参加玉林市第二届“接班人”杯中小学师生书法作品比赛，8名学生获一等奖，1名教师软笔书法获一等奖。参加“玉林市首届中小学生戏剧展演活动”获奖。参加“打赢脱贫攻坚战、全面实施乡村振兴”音乐电视展播。组织选手参加第十六届中国少年儿童歌曲卡拉OK电视大赛全国赛，2人获全国赛银奖，1人获铜奖；参加2020年上海国际青少年钢琴大赛全国总决赛，2人获全国总决赛一等奖；参加第十一届肖邦青少年国际钢琴比赛（业余组）全国总决赛，1人获全国总决赛金奖。组织选手参加2020年BOYA钢琴艺术节全国总决赛；参加2020年珠江“恺撒堡”国际青少年钢琴大全国总决赛。组织学生进行钢琴、小提琴、电子琴等器乐考级。组织“教师节文艺会演”“迎中秋 诗词朗诵”等比赛。组织71人参加玉林市中小学人工智能教育线上培训班；201人参加玉林市电脑机器比赛，3人获参加2020年广西小学电脑机器人竞赛并获得小学组超级轨迹赛第一名，获小学组创客项目一等奖；在2020年广西数字创作评比中，2人获一等奖、2人获三等奖。

【国防、法制、劳动教育】 2020年，区教育局坚持“四个确保”，开展国防教育，开展“五个一百”活动提高国防教育质量。八中等30所中小学获认定为玉州区中小学国防教育示范学校。全年共安排现役军人、军烈士、伤残军人子女入学就读10名。组织超8万人次“宪法小卫士”竞赛。指导做好线上平台“玉林市青少年法律服务配送中心”使用。开展“宪法宣传周”暨“民法典进校园”活动，共11万多人参与，参与率100%。严格开设劳动实践类课程并加强督导，鼓励学校分学段确定家庭劳动教育实施内容，将家庭劳动纳入平时家庭作业、寒暑假作业目录。组织参加玉林市示范性综合实践（研学）教育活动以及玉州区中小学生参加市内研学实践教育活动18034人次。

教育发展

【学前教育发展】 2020年，区教育局制定并印发《玉州区学前教育深化改革规范发展的实施意见》，确保学前教育工作规范有序发展。如期完成学前教育重点交账任务。开展普惠性民办幼儿园申报认定工作，全年增报自治区多元普惠幼儿园15所，在园幼儿1707人；认定县级普惠性民办幼儿园10所，在园幼儿1495人。玉州区普惠性幼儿园覆盖率为86.8%，已完成80%的目标任务，学前三年毛入园率达到110.26%。带动各类幼儿园均衡发展。玉州区获认定为自治区学前教育集团化办园改革试点县，全面实行学前教育集团化办园模式改革。以7所城区公办幼儿园为龙头园建立7个学前教育集团，纳入38所弱园、新园、民园为集团分园，通过集团化办园模式，扩大优质资源覆盖面。仁东中心幼儿园、玉联幼儿园、运美幼儿园等3所幼儿园被评为玉州区示范幼儿园。开展精准摸排工作，确保3～6岁适龄儿童入学前学会普通话。

【教育质量】 2020年，区教育局被评为国家义务教育质量监测实施工作县级优秀组织奖；入选广西基础教育教学改革十大示范区之一；入选广西中小学教师信息技术应用能力提升工程2.0十大创新实验区之一。2020年中考玉州区持续保持全市领先水平。总分等级及一分两率共24项指标均排名全市第一名，全区初中考上玉林高中择优生人数比率连续三年递增，八中、仁东初中、城西二中、城西一中等学校考上玉林高中择优生人数比例三年连增。

【教育脱贫攻坚战】 2020年，区教育局出台《义务教育保障专责小组2020年脱贫攻坚工作实施方案》《玉州区教育局2020年脱贫攻坚工作要点》等政策文件，部署做好控辍保学工作，建立控辍保学工作的长效机制。明确各部门工作职责，确实落实部门控辍保学工作责任，实行政府、教育“双线”联动的网格化包联管理，落实责任，形成齐抓共管的工作格局。对全区贫困家庭的学生逐一进行登记造册，对建档立卡贫困户学生实行动态管理。全区义务教育阶段失学辍学学生人数为0人，实现建档立卡贫困户、非建档立卡贫困户适龄儿童少年失学辍学双“清零”目标。全区义务教育巩固率达到105.88%，超额完成市下达的目标任务。区教育局先后获自治区脱贫攻坚先进集体、玉林市脱贫攻坚（乡村振兴）工作百优帮扶后盾单位、玉林市2019—2020年度控辍保学工作先进集体等称号。苗园中学等8所中学被评为玉林市2019—2020年度控辍保学工作先进集体。在自治区级以上媒体发布教育扶贫宣传报道25篇以上。

【教育改革】 2020年，区教育局持续推进“大兴教育”战略，以“打造玉林市优质高效教育核心区”为目标，深化教育课堂改革。打造“以专家为引领，以课堂为重点，以活动为载体，以课例为引导，以团队为组织，以训练为主线，讲、评、研、训相结合，城乡全面涵盖”的教研训一体化教师成长培养、学校教研模式，打造玉州教改特色品牌。推进中小学生教育评价改革，制定具有全区教改特色的《玉州区中小学教育质量评价标准》。持续开展先进集体和先进个人评选活动，在实践中不断完善中小学教育质量综合评价改革评价体系。实施学区工作改革，将全区中小学分为12个学区，其中：小学学区7个，初中学区5个。推动“村校振兴行动”“清零行动”“对标行动”等行动，为薄弱学校、薄弱班级、薄弱教师提供精准帮扶，城乡教育一体化效果更加明显。2016—2020年连续五年玉州区中考总分和各学科的一分两率共24项考核指标均居玉林市第一名。2018—2020年，玉州区各初中上玉林高中择优生线人数上线率实现三年三连增；学困生数据的E等率三年三连降，城乡教育差距进一步缩小。2020年，区教育局获国家义务教育质量监测实施工作县级优秀组织奖；入选广西基础教育教学改革十大示范区之一；入选广西中小学教师信息技术应用能力提升工程2.0十大创新实验区之一。全年玉州区大班额从2016

年 32.85% 下降到 3.49%。

【立德树人】 2020 年，区教育局以社会主义核心价值观为统领，坚持立德树人，贯彻德育工作指南，突出抓好“五项教育”，即弘扬主旋律教育、理想信念教育、中华民族优秀传统文化教育、青少年法治教育、中小学身心健康教育工作，教育学生听党话、跟党走，树牢“四个自信”。“十三五”期间共表彰一批玉林市、玉州区先进个人和集体。开展《红色传奇》系列活动，有“红色故事”演讲活动、“红色歌曲”演唱活动、“红色画卷”书画征文评比活动、“红色诵读”主题阅读活动和“红色足迹”研学实践活动等六大主题活动。全区有 160 多所学校，共 9 万多人次参与“红色足迹”研学实践活动。自治区青少年法治教育示范基地已挂牌的有东环小学、八中、名山中学，旺瑶小学在组建中。古定中心小学被评为全国国防教育特色学校和示范学校；大北小学被评为全国科普示范学校、科普中国校园 E 站。东环小学被评为全国第一届文明校园，八中获第二届全国文明校园公示，3 所学校获得第一届自治区文明校园，17 所学校被评为第一届玉林市文明校园，11 所获得第二届玉林市文明校园，4 所学校获得第二届自治区文明校园公示，1 所学校获得备选。5 所学校获得玉林市创建全国文明校园先进学校，16 所学校（园）获玉林市中小学德育综合示范学校称号；万秀小学《实践综合评价 创新德育工作》被评为全国中小学德育工作优秀案例，大北小学德育案例《授人以“渔”因材施教点石成“金”导训成才》获教育部 2018 年全国中小学德育工作典型经验奖励；大北小学德育案例获教育部 2018 年全国中小学德育工作典型经验奖励。五中覃冠钧、古定中心小学陈明豪分别被评为 2018 年第二、第三批广西“新时代好少年”；东环小学刘建宇被评为 2019 年广西第二批“新时代好少年”。

【教师队伍建设】 2020 年，区教育局制定实施《玉州区教育系统教师（校长）绩效考核办法实施方案》，每年对校长、教师进行一次绩效考核，事业单位工作人员年度考核，师德师风考核等。

制定《玉州区教师轮岗交流工作实施方案（试行）》，每年义务教育阶段教师交流人数占符合交流条件教师总数的比例不低于 10%，其中骨干教师交流轮岗应不低于交流总数的 20%。实行学区内走教制度。

加大教师招聘力度，加快解决教师编制空缺较多的问题，2016 年以来，通过人才引进、公招、特岗、聘用教师控制数等方式完成教师配备 1668 名。推进走教支教，城乡教师、校长交流轮岗，着力解决乡村教师结构性缺编问题。2016 年以来，共安排 1380 名教师到乡村学校进行轮岗、支教走教，其中：走教支教教师 170 名，轮岗教师 1210 名。

完成对全区在岗中小学教师不少于 360 学时的全员培训，中小学教师整体素质和专业水平明显提升，基本形成国家和自治区培训为引领、市县（区）培训为支撑、校本研修为基础，开放有序的格局。“十三五”规划期间玉州区级财政安排教师培训经费 1379.44 万元。教师培训实现全覆盖，实施教师岗前培训、领导骨干培养等 10 个教师培训工程，通过不同层次、多种形式对全区在岗中小学教师进行全员培训，参与培训共 1.13 万人次。加强教师培训机构的建设，建立 6 个教师培训基地学校。创建玉州级师资培训项目库和完善县级教师培训专家库，“十三五”规划期间培训本地培训专家 60 名，教师培训基础能力明显增强。

完善教师激励保障机制，引导教师自主成长。创新教师培养模式，以“三阶三层”培养“毓秀名师”。成立玉州“毓秀名师”培养工作中心，把培养玉州名师列入学区管理工作评估细则，以“1+3+N”滚轴式助推教师专业成长。全区有全国模范、优秀老师 2 人；正高级教师 9 人；自治区特级教师 15 人；自治区优秀班主任、优秀教师、教学名师 27 人。成立省级特级教师工作坊 2 个、市级名校长工作室 1 个、市级名师工作室 5 个、市级名园长工作室 2 个。

完善乡村教师待遇保障机制。落实义务教育教师绩效工资总量增量，2018 年每人发放 12800 元（参照公务员绩效考评奖金发放）；实施乡村教师补助计划，按自治区规定发放乡镇教师生活补贴，每人每月 400 元；对农村教师给予生活补助，从 2020 年 1 月开始玉州区对乡村教师生活补助实施范围从以前的 5 个教学点扩大到全区所有义务阶段乡村学校在编在岗教师，结合自治区财政资金和本级财政资金实行提标补助，义务教育阶段乡村教师分四类补助标准，A 类 400 元 / 人·月，B 类 300 元 / 人·月，C 类 250 元 / 人·月，D 类 200 元 / 人·月；义务教育阶段教学点由原来的 350 元 / 人·月提标发放，分二类补助标准，A 类 400 元 / 人·月，B 类 450 元 / 人·月。发放伙食

2020年9月10日，玉州区大兴教育暨庆祝第36个教师节表彰会召开

（区教育局　提供）

补贴每人每季度1000元；发放物业补贴，高级教师为每人每月200元/人，一级及以下教师160元/人。落实特岗教师、使用聘用教师控制数教师和非实名制教师享受当地在编教师同等工资待遇政策，按有关规定足额缴纳养老保险、医疗保险等社会保险费，并依法享受各项社会保险待遇。

【教育公平进展】 2020年，玉州区共接纳进城务工人员随迁子女25171人，比2015年（15186人）增加9985人。其中：小学19444人，比2015年（10709人）增加8735人；初中5727人，比2015年（4477人）增加1250人。

【教育保障能力】 2020年，玉州区小学生为75720人，教师为3885人，小学师生比为1∶19.49，小学的师生比接近广西规定的1∶19的编制标准；全区初中生为27407人，教师2291人，师生比为1∶11.96，初中的师生比高于自治区1∶13.5的编制标准。

【校园安全管理】 2020年，区教育局共完善《玉州区处置学校突发公共事件应急预案》等安全工作制度（预案）18项。300多所中小学、幼儿园共安装有监控摄像头7200余个、视频监控设备358套，基本实现视频监控全覆盖，一键报警系统与公安机关联网，2.0云视频监控平台建立并投入使用。“4+N”校园安防管理正在稳步推进。全区中小学、幼儿园聘任365多人次担任法制副校长。通过基地+园地模式，打造八中、名山中学2个区级禁毒教育基地，8个镇（街）级禁毒教育基地，18个初中“禁毒图书角”，110间中小学校禁毒园地。共构建家校通、微信、QQ、短信、公众号5个家校互动安全管理网络平台，及时推送安全常识和预警信息。共组建护校队、巡防护学队近300支。

【教育督导】 2020年，区教育局选聘专兼职责任督学99名，强化培训学习，实现督导队伍专业化。严格督导行为，提高教育督导的开放度，有效运用督导结果。顺利完成教育部基础教育质量监测中心组织的国家义务教育质量监测工作，同时实现义务教育教师平均工资收入水平不低于当地公务员平均工资水平的目标任务。

（区教育局）

文体·卫生

文化事业

文化综述

【文化体育和旅游工作机构概况】 玉州区文化体育和旅游局（简称区文体旅局）是政府工作部门，为正科级单位；内设政秘股、文化艺术股、体育股、旅游股、市场监督管理股；核定行政编制6名，实有人员5名，其中：局长1名，副局长2名；下辖玉州区文化馆、玉州区图书馆、玉州区体育场、玉州区文物保护所4个二层事业单位。办公地址：玉林市城西开发区玉公公路玉豸村段。

【完善区“两馆”基础设施】 2020年，玉州区图书馆馆藏量9万册，其中图书8.7万册。馆藏以普及型的大众读物为主体，有经典著作、社会科学、军事科学、历史地理、文化教育、自然科学、计算机技术、生活休闲、少儿读物、玉州地方文献等类型的书籍。玉州区图书馆秉承“读者至上、服务第一”宗旨为读者服务，拥有多种现代化的服务手段，提供借阅、馆际互借、咨询参考、听音收视、文献传递、读者培训、专题讲座等多层次、多类型的服务。实行全方位开架借阅，设立5个服务窗口，106个阅览位，全年正常免费开放，每周开馆时间达48小时。全国文化信息资源共享工程玉州支中心（中心机房和电子阅览室）设在馆内，中心机房面积22平方米，电子阅览室面积161.2平方米，有计算机44台，可同时容纳44名读者查阅资料。

玉州区文化馆位于城区商业繁华地带，于2011年、2015年两次被评为“国家一级馆”。内设美术、书法摄影展厅、非物质文化遗产展厅、舞蹈戏剧小品排练厅、电子阅览室、音乐室、多功能讲座（培训）室、美术室、绘画室等12个功能厅（室）。

【文化文艺活动】 2020年，玉州区共建成59个村级公共文化服务中心，建成率达100%。建设内容有“六个一”：一幢综合楼、一个篮球场、一个舞台、一个宣传栏、一支篮球队、一支文艺队。村级公共文化服务中心免费向广大村民开放，并组织指导开展各类文体活动。玉州区共有8个镇（街）文化站，全部拥有独立的文化站所，内设办公室、公共电子阅览室、多功能文化室、辅导培训室、图书阅览室、乐器娱乐室以及宣传橱窗等公共空间配套设施场地，均免费对外开放。每个站有3个编制，各村（社区）均设置文化协管员，共同管理并组织开展辖区内的文体活动以及各类培训。

2020年，区文体旅局成功举办2020年玉州区春节文艺晚会，组织“文化惠民”送戏下乡11场，脱贫攻坚送戏下乡演出18场，庆“国庆”暨“南流欢歌”大型广场演出2场。组织节目参加“玉林市开展脱贫感党恩 奋进新起点活动现场会”演出。受突如其来的新冠肺炎疫情影响，取消春节期间各项群众性文体娱乐活动，全年共计举办文艺演出、篮球赛、游园等活动454场，观众人数达10万余人次。

2020年，区文体旅局创新公共图书馆、文化馆、综合文化站免费开放方式，进一步丰富开放的活动内容、服务方式和管理手段，公共文化服务设施和场地全部免费开放，所提供的基本服务项目全部免费。

2020年，区文体旅局配合区委、区政府各项中心工作开展文体活动，开展各种送戏下乡、送书下乡、文艺会演，书画、摄影作品展览活动等惠民活动；利用节庆日开展各类特色群众性文体活动，重点抓好重大节庆活动；继续做好各种文艺辅导培训，特别是“三区人才”培训工作。

【文化市场管理】 2020年，区文体旅局对辖区内文化体育和旅游场所进行地毯式的登门检查、登记和发放防控宣传资料。开展辖区内文体旅场所新型冠状病毒感染的肺炎防控工作专项行动，对全区300余家文体旅行业企业、个体户进行监管，并对各村、社区及89个住宅小区的文体活动场所关闭情况进行监控，开展常态化的疫情防控工作督查指导、防控知识和政策宣传工作。采取分片包干和网格化管理，每天对各人所包干的场所进行巡查，确保文体旅行业各场所疫情防控措施落实到位，并派出人员坚守在执法检查第一线，每天对关停的文体旅行业各场所进行巡视检查，特别增加夜间巡查次数，防止私自开门营业。疫情防控期间，共出动巡查人员1200余人次，巡查场所1000余家次，处理群众举报案件30余起。同时，确保文化投诉举报电话“12318”全时在线、全时值班。

随着4月疫情防控形势向好，有序开展文体旅市场复工复产工作。区文体旅局制定《文化娱乐场所新冠肺炎疫情防控工作方案》《玉州区关于加快文化旅游体育行业全面复工复产的工作指引》，明确复工条件、方法步骤、注意事项，通过微信群及电话通知等方式，及时向业主传达，提前做好复工复产准备，并对文体旅行业各经营场所分期分批进行疫情防控知识培训。组织人员对文化体育和旅游行业场所进行拉网式复工检查，通过1家，向指挥部报批1家，不符合条件坚决不准复工。要求每个文化体育和旅游行业经营场所都要按照要求签订《复工疫情防控责任书》，指导各行业经营单位编制应急预案，科学设计疫情突发情况处置流程，强化应急预案演练与员工培训。对区文化馆、区图书馆等免费开放场所进行定期全面消毒及防疫工作。全区在册经营的72家网吧、KTV等文化娱乐场所共进行复工前演练145次，培训员工3200余人次。对全区在册经营文体旅行业经营场所进行随机检查督导，通报情况，整改落实。复工后，共检查文化娱乐场所160余家次，体育场馆30余家次，旅游企业50余家次，通报整改2家次。

【群众文艺活动】 2020年1月，区文体旅局在大塘镇苏烟村举办“不忘初心 执梦远航”迎新春文艺晚会；协助仁东镇举办“不忘初心定圆中国梦　莫负韶华勇谱复兴篇”2020年迎春晚会活动；玉州区2020年文化进万家送戏下乡文艺演出11场；玉州区迎春文艺晚会；4月、5月组织排练节目小组唱《香溪香》、舞蹈《梅砺香》参加“全区第八届基层群众文艺会演”；5月，在文化馆挂牌成立“玉州区妇女儿童活动中心”。组队参加“2020年玉林市山歌文化艺术节晚会”，9月末，协助文体旅游局举办“玉州区2020年迎国庆暨南流欢歌文艺晚会”，组织节目代表玉林市到桂林参加“决胜小康 奋斗有我 第八届全区基层群众文艺会演”。为迎接自治区调研组到仁东鹏垌康乐庄传统村落调研活动，组织文艺节目、非遗展示项目在仁东镇鹏垌村展示和演出；12月，组织节目参加“玉林市开展脱贫感党恩 奋进新起点活动现场会”演出活动。

【美术书法展览活动】 2020年，区文体旅局开展美术书法展览6次。1月，举办“玉州区2020年庆迎元旦书画作品展”；2月，春节前组织书法家到仁东镇中庞村和鹏垌村开展“翰墨飘香 情满农家”2020年玉州区书法家义写春联活动；4月、5月，举办“岁在庚

2020年12月25日，“鬱州春早”庆“元旦”九人迎新书画展现场
（区文体旅局　提供）

子春宁兆认书法展”；在文化馆举办“庆七一陈一鸣油画展”；10月，举办老年大学国庆“妙笔生辉歌盛世 翰墨飘香闰金秋”书画展；11月，举办“周文昌油画展”。

【艺术培训】 2020年，区文体旅局举办暑期少儿美术、书法、舞蹈、广西八音、葫芦丝、硬笔书法、软笔书法等艺术培训班各2期，参培人数350余人次。举办2020年全区农村党员文化富民专题培训班一期；辅导业余文艺团队25个共1500余人次，免费提供舞蹈培训场地和业务指导320余次。

【群众文化辅导】 2020年，区文体旅局舞蹈排练厅每周7天全开放，全年为广大文艺爱好者免费提供排练场地320余次，满足7000余人次的使用，同时提供艺术指导。

【非物质文化遗产保护与传承】 2020年，玉州区建成“广西八音”大北小学传承示范基地、自治区级项目“玉林寒山祈福习俗”寒山村传承示范基地；建成市级“玉林茶泡”李世俊茶泡制作坊传承示范基地；“玉林剪纸”等11个项目被公布为玉州区第三批非物质文化遗产代表性项目名录；李旺兰等11人被认定为玉州区第一批区（县）级非物质文化遗产代表性传承人；“玉林牛巴制作技艺”被广西壮族自治区人民政府列入第八批自治区级非物质文化遗产代表性项目名录。组织“广西八音”“玉林茶泡”“剪纸”“玉林羽毛画”参加玉州区乡村振兴系列非遗文化展示活动；组织“玉林牛巴”参加在南宁举办的2020年广西“非遗购物节”启动仪式及系列活动；利用微信公众号，在自然文化遗产日组织“剪纸”线上展示活动；对寒山村、茂岑村等地的非物质文化遗产传承示范基地进行安全检查，完成市文物非遗检查工作；对玉州区各文物点开展文物消防安全检查；为茂岑村、高山村、中共县委旧址等文物配送消防器械。

【文物保护】 2020年，区文体旅局按照国家文物局“全国重点文物保护单位记录档案相关标准”的要求，对辖区内171处不可移动文物和3个可移动革命文物完成建档工作，录入国家文物保护单位基础信息系统。并为23处市县级以上文物保护单位建立保护标志。根据历史文件，对各级文物保护单位重新划定文物保护范围和建设控制地带。

【文艺作品获奖】 2020年，玉州区创作音乐节目《香溪香》《迈进小康》参加“决胜小康 奋斗有我”第八届全区基层 群众文艺会演玉林市展演获一等奖，舞蹈《梅·砺香》获三等奖。声乐《迈进小康》参加自治区文化厅在桂林举办的“决胜小康 奋斗有我第八届全区基层群众文艺会演”获三等奖。

（区文体旅局）

档案管理

【档案管理工作机构概况】 2020年，玉州区档案局、馆分设。区档案局的行政职能划归区委办，在区委办挂牌；区档案馆由区政府直属事业单位调整为区委直属事业单位，由区委办代管，为正科级，列为公益一类，有事业编制5名。

2020年，玉州区档案局（馆）学习中共十九大和十九届二中、三中、四中、五中全会精神，落实上级档案部门会议精神，围绕全区中心工作、服务大局，履行为党管档、为国守史、为民服务的职责为全区的疫情防控、经济发展，发挥档案工作的职能。10月，玉州区精准扶贫档案管理工作获自治区经验交流推广；11月，广西电视台新闻频道《八桂新风采》摄制播放《脱贫攻坚兰台人 不忘初心显芳华——玉州区全力提升精准扶贫档案管理工作纪实》。

【档案接收管理】 2020年，玉州区档案局（馆）全年接收到期档案195卷又4698件，收集整理进馆资料50册；接待查阅、咨询档案资料的群众1260人次，查阅档案资料2560余卷册；为编史修志提供17卷又95件档案资料，协助党史年鉴、广西民族大学等单位编写史料；帮助指导25个单位开展立卷归档工作；完成上级业务部门下达的档案事业统计年报工作；开展“国际档案日”一系列宣传和《中华人民共和国档案法》宣传工作各1次；对辖区内的档案（信息）管理人员开展业务培训班6期；做好全年档案库房温湿度及安全、驱虫消毒、清洁管理和记录；履行精准扶贫专责小组的职责，得到区领导和上级业务部的肯定。完成档案馆新馆五层土建工程，正在实施内外装修工程；完成纸质档案数字化扫描2.58万件共24万页。

【新冠肺炎疫情防控常态化】 2020年，玉州区档案局（馆）成立疫情防控领导小组，组建疫情防控党员先锋队，在职党员签订疫情防控《承诺书》。1月23日，查找

2003年全区性的“非典”防控材料4份交区委办，为全区制定疫情指导性文件提供参考。制定《玉州区档案馆防控新冠肺炎工作方案》，组织人员使用含氯消毒剂对馆内的办公场地进行杀毒，并做好日常消毒保洁，确保办公场所的安全。落实疫情报告制度，加强返岗人员健康检测工作，每天做好人员体温检测，填写健康检测统计表，按照要求上报。严格执行戴口罩上班，勤洗手，做好个人防护的日常管理。通过微信发工作群等形式转发官方疫情通报，张贴宣传画报，及时普及疫情防控知识。配合玉州区疫情防控指挥领导小组安排，落实一名副馆长担任玉州区疫情防控档案组组长，指导部署疫情防控文件资料归档工作。

2020年12月4日“国家宪法日”，玉州区档案局（馆）开展《中华人民共和国档案法》系列宣传活动　［玉州区档案局（馆）　提供］

【档案法规宣传】 2020年“6·9”国际档案日宣传活动期间，玉州区档案局（馆）开展系列宣传活动。举办玉州区2020年纪念“6·9”国际档案日宣传活动暨机关档案管理工作业务培训班。制作以“档案见证小康路，聚焦扶贫决胜期”为主题的宣传板报，通过图片和文字全方位展示玉州区脱贫攻坚成效，参展人数500余人。组织主题征文活动，发动辖区内各单位踊跃投稿。征订和印发宣传资料、宣传品等，发放资料及宣传品、环保袋500余份。利用“12·4”国家宪法日活动，到青年广场开展《中华人民共和国档案法》宣传，设置板报和档案业务咨询点，参展人数约400人，发放新修订的《中华人民共和国档案法》和宪法宣传资料600余份。

【档案数字化】 2020年9月，玉州区档案局（馆）开始进行数字化采购备案工作，择优选择深圳创达飞信息科技有限公司作为外包公司，签订外包加工合同，开展档案数字化全页扫描工作。同时注重数字化处理场地的视频监控布置，严把保密制度，专题召开外包人员的安全保密会议，制定完善数字化处理工作规章制度和工作流程，签订保密协议，并安排专人进行现场抽验和日常督促指导。全年投入13万元完成馆藏档案2.58万件，约24万页的档案数字化扫描任务。

【机关档案管理规范化】 2020年，玉州区档案局（馆）举办玉州区机关单位分管档案的人员的业务培训班，学习《机关档案管理规定》和解读自治区档案局《广西壮族自治区机关企事业档案工作年度检查办法》。由玉州区档案局（馆）主要领导带队，派出业务骨干对辖区内的机关单位开展业务指导，分别到政协、农业局、发改局、扶贫办、金融办、粮食局、教育局、地名办等15个机关的档案管理工作进行现场业务指导，把档案业务工作的方法传授给档案

2020年6月9日，玉州区举办2020年纪念“6·9”国际档案日宣传活动暨机关档案管理工作业务培训班　［玉州区档案局（馆）　提供］

人员，按照档案管理规范化的要求，对机关部门档案的收集、分类整理、归档进行讲解。全年共接收区粮食局档案195卷又4698件，征集照片档案74张，收集装订《广西日报》《玉林日报》《中国档案报》等作为馆藏资料。

【档案查阅服务】 2020年春节假期结束后到全面复工复产阶段，玉州区档案局（馆）暂停现场查档服务，改为电话咨询查档，减少外来人员到馆，查阅利用不落下。在暂停现场查档服务期间，为12人次的群众提供15份的档案利用证明材料。玉州区定为疫情低风险地区后，按照疫情防控要求，提供扫码进出馆查阅档案服务、预约查档服务、电话异地咨询服务等多项便民服务。全年为机关、企事业单位开展编史修志、学术研究、单位成立、土地确权、宣传教育；为个人办理养老提供个人入伍、调动、任命等档案证明材料；为社会多个领域提供历史资料。全年共接待查档人员1260余人次，查阅档案资料2560余卷（册）。

【档案安全保管】 2020年，玉州区档案局（馆）档案安全责任明确到人，每天开展档案库房安全例行检查，分管领导定期开展档案安全专项检查；每天两次查看库房温湿度，调节好库房温湿度，并对库房温湿度做好调控和登记工作；保持馆内整洁，档案排列有序；经常检查库房的照明、空调等水电设备设施；严格执行档案查阅利用制度，做好档案查阅登记、录像监控、档案出入库清点登记；规范库房管理，实行档案数字化扫描异地备份，确保电子档案安全，档案存放严格执行安全规定，设置专门的档案数字化工作室；执行安全保密制度，严格档案开放利用审核，加强档案数字化外包管理。

【新馆主体工程顺利封顶】 2020年，玉州区档案局（馆）全年支付一期、二期建筑工程进度款共304万元。工程已建成大楼五层主体封顶，内外部装修已接近收尾工作，电梯安装的前期准备、水电安装稳步推进。

【扶贫档案管理】 2020年，玉州区档案局（馆）在人、财、物方面全力配合精准扶贫档案专责小组的工作开展，并把退休的档案业务骨干返聘为档案信息员，确保专责小组档案信息工作正常运转。档案专责小组定期召开例会，了解掌握档案工作问题动态，促进扶贫档案规范化管理。档案馆人员作为业务骨干到镇（街道）、13个贫困村和其他的非贫困村对精准扶贫档案进行指导，按照精准扶贫档案归档清单和保管期限的要求，进行收集排序，编写0.5万字的内部资料供培训使用。密切关注落后镇街、村归档进度，对在整理过程中存在问题进行实时答疑。在2020年扶贫成效“四合一”考核迎检工作中，玉州区档案局（馆）的人员统筹兼顾两不误，专责小组率领台账指导组，11月10—19日，用10天时间指导迎检台账，对全区8个镇（街道）和所辖的86个村（社区）进行迎检台账指导检查。组成玉州区档案馆核查小组，对玉州区档案馆人员所帮扶的6户贫困户进行数据核查、台账整理，保障考核中不出差错。

玉州区每年举办一次全区性扶贫档案业务培训班，组织区直部门、镇（街道）档案分管领导、业务人员，第一书记、驻村工作队员和区、镇（街道）、村（社区）三级信息员进行集中培训。创建仁东镇、名山街道和南江街道共3个镇级扶贫档案示范点，以及仁东镇石地村、名山街道腾扬村、城北街道西岸村、南江街道广恩村共4个村级扶贫档案示范点，以镇、村示范点为培训基地，每半年组织示范点现场参观培训。每年举办一期现场交流培训，邀请扶贫档案工作做得好的一个镇（街道）、村（社区）进行现场交流，培训镇（街道）分管领导和三级信息员。全年共举办2次区级扶贫档案业务培训班，1次全区扶贫档案管理工作现场交流培训，受训350多人次。

加强对数字化工作的现场指导，确保扶贫档案数字化按质按量推进，不定期派出技术骨干到数字化加工现场进行技术指导、蹲点，抽查数字扫描质量。已完成2015—2019年区、镇（街道）、村三级扶贫档案数字化加工117.34万页，其中：完成文书类扶贫档案数字化8.72万件85.48万页，完成“一户一档”档案数字化3501卷3.9万件31.86万页。

通过书面沟通汇报、电话沟通汇报、赴邕沟通汇报以及邀请上级部门授课、邀请上级部门现场调研指导等沟通形式，纵向与上级部门沟通对接，争取上级的认可和支持。邀请自治区扶贫综合协调小组两位驻组干部到玉州区调研指导区、镇、村三级扶贫档案工作。此外，还加强横向联系，多次以各种形式与各县（市、区）档案部门研讨交流精准扶贫档案归档工作。

10月，自治区扶贫开发领导小组举办全区2020年精准扶贫档案收官工作业务培训班，玉州区脱贫攻坚档案管理经验在大会

玉州区2020年脱贫攻坚档案工作现场推进会南江街道参观点

［玉州区档案局（馆） 提供］

上做经验交流发言；11月下旬，广西电视台新闻频道《八桂新风采》摄制播放《玉州区全力提升精准扶贫档案管理工作纪实》，全方位展示全区脱贫攻坚档案工作的亮点。同时，对开展精准扶贫档案业务指导工作及时总结，撰写信息稿件，获得中国档案官网、中国档案资讯网、广西档案信息网、搜狐网、玉州城事的报道和转载，数量达21篇（次）。

［玉州区档案局（馆）］

地方志编纂

【地方志工作概况】 2020年，玉林市玉州区地方志编纂委员会办公室（简称区方志办）围绕志鉴编纂“两全目标”要求，全面推进地方志事业发展。完成2020年度《玉州年鉴》的编纂工作和当年出版目标。此外，按时完成上级部门要求提供的《广西年鉴（2020）》和《玉林年鉴（2020）》的供稿任务、年报资料上报工作。

【《玉州年鉴（2020）》】 2020年，区方志办完成《玉州年鉴（2020）》的资料征集、编写和出版工作，该书共设27个篇目，全面系统地载录2019年玉州区经济和社会发展的基本情况，字数约866千字，2020年11月由广西人民出版社出版发行。

【《玉林市玉州区志（1991—2005年）》出版】 2020年6月，《玉林市玉州区志（1991—2005年）》由广西人民出版社出版，全书203万字，设21编、88章、406节，图片251幅，图文并茂，系统记述1990—2005年间玉州区境域自然、经济、政治、文化、社会等方面建设的历史进程和重大成就，反映玉州区在世纪之交深化改革开放、推动经济社会全面发展的艰辛奋斗和丰硕成果，是社会各界认识玉州、了解玉州的重要文献资料，对推进玉州区经济、社会发展具有重要的意义。

（区方志办）

玉州区文学艺术界联合会

【文学艺术联合工作机构概况】 玉州区文学艺术界联合会（简称区文联）为党政群机关，正科级单位，核定编制2人，实有人数2人，领导1人，办公地址在玉林城区大北路307号。

【协会组织建设】 2020年3月，玉州区摄影家协会进行换届选举，新一届协会主席由卢河当选；6月，组建玉州区太极艺术家协会，充实民间协会班子；7月，组建玉州区写生画院。

【文艺活动】 2020年元旦，大塘苏烟村举办“不忘初心，执梦远航”为主题的2020迎新年文艺晚会；玉州区2020年庆元旦书画展在玉州区文化馆展出；由《玉林日报》、玉林市作家协会和玉州区作家协会等联合举办的首届郁达夫小说奖得主——朱山坡读者见面会在玉林市图书大厦举行。1月7日，区文联、玉州区书法家协会将170多副春联送到石地村贫困户的手中；1月11日，区文联、玉州区书法家协会、玉城街道东明社区在百花汇广场开展“迎新春送春联”活动；1月14日，区文联、玉州区诗词协会、玉城街道西就社区在西就社区内开展“迎新春送春联”活动；1月15日，区文联、玉州区书法家协会到建材市场开展义写春联活动；1月16日，区文联、玉州区诗词协会到乡下开展迎春采风活动；1月18日，区文联、玉州区书法家协会到中鼎悦湖湾开展义写春联活动。玉州区电影电视家协会在疫情防控期间深入定点医院、学校、农贸市场等区域拍摄抗疫宣传视频101个，联合各协会艺术家以及爱新救援玉林支队录制《都是为了爱——爱新救援玉林支队抗疫记》，视频在网上点击率近万。此外，玉州区电影电视家协会还协助区教育局拍摄《开学第一课》。7月9日，玉州区山歌协会在江滨公园举行庆“七一”山歌表演活动。庆“七一”陈一鸣油画写生作品展在玉州区文化馆展出。9月26日，区文联、玉州区摄影家协会组织20多个摄影师到玉州仁东镇石地村绿一蔬菜基地，沼心村灵芝、蘑菇等食用菌基地，玉州区鹏垌村开展“脱贫攻坚最美印记”摄影采风活动。

【文艺志愿服务活动】 2020年5月，区文联组织艺术家们到人民中去开展文学艺术创作演出活动，玉州区开展各类文艺志愿服务活动近20场次，直接参与的文艺志愿者近200人，受益群众上万人。组织玉州区文学艺术家进校园、社区、乡村活动。玉州区书法家协会在大新小学、玉林市三中开展“创建兰亭学校”的活动。玉州区民间艺术家协会开展利用网络视频讲述玉州民间故事的活动，玉州区电影电视协会副主席李志刚到玉林酒家拍摄大姨婆纪录片，玉州区作协走进玉州区实验初中、旺瑶小学，玉州区写生画院走进新民小学、南观社区等，玉州区摄影家协会走进名山初中，玉州区书法协会走进旺瑶小学，玉州区写生画院10次下乡开展采风活动。

【文艺创作】 2020年，由区文联主管、区诗词学会出版的《鬱州诗词》2020年第一期（总第77期）正式出版，以古体诗和对联等形式讴歌新时代抗疫英雄，赞美新时代文艺志愿服务者的大爱精神。《玉州》文艺刊物因2019年下半年经费回收而停印，2020年在经费压缩的情况下补印两期。3月，在2019年玉林市“我和我的祖国——《玉林市国防教育读本》读后感”征文比赛中，区文联获优秀组织奖，区文联干部李素坤撰写的《迟来的敬仰》一文获优秀奖。7月，在“决胜小康，奋斗有我”第八届全区基层群众文艺会演玉林市展演活动中，玉州区山歌协会的参演作品《牛郎织女终圆梦》获戏剧类优秀奖，李然厚创作的诗歌（10首）在全国中文核心期刊，副省级刊物《芒种》发表；《三株稻禾》在全国中文核心期刊，省级刊物《扬子江诗刊》发表。熊桢文学作品《石窝之兴》获2020年双拥征文一等奖、《平凡的感动》获“同心战役最美巾帼奋斗者”玉林市女性文学作品比赛一等奖。

2020年9月23日，玉州区文联、玉州区作家协会到玉州区第一实验初中举办“作家进校园”活动
（区文联　提供）

【参赛获奖作品】 2020年，玉州区摄影家协会主席卢河的摄影作品《追波逐浪》入展由大众摄影主办的向海金融城杯“丝路明珠 魅力北海”全国摄影大展；《争选》入选第20届平遥国际摄影大展——新时代摄影百名摄影师联展；《晚霞中的岑兴高速玉林服务区》《美丽的玉铁高速》《防城港西湾大桥》《磨盘山大桥》在“交通设计改变你我”全国摄影获优秀奖。玉州区山歌协会李寿华创作的《普法山歌唱一排》荣获广西普法大赛二等奖；杨义益创作的《农民工的福音》获广西普法大赛鼓励奖。

【“脱贫攻坚最美印记”采风活动】 2020年9月26日，区文联、区摄影家协会组织20多个摄影师到玉州区仁东镇石地村绿一蔬菜基地，沼心村灵芝、蘑菇等食用菌基地，玉州区鹏垌村开展“脱贫攻坚最美印记”摄影采风活动。

【作家进校园活动】 2020年9月23日，玉州区的知名作家李然厚、潘静新、罗隆翔走进玉州区第一实验初级中学，区文联李然厚主席演讲《让诗意在青春的天空自由飞翔》，分享他2015年重拾诗笔的创作经验。玉州区作协主席潘静新就如何写出你的家国情怀做讲述，著名科幻作家罗隆祥分享他创作科幻小说的历程。

（区文联）

体　育

【群众体育】 2020年2月，区文体旅局开展玉州区新春象棋比赛，共有200多人参加；8月8日，与市体育局联合举行广西第十二届体育节暨全民健身活动启动仪式、青少年篮球比赛及玉州区老年人太极拳表演活动；8—11月，举行广西第十二届体育节暨全民健身日玉州区系列活动；玉州区象棋协会代表玉州区到柳州市参加自治区体育局举办的2020年“爱尔杯”象棋比赛获男子青年组第一名。同时，还指导老年体协开展气排球赛、乒乓球赛、麻将赛的交流活动和健身操及太极拳剑展示活动，指导举办各项文艺展演和各项目的骨干培训等。

【体育训练】 2020年，区文体旅局办理三级社会体育指导员共有20余人。到体育工作突出的学校、传统校训练点调查训练情况；配合市体校教练到全区各中小学校进行体育选材，到40余所学校，初步挑选100多名较好的体育苗子进行暑假训练；7—8月，举办青少年暑假篮球、足球、乒乓球、气排球、游泳培训班，全区有1000余名体育爱好者参加培训。

【体育设施建设】 2020年，区文体旅局为南江街道广恩村白泥湾屯篮球场争取上级专项资金5万元，该项目是市体育局考核全区的全民健身工程项目，规模符合建设标准，已建设完成投入使用，完成2020年自治区承担绩效考评指标任务。协调玉州区小型全民健身活动中心（雪炭工程）项目建设的相关工作，尽快解决工程质量问题，确保早日建成投入使用。完成2020年全民健身现状调查工作。做好体育产业专项调查、体育统计平台和社会体育指导培训等重点业务工作，按时上报各项数据和信息。

2020年12月，玉州区新时代文明实践中心中老年人气排球交流赛

（区总工会　提供）

【体育市场监管和指导】 2020年，区文体旅局组织玉州辖区内游泳池（场、馆）人员10多人参加玉林市体育局举办的游泳救生员培训班1期。加强高危险性体育项目经营管理，依照《中华人民共和国体育法》、《全民健身条例》、国家体育总局《经营高危险性体育项目许可管理办法》，对10多家游泳池（场、馆）的现场设施情况进行检查，对没有取得高危险性体育项目许可证的，责令停止开放经营活动。

（区文体旅局）

卫生健康

卫生健康综述

【卫生健康工作机构概况】 2020年，玉州区卫生健康局（简称区卫生健康局）内设政秘股、规划发展与信息化股（体制改革股）、法制监督与职业健康股（行政审批办公室）、疾病预防控制股（区爱国卫生运动委员会办公室）、基层卫生股、医政医管股（卫生应急办公室）、中医药管理股、财务股、妇幼健康股、人口家庭发展与老龄健康股10个股室，核定机关行政编制7名，机关后勤服务人员2名（现在编人员2人，按只减不增的原则，逐年核减）。设局长1名，副局长3名。办公地点设在玉州区大北路307号。

2020年，玉州区有各级卫生机构578个。其中，综合医院1个，妇幼保健院1个，专科医院1个，乡镇卫生院3个，社区卫生服务中心5个，村卫生室56个，村卫生所199个，个体诊所297个，个体门诊部15个。

医药卫生体制改革

【医药卫生体制改革】 2020年，区卫生健康局医改工作围绕新冠肺炎疫情防控、现代医院管理制度建设、医疗联合体建设和分级诊疗、社区卫生服务综合改革等要求，推进实施医药卫生体制改革的各项任务，加强优质高效的医疗卫生服务体系建设。

2020 年，区卫生健康局巩固破除以药补医成果，继续实行药品零差率销售。落实医疗、医保、医药“三医联动”。落实政府对公立医院投入责任，完善财政补偿机制，严格实施药品购销“两票制”，严格药品零差率补助资金收支管理，加强成本核算与控制，全面实施药品零差率销售。

2020 年，区卫生健康局深化分级诊疗制度，优化整合医疗资源。开展家庭医生签约服务，强化政府推进签约服务工作的主体责任，全面提升服务能力和服务质量。2020 年，玉州区成立家庭医生签约服务团队 113 个，共 291 人，以家庭户为单位，签约服务家庭 57935 户，签约服务人口 362751 人，签约率 56.5%，重点人群签约率为 82.79%，贫困户 100% 签约。开展村卫生室标准化建设，全区 57 个村卫生室基本实现村卫生室硬件设施的标准化及运行信息化、配齐人员，满足群众医疗卫生需求。配齐药品，确保群众有药物治病。全面提升县级公立医院综合能力，加强县级公立医院临床专科建设，提高县域内就诊率，逐步实现“基层首诊，双向转诊、急慢分治，上下联动”的分级诊疗制度。

2020 年，区卫生健康局完善现代医院管理制度，提升医疗服务质量。政府明确对公立医院的举办职能，探索公立医院管办分开的多种有效实现形式，成立由区政府主要领导牵头的公立医院管理委员会，统筹履行政府办医职责。落实医院经营管理自主权和用人自主权。政府加强对医院的监管职能，重点加强对各级各类医院医疗质量安全、医疗费用以及大处方、欺诈骗保、药品回扣等行为的监管，建立“黑名单”制度，形成全行业、多元化的长效监管机制。

2020 年，区卫生健康局改革综合监管机制，提高监管能力和水平。健全综合监管体系，明确监管职责。成立医疗卫生行业综合监管领导小组，高位推进。落实综合监管任务，实施全过程监管。创新综合监管机制，提升监管水平，推进“双随机、一公开”抽查机制，完善抽查清单，健全检查人员名录库，规范行政执法行为和执法程序，严格执行重大执法决定法制审核和重大案件备案制度，实行卫生健康监督执法全过程记录。

2020 年，区卫生健康局完善医保医药体系建设，提高医保医药保障能力。加快推进医保支付方式改革。统筹推进 DRG 付费改革，继续推进临床路径管理，将临床路径管理与医保支付制度改革、分级诊疗等有机衔接。探索紧密型医联体落实“总额支付、结余留用、合理超支分担”机制，落实国家医保药品支付标准相关政策。

【医疗卫生信息化建设】 2020 年，区卫生健康局加快推进全民健康信息化建设，建立全区“互联网 + 医疗健康”的智慧医院服务体系，依托医疗机构发展互联网医院，改善医疗服务质量，提升医疗服务水平。三级以上医院利用互联网、移动通信工具实现在线诊疗服务，搭建微信移动智慧医院平台建设，方便患者就诊。推动“互联网 +”医疗服务流程优化再造，提升医疗机构基础设施保障能力，实现区域信息化应用建设。推进医联体信息平台建设，促进医疗健康信息互联互通和数据共享。推广群众就医“一卡通”。推动居民电子健康档案在线查询和规范使用，推进“互联网 +”医疗保障结算服务。加强网络信息安全监管，保障信息数据安全。完成国家卫生信息统计直报平台及广西卫生计生综合管理平台数据信息填报工作。根据疫情防控的需要，推出疫情专项在线医疗服务，为群众提供主动落实新型冠状病毒在线免费咨询、在线预约核酸检测、体检预约、智慧食堂等便捷渠道。

医政管理

【医疗机构管理】 2020 年，区卫生健康局坚持开展“医院管理年”“平安医院”创建工作，开展“医疗质量万里行活动”，在各医疗机构开展自检自查的基础上，组织人员对部分医疗机构进行抽查，加强医疗安全管理。

【医疗质量管理】 2020 年，区卫生健康局院长为医疗质量管理第一责任人，制订医疗质量与医疗安全管理和持续改进方案，定期专题研究医疗质量和医疗安全工作。建立科主任为第一责任人的科室质量与安全管理小组，以定期检查、突击检查等方式，以核心制度落实为主要着力点进行质量控制。针对检查中的存在的问题进行重点检查、反复检查，贯彻落实各项核心制度，促使各基层医疗单位能尽快地趋于规范化，多次组织开展质量检查、质量检测、技术指导、业务培训、医疗信息分析、行为监督等各项工作。研究解决医院不合理检查、不合理收费的问题。贯彻《医院感染管理办法》《消毒技术规范》等，督查医疗机构全面实施诊疗、护理、控感管理、临床用药管理，强化医疗机构质量管理工作，落实医疗护理工作各项规章制度，使临床诊断、检查、治疗、操作技术、控感技术、临床用药纳入标准化、规范化、科学化管理。加强对医院消毒中心、手术室、重症监护室、血液透析、新生儿室等医院感染重点部门和重点环节管理。提高玉州区医疗质量管理水平，规范医疗行为，保证医疗安全。

【基本药物和麻醉药品、精神药品的管理】 2020年，区卫生健康局要求各医疗机构每月进行一次药物质量检查，有记录。二级以上医疗机构开展毒麻精药品、辅助用药、生物制品、糖皮质类激素、门急诊静脉输液等药品的专项点评，特殊抗菌药物的会诊率要求达100%，送检率达80%以上。

【规范医疗秩序】 2020年，区卫生健康局落实一年两度执业医师、执业护理、卫生技术职称、中医专长、医师定期考核等考试事宜；顺利筹建玉州区紧急医疗救援队，其中两支医学紧急救援队，一支突发疾病事件处置队，共52人。医疗设备、办公用品、衣物等均到位；参与新冠疫情防控相关方案的制定、对重点部门定期督查、开展新型病毒感染的肺炎全院培训等工作。

【中医工作】 2020年，区卫生健康局持续提升中医药在预防保健和诊疗作用，进一步做好区中医馆的建设工作；按照上级卫生行政部门的要求，指导镇卫生院（街道社区卫生服务中心）和村卫生所（室）运用中医药适宜技术，如：针灸、推拿、拔罐、艾灸等，为广大农村居民提供简便的中医药服务。

【抗疫特别国债】 2020年，玉州区医疗卫生机构重大疫情防控救治抗疫特别国债总金额为4136万元，其中玉林市第二人民医院重症医学科、发热门诊和感染科等业务用房改造和设备购置、核酸检测实验室建设项目、应急卫生队伍设备购置共1106万元；玉州区妇幼保健院发热门诊、核酸检测、业务用房及设备购置500万元；卫生计生监督所执法车购置30万元；区疾病预防控制中心核酸检测实验室建设项目300万元；应急指挥中心项目200万元；玉州区5个社区卫生服务中心及3个乡镇卫生院发热门诊、哨点诊室建设、设备购置污拉电等项目共2000万元，此工作已圆满完成。

疾病预防控制与新冠肺炎疫情防控

【免疫规划工作】 2020年，玉州区有专职免疫规划工作人员100人，村级免疫规划工作人员267人，人员配备均达自治区要求。开展全区免疫规划知识培训1次，各卫生院（社区卫生服务中心）扎实开展常规免疫工作，每年运转12次，每季度开展1次查漏补种工作，极大地提高各类疫苗接种率。年末，全区建卡建证率达到100%，五苗基础免疫全程接种率为98.94%，保持在较高水平。

【学校结核病防控】 2020年，区卫生健康局举办1期全区结核病防控工作培训班，督导检查各镇（街道）6次，医疗机构诊断并转基层医疗卫生机构管理肺结核患者184人，基层管理184人，管理率100%；同期辖区内已完成治疗的肺结核患者152人，按照要求规则服药的肺结核患者152人，规则服药率100%；肺结核患者病原学涂阳检测率38.2%。全区开展学校结核病防控工作督导1次，全覆盖15所初中寄宿学校。全区各初级中学均已建立一把手总负责、分管领导具体抓的学校结核病防控责任制，能够把学校结核病防控工作纳入学校年度工作计划，具体明确学校结核病疫情报告人，落实班主任负责学生因病缺勤登记和病因追踪工作。各学校负责结核病防控工作的相关人员均参加结核病防治内容的培训。各校能够开展健康教育活动，采取形式多样内容生动的健康教育宣传，各学校均开展1课时以上的结核病防治健康教育课程，并设置健康教育宣传专栏及发放宣传资料，控制结核病的发生和传播。

【教室环境卫生】 2020年，区卫生健康局制定《2020年玉州区学生常见病及健康影响因素监测与干预工作活动方案》，全年随机抽取10所学校共2811名学生开展常见病和健康影响因素监测，2020年的教室环境卫生状况监测数据合格率较2019年有所提高。

【艾滋病防治】 2020年，玉州区基本形成“进农村、进学校、进机关、进小区、进车站、进公厕、进娱乐场所、进城乡接合部、进工地、进市场”的“十进”防艾宣传格局，玉州区以行政村为单位，在每个行政村设置防艾宣传专栏及宣传广告牌以及永久性的墙体标语，在农村营造防艾宣传氛围。每个行政村聘请1名以上的农村防艾宣传员（全区59个行政村共聘请147名防艾宣传员），全部培训上岗，明确工作责任和目标任务，开展防艾知识进农户，实现入户宣传率100%。同时，在玉州区内开通74个防艾宣传免费WiFi，供大众免费使用，实现全区防艾宣传免费WiFi全覆盖。全区59个行政村共215个卫生室100%放置免费宣传材料和设置免费发放安全套点；开展防艾宣传资料进村入户工作，向农村居民户发放防艾知识宣传小册子；在农村人口密集、流动性大的村口、学校、卫生室等地方设置防艾知识宣传栏开展宣传。各类人群艾滋病防治知晓率不断提高，校内青少年艾滋病防治知识知晓率达到90%以上，校外青少年、城市居民、农村居民艾滋病防治知识知晓率达到90%以上。

2020年，玉州区完善艾滋病、性病、丙肝综合监测和实验室网络，开展艾滋病自愿咨询检测及哨点监测工作，检测相关的各项工作指标顺利完成。全区孕产妇艾滋病病毒抗体检测率和孕期检测率均达100%；艾滋病感染产妇所生儿童6月龄内HIV感染早期诊断率达到100%；感染艾滋病的孕产妇抗病毒药物应用的比例达到100%；感染HIV阳性孕产妇分娩所生婴儿抗病毒药用药率是100%；艾滋病感染产妇所生儿童6月龄内早期诊断率100%；所随访的HIV感染孕产妇所娩的儿童经检测均为阴性，接受综合干预服务后的孕产妇艾滋病母婴传播率为0。建立项目物质管理制度，并做好免费药品及试剂出入库登记，定期盘点，杜绝药品过期现象。落实国家"四免一关怀"政策，对辖区感染者及其家庭应救助的均开展救助关怀、支持和服务。

2020年，玉州区开展艾滋病社会救助工作，将生活困难的艾滋病病人及艾滋病病毒感染者家庭纳入救助范围，以医疗救助、城乡低保救助为主要手段，落实生活补助和医疗救助政策。玉州区本级财政艾滋病防治经费64.25万元，中央财政补助140万元（艾滋病防治项目专项经费）、玉林市财政安排14万元（随访管理），合计资金218.25万元。同年，全区累计报告艾滋病病毒感染者和病人1419例，现存活的艾滋病病毒感染者和病人887例（占62.5%），累计报告死亡532例（占37.5%）。全区1—12月新报告艾滋病119例，较2019年1—12月报告病例（99例）多20例，同比增长20.2%。全年需随访检测782人，已检测717人，检测率为91.69%（目标任务90%）；需筛查结核病769人，已筛查742人，筛查率为96.49%（目标任务90%）；需治疗793人，已治疗673人，覆盖率为84.87%（目标任务90%）。农村居民艾滋病防治知识知晓率为90%，青年学生艾滋病防治知识知晓率为90%，均达到总体目标要求。

【麻风病和性病防治】2020年，区卫生健康局举办1期麻风病和性病的防治工作培训班，培训相关工作人员159人，全区开展麻风病和性病的防控工作督导2次。对麻风病老病号及家属进行走访和体检，督促老病号按照要求服药。市二医院性病门诊正常开展。

【传染病报告管理】2020年，玉州区辖区医疗机构网络报告率100%；全年报告13127张，及时报告卡片13093张，未及时报告卡片34张，及时报告率为99.74%；全年审核卡片12988张，及时审核卡片12986张，未及时审核卡片2张，及时审核率为99.98%；全年无重卡，传染病报告卡有效证号填写完整率为99.96%，综合率为99.92%。全年玉州区共报告突发公共卫生事件共4起，发病23例，无死亡。

【健康教育宣传、监测】2020年，区卫生健康局利用宣传专栏、LED显示屏、微信公众号等针对不同人群加强疾病防控知识宣传，在2020年全国预防接种宣传日、结核病防控宣传日、世界艾滋病宣传日、世界麻风病宣传日、全民健康生活方式日等宣传活动期间，组织开展形式多样的宣传活动。各医疗卫生单位通过各种形式开展健康教育，为城乡居民提供卫生保健信息和健康教育咨询服务，设置健康教育宣传栏并定期更新内容，开展健康知识讲座等健康教育活动，全年累计发放健康教育资料10.87万份，播放健康教育音像3218次，更新宣传栏86版次，举办健康教育咨询活动53次，健康教育知识讲座123次。将城北街道、名山街道和仁厚镇3个镇（街道）作为市级健康素养促进项目监测点进行监测。

【疟疾监测工作】2020年，区卫生健康局按照国家疟疾防控计划和玉林市疟疾防控计划要求召开会议对疟疾防控工作进行部署，落实各单位疟疾监测任务。辖内各医疗卫生单位均按疟疾防控工作要求开展监测工作，全年对未外出的本地居民发热病人血检665人次，血检率0.09%，对流动人口疟疾血检监测390人，1例疟疾阳性病人发生，监测任务达100%。

【诺如病毒、水痘疫情防控】 2020年，区卫生健康局成立玉州区诺如病毒感染性腹泻疫情应急处置工作领导小组，组织开展业务培训1期，部署各项防控工作，加强疫情监测，加强宣传教育，玉州区诺如病毒、水痘疫情在区卫生健康部门和区教育部门的团结协作下在短时间内得到有效控制。

【家庭医生签约情况】 2020年，玉州区9个镇（街道）卫生院（社区卫生服务中心）均开展家庭医生签约服务，以家庭户为单位，签约服务家庭5.79万户，签约服务人口36.28万人，签约率56.5%，其中老年人、慢性病患者、孕产妇、0～6岁儿童、在册严重精神障碍患者、建档立卡贫困户等重点人群人数为19.49万人，签约16.13万人，重点人群签约率为82.79%；贫困户4107户，外出9户，应签4098户，实签4098户，签约率达100%。

【乡村医生培训】 2020年，区卫生健康局组织6名镇（街道）卫生院（社区卫生服务中心）骨干及村医到玉林市第一人民医院、玉林市第三人民医院进行业务知识培训；选送2名村卫生室签约人员到广西医科大学玉林分校进行3年学习，毕业后充实到村医队伍。

【新型冠状病毒肺炎疫情防控】 2020年，区卫生健康局成立玉州区新型冠状病毒肺炎疫情防控与医疗救治组、专家组，制定出台《玉州区新型冠状病毒感染的肺炎可疑暴露者集中隔离医学观察方案》《新型冠状病毒感染的肺炎可疑暴露者和密切接触者隔离医学观察工作流程》等多份文件，指导规范开展工作。加强病例救治工作，发现疑似病例及时转诊到定点医疗机构诊治。会同玉州区公安部门共同组建成立300余人的新冠肺炎疫情流调专家队伍，以及联合流调队伍，联合流调工作队可根据任务需要细分多个流调小组，对新冠肺炎阳性病例密切接触者开展流行病学调查工作，对密切接触者及排查出来的密接者、境外偷渡人员及时通知市二医院转运至集中隔离点进行集中医学隔离观察并开展健康监测工作。对密切接触者的住处、工作地点联系第三方消毒公司开展消毒工作。组建玉州区卫健系统新冠肺炎疫情样品采样队伍329人，配合玉林市新冠肺炎疫情防控指挥部统一调度流调联合工作队进行驰援，组织辖区内各镇（街道）排查出来的密切接触者、密接的密接、境外入玉州区人员、国内中高风险地区入玉州区人员，各派出所收押人员，各医疗单位医务人员、住院病人、陪护人员，福利院工作人员，春运一线人员等应检尽检人员开展核酸检测工作。扩大核酸检测范围，尽快、尽早发现新冠肺炎患者，防止疫情进一步扩散。联合区市场监督管理局每周组织开展一次针对经营、加工、存储冷冻冷藏食品的重点场所新型冠状病毒应急风险监测工作，防止新冠病毒通过境外冷链食品输入辖区。做好新型冠状病毒肺炎防治宣教工作，印发各种新型冠状病毒肺炎宣传手册、海报分发到各卫生院对社会群众进行宣传。全年共发现新型冠状病毒肺炎确诊病例6人，均治愈，无危重和死亡病例发生。

卫生监督与执法

【行政许可审批】 2020年，区卫生健康局根据《玉林市卫生计生委关于调整下放有关行政审批事项的通知》《玉林市调整市本级与玉州区、福绵区卫生健康行政审批权限和监管范围有关事项工作方案》的有关文件，全区卫生行政许可审批项目有：母婴保健技术服务机构执业许可5个，医疗机构设置审批（含港澳台，外商独资除外）39个；医疗机构执业登记（人体器官移植除外）39个；公共场所卫生许可证107个，医师执业注册395个；放射源诊疗技术和医用辐射机构许可8个；护士执业注册613个。

【公共卫生监督】 2020年，区卫生健康局多次配合区教育局、区市场监督管理局实地检查全区中小学校、幼儿园开展传染病与学生常见病防控工作。指导学校开学后的疫情防控工作，共检查76所学校，科学指导各校在疫情防控、教学环境和传染病防控等各方面规范开展工作，要求及时整改落实到位，全面消除安全隐患。公共卫生监督检查3家，下发整改通知书1份，立案调查1件，行政处罚1件，罚款1500元。

【医疗服务市场监督】 2020年，区卫生健康局监督检查各类医疗机构59家，医疗机构立案2件，行政处罚2家，合计罚款金额1.7万元，没收药品器械等1件，受理群众举报投诉10起，对药店内“坐堂医”、医疗美容服务市场、违法医疗广告等进行清理整顿。对11家公立医疗卫生机构、56家村卫生室进行疫情防控督导检查。

【职业健康卫生监督】 2020年，区卫生健康局开展相应的尘肺病防治攻坚行动的监督执法工作，摸查辖区内涉尘企业43家，建立涉尘企业基础数据库；加强监督执法力度，下达卫生监督意见书43份，对1家涉尘企业给予警告处罚；对玉州区辖区内列入尘肺病防治攻坚行动重点行业领域的1家水泥企业进行尘肺病防治攻坚行动专项执法，企业按要求进行职业病危害项目申报、劳动者职业卫生培训、职业病危害因素定期检测和劳动者职业健康检查，2020年企业主要负责人、职业健康管理人员参加玉林市卫生计生监督所举办的职业卫生培训班，基本上完成尘肺病防治攻坚行动重点行业的各项目标要求。按时每月、每季上报尘肺病防治攻坚行动专项执法工作调度和进展情况。

爱国卫生工作

【城乡环境卫生整治】 2020年，区卫生健康局科学开展除害防病工作，针对“四害”季节消长规律，组织开展科学有效的除害防病工作。4月，结合爱国卫生月，动员城区各单位、各镇（街道）开展环境卫生整治，统一全面开展春季城乡“除四害”消杀活动，清除卫生死角，扩大消杀面积，提高消杀质量，有效控制“四害”密度，改善城乡卫生面貌，保障人民群众身体健康。为迎接国家卫生城市创建工作，6月，玉州区召开创建国家卫生城市工作推进会，部署有关工作。玉州区爱卫办出台关于玉林城区除“四害”工作实施方案，费用按照“谁收益，谁负担”的原则解决落实。创卫工作开展以来，全区共制作宣传标语50条，清除背街小巷的垃圾共30吨。

【卫生宣传教育】 2020年，区卫生健康局加大爱国卫生宣传教育力度，利用宣传栏、社区广播、学校等宣传阵地优势，多渠道普及卫生常识和除害防病知识，引导广大干部群众自觉维护环境卫生，参与环境卫生治理，形成人人参与爱国卫生运动的良好局面。贯彻落实《国务院关于进一步加强新时期爱国卫生工作的意见》文件精神，结合5月的“世界无烟日”活动，全面开展公共场合控烟宣传，特别针对医疗机构开展控烟工作。本次活动制作宣传栏30个，开展免费义诊26次，悬挂宣传横幅25条，LED电子屏幕宣传18个。组织区卫生健康局申报自治区党政机关无烟单位。

妇幼卫生保健

【妇幼保健工作机构概况】 2020年，玉州区有妇幼保健机构10家，能开展妇产科的有10家，能开展助产机构3家，妇幼卫生人员210人，其中区级130人，乡级80人；中级以上职称56人，初级职称154人。

【母婴安全工作】 2020年，玉州区孕产妇、5岁以下儿童、婴儿死亡率分别为0、1.74‰、2.71‰，与上年同比明显下降，住院分娩率达100%，信息质量评价，均达优秀。妇幼健康服务项目工作稳步提升，绩效工作成绩优秀，各项目排名玉林市前列的加分。妇幼健康服务项目工作，如：婚检、产筛、听筛、地贫筛查与干预、“三病”检测率、叶酸与出生医学证明发放率、《母子手册》孕妇微信绑定率均达信息质量评价优秀等级，达到“降5率，升6率”要求。

【免费“两癌”筛查工作、国家免费孕前优生检查】 2020年，玉州区继续将各镇（街道）建档立卡贫困户家庭3000多名农村妇女纳入“乳腺癌、宫颈癌”检查项目全覆盖范围，提高贫困户家庭“两癌”早诊早治率，降低“两癌”死亡率。全年全区完成宫颈癌检查6800人，乳腺癌检查6800人，完成任务数的100%。国家免费孕前优生检查项目工作，全年目标人群2028多对夫妇参加检查，优生检查人群覆盖率为99.5%，优生知识知晓率为100%。

【追踪随访制度】 2020年，玉州区实行首诊负责与联动追踪随访制，医疗机构内对筛查发现的高危孕产妇首先落实人员进行追踪，对电话联系不到者，上报区卫生健康局及区妇幼保健院，区妇幼保健院联系辖区卫生院（社区卫生服务中心、站）并组织人员进行上门随访。上级反馈回来的高危孕产妇，区卫生健康局与区妇幼保健院组织人员与辖区妇幼保健工作人员、村医联动随访，服务工作到位。

【地中海贫血防治】 2020年，玉州区地中海贫血基因诊断补助率100%，产前诊断补助率达100%，重症地中海贫血胎儿治疗干预率达100%，婚检率99.92%，产前筛查率88.48%，新生儿疾病筛查率99.81%，新生儿听力筛查率99.75%。

【出生缺陷综合防治】2020年，区卫生健康局贯彻落实广西壮族自治区、玉林市出生缺陷综合防治方案工作要求，全面加强全区出生缺陷综合防治工作，在全区范围开展免费婚前医学检查、孕前优生健康检查、增补叶酸预防神经管缺陷、地中海贫血防控、产前筛查、产前诊断、新生儿疾病筛查等重大公共卫生项目，开展出生缺陷防治社会宣传和健康教育，将儿童先天性心脏病等出生缺陷治疗纳入大病保障，推进出生缺陷综合防治，神经管缺陷、重症地中海贫血等出生缺陷的发生率明显下降。2018—2020年，玉州区围产期出生缺陷发生率均在109/万之间，较其他县（区）高。但相比2017年前出生缺陷防控工作取得较好的成效。但从整体来看，出生缺陷防治服务能力与群众日益增长的优生需求仍有较大差距。

【重大公共卫生服务项目和妇幼健康基本公共卫生】2020年，区卫生健康局继续实施14项基本公共卫生项目。主要实施健康教育、妇幼健康管理、老年人健康管理、慢性病管理、传染病管理、健康促进等基本公共卫生项目，加强重点人群健康服务工作。实施为民办实事母婴安康工程，全年完成孕产妇免费产前筛查4056人。农村孕产妇住院分娩率均100%，产前筛查率达88.48%；新生儿疾病筛查率达99.81%%。至年底，全区农村孕产妇住院分娩率100%，孕产妇死亡率0/10万，婴儿死亡率1.71‰，5岁以下儿童死亡率2.67‰。全年有孕产妇5157人，系统管理率98.5%。0～6岁儿童管理3.58万人，儿童系统管理率98.6%。

【儿童保健工作】2020年，区卫生健康局采取与预防接种结合、进村入户、进幼儿园等方式落实儿童体检工作，确保儿童保健覆盖率和管理率不断提高。全年共为8500名儿童进行入园入托健康体检，并对体检儿童进行综合评估，对发现的先天性心脏病、营养不良、佝偻病、小儿疝气、龋齿、视力筛查异常等患儿进行跟踪管理，对托幼机构儿童的饮食起居进行指导。始终坚持按爱婴医院标准要求推进母乳喂养，继续做好爱婴医院的巩固发展工作，促使爱婴医院建设工作进入制度化、常规化的轨道。严格培训、强化管理、定期督导，强化5岁以下儿童系统管理和死亡控制，加强新生儿窒息复苏技术培训，加强儿童生长发育的监测和疾病防治工作。2020年，5岁以下儿童、婴儿死亡率与上年同比明显下降。做好基本公共卫生服务儿童健康管理项目实施工作，全区2020年有6岁以下儿童3.58万人，健康管理3.53万人，健康管理率98.6%，对0～6岁儿童眼视力健康检查3.49万人。3岁以下儿童1.66万人，系统管理1.62万人，系统管理率为97.7%。

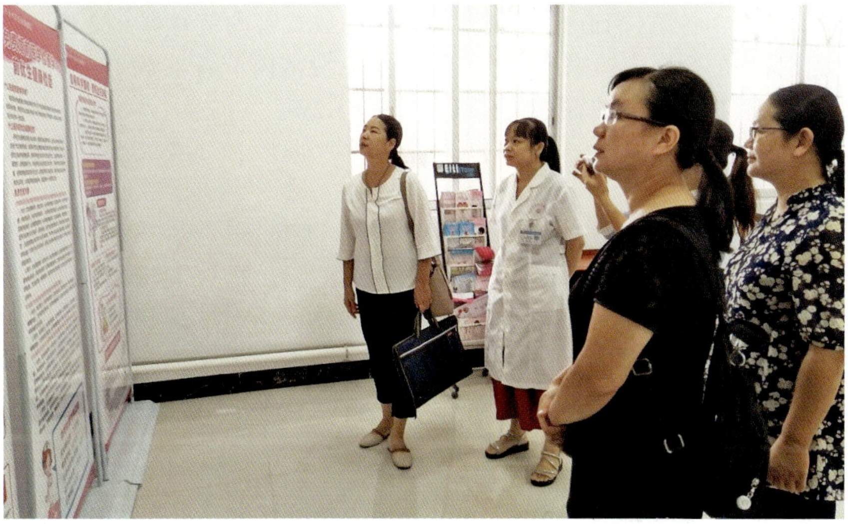

2020年7月18日，区卫生健康局到玉州区政务中心开展2020年玉林市专项妇幼健康服务项目工作督导（区卫生健康局　提供）

计划生育

【人口监测指标完成情况】截至2020年9月30日，玉州区期末人口总数67.48万人，已婚育龄妇女12.19万人，区间内出生人数6623人，其中：一孩2748人，二孩3509人，多孩366人，死亡2733人。自然增长率5.76‰，保持在正常的生育水平。

【计划生育服务管理】2020年，玉州区各镇（街道）重视规范计划生育办证窗口建设，在各镇（街道）政务大厅设立专门办理生育服务证的窗口，并要求各镇（街道）规范生育服务证办理流程，做好生育服务证办证工作，将“群众要办证”转化为“要为群众办证”。全面推广应用新的生育服务证管理信息系统，倡导推行网上办证、承诺办证，提高办证的效率。全年发放《计划生育服务手册》共3594本，再生育证40本，应发尽发，无违规发放生育证件的现象。

2020年，玉州区对全国农村部分计划生育家庭奖励扶助、特别扶助以及广西奖励扶（救）助等项目资金落实情况。全区2020年享受全国奖励扶助的对象696人，扶助资金100.22万元；全国特别扶助对象116人，扶助资金134.12万元；国家计划生育手术并发症人员特别扶助1人，扶助资金0.36万元；广西农村部分计划生育家庭扩面扶助对象（55～59周岁）612人，扶助资金44.06万元。广西农村计划生育家庭奖励扶助救助共110人，兑现资金11.2万元；2020年玉州区城镇居民独生子女父母年老享受奖励待遇486人，奖励资金66.66万元，玉州区独生子女伤残死亡家庭一次性救助5人，兑现资金2.5万元；政府代缴农村计划生育家庭新农合医疗费共5800人，代缴金额145万元。

2020年，玉州区落实计划生育家庭“三个全覆盖”任务清单，出台《玉州区卫生健康局关于印发落实计划生育特殊家庭联系人制度等“三个全覆盖”专项行动任务分工方案的通知》，并落实计生特殊家庭的医生签约服务及双岗联系人。

2020年，玉州区落实《自治区卫生健康委办公室关于开展计划生育家庭奖励扶助、特别扶助对象清理核查工作的通知》，各镇（街道）根据通知要求制定清理核查实施方案，明确工作任务、发放、步骤、要求和措施，并建立工作机制，并对各村（社区）计生专干进行业务培训。各镇（街道）在6月进行入户核查，共核查出2名特殊家庭不符合条件退出特别扶助范围。

2020年，玉州区各镇（街道）建立卫生和计生办公室，其中每个镇（街道）卫生和计生办落实计生办主任，专职公务员编制人员；每个镇（街道）配备有卫生计生服务所和计生协会的工作人员，每个村至少有1名卫生计生专干、每个社区至少有2名卫生计生专干，镇（街道）每月定期召开卫生计生工作例会，开展经常性工作。

2020年，玉州区继续落实评先评优、提拔等工作的联审机制，共审核计划生育证明5286份，立案128件。贯彻落实9月18日玉林市人民政府办公室召开的“玉林市计划生育工作座谈会暨玉林市人口形势分析会”的情况，在9月27日召开由各镇（街道）卫生计生所长参加的全区人口家庭发展与老龄健康工作会议，全面落实会议的精神。

2020年，玉州区围绕妇幼健康中心任务，以全面推广应用广西免费药具发放服务管理平台为契机，不断完善电子化管理，规范药具发放管理服务。制定玉州区2020年基本公共卫生避孕药具项目服务考核评分标准，把工作具体细化、量化，用指标考核的方式督促医疗保健机构抓好药具管理工作。同时，区级项目管理人员每季度最少到镇（街道）药具发放点业务指导、考核1次以上，镇（街道）药具员每2个月到村（社区）服务点现场业务指导1次以上，确保每一名药管员职责明确，熟练掌握避孕药具基本知识与药具发放技能，掌握各项工作台账的登记与上报等业务，全区项目任务能如期开展与完成。在区、镇、村三级推广应用广西免费药具发放服务管理平台，建立相应的人工发放点，引领服务对象注册使用广西免费避孕药具群众端领取药具。统一利用平台对药具进行购调存管理，准确统计业务数据上报，使项目工作信息化管理更规范，服务更便捷、更明了，全区药具服务信息化管理推上新台阶。全区发放避孕套15.04万只，避孕药1528份，辖区机构放置宫内节育器312例，其中免费宫内节育器放置191例，占61.2%。

（区卫生健康局）

社　会

婚姻·家庭

【婚姻登记】 2020年，区民政局加强婚姻法宣传，依法开展婚姻登记，加强婚姻登记管理，杜绝搭车收费。共办理结婚登记3288件，离婚1559件，补办结婚证340件，补办离婚证114件，办理合格率100%。

【家庭文明建设】 2020年，玉州区围绕女性关心的主题，不定期举办各种线上的公益课堂活动，围绕政策理论解读、家风家教传承、女性职业生涯发展、女性文化修养提升、健康生活方式养成、美满婚姻家庭构建等方面设计课程，比如《“明礼修身，渊博雅正”——你的人生如此之美》《新冠肺炎疫情时期的心理疏导和家庭关系调适》《你也可以拥有一副好声音》等专题课程。共举办线上女性公益大讲堂13讲，受益听众约2600人次。玉州区围绕“书香玉州 父母同行”为主题开展线上亲子读书活动，活动共有320户家庭参加，经过为期50天的亲子读书打卡，最终评选出“玉州最美书香家庭”50户、“玉州书香家庭”108户。

（区民政局　区妇联）

妇女·儿童

【妇女儿童权益维护】 2020年，区妇联利用“三八”妇女维权周协调维权成员单位面向社会、面向群众大力宣传男女平等基本国策及《中华人民共和国妇女权益保障法》《中华人民共和国婚姻法》《中华人民共和国反家暴法》等法律法规，打造网上妇联，延伸工作手臂，用好用活“玉州妇女”微信公众号、“玉州网上妇女之家”微信群等舆论阵地，向妇女儿童宣传维权方法和渠道。深化妇女儿童维权岗工作，联合区人民检察院、区人民法院、区司法局等部门，发挥各自职能作用，健全妇女儿童权益保护工作机制，推进反家暴联动机制工作，完善婚姻家庭纠纷预防化解机制，妥善化解家事纠纷，加强婚姻家庭法治宣传教育，推进婚姻家庭纠纷人民调解委员会（或调解室）建设。加强信访窗口建设，畅通“12338”热线和“12345”热线，加强舆情应对和关爱服务工作。6月初，联合相关部门妥善处理一起因网红不明

2020年1月19—20日，区妇联走进社区、走进贫困户，开展“把爱带回家”春节慰问活动

（区妇联　提供）

真相夸大报道的赵海梅事件，维护妇女儿童的合法权益。年内，区妇联现场接待来访人员24人，电话来访8人，其中“12345”电话维权热线来访1人，已处理件24件，处理率达100%。

【关爱妇女儿童】 2020年春节前夕，区妇联先后走进仁厚镇、城北街道西岸村、玉城街道州珮社区开展“把爱带回家”春节慰问活动，共慰问25名困难妇女、儿童，赠送被子、大米、花生油、面等物资。“六一”国际儿童节到来之前，区妇联先后走访慰问援鄂医务人员许燕本、廖玲以及她们的家属，城北街道钟周村、西岸村困境儿童及扶贫工作人员的子女共23人，并向孩子们宣传防溺水、防火、防电等安全知识以及控辍保学政策。

【关爱妇女健康】 2020年，区妇联开展关爱贫困妇女“两癌（乳腺癌、宫颈癌）”救助工作，组织开展摸底调查等工作，争取中央“农村贫困母亲两癌救助”项目，为农村贫困患病妇女争取更多的资金救助。春节前夕，区妇联为55名农村贫困“两癌”患病妇女每人发放1万元全国妇联“贫困母亲两癌救助”中央专项彩票公益金，共计55万元；4月16日，玉州区召开2020年健康脱贫关爱女性健康“四癌”保险工作推进会，动员社会各界力量参与助力脱贫攻坚关爱女性健康保险工作。5月8日，区妇联与中国人寿玉林分公司在玉城街道举行关爱女性健康两癌保险捐赠仪式，为城市困境妇女捐赠关爱女性健康两癌保险100份，保险费5000元，保障金额500万元。

【3岁以下婴幼儿照护服务】 2020年，由区卫生健康局牵头，联合区发改局、区妇联、区住房和城乡建设局、区总工会等7个部门，共同印发《关于加强母婴设施建设的实施意见》，针对母婴室的配置，明确提出基本标准。在方案的思想指导下，结合全区实际，在全区相关公共场所和用人单位推进母婴设施建设工作，并对所辖区域内的母婴设施开展督查调研。玉州区所有的医疗机构、车站、A级旅游景区，均设有母婴保健设施，做到“全覆盖”。为贯彻落实《自治区卫生健康委关于开展托育机构新冠肺炎疫情防控评估工作的通知》要求，出台《玉州区关于开展托育机构新冠肺炎疫情防控评估工作的通知》。5月15日，按照《广西托幼机构新冠肺炎疫情防控实施方案》《托幼机构新冠肺炎防控技术方案》要求，对广西吉郦婴幼儿托育服务有限公司开展疫情防控知识和工作要求宣传，督促他们按要求落实疫情防控各项工作措施，并进行自查自评。通过检查托育机构疫情防控工作方案、应急处置预案、领导小组及人员分工、联防联控工作联系网络、相关制度、健康管理机制、职工防病知识技能培训、场所清洁消毒、饮食卫生安全、相关物资储备、临时隔离室设立等疫情防控工作落实情况，给予广西吉郦婴幼儿托育服务有限公司关于疫情防控工作的建议。5月末，广西吉郦婴幼儿托育服务有限公司取得消防许可、工商营业执照、食品安全执照，通过妇幼托育专家评审，顺利在国家托育机构信息系统通过备案，成为广西第一家通过国家托育机构信息系统备案的单位。9月13日，区卫生健康局协调区妇联在玉林市青年广场举办“守护童心，托起未来，促进3岁以下婴幼儿照护服务发展”大型公益活动。

（区妇联　区卫生健康局）

2020年4月16日，玉州区召开2020年健康脱贫关爱女性健康“四癌”保险工作推进会　（区妇联　提供）

青　年

【服务青年就业创业】 2020年，玉州区在文化广场商圈打造首个区级青创空间，通过青创空间发放650份就业招聘信息，为就业创业青年提供招聘信息和资源对接，促进“六稳”“六保”。团区委联合区税务局开展“青春扬帆·税企同行”玉林青年创业税法论坛，

2020年11月14日，区妇联、区总工会、团区委联合举办玉州区未婚单身干部职工大型公益相亲交友联谊活动　（区妇联　提供）

带动青年创业者共同学习税法。以返乡创业青年为重点，实施乡村振兴“领头雁”计划，全区注册参与的新农人骨干达106.67%。培养本土人才和农村致富带头人，引导更多青年投身农业“新六产”，发展农村电商、乡村旅游等新产业、新业态，惠及100多名创业创新青年群众。年内，将5名农村青年企业家、农村青年致富带头人纳入青年企业家协会队伍，为农村创新创业人员搭建学习培训、交流合作的平台。

【搭建青年联谊平台】 2020年，区妇联、区总工会、团区委联合举办玉州区未婚单身干部职工大型公益相亲交友联谊活动。玉州区超过300名单身男女参加，为玉州区广大适龄未婚男女搭建一个拓宽交际、展示自我和结识朋友的平台。

（团区委　区妇联）

老年人

【养老服务设施建设】 2020年，区民政局筹措资金350万建设玉州区农村养老服务中心，该中心地址设在西城里B（3路公交车起点站附近），占地面积4500平方米，建筑面积2200平方米，设置床位100个，该项目已完工，正在进行公建民营管理招标阶段。计划投资1098万元在玉林市教育中路527号筹建玉州区居家养老服务中心，已落实资金1098万元，进入工程招投标阶段。同时，整合现有资源，增加养老床位数，全区共有养老床位数2685个，有60周岁以上老年人9.93万人，每千名老年人占有养老床位数27.03张。

【老年人生活津贴发放】 2020年，根据《玉林市政府办公室关于对全市80岁以上老人发放生活津贴的通知》精神，玉州区第一季度共发放高龄补贴122.72万元，第二季度发放123.98万元，第三季度发放123.06万元，第四季度发放116.96万元。

【老龄健康】 2020年，玉州区有60岁以上老年人9.93万人，占总人口的15.1%。全区有1间社会福利中心，27个社区日间照料中心，3个敬老院，48个五保村，32个幸福院，1间民营养老院。这些养老机构覆盖城区和农村，提供养老床位总数约1115个。截至12月，玉州区共有65岁以上老年人6.32万人，接受健康管理人数4.36万人，65岁以上老年人建立健康档案5.86万人，65岁及以上老年人健康体检人数为4.39万人。年内，玉州区出台老年健康周活动方案，并在各镇（街道）范围内开展“懂健康知识，做健康老人”的老年健康宣传主题活动。

（区民政局）

2020年10月6日，自治区党委老干部局调研组考察清湾江社区“时间银行”养老志愿服务　（区委宣传部　提供）

残疾人

【残疾人社会保障】 2020年，区残联推动落实各项助残惠残政策，保障和改善残疾人生活，加强与区民政局的联系，确保民政部门及时把符合条件的残疾人全部纳入救助范围，为3200多名困难残疾人发放生活补贴，为4500多名重度残疾人发放重度护理补贴。推动重度残疾人参加社会养老保险，困难重度残疾人选择最低缴费档次缴费的，个人部分由政府予以全额代缴。为14名个体工商户和灵活就业残疾人发放企业职工基本养老保险补贴共6.2万元。春节期间为村（社区）贫困残疾人、全区残疾人专职委员和全区村（社区）残疾人工作者共518人发放慰问品和慰问金价值合计15万元。全国助残日期间，共走访慰问187名残疾人，发放慰问品和慰问金价值合计5.71万元。

【残疾人康复服务】 2020年，区残联组织开展残疾儿童康复救助工作，上级下达残疾儿童康复救助任务数130名，自治区、中央下拨资金260万元。经审核符合救助条件的残疾儿童539人，已全部录入系统并全部进入机构接受康复训练，完成任务数的415%，玉州区救助残疾儿童的人数在全广西各县区中排名第一，并且遥遥领先。开展基本康复服务，中央（含中央专项彩票公益金）和自治区下达支持性康复服务任务数649人，已完成任务1724名，完成任务数的266%；辅具服务任务数732人，已完成732人。实施贫困成人残障者康复工程，救助任务16人，最终救助22人，

2020年8月，玉州区残联开展残疾人支持性康复服务活动

（区残联 提供）

完成任务数的138%。

【残疾人教育就业】 2020年，区残联推动做好特殊教育工作，采取随班就读为主的就学方式将各类残疾少年儿童纳入九年义务教育体系，接受普通教育的残疾儿童入学率达到与当地健全儿童同等水平。扎实做好残疾儿童少年控辍保学工作，配合教育部门对需要“送教上门”或需认定为“身体原因不具备学习条件”的残疾儿童进行上门调查和评估。为94名家庭经济困难的残疾儿童提供学前教育资助，每人资助3000元。对考入中高等学校的残疾人学生和残疾人子女进行资助。共收到30名残疾人学生和41残疾人子女考生申请资助，资助资金15.3万元。全面贯彻《残疾人就业条例》等政策法规，组织250多名残疾人参加各级举办的残疾人专场招聘会4场，全区分散按比例安排残疾人就业451人，集中就业82人，自主择业、个体工商户残疾人375人。加强职业培训实名制信息统计管理工作，残疾人就业状况系统已录入5854人。

（区残联）

人力资源管理

【人力资源和社会保障工作机构及概况】 2020年，玉州区人力资源和社会保障局（简称区人社局）机关内设综合股（挂信访股）、劳动关系和监察仲裁股（挂政策法规和行政审批股）、规划财务和基金监督股（挂社会保险股）、工资福利和退休股、专业技术人员管理股（挂玉州区职称改革工作领导小组办公室）、就业促进和人力资源市场股、事业单位人事管理股（挂档案管理股）7个职能股室，局机关有在编在职人员7人（其中工勤人员2人），下辖公共就业和人才服务中心（14人）、社会保险事业管理中心（65人）、劳动和社会保障监察大队（8人）、劳动人事争议仲裁院（11人）4个参照公务员法管理的事业单位，事业单位有在编在职人员98人。

2020年，区人社局以稳就业、保居民就业、保基本民生为工作重点，落实促进就业创业政策，推进养老、失业、工伤保险扩面征

缴，强化事业单位管理服务，推进和谐劳动关系建设，全面完成年度人社工作的各项指标任务。2020年，区人社局黎江获评为自治区优秀贫困村党组织第一书记；区人社局获评为玉林市脱贫攻坚（乡村振兴）百优后盾单位、2020年度“玉州先进集体”；区人社局获玉林市人社窗口单位业务技能练兵比武市级竞赛团体三等奖。

2020年6月19日，玉州区人社局召开优化营商环境人社快办行动推进会（区人社局　提供）

【人事人才管理服务工作】 2020年，区人社局完成2019年度事业单位工作人员统计工作，年度统计涉及260个事业单位6637人（含控制数、新机制人员）；完成2019年度6637名事业单位工作人员年度考核工作，其中，优秀等次964人，合格等次5328人，不合格1人，未定等次344人，优秀等次占参加考核人数的14.6%；2020年玉州区面向社会公开招聘事业单位工作人员的单位37个，招聘岗位82个，招聘总人数110名（原计划招聘110人，因报考人数不足调减28人），经笔试、面试、考察、公示，下文聘用80人（有2人因怀孕延迟体检次年下文）；完成事业单位岗位设置管理工作，年内共179个单位上报单位调整岗位设置方案，全部通过人事信息管理系统审核并上报玉林市人社局审批，玉林市人社局批复179个单位；完成岗位等级变动审核认定送审工作，2020年4月印发《关于进一步完善事业单位岗位管理工作的通知》，年内共收到337个单位报送的岗位等级变动审核认定送审材料。

【职称评审】 2020年，区人社局共完成2019年度初级专业技术资格评审207人，其中教育系列176人、工程系列20人、农业系列6人、图文博系列5人，通过定职55人；完成高级、中级、初级职称专业技术人员资格批文的转发和职称资格证数据整理上传工作，其中高级59人、中级135人、初级262人。

【劳动保障与监察】 2020年2月，区人社局印发《玉州区根治拖欠农民工工资工作领导小组办公室工作职责》，进一步落实责任，加强根治拖欠农民工工资工作的组织领导和统筹协调工作，提供组织保障；5月，玉州区根治拖欠农民工工资工作领导小组办公室牵头住建、交通、水利等行业主管部门组织重大项目建设单位、施工企业开展根治欠薪专题宣传培训、根治欠薪现场宣讲、悬挂宣传横幅、张贴宣传海报、分发宣传手册等活动；加强对企业用工情况的日常巡查监管，以招用农民工较多的工程建设领域和劳动密集型加工制造及受疫情影响严重的行业为重点，对用人单位集中排查，主要检查辖区内的在建项目22个，稳妥处置涉嫌因欠薪引发的群体性事件或苗头隐患，协调处理多起涉嫌拖欠农民工劳动报酬投诉；落实“一金七制度”，2020年玉州区监管项目4个（均为非政府投资工程项目），玉林市级监管玉州区政府投资项目11个，使用农民工322人，落实“一金七制度”占比100%，全区未发生拖欠农民工工资情况；加大监督执法力度，年内劳动监察部门年度日常巡查用人单位396户，涉及劳动者1.18万人，全年玉州区无劳动保障监察立案案件，未发生因拖欠农民工工资引发群体件事件或群体件上访事件。

【劳动争议仲裁工作】 2020年，玉州区劳动用工备案企业400家，签订劳动合同人数18776人。年内共处理劳动争议仲裁案件126件，其中不予受理6件，立案受理劳动争议仲裁案件170件（其中裁决53件，调解117件），结案率100%，调解率68.9%。

【人社服务快办行动】 2020年，区人社局梳理出“企业招用员工”等11个“打包一件事”及“职工正常退休（职）申请”等22项

“提速办”服务事项清单，在玉州区人力资源社会保障服务大厅一、三、四楼设置“人社服务快办行动”专窗及结果反馈窗，以社会保险事业管理中心、公共就业和人才服务中心窗口人员作为专门受理窗口人员，设置首席负责人员和机动人员，指导协调快办具体业务和材料流转，窗口人员佩戴绶带、臂章，接受群众监督。

（区人社局）

社会就业

【就业服务工作机构概况】 玉州区公共就业和人才服务中心是隶属区人社局的财政全额拨款参公事业单位；领导职数 3 人（1 正 2 副）；有编制 21 名，实有人员 14 人。办公地址：玉林市玉州区人民中路 407 号。

【就业及再就业情况】 2020 年，玉州区城镇新增就业人数 4500 人，完成市人力资源和社会保障局下达年度目标任务（下同）126.05%。城镇失业人员再就业人数 1009 人，完成年度目标任务 194.04%，就业困难人员实现就业 2039 人，完成年度目标任务 1315.48%；农村劳动力转移就业 2715 人次，完成年度目标任务 108.6%；城镇登记失业率控制在 5.5% 以内。

【就业扶持】 2020 年 2—6 月，区人社局对赴广西壮族自治区外务工或在广西壮族自治区内扶贫车间、企业、个体工商户等合法经营主体稳定就业的贫困劳动力，按照疫情防控期间工作月数，给

区人社局召开2020年就业补贴工作推进会落实就业补贴政策

（区人社局　提供）

予每人每月 400 元稳岗补贴；对前往广东等外省务工的贫困劳动力一次性发放 400 元交通补贴。截至 12 月 31 日，全区发放稳岗补贴 5962 人次，补贴金额 575.42 万元；交通补贴 664 人，补贴金额 26.56 万元。

【创业扶持】 2020 年，区人社局执行国家创业担保贷款政策。在本地创业的高校毕业生、农民工、城镇登记失业人员等，均可申请由政府贴息的最高 15 万元的国家创业担保贷款。截至 12 月 31 日，收到 5 名人员申请，已审核推荐到经办银行。开展一次性创业扶持补贴。对首次在本地创业，符合条件的高校毕业生、农民工、就业困难人员等，给予一次性创业扶持补贴，鼓励创业。

【公益岗位补贴】 2020 年，区人社局新开发 78 个公益性岗位安置就业困难人员，累计发放岗位补贴及社保补贴 464.74 万元，惠及就业困难人员 200 人。累计发放灵活就业困难人员社保补贴 1838.81 万元，惠及就业困难人员 4784 人。

2020年，玉州区城北街道彭村第一期劳动技能（茶艺）培训班

（区人社局　提供）

【职业技能培训】 2020年，区人社局制定《玉州区职业技能提升行动实施方案（2019—2021年）》并加强实施。委托玉林市茶艺职业学校、广西工贸高级技工学校等培训机构开展职业技能培训58期，茶艺师15期、育婴员9期、西式面点师6期、保育员11期、评茶员14期、中式烹调师3期，培训人数2524人。同时深入企业指导开展在岗职工技能提升行动。全区参加各类补贴性职业技能培训的人数达11033人，完成年度培训任务4000人的275.82%，已落实培训补贴资金933.12万元。2020年，玉州区职业技能培训工作名列全市第一，在玉林市绩效考评中获得加分1分。

（区人社局）

社会保险

【社会保险工作机构及概况】 玉州区社会保险事业管理中心是隶属区人社局的副科级财政全额拨款参公事业单位，负责玉州区基本养老保险、失业保险、工伤保险和机关事业单位职业年金经办管理工作。有办公室、财务股、申报受理股、权益管理股、待遇发放股、城乡居民养老保险股、退休管理服务股、稽核风险防控股、社会保障卡管理股、信息技术股、档案管理股11个股室；领导职数1～3名，实有领导5名；有编制77名，实有在编人员65名（参公58名，工勤7名），聘用人员数量87名。办公地址：人民中路407号。

2020年，玉州区社会保障制度逐步完善，城镇职工、城乡居民和机关事业单位人员基本养老保险参保人数不断增长；失业保险、工伤保险覆盖率扩大，保险待遇稳步提高。新冠肺炎疫情防控期间，国家对缴费单位实行阶段性减缓免政策，帮助困难企业渡过难关。政府对未脱贫的建档立卡贫困户实行减免缴费帮扶。

推广社会保障卡　　（区人社局　提供）

【社会保险工作】 2020年，玉州区城镇职工基本养老保险参保人数9.57万人，完成市人力资源和社会保障局下达年度目标任务（下同）的112.84%（其中：企业职工基本养老保险在职参保人数5.54万人，完成年度任务的124.75%，征缴收入30525万元；机关事业单位基本养老保险在职参保人数8212人，完成年度任务的106.65%，征缴收入13933万元）；城乡居民基本养老保险参保人数18.12万人，完成年度任务的129.32%，征缴收入1789万元；失业保险参保人数3.61万人，完成年度任务的157.75%，征缴收入1338万元；工伤保险参保人数3.75万人，完成年度任务的127.95%，征缴收入245万元。2020年全区领取社保待遇情况：企业职工基本养老保险88968万元，涉及人数2.83万人；城乡居民基本养老保险6650万元，涉及人数4.58万人；机关事业单位基本养老保险27934万元，涉及人数4636人；失业保险1310万元，涉及人数1322人；工伤保险414万元，涉及人数102人。

【落实保费减缓免贴政策】 2020年，玉州区单位养老缴费比例从2019年5月起由19%降为16%、失业保险单位和个人缴费比例均继续降为0.5%、工伤保险继续以现行费率为基础下调50%。年内，全区养老、失业、工伤保险征收分别减少4082万元、966万元、501万元。全区企业减免养老保险费约16609万元，失业保险费约517万元，工伤保险费约278万元，惠及3310家企业。发放企业一般稳岗返还金额347.71万元，涉及企业1033家、参保职工16217人；拨付困难企业应急稳岗返还金额382.62万元，涉及企业38家、参保职工1127人。

【推广社会保障卡】 截至2020年12月末，玉州区社会保障卡持卡人数达45.28万人，完成年度任务122.3%。

（区人社局）

医疗保障

【医疗保障服务机构概况】 玉林市玉州区医疗保障局（简称区医疗保障局）是区政府工作部门，为正科级。行政编制5名，设局长1名，副局长2名；内设综合股、待遇保障股、医药服务价格股、基金监管股共4个股室。主要职责是承担全区医疗保障政策制定落实、医疗保障经办服务、医药价格服务和基金监督等职能。其二层机构玉州区医疗保障服务中心于2019年3月成立，为公益一类事业单位，副科级，共有干部职工33人。

【医疗保险】 2020年，玉州区城乡居民参保人数39.82万人，筹资总额32948.53万元（其中：保费收入12830.6万元，财政补助收入20093.25万元）。职工参保人数8.36万人，保险费收入24015.51万元。2020年城乡居民医疗保险共支出35360.23万元，其中：住院6.61万人次，医疗待遇支付31791.32万元；门诊慢性病21.35万人次，支付待遇2910.05万元；门诊就诊25.53万人次，门诊统筹支付644.91万元。城镇职工住院1.36万人次，支付待遇14783万元；门诊慢性病18.02万人次，支付待遇4036万元。

【城乡医疗救助】 2020年，区医疗保障局累计医疗救助4.71万人次，居民门诊慢性病救助3.9万人次，救助金额39.16万元；住院救助8078人次，救助金额994.13万元。资助1376名特困人员、孤儿参加城乡居民基本医疗保险，资助金额34.4万元；资助1.32万名低保人员参加城乡居民基本医疗保险，资助金额197.73万元。

【医保扶贫】 2020年，玉州区建档立卡贫困人口16964人（含玉东），符合参加基本医疗保险条件16936人，不符合参保条件的28人（服兵役），应参加基本医疗保险人数为16936（含玉东），参加基本医疗保险人数为16936人（含玉东），参保率为100%，达到应保尽保。辖区内定点医疗机构实现先诊疗、后付费和“一站式”结算，玉州区建档立卡贫困患病人员在县域内定点医疗机构住院或按规定转诊的住院医疗费用，通过补充购买商业保险实现个人报销比例达到90%。门诊特殊慢性病就诊报销比例达80%。为全区行政村配备57台“村医通”设备，其中贫困村覆盖率达100%。

【基金监管】 2020年，区医疗保障局与124家定点医药机构签订医保服务协议，协议签订率达100%。结合打击“欺诈骗保，维护基金安全”集中宣传月活动、开展一系列医保政策宣传活动。针对定点医药机构骗取医疗保障基金问题，持续对全区定点医药机构开展打击欺诈骗保专项治理行为，共追回违规基金250.22万元，定点医药机构的医药服务行为持续向好。

【营商环境】 2020年4月，玉州区医疗保障服务中心服务大厅装修并投入使用，优化软硬件实施，让企业和群众少跑腿。

【为民办实事】 2020年，区医疗保障局及时落实新冠肺炎疫情防控期间阶段性减征企业医疗保险费用政策，全年共减免1849.39万元；预拨防控新冠肺炎医保基金100万元用于救治患者；实施门诊特殊慢性病“长处方”报销政策，提高群众满意度；实现新生儿“落地”即参保，新生儿可直接在出生定点医疗机构办理预参保、缴费并即时享受直接结算，减轻新生儿家庭垫付医疗费用负担。

【医疗保障改革】 2020年，区医疗保障局推进结算支付方式改

2020年，区医疗保障局到城北街道排榜村卫生室检查指导“村医通”使用工作
（区医疗保障局　提供）

革。全区所有镇卫生院、社区卫生服务中心、行政村卫生室均已开通“一站式”结算；推进玉林市第二人民医院、区妇幼医院按疾病诊断相关分组（DRG）付费方式改革工作；落实国家和自治区药品集中带量采购，经过集采，冠脉支架价格从均价1.3万元左右下降至700元左右，减轻群众医药费用负担。

（区医疗保障局）

社会救助

【城乡居民最低生活保障】 2020年，区民政局继续坚持分类救助和动态管理，城乡低保实现动态管理下的“按标施保”“应保尽保”。对残疾、重病、年老等丧失劳动能力的低保对象予以重点保障，激励有劳动能力的人员就业，不断完善健全城乡最低生活保障制度。根据玉林市人民政府办公室关于公布《玉林市城乡居民最低生活保障标准和城乡低收入家庭收入标准（2020年调整）的通知》文件执行：农村居民最低生活保障标准为家庭年人均纯收入5400元；城市居民最低生活保障标准为家庭月人均收入760元。2020年，玉州区共筹措和发放城乡低保资金7828.25万元。其中：城市低保发放2933户7474人，发放金额3921.56万元，月人均补助水平达390.83元/月；农村低保发3870户11573人，发放金额3906.69万元，月人均补助水平达240元/月，城市低保覆盖率为2%，农村低保覆盖率5.49%。

发挥兜底保障作用助力脱贫攻坚。对符合农村低保条件的未脱贫建档立卡贫困人口700人全部按程序纳入低保或特困救助供养。对因残致困、因病致困、因老致困、无固定收入、无法定抚养赡养责任人的建档立卡贫困人口进行核查，符合条件的全部纳入低保范围予以兜底保障，实现“应保尽保、应兜尽兜”。2020年，玉州区建档立卡贫困人口纳入低保5388人，农村低保与建档立卡贫困人口重合率达47%。

【困难群众临时救助】 2020年，区民政局对因灾、因重大疾病而造成生活困难的城乡低保户、低收入户和因特殊原因造成生活困难的群众实施临时救助。在新冠肺炎疫情防控期间，充分发挥临时救助“救急难”作用，及时对因疫情防控期间造成基本生活困难的家庭纳入救助范围。2020年，玉州区共救助520人，救助金额86.91万元（其中建档立卡贫困户67人，救助金额9.73万元）。

【特困供养】 2020年，玉州区特困供养标准严格按照上级标准发放，农村特困每人每月发放585元，城市特困每人每月发放988元，通过金融机构直接把供养费打入特困户个人账户，实行社会化发放。2020年，全区共筹措和发放特困人员供养救助资金1719人1159.87万元，其中，城市特困人员救助供养185人，共发放城市特困人员救助资金161.98万元。农村特困人员救助供养1534人，共发放农村特困人员救助资金997.89万元。同时，通过入户排查及生活自理能力评估，全区特困救助供养人员1719人，其中：具备生活自理能力1518人，部分丧失生活自理能力45人，完全丧失生活自理能力156人。部分丧失生活自理能力的每人每月发放照料护理费474元，完全丧失生活自理能力的每人每月发放照料护理费948元。2020年共发放照料护理费154.04万元。

【残疾人“两项补贴”发放】 2020年，根据自治区人民政府办公厅《关于印发广西壮族自治区困难残疾人生活补贴和重度残疾人护理补贴实施办法的通知》精神，区民政局继续按文件要求的程序做好残疾人两项补贴申报发放工作。经统计2020年全

2020年12月31日，玉州区社会福利中心职工和院内的孤儿们包饺子欢庆元旦

（玉州区社会福利中心　提供）

区共有困难残疾人 3273 人，发放标准为每人每月 80 元，2020 年共发放生活补贴金额 318.78 万元；重度残疾人 4583 人，发放标准为每人每月 80 元，2020 年发放护理补贴金额 420.94 万元。

（区民政局）

玉州区残疾人联合会

【残疾人联合工作机构及概况】 玉州区残疾人联合会（简称区残联）是玉州区党群机构序列中的群众团体之一，内设办公室和业务股 2 个职能科室，人员编制 2 人；下设残疾人劳动服务站，人员编制 5 人。至 2020 年年末，实有在编在职人员 2 人，残疾人劳动服务站实有在编在职人员 4 人。

2020 年，区残联深入学习习近平总书记关于群团工作的重要论述，围绕区委、区政府关于残疾人工作的新部署，以“加快建成‘两都一区’、率先全面建成小康社会”为奋斗目标，扎实推进残疾人扶贫、社会保障、康复、教育就业、维权、组织建设等各项工作。2020 年度残疾儿童康复救助工作和救助资金执行率获得自治区残疾人联合会通报表扬；2020 年度法治创建工作获自治区残疾人联合会通报表扬；在自治区残疾人联合会 2020 年全区残疾人脱贫攻坚工作推进会暨业务培训班上就残疾人脱贫攻坚工作作经验交流发言；经验交流材料《玉州区：创新工作方式方法 全力打赢残疾人脱贫攻坚战》在玉林市精准脱贫攻坚简报 2020 年第 13 期（总第 133 期）刊登。

【贫困残疾人精准扶贫】 2020 年，区残联为 228 名建档立卡贫困残疾人办理残疾人证，全部在规定期限内核发残疾人证。实施“党员扶残温暖同行项目”，组织动员基层党员与农村贫困残疾人户精准结对帮扶，按每人每年 1000 元的标准进行扶持，通过党员带动帮助农村贫困残疾人实施增收快效益好的发展项目，从而脱贫致富，扶持任务数 70 人，完成扶持 70 人，完成率 100%。实施农村贫困残疾人实用技术培训项目，举办实用技术培训班，使农村贫困残疾人掌握 1～2 门实用技术，为就业、脱贫打下良好的基础，培训任务 100 人，完成培训 100 人，完成率 100%。实施贫困残疾人居家无障碍改造项目，为贫困残疾人家庭安装太阳能热水器、安装楼梯扶手、平整入户坡道、改造厨房、改造卫生间等等，改善贫困残疾人家庭配套设施及出行条件。改造任务数 59 户，完成改造 59 户，完成率 100%。实施“阳光家园计划项目”，为贫困残疾人提供托养、日间照料等服务，改善贫困残疾人的生存发展条件。扶持任务数 275 户，完成扶持 275 户，完成率 100%，其中 106 名居家托养已转账完成，169 名机构托养已开展上门服务。实施“阳光助残扶贫基地项目”。创建阳光助残扶贫基地，扶持贫困残疾人种植蔬菜，免费为受助对象提供技术培训服务，免费发放种苗、肥料、农药等生产资料，对受助对象种植的农产品进行统购包销，帮助受助对象解决销售难题，确保增加收入。扶持任务数 150 户，基地与 150 户受助对象签订协议，完成扶持 150 户，完成率 100%。

【残疾人信访和维权】 2020 年，区残联关爱贫困残疾人家庭，围绕脱贫攻坚大局，在残疾人扶贫就业、社会保障、康复服务等民生领域，将各项惠残政策向生活最困难残疾人家庭倾斜，让贫困残疾人充分感受到党和政府的关怀和温暖，有力地维护社会的稳定。热情接待群众来信来访，为残疾人提供法律帮助和办理信访维权案件 3 件。加大宣传力度，充分利用网站、报纸等各种媒体，围绕扶残助残、重大节日和重要活动，摆摊设点宣传《中华人民共和国残疾人保障法》等残疾人法律法

2020年4月27日，区残联开展成人假肢装配项目筛查（区残联 提供）

2020年1月13日，区残联到仁东镇沼心村慰问贫困残疾人

（区残联　提供）

规。为51人次发放机动轮椅车燃油补贴，补助资金13260元。成立残疾人法律救助工作协调机构，各部门加强沟通协调，不断完善残疾人法律救助工作体系，依法开展残疾人法律救助工作。2020年残疾人法治创建工作获自治区残疾人联合会通报表扬。

【基层残联组织建设】 2020年，玉州区8个镇（街道）全部建立残联组织，86个村（社区）建立残疾人协会和"残疾人之家"，每个村（社区）都配备残疾人专职委员，构建"区、镇（街道）、村（社区）"三级组织网络。镇（街道）和社区残疾人专职委员在享受公益性岗位工资待遇或同等待遇的基础上，自治区财政补助200元，玉州区财政补助200元；村级残疾人专职委员每月领取岗位补贴300元，其中自治区财政补助50元，玉州区财政补助250元。按时按质按量完成玉州区残疾人基本服务状况和需求信息数据动态更新工作和全国残疾人家庭收入状况调查任务。全年发放残疾人证3437本，全部在规定期限内核发，办证工作规范，无假证、无投诉、无违规办证案件发生，维护残疾人的合法权益。开展全区残疾人工作者及亲属违规办理残疾人证和违规享受政策情况自查自纠工作。开展"残联改革"专项行动，结合实际制定《玉林市玉州区残疾人联合会改革方案》，并以区政府办名义印发该方案。

（区残联）

2020年8月4日，区残联举办残疾人基本服务状况和需求信息数据动态更新暨违规办理残疾人证清理整治工作培训班　（区残联　提供）

玉州区社会科学界联合会

【社会科学联合工作机构概况】 玉林市玉州区社会科学界联合会（简称区社科联）为区委领导的正科级人民团体机构，有内设机构1个（综合股）。办公地址：玉林市一环北路17号。

【社科宣传】 2020年，区社科联在玉城街道东岳社区、名山街道五里桥社区和太阳村、城西街道新定村开设社科宣传专栏，围绕习近平新时代中国特色社会主义思想、中共十九届四中和五中全会精神、脱贫攻坚、美丽乡村建设、生态文明建设、党风廉政建设、中华传统文化、社会主义核心价值观等内容开展社科宣传，全年共出社科宣传板报15版。

【社科普及活动】 2020年，区社科联通过日常科普活动与专项科普活动的形式开展社科普及工作。在日常社科普及方面，以扶贫工作为活动载体，到包联村开展中共十九大及十九届四中全会精神、扶贫政策、美丽乡村建设、生态文明建设等宣传活动。通过部门协作方式普及社科知识。主

2020年6月16日，区社科联在人民中路摆摊设点开展社科宣传活动
（区社科联　提供）

要是以农业和农村局、教育局为主体办好社科教育课。如区教育局在古定中心小学、东环小学、大北小学等开展革命传统教育、防疫抗疫知识等社科普及课。发挥社科普及基地的示范带动作用。在玉州区名山街道五里桥社区，开展防灾减灾知识宣传和演练活动。在专项科普活动方面，分别于5月12日和6月16日，到市人民中路东岳市场路段进行摆摊设点，通过摆放陈列展板，发放《广西社会科学普及条例》《防震减灾知识》等书籍和宣传单、知识图，现场解答群众疑问等形式，向过往居民讲解洪涝、地质、地震等自然灾害科普知识，宣传普及火灾自救、安全用电、学校安全、医疗健康、食品卫生安全等各类灾害预防、自救、互救技能和应急常识。

【社科培训】 2020年12月22日，区社科联在仁厚镇举办一期"党建领航·助力乡村振兴"直播带货培训班，来自仁厚镇的建档立卡贫困户及农民专业合作社、农产品加工企业、农贸企业、电子商务从业人员等农村青年共50多人参加培训。

2020年12月22日，区社科联在仁厚镇举办"党建领航·助力乡村振兴"直播带货培训班

【新冠肺炎疫情防控工作】 2020年，区社科联按照上级防控工作部署和要求，抓住工作重点、难点，开展或配合有关部门做好防控工作。区社科联每个干部向身边的家属、亲人宣传及帮扶贫困户宣传好玉州区《关于实行居（村）民出行管控的公告》等疫情防控的政策措施。每个党员干部充分利用微信等媒体渠道、工具宣传"疫控一线党旗红"等玉州组工、玉州城事发布的防疫疫情一线上的感人事迹、科学认识新型冠状病毒及其防控应对措施。制作《玉州区社科联倡导抗击新型冠状病毒肺炎疫情从自身预防做起》微信宣传画进行宣传。出版《新型冠状病毒感染的肺炎疫情防控宣传专栏》5版。同时，按照区委的工作要求，派出1名党员支援城西街道开展疫情防控工作。

【扎实做好乡村振兴工作】 2020年，区社科联贯彻落实区委、区政府有关乡村振兴工作的部署，按要求派出1人担任乡村振兴工作队仁东旺卢村工作队队长，1人担任大塘镇三和村乡村振兴工作回乡工作队分队长。派出的2人各向所驻村捐款500元，并参与所在村的"三清三拆"等乡村振兴活动。

（区社科联）

玉州区红十字会

【红十字会工作机构及概况】 玉林市玉州区红十字会（简称区红

十字会）是中国红十字会的地方组织，是从事人道主义工作的社会救助团体。其机关独立设置，按群团机关管理，为正科级。区红十字会事业编制2名。设会长1名（由区领导兼任），常务副会长（正科长级）1名。

2020年，区红十字会工作始终坚持“提升实力、优化服务、内强素质、外树形象”的原则，大力弘扬“人道、博爱、奉献”的红十字精神，以“人道、中立”的身份开展“三救、三献”核心业务工作。区红十字会按照玉州区新型冠状病毒感染的肺炎疫情防控指挥部的统一部署，切实履行职责，参与指挥部的防疫工作，向社会各界提出防疫急需物资捐赠倡议，并全力配合做好社会各界捐赠款物接收工作。

【新冠肺炎疫情医疗防控物资募捐】 2020年年初，新型冠状病毒肺炎疫情突如其来。1月24日23时起，广西正式启动重大突发公共卫生事件一级响应。由于疫情突发，疫情医疗防控物资紧缺，区红十字会按照玉州区新型冠状病毒感染的肺炎疫情防控指挥部的统一部署，向社会各界提出防疫医疗防控急需物资捐赠倡议，开展筹资募捐工作。2020年，累计接收新冠肺炎疫情防控捐赠资金18.38万元，累计支出18.38万元；累计接收价值115.9万元的新冠肺炎疫情防控捐赠物资，并及时发放到玉州区内各医疗机构。

【人道救助】 2020年春节期间，区红十字会继续开展“博爱进万家·送温暖”活动，为30户建档立卡贫困户发放30个价值9000元的温暖箱。5月29日，为庆祝中国计生协会成立40周年暨“5·29”会员日，区红十字会组织大参林药业有限公司、白云山药业有限公司等爱心企业开展关爱计生特殊家庭走访慰问活动，先后走访慰问仁东镇石地村、鹏垌村和都甘村等5户计生特殊困难家庭，为他们送去每户价值400元慰问品和200元的慰问金，转达党委政府和社会对他们的关心与支持。9月7—9日，区红十字会开展“99公益日 博爱惠民 为爱一起捐”互联网募捐活动。区各医疗机构、爱心企事业单位、社会爱心人士及团体纷纷响应号召，参与此次活动。活动共有3256人次参与，共筹得善款1.66万元，在全广西红十字会系统名列前茅。此笔善款用于2021年春节前计生特殊困难家庭慰问活动，共慰问56户计生特殊困难家庭。区红十字会在麻风节对玉州区南江平志、城西五联2名因麻风病致重残的困难患者进行慰问。

【应急救护培训】 2020年，区红十字会培养6名应急救护培训师资，其中老师队伍2名，进一步增强全区应急救护的师资力量。依靠“应急救护培训师志愿服务队”推动应急救护培训进学校、进社区、进机关，重点抓好“玉州区中小学生防溺水和应急救护培训工作”，全年共培训1755人次。

【无偿献血、造血干细胞和人体器官捐献】 2020年6月14日“世界献血者日”，区红十字会在青年广场开展“无偿献血、造血干细胞和人体器官捐献”宣传工作。全年共有100多名的红十字会志愿者参与无偿献血活动。同年，组织无偿献血志愿活动，共有86人参加无偿献血，10人参加造血干细胞留样活动。

【艾滋病宣传防控】 2020年，区红十字会充分发挥志愿者的作用，到社区、校园开展艾滋病防控宣传活动，利用应急救护培训之机宣传艾滋病防控工作。全年共发放预防艾滋病宣传资料2000余份。

（区红十字会）

2020年7月9日，区红十字会在玉州区第九中学开展防溺水和应急救护培训

（区红十字会 提供）

镇（街道）

玉城街道

【概　况】 玉城街道位于北纬22°36′44″～22°39′9″、东经110°7′17″～110°10′9″之间，是区政府驻地。黎湛铁路、南流江、清湾江沿边而过。玉城街道办事处驻东明社区江滨路547号，辖东明、州珮、垌口、新民、大新、东成、南观、西就、北辰、东岳、胜利垌、清湾江12个社区，共168个居民小组，全部为城市社区，是全市唯一没有“三农”的街道，行政区域面积11.2平方千米。2020年末人口数26.93万人。主要旅游景区有云天文化城，又称云天宫，位于江滨路南流江畔，为国家AAAA级旅游景区。

2020年，玉城街道紧抓疫情防控不松懈，紧盯全年目标不动摇，坚持稳中求进工作总基调，扎实做好“六稳”工作，全面落实“六保”任务，全街道经济经受住疫情的冲击并呈现向好态势。全年财政收入31574万元，其中：税务收入19606万元，公共财政预算收入11968万元。全社会固定资产投资完成额10.4亿元。实际利用区外资金17亿元。规上工业总产值完成额6.8亿元。城镇居民人均可支配收入42972元。全年获得自治区级荣誉1项、玉林市级荣誉3项。

【疫情防控】 2020年，玉城街道及时成立疫情防控工作领导小组和防控指挥部，制定联防联控工作方案、应急预案，压实街道、社区、网格疫情防控工作责任。疫情防控期间，共动员380多名干部职工、498名志愿者（其中党员志愿者386名）参与疫情防控工作。通过在小区电子屏播放“新型冠状病毒预防要点”、宣传动画、张贴宣传资料、社区微信公众号推送疫情防控小知识等方式，引导广大居民群众做好防护。总计发放预防指南10.5万份、海报1.24万张、横幅1546条、防控指挥部令及公告8.35万份、管控通知5.8万份，出动宣传车3352车次，其中，告知书网络转载量达1.8万次。做到入户宣传、走访、排查全覆盖。全面排查，做好重点人群管控服务，落实“外防输入，内防反弹”防控和秋冬季疫情防控工作，组织各社区每天不定期派出巡逻队到辖区内进行巡逻，共出动巡逻人员1600余人次，对发现的聚集人群立即进行劝导，共劝导聚集人群200余次，全覆盖摸底排查居民16.09万户、66万人次，排查出重点人员3988人，核查发热人员10150人，落实居家观察措施3409人，落实专人专班进行管控，确保不出现本地传染案例。结合人口普查工作，对到玉州人员进行摸排宣传，同时，动员辖区范围内所有重点人群和“应检尽检”的居民进行核酸检测，已有820人配合完成核酸检测。3月1日以来在册的境外返回玉州人员共有317人，已做核酸317人，完成居家隔离3409人次，集中隔离171人次。

【脱贫攻坚】 玉城街道下辖12个社区，无脱贫攻坚扶贫对象，无派驻第一书记和驻村工作队员。按照玉州区脱贫攻坚的工作部署，玉城街道派出69名干部分别与5个镇（街道）的16个村（社区）的71户贫困户结对帮扶。玉城街道注重加强扶贫业务学习，组织开展贫困户信息数据核查，针对反馈问题举一反三进行整改，提升帮扶质量。全年玉城街道帮扶工作没有被上级督查暗访通报和约谈，帮扶工作实现零差错。

【经济发展】 2020年，玉城街道组织财政收入31574万元，其中，税务完成19606万元，完成分解任务的68%；财政完成11968万元。全年完成固定资产投资10.4亿元；玉城街道7家规上工业总产值完成6.8亿元；招商引资任务16.5亿元，1—11月，区外实际到位资金17亿元，超额完成全年任务。玉城街道共有金城广场、乐祥都汇（南江会堂棚户区改造）、一环路南高立交重建工程、解放中路棚户区改造项目一期等13个重大项目（其中：处于前期的项目有5个，筹建中的项目2个，续建、新开工、竣工项目6个），计划总投资达48亿元。乐祥都汇项目已于11月4日开工，正在做基础开挖；南高立交工程项目已全面通车；大北农贸市场已于9月投入使用；金城广场商业综合体已于11月投入使用；万花楼（州珮村改造）、解放中路棚户区改造项目持续建设中。

【创建“平安玉城”】 2020年，玉城街道社会稳定，无非访现象发生。在全国“两会”期间，玉城街道会同派出所对辖区内重点人员进行全天候稳控，及时掌握相关人员动态，确保无失联、无失控情况发生。全年玉城街道共调解各类纠纷357件，调解成功354件，调解成功率达99%。全年共发放宣传资料约9.5万份。

2020年玉城街道辖区内治安环境明显改善，群众安全感逐年提升，在5月的群众安全感和满意度调查中，玉城街道在玉州区排名第四，在玉林市里排名靠前。

2020年，玉城街道结合群众安全感和满意度走访活动，制作禁毒标语宣传条幅24条。同时发动社工、志愿者等社会力量开展禁毒宣传工作。全年共走访社会面吸毒人员300人次。摸排出玉城街道经公安机关责令社区戒毒、社区康复人员共131人，其中：社区戒毒42人，社区康复89人。对已签订社区戒毒（康复）协议且在控的社区戒毒、社区康复人员131人严格按照协议进行监管和帮教，并建立“一人一档”。

2020年，玉城街道通过在社区内竖立宣传板报、LED屏滚动播放宣传标语，动员有LED屏的商场、宾馆、旅馆播放宣传标语等多种形式，通过“家庭拒绝邪教”签名活动、建设示范点、开展反邪教治安巡查等方式开展反邪教工作。

2020年，玉城街道通过在社区的LED屏滚动播放扫黑除恶宣传标语，在人流量密集的场所悬挂横幅、上门走访宣传等多种形式，提高群众勇于举报涉黑涉恶线索的意识。开展“六清”行动，加快上级转办线索核查进度，截至11月30日，玉城街道全部完成上级转办涉黑涉恶线索核查工作，并全部提交核查报告。

【安全生产】 2020年，玉城街道落实安全生产责任制，实行“党政同责，一岗双责”，玉城街道安全生产实行网格化监管和街道、社区“两级全覆盖”管理，使对安全生产的大检查制度化、常态化，突出抓好消防安全、危险化学品、烟花爆竹等重点行业和领域的监管整治。开展落实企业安全生产主体责任专项巡查行动，通过开展企业负责人约谈、主体责任专项检查和安全生产条件“回头看”等专项巡查行动，问责一批责任不落实、措施不力的单位和个人。全年玉城街道共出动1420余人次，对辖区的安全生产隐患进行大排查，共检查企事业单位1060家次，查出安全生产隐患362项，并落实责任单位、责任人限期进行整改，已整改359项，隐患整改率99.17%。全年玉城街道没有发生重大安全生产事故，辖区的安全生产形势继续保持良好状态。

【文化事业】 2020年，玉城街道指导社区举办各类文艺演出和文艺活动10余场次。配合创建文明城市各种宣传，开展丰富多彩、形式多样的文艺演出20多场次，丰富群众的文化生活。组织举办南观社区“壮族三月三”民族民俗文化节线上活动，“民族团结进校园”活动、包粽子活动、少数民族联谊会、游园活动等，提升玉城的知名度、美誉度和影响力。开展宣传贯彻中共十九届五中全会精神系列活动。组织举办南观社区“礼赞新时代·阔步新征程”文艺晚会。

【创建文明城市】 2020年，玉城街道共出动1.2万余人次参与整治大行动，清扫面积达5160万平方米，清理卫生死角145处，清除牛皮癣6500处，清运垃圾2.8万吨，清除杂草210多处，支出经费60多万元。玉城街道以创建全国文明城市为契机，宣传社会主义核心价值体系，实施公民道德建设工程，加强爱国主义教育、未成年人思想道德教育。推进新时代文明实践所和志愿服务进社区、新时代爱国主义教育实施纲要、新时代公民道德建设实施纲要、建党99周年等主题活动。协助上级部门在12个社区举办玉林市“争做文明市民·共建文明城市”新时代文明

2020年12月12日，玉城街道南观社区举办庆祝广西壮族自治区成立62周年文艺晚会　　（玉城街道　提供）

实践主题活动。

【社会事业】 2020年，玉城街道在辖区内开展城乡居民基本医疗保险宣传，在微信公众号、网站等多媒体平台发布宣传信息。对享受城乡居民社会养老保险待遇的8899人进行认证，为辖区内的1648户城市低保户共4199人发放低保金，累计发放金额161.74万元（含价格临时补贴）。

2020年，玉城街道完成重点优抚对象年审工作，共发放抚恤金和生活补助51.3万元。继续做好退伍在乡的参战人员确认工作及优抚对象申请认定工作，及时审核上报优抚对象医疗救助申请材料。共发放住院门诊资金7471.83元，发放住院资金3.96万元，发放医疗保险补助金13.23万元。完成退役军人信息采集工作，共发放自主就业金50.4万元，光荣牌42块。

2020年，玉城街道推进生育服务证制度改革，人口信息管理系统录入准确率97%，出生录入及时率97%。稳步推进“诚信计生”工作，12个社区全部实现诚信计生。

【第七次全国人口普查】 2020年，玉城街道统一部署，选调组建“两员”1068人；严格按照上级要求，以80户或250人为一个普查小区的标准，划分1016个普查小区，标绘13592个建筑物；并组织召开人口普查综合业务培训会，共培训普查指导员600人次，截至12月10日，玉城街道共登记总人口27万人。

【环境保护治理】 2020年，玉城街道落实环境保护责任制，推行河长制，做好水环境综合整治工作。对辖区内养殖污染开展全面排查，对重点区域开展日常巡查，重点对已完成清拆工作的养殖户进行排查、巡查工作，经过巡查，暂未发现新的养殖户，也未发现返养情况。对辖区涉水企业开展全面排查，以钢铁、水泥、造纸、印染、有色金属、化工、铁合金等行业为重点，经过排查，暂未发现辖区存在涉水企业。按照“属地管理、分片包干、集中治理”的原则，落实责任，定期安排专人清理河岸两边垃圾及打捞水面漂浮物。开展垃圾焚烧整治工作，组织各社区组成巡查小组，在辖区内开展垃圾焚烧巡查工作。全年发现并及时制止扑灭焚烧垃圾现象共12起。在春节、清明节、重阳节等节假日期间，组织各社区巡查小组，加强辖区禁燃禁放烟花爆竹巡查，重点加强社头、宗祠的禁燃烟花爆竹巡查管控工作，并动员辖区内各商铺利用LED屏宣传烟花爆竹禁燃禁放标语。同时，结合安全生产大检查，开展烟花爆竹运输、销售、储存等大检查，联合派出所对违规人员按有关条例进行处罚。严格建筑施工工地扬尘监管，对辖区建筑工地开展周期性巡查，督促天鹅城施工项目、解放中路棚户区项目等施工方加强洒水抑尘。安排1辆洒水车每天对辖区大气监测点周边2千米范围内的小街小巷进行4次以上的洒水降尘扬尘工作，重大污染天气加密洒水，洒水路程累计约6300千米。

【人大工作】 2020年，玉城街道组织代表参加玉州区五届人大五次会议，代表认真审议工作报告、反映民意民声，代表主动履职，撰写人大建议8件；组织辖区各级人大代表参加自治区、玉林市、玉州区开展的人大代表学习培训及视察、调研等代表活动，结合玉城街道工作实际，组织人大代表开展“清河日”活动，年内组织代表到南宁市、桂林市开展人大代表活动日活动，实地调研在推进爱国卫生运动、倡导文明健康及加强基层治理、服务群众等方面的先进经验；11月，组织代表进驻社区人大代表联络站开展“推动爱国卫生运动，强化疫情防控，倡导文明健康”主题活动，自治区、市、区人大代表共36人参加进站活动；进一步完善街道人大代表履职活动中心建设，推进社区人大代表联络站建设，完成北辰、南观社区人大代表联络站2个示范点建设；向广西人大、玉林人大等投稿，宣传人大代表履职及人大工作。

【武装建设】 2020年，玉城街道加强街道民兵应急分队建设，达到革命化、规范化要求，按上级要求高标准完成民兵整组、民兵训练、夏秋季征兵等任务。全年向军队输送优质兵源，全部达到高中（中专）以上文化程度。入伍大学生比例、大学毕业生入伍人数、本科毕业生入伍人数均达到或超过玉州区下达的任务。

【搭建社区民族团结桥梁】 2020年，玉城街道通过设立清湾江社区的民族之家，举办南观社区“三月三”民族民俗风情文化节线上活动，展示民族服饰、表演民俗文化、共赏本土美食。同时，组织举办南观社区、清湾江社区民族团结主题晚会，为各社区的各族居民提供展示和交流的平台。推进民族团结宣传教育工作进校园，联合东环小学等学校开展相关活动，增强青少年儿童对民族知识和少数民族的风俗习惯的了解。年内，玉城街道清湾江社区获得“自治区民族团结进步示范社区”称号。

【志愿服务】 2020年，玉城街道把文化服务及志愿服务有机结合，推进全街道12个社区新时代文明实践站点和新时代文明实践志愿服务队伍的建设，坚持以人民为中心，引导街道、社区干部群众参与志愿服务活动。2020年，玉城街道在广西志愿服务网申请注册共成立志愿者服务队伍13个，注册志愿者1.2万人。各社区志愿服务队开展义写春联、免费理发、健康义诊、免费维修家电、慰问弱势群体等志愿服务，在关爱未成年人方面，利用“四点半课堂”，为社区青少年、留守儿童提供免费的学习场地，组织社区义工、志愿者对社区青少年、留守儿童开展课外辅导、照料。年内，南观社区、清湾江社区被评为“最美志愿服务社区”，东岳社区志愿服务队的唐俊峰被评为“最美志愿者”。

（玉城街道）

南江街道

【概　况】 南江街道位于玉林市城区南部。黎湛铁路、益湛铁路、玉铁铁路、南流江过境。辖10个村，6个社区。南江街道办事处驻竹美社区，行政区域面积76.95平方千米。2020年年末人口28万人，其中农村人口6.5万人。人口自然增长率7.59‰。耕地面积4553公顷，农田有效灌溉面积1200公顷，粮食播种面积2513公顷，经济作物种植面积668公顷，林地面积1158.62公顷。农业机械总动力38639千瓦。主要旅游景区（点）有水月岩、朱砂垌，全年接待游客6.8万人次。财政收入36868万元，其中公共财政预算收入1883.85万元。

【疫情防控】 2020年，南江街道在新冠肺炎疫情防控工作中创新推行“五个一”（绘制一张作战图、组建一个先锋队、成立一个专班、签订一份承诺书、开展一系列宣传）工作法，激励党员干部群众在疫情防控阻击战中挺身而出、扎实工作、用实际行动筑牢疫情“防火墙”，齐心协力打赢疫情防控攻坚战。全年共组建136支党员先锋队，近700名党员志愿者冲在防疫一线，1892名党员自愿捐款13.5万元。街道16个村（社区）分成136个网格，共完成6.25万户、28.92万人的排查。江滨社区党委书记徐广辉在疫情防控和复工复产工作中表现突出获自治区三等奖。

【民营经济】 2020年1月，南江街道被自治区非公有制经济工作领导小组评为“广西民营经济示范乡镇”。全年南江街道5000万元以上重大项目共68家，完成固定资产投资95亿元，占全区固定资产投资总量的80%以上，连续五年居玉州区第一名，“四上企业”共150家，民间投资投资总额91.2亿元，同比增长22.6%，民间投资年度增长高于玉林市平均水平3.5个百分点以上，连续三年民营经济投资居玉州区第一名。

【经济发展】 2020年，南江街道财税收入达到3.5亿元，城镇居民可支配收入42972元，农村居民人均可支配收入20202元；固定资产投资95亿元，广西区外境内实际到位资金35.37亿元，固定资产投资和招商引资工作连续五年居玉州区首位。

【基层党建】 2020年，南江街道各村村级集体收入超6万元，10个村的集体经济收入达356万元；全面开展村情调研摸底，加强分析研判，物色村（社区）党组织书记人选16名，8个村（社区）书记、主任已实现“一肩挑”，16个村（社区）团支部完成换届工作，储备村（社区）后备干部143名，推荐各类先进典型42人次。

【扫黑除恶】 2020年，南江街道重拳扫黑、铁腕除恶，41 条线索已全部结案，累计发放扫黑除恶宣传资料 40 余万份。扫黑除恶知晓率达 98.39%，比上一期的 97.01% 提升 1.38 个百分点，排全市第二十八名、玉州区第二名。

【脱贫攻坚】 2020 年，南江街道坚持问题导向，坚决打赢脱贫攻坚这场硬仗。截至 2020 年 12 月，南江街道有建档立卡贫困户 845 户 3207 人（其中 2020 年计划脱贫 49 户 138 人），“八有一超”已经全部达标；全年共实施扶贫项目 11 个，项目金额共 469.28 万元，已支出 455.59 万元，支出比例达 97.08%。

【乡村振兴】 2020 年，南江街道推动脱贫攻坚与乡村振兴有效衔接、深度融合，促进乡村“形、实、魂”协同发展。南江街道 10 个村都组建了工作队，成立理事会，并制作规划图，广泛组织党员干部参与美化家园行动，组织发动领导干部群众和乡贤捐款 242.9 万元；累计共清理陈年垃圾堆放点 119 处，房前屋后乱堆乱放点 449 处，清理有淤泥及漂浮垃圾的池塘沟 184 处，清理废弃危旧房 154 栋 6427 平方米，拆除乱搭乱盖 58 处，共 2899 平方米，拆除非法广告牌、招牌 307 处。10 个行政村共筹措资金 252.96 万元。

（南江街道）

城西街道

【概　况】 城西街道位于玉林市城区西部，地处北纬 22°35′35″～22°40′6″、东经 110°5′4″～110°8′26″之间。街道办事处驻玉林市大北路 493 号，距离市区 2 千米。东与玉城街道相邻，南与南江街道相邻，西与福绵管理区福绵镇、玉州区仁东镇相邻，北与城北街道交界，清湾江贯穿全境。行政区域面积 27 平方千米。辖庆丰、江岸、新团 3 个社区和玉豸、五联、新定、永上、莲塘、林村 6 个行政村，村（居）民小组 190 个。辖区内南面有玉林城区至兴业的玉石公路及 324 国道、玉公一级公路，东南有一环公路，西北有二环公路。

2020 年，城西街道人口 5.6 万人，有壮族、瑶族、苗族、侗族、布依族等 16 个少数民族 634 人。耕地面积 627 公顷，农田有效灌溉面积 1069 公顷。财政收入 2292 万元，其中公共财政预算收入 1604.79 万元；公共预算支出 1604.79 万元。城西街道机关设党政办、组织办、民政办、扶贫办、企业管理站、乡村建设综合服务中心、文化站、劳动保障事务所、人口和计划生育服务所、农业农村站、退役军人事务站等 18 个部门、站所，在编干部 78 人。

【招商引资】 2020 年，城西街道固定资产投资全年累计完成 16.04 亿元，完成全年任务 94.36%。规上工业总产值全年完成 22.24 亿元，同比增长 0.43%。招商引资全年累计完成 9.95 亿元。批发业销售额全年累计完成 16.42 亿元。零售业销售额全年累计完成 5600 万元。住宿业营业额全年累计完成 1070 万元。餐饮业营业额全年累计完成 211.2 万元。广西参皇养殖集团有限公司发展成为养殖业农业产业化国家重点龙头企业，上榜 2020 年广西民营经济企业 100 强企业，排名 44 名；宏进农产品批发市场获批为农业农村部定点市场。

【城镇基础设施建设】 2020 年，城西街道完成二环西路项目（城西段）征拆工作，于 2020 年 9 月通车。二环北路南侧毅德西项目完成地块征地约 430 亩。宏桂项目已完成“三费”补偿工作，并交付业主使用。玉林市一中新校址项目完成征地 107 亩，已全部落实“三费”补偿。仅用 1 个月完成二环西 400 多亩的征地；仅用 1 个多月完成二环北路南侧毅德西项目 400 多亩征地；20 天完成

2020年6月28日，玉林市委副书记、市长白松涛（左四）到南江街道广恩村调研指导扶贫产业工作

（南江街道　提供）

玉林市一中新校址项目、宏桂项目的征地补偿工作，并交付业主开工建设。

【脱贫攻坚工作】 2020年，城西街道高度重视脱贫攻坚工作，组织学习中共中央总书记习近平关于扶贫工作的重要论述，及时传达上级关于脱贫攻坚工作各项部署要求，每周召开工作会议，研究街道的脱贫攻坚工作。围绕“两不愁三保障”的脱贫标准，抓好“义务教育、住房安全、基本医疗、饮水安全”四大保障战役；各村（社区）每周组织讨论边缘户、监测户情况，避免返贫漏评风险；全力推进贫困户小额信贷工作，超额完成区下达的信贷工作任务，获得区红榜通报表扬。抓好“一帮一联”“一户一册一卡”工作，开展明察暗访，印发督查通报，责成相关帮扶责任人及时整改。因村因户施策，推进产业扶贫，采用扶贫车间吸收就业、依托区扶贫公司发展大蒜、中药材等种植产业、食用菌产业委托经营分红等方式，为辖区贫困户提供就业。以高标准严要求，组织做好自治区、玉林市和玉州区各类脱贫攻坚迎检工作并顺利通过检查。全年脱贫7户23人，已全部完成“双认定”工作；自脱贫攻坚工作开展以来，全街道累计实现脱贫306户1173人。

【社会治安综合治理】 2020年，城西街道落实领导带班巡逻工作机制，组织街道巡防队、各村（社区）巡逻队联合派出所治安巡逻队在辖区内开展大巡逻，及时处理人民群众反映强烈的“急、难、险”问题，不断提升群众的安全感和满意度。城西街道2020年第一季度群众安全感满意度玉林市排名第十一名，玉州区排名第一名。坚持有黑扫黑，有恶除恶，有乱治乱，持续打击黑恶势力，深挖“保护伞”，整治治安乱象，加强纠纷调处力度，保持扫黑除恶工作高压态势。全年街道共发放扫黑除恶宣传资料10万余份，通过开展扫黑除恶专项斗争及打击黄赌毒专项整治行动，遏制黑恶黄赌毒等社会丑恶现象滋生蔓延。全年城西街道累计调解矛盾纠纷168件，调结156件，调解成功率93%。

【安全生产】 2020年，城西街道分别组织开展清明、端午、中秋、国庆、重阳节等重点时段的安全生产大检查活动，每季度制订安全生产大检查工作方案，定期对道路交通运输、危险化学品、烟花爆竹、重大危险源、民爆器材、烟花爆竹、人员密集场所消防、非煤矿山、建筑施工现场等行业开展安全生产专项检查，注重对安全隐患的专项排查和集中治理。切实抓好不同季节、不同行业领域隐患排查重点，突出重大隐患排查治理，有效防范安全事故发生。全年检查各类企业、仓储、三合一多合一场所800多次；配合区安监局等有关部门进行大检查不少于20次，严厉打击烟花爆竹安全整治3次，开展对城西辖区内煤气店（站）排查工作。全年无重特大安全生产事故发生。

【农业农村工作】 2020年，城西街道粮食播种面积16050亩，粮食总产量6266吨，超额完成玉州区粮食生产任务指标。全街道出栏生猪1700头，猪肉产量136吨；生猪年末存栏66头，出栏家禽42.5万羽，禽肉产量595吨，禽蛋产量160吨；家禽年末存栏7.9万羽。畜禽产品检疫43批次，产品重量232吨。

2020年，城西街道耕地地力保护补贴涉及农户3834户，补贴面积5897.83亩，补贴金额59.29万元，在9月18日已全部拨付完毕，并在资金发放后及时张贴2020年耕地地力保护补贴标准及补贴资金发放公告书，告知农户查收。

2020年，城西街道稻谷生产者补贴涉及农户2824户，补贴面积4307.46亩，补贴金额12.19万元，已拨付完毕，并在资金发放后及时张贴2020年稻谷生产者补贴标准及补贴资金发放公告书，告知农户查收。

2020年，城西街道开展春节期间禽流感、非洲猪瘟的防控，春、秋两季重大动物疫病免疫突击月工作及做好狂犬病防治攻坚行动工作，动员发动，制订方案，全面调查，摸清底数，开展定点集中免疫，统一登记、发证，建立畜禽和犬只免疫档案，在动物疫病高发的季节里没有发生重大动物疫情。秋季期末，鸡存栏8.5万羽，应免2.4万羽，已免2.4万羽，完成100%；鸭存栏1.6万羽，应免0.7万羽，已免0.7万羽，完成100%；牛存栏18头，应免10头，已免10头，完成100%；犬存栏632只，应免316只，已免160只，完成51%。生猪存栏66头，应免口蹄疫55头，已免55头，完成100%；已免猪瘟66头，完成100%；生猪蓝耳病应免疫63头，已免63头，完成100%。

【林　业】 2020年，城西街道有林地面积270亩，其中经济林种植面积21亩，封山育林255.9亩、迹地更新10亩、低产林改造10亩，森林覆盖率21%，主要树种是芒果树、荔枝树和龙眼树。结合实际，开展多形式、多层次宣传，在全街道范围内进行全面宣传，在各村各路口、山边、村庄张贴森林防火宣传标语，张贴的大标语34条，小标语500条，制作固定森林防火宣传牌12平方米1块，出动防火宣传车1辆10次，发放防火宣传资料5000份、围裙50件、宣传挂历500张、环保袋1500个。

2020年12月7日，玉州区宣讲团到城西街道宣讲党的十九届五中全会精神（城西街道　提供）

【生态环保】 2020年，城西街道通过推进畜禽养殖、生活污染、工业污染、农业面源等污染防治及强化南流江河道、河岸综合治理等举措，有效改善辖区南流江流域水环境。城西街道责令新发现复养的3个养猪场搬迁；在玉豸、五联、永上、莲塘、新定5个村建设7套生活污水处理设施并正常运转；对已发现的2家不合格涉水排污企业采取责令停产整治并加装治污设备；实施测土配方施肥项目，推进田间保洁和农资废弃物的回收处理，确保全年南流江流域城西段农业生产技术覆盖率达75%以上。2020年以来，结合“清河日”活动，累计清理河道42次，清理池塘7个，清理沟渠39条，清理垃圾90多吨。同时，开展河库“四乱”摸排工作，已清理“四乱”问题15个。

【党建工作】 2020年，城西街道推行“双派双培”模式，激发“两新”党组织活力，新培育广西参皇养殖集团有限公司党支部等3个党支部成为市、区两新党建示范点，玉林市永润仓储服务有限公司党支部成为自治区现场会调研点。集全街道之力开展村（社区）两委换届选举工作，以“零上访”“零纠纷”顺利实现所有村（社区）党组织书记、主任“一肩挑”，完成村（社区）“两委”换届选举工作。

【退役军人服务】 2020年9月，城西街道退役军人服务站开始独立办公。按照“有机构、有编制、有人员、有经费、有保障”的“五有”标准进行建设。城西街道退役军人服务站成立以来，在落实退役军人管理服务政策和基础建设上，坚决不打折扣。为1000多户家庭挂上“光荣之家”牌匾、做好走访登记、利用“八一”等节日做好座谈慰问，深挖做好退役军人工作的新思路、新举措，搭建连接退役军人的连心桥、暖心桥。9月，作为全市创建全国乡镇（街道）示范型退役军人服务站，城西街道退役军人服务站作为示范型站所为全市退役军人事务系统作示范参观点，得到市退役军人事务局和全市退役军人系统人员的一致好评。11月，通过自治区退役军人事务厅对创建全国乡镇（街道）示范型退役军人服务站检查验收。

【乡村振兴乡村风貌提升工作】 2020年，城西街道全力推进乡村振兴工作，通过召开村民代表大会、乡村振兴座谈会等方式，发动各位党员干部、队长代表、村民群众、乡贤能人、热心老板捐款，共筹集资金183.55万元，已支出18.34万元，剩余165.21万元。城西街道6个村都没有土地增减项目，乡村振兴工作主要重点抓“三清三拆”工作，各村围绕“扫一遍”的工作任务要求开展全面的“三清三拆”工作，累计清理陈年垃圾堆放点63个，房前屋后乱堆乱放点485个，清理有淤泥及漂浮垃圾的池塘沟渠162处，拆除废弃危旧房62栋（6560平方米），废弃猪牛栏4个（680平方米），清理乱搭乱建、乱堆乱放300余处，拆除非法广告牌、招牌351个。

【文体活动】 2020年，城西街道加快推进公共文化产品和服务供给，坚持日常向市民免费开放电子阅览室、多功能活动室，组织各村（社区）管理完善农家书

2020年12月3日，2020年玉州区“戏曲进乡村”文艺晚会在城西街道新定村上演　（城西街道　提供）

屋。与辖区内的村和社区联合举办9场文体活动；发动和协助各村社区总共举办36场文体活动，平均每个村和社区举办4场文体活动。

【卫计工作】 2020年，城西街道优化规范服务流程和服务环境，简化办证程序，减少限时办结事项，争取更多事项实现零跑腿，实现办理生育服务证零投诉。全年办理一孩生育登记154本，二孩生育登记252本，三孩生育登记3本，独生子女光荣证22本，流动人口婚育证3本。生育登记录入率100%，再生育审批100%。

【民生保障】 2020年，城西街道基本养老保险全民参保任务数2.03万人，截至12月，已参保2.06万人，实际新增参保人数7486人（目标任务数7209人），完成率103.84%，超额完成参保任务数。劳保所多方面配合上级部门，为城西建档立卡贫困户精准脱贫。安排固定性公益岗就业27人，发放公益性岗位人员工资41.47万元。非固定性公益岗位人员17人，发放非固定性公益岗位人员工资12.81万元。疫情防控期间发放建档立卡贫困户人员稳岗补贴46.72万元，交通补贴0.64万元。

（城西街道）

名山街道

【概　况】 名山街道位于玉林城区东部，地处北纬22°37′15″～22°43′17″、东经110°8′38″～110°13′44″之间，东接茂林镇，比邻玉林市政府，南接南江街道、玉城街道，西邻城北街道，北与北流市大里镇、新圩镇交界。街道办公地点位于玉林市玉州区崇高街23号。辖4个社区（名山、绿杨、五里桥、旺瑶）和4个行政村（太阳、二泉、硃砂、腾扬），157个村（居）民小组，行政区域面积约34平方千米。2020年年末，总户数2.65万户，辖区共计人口11.62万人，出生率为9.88‰；人口自然增长率为5.01‰。耕地面积2925公顷，水田面积879公顷，粮食生产总量0.78万吨。

2020年，名山街道获2019年度计划生育家庭关爱保险优胜奖、玉林市第四次全国经济普查成绩突出集体、玉林市双拥工作先进单位及玉林市2020年“扫黄打非”进基层先进单位等荣誉，名山街道腾扬村党总支部获自治区五星级农村基层党组织，太阳村党总支部被评为自治区四星级农村基层党组织。

【招商引资】 2020年，名山街道财税收入25233万元，同比增长7.91%，招商引资区外到位资金12.7亿元，固定资产投资18.66亿元。

【工　业】 2020年，名山街道规模以上工业运行总体良好，累计完成43.74亿元，同比上年增长19.75%。

【项目建设】 2020年，名山街道继续抓好项目建设工作。红星路棚改项目，已完成征地，52栋房屋已拆除46栋，余6栋已丈量未签。中央商务区（CBD）二期项目，征收面积315亩，已签三费297.34亩，清点青苗305亩，核对青苗134.56亩。文体北路项目，已联合执法部门开展打击违建约7万平方米，已做通3个生产队的思想工作，完成指界400亩，并清点青苗83户。太阳村东侧、石牛村南侧地块，已宣传征地政策并听取群众诉求，协调落实103亩作为留置地，正在处理征地历史遗留问题和制订安置方案。

【农业发展】 2020年，名山街道发展现代化农业，促进农村经济发展、农民增收，推广规模种养、特色种植养殖，推进特色农业示范区建设。全街道播种面积共

名山街道组织砞砂村村民开展乡村振兴风貌改造（名山街道　提供）

2.03万亩，粮食总产量0.79万吨；黑皮冬瓜年种植面积3300多亩，产量29477万吨；出栏生猪4632头，年末存栏3075头；出栏家禽101.17万羽，年末存栏39.56万羽；肉类总产量1903吨；禽蛋产量376吨；渔业总产值1118吨。

【脱贫攻坚】 2020年，名山街道完成脱贫7户17人的目标任务，实现全面脱贫。

2020年，名山街道推进贫困户门诊特殊慢性病认定和办证工作，办理门诊特殊慢性病就诊证的共120人，其中：腾扬村92人，砞砂村15人，二泉村3人，太阳村3人，旺瑶社区7人。落实医疗保障就诊、报销等政策。落实"198"政策，贫困人口在区域内定点医疗机构住院的享受"先诊疗后付费"和"一站式"结算服务，住院报销比例达到90%；落实贫困人口门诊特殊慢性病"先享受待遇、后备案制度"，门诊特殊慢性病报销比例达到80%。动员建档立卡贫困户参加城乡居民医疗保险。2020年，名山街道建档立卡贫困人口参保率达100%。落实家庭医生签约服务工作。建档立卡贫困人口家庭医生签约率达100%，建档立卡贫困人口中65岁及以上老年人、0~6岁儿童、孕产妇，以及高血压、2型糖尿病、肺结核病、严重精神障碍患者等重点人群，每年随访不少于4次，对患有脑血管病、冠心病、慢阻肺、重型老年慢性支气管炎、类风湿关节炎、骨关节炎等6类慢性病的贫困人口，每年安排不少于1次随访。

2020年，名山街道再次对四类重点对象的住房安全情况进行摸底排查，对摸排出的1户危房户进行危房改造。危改户在4月5日已开工，5月18日完成竣工，于5月末进行竣工验收，并足额拨付补助资金。

2020年，名山街道饮水安全工程共安装自来水166户，其中：腾扬村11户贫困户，砞砂村5户贫困户，旺瑶社区对旺简塘片150户农户通过自筹资金方式，已于12月全部安装完工。该安装项目由区水利局与水厂签合同拨付资金，村里配合做好安装及验收工作。

【治安工作】 2020年，名山街道广泛开展各项扫黑除恶专项斗争宣传。悬挂横幅430多条，张贴海报4600余份，发放宣传资料6万余份，LED滚动播放2200余次，微信公众号发送有关宣传信息30余条，到各村（社区）开展扫黑除恶宣传活动21次，在全社会营造人人参与的浓厚氛围。发动各村（社区）干部、网格员、警务助理积极走访150余次，利用开展网格化管理服务，结合新冠肺炎疫情防治工作，收集民意，摸排疑似线索2条。从1月开始，在街道辖区开展"平安名山·和谐家园"建设活动，提升群众安全感和满意度工作。全年共调处各类矛盾纠纷144件，调结139件，调结率96%。开展各类矛盾纠纷排查21次，防止群体性事件3起，防止民转刑案件1起，防止群体性上访2起。

2020年，名山派出所共立刑事案件297起，破案98起；受理行政案件305起，结案36起。刑拘116人，逮捕77人。侦破涉毒刑事案件11起，抓获犯罪嫌疑人12人（已逮捕11人）；侦破涉赌刑事案件1起，逮捕涉赌犯罪嫌疑人3人。查处涉毒案件34起，查处涉毒人员37人，其中强制隔离戒毒22人、社区戒毒5人；查处涉黄案件1起，行拘涉黄人员2人；查处涉赌案件9起，查处涉赌人员29人。截至11月末户籍在册社会面吸毒人员332名，其中社区戒毒33名；社区康复36名。

【安全生产】 2020年，名山街道做好禁止燃放烟花爆竹和预防一氧化碳中毒工作，确保春节前后无重大安全生产事故发生。谋划组织2020年"安全生产月"和"十三排查十三整治"活动。开展安全生产重点行业领域专项整治，重点对煤矿非煤矿山、危险化学品、烟花爆竹、道路交通、水上交通、建筑施工、消防、工贸行业重点行业领域的安全隐患大检查、大排查、大整治，在建筑工地、易燃易爆物品经营店、大型超市、宾馆幼儿园等人员密集场所消防检查，辖区客运站运输安检等13个行业大检查，全力防范化解重大安全风险，坚决遏制群死群伤火灾事故。明确职责分工，开展安全隐患排查，及时消除隐患，同时严格执行防汛值班制度，并强化防汛保障工作。开展对辖区内化工品商铺、高温锅炉等进行全面排查工作。

2020年6月30日，名山街道党工委、办事处组织开展老党员慰问活动
（名山街道　提供）

【党建工作】 2020年，名山街道设置社区党委4个，村党总支4个，支部132个，共有党员1523名，其中新吸收党员24名。持续以五里桥社区为示范引领点，打造社区党建优秀品牌，五里桥、名山、绿杨3个社区获市级星级示范社区，五里桥社区获自治区司法厅定为自治区基层立法联系点。以"1+3+N"小区党建治理模式为抓手，打造"党旗领航+微治理"都市绿洲小区、"党旗领航+妇女微家"幸福汇小区、"党旗领航+微管家"碧桂园小区等小区党建品牌以及"党建强区、法治建区、文明美区、文化育区、平安兴区"东方巴黎水岸5A幸福小区等小区党建示范点。新组建两新党组织7家，打造玉林市飞翔职业技能培训学校党支部、广西远达建筑公司党支部、玉林市慈铭体检中心党支部等市级非公党建示范品牌。全年共完成征地1067亩，清表504亩，红星路棚户区成为玉林市第一个顺利完成上楼安置的示范征拆项目，中央商务区、文体北路等项目顺利推进。乡村振兴工作成效显著，太阳村乡村振兴示范点建设列入自治区重点项目。开展"网格先锋在行动"，做好疫情防控工作，成立28支"党员先锋队"，开展地毯式摸排走访，共登记2.17万户9.21万人，建立一人一案。率先完成2021年村（社区）"两委"换届选举工作，8个村（社区）均实现党组织书记和村（居）民委员会主任"一肩挑"的目标。

【教育科技】 2020年，名山街道辖区内有高中1所，在校学生2312人，教职工158人；初中2所，在校学生2460人，教职工128人；小学10所（含民办），在校学生8373人，教职工395人，适龄儿童入学率100%，巩固率100%；幼儿园34所，在园儿童5040人（含民办），教职工615人。

2020年，名山街道义务教育学生就学率达到100%。春季期"雨露计划"补助总共21人，其中：高职11人，中职10人。秋季期补助总共26人，其中：本科7人，高职11人，中职8人。

【文化体育】 2020年，名山街道有文化站1个，图书室8个，休闲活动中心（室）8个，电视覆盖率100%，有线电视普及率100%。全街道所有的行政村都建有农家书屋。共有8个民间文化文艺演出队，共演出节目11场。

【卫生计生】 2020年，名山街道有卫生院1家，有医师15人、护士17人、工勤4人；村级卫生所28所。城镇居民城乡基本医疗保险参保人数4.4万人。全年辖区内出生人数有505人，出生率为9.88‰，人口自然增长率为5.01‰。计划生育家庭关爱保险完成1619人，完成任务的123.58%。免费孕前优生健康检查81对夫妇，完成任务的101.25%。计生奖励扶助政策兑现率达100%。

【执法打违】 2020年，名山街道共出动629人次进行土地执法监察巡查，发放停建通知书135份；参加区委、区政府和区自然资源局组织的联合执法打违行动7次，拆除违建建筑共5790平方米。

【落实“河长制”】2020年，名山街道严格落实“河长制”工作，开展河面、河岸垃圾清理和日常保洁共732次，投入10多万元，清理河道垃圾约27吨，清理河道约96千米。加强禽畜养殖污染整治，做好禁养区和限养区管控，加大禁养区、限养区监督管理力度。开展涉水企业拉网式排查和查处行动，对全街道涉水企业下达停产停业通知书，并两次发函到区环保局协助对上述7家涉水企业进行查处。对辖区内南流江、清湾江流域进行例行巡查。防止新的非法采砂，有效震慑非法采砂行为。及时清理黑臭水体，以村（社区）为单位进行拉网式排查黑臭水体，排查出3处城区黑臭水体，其中2处已完成清淤治理，另1处已清淤并将水沟覆盖。

【产地检疫】2020年，名山街道实行产地检疫查验证，杜绝疫情传染发生，全年共发放宣传资料3300余份，名山街道未发生非洲猪瘟疫情。

【民生工作】2020年，名山街道城市低保救助金301户678人，发放金额共320.76万元；农村低保救助金231户696人，发放金额共190.05万元；发放困难残疾人生活补贴294人，发放金额29.46万元；发放重度残疾护理补贴412人，发放金额40.04万元。推进农村义务教育资助工程，落实“两免一补”政策，确保适龄儿童入学率达到100%；医疗卫生服务体系建设得到加强，社区卫生服务功能不断完善，医疗卫生条件不断改善，农村新型合作医疗稳步实施，辖区未出现重特大病例。

（名山街道）

城北街道

【概　况】城北街道位于玉林市城区北面，北纬22°38′46″～22°45′35″、东经110°4′7″～110°9′24″之间，东接北流市、名山街道，南连城西、玉城街道，西与仁东镇交界，北与大塘镇、兴业县卖酒镇相邻，岑兴高速公路、玉桂二级公路、迎宾大道、二环路、民主北路和规划建设中的三环路穿境而过，办公地点位于玉州区日华路1号。辖区总面积64平方千米，耕地面积2001公顷，林地面积1933公顷，195个村（居）民小组，2020年末总户数1.2万户，户籍人数5.29万人。辖1个社区（平地社区）和13个行政村（陈旺、罗竹、睦马、谷山、寒山、彭村、排榜、钟周、高山、周埠、潘岭、西岸、凤村），旅游景点主要有玉林八景之一的“寒山胜景”、高山村明清民居古建筑、陈旺村马吊尿水上乐园等。

【经济发展】2020年，城北街道财税收入共完成2516万元，全社会固定资产总投资2.64亿元。南玉高铁（城北段）项目共完成征地135.69亩、租地207.81亩，交地率100%，拆除涉迁19幢房屋面积3683.31平方米。其中仅用两天完成19户拆迁户的拆迁补偿协议签订，两个星期内全部完成19户房屋拆迁，城北街道成为南玉高铁（玉林段）第一个完成房屋拆迁工作任务的镇街。通过招商引资引进广西汽田新能源汽车有限公司、深圳中惠包装科技有限公司落户，项目分别投资800万元、5000万元。疫情防控常态化期间，为承租权属于城北街道场地的4个企业申请减免租金共16.33万元，助力企业复工复产。

【疫情防控】2020年突如其来的新冠肺炎疫情发生后，城北街道党工委、办事处第一时间响应上级关于疫情防控的各项决策部署，迅速成立街道疫情防控指挥部，实行24小时值班制度，严格落实“四包责任”，实行地毯式排查，构建“横到边、纵到底”防控网，做到入网入格入家庭，为村民群众提供服务解难题，开展“网格先锋在行动”，动员广大党员干部、志愿者参与到防疫一线上来，成立14个新型冠状病毒感染的肺炎疫情防控党员先锋总队，下设49支党员先锋队，共有190名党员志愿者，设置29个疫情防控党员服务岗，发挥基层党组织战斗堡垒和基层党员的先锋模范作用。疫情防控常态化期间，密切关注国内中高风险地区变化，因时因势调整常态化防控策略，加强对中、高风险及境外返回玉州人员的管控，对境外人员一律实行“14+14+2+1”（14天集中隔离医学观察+14天居家隔离医学观察+2次核酸检测+1次血清抗体检测）的管控措施。城北街道疫情防控工作取得“零确诊”阶段性胜利。

【脱贫攻坚】2020年，城北街道顺利完成28户112人的脱贫目标任务。落实产业扶贫。按照自治区以奖代补政策门槛调整时间节点，分批组织开展以奖代补工作，城北街道有357户贫困户共申请涉及白鸽、瓜类、优质稻、鱼等14类项目的奖补，共申请奖补77.05万元。落实就业扶贫。拓宽贫困人口就业渠道，非固定按日公益性人员累计148人，城北街道2家就业扶贫车间共吸纳13名贫困劳动力就业，安置扶贫公益岗位人员累计46人，已发放45.46万元，非固定水域巡查员累计16人，已发放9.43万元。稳岗补贴累计712人申请，已发放82万元，交通补贴累计99人申请，已发放3.96万元。落实小额贷款。截至12月4日，全街道累计向99户贫困户发放扶贫小额贷款共401.2万元。落实教育保障。全年城北街道建档立卡贫困户春秋两期在玉州区享受教育资助累计568人，累计205名学生享受春秋季雨露计划补助资金共29.55万元。全面实现医疗保障“198”政策。全街道建档立卡贫困人口应参保险2103人，实际参保2103人，参保率为100%，已达到应保尽保；街道建档立卡贫困户人口住院费用实际报销比例达90%以上，持门诊特殊慢性病门诊费用报销比例达80%以上。落实住房保障。对1户危改和10户住房人均面积不足13平方米的全部验收完成。对城北街道所有建档立卡贫困户住房情况进行全覆盖入户核实鉴定，并上墙挂安全标识牌。对已挂待拆牌、封门窗的未拆危房，建立巡查制度和举报制度。落实安全饮水。全街道建档立卡贫困户487户，有安全饮水户487户，安全饮水达标率100%。

【从严治党】 2020年，城北街道党工委抓基层、强基础、激活力，全面加强党的建设各项工作。城北街道始终坚持党建引领，发挥党组织政治优势、组织优势、联系群众优势，共发动997名党员、发挥14个村（社区）党员先锋队党建带群建作用，为打赢疫情防控阻击战注入强劲“红色力量”。全体干部切实把责任扛起来，冲在最前线，筑牢疫情群防群治“铜墙铁壁”，全力阻挡疫情传播。落实党建第一责任人责任，全面落实抓党建主体责任，扎实推进城市党建工作，规范农村基层党组织建设，实行两新党组织“星级化”管理。打造一批示范效应好、带动作用强、个性特色鲜明的农村党组织示范点。钟周村、高山村被评为“五星级农村基层党组织”，西岸村被评为“四星级农村基层党组织”，潘岭村、凤村被评为“三星级农村基层党组织”。巩固深化“解放思想大出发”活动教育。通过开展党工委理论中心学习讨论会、班子成员下基层讲党课、利用“玉林先锋”“玉州先锋”等微信公众号推送新思想，组织班子成员、机关党员、村（社区）两委干部开展集中学习活动等方式，巩固深化“解放思想大出发”活动教育。全面压紧压实党风廉政建设“两个责任”、细化厘清工作清单任务，深入推进从严管党治党，坚持党组集体领导和民主决策制度，凡属“三重一大”等事项必须经过党工委会讨论决定，保证权力运行透明公开，并接受纪工委监督，坚持党务、政务、财务、考核和奖惩公开。坚决落实意识形态责任。把意识形态工作纳入党建工作职责制，纳入领导班子、领导干部目标管理，完善考核制度，实时掌控“平安城北和谐家园”公众号等新媒体意识形态动向，推进新时代文明实践中心阵地建设。

【乡村振兴】 2020年，城北街道开展乡村振兴试点村工作、乡村风貌提升行动和村庄清洁行动专项活动，推动乡村振兴。街道13个行政村迅速组建村级乡村振兴工作队、乡村风貌提升回乡工作队、乡村风貌提升理事会、乡村风貌提升党员义工队、乡村风貌提升群众志愿服务队5支队伍，明确队伍职责、落实人员、开展活动。开展活动以来共清理陈年垃圾堆放点57个；房前屋后乱堆乱放点清理178个；清理道路两旁杂草23.52米，清理有淤泥及漂浮垃圾的池塘沟渠42个；拆除废弃危旧房53处2170平方米，拆除废弃猪牛栏12个587.76平方米；拆除非法占用耕地乱搭乱建14处2100平方米、拆除乱搭乱盖15处497平方米；拆除露天厕所4个；非法广告牌、招牌143个。

【社会治安综合治理】 2020年，城北街道共受理各类矛盾纠纷210件，调处率100%，调解成功189件，调处成功率90%。对群众来信录入率达100%、初信办结率达100%。扫黑除恶方面，年内，城北派出所共立案134起，破案数46起；刑拘45人，逮捕49人；受理行政案件180起，结案95起；行政处罚239人，强戒37人。禁毒和打击“黄赌”方面，破案涉毒案件10起，查处吸毒案件64起，处罚吸毒人员74人，破获赌博案4起，处罚赌博案件22起，行政处罚129人。提升群众安全感和满意度方面，组建一支由街道机关干部、派出所民警、巡防队员、警务助理和各村（社区）干部组成的巡防队，组织巡防队员每日在辖区范围内进行不间断、常态化全覆盖治安巡逻，全街道共走访群众1.35万户，发放宣传资料5.17万份。组织各村（社区）开展以“平安城北·和谐家园”为主题的文艺巡回演出14场，发放有奖问答奖品360份。平安建设方面，引导村（社区）群众参与平安建设，村（社区）群众参与平安建设人数达95%以上，平安家庭承诺书签订户数1.35万户，平安家庭承诺书签订入户率达99%，被命名为平安家庭户数占总户数99.2%。街道利用法制宣传月、“6·26”禁毒宣传日开展各项专项宣传活动，共发放宣传资料5000份、出动宣传车14台次、出板报15板、张贴标语280张，举办反邪警示图片展14次，举办反邪专题讲座2堂。

2020年9月30日，城北街道高山村举行迎中秋庆国庆暨乡村振兴晚会
（城北街道　提供）

【环保工作】 2020年，城北街道全面落实河长制，强化日常巡查，开展“清四乱”专项整治行动；加强对养殖场的监管，严厉查处直排、偷排等违法行为，搭建环保宣传台，悬挂环保标语，开展咨询活动，引导群众主动参与环境建设，依法维护自身环境权益的自觉性；抓好农田水利建设，改善水环境推动农业生产，完成三面光渠道4.8千米，清淤水利渠道25.8千米，改善灌溉面积0.5万亩。始终保持打击非法生产储存烟花爆竹、露天焚烧秸秆、非法排放废气等行为的高压态势。在钟周村、寒山村捣毁非法生产和储存烟花爆竹窝点各1个，缴获烟花爆竹生产机械和烟花爆竹成品半成品1批。

【民生事业】 2020年，城北街道在群众文娱生活方面，投资120万元的街道文化站新建项目建成使用，街道文化站结合宣传提升群众安全感满意度、脱贫攻坚、中共十九届五中全会精神等内容，举办文艺晚会10场、篮球赛10场、气排球比赛8场、拔河比赛8场，举办文艺舞蹈培训24期，入村放映电影18场，组织西岸村、钟周村文艺队参加玉林市举行的第八届全区基层群众文艺会演。年内，文化站新建办公楼落成使用，实现13个村级公共服务中心全覆盖。

民政保障方面，全面提高最低生活保障水平，全年城市低保共发放82.27万元，惠及59户188人；农村低保共发放643.14万元，惠及653户2076人；发放特困人员补贴128.39万元，惠及216人，共发放残疾人两项补贴84.46万元。

农业保障方面，在稳定粮食生产基础上，积极调整农业种植结构，其中优质稻3.62万亩，占水稻种植面积90%，经济作物0.91万亩。推广种植水稻良种3个、蔬菜品种5个、水果类1个。完成街道13个村7402户耕地地力保护面积13060.21亩补贴的发放。

（城北街道）

仁东镇

【概　况】 仁东镇位于玉州区西北部，地处北纬22°37′2″～22°44′22″、东经110°1′28″～110°7′54″之间。仁东镇人民政府驻仁东镇南路5号。2020年，仁东镇下辖旺卢、大鹏、中庞、大路、鹤林、沼心、石地、周村、良村、木根、都甘、龚罗、鹏垌13个行政村（社区），有52个自然村，316个村民小组。仁东镇东接城北街道，南连城西街道、福绵管理区福绵镇，西邻仁厚、大平山镇，北与龙安镇交界，总面积65.05平方千米，2020年年末人口6.14万人。有黎湛铁路、324国道和玉石一级公路过境。南部为平原，北部为丘陵。主要河流有仁东江和东庆江。主要土特产是仁东香蒜。2020年，仁东镇获“自治区脱贫攻坚先进集体”“玉州区先进集体”称号；鹏垌村获第六届全国文明村镇称号；鹤林村、鹏垌村被评为自治区“三清三拆”精品型示范村。

【经济发展】 2020年，仁东镇经济发展稳中趋好。全镇完成财税收入9731万元，固定资产投资完成7.06亿元，规上工业总产值完成4.35亿元。集中攻坚力量，确保重点项目用地，增强发展后劲。提升经济发展动力和人民福祉的二环西路项目顺利通车，南玉高铁项目顺利开工；玉林市一中新校区项目、翰林学府项目、玉林市玉州区仁东示范镇鹏垌核心示范村乡村振兴项目、玉林三黄鸡特色农产品优势区项目、玉州区民营经济示范园、柳州医药—玉林物流运营中心项目、玉州区仁发五金机电物流城等一批项目加紧建设；玉林市宏桂物流项目、玉州区年产60万吨高岭土深加工产品开发项目、玉州区牛腩粉产业园、玉林市玉州区康养文旅度假区项目、玉州区仁东镇花卉市场等一批项目蓄势待发。

【农业发展】 2020年，仁东镇发挥土地的规模效益，流转土地，推进“现代农业综合示范基地”建设，打造特色产业，进行规模化现代农业生产，促进乡村产业振兴。全镇有2500亩土地流转到玉州区扶贫公司，发挥村民合作社的优势和作用，以“公司＋合作社＋农户”模式，集中开发建立现代特色农业（香蒜＋优质稻轮值）示范基地。推进乡村旅游提升，着力巩固鹏垌康乐庄乡村旅游发展成果。以奖代补全年覆盖贫困户总数1092户，奖补总金额达到337.04万元。

【脱贫攻坚】 2020年，仁东镇实现103户贫困户贫困人口263人脱贫，脱贫攻坚战取得全面胜利。开展“四大攻坚战”，在医疗保障方面，全镇2020年建档立卡贫困户参保率达100%，宣传建档立卡贫困户住院报销、门诊慢性病报销政策。组织各村（社区）摸排疑似患有29种特殊慢性病贫困户进行免费体检筛查。在教育保障方面，严格落实“双线四包”工作机制，组织各村（社区）联合学校对无故不到校的学生入户开展家访活动，对厌学学生和家长进行思想动员，全镇无辍学学生。全镇享受2020年“雨露计划”中高职学生540人。在饮水保证方面，2020年沼心村饮水安全巩固提升工程已竣工，总投资230万元，受益群众4095人，全镇饮水安全已达标。在住房保障方面，全镇危改任务和不足13平方米建房全部按期完工。开展精准防贫工作，对确有致（返）贫风险的及时纳入边缘户跟踪管理，落实医疗保障、教育保障、住房保障、乡村协理员、以奖代补等防贫措施。

【乡村振兴】 2020年，仁东镇出台乡村振兴实施方案，全镇13个村（社区）成立乡村振兴工作组、乡村振兴理事会，细化分工，责任到人，组建工作队、落实施工力量并研究制定规划图。截至12月，全镇共筹集到乡村振兴工作经费657.86万元，其中自筹资金334.63万元。发挥村（社区）乡村振兴理事会领头羊作用，对村屯内陈年垃圾堆放点、房前屋后乱堆乱放点、有淤泥及漂浮的池塘沟渠、废弃危旧房、废弃猪牛栏、非法占用耕地乱搭乱建、乱搭乱盖、非法广告牌等进行调查摸底，并拍照留存。通过调查摸底，明确底数，制定工作任务清单，开展“三清三拆三整治”工作，对标销号。截至年末，共清理陈年垃圾54处，清理乱堆乱放145处，清理池塘沟渠67处，拆除乱搭乱盖乱建96处，拆除非法广告招牌564个，拆除废弃建筑484栋，拆除废弃猪牛栏67处。通过创新方式方法，发放倡议书2万余份，在各村（社区）显眼位置或主干道边设置广告宣传牌或横幅广泛宣传乡村振兴工作，建立文明村规民约，引导村民自觉形成良好生活习惯。组织开展“最美庭院”创建评选活动，调动大家参与最美庭院创建的热情，引导大家建设自家房前屋后，营造干净整洁的院落环境，推动农村居住环境的改善提升。鹤林村、鹏垌村被评为自治区“三清三拆”精品型示范村。

【治安工作】 2020年，仁东镇在玉林市乡镇（街道）群众安全感调查中，得分98.92分，环比上升1.96分，在玉州区排名第一，玉林市排名25名，比上年度排名上升58名。

2020年8月22日，玉州区仁东镇鹤林村举办“不忘初心跟党走，乡村振兴谱华章”文艺晚会（仁东镇 提供）

全年共安排专项工作经费27.8万元，新增822个治安视频监控摄像头，其中镇级公共部分101个、村级公共部分301个、个人家庭安装402个，完全实现全镇主、次干道、村主干道及重点场所的全覆盖。全镇822个治安视频监控实现视频资源共享。系统建成以来，累计为公安部门提供有效线索182次。

全年新发现吸毒人员8人，共破获涉毒刑事案件8起，刑拘4人、逮捕9人，缴获各类毒品共28.9克、毒资2240元；查处吸毒治安案件33起，强制隔离戒毒29人、行政拘留5人、社区戒毒4人，罚款1人。实现“禁毒＋脱贫”双赢目标，全镇涉毒贫困户48户51人，已脱贫48户，脱贫率达到100%。创新工作机制提升社区戒毒康复工作执行率，社区戒毒康复应执行人员74人，正常执行71人，总执行率达96%。“无缝对接”吸毒人员9人。开展吸毒人员毛发采集检测，已进行毛发采集检测198人。

【安全生产】 2020年，仁东镇党委、政府印发一系列安全生产文件，对全镇的安全生产工作进行安排部署，明确各安全生产监管单位和部门的职责，落实具体的措施和考核办法。同时，与各部门、村签订安全生产目标责任书，与重点企业签订企业安全生产目标管理责任书。通过开培训会、设咨询点、开展安全知识竞赛、散发资料、张贴标语等多种形式提高群众对安全生产工作的重视。年内，共发放《道路交通安全常识》《农村用电用气安全常识》《预防非职业性一氧化碳中毒》等各类宣传单3000余份。在学校、圩镇张贴、悬挂宣传标语、横幅80条。加强对公众密集场所、道路交通、森林防火、农业防汛及其他水上交通、危险化学品、食品卫生、企业安全等方面的检查。年内，共开展安全生产检查10余次，出动600多人次，车辆95辆次。落实人员进行24小时值班巡查，对各个水库进行多次检查；派出护林员巡查山林，发现安全隐患及时整改，做到全年安全生产事故零发生。

【社会事业】 2020年，仁东镇教育工作稳步推进，为玉林高中、玉林一中等重点高中输送优秀学生47人，中考上线率位居玉州区乡镇前列。计生工作成效明显，2020年人口自然增长率2.74‰，无政策外多孩率，全镇新增享受广西扩面部分计划生育家庭奖励扶助或享受全国部分计划生育家庭奖励扶助共127人。全年全镇共367人享受特困供养补助，共发放257.6万元，1063户3191人获得最低生活保障，共发放976.9万元；605人获得重度残疾人护理补贴，共发放58.1万元；572人获得困难残疾人生活补贴，共发放55.1万元；81人获得临时救助，共发放16.6万元；1055人获得高龄补贴，共发放49.2万元。全镇参加城乡居民基本养老保险人数为3.15万人，60周岁以上领取待遇占比100%。城乡居民基本养老保险扩面新增人数8397人，完成任务100.29%。

（仁东镇）

茂林镇

【概　况】 茂林镇位于玉林市区的东南部，距玉林中心城区约8千米，南与玉州区南江街道相连，西与玉州区名山街道毗邻，东、北面与北流市交界，总面积120平方千米，位于玉林城区和北流城区的地理中心。有洛湛铁路、324国道和玉林绕城高速过境，主要河流有南流江、鹿潘江、耀垌江，主要特产有板栗、荔枝、龙眼等。2020年年末，辖22个社区，373个居民小组，居民总人口12万人。有耕地面积4.16万亩，其中：水田3.6万亩，坡地0.54万亩；林地11.21亩。农村居民人均可支配收入19461元，增长8%；城镇居民人均可支配收入38405元，增长3.4%；完成固定资产投资5.89亿元。2020年，茂林镇被评为中国西部百强镇、广西民营经济示范乡镇、玉林市双拥工作先进单位、中华诗教先进单位、自治区脱贫攻坚先进集体、玉林市先进职工之家；金桂丽湾社区团支部获“全国五四红旗团支部”称号，陂石社区团支部获“广西五四红旗团支部（总支）”称号，茂林镇车垌社区团支部获“玉林市五四红旗团支部”称号；原湘汉社区党总支部组织委员、居委会副主任陈继国被追授“玉林市优秀共产党员”称号，荣登“中国好人榜”。

【乡村振兴建设】 2020年，茂林镇扎实推进农村综合配套改革，继续实施城镇基础设施工程，推进玉北同城基础设施建设，加大对建成区、天门老街占道经营、乱停乱放、乱占乱建的专项整治力度，城乡面貌不断提升。规范有序开展“一事一议”工作，完成“一事一议”项目建设67个，项目总投资333万元，受益群众达3.6万人。深入实施乡村振兴战略，结合农村人居环境整治和乡

茂林镇鹿塘社区3D立体魔幻长廊旅游项目

（茂林镇 提供）

村风貌提升，推进“三清三拆”工作，广泛宣传发动，带领群众投工投劳，成立乡村振兴理事会，争取乡贤能人支持，全镇累计捐款金额147万余元，整治空间6.9万平方米，拆除危旧房屋、废弃建筑、乱搭乱盖等3.68万平方米，清运垃圾6753吨，新建微果菜花园等5100平方米，完成30个基本整治型村庄的建设，新寨社区、鹿塘社区、车垌社区“三清三拆”工作成效被《玉林新闻》报道宣传。发展壮大村级集体经济，建成新寨社区豆腐制作坊项目，以及鹿塘社区“云海雅舍”、3D立体魔幻长廊等旅游项目，2020年，全镇21个社区村级集体经济收入均达到5万元以上，其中3个达到25万元以上。全面推进农村集体产权制度改革，100%完成股份经济合作社成立工作。

【民生工程】 2020年，茂林镇持续巩固脱贫攻坚成效，全面落实全镇151户贫困户享受的政策，坚决打赢“四大战役”，成效显著。严格落实新冠疫情防控措施，切实落实入境人员、国内中高风险地区返回玉州或进入玉州人员的排查登记和健康管理服务工作。全镇累计排查重点人员3700多人，集中隔离管控138人，居家隔离管控395人，未出现本地新冠肺炎确诊病例，疫情防控取得阶段性成效。社会保障落实到位。全镇有城乡低保对象2252人，约占全镇总人口的3.5%，累计投入城乡低保资金约365.05万元，做到应保尽保；累计救助特困人员343人，累计发放特困供养费193.73万元，发放特困户护理费16.33万元，有效保障特困群众基本生活。维护“一站式”救助系统平台的运营，年内，全镇困难群众215人次申报医疗救助，救助金额18.84万元；开展临时救助22人次，救助金额10.89万元。开展妇联和残联政策落实，保障妇女儿童、残疾人权益。推进就业帮扶，进一步巩固脱贫成效，全年共发放疫情防控期间稳岗就业和补助21.14万元。推进农业产业发展，稳定粮食播种面积和产量，保障“菜篮子”供给，粮食总产量1.59万吨，超额完成11.2%；生猪存栏4984头，超额完成66.1%。高速高质量完成第七次全国人口普查工作，累计排查登记22.48万人。

【治安工作】 2020年，茂林镇持续促进社会大局和谐稳定。全力落实综治维稳主体责任。抓好矛盾纠纷排查化解工作，全镇共排查各类矛盾纠纷案件182件，调处率达100%。开展扫黑除恶专项斗争工作，开展“平安茂林巩固群众安全感和满意度”、扫黑除恶等宣传走访活动，发放宣传资料物品6.5万份。在2020年玉林市群众安全感调查和扫黑除恶专项斗争成效调查中，茂林镇排名靠前，获玉林市“平安乡镇”称号。以建设“平安家园”立体化治安防控体系为抓手，积极创建5A幸福社区。金桂丽湾和鹿塘社区完成5A幸福社区建设任务。全面落实安全生产“党政同责，一岗双责”责任制，开展安全隐患排查和整改工作。

【安全生产】 2020年，茂林镇狠抓安全生产和消防安全工作，防灾减灾、食品药品安全监管不断加强，尤其是新冠肺炎疫情后的复工复产以及规范公共场所出入扫码登记，切实加强公共安全管理，公共安全形势持续稳定。全年没有发生重大安全生产事故。

【项目建设】 2020年，茂林镇持续抓好重大项目建设跟踪服务，配合推进辖区内路网、排水等基础设施及学校、医院等公共配套项目建设，其中金榜路建成通车，玉东新区人民医院、玉林市育辉高级中学顺利动工建设。全镇70余名领导干部深入参与处置征地历史遗留问题、征地拆迁工作。配合区联合执法大队严打“两违”，总计出动约400人次，坚决维护正

2020年9月10日，玉林市育辉高级中学开工奠基仪式

（茂林镇　提供）

常的土地管理秩序和征地工作环境。推进茂林农贸市场建设，抓好天门老街整治常态化工作。

【生态建设】 2020年，茂林镇坚持推进生态环境持续改善，深入推进蓝天碧水净土保卫战。开展禁烧秸秆及禁止燃放烟花工作，开展全面检查和宣传，实现宣传教育全覆盖，共计翻耕压青农田3547.86亩，同比增长93.7%，全镇秸秆焚烧点大幅减少，空气质量不断改善。严格落实河长制、库长制，加强南流江流域生态保护和环境治理，共开展11次专项清河库“四乱”整治行动，总计出动1405人次，清理垃圾916吨。狠抓生活污染治理。开展农村黑臭水体排查治理工作；对辖区15个农村污水处理设施进行修缮；扎实推进5个农村污水处理工程建设。

【党建工作】 2020年，茂林镇全面加强党建工作。从严贯彻落实党建“强基创星”工作，全镇党支部100%达标。完善茂林镇党群服务中心建设，提升党群服务能力。开展解放思想再出发“大学习、深调研、强服务、敢担当”活动，落实主题党日活动常态化，开展“党课开讲啦”“学习身边榜样”活动共计158场次。强化社区后备干部队伍，储备后备干部193名，打牢2021年社区“两委”干部换届基础。不断深化意识形态工作。抓牢党委意识形态责任制落实，领导班子带头讲党课，带头学习中共十九届五中全会精神，开展理论中心组学习3次，取得良好成效。持续推进党风廉政建设。抓好廉政宣传教育，开展“廉政文化进社区”活动，经常性开展警示教育，做到宣传教育常态化。

（茂林镇）

仁厚镇

【概　况】 仁厚镇位于玉州区西北部，距玉林城区约10千米，镇人民政府驻仁厚村，辖仁厚、道良、铁匠、上罗、下罗、荔枝、新旺、大卢、茂岑9个行政村，172个村民小组。东接仁东镇，南连福绵区福绵镇，西邻兴业县大平山镇，北与仁东镇及兴业县大平山镇交界。境内无大河流，有黎湛铁路、G59荔玉高速和324国道过境，土特产有红薯、蒜头、花生、潮菜等。辖区总面积36.04平方千米，耕地面积1264公顷，粮食种植面积2728公顷。2020年年末，全镇总人口31376人，总户数8362户。

【经济发展】 2020年，仁厚镇财税收入实现7638万元，完成累计进度200.68%，完成进度排名全区第一；规上工业产值2.12亿元，同比增长50%；完成固定资产投资12.84亿元；限上批发业销售额完成7.2亿元，零售业销售额完成8.1亿元。

【园区建设】 2020年，玉林市中医药健康养生街（仁厚小城镇建设项目）已完成项目备案、环评报告及用地预审等前期工作；康臣·玉药整体搬迁项目、岭南中药颗粒、平安堂、民众中药饮片加工等项目均在加快建设，玉林牛腩粉产业园项目、“两湾”产业园项目、可再生资源循环经济产业园项目正在进行前期准备工作。

【脱贫攻坚】 2020年，仁厚镇以战“疫”思维战脱贫攻坚，优先支持贫困劳动力稳岗就业，帮助返乡贫困劳动力再就业，稳住务工收入，全年累计发放稳岗和就业补贴83.48万元。加强易返贫致贫人口监测和帮扶，累计纳入易致贫户31户112人，脱贫不稳定户4户；落实易致贫户跟踪联系人31人，已全部落实跟踪联系人和防贫措施。剩余贫困人口21户72人顺利实现脱贫摘帽。至此，全镇脱贫攻坚任务顺利完成，消除绝对贫困，取得脱贫攻坚全面胜利。

【乡村振兴】 2020年，仁厚镇以“三清三拆”为重要抓手，将城乡建设用地增减挂钩项目与乡村振兴结合起来，按照“一村一特色”的思路，推进乡村风貌提升“扫一遍”工作，拆除危房共约6570平方米，建造“微菜园”“微果园”230个，完成土地增减挂钩项目500亩；加快推进上罗村—荔枝村—茂岑村—铁匠村—道良村乡村振兴示范带建设，以点带面打造“一个中心一条主线”的乡村生态旅游示范带。

2020年12月11日，玉州区仁厚镇专职消防队正式挂牌成立

（仁厚镇　提供）

【民生保障】 2020年，仁厚镇多渠道做好重点群体就业工作，支持大众创业万众创新带动就业。对因疫情遇困群众及时给予救助，全年发放城乡低保338.17万元，发放困难家庭临时生活补助8.44万元。全年新出生人口251人，计划生育率为95.97%。落实独生子女户、双女结扎户享受爱心保险61户，代缴计生家庭城乡医疗保险237户594人。推进人口普查各项工作，在绘图工作上创新思维，推出“云指导”方式，累计标绘建筑物6571个，成为全市率先完成普查建筑物标绘的乡镇。

【社会治安】 2020年，仁厚镇共排查民间纠纷99件，需调处51件，已调处51件，调处成功47件；镇、村两级调委会共调解各类纠纷95件。全年无因矛盾调处不及时，引发群体性事件、极端事件。查处吸毒人员25人；贩毒立破案5起，逮捕8人，刑拘3人。结合禁毒宣传月活动，宣传国家禁毒政策知识，制作宣传栏12版，横幅21条，发放宣传资料3000余份。开展“文明家庭·拒绝邪教”宣传活动，发放宣传资料5000余份。群众安全感和满意度评分稳居玉州区前列，连续三年被评为玉林市平安镇。

（仁厚镇）

大塘镇

【概　况】 大塘镇位于玉林市城区至桂平的公路旁边，地处北纬22°42′25″～22°49′19″、东经110°6′11″～110°8′55″之间。距城区8千米，东与北流市大里镇相邻，西南与玉州区城北街道接壤，北与兴业县卖酒镇相望。行政区域面积32.47平方千米，耕地面积520公顷，辖5个行政村、139个村民小组，总人口逾2.8万人。

【经济建设】 2020年，大塘镇完成财政收入833万元，完成全年计划100.06%。完成固定资产投资13200万元（含续建项目），完成目标任务的194.12%。其中广西九盛食品加工园全年完成固定资产投资2428万元，南玉高铁全年完成固定资产投资4975万元。

【脱贫攻坚】 2020年，大塘镇投入96.77万元，解决81户群众（贫困户、普通农户）的住房问题，其中：投入30.62万元完成危房改造7户，投入26.95万元完成人均面积不足13平方米改造户8户，投入39.2万元完成住房“扫尾清零”66户。截至11月上旬，完成全部住房保障指标任务。全面落实“198”政策；建档立卡贫困人口参加城乡医疗保险率达100%；已办理特殊门诊慢性病就诊证483人；强化家庭医生签约制度，符合条件的贫困户家庭做到“应签尽签”，并按规定做好医疗服务工作。压实“双线四包”政府线责任，全镇6～16岁义务教育阶段贫困家庭学生343人无辍学、失学现象；落实义务教育阶段“两免一补”政策，做到应补尽补；落实2020年春、秋季期雨露计划政策，春、秋两季共发放雨露计划补助238人次、35.23万元。对全镇饮水安全情况进行全面摸排，居民饮用水均为安全用水，居民取水方便；实施饮水安全巩固提升工程，投资313万元的三和村饮水安全巩固提升工程于5月22日通过验收，投资209

2020年8月29日，玉州区大塘镇阳山村举办乡村振兴建设捐款仪式
（大塘镇 提供）

万元的苏烟村饮水安全巩固提升工程目前正处于施工阶段。全镇5个村新成立村级种植专业合作社，实现专业合作社全覆盖；累计实现放小额信贷94户446.4万元，顺利完成“争百”任务。中央和自治区财政专项扶贫资金项目5个，3月31日前全部开工建设。5月末，阳山村2个三面光水渠工程、三和村道路硬化工程、三和村饮水工程均顺利完工，项目资金均拨付100%。11月中旬，阳山村成衣加工厂建设工程也圆满竣工，项目资金拨付达到100%以上。全镇共开发扶贫公益性岗位、非固定性村级扶贫公益性岗位211个，安置211名贫困劳动力上岗。全年共发放稳岗补贴82.9万元，交通补贴7.28万元。截至9月末，共计发放以奖代补资金78.68万元，368户贫困户受益。2020年，全镇建档立卡贫困户的未脱贫户有19户83人。至5月末，全镇19户预脱贫户均全部达到脱贫标准。11月16日，苏烟村顺利通过自治区脱贫攻坚“四合一”实地核验，完成区委、区政府下达的目标任务。

【疫情防控】 2020年，大塘镇的镇、村两级均成立疫情防控领导小组，分别负责全镇、各村的疫情防控总体统筹调度，组织机关单位、各村委会成立6个党员先锋总队、28个分队，全面发动村民组长、党员、村医、志愿者参与。建立疫情防控服务群，实时了解返回玉州人员隔离期间的需求，及时将最新的疫情防控措施传递给每一户；各村、镇直各单位利用广播、宣传车白天循环播放新冠肺炎疫情防治知识、疫情防控相关通告；通过发放宣传单、微信转发、醒目位置悬挂横幅等不断扩大宣传覆盖面。根据疫情的变化，在全镇范围内分别开展从境外返乡人员的摸底调查工作。全镇共设置镇级卡点3个、村级卡点5个，143人参与值班值守；落实辖区内的超市、饮食摊点、网吧等人群聚集性场所的禁止营业工作。全年共排查出来自境外回国人员26人，“三非”人员1人，发热人员1013人。

【民生保障】 2020年，大塘镇共发放农村低保金额373.6万元，救助低保户1.66万人次。发放低保临时价格补贴52.2万元，发放8905人次。全年发放孤儿生活费9600元，发放12人次；发放特困人员供养费1995人次，发放110.67万元；发放特困人员护理费13人次，共1.2万元；发放特困人员价格补贴1155人次，发放5.1万元。全年共发放重度残疾人护理补贴11.98万元，发放1484人次；困难残疾人生活补贴11.11万元，发放1368人次。做好80周岁以上高龄老年人生活津贴发放工作。全年共发放高龄老年人生活津贴15.16万元，发放1189人次。稳步推进城乡居民基本养老保险工作，全镇完成城乡居民养老保险参保人数1.25万人，完成率达100%。其中，建档立卡贫困户2315人，建档立卡户参保率100%。全年农村劳动力及农村就业困难人员实现转移就业完成418人，实现城镇转移就业人员19人，各项城乡劳动力指标任务完成。全镇共进行农机购置补贴205台，金额30.75万元。全年发放耕地地力保护补贴64.9万元，受益农户4434户。全镇落实稻谷生产补贴面积5625.87亩，补贴资金15.92万元。3月15日，在大塘镇大塘村举行广西水稻无人机直播现场会，水稻无人机直播在玉林市尚属首次，通过水稻无人机直播的方式在全市普及推广免浸种、免育苗、免插秧等环节，推广有精量、轻简、高产、高效等优点的水稻新型栽培方式。

【环境整治】 2020年，大塘镇推行“河长制”，镇村两级累计巡河约638人次，发现问题3起，办结3起，未出现因巡河次数不达标等被上级通报的情况。聘请河道保洁员3名、水域巡查员14名

（非固定公益性岗位），做好河道日常清洁保洁、巡逻巡查工作，辖区内河道清洁、保洁、管理覆盖率达100%。大良江水质全年均保持Ⅲ类达标。整治“两违”建设，坚持每日与大塘中队5人开展违建巡查，制止破坏耕地行为，截至11月末，累计责令停止违建行为64次，立案处罚违建2处，强制拆除复耕4处。开展农村乱占耕地建房调查工作，完成1050个农民乱占耕地建房卫片图斑调查工作。累计开展打击非法采砂行为20次，取缔非法采砂点3个。配合玉林市推进文明城市、卫生城市创建工作，全镇累计拆除沿街、沿路违规广告牌300多个。推进乡村风貌提升“三清三拆”专项整治工作，各村共计清理陈年垃圾40处，清理乱堆乱放35处，清理池塘沟渠49处，拆除乱搭乱盖乱建440平方米，拆除非法广告牌、招牌19个，拆除废弃建筑1623平方米，拆除废弃猪牛栏86平方米。镇辖区林地保有量约为1925.82公顷，森林覆盖率为57.9%。全年植树造林300亩，占上级下达植树造林任务100亩的300%。协助设立自然保护区界标，禁止在自然保护区内未经批准进行开垦、开矿、采石、挖砂等活动，开展自然保护区的日常巡查，防止出现乱捕滥猎野生动物、滥挖野生植物等破坏森林生态的行为。

2020年，大塘镇三和村饮水安全工程施工现场　（大塘镇　提供）

【社会治理】 2020年，大塘镇本级调处纠纷102起，调解成功99起，调处率100%，调解成功率97%，连续三年没有出现新的积案，继续保持重要节点零进京、零非访，没有出现影响社会稳定问题。全年配合公安派出所立刑事案件28起，破案21起；逮捕22人，完成率104.7%；查处吸毒人员42人，其中强戒隔离戒毒26人，完成率130%。结合安全生产和复工复产等情况开展安全生产大检查8次，重点针对交通运输、建筑施工、危险化学品和烟花爆竹等工贸七大行业，以及地质灾害防治、人员密集场所、中小学生防溺水、民爆物品、城镇燃气、食品药品加工等十三大重点行业领域进行排查。约谈警示企业3家，排查和整改安全隐患3处。针对非法生产储存运输经营烟花爆竹持续保持高压态势，成立“打非”工作专项行动小组，密集开展例行巡查和日常打击。全年出动人员760余人次，共开展打击私炮专项行动50次，取缔私炮窝点25个，缴获销毁生产机械42台，销毁成品、半成品一批，拘留非法生产私炮人员11名。

（大塘镇）

人物·先进

2020年任职的区领导

吕燕梅（1970年4月—），2020年3月任广西玉林市玉州区委书记。广西陆川人，1994年5月加入中国共产党，1990年12月参加工作，广西大学商学院研究生班政治经济学专业毕业，在职研究生学历。1988年9月至1990年7月在广西大学数学系计算机软件专业学习。1990年12月至1992年4月任广西陆川县化肥厂工作人员、干部。1992年4月至1994年6月任广西陆川县社会劳动保险事业管理所干部。1994年6—9月任广西玉林地委组织部干部二科干部。1994年9月至1996年7月任广西玉林地委组织部干部二科科员。1996年7月至1998年3月任广西玉林市（地）委组织部干部二科科员、市（地）委副科级组织员。1998年3—9月任广西玉林市委组织部干部二科副科长。1998年9月至2000年4月任广西玉林市委组织部干部四科副科长（1997年8月至1999年12月在中央党校函授学院本科班行政管理专业学习）。2000年4月至2001年12月任广西玉林市委组织部党政干部科副科长、市委正科级组织员。2001年12月至2004年11月任广西玉林市委组织部干部调配科科长、市委正科级组织员（其间：2002年9月至2004年7月在广西大学商学院研究室班政治经济学专业学习）。2004年11月至2007年2月任广西玉林市委组织部经济干部科科长、市委正科级组织员。2007年2月至2010年6月任广西玉林市中级人民法院党组成员、派驻纪检组长。2010年6月至2013年4月任广西容县县委常委、纪委书记。2013年4月至2015年2月任广西玉林市玉州区委副书记。2015年2月至2020年3月任广西玉林市玉州区委副书记、区长。

莫景彪（1972年11月—），2020年9月任广西玉林市玉州区委副书记、区长。广西兴业人，1994年5月加入中国共产党，1991年7月参加工作，广西壮族自治区党委党校研究生班法学专业毕业，在职研究生学历。1991年7月至1997年7月任广西玉林市（地区）纪委干部（其间：1993年6月定为科员，1994年9月至1997年7月在广西壮族自治区党委党校函授大专行政管理专业学习）。1997年7月至1998年4月任广西玉林市（地区）纪委副科级纪律检查员。1998年4月至12月任广西玉林市纪委正科级纪律检查员。1998年12月至2003年7月任广西玉林市纪委办公室副主任、正科级纪律检查员（1998年9月至2000年12月在中央党校函授学院本科班行政管理专业学习）。2003年7月至2006年7月任广西玉林市纪委干部室主任（副处级）。2006年7月至2009年4月任广西博白县委常委、统战部部长（其间：2008年4—7月挂职任上海浦东新区洋泾街道主任助理）。2009年4月至2011年6月任广西玉林市玉州区委常委、纪委书记。2011年6月至2015年5月任广西玉林市发改委副主任、党组成员（2010年8月至2011年8月挂职任广西审计厅经济责任审计处副处长；

2010年9月至2012年12月在广西壮族自治区党委党校研究生班法学专业学习，中国政法大学法学院法学专业研究生课程班学习）。2015年5月至2016年5月任广西玉林市发改委副主任、党组成员，市医改办主任（正处长级）。2016年5—6月任广西北流市委常委（正处长级）。2016年6月至2019年4月任广西北流市委常委、副市长（正处长级）。2019年4—5月任广西博白县委副书记（正处长级），北流市副市长。2019年5—7月任广西博白县委副书记（正处长级）。2020年7—8月任广西玉林市玉州区委副书记、区长（提名）。2020年8—9月任广西玉林市玉州区委副书记、副区长、代区长。

王永坚（1977年5月—），2020年2月任广西玉林市玉州区常委、副区长。广西容县人，2003年4月加入中国共产党，1999年12月参加工作，东北林业大学经济管理学院贸易经济专业毕业，大学学历，经济学学士。1995年9月至1999年7月在东北林业大学经济管理学院贸易经济专业学习。1999年12月至2000年12月任广西玉林市统计局秘书科干部。2000年12月至2003年12月任广西玉林市统计局秘书科科员。2003年12月至2004年10月任广西玉林市统计局综合科副科长。2004年10月至2005年4月任广西玉林市发展和改革委员会综合科干部（副科级）。2005年4—12月任广西玉林市发展和改革委员会综合科副科长。2005年12月至2006年5月任广西玉林市发展和改革委员会综合科主任科员。2006年5月至2008年2月任广西玉林市发展和改革委员会综合科科长。2008年2月至2011年1月任广西玉林市发展和改革委员会改革规划科科长。2011年1—2月任广西玉林市发展和改革委员党组成员。2011年2月至2020年1月任广西玉林市发展和改革委员会副主任、党组成员（其间：2013年4月至2014年4月任北流市新农村建设指导员工作队队长，挂任北流市委常委、副市长）。2020年1—2月任广西玉林市玉州区委常委、副区长（提名）。

陈芊茜（1985年9月—），2020年1月任广西玉林市玉州区委常委、组织部长。广西北流人，2005年3月加入中国共产党，2012年11月参加工作，北京协和医学院（清华大学医学部）药物分析学专业毕业，研究生学历，医学博士。2003年9月至2007年7月在合肥工业大学制药工程专业学习（本科）。2007年9月至2012年7月在北京协和医学院（清华大学医学部）药物分析学专业学习（硕博连读）。2012年11—12月任广西玉林市卫生学校干部。2012年12月至2016年2月任广西玉林市卫生学校副校长。2016年2月至2017年12月任广西玉林市卫生学校副校长（副处级）。2017年12月至2020年1月任广西玉林市中西医结合骨科医院党委书记。

乔　鹏（1982年12月—），2020年3月任广西玉林市玉州区委常委、宣传部部长。山西偏关人，2002年12月加入中国共产党，2005年7月参加工作，广西师范大学行政学院思想政治教育专业毕业，在职研究生学历，法学硕士。2001年9月至2005年7月在玉林师范学院数计系数学与应用数学专业学习。2005年7月至2008年10月任玉林师范学院职业技术学院政治辅导员。2008年10月至2011年5月任玉林师范学院学校办公室行政科副科长（其间：2008年7月至2011年7月在广西师范大学行政学院攻读思想政治教育专业硕士）。2011年5月至2014年1月任玉林师范学院学生工作处教育管理科科长。2014年1—12月任玉林师范学院职业技术学院党委副书记兼副院长。2014年12月至2016年8月任玉林师范学院美术与设计学院党委副书记兼副院长。2016年8月至2019年11月任共青团广西玉林市委员会副书记、党组成员。2019年11月至2020年3月任共青团广西玉林市委员会副书记。

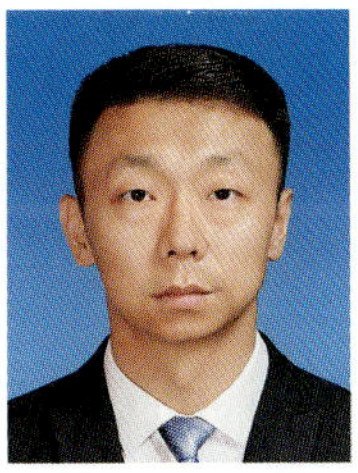

李家胜（1979年8月—），2020年9月任广西玉林市玉州区委常委、纪委书记，区监察委员会主任。广西博白人，2000年12月加入中国共产党，2003年7月参加工作，广西壮族自治区党委党校

经济管理专业毕业，在职研究生学历，农学学士。1999年9月至2003年7月在广西大学农学院农学专业学习。2003年7月至2006年4月任广西陆川县平乐镇人民政府干部（其间：2005年11月至2006年4月抽调到陆川县委组织部跟班学习）。2006年4月至2008年3月任广西陆川县平乐镇党委组织委员兼统战委员。2008年3月至2009年3月任广西陆川县平乐镇党委组织委员（2007年9月至2008年12月在广西区党委组织部人才工作处跟班学习）。2009年3—11月任广西陆川县大桥镇党委副书记、人大主席。2009年11月至2011年5月任广西陆川县大桥镇党委副书记、人大主席、综治办（610办、维稳办）主任（兼）。2011年5—7月任广西陆川县大桥镇党委副书记、提名镇长。2011年7月至2014年12月任广西陆川县大桥镇党委副书记、镇长。2014年12月至2015年3月任广西陆川县良田镇党委副书记、提名镇长。2015年3—11月任广西陆川县良田镇党委副书记、镇长。2015年11月至2016年7月任广西陆川县良田镇党委书记、镇长（2013年9月至2015年12月在广西壮族自治区党委党校经济管理专业学习）。2016年7月至2019年2月任广西陆川县良田镇党委书记。2019年2月至2020年5月任广西陆川县委常委、办公室主任，良田镇党委书记。2020年5—8月任广西玉林市玉州区委常委、纪委书记，区监察委员会主任（提名）。2020年8—9月任广西玉林市玉州区委常委、纪委书记，区监察委员会副主任、代主任。

梁武波（1975年8月—），2020年10月任广西玉林市玉州区委常委、副区长（挂职）。

广西兴业人，2005年12月加入中国共产党，1998年7月参加工作，广西大学土木建筑工程学院城市规划与建设专业毕业，在职研究生学历，工程硕士。1994年8月至1998年7月在广西工学院建筑工程专业学习。1998年7月至2003年2月任广西玉林市建设工程质量监督站干部。2003年2月至2004年5月任广西玉林市审计局固定资产投资审计科干部。2004年5月至2005年6月任广西玉林市审计局固定资产投资审计科副主任科员。2005年6月至2008年1月任广西玉林市审计局固定资产投资审计科副科长（2003年3月至2006年6月在广西大学土木建筑工程学院城市规划与建设专业工程硕士学习）。2008年1月—8月任广西玉林市审计局固定资产投资审计科科长。2008年8月至2011年1月任广西玉林市审计局固定资产投资审计科科长，玉林市政府投资审计中心主任（兼）。2011年2月至2019年3月任广西玉林市审计局党组成员、总审计师（副处长级）。2019年3月至2020年8月任广西玉林市城市管理监督局副局长、党组成员。2020年8—10月任广西玉林市玉州区委常委（挂职）。

谢湛华（1978年9月—），2020年12月任广西玉林市玉州区副区长。广东廉江人，2003年12月加入中国共产党，2000年7月参加工作，广西师范大学美术教育专业毕业，大学学历。

1997年9月至2000年7月在桂林市教育学院美术系美术教育专业学习。2000年7月至2003年9月任广西玉林市玉州区城西二中教师。2003年9月至2005年7月任广西玉林市玉州区城西镇团委书记（2001年8月至2004年7月在广西师范大学函授本科班美术教育专业学习）。2005年7月至2006年4月任广西玉林市玉州区城西街道团工委书记。2006年4月—11月任广西玉林市玉州区茂林镇党委委员、纪委书记，城西街道团工委书记。2006年11月至2008年5月任广西玉林市玉州区茂林镇党委委员、纪委书记（其间：2007年5月至2008年4月挂任共青团市委宣传部副部长）。2008年5月至2009年12月任广西玉林市玉州区名山街道党工委组织委员。2009年12月至2011年5月任共青团广西玉林市玉州区委员会书记。2011年5月至2013年2月任广西玉林市玉州区委办公室副主任（正科长级）。2013年2—3月任广西玉林市玉州区仁东镇党委副书记。2013年3月至2016年2月任广西玉林市玉州区仁东镇党委副书记、镇长。2016年2月至2020年9月任广西玉林市玉州区仁东镇党委书记。2020年9—11月任广西玉林市玉州区仁东镇党委书记、一级主任科员。2020年11—12月任广西玉林市玉州区副区长（提名），仁东镇党委书记。

周　慧（1983年1月～），2020

年12月任广西玉林市玉州区副区长。湖南祁东人，中国民主建国会成员，2006年1月参加工作，广西师范大学国民经济学专业毕业，在职研究生学历。2001年9月至2005年7月在广西师范大学法商学院经济专业学习。2006年1月至2007年1月任广西玉林市事业单位登记管理局干部。2007年1月至2009年3月任广西玉林市事业单位登记管理局科员。2009年3月至2013年3月任广西玉林市事业单位登记管理局综合科副科长。2013年3月至2015年4月任广西玉林市事业单位登记管理局综合科科长。2015年4月至2016年5月任广西玉林市事业单位登记管理局副局长（2013年10月至2015年9月参加广西师范大学经济管理学院国民经济学专业研究生班学习）。2016年5—8月任广西容县政协副主席（提名）。2016年8月至2020年11月任广西容县政协副主席。

玉州区党政群机关事业单位及领导人

中共玉州区委员会

中共玉州区第五届委员会

书　记：邹宇鹏（任至2月）
　　　　吕燕梅（女）（3月任职）
副书记：莫景彪（7月任职）
　　　　陈天宁
常　委：刘安定
　　　　王永坚（1月任职）
　　　　梁武波（8月任职）
　　　　杨　健
　　　　吕智能（任至3月）
　　　　乔　鹏（3月任职）
　　　　李春光
　　　　陈芊茜（女）（1月任职）
　　　　李　志
　　　　梁承跃
　　　　黄　琦（任至5月）
　　　　李家胜（5月任职）

区委工作机关

区纪律检查委员会（区监察委员会）
书　记（主任）：
　　黄　琦（任至5月）
　　李家胜（5月任职）
区委办公室
主　任：李　志
区委组织部
部　长：
　　陈芊茜（女）（1月任职）
区委宣传部
部　长：乔　鹏（3月任职）
区委统战部
部　长：杨　健
区委政法委
书　记：梁承跃
区委机要局（区国家密码局）
局　长：周　彬
区直机关工委
书　记：钟　军
区委巡察办
主　任：陈冬宇（任至11月）
　　　　罗燕毅（女）（11月任职）
区委区政府信访局
局　长：谭　芳（女）
区委机构编制委员会办公室
主　任：
　　罗春华（女）（任至11月）
　　钟发全（11月任职）
区委督查和绩效考评办公室
主　任：钟发全（任至11月）
　　　　陈　良（11月任职）

区委直属事业单位

区档案局（馆）
局长（馆长）：谭艳艳（女）
区委党史办公室
主　任：曾冬华（女）

区委派出机构

区工业集中区工作委员会
书　记：杨少芳（女）

玉州区人民代表大会及其常务委员会

玉州区第五届人大常委会

主　任：梁　伟
副主任：梁海波
　　　　莫春诗（女）
　　　　黎业枢
　　　　李　松

区人大常委会机关

人大常委会办公室
主　任：唐积辉
人大监察和法制委员会
主任委员：莫贵珍（女）
人大财政经济委员会
主任委员：唐晓林
人大社会建设委员会
主任委员：庞彤彤（女）
人大常委会教科文卫与民族工作委员会
主　任：杨　斌
人大常委会农业农村与环资城建工作委员会
主　任：卢　辉
人大常委会选举联络工作委员会
主　任：周　华（女）

玉州区人民政府

玉州区第五届人民政府

区　长：
　　吕燕梅（女）（任至8月）
　　莫景彪（9月任职）

副区长：王永坚（2月任职）
李春光（挂职）
李永志
黄育军
梁武波（挂职）
何　卫（女）（任至8月）
伍贤初（任至12月）
谢湛华（12月任职）
周　慧（女）（12月任职）

区政府工作部门

区政府办
主　任：李春初
玉林市公安局玉州分局
局　长：李永志
政　委：陆建国
区发展和改革局
局长：卢雪琳（女）
区经济贸易和科学技术局（区中小企业局、区商务博览局）
局　长：谭雄文
区司法局（区行政执法监督局）
局　长：苏异勇
区教育局
局　长：黄旭雄
区财政局
局　长：李　剑
区人力资源和社会保障局
局　长：梁远洪
区住房和城乡建设局
局　长：周志明
区交通运输局
局　长：宋寿宁
区农业农村局（区水产畜牧兽医局）
局　长：阮玉娟（女）
区文化体育和旅游局
局　长：陈　亮
区审计局
局　长：管小伟（女）
区统计局
局　长：唐桂琪
区自然资源局
局　长：卢宗鹏
区扶贫办
主　任：钟永安
区水利局
局　长：关敦励
区应急管理局
局　长：陈行诗
区卫生健康局
局　长：罗　坚
区市场监督管理局
局　长：陈　超
区大数据发展和政务服务局
局　长：钟　军
区医疗保障局
局　长：文　晖
区退役军人事务局
局　长：黄宇健
区城市管理监督局
局　长：吕惠军
区民政局
局　长：甘　钫（任至12月）

区政府直属事业单位

区直属机关后勤服务中心
主　任：刘义英（女）
区投资促进服务中心
主　任：郭俊卿
区水库和扶贫易地安置中心
主　任：王剑波（9月任职）
区金融工作服务中心
主　任：罗秋莉（女）
区方志办
主　任：曾冬华（女）
区供销联社理事会
主　任：罗　勇
区二轻联社
主　任：何岗阳
区征地办
主　任：易信东
区地震监测服务中心
主　任：缺
区农业机械化服务中心
主　任：缺
区融媒体中心
主　任：缺

区政府派出机构

区工业集中区管委会主任：
杨少芳（女）

政协玉州区委员会

政协玉州区第五届委员会

主　席：杨树信
副主席：钟　辉
誉德凤（女）
何海高
吴朝宗
秘书长：黄毓林

区政协机关

区政协办公室
主　任：黄毓林
政协农业和农村委员会
主　任：周　亮
政协经科联谊工作委员会
主　任：谢　强
政协提案法制工作委员会
主　任：邬伟宁（女）
政协教文卫体工作委员会
主　任：王　莉（女）

玉州区人民法院

院　长：王明林

玉州区人民检察院

检察长：杨　华（女）

国防单位

区人民武装部
部　长：华　腾
政　委：刘安定
区消防大队
大队长：黄　浩

教导员：杨志祥（2月任职）

群众团体

区总工会
主　席：钟　辉（兼）
共青团区委
书　记：
　　莫　逊（女）（任至12月）
　　黄思皓（12月任职）
区妇联
主　席：黄丽华（女）
区工商联
主　席：许　勇
区侨联
主　席：梁逸祥
区文联
主　席：李然厚
区残联
理事长：钟东英（女）
区科协
主　席：誉德萍（女）
区社科联
主　席：张　婕（女）
区红十字会
常务副会长：丘力帆（女）
区法学会
秘书长：梁德春
区计生协会
常务副会长：罗　坚（兼）

中直、区直、市直单位

区税务局
局　长：梁　芳（女）
玉林市玉州生态环境局
局　长：罗　华

区直企业单位

玉州区城投公司
董事长：张　波
玉州区交投公司
董事长：谢先能
玉林市商业总公司
总经理：张仕育
玉林市宏源公司
董事长：林雍肖

乡镇（街道）

玉城街道
党工委书记：陈　颖
办事处主任：肖德嵩
人大工委主任：
　　黄少洪（10月任职）
南江街道
党工委书记：周海帆
办事处主任：罗中鹏（任至1月）
人大工委主任：
　　谢小芬（女）
城西街道
党工委书记：
　　李　毅（任至5月）
办事处主任：黄　霞
人大工委主任：李　军
名山街道
党工委书记：吴朝宗
办事处主任：覃海东
人大工委主任：胡伟慧（女）
城北街道
党工委书记：陈国锦
办事处主任：陈天国
人大工委主任：卓　刚
茂林镇
党委书记：黄家寿
镇　长：宁一强
人大主席：唐建松
仁东镇
党委书记：谢湛华
镇　长：陈祖安
人大主席：李　民
仁厚镇
党委书记：罗建勇
镇　长：卢国勇
人大主席：
　　谢　斌（任至12月）
　　莫　逊（女）（12月任职）
大塘镇
党委书记：
　　何卫（女）（任至8月）
镇　长：许育俊
人大主席：潘　伟

先进模范人物名录

获全国公安系统抗击新冠肺炎疫情先进个人称号
黄　涛　玉林市公安局西就派出所所长、二级警长

获全国公共法律服务工作先进个人称号
吕飞凤　女，玉林市玉州区司法局法援中心工作人员

获自治区援鄂、赴柬埔寨抗击新冠肺炎疫情工作突出贡献嘉奖激励干部担当作为三等奖
刘妃妃　女，玉林市第二人民医院护师
许燕本　女，玉林市第二人民医院主管护师
庞　钘　玉林市第二人民医院护师
唐玉兰　女，玉林市第二人民医院护师
廖　玲　女，玉林市第二人民医院护师

获自治区新冠肺炎疫情防控和复工复产工作突出贡献嘉奖激励干部担当作为三等奖
张诗铭　玉林市公安局玉州分局辅警
徐广辉　玉林市玉州区南江街道江滨社区党委书记

广西“人民满意的公务员”名单
黄旭雄　玉林市玉州区教育局党组书记、局长、四级调研员

广西记一等功公务员名单

高斯宜　女，玉林市玉州区法院立案庭（诉讼服务中心）副庭长（副主任）

获自治区劳动模范称号

黄　杰　广西玉林达业机械制造有限公司设备主管

梁惠雄　女，玉州区南江街道美丽办垃圾收集员

获广西五一劳动奖章

罗　林　玉州区自然资源局森林病虫害防治检疫站站长、驻玉州区仁东镇沼心村党总支部第一书记

获广西青年五四奖章

张诗铭　玉林市公安局玉州分局辅警

获广西三八红旗手称号

温先花　女，玉东新区茂林镇人民政府四级主任科员、妇联主席

广西优秀贫困村党组织第一书记

黎　江　玉林市玉州区人社局派驻玉州区名山街道腾扬村党组织第一书记

广西优秀脱贫攻坚（乡村振兴）工作队员

古　娴　女，玉林市玉州区扶贫办派驻玉州区南江街道广恩村脱贫攻坚（乡村振兴）工作队员

自治区政府督查工作突出贡献奖个人

明承阳　玉林市玉州区督查绩效办副主任

自治区政府政务信息工作突出贡献奖个人

苏　敏　女，玉林市玉州区水政监察大队四级主任科员

获玉林市支援湖北新冠肺炎疫情防控工作先进个人称号

刘妃妃　女，玉林市第二人民医院护师

许燕本　女，玉林市第二人民医院主管护师

庞　钘　玉林市第二人民医院护师

唐玉兰　女，玉林市第二人民医院护师

廖　玲　女，玉林市第二人民医院护师

获玉林工匠称号

李　琴　女，广西玉林制药集团有限责任公司中药大健康新品研发主管、正高级工程师

玉林市“攻坚猛将”

黄旭雄　玉林市玉州区教育局党组书记、局长，玉州区教育工委书记（兼）

玉林市“改革闯将”

卢雪琳　玉林市玉州区发改局党组书记、局长

唐桂琪　玉林市玉州区统计局党组书记、局长

林海燕　玉林市玉东新区政务服务中心副主任

玉林市“发展干将”

龙玉洁　玉林市玉州区东环小学党委书记、校长，玉州区二泉小学校长（兼），玉州区妇女联合会副主席（兼）

高斯宜　玉林市玉州区人民法院审判员、立案庭（诉讼服务中心）副庭长（副主任）

罗承贤　玉林市玉州区仁东镇石地村党总支部书记

刘斌钊　玉林高新区工委党群工作部部长，玉林市玉东新区工委党群工作部部长

立功受奖现役军人

梁海军，玉林市玉州区人，2006年12月入伍，现任武警广东总队梅州支队勤务保障大队供应保障中队营房修理工（四级警士长）。入伍以来，多次参加单位组织的新兵拉练、反恐魔鬼周、后勤比武、卫士演练等任务，先后被评选为“优秀学员”“优秀士官”“优秀保障标兵”“技术能手”“十大先进典型”“十大先进士官”“总队优秀共产党员”，荣获嘉奖6次。2020年因工作表现突出，被评为“四有”优秀个人，荣立三等功1次。

谭志伟，玉林市玉州区人，2017年6月入伍，现任武警广东总队广州支越秀中队政治指导员。入伍以来，多次参加单位组织的长途武装押解、春运保安、首长驻地警卫等任务，先后被评选为“优秀共产党员”“优秀基层干部”“十佳四会政治教员”。2020年因工作表现突出，荣立三等功1次。

张威，玉林市玉州区人，2014年9月入伍，现任新疆某部排长。入伍以来，多次参加单位组织的比武演练等任务，先后被评选为“优秀基层干部”“优秀四会教练员”。2020年因工作表现突

出，荣立三等功1次。

宁文豪，玉林市玉州区人，2008年12月入伍，现任海军陆战队某部连长。入伍以来，多次参加国际及军内外比武竞赛、重大演训、远洋随舰护卫等任务，先后被评选为"全军优秀士官人才一等奖""爱军精武标兵""军区优秀士兵标兵""优秀共产党员""全军特战狙击手""最佳陆战排长""感动陆战队十大人物""刀锋连长"，荣获二等功2次、三等功3次。2020年因参加重大任务成绩突出，荣立三等功1次。

梁泰桉，玉林市玉东新区人，2019年9月入伍，现任新疆军区某师战士。入伍以来，多次参加单位组织的各项任务，先后被评选为"十佳好战士"，荣获嘉奖1次。2020年因工作表现突出，荣立三等功1次。

玉州区2020年百岁老人一览表

表10

序号	镇（街道）	村（社区）名称	姓名	性别	出生年月	年龄
1	玉城街道	州珮社区	潘用意	女	1918 年 9 月	102
2	玉城街道	州珮社区	辛秀贞	女	1920 年 11 月	100
3	玉城街道	州珮社区	田增又	女	1917 年 6 月	103
4	玉城街道	南观社区	吕美贤	女	1920 年 5 月	100
5	玉城街道	东岳社区	李明	男	1919 年 12 月	101
6	玉城街道	东岳社区	张为周	男	1920 年 6 月	100
7	玉城街道	新民社区	阮秀英	女	1920 年 6 月	100
8	玉城街道	西就社区	陈国琮	男	1920 年 1 月	100
9	玉城街道	西就社区	梁家容	女	1914 年 4 月	106
10	玉城街道	东明社区	唐秀英	女	1919 年 12 月	100
11	玉城街道	北辰社区	曾伟兰	女	1920 年 1 月	100
12	玉城街道	东成社区	陶昌凡	男	1920 年 9 月	100
13	南江街道	合汉村	刘祖惠	男	1920 年 10 月	100
14	南江街道	常乐村	莫惠芳	女	1916 年 8 月	104
15	南江街道	新联村	黎惠芳	女	1918 年 5 月	102
16	南江街道	分界村	陈秀清	女	1918 年 1 月	102
17	南江街道	广恩村	唐庆芳	女	1919 年 12 月	101
18	城西街道	江岸社区	陈惠芬	女	1920 年 11 月	100
19	城西街道	新团社区	杜慈龙	男	1918 年 9 月	102
20	名山街道	绿杨村	张熙芳	女	1920 年 4 月	100
21	城北街道	彭村	梁文桂	男	1917 年 6 月	103
22	城北街道	钟周村	凌德英	女	1919 年 2 月	101
23	仁厚镇	上罗村	卢志英	女	1918 年 2 月	102
24	仁厚镇	新旺村	梁崇英	女	1920 年 1 月	100
25	大塘镇	大塘村	甘家芬	女	1920 年 6 月	100
26	大塘镇	阳山村	禤本英	女	1920 年 8 月	100

玉州区第一批专业技术拔尖人才一览表

表11

姓　名	单　位
韦志厚	广西洋平石斛科技研究所
朱红梅	玉州区大北小学
苏丽东	玉州区妇幼保健院
苏里莉	玉州区古定小学
张　莉	玉州区第三实验小学
李寿娟	玉州区教研室
李鑫垒	玉林市皮肤防治医院
李德干	玉林市第二人民医院
陈　旭	玉州区第七初级中学
杨福剑	广西参皇养殖集团有限公司
杨国勤	玉林市益康菌业种植有限公司
庞锡兰	玉州区旺瑶小学
赵子莲	玉州区第七初级中学
凌军霞	玉州区万秀小学
黄维安	广西玉林巨安保健品有限公司
黄志龙	玉州区黄志龙木雕工作室
霍伟棠	玉林市第二人民医院

注：2020年11月11日，中共玉州区委、区人民政府决定命名韦志厚等17人为“玉州区第一批专业技术拔尖人才”。

经济社会统计资料

玉州区2020年主要经济指标完成情况表

表12

经济指标	计量单位	2020 年	2019 年	2020 年增长 %	前三季度增长 %	上半年增长 %	一季度增长 %
地区生产总值	万元	4975372	4776533	3.3	1.9	4.5	0.4
第一产业	万元	198368	201461	4.6	3.3	2.5	-1.8
第二产业	万元	1354706	1319925	4.1	2.2	4.4	-6.5
工业	万元	919443	862797	8.4	5.8	6.8	-2.8
其中：规模以上	万元	—	—	10.5	8.0	9.3	-0.7
建筑业	万元	436123	457953	-4.5	-5.8	-1.3	-17.2
第三产业	万元	3422298	3255147	2.9	1.7	4.6	2.8
财政总收入	万元	219634	246203	-10.79	-2.81	-3.29	-9.8
一般公共预算收入	万元	147900	161183	-8.24	3.75	3.16	-6.4
税收收入	万元	145867	172703	-15.54	-7.77	-14.63	-23.6
固定资产投资额	万元	—	—	-9.4	-23	-13.8	-25.3
本级固定资产投资	万元	—	—	3.8	3.8	-6.5	-17.2
工业投资	万元	—	—	-8.5	-32.5	-26.1	-70.6
本级工业投资	万元	—	—	8.6	-3.0	-0.3	-58.7
技改投资	万元	—	—	-56.1	-82.8	-63.2	-82.2
本级技改投资	万元	—	—	-66.9	-82.9	-63.6	-74.3
全体居民人均可支配收入	元／人	38386	36652	4.7	—	—	—
城镇居民人均可支配收入	元／人	42972	41680	3.1	3.2	1.4	0.2
农村居民人均可支配收入	元／人	20202	18688	8.1	8.2	4.5	4.8
农林牧渔业总产值（玉州本级）	万元	253891	254459	4.7	4	2.5	-1.9
社会消费品零售总额	万元	4307224	4224428	2.0	2.2	0.12	-1.08
批发业销售额	万元	—	—	14.8	18.3	2.4	-8.6
零售业销售额	万元	—	—	3.4	0	-1.7	-6.8
住宿业营业额	万元	—	—	-24.8	-25	-29.4	-48.4

续表12

经济指标	计量单位	2020 年	2019 年	2020 年增长 %	前三季度增长 %	上半年增长 %	一季度增长 %
餐饮业营业额	万元	—	—	1.2	0.2	−19.1	−54.1
规模以上工业总产值	万元	3642272	3195926	14.0	7.8	8.8	−3.4
本级规模以上工业总产值	万元	3166415	2747253	15.3	9.1	10.2	−4.8
商品房销售面积	平方米	3056743	3420289	−10.6	−10.1	−7.4	4.9
本级商品房销售面积	平方米	1713295	2144683	−20.1	−18.8	−11.9	9.2

编制单位：玉州区统计局　　　　　　　　　　　　制表时间：2021 年 1 月 22 日

玉林市各县（市、区）2020年主要经济指标完成情况及排位一览表（一）

表13

区域	地区生产总值				第一产业				第二产业				工业				规模以上工业增加值				第三产业			
	总量（亿元）	总量排位	增长%	增速排位	总量（亿元）	总量排位	增长%	增速排位	总量（亿元）	总量排位	增长%	增速排位	总量（亿元）	总量排位	增长%	增速排位	总量（亿元）	总量排位	增长%	增速排位	总量（亿元）	总量排位	增长%	增速排位
全国	1015986	—	2.3	—	77754	—	3.0	—	384255	—	2.6	—	—	—	—	—	—	—	2.8	—	553977	—	2.1	—
广西	22156.69	—	3.7	—	3555.82	—	5.0	—	7108.49	—	2.2	—	—	—	—	—	—	—	1.2	—	11492.38	—	4.2	—
玉林市	1761.08	—	3.3	—	345.42	—	5.0	—	460.85	—	−0.3	—	—	—	—	—	—	—	—	—	954.81	—	4.5	—
玉州辖区	497.54	1	3.3	3	19.84	7	4.6	5	135.47	1	4.1	3	—	—	8.4	1	—	—	10.5	—	342.23	1	2.9	7
玉东新区	—	—	—	—	—	—	—	—	—	—	—	—	—	—	—	—	—	—	3.8	4	—	—	—	—
玉州区	—	—	—	—	—	—	—	—	—	—	—	—	—	—	—	—	—	—	12.7	2	—	—	—	—
福绵区	96.47	7	7.0	1	28.32	6	5.3	4	33.16	7	7.2	1	—	—	5.2	3	—	—	11.4	3	34.99	7	8.5	1
容县	182.93	5	3.3	3	49.42	3	4.6	5	42.04	6	0	4	—	—	−0.4	4	—	—	2.5	5	91.47	5	4.3	4
陆川县	208.24	4	2.7	6	44.30	5	5.6	3	51.35	5	−7	7	—	—	−12.1	6	—	—	−13.3	6	112.58	4	6.7	3

续表13

区域	地区生产总值				第一产业				第二产业				工业				规模以上工业增加值				第三产业			
	总量(亿元)	总量排位	增长%	增速排位	总量(亿元)	总量排位	增长%	增速排位	总量(亿元)	总量排位	增长%	增速排位	总量(亿元)	总量排位	增长%	增速排位	总量(亿元)	总量排位	增长%	增速排位	总量(亿元)	总量排位	增长%	增速排位
博白县	291.21	3	2.2	7	97.44	1	3.8	7	59.01	3	−4.2	5	—	—	−9.1	5	—	—	−13.3	6	134.76	3	4.2	5
兴业县	165.09	6	5.1	2	44.85	4	5.7	1	51.78	4	5.7	2	—	—	7.6	2	—	—	14	1	68.46	6	4.2	5
北流市	319.60	2	2.8	5	61.24	2	5.7	1	88.04	2	−5.8	6	—	—	−14.8	7	—	—	−16	8	170.32	2	7.0	2

制表单位：玉州区统计局　　　　制表时间：2021 年 1 月 22 日

玉林市各县（市、区）2020年主要经济指标完成情况及排位一览表（二）

表14

区域	固定资产投资				社会消费品零售总额				中央地方财政收入				全体居民人均可支配收入				城镇居民人均可支配收入				农村居民人均可支配收入			
	总量(亿元)	总量排位	增长%	增速排位	总量(亿元)	总量排位	增长%	增速排位	总量(亿元)	总量排位	增长%	增速排位	总量(元)	总量排位	增长%	增速排位	总量(元)	总量排位	增长%	增速排位	总量(元)	总量排位	增长%	增速排位
全国	518907	—	2.9	—	391981	—	−3.9	—	180270	—	−5.3	—	32189	—	4.7	2.1	43834	—	3.5	1.2	17131	—	6.9	3.8
广西	—	—	4.2	—	—	—	−4.5	—	2800.61	—	−5.7	—	24562	—	5.3	2.4	35859	—	3.2	0.7	14815	—	8.3	4.6
玉林市	—	—	2.2	—	753.48	—	2.40	—	164.04	—	−8.0	—	27401	—	5.9	—	37362	—	3.4	—	17721	—	8.4	—
玉州辖区	—	—	−9.4	—	430.72	1	2.00	5	—	—	—	—	—	—	—	—	—	—	—	—	—	—	—	—
玉东新区	—	—	−25.7	8	—	—	—	—	15.4	4	0.5	2	34590	2	4.9	7	38405	4	3.4	5	19461	2	8.0	8
玉州区	—	—	3.8	5	—	—	—	—	21.96	2	−10.8	6	38386	1	4.7	8	42972	1	3.1	7	20202	1	8.1	7
福绵区	—	—	18.2	2	18.46	7	3.20	3	5.54	8	0.5	2	26312	4	6.2	4	39842	2	3.3	6	17385	4	8.7	2
容县	—	—	0.4	7	66.23	4	4.70	2	13.86	6	−12.5	8	24668	5	6.4	3	34852	5	3.6	3	16915	5	8.4	5

续表14

区域	固定资产投资				社会消费品零售总额				中央地方财政收入				全体居民人均可支配收入				城镇居民人均可支配收入				农村居民人均可支配收入			
	总量(亿元)	总量排位	增长%	增速排位	总量(亿元)	总量排位	增长%	增速排位	总量(亿元)	总量排位	增长%	增速排位	总量(元)	总量排位	增长%	增速排位	总量(元)	总量排位	增长%	增速排位	总量(元)	总量排位	增长%	增速排位
陆川县	—	—	1.9	6	40.80	5	1.90	7	14.34	5	−11.1	7	24205	6	5.6	5	33759	6	3.1	7	16689	7	8.3	6
博白县	—	—	9.0	3	81.75	3	2.10	4	15.91	3	−7.0	4	22776	7	6.8	1	31540	8	3.7	2	16868	6	8.8	1
兴业县	—	—	30.9	1	30.64	6	5.71	1	11.14	7	−8.3	5	22135	8	6.5	2	31959	7	3.8	1	15937	8	8.6	3
北流市	—	—	8.5	4	83.12	2	2.00	5	30.01	1	3.3	1	30646	3	5.5	6	39657	3	3.5	4	19001	3	8.5	4

制表单位：玉州区统计局

说明：固投数据不含农村私人建房投资数　　　　制表时间：2021 年 1 月 22 日

2020 年玉州区国民经济和社会发展统计公报

玉州区统计局

2021年8月6日

2020 年，玉州区坚持以习近平新时代中国特色社会主义思想为指导，全面贯彻中共十九大和十九届二中、三中、四中、五中全会精神，特别是关于新冠肺炎疫情防控工作的重要讲话和指示精神，在市委、市政府和区委、区政府的坚强领导下，坚持稳中求进工作总基调，统筹疫情防控和经济社会发展工作，扎实做好“六稳”工作、全面落实“六保”任务，经济运行稳定恢复。

一、综　合

初步核算，全年全区生产总值（GDP）497.54 亿元，比上年增长 3.3%。其中，第一产业增加值 19.84 亿元，增长 4.6%；第二产业增加值 135.47 亿元，增长 4.1%；第三产业增加值 342.23 亿元，增长 2.9%。第一、二、三产业增加值占地区生产总值的比重分别为 4.0%、27.2%、68.8%，对经济增长的贡献率分别为 5.8%、35.3% 和 58.9%，其中工业贡献率为 48%。按常住人口计算，人均地区生产总值 55464 元，同比增长 0.5%。

2020 年，全区年末常住人口 90.93 万人，其中城镇人口 74.51 万人，占常住人口比重（常住人口城镇化率）81.94 %。

2020 年全区财政收入 21.96 亿元，比上年同期下降 10.8%。其中，上划中央收入 5.57 亿元，比上年下降 13.56%；上划自治区收入完成 1.61 亿元，比上年下降 22.1%；一般公共预算收入 14.79 亿元，比上年下降 8.24%。一般公共预算支出 30.99 亿元，比去年增长 5.33%。按常住人口计算，人均财政收入 2448 元。

年末，金融机构人民币各项存款余额比上年

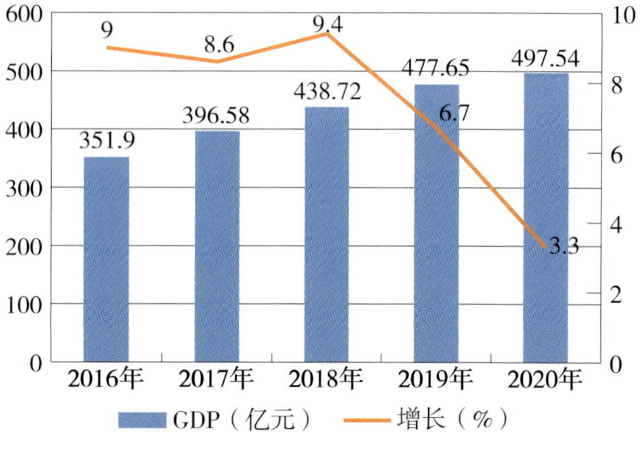

图1　2016—2020年玉州区生产总值及其增长速度

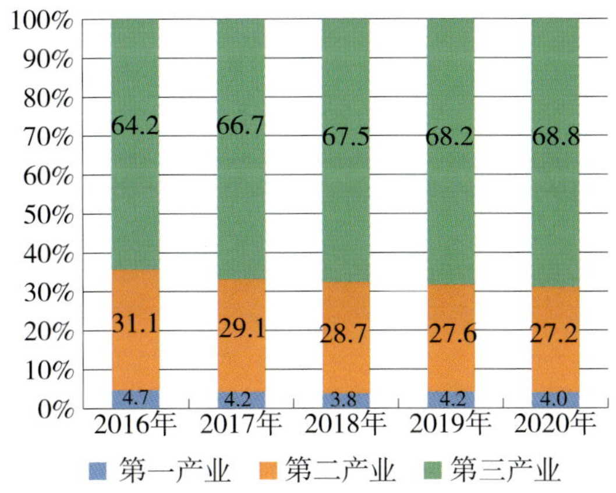

图2 2016—2020年玉州区三次产业增加值占GDP比重

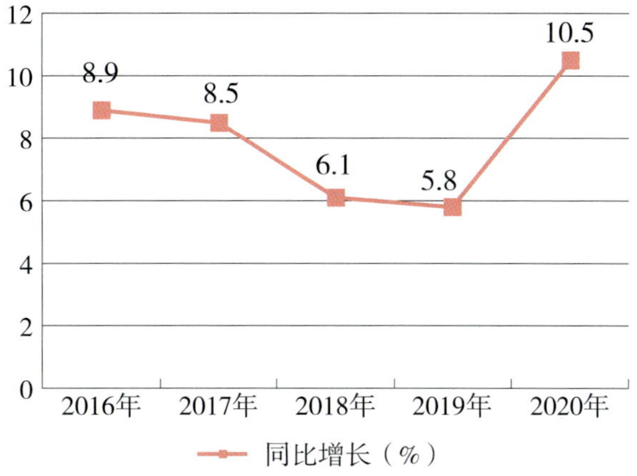

图3 2016—2020年玉州区规模以上工业增加值增长速度

末增长11.7%，其中，住户存款余额比上年末增长8.9%；金融机构人民币各项贷款余额比上年末增长14.2%，其中，中长期贷款余额比上年末增长24.6%。

二、农　业

全年玉州本级农林牧渔业总产值增长4.7%。其中，种植业增长12.8%，林业增长15.4%，畜牧业下降13.3%，渔业与去年持平，农林牧渔服务业增长11%。粮食总量增长2.6%，蔬菜增长9.5%，水果增长10.2%，肉类总产量下降16.2%，生猪出栏下降62.0%，家禽出栏增长38.7%，水产品与去年持平。

2020年玉州本级主要农产品产量及其增长速度

表1

产品名称	计量单位	产量	比上年增长±%
粮　食	万吨	8.54	2.63
油　料	万吨	0.37	7.48
甘　蔗	万吨	1.22	−12.91
蔬　菜	万吨	35.58	9.53
园林水果	万吨	2.97	10.22
肉类总产量	万吨	1.96	−18.13
猪肉产量	万吨	0.51	−62.14
禽蛋产量	万吨	0.41	−29.58
水产品产量	万吨	1.33	—

三、工业和建筑业

2020年，全区规模以上工业总产值比上年增长14.0%；规模以上工业增加值比上年增长10.5%。

2020年规模以上工业增加值增长速度

表2

指标名称	比上年增长±%
规模以上工业增加值	10.5
轻工业	−1.5
重工业	12
国有企业	1.1
股份制企业	−0.8
外商及港澳台商投资企业	10.4
其他经济类型企业	−0.1
国有控股企业	2.2
非公有经济	8.5
大中型工业企业	12.4

全年规模以上工业主营业务收入比上年增长10.4%；盈亏相抵后实现利润额比上年增长4.6%。

2020年规模以上工业主要产品产量及其增长速度

表3

产品名称	比上年增长±%
大米	−1.6
饲料	2.0
鲜、冷藏肉	−41.9
乳制品	−6.9
饲料添加剂	−7.0
饮料酒	−1.7
饮料	0.7
轻革	−60.0

续表3

产品名称	比上年增长 ±%
家具	−6.7
纸制品	−23.2
多色印刷品	−2.7
植物类饮片	−5.8
中成药	2.3
塑料制品	11.4
水泥	15.7
商品混凝土	−21.2
钢结构	66.9
金属包装容器	7.9
发动机	38.6
电站水轮机	−99.2
液压元件	−31.4
模具	19.1
医疗仪器设备及器械	−32.8
机动车(汽车)零配件	29.3
电动自行车	−99.1
电力电缆	−1.9
自来水生产量	2.2

2020年，全区建筑业增加值比上年下降4.5%。全区具有资质等级的总承包和专业承包建筑业企业实现总产值100.6亿元，比上年增长6.9%。

四、固定资产投资

全年固定资产投资比上年下降9.4%。工业投资比上年下降8.5%，其中更新改造投资比上年下降56.1%。民间固定资产投资比上年下降13.4%。

2020年玉州本级房地产开发投资比上年增长13.3%。其中，住宅投资比上年增长6.98%；办公楼投资比上年增长84.94%；商业营业用房投资比上年增长4.46%。商品房施工面积比上年增长26.72%，其中，住宅比上年增长24.94%。商品房竣工面积比上年下降19.62%，其中，住宅比上年下降34.03%。商品房销售面积比上年下降20.1%，其中，住宅比上年下降20.56%。

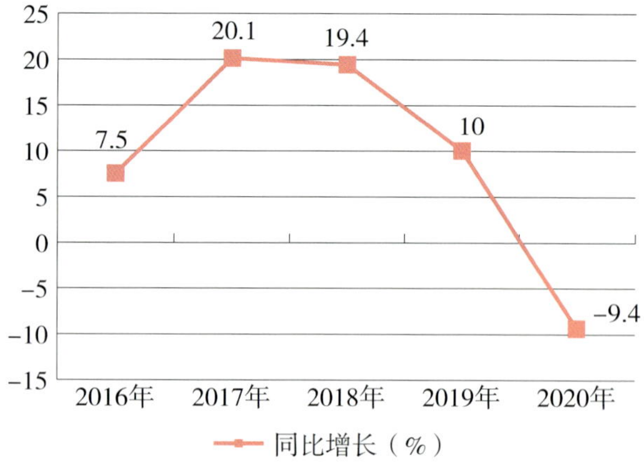

图4　2016—2020年玉州区固定资产投资增速

五、国内贸易

全年社会消费品零售总额430.72亿元，比上年增长2.0%。按经营地统计，城镇消费品零售额424.85亿元，增长4.4%；乡村消费品零售额5.87亿元，下降61.7%。按消费类型统计，商品零售额411.95亿元，增长1.0%；餐饮收入额18.77亿元，增长30.2%。

在限额以上单位商品零售额中，粮油、食品类零售额比上年增长20.6%，饮料类增长19.3%，烟酒类增长12.7%，服装、鞋帽、针纺织品类下降23.4%，化妆品类下降14.7%，金银珠宝类下降22.3%，日用品类增长11.4%，家用电器和音像器材类下降48.1%，家具类增长30%，通信器材类下降5.7%，建筑及装潢材料类增长40%，石油及制品类下降19.9%，汽车类下降25.8%。

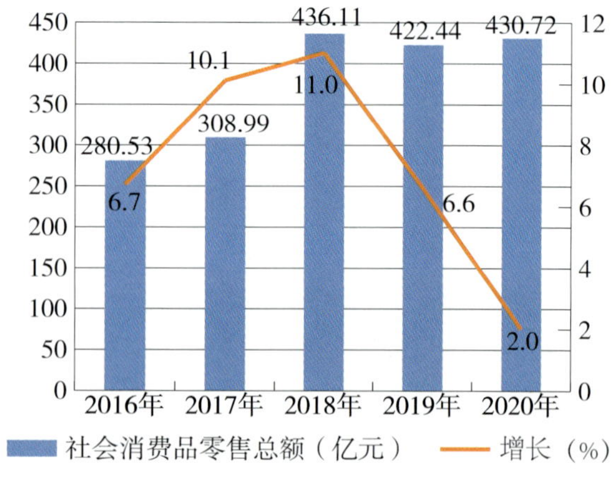

图5　2016—2020年玉州区社会消费品零售总额及其增长速度

六、居民收入

全年全区全体居民人均可支配收入38386元，比上年名义增长4.7%。按常住地分，城镇居民人均可支配收入42972元，比上年名义增长3.1%；农村居民人均可支配收入20202元，比上年名义增长8.1%。

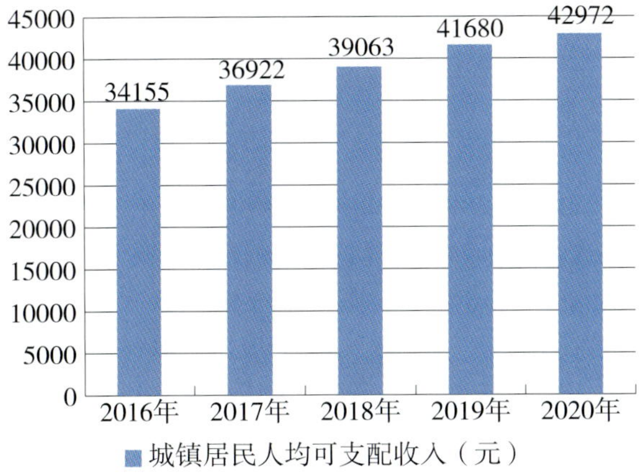

图6　2016—2020年玉州区城镇居民人均可支配收入

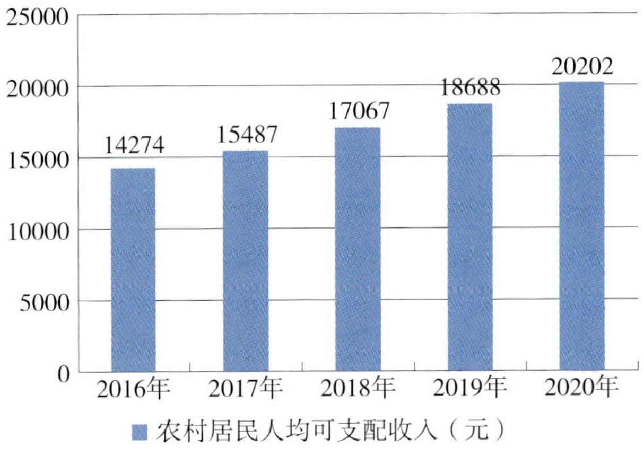

图7　2016—2020年玉州区农村居民人均可支配收入

说明：因国家住户调查方法制度改革，自2016年起不再发布农村居民人均纯收入和旧口径的城镇居民人均可支配收入数据，只发布农村居民人均可支配收入和新口径的城镇居民人均可支配收入数据。2016年以前数据沿用旧口径

注　释：

1. 本公报中2020年数据均为初步统计数。部分数据合计数或相对数由于单位取舍不同，四舍五入的原因而产生的计算误差，存在与分项合计不等的情况，均未作机械调整。

2. 地区生产总值、各产业增加值增长速度按不变价格计算。

3. 从2013年开始，固定资产投资（不含农户）统计的起点标准从计划总投资50万元提高到500万元，增速按可比口径计算。

4. 房地产业投资除房地产开发投资外，还包括建设单位自建房屋以及物业管理、中介服务和其他房地产投资。

5.2012年四季度，国家统计局实施了城乡一体化住户调查改革。2013年起按照新的调查口径对外发布城乡一体的居民人均可支配收入和分城镇、农村居民人均可支配收入数据。由于新老调查方案在调查范围、调查对象、城乡划分标准、样本抽选、计算和汇总方式、指标口径等方面变化较大，改革后新口径数据和旧口径数据存在不可比的差异。

6.2015年起，“地方公共财政预算收入”更名为“地方一般公共预算收入”；各项金融机构存款余额中“储蓄存款”更名为“住户存款”。

7. 根据第四次全国经济普查结果及有关制度规定，对2016—2019年社会消费品零售总额数据进行了修订。

8. 常住人口指在玉州区居住半年以上的人口，以及户口在玉州、外出玉州不满半年或在境外工作学习的人口。

资料来源：

本公报中城镇和农村居民人均可支配收入来自国家统计局玉林调查队；财政数据来自玉州区财政局；金融数据来自中国人民银行玉林中心支行；户籍人口数据来自玉林市公安局玉州分局；其他数据均来自玉州区统计局。

玉州区第七次全国人口普查主要数据公报

玉州区统计局
玉州区第七次全国人口普查领导小组办公室
2021年6月30日

根据《中华人民共和国统计法》《全国人口普查条例》规定和《国务院关于开展第七次全国人口普查的通知》（国发〔2019〕24号）要求，我国开展了第七次全国人口普查[2]。根据第七次全国人口普查结果，现将2020年11月1日零时我区人口的主要数据公布如下：

一、常住人口及人口分布

玉州区2020年普查时点常住人口[3]为908121人，与2010年第六次全国人口普查的677328人相比，增加230793人，增长34.07%，年平均增长率为2.98%。

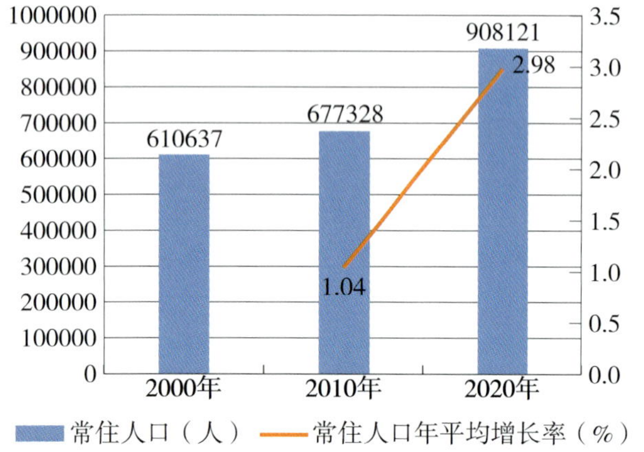

图1　玉州区历次人口普查常住人口及年均增长率

玉州区常住人口

表1

地区	人口数（人）	比重[4]	
		2020年（%）	2010年（%）
玉州区	908121	100	100
玉城街道	177525	19.55	25.64
南江街道	228554	25.17	20.7

续表1

地区	人口数（人）	比重[4]	
		2020年（%）	2010年（%）
城西街道	96569	10.63	10.27
城北街道	48936	5.39	7.03
名山街道	182740	20.12	11.43
仁东镇	48871	1.87	6.74
仁厚镇	23253	9.33	3.69
大塘镇	16957	5.38	2.64
茂林镇	84716	2.56	11.86

注：名山街道数据包含五里桥社区、名山社区、旺瑶社区、绿杨社区、太阳村、腾扬村、朱砂村、二泉村、石棠社区、和睦社区、榕楼社区、长望社区、大囊社区、金桂丽湾社区；茂林镇数据包含茂林镇所有社区，下同。

二、户别人口

玉州区共有家庭户[5]为253053户，家庭户人口为814120人；集体户15069户，集体户人口为94001人。平均每个家庭户的人口为3.22人，比2010年第六次全国人口普查的3.59人减少0.37人。

三、民族人口

玉州区常住人口中，汉族人口为881296人，占97.05%；各少数民族人口为26825人，占2.95%，其中壮族人口为19756人，占2.18%。与2010年第六次全国人口普查相比，汉族人口增加216363人，增长32.54%；各少数民族人口增加14430人，同比增长了1.16倍，其中壮族人口增加10949人，同比增长了1.24倍。

四、性别构成

玉州区常住人口中，男性人口为462181人，占50.89%；女性人口为445940人，占49.11%。人口性别比（以女性为100，男性对女性的比例）为103.64，与2010年第六次全国人口普查的107.38相比下降3.74。

玉州区常住人口性别构成

表2　　单位：%

地区	占常住人口比重		性别比
	男	女	
玉州区	50.89	49.11	103.64
玉城街道	49.96	50.04	99.85
南江街道	51.62	48.38	106.68
城西街道	52.17	47.83	109.09
城北街道	52.71	47.29	111.48
名山街道	48.95	51.05	95.9
仁东镇	53.22	46.78	113.77
仁厚镇	54.27	45.73	118.67
大塘镇	53.88	46.12	116.81
茂林镇	49.72	50.28	98.87

五、年龄构成

玉州区0~14岁[6]常住人口为211187人，占23.26%；15~59岁人口为576588人，占63.49%；60岁及以上人口为120346人，占13.25%，其中65岁及以上人口为86561人，占9.53%。与2010年第六次全国人口普查相比，0~14岁人口的比重上升4.67个百分点，15~59岁人口的比重下降6.75个百分点，60岁及以上人口的比重上升2.07个百分点，65岁及以上人口的比重上升2.08个百分点。

玉州区常住人口年龄构成

表3　　单位：%

地区	占常住人口比重			
	0~14岁	15~59岁	60岁及以上	其中：65岁及以上
玉州区	23.26	63.49	13.25	9.53
玉城街道	20.58	63.21	16.22	11.63
南江街道	25.03	62.95	12.02	8.53
城西街道	20.83	67.69	11.48	8.34
城北街道	23.55	60.56	15.89	11.69
名山街道	23.46	65.83	10.71	7.57
仁东镇	24.74	56.57	18.69	13.51
仁厚镇	24.92	56.31	18.77	13.99
大塘镇	24.41	57.47	18.12	13.35
茂林镇	24.69	64.60	10.71	7.91

六、受教育程度人口

玉州区常住人口中，拥有大学（指大专及以上）文化程度的人口为133671人；拥有高中（含中专）文化程度的人口为184147人；拥有初中文化程度的人口为305110人；拥有小学文化程度的人口为193500人（以上各种受教育程度的人数包括各类学校的毕业生、肄业生和在校生）。与2010年第六次全国人口普查相比，每10万人中拥有大学文化程度的由10766人上升为14720人；拥有高中文化程度的由20373人下降为20278人；拥有初中文化程度的由37376人下降为33598人；拥有小学文化程度的由21664人下降为21308人。

玉州区每10万人口中拥有各类受教育程度人数

表4　　单位：人/10万人

地区	大学（大专及以上）	高中（含中专）	初中	小学
玉州区	14720	20278	33598	21308
玉城街道	17271	25640	31269	16973
南江街道	13889	20565	32884	22029
城西街道	7026	25443	34679	23654
城北街道	4980	11074	43191	30427
名山街道	27366	18602	25675	17736
仁东镇	3397	9376	48290	28604
仁厚镇	2830	7384	50234	29274
大塘镇	2778	8392	48540	30235
茂林镇	10916	23519	34688	20025

七、平均受教育年限[7]

玉州区常住人口中，15岁及以上人口的平均受教育年限为10.62年。

玉州区15岁及以上人口平均受教育年限

表5　　单位：年

地区	2020年
玉州区	10.62
玉城街道	11.14
南江街道	10.6

续表5

地区	2020 年
城西街道	9.93
城北街道	9.01
名山街道	11.87
仁东镇	8.91
仁厚镇	8.67
大塘镇	8.7
茂林镇	10.5

八、文盲人口

玉州区常住人口中，文盲人口（15 岁及以上不识字的人）为 5274 人，与 2010 年第六次全国人口普查相比，文盲人口减少了 2925 人，粗文盲率[8]由 1.21% 下降为 0.58%，下降 0.63 个百分点。

九、城乡人口[9]

玉州区常住人口中，城镇常住人口为 744130 人，乡村常住人口为 163991 人，城镇人口比重为 81.94%。与 2010 年第六次全国人口普查相比，城镇人口增加 256997 人，乡村人口减少 26204 人，城镇人口比重提高 10.02 个百分点。

注　释：

[1] 本公报数据均为初步汇总数据。

[2] 普查标准时点为 2020 年 11 月 1 日零时，普查对象是普查标准时点在中华人民共和国境内的自然人以及在中华人民共和国境外但未定居的中国公民，不包括在中华人民共和国境内短期停留的境外人员。

[3] 常住人口包括：居住在本乡镇街道且户口在本乡镇街道或户口待定的人；居住在本乡镇街道且离开户口登记地所在的乡镇街道半年以上的人；户口在本乡镇街道且外出不满半年或在境外工作学习的人。

[4] 指各镇街的常住人口占玉州辖区常住人口的比重。

[5] 家庭户是指以家庭成员关系为主、居住一处共同生活的人组成的户。

[6]0~15 岁人口为 226326 人，16~59 岁人口为 561449 人。

[7] 平均受教育年限是将各种受教育程度折算成受教育年限计算平均数得出的，具体的折算标准是：小学 =6 年，初中 =9 年，高中 =12 年，大专及以上 =16 年。

[8] 文盲率是指 15 岁及以上不识字人口所占比例。

[9] 城镇、乡村是按国家统计局《统计上划分城乡的规定》划分的。

附 录

区委、区政府文献专载

关于深入贯彻落实党的十九届四中全会精神　奋力推进玉州治理现代化的实施意见

为贯彻落实《中共中央关于坚持和完善中国特色社会主义制度、推进国家治理体系和治理能力现代化若干重大问题的决定》《中共广西壮族自治区委员会关于深入贯彻落实党的十九届四中全会精神奋力推进广西治理现代化的实施意见》和《中共玉林市委员会关于深入贯彻落实党的十九届四中全会精神奋力推进玉林治理现代化的实施意见》,区委紧密结合实际,就推进玉州治理现代化的问题,提出如下实施意见。

一、提高政治站位,增强贯彻落实党的十九届四中全会精神的思想自觉政治自觉行动自觉

（一）充分认识党的十九届四中全会的重大意义。党的十九届四中全会是我们党站在“两个一百年”奋斗目标历史交汇点上，召开的一次十分重要的会议,是在新中国成立70周年之际、我国处于中华民族伟大复兴关键时期召开的一次具有开创性、里程碑意义的会议。全会重点研究坚持和完善中国特色社会主义制度、推进国家治理体系和治理能力现代化问题并作出决定，是以习近平同志为核心的党中央从政治上、全局上、战略上全面考量，立足当前、着眼长远作出的重大决策，充分体现了以习近平同志为核心的党中央高瞻远瞩的战略眼光和强烈的历史担当。必须站在党和国家事业发展全局的高度，充分认识这次全会的重大现实意义和深远历史意义，把学习贯彻党的十九届四中全会精神作为重大政治任务，与学习贯彻自治区党委十一届七次全会、市委五届六次全会和区委五届八次全会精神结合起来,进一步坚定道路自信、理论自信、制度自信、文化自信，切实把思想和行动统一到全会精神上来，把智慧和力量凝聚到全会确定的各项目标任务上来。

（二）全面准确领会党的十九届四中全会精神。党的十九届四中全会精神内涵丰富、博大精深。全会通过的《决定》从党和国家事业发展的全局和长远出发，准确把握我国国家制度和国家治理体系的演进方向和规律，深刻回答了“坚持和巩固什么、完善和发展什么”这个重大政治问题，是新时代坚持和完善中国特色社会主义制度、推进国家治理体系和治理能力现代化的政治宣言和行动纲领。习近平总书记在全会上所作的重要讲话，为坚持和完善中国特色社会主义制度、推进国家治理体系和治理能力现代化提供了科学指南和基本遵循。必须在学懂弄通做实上下功夫，牢牢把握中国特色社会主义制度发展和我国国家治理的历史性成就，牢牢把握中国特色社会主义制度和国家治理体系的科学内涵、本质特征和显著优势，牢牢把握坚持和完善中国特色社会主义制度、推进国家治理体系和治理能力现代化的总体要求、总体目标、重点任务、根本保证，切实把制度自信转化为行动自觉，把制度意识转化为治理能力，把制度优势转化为治理效能。当今世界正经历百年

未有之大变局，我国正处于实现中华民族伟大复兴关键时期，自治区踏上了建设壮美广西、共圆复兴梦想的新征程，我区正处于转型升级、爬坡过坎的关键阶段，面临的机遇和挑战前所未有，肩负的使命和任务艰巨繁重。必须全面准确领会、坚决贯彻落实党的十九届四中全会精神，加强制度创新和治理能力建设，奋力推进玉州治理现代化，更好满足全区人民群众对美好生活新期待，不断谱写新时代玉州高质量发展新篇章。

（三）奋力推进玉州治理现代化的总体要求和着力点。坚持以习近平新时代中国特色社会主义思想为指导，全面贯彻落实党的十九大和十九届二中、三中、四中全会精神，以及自治区党委十一届七次全会、市委五届六次全会和区委五届八次全会精神，进一步增强“四个意识”、坚定“四个自信”、做到“两个维护”，紧紧围绕“十三个坚持和完善”，解放思想、改革创新、扩大开放、担当实干，加强制度创新和治理能力建设，着力固根基、扬优势、补短板、强弱项，在系统治理、依法治理、综合治理、源头治理能力上不断实现新提升，使制度优势更好转化为治理效能，奋力推进玉州治理现代化，为加快建设壮美广西、共圆复兴梦想，推进国家治理体系和治理能力现代化作出应有贡献。

党的十八大以来，习近平总书记对广西工作作出一系列重要指示，为我们加强制度创新和治理能力建设、推进玉州治理现代化提供了精准指导。必须坚持以习近平总书记对广西工作的重要指示精神统揽全局，把“建设壮美广西共圆复兴梦想”作为新时代玉州高质量发展的总目标总要求，把落实“三大定位”新使命和“五个扎实”新要求作为改革发展的主线，推动国家治理总体部署与玉州治理实践创新更好结合，着力在遵守好、执行好支撑中国特色社会主义制度的根本制度、基本制度、重要制度上下功夫，着力在坚持好、巩固好已经建立起来并经过实践检验、有利于玉州改革发展稳定的各项制度上下功夫，着力在完善好、发展好群众对美好生活新期待必备的制度上下功夫，努力使各方面制度更加系统、更加完善，充分发挥制度优势和治理效能，走出一条符合中央、自治区和玉林市要求、体现时代特征、切合玉州实际的治理现代化路子。

二、奋力推进玉州治理现代化，为新时代谱写玉州高质量发展新篇章提供有力保证

（一）贯彻落实党的领导制度体系，提升执行党的路线方针政策和党中央、自治区党委决策部署的能力水平

党的十九届四中全会强调，必须坚持党政军民学、东西南北中，党是领导一切的，坚决维护党中央权威，健全总揽全局、协调各方的党的领导制度体系，把党的领导落实到国家治理各领域各方面各环节。要坚持党的集中统一领导，切实提高全区各级各部门党委（党组）把方向、谋大局、促改革、抓落实的能力，推动党的路线方针政策、中央、自治区和玉林市各项决策部署在我区有效贯彻落实，确保党中央政令畅通、令行禁止。

1. 落实不忘初心、牢记使命的制度。巩固拓展初心、牢记使命的制度。谋大局、促改革、抓落实的能力，不忘初心、牢记使命成为加强党的建设的永恒课题和全体党员、干部的终身课题。完善加强理想信念、政治忠诚、革命传统、斗争精神教育制度，坚持把习近平总书记最新重要讲话和重要指示批示精神作为党委（党组）会议、理论学习中心组学习会的第一议题，推动党员、干部深入学习贯彻习近平新时代中国特色社会主义思想，夯实“不忘初心、牢记使命”的思想基础。建立党员、干部经常性政治体检、党性体检、工作体检机制，推动党员、干部特别是各级领导干部经常主动对标对表，自觉扫除思想灰尘、及时校正行为偏差。坚持把专项整治作为一项长期任务抓紧抓牢，持续用好“六项制度”，研究制定“回头看”制度，建立经常性查找解决各种违背初心使命问题和推进整改落实的制度，推动各级党组织以强烈的自我革命精神，解决党内存在的政治不纯、思想不纯、组织不纯、作风不纯突出问题。

2. 强化保障“两个维护”的制度。坚决贯彻落实维护党中央权威和集中统一领导的规定，建立以政治建设为统领加强领导班子建设、加强政治素质考察的制度，把做到“两个维护”作为检验政治素质的第一标准，教育引导党员、干部自觉在政治立场、政治方向、政治原则、政治道路上同以习近平同志为核心的党中央保持高度一致，忠诚核心、拥戴核心、维护核心。健全政治建设“六项重点任务”专项督查制度，深化“六紧扣一分析”政治建设监督。落实和完善党内政治生活制度，提高党内政治生活质量。紧盯“七个有之”问题，坚决清除“两面派”“两面人”，

健全完善违反政治纪律和政治规矩问题的查处通报、警示教育机制。

3. 坚决执行党的全面领导制度。贯彻落实《中国共产党地方委员会工作条例》，确保各级党委发挥好总揽全局、协调各方的领导作用。贯彻落实《中国共产党党组工作条例》，推动党组认真履行管党治党政治责任，切实履行领导职责，充分发挥领导作用。贯彻落实党领导人大、政府、政协、监察机关、审判机关、检察机关、武装力量、人民团体、企事业单位、基层群众自治组织、社会组织等制度以及党领导各项事业的具体制度，把党的领导贯彻到推动玉州高质量发展各方面全过程。健全党委（党组）贯彻民主集中制、科学民主决策、规范权力运行等相关制度，加强重大决策的调研论证、风险评估，强化决策执行、评估、监督，改进领导方式和执政方式，提高领导水平。

4. 落实为人民执政、靠人民执政各项制度。完善走访、调研和定期接待群众来访制度，推动各级领导干部广泛深入访民情听民意，密切党同人民群众的血肉联系。完善党员、干部联系群众制度，深化农事村办、农事网办、农事代办等为民服务制度，创新互联网时代群众工作机制，完善各级机关、企事业单位定点扶贫、结对帮扶、领导干部联系点和“挂包联驻”、在职党员进社区“双报到”等联系服务群众工作机制，解决好群众最关心最直接最现实的利益问题。推行“党群服务联盟＋项目”“党群服务联盟＋专员”制度，打造党群服务大联盟APP信息平台升级版，提升党建服务效能。完善党建带群建工作机制，健全联系广泛、服务群众的群团工作体系，推动群团组织向两新组织等新领域，向工业园区、商务楼宇、专业市场等群众集中地，向创客、网约车司机、快递员、外卖骑手、自由职业者等新群体拓展和延伸，不断扩大组织覆盖面，把各自联系的群众紧紧团结在党的周围。

5. 完善贯彻落实党中央、自治区党委和玉林市委重大决策部署工作机制。建立健全贯彻落实习近平总书记重要讲话、重要指示批示精神工作机制，完善贯彻落实党中央、自治区党委和玉林市委决策部署工作机制，形成工作闭环，确保落地落实。建立推动党中央、自治区党委和玉林市委重大决策部署落实协调机制，厘清不同层级、部门、岗位之间的职责边界，防止工作缺位错位越位。建立健全重大事项和重点工作指挥长责任制和主管部门牵头负责、台账式管理、项目化推进、现场联合改革、挂牌督办等工作机制，推进重大任务、重大工作、重大项目集中攻坚。完善贯彻落实党中央、自治区党委和玉林市委决策部署工作任务清单、责任清单、落实清单，完善“回头看”和督查问效机制。

（二）贯彻落实人民当家作主制度体系，提升发展社会主义民主政治的能力水平

党的十九届四中全会强调，国家的一切权力属于人民，必须坚持人民主体地位，坚定不移走中国特色社会主义政治发展道路，坚定不移走中国特色解决民族问题的正确道路。发展社会主义民主政治和民族团结进步事业事关全局、意义重大。要全面贯彻人民当家作主制度，扎实推进民族团结进步工作，全面提升发展社会主义民主政治水平。

1. 加强和改进人大工作。实行区委书记联系人大工作制度，建立讨论决定重大事项中党委、人大、政府之间的协调沟通机制，支持和保证人大及其常委会依法履职，健全人大对“一府一委两院”监督制度。健全决定、选举任免工作的制度，建立完善人大选举任免工作沟通协调机制。密切人大代表同人民群众的联系，持续推进“混合编组、多级联动、履职为民”工作。适当增加基层人大代表数量，优化代表结构。健全人大组织制度、选举制度和议事规则，加强各级人大及区人大常委会自身建设。

2. 加强和改进人民政协工作。贯彻落实《中共中央关于新时代加强和改进人民政协工作的意见》，加强政协系统党的建设，完善围绕落实区委重点工作开展专项民主监督制度，拓宽政协民主监督渠道。完善充分发挥人民政协专门协商机构作用的体制机制。完善化解矛盾、凝聚共识的制度。建立委员联系界别群众制度，畅通和拓宽各界别群众的利益诉求表达渠道。完善强化政协委员责任担当制度，建立健全委员履职评价及激励机制。完善专门委员会工作制度。完善区政协工作制度。发挥社会主义协商民主的独特优势，统筹推进政党协商、人大协商、政府协商、政协协商、人民团体协商、基层协商以及社会组织协商，完善协商于决策之前和决策实施之中的落实机制，丰富有事好商量、众人的事情由众人商量的制度化实践。

3. 加强和改进统一战线工作。坚持党委统一领导、统战部牵头协调、有关方面各负其责的大统战工作格局。完善民主党派玉州区委直接向中共玉州区委提出建议制度。全面贯彻落实党的宗教工作基本方针，依法管理宗教事务，促进宗教关系和谐。健全同党外知识分子的沟通联络机制，加强与新的社

会阶层人士沟通联系。完善联系无党派人士的机制。健全党外代表人士队伍建设制度。深入开展网络统战工作。贯彻落实“一国两制”制度体系，加强与港澳务实合作，完善促进玉台交流合作机制。建立健全团结引导广大海外侨胞和归侨侨眷的工作机制，配合玉林市办好海外华侨华人玉林恳亲大会，调动海外华侨华人服务玉州发展的积极性。

4. 模范执行民族区域自治制度。创新推进民族事务法治化进程，保障少数民族合法权益。建立强化马克思主义祖国观、民族观、文化观、历史观宣传教育长效机制，将民族团结进步教育纳入国民教育、干部教育、社会教育全过程，健全“壮美广西·团结进步”宣传教育机制，打牢中华民族共同体思想基础。全面推进民族团结进步创建，推动创建活动进机关、进企业、进社区、进乡镇、进学校、进宗教活动场所、进军警营，促进各民族交往交流交融。组织开展学用民族政策活动，用足用好民族区域自治法赋予自治地方的财政、税收、对外经贸活动、自然资源开发利用、生态补偿、民族教育文化等方面的优惠政策。加大培养选拔任用优秀少数民族干部力度。

5. 健全基层群众自治制度。健全基层党组织领导的基层群众自治机制，深化“村务商议团”和“三官一律”进村入社工作，推广博白县民富村人民调解“23456”工作法，不断丰富和深化基层群众自治实践。加强村（居）民委员会、村（居）务监督委员会规范化建设，规范村（居）民委员会选举程序，完善村（居）务公开制度。全面落实村级重大事项决策“四议两公开”制度，推行村民委员会、村务监督委员会、村集体经济组织、群团组织向村党组织述职和报告工作制度，建立村级小微权力清单，全面推广“一组两会”等协商制度。健全区、街道、社区、网格（住宅小区）四级联动城市基层党建工作联席会制度，完善“党支部＋社区网格”等机制，构建“住宅小区党组织＋业主委员会＋共建单位＋物业公司＋志愿服务队”的“1+3+N”小区治理格局。健全以职工代表大会为基本形式的企事业单位民主管理制度，探索企业职工参与管理的有效方式。

（三）贯彻落实中国特色社会主义法治体系，提升全面依法治区的能力水平

党的十九届四中全会围绕“坚持和完善中国特色社会主义法治体系，提高党依法治国、依法执政能力”重点任务，对健全保证宪法全面实施的体制机制、完善立法体制机制、健全社会公平正义法治保障制度、加强对法律实施的监督作出了部署要求。要坚定不移走中国特色社会主义法治道路，以建设更高水平的法治玉州为目标，大力推进严格执法、公正司法、全民守法，提升全面依法治区水平。

1. 健全社会公平正义法治保障制度。严格规范公正文明执法，深入推行行政执法“三项制度”，健全行政裁量基准制度，加大关系群众切身利益的重点领域执法力度，建立行政执法机关、公共服务部门与司法机关信息共享机制。深化司法体制综合配套改革，强化执法司法责任制，构建权责统一、规范有序的执法司法权运行体系。加强执法司法常态化监督，建立行政执法监督与检察监督协作机制，健全阳光执法司法机制。加强对法律法规实施的监督。完善刑罚执行制度。完善律师和法律顾问制度。深化公证体制改革，扩大合作制公证机构试点工作。完善公共法律服务体系，打造一体化公共法律服务平台。强化党政主要负责人履行推进法治建设第一责任人职责，建立党政主要负责人述法制度，健全提高领导干部法治素养培训体系，完善领导干部学法用法考核评价体系。建立法治文化建设长效机制，构建社会“大普法”格局。健全法治工作队伍和法治人才队伍建设长效机制。

2. 建设人民满意的法治政府和服务型政府。贯彻落实中国特色社会主义行政体制，按照构建职责明确、依法行政的政府治理体系要求，完善政府经济调节、市场监管、社会管理、公共服务、生态环境保护等职能，实行政府权责清单制度，厘清政府和市场、政府和社会关系。健全部门协调配合机制，防止政出多门。加强政务诚信建设。健全行政决策、执行、组织、监督权力协调运行机制。优化政府职责体系和组织机构，推进机构、职能、权限、程序、责任法定化。完善重大行政决策程序和责任追究机制，提高行政决策科学化、民主化、法治化水平。建立防范和惩治统计造假工作机制。完善机构编制管理机制，优化行政管理。完善绩效管理工作体系。深化行政执法体制改革，健全跨领域跨部门综合执法体制。健全运用互联网、大数据、人工智能、区块链等技术手段优化行政服务管理的制度规则，推动玉州政务数据资源管理与应用改革，打造全区统一的政务一体化平台，推进数字政府建设。

（四）贯彻落实社会主义基本经济制度，提升推动经济高质量发展的能力水平

党的十九届四中全会将公有制为主体、多种所有制经济共同发展，按劳分配为主体、多种分配方式并存，社会主义市场经济体制三项制度并列，确定为

社会主义基本经济制度，强调必须坚持和完善社会主义基本经济制度，推动经济高质量发展。要深刻领会社会主义基本经济制度的新内涵，贯彻落实新发展理念和高质量发展要求，以供给侧结构性改革为主线，加快建设现代化经济体系，努力实现更高质量、更有效率、更加公平、更可持续的发展。

1. 构建产业高质量发展制度体系。贯彻巩固、增强、提升、畅通八字方针，建立强龙头、补链条、聚集群推进机制，完善支持先进制造业、战略性新兴产业和实体经济发展的政策体系，深入推进工业立区战略，培植"工业树"，打造"产业林"，推动产业链、价值链向中高端迈进。加快融入"两湾"产业融合发展先行试验区，开展"产业发展攻坚年""制造业发展攻坚突破年"活动，推动机械制造、大健康"两大千亿"产业高新化发展。完善全面推进传统产业"二次创业"的政策体系，促进传统产业转型升级、优化发展。健全支持"三大三新"产业发展、"双百双新"产业项目建设机制，推动新兴产业蓬勃发展。加快完善促进消费体制机制。建立健全推动新一代信息技术与实体经济深度融合机制，促进产业数字化、数字产业化。完善产业园区管理体制，增强园区活力，提升重点园区承载力。完善实施质量强区战略机制，推进"品质革命"和品牌创建。完善现代特色农业示范区、现代服务业集聚区建设体制机制，引领农业、服务业高质量发展。深化投融资体制改革，建立企业上市培育长效机制，大力培植上市后备资源，继续深入实施企业上市(挂牌)"三大工程"。健全金融服务实体经济的政策措施，完善利益共享、风险共担的新型政银企合作机制，深化农村信用合作联社、融资担保体制改革，健全支持中小企业融资政策体系。完善产业承接和跨区域产业对接融合机制，创新跨区跨市合作和"飞地经济"合作模式。

2. 完善激发市场主体活力体制机制。坚持"两个毫不动摇"，推进国有企业混合所有制改革，完善国有资产管理体制。完善支持民营经济、外商投资企业、中小企业等发展制度，开展"企业服务年"活动，建立区领导干部联系服务重点企业制度，构建亲清新型政商关系，全力创建民营经济先行示范区。健全精准招商、专业招商体制机制。完善公平竞争制度，全面实施市场准入负面清单制度。全面深化"放管服"改革，深入推进行政审批制度改革，加强事中事后监管，强化"三集中、三到位"，积极推进"证照分离"改革全覆盖试点，建立部门联合"双随机、一公开"监管机制，发挥行业协会商会自律作用。推进政务服务"简易办"改革，进一步完善"一窗通办"综合受理窗口，全面推行"一窗受理、集成服务"。深化财税制度改革，落实减税降费各项政策。推进要素市场化改革，完善国有建设用地使用权二级市场。完善营商环境评价体系，打造市场化法治化国际化最优营商环境。

3. 完善科技创新支撑产业高质量发展的体制机制。健全鼓励支持基础研究、原始创新和产业科技创新的体制机制，构建前端聚焦、中间协同、后端转化的科技创新机制，深入实施"三百二千"科技创新工程，支持企业科技创新，加快壮大科技型企业集群。建立以企业为主体、市场为导向、产学研用深度融合的技术创新体系，完善创新项目企业牵头机制，建立科技型中小企业、高新技术企业、瞪羚企业创新发展培育体系。完善科工联席会议制度，推动科技和产业协同创新。完善科技成果转移转化机制，健全科技成果使用、处置、收益制度。按照市场化机制发展新型研发机构，推进产业技术研究院建设，探索建立以合同管理为基础的灵活用人机制，建立与创新能力和创新绩效相匹配的收入分配机制。完善和优化科技评价体系。

4. 完善开放合作体制机制。全面落实"三大定位"新使命，深度融入"一带一路"建设，贯彻落实自治区"东融"优先开放战略，全力"东融"、全面"东融"、全方位"东融"，全面融入玉林市打造"两湾"产业融合发展先行试验区。以制度创新为核心，探索打造面向中国—东盟合作新门户，配合玉林市加快推进玉博会、药博会升级计划，配合积极创办"中国—东盟博览会中医药展"，打造具有引领和示范作用的开放高地。加大跨境金融交流合作创新力度，健全风险防控机制，加快建设面向东盟的金融开放门户。落实CEPA政策，支持和服务港澳投资企业落户玉州，积极扩大利用港澳外资规模。

5. 构建区域协调发展新机制。统筹区域发展和优化空间布局，加快构建龙头带动、区带支撑、特色鲜明、协调发展的区域经济新格局。完善支持构建现代综合交通体系推进机制，着力将玉州打造成为连接粤港澳大湾区和北部湾经济区的重要通道和区域枢纽。加强与粤港澳大湾区产业合作，融入承接东部沿海地区新一轮产业转移。加强园区配套基础设施建设，增强园区综合配套能力，引导转移产业和项目向园区集聚，形成各具特色的产业集群。依托装备制造产业基础，对接北钦防一体化建设。创新推进县域经济加快发展的体制机制，加快做大做强县域经济。

（五）贯彻落实繁荣发展社会主义先进文化制度，提升建设新时代文化强区的能力水平

党的十九届四中全会强调，发展社会主义先进文化、广泛凝聚人民精神力量，是国家治理体系和治理能力现代化的深厚支撑，必须坚持和完善繁荣发展社会主义先进文化的制度，巩固全体人民团结奋斗的共同思想基础。要牢牢把握社会主义先进文化前进方向，坚定文化自信，加快文化创新，促进文化繁荣，扎实推进新时代文化强区建设，为玉州高质量发展提供强大精神动力。

1. 牢牢掌握意识形态工作领导权。坚持马克思主义在意识形态领域指导地位的根本制度，完善党委（党组）理论学习中心组等各层级学习制度，建好用好“学习强国”等学习平台，持续推动学习宣传贯彻习近平新时代中国特色社会主义思想往深里走、往心里走、往实里走。深入实施马克思主义理论研究和建设工程，把坚持以马克思主义为指导全面落实到思想理论建设、哲学社会科学研究、教育教学各方面。加强和改进学校思想政治教育。落实意识形态工作责任制，切实维护玉州意识形态安全。健全意识形态领域重大情况分析研判和定期通报制度。发挥融媒体中心作用。巩固壮大主流舆论，提高新闻舆论传播力、引导力、影响力、公信力。完善舆论监督制度，健全重大舆情和突发事件舆论引导机制。落实互联网企业信息管理主体责任，建立健全网络综合治理体系，全面提高网络治理能力，切实维护网络意识形态安全。

2. 健全培育和践行社会主义核心价值观的体制机制。完善弘扬社会主义核心价值观的法规政策体系，把社会主义核心价值观要求融入法治建设和社会治理，体现到国民教育、精神文明创建、文化产品创作生产全过程，融入市民文明公约、村规民约等各方面。健全常态化开展社会主义核心价值观宣传教育机制，加强党史、新中国史、改革开放史研究和教育，加强爱国主义、集体主义、社会主义教育，用好用活中共鬱林中心县委旧址、朱锡昂烈士陵园等红色文化资源，推动理想信念教育常态化、制度化。深化群众性精神文明创建活动，推动创建工作常态、长效。贯彻落实《新时代公民道德建设实施纲要》，实施公民道德建设工程，深入开展道德模范、身边好人的评选宣传活动，建好用好《玉州好人馆》，建设好人社会。扎实推进新时代文明实践中心建设。完善青少年理想信念教育齐抓共管机制。加强精神文明品牌创建，健全志愿服务体系，完善诚信建设长效机制，加强诚信宣传教育，构建信用联合惩戒联动机制。

3. 构建繁荣发展民族文化的体制机制。深化文化市场综合行政执法改革，健全现代文化产业体系和市场体系，完善以高质量发展为导向的文化经济政策，推动文化事业和文化产业繁荣发展。实施文艺创作精品战略，深化签约文艺家制度，完善优秀作品创作生产机制。健全有利于激发文化创新创造活力的文化管理体制和生产经营机制，建立健全文化旅游产业高质量发展体制机制，加快文化产业发展，推动文化与旅游深度融合。健全历史文化遗产保护管理长效机制，完善非物质文化遗产保护传承体系。加强特色岭南文化、侨乡文化、乡贤文化研究。加强区校合作，建立面向粤港澳大湾区和东盟国家的文化交流机制，参与打造中国—东盟文化交流枢纽、中华文化融入“一带一路”建设重要省区建设。

4. 基本建成现代公共文化服务体系。坚持以人民为中心的发展思想，优化城乡文化资源配置，推动基层文化惠民工程扩大覆盖面、增强实效性，基本建成覆盖城乡、便捷高效、保基本、促公平的现代公共文化服务体系。健全支持开展群众性文化活动机制，完善文化科技卫生“三下乡”、戏曲进乡村进校园、全民阅读、书香玉州等群众性文化活动制度。建立健全公共科普服务长效机制。健全完善公共文化服务财政保障机制、政府购买公共文化服务机制、公共文化设施免费开放保障机制，完善公共文化服务评价工作机制，提升公共文化服务供给效能。

（六）贯彻落实统筹城乡的民生保障制度，提升不断满足人民群众美好生活新期待的能力水平

党的十九届四中全会强调，增进人民福祉、促进人的全面发展是我们党立党为公、执政为民的本质要求，必须健全基本公共服务制度体系，加强普惠性、基础性、兜底性民生建设，创新公共服务提供方式，满足人民多层次多样化需求。要主动顺应全区人民群众对幸福美好生活新期待，积极推进民生保障制度创新，努力使群众获得感幸福感安全感更加充实、更有保障、更可持续。

1. 完善重大疫情防控体制机制。健全领导指挥体系，完善“区镇（街道）村（社区）组”四级责任体系，压紧压实新冠肺炎等传染性疫情防控责任。健全公共卫生应急管理体系，完善应急预案，加强应急演练，健全网格化精细化人性化服务管理制度，提高应对突发重大公共卫生事件的能力水平。改革完

善疾病预防控制体系，健全公共卫生服务体系，优化医疗卫生资源投入结构。加强公共卫生队伍建设，健全执业人员培养、准入、使用、待遇保障、考核评价和激励机制。持续加强全科医生培养、分级诊疗等制度建设，健全防治结合、联防联控、群防群治工作机制。完善公共卫生重大风险研判、评估、决策、防控协同机制。改革完善重大疫情防控救治体系，健全重大疫情应急响应机制。健全科学研究、疾病控制、临床治疗的有效协同机制，形成制度化成果，完善突发重特大疫情防控规范和应急救治管理办法。建立健全分级、分层、分流的传染病等重大疫情救治机制。健全重大疾病医疗保险和救助制度，完善应急医疗救助机制、医保异地即时结算制度。探索建立特殊群体、特定疾病医药费豁免制度。健全统一的应急物资保障体系，尽快完善相关工作机制和应急预案。

2. 健全巩固提升脱贫攻坚成果长效机制。健全区、镇（街道）、村（社区）三级书记齐抓共管责任制，完善以“两不愁三保障”为重点的精准脱贫制度，集中力量、集中资源，确保现行标准下农村贫困人口全部脱贫。落实精准防贫办法，加大脱贫监测户、边缘户监测管理，对返贫致贫风险户及时给予帮扶。建立完善解决相对贫困的长效机制，完善多部门协同的相对贫困人口信息管理体系、风险监测体系和防贫保障体系，健全低保制度与精准脱贫政策有效衔接机制。落实粤桂扶贫发展协作有关要求。完善巩固脱贫攻坚成果责任制，健全考核监督评估机制。构建脱贫攻坚与乡村振兴衔接联动机制。

3. 完善实施乡村振兴战略体制机制。建立前端有技术支撑、中间有龙头企业或合作组织带动、后端有市场营销的乡村产业发展机制，培育壮大一批农业新产业新业态，加快构建一二三产融合的现代农业产业体系、生产体系、经营体系。落实粮食安全责任制，实施藏粮于地、藏粮于技战略，稳定粮食综合产能，保障粮食安全。完善农村承包地“三权分置”制度，稳妥推进农村宅基地制度改革、集体经营性建设用地入市改革、土地征收制度改革，建立健全城乡统一的建设用地市场。巩固农村集体产权制度改革成效，拓展改革权能，进一步激发农村发展活力。深入推进发展壮大村级集体经济行动，健全农村集体经济发展扶持政策，建设一批村级集体经济示范村。完善多元化支农惠农强农投入保障机制，坚持把农业农村作为财政优先保障领域和金融优先服务领域。完善农村产权流转交易市场体系建设，创新开展多种模式的农村产权抵押贷款业务，探索集体资产股权质押贷款办法，推动农村资源要素顺畅流转。完善城乡融合发展体制机制，推进城乡基本公共服务标准统一、制度并轨。深化户籍制度改革，完善推进农业转移人口市民化工作机制。

4. 健全更充分更高质量就业和更公平分配的体制机制。深入实施就业优先政策和积极就业政策，稳定和扩大就业。加强就业援助，多渠道开发公益性岗位，鼓励多种形式的灵活就业。健全高校毕业生、农民工、退役军人、去产能职工、易地扶贫搬迁群众等群体就业创业支持体系。贯彻落实创业孵化基地扶持政策和国家创业担保贷款政策。构建贯穿全程、辐射城乡、便捷高效的公共就业服务体系，创新“互联网＋就业”服务模式。健全完善就业监测及失业预警体系，建立就业结构与产业结构优化协调机制。完善政府、工会、企业共同参与的劳动关系协调机制。坚持按劳分配为主体、多种分配方式并存，深化收入分配制度改革，落实职工工资正常增长政策，执行职工最低工资制度。着重保护劳动所得，增加劳动报酬和财产性收入，健全劳动、资本、土地、知识、技术、管理、数据等生产要素由市场评价贡献、按贡献决定报酬的机制。建立健全保障农民工工资支付长效机制。

5. 构建服务全民终身学习的教育体系。完善立德树人体制机制，建立教育、宣传、考核、监督与奖惩相结合的师德建设长效机制，健全教育质量保障制度，健全高素质专业化创新型教师教育体系。构建全员全过程全方位育人格局，完善德智体美劳全面发展学生培养体系。健全以政府投入为主、多渠道筹措的教育现代化投入保障机制。深化义务教育学区制管理改革和教育质量综合评价改革，持续深入推进国家中小学教育质量综合评价改革实验区建设，健全学前教育管理、办园和投入体制，建立特殊教育监测和督导制度。构建覆盖城乡的家庭教育指导服务体系。发挥网络教育和人工智能优势，推进数字校园建设与应用，创新教育和学习方式，建设学习型社会。

6. 完善建设健康玉州长效机制。健全全方位干预健康影响因素、维护全生命周期健康、防控重大疾病的体制机制，完善覆盖预防、医疗、康复、健康促进等健康服务体系。深化医药卫生体制改革，健全“三医联动”机制，完善网格化医联体建设长效机制。加快现代医院管理制度改革，推行现代医院管理制度试点工作，继续推进慢性病综合示范区建设。

完善医疗卫生能力建设工作机制。健全完善居家社区机构相协调、医养康养相结合的养老服务体系。完善优生优育制度。优化全民健身公共服务体系。

7. 完善覆盖全民的社会保障体系。坚持应保尽保原则，健全统筹城乡可持续的基本养老保障制度、基本医疗保障制度和最低生活保障制度。健全社保基金规范管理制度，加快落实社保转移接续、异地就医结算制度，配合推进企业职工基本养老保险自治区级统筹。健全完善社会救助体系，稳步推进社会救助综合改革。继续实施全民参保计划，扩大参保覆盖率，稳步提高各项社会保险待遇。贯彻落实社保降费、稳岗补贴、稳岗返还等政策，减轻企业负担。健全社保卡即时制卡、立等可取等便民制度，方便群众办卡领卡。完善社会福利、慈善事业、优抚安置等制度，健全退役军人工作体系和保障制度。完善农村“三留守”人员关爱服务体系，健全残疾人帮扶制度。建立稳地价、稳房价、稳预期长效管理调控机制，建立房地产市场风险预警机制，完善保障性住房体系，建立多主体供给、多渠道保障、租购并举的住房制度，建立以信用为基础的新型房地产监管机制。

（七）贯彻落实共建共治共享的社会治理制度，提升建设平安玉州的能力水平

党的十九届四中全会强调，社会治理是国家治理的重要方面，必须加强和创新社会治理，建设人人有责、人人尽责、人人享有的社会治理共同体。玉州各项事业持续健康发展，离不开和谐稳定的社会环境。要立足于构建社会善治新体系，积极推进社会治理理念思路、体制机制、方式方法创新，有效防范化解管控风险隐患，确保人民安居乐业、社会安定有序，建设更高水平的平安玉州。

1. 构建社会治理新格局。完善党委领导、政府负责、民主协商、社会协同、公众参与、法治保障、科技支撑的社会治理体系，健全政治、自治、法治、德治、智治“五治融合”机制，推进区域社会治理和城乡社区治理创新，推动形成共建共治共享的社会治理格局。创新完善鼓励多方参与社会治理的政策体系，完善政府购买服务机制，健全市场主体、社会力量广泛参与的网状治理模式。完善社会治理资源、服务、管理下沉机制，打造5A幸福村，5A幸福社区（小区），加强各级综治中心实体化和基层政法单位规范化建设，完善网格化服务管理机制，打造集综合治理、市场监管、综合执法、公共服务等于一体的统一平台。完善社会、学校、家庭“三位一体”德育网络，健全社会心理服务体系和危机干预机制。

2. 完善平安玉州建设体制机制。坚持和发展新时代“枫桥经验”，健全和完善矛盾纠纷精准排查和精细化解机制，构建人民调解、行政调解、司法调解联动工作体系，完善信访制度。完善立体化、法治化、专业化、智能化社会治安防控体系，健全扫黑除恶、禁毒严打整治和打击传销长效机制，建立问题联治、工作联动、平安联创的工作格局。健全公共安全体制机制，完善食品药品安全监管机制，落实安全生产责任制，健全防灾减灾救灾和应急管理体制机制。坚持总体国家安全观，加强国家安全人民防线建设，建立健全国家安全风险研判预警、防控协同、防范化解机制，构建反渗透、反颠覆、反分裂、反间谍、反恐怖、反邪教常治长效机制。贯彻落实党对人民军队的绝对领导制度，健全双拥共建、国防教育、国防动员机制，宣传推广爱国拥军“石窝经验”，推进军民融合深度发展，全力配合玉林市再创全国“双拥模范城”。

（八）贯彻落实生态文明制度体系，提升建设美丽玉州的能力水平

党的十九届四中全会对坚持和完善生态文明制度体系，促进人与自然和谐共生作出安排部署，顺应了人民群众对优美生态环境的热切期盼。必须深入贯彻习近平生态文明思想，以改善生态环境质量为核心，加快建立健全生态环境保护治理体系，坚定不移走具有玉州特色的产业优、百姓富、生态美、群众幸福感高的绿色发展道路。

1. 完善生态环境保护与治理体制机制。实行最严格的生态环境保护制度，健全源头预防、过程控制、损害赔偿、责任追究的生态环境保护体系。落实国土空间规划和用途统筹协调管控制度，构建“多规合一”的国土空间规划体系。建立山水林田湖湿地生态一体化保护和修复机制，完善河长制、湖长制、林长制，健全南流江流域水环境保护机制，完善森林生态效益补偿机制，健全水土流失整治等机制。构建以排污许可制为核心的固定污染源监管制度体系，完善大气污染防治协作机制，健全销售燃放烟花爆竹管理制度，健全水污染跨区域综合治理机制。建立完善南流江重点流域上下游横向生态补偿机制，健全畜禽养殖污染治理机制。加强生态立法执法司法联动机制建设。建立生态文明建设目标评价考核制度，健全生态环境保护督察机制，实行生态环境损害责任终身追究制。

2. 全面建立资源高效利用制度。构建自然资

源统一确权登记制度体系，建立健全自然资源资产所有权管理制度，逐步实现全区自然资源统一确权登记全覆盖。推进资源有偿使用制度，建立完善统一的自然资源市场交易规则和交易平台，健全自然资源市场调控机制。实行资源总量管理和全面节约制度，健全资源节约集约循环利用政策体系。完善公共机构节能管理体系。普遍实行垃圾分类和资源化处理制度，健全城乡垃圾收运处理体系。全面实施能源革命战略，大力推进循环型工业发展，构建清洁低碳、安全高效的能源体系。强化自然保护地监督考核，建立完善统一监管综合执法机制。加快建立自然资源统一调查、评价、监测制度，健全自然资源监管体制，完善自然资源执法监管共同责任机制。

3. 建立促进生态经济发展的体制机制。落实绿色生产和消费的法律制度和政策，加快发展绿色金融，建立促进生态经济提质升级的体制机制。建立生态工业加快发展机制，完善生态产品绿色设计和绿色制造标准体系，加快传统产业和产业园区生态化改造。健全生态农业提质发展机制，大力推行农业绿色生产方式，持续推进农产品“三品一标”认证、良好农业规范（GAP）认证，加大对玉州驰名商标、原产地标志、名优特新产品保护力度，打造一批标准化生产示范基地，打响玉州农产品品牌。加强农产品质量安全监管，构建农产品质量安全从田头到餐桌可追溯体系。构建生态服务业全面发展机制，创新“生态+”发展模式，建立健全生产性服务业绿色发展、生活性服务业低碳发展新机制。

4. 完善美丽玉州建设长效机制。完善农村人居环境整治体制机制，持续推进“三清三拆”，不断优化乡村生产生活生态空间。完善乡村风貌提升体制机制，健全乡村规划体系，建立健全农房建设管控长效机制。配合玉林市统筹推进“美丽玉林·宜居城市”建设，配合玉林市开展全国文明城市、国家卫生城市、广西宜居城市、广西食品安全示范城市“四城同创”工作，建立推动城市智慧管理和绿色发展的体制机制，提升城市品质和承载能力。建立生态文化培育机制，持续推动生态环境改善。

（九）贯彻落实全面从严治党制度，提升敢为先、勇担当、善作为的能力水平

党的十九届四中全会强调，坚持党要管党、全面从严治党，健全完善党和国家监督制度、权力配置和运行制约机制，实现党的自我净化、自我完善、自我革新、自我提高。打铁还须自身硬。要全面贯彻落实新时代党的建设总要求，坚持严管和厚爱结合、约束和激励并重，开展“大学习、深调研、强服务、敢担当”活动，大力弘扬敢为先、勇担当、善作为精神，着力营造风清气正的政治生态，不断激发各级党组织和党员、干部队伍干事创业的精气神。

1. 落实和完善权力制约和监督体制机制。贯彻落实党和国家监督体系，坚持权责法定、透明、统一，推动各级党委和掌握公权力部门、组织依法科学配置权力，完善权力配置机制，健全分事行使、分岗设权、分级授权，定期轮岗制度，完善权责清单制度，加快推进机构、职能、权限、责任法定化。深化党务、政务、司法公开和其他领域办事公开制度，完善权力运行过程的留痕、查询、追溯机制，确保权力在阳光下规范运行。落实各级党组织党内监督责任，紧盯各级“一把手”监督，创新上级监督、同级监督、下级监督的有效机制，完善常委会监督、领导干部管理、领导班子内部监督等制度，加强相互监督，进一步强化同级监督，保障党员监督权利。深化纪检监察体制改革，加强上级纪委监委对下级纪委监委的领导，完善请示报告制度，健全强化政治监督具体化常态化机制，完善纪检监察机关日常监督细化实化机制，完善派驻机构“三为主一报告”制度，健全执纪执法贯通、监察衔接司法制度，加强纪检监察信息化建设和大数据监督创新，深化政治巡察，完善派驻监督机制，推动监察职能向镇（街道）延伸，构建纪律、监察、派驻、巡察“四位一体”监督机制。以党内监督为主导，推动纪委监委专责监督与各类监督有机贯通、相互协调、形成合力。

2. 健全增强基层党组织政治功能和组织力的制度机制。完善各领域基层党组织“提质聚力”制度，推动基层党组织全面进步、全面过硬。健全抓党建促脱贫攻坚、促乡村振兴、促富民强区、促基层治理以及推动村级集体经济发展壮大等制度。坚持和完善加强党支部标准化规范化建设、持续整顿软弱涣散党支部、加强基层党组织带头人队伍建设、强化驻村干部队伍建设制度。贯彻落实《加强和改进发展党员工作的十条措施》，从严从实做好新时代发展党员工作。健全党员教育管理制度，推进远程教育网络载体平台优化升级、融合发展。健全完善基层党建工作述职评议考核制度，全面压实班子成员抓分管领域管党治党责任，推动全面从严治党向基层延伸。

3. 完善激励干部担当实干的制度机制。坚持党管干部原则，坚持好干部标准，健全完善干部素质培养体系、知事识人体系、选拔任用体系、从严管理

体系、正向激励体系，着力建设忠诚干净担当高素质干部队伍。深入推进解放思想，开展“大学习、深调研、强服务、敢担当”活动，进一步增强守初心、担使命的行动自觉。牢固树立讲担当重担当、重实干重实绩的鲜明导向，完善重大疫情防控、重大突发事件等一线考察识别干部机制，健全完善体现高质量发展要求的科学考核评价机制，大力选拔重用担当作为、善作善成的猛将闯将干将，坚决调整“昏庸懒散拖”干部。完善激励干部担当作为奖励制度。完善及时奖励、绩效奖励等制度。完善整治形式主义官僚主义为基层减负工作机制，全面落实权力和责任清单制度，规范督查检查，切实为基层减负。建立容错纠错正面清单、负面清单，完善容错纠错程序。建立完善评选表彰宣传先进典型的制度机制，营造担当为要、实干为本、发展为重、奋斗为荣的浓厚氛围。

4. 构建一体推进不敢腐、不能腐、不想腐体制机制。健全和落实全面从严治党责任制度，用好以党章、准则、条例和规则为主体的管党治党制度利器，完善党委（党组）履行主体责任配套制度，强化纪委协助和监督责任。探索建立领导班子政治生态研判评价、反馈整改机制，坚持权责统一、严肃问责、精准问责，推动“两个责任”贯通协同、层层落实。坚定不移推进反腐败斗争，坚决查处政治问题和经济问题交织的腐败案件，坚决斩断“围猎”和甘于被“围猎”的利益链，紧盯威胁经济社会稳定和可能诱发系统性风险的腐败问题，加大国有企业反腐力度，坚决破除权钱交易的关系网，完善追逃追赃防逃机制。深化标本兼治，健全作风建设和纠治“四风”长效机制，完善运用监督执纪“四种形态”制度。完善群众身边腐败和作风问题“抓系统、系统抓”专项治理机制，开展扶贫领域专项治理“三查三督双整合”清风行动，推进“专项治理巩固年”活动，深化“五盯五查五联动”专项整治，推动重点领域监督机制改革和制度建设，加强思想道德和党纪国法教育，巩固和发展反腐败斗争压倒性胜利。

三、强化制度执行力运用力落实力，把制度优势切实转化为治理效能

（一）加强制度执行和运用。压实制度执行的主体责任，各级领导干部要牢固树立法治意识、制度意识、规则意识，带头维护制度权威，自觉做制度执行表率，示范带动广大干部群众自觉尊崇制度、严格执行制度、坚决维护制度。完善制度执行的考核运用，坚持将制度执行力和治理能力作为干部选拔任用、考核评价的重要依据，推动干部严格按照制度履行职责、善于运用制度谋事、干事。强化问责促进制度执行，坚持把制度监督贯穿区域治理、部门治理、行业治理、基层治理、单位治理的全过程，督促广大党员、干部严格按照制度履行职责、行使权力、开展工作，坚决杜绝做选择、搞变通、打折扣的现象。充分发挥制度指引方向、规范行为、提高效率的重要作用，结合实际用足用好用活制度，坚持在制度轨道上推动改革发展稳定各项事业。

（二）加强制度自信宣传教育。把制度自信贯穿宣传工作始终，营造坚定中国特色社会主义制度自信的浓厚氛围。完善领导干部带学领学、脱产学习进修、点名调训、全员轮训等制度，分期分批对党员、干部进行系统培训。按照“八个讲清楚”要求，创新宣讲方式方法，开展常态化宣讲，有针对性地做好分层分类宣传教育，引导干部群众深刻认识中国特色社会主义制度的巨大优越性和国家治理体系的强大生命力。把制度自信教育贯穿国民教育全过程，作为学校思想政治教育和课堂教学的重要内容，把制度自信的种子播撒进青少年心灵。

（三）加强改革创新和制度实践探索。坚持以制度建设为主线，围绕发展抓改革，深化机制创新、巩固完善制度、强化系统集成，实现改革举措与制度建设有机衔接、融会贯通。建立“六破六立”长效机制，大力推进思想再解放。坚持以人民为中心的发展思想，探索更多具有玉州特色的治理新理念、新方式、新手段，并及时总结提升固化，形成有效管用的制度体系。按照“加强统筹、突出重点、狠抓落实、务求实效”工作思路全面深化改革，扎实推进改革系统集成、协同高效，加快构建改革发展急需、人民群众期待、符合玉州实际的制度体系，推动各项改革向制度更加成熟更加定型靠拢。坚持出台改革举措、健全体制机制、推进落地见效一体抓，支持和鼓励基层大胆探索创新，聚焦重点难点问题深化改革，以改革解决问题、增添活力、促进发展。

（四）加强干部队伍治理能力建设。坚持把提高治理能力作为新时代干部队伍建设的重大任务，纳入领导干部教育培训重点课程，促进各级领导干部增强“八种本领”和斗争精神，健全完善干部学习培训交流制度，督促广大干部自觉加强思想淬炼、政治历练、实践锻炼、专业训练，增强运用制度干事创业能力。坚持把制度执行力和治理能力作为干部选拔任用、考核评价的重要依据。加快人才制度和政

策创新，健全人才向基层一线流动机制，鼓励各类人才共同为推进玉州治理现代化贡献智慧和力量。科学合理设置制度创新和治理能力建设考评指标，把制度执行力运用力落实力作为评优罚劣、问责追责的重要依据和评判标准。

（五）加强组织领导。围绕加强制度创新和治理能力建设、奋力推进玉州治理现代化战略部署，建立由区委统一领导，人大、政府、政协各负其责，各级党政部门、人民团体、社会各界和广大群众广泛参与的落实推进机制。各级党委（党组）书记要切实肩负起第一责任人责任，勇于担当、靠前指挥，亲自部署重要工作、研究重大问题、协调重点环节。各级各部门要结合实际，出台落实方案，健全工作机制，有力有序推进各项工作。明确责任分工，科学制定任务书、路线图、时间表，明确牵头部门、责任单位、具体任务和完成时限。完善考核机制，狠抓督促检查，确保各项决策部署落实落地。

全区各级各部门要更加紧密地团结在以习近平同志为核心的党中央周围，高举中国特色社会主义伟大旗帜，坚定信心，保持定力，锐意进取，开拓创新，切实加强制度创新和治理能力建设，奋力推进玉州治理现代化，为实现全面建成小康社会目标，加快建设壮美广西、共圆复兴梦想作出新的更大贡献！

——摘自中共玉林市玉州区委员会《关于深入贯彻落实党的十九届四中全会精神奋力推进玉州治理现代化的实施意见》（玉区发〔2020〕7号）

玉林市玉州区招商引资激励办法

第一章　总　则

第一条　为完善招商引资激励机制，充分调动玉州区内外一切积极因素，扩大对外开放，提高招商引资质量，引进培育发展新动能，参照《广西壮族自治区人民政府关于印发广西招商引资激励办法的通知》（桂政发〔2019〕27号）、《玉林市人民政府关于印发玉林市招商引资激励办法的通知》（玉政发〔2019〕11号）规定，特制定本办法。

第二条　招商引资坚持科学激励、分类激励、分级激励的原则。按照属地管理、分级考核要求，对招商引资成效显著的各镇（街道）人民政府（办事处）、区政府各办局、园区和有关人员给予激励；对集体和个人记功评选表彰按照管理权限进行。对重大招商引资项目、成功引进外来资金的招商引资中介机构，由玉州区财政按比例进行激励。具体为：

（一）属于自治区招商引资奖励范围的重大招商引资项目和成功引进外来资金的招商引资中介机构，对选址税务登记在玉州区的招商引资项目，按桂政发〔2019〕27号有关规定，自治区与市级财政按照4∶6的比例承担奖励资金，其中：市财政承担的60%奖励资金，由市财政与玉州区各承担一半的原则分担。

（二）不属于自治区招商引资奖励范围的重大招商引资项目和成功引进外来资金的招商引资中介机构，对选址在玉州区的招商引资项目，由玉州区资金承担奖励资金；对于与玉林市有分享财税的项目，由市财政与玉州区按照分享财税收入的比例来承担奖励资金。

（三）玉州区财政承担的奖金来源按《关于切实加强招商引资工作的实施意见》（玉区发〔2017〕8号）中“五、完善体制机制和政策保障（三）完善激励机制的规定中列支。”

第三条　办法适用对象为：

（一）承担年度招商引资目标任务的区直部门、各镇（街道）人民政府（办事处）。

（二）招商引资贡献突出的集体和个人。

（三）招商引资项目。

1. 重大招商引资项目，具体指当年新引进区外境内总投资1亿元人民币以上（含1亿元人民币）、国（境）外合同外资1500万美元以上（含1500万美元）项目及对全区经济社会发展具有较大促进作用的非国家、自治区禁止和限制类产业项目。国家和自治区产业指导目录如有修订，按新修订的版本执行。

2. 经自治区科技主管部门认定的高新技术企业招商引资项目。

（四）招商引资中介机构。指有正式登记注册手续，从事招商引资活动的法人和非法人机构，包括企业、商会、协会、专业机构、民办非企业单位和社会组织等（不含政府部门及自然人）。

第二章　招商引资目标绩效考核激励

第四条　玉州区对各镇（街道）人民政府（办事处）、区直有关部门、园区，招商引资工作实行专项考核，根据考核结果进行专项激励。

第五条　招商引资目标绩效考核激励措施及标准为：

（一）对年度招商引资绩效考核排前3名的镇（街道）人民政府（办事处）分别奖励10万元、8万元、6万元补充招商引资工作经费。

对年度招商引资绩效考核排前3名的镇（街道）人民政府（办事处），优先安排、保障新建项目所需建设用地指标。

（二）对年度招商引资绩效考核排前3名的镇（街道）人民政府（办事处），在区级专项建设资金支持领域，优先申报急需建设的重点项目。

（三）对年度招商引资绩效考核排前3名的区直有关部门、园区分别奖励6万元、5万元、4万元补充招商引资工作经费。

（四）对招商引资贡献突出的集体和个人，按照自治区表彰活动方案推荐参加自治区开展的记二等功评选表彰活动。

（五）完成当年下达招商引资目标任务的镇（街道）人民政府（办事处）给予奖励，未完成目标任务的镇（街道）人民政府（办事处）予以绩效扣分。

第六条　玉州区投资促进委员会办公室（设在玉州区投资促进服务中心）会同区发展改革局、财政局、人力资源和社会保障局、经济贸易和科学技术局、自然资源局、生态环境局、市场监督管理局、统计局、督查绩效办等成员单位组织实施各项招商引资激励措施。

第三章　招商引资项目激励

第七条　招商引资项目的奖励标准为：

（一）重大招商引资项目：按项目当年招商引资实际到位资金的1%给予项目业主一次性奖励，项目投资建设期较长的，在建设期内形成固定资产可累计计算最多不超过3年，但单个项目奖励资金最高不超过2000万元人民币。

（二）高新技术企业、技术先进型服务企业、总部经济招商引资项目：按项目当年招商引资实际到位资金的1%给予项目业主一次性奖励，项目投资建设期较长的，在建设期内形成固定资产可累计计算最多不超过2年，但单个项目奖励资金最高不超过 2000万元人民币。

（三）成功引进注册资本或立项总投资5000万元人民币及以上（外币按同期汇率折算）重大招商引资项目的个人按照项目实际到位外来投资额予以奖励。具体由玉州区投资促进委员会一事一议，报区政府审批。

第八条　我区应根据自治区有关规定履行审核和报批手续，对招商引资项目按以下程序进行奖励认定：

（一）符合奖励条件的项目业主按要求向项目属地镇（街道）人民政府（办事处）提出申请，提供相关的申报材料，经初审后报区投资促进服务中心进行备案登记。

（二）区投资促进服务中心对初步审核符合申请奖励条件的招商引资项目进行备案登记，委托专业机构（会计师事务所或资产评估机构）对项目到位资金情况进行专项审计，并会同区投资促进委员会其他成员单位对申报奖励的招商引资项目进行核查和评审，根据评审结果提出拟奖励项目和单位。

（三）对经审核符合条件拟给予奖励的项目单位，在玉州区政府门户网站进行为期7天的公示，公示无异议后，由区投资促进服务中心通知相关部门及时兑现奖励资金。

第四章　招商引资中介机构激励机制

第九条　招商引资中介机构符合下列条件的，给予相应奖励：

（一）成功引进重大招商引资项目并符合本办法规定的申请奖励条件。

（二）成功引进经认定的高新技术企业招商引资项目，并符合本办法规定的申请奖励条件。

（三）受区投资促进服务中心委托，以玉州区投资促进代表处、办事处名义开展投资促进推广工作。

第十条　招商引资中介机构奖励标准为：

（一）对成功引进重大招商引资项目的招商引资中介机构，按经审核认定的招商引资到位资金的2‰给予一次性奖励，但单个项目奖励最高不超过200万元人民币。

（二）对成功引进经认定的高新技术企业招商引资项目，按经审核认定的招商引资到位资金的5‰给予一次性奖励，但单个项目奖励最高不超过200万元人民币。

（三）对成功引进经认定的“瞪羚企业”“独角兽企业”的中介机构，分别给予20万元和50万元落户奖励。

（四）受区投资促进服务中心委托，以区投资促进代表处、办事处名义开展投资促进推广工作的中介机构，每年给予 10 万 ~50 万元一次性奖励，委托开展投资促进推广工作奖励经费每年最高不超过 300 万元；对成功引进招商引资项目的，按相应标准进行奖励。

（五）招商引资项目实际到位资金的认定，按照自治区、玉林市、玉州区有关文件规定执行。

第十一条　招商引资中介机构按以下程序进行奖励认定：

（一）招商引资中介机构应在所引项目于登记注册之日前，按照有关规定领取并填写玉林市玉州区招商引资中介机构备案登记表，办理备案登记手续，逾期不予办理。

（二）各镇（街道）人民政府（办事处）对招商引资中介机构资格条件进行初审，区投资促进服务中心在收到备案登记材料 10 个工作日内对符合条件的招商引资中介机构进行备案登记。

（三）根据工作需要，区投资促进服务中心可与符合条件的招商引资中介机构签订委托协议，直接进行备案登记。

（四）已备案登记的招商引资中介机构在所引进项目达到本办法规定要求后，可领取并填写玉林市玉州区招商引资中介机构奖励申报表，由当地镇（街道）人民政府（办事处）进行初审后，报区投资促进服务中心审定。

（五）同一个项目只认定一个招商引资中介机构。

（六）项目投资者不能以招商引资中介机构身份就自身投资的项目申请奖励。

（七）招商引资中介机构的奖励审核工作每年进行 1 次。由区投资促进服务中心按照招商引资项目审计评审制度开展，可与招商引资项目奖励审核一并进行。

（八）对拟奖励的招商引资中介机构名单和金额，在玉州区政府门户网站上进行为期 7 天的公示，公示无异议后，由区投资促进服务中心通知相关部门及时兑现奖励资金。

第五章　激励兑现

第十二条　对年度招商引资绩效考核排前 3 名的镇（街道）人民政府（办事处）和排名前 3 名的区政府各办局、园区，经区招商引资绩效考评小组会议审定后，由区投资促进委员会办公室将有关绩效考核情况通知区财政局，区财政局收到区投资促进委员会办公室通知文件后，于 30 个工作日内拨付奖励资金。

第十三条　对招商引资项目和招商引资中介机构奖励兑现按以下程序进行：

（一）对公示后无异议的招商引资项目和招商引资中介机构奖励资金，区投资促进委员会办公室在公示期结束后通知区财政局兑现奖励。区财政局接到兑现文件通知后，将区本级承担的奖励经费拨付至项目所在镇（街道）人民政府（办事处），并督促项目所在镇（街道）人民政府（办事处）统一在 30 个工作日内兑现给项目业主或招商引资中介机构。奖金收入的应纳税款由项目业主和招商引资中介机构自行依法缴纳。

（二）对成功引进经认定的“瞪羚企业”“独角兽企业”的中介机构，经区投资促进委员会会议审议通过，由区投资促进委员会办公室通知区财政局于 30 个工作日内兑现一次性落户奖励。

（三）受区投资促进服务中心委托，以玉州区投资促进代表处、办事处名义开展投资促进推广工作的中介机构，在与区投资促进服务中心正式签订委托协议后，由区投资促进委员会办公室通知区财政局于 30 个工作日内兑现一次性奖励。

第六章　监督问责

第十四条　各镇（街道）人民政府（办事处）、区政府各办局要认真执行各项财经纪律，在开展招商引资考核激励工作中自觉接受审计机关、纪检监察机关、人民群众和舆论媒体的监督。

第十五条　对在年度招商引资绩效考评中弄虚作假的单位和个人，按照《玉州区招商引资绩效考评办法（试行）》的规定严肃处理。

第十六条　对在招商引资项目和招商引资中介机构激励中采取各种不正当手段骗取奖励的，追回全部奖金或经费，并追究相关人员的责任。涉嫌职务违法和职务犯罪的，依法移送监察机关处置，涉嫌其他犯罪的，依法移送司法机关处理。

第七章　附　则

第十七条　本办法中所称招商引资或外来投资，是按照自治区招商引资统计制度，从自治区外、国（境）外引进的各类直接投资，包括以货币、实物、技术等作为投资，但不包括国家政策性贷款和政府直接投资。

第十八条　本办法由区投资促进委员会办公室负责解释。

第十九条　本办法自印发之日起施行。

——摘自玉林市玉州区人民政府《关于印发玉林市玉州区招商引资激励办法的通知》(玉区政发〔2020〕3号)

玉州区组织工作服务保障"两湾"产业融合发展先行试验区建设十七条措施

为贯彻落实自治区党委"东融"开放战略，全面深化粤桂区域合作，务实推进市委五届六次全会《关于贯彻落实自治区"东融"优先开放战略打造"两湾"产业融合发展先行试验区的决定》，以及区委五届八次、九次全会精神，打造"两湾融合党旗红"党建品牌，构建党建引领"两湾"产业融合发展长效机制，配合玉林市推进"两湾"产业融合发展先行试验区，为玉州区加快建成"两都一区"提供坚强政治保证和组织保证。现制定如下措施。

一、组建"千亿"优势产业新型智库。实施专业干部智库组建计划，盘活现有干部队伍资源，激活干部专业属性，择优筛选具有"千亿"优势产业相关专业背景、专业能力、专业素养、专业精神的干部，突出区、镇(街道)联动，分层级、分类别组建机械制造、大健康、现代服务业等专业干部智库，每类智库吸收若干名专业干部，为"两湾"产业融合发展提供智力支持。

二、选派"五个一线"攻坚先锋队。聚焦"两湾"产业融合发展先行试验区关键领域，配合玉林市选派若干名优秀干部到"两湾"产业融合发展的交通枢纽"东融"一线、重点产业融合一线、营商环境优化一线、招商体制改革一线、重点园区升级一线等"五个一线"锻炼，为"两湾"产业融合发展充实攻坚力量。

三、蹲点"两湾"产业融合发展一线识别干部。制定"两湾"产业融合发展专项考核方案，实行"一案一考"，将推动"两湾"产业融合发展先行试验区建设情况列为领导干部实绩考核重要内容，建立差异化考核指标，通过实地蹲点调研、近距离接触干部，考准考实干部的责任担当、能力水平和工作实效，及时发现一批敢担当善作为的干部。

四、选树提拔晋升一批"玉州好干部"。继续推进"玉州好干部"典型选树活动，重点选树"两湾"产业融合发展一线表现突出的干部，广泛宣传"玉州好干部"典型事迹，优先提拔晋升使用一批"玉州好干部"，引领全区广大干部助推"两湾"产业融合发展。

五、拓宽"两湾"干部区域性双向互派交流锻炼渠道。积极向上级请示汇报争取最大支持，加强与粤港澳大湾区、北部湾经济区省市县的合作，加快建立干部挂职锻炼培养机制，积极配合上级选派干部到粤港澳大湾区、北部湾经济区的省市县挂职锻炼，争取粤港澳大湾区特别是深圳、珠海等先行地区干部到玉州挂职，凝聚推动"两湾"产业融合发展合力。

六、加强培训考核评定和成果转化。以"双向四评"为主要抓手，对纳入干部教育培训计划的"两湾"产业融合发展先行试验区金融招商融合、营商环境融合、产业发展和人才融合等专题培训班次，进行全程评估、全面了解、准确评价，建立正负面清单，在培训中发现、培养、考察干部，不断提高干部教育培训工作服务"两湾"产业融合发展建设的工作水平。

七、推动"两湾"融合党员干部教育基地群建设。立足领导干部专业化学习需求，充分挖掘和借鉴党建服务产业发展、党建引领基层治理等先进典型和经验做法，配合玉林市探索在"两湾"产业融合发展重大项目一线、产业园区、合作机构建立桂东南党员干部教育基地，推动课堂教学、基地教学与社会实践有机结合。

八、出台"湾才入玉"激励政策措施。研究出台人才专项周转编制使用管理、基层事业单位人才引进激励、乡村振兴人才队伍建设等人才激励措施，构建人才引进、培养、管理、使用、服务全流程激励保障机制。

九、实施紧缺人才"协议工资"制度。紧扣"两湾"产业融合发展人才需求，重点引进金融财税、城建规划等专业人才，对急需紧缺引进的粤港澳大湾区高层次人才，可采取"一事一议"方式确定协议工资待遇，提高对人才的吸引力。

十、搭建"两库一站"精准引才平台。依托在外玉林籍人才库，建立在外玉州籍人才库，为精准引才提供数据支撑。通过专场招聘、社会实践、区情教育、政策宣传等活动，引导更多玉生回乡就业创业。依托在外商会、流动党支部等，建立粤港澳大湾区人才工作站，设立引才工作大使，进一步拓宽引才渠道。

十一、打造高层次人才创新创业基地。聚焦机械制造、现代服务业和大健康产业需求，对标粤港澳大湾区创新创业基地建设标准，依托我区创新创业平台，通过校地合作、校企合作等创新模式，打造玉州区高层次人才创新创业基地，为创新团队、人才、项目、资金进驻和成果转化提供优质高效的服务平台。

十二、推动“两湾”区域党建共同体建设。以“党建共同体”为抓手，创新党组织设置方式，探索区域化党建，推动交界地党组织联建、部门党组织联建、行业商会党组织联建、跨区域企业党组织联建，形成“服务联抓、问题联解、环境联治、治安联防、机制联动”的工作机制。

十三、加强产业园区、异地商会党建工作。配合玉林市重点加强中医药健康产业园区党建工作，开展促进企业成长行动，以党建促产业转型升级和高质量发展。积极探索产业链跨区域党组织和异地企业党组织建设，推动异地商会深化互动共融，发挥异地商会党组织桥梁纽带作用，积极引荐在外玉商和粤港澳大湾区企业到玉州投资办企。

十四、建立党建引领项目建设工作机制。把支部建在项目上，构建“重大项目临时综合党委—项目指挥部临时党支部—攻坚党小组”的三级攻坚克难党组织架构，打造“党组织＋项目”党建攻坚联合体，推动基础设施、工业、现代服务业、农业、社会事业、生态环保等重大项目落地。深化党组织书记“践诺晒担当”党建领航问效工作机制，推动党员干部主动为项目落地解决资金、土地和人员等要素紧缺问题。

十五、构建党员教育管理双向联动机制。探索建立区级联席会议制度，加强流动党组织建设和流动党员管理，切实做好外出务工党员教育、管理、联络、服务、互助、协调工作；打造“两湾”党建资源教育精品线路，共同绘制初心教育地图，增强“两湾”党建资源共享和党性教育互动。

十六、打造“红融两湾”党群服务联盟。规范建设区—镇（街道）—村（社区）—自然村屯（居民小区）四级党群服务中心，整合各级各部门资金、人才和项目等各方资源，打造一流营商环境，为“两湾”企业发展提供“一站式”服务，依托各级党群服务中心，组建“红融两湾”党群服务联盟，推动“两湾”城市党建要素互联互通、共享共用，推动产业经济、会展经济、旅游经济联动互补。

十七、加强“两湾”产业融合发展的舆论宣传。举办“党建引领两湾产业融合发展高峰论坛”，打造推动党建引领“两湾”产业发展的标志性活动。配合玉林市深化拓展两广报业联盟建设，依托“玉州先锋”微信公众号、“玉州城事”微信公众号等媒体开设“两湾融合党旗红”宣传专栏，推动跨区域宣传多元化、互动化、深度化，为“两湾”产业融合发展营造良好的舆论氛围。

——摘自中共玉林市玉州区委办公室《关于印发〈玉州区组织工作服务保障“两湾”产业融合发展先行试验区建设十七条措施〉的通知》（玉区办发〔2020〕41号）

区委、区政府重要文件题录

玉区发〔2020〕文件目录

表15

文号	文件名称
1号	中共玉林市玉州区委员会关于中共玉林市玉州区第五届代表大会代表补选工作的通知
2号	中共玉林市玉州区委员会关于印发《2018—2022年玉州区部教育培训规划》的通知
5号	中共玉林市玉州区委员会玉林市玉州区人民政府关于印发《贯彻落实〈中共玉林市委员会玉林市人民政府关于贯彻落实自治区“东融”优先开放战略打造“两湾”产业融合发展先行试验区的决定〉的实施方案》的通知
6号	中共玉林市玉州区委员会关于印发《玉州区关于进一步加强新时代机关党的建设的实施方案》的通知
7号	中共玉林市玉州区委员会关于深入贯彻落实党的十九届四中全会精神奋力推进玉州治理现代化的实施意见
8号	中共玉林市玉州区委员会玉林市玉州区人民政府关于印发《玉州区贯彻落实〈玉林市深入贯彻落实“三大定位”新使命工作方案〉的实施方案》的通知

续表15

文号	文件名称
9号	中共玉林市玉州区委员会玉林市玉州区人民政府关于印发《玉林市玉州区民营经济发展规划（2019—2025）》的通知
10号	中共玉林市玉州区委员会玉林市玉州区人民政府关于印发《玉州区2020年全域推进乡村振兴工作方案》的通知
11号	中共玉林市玉州区委员会关于加强新时代人大工作的实施意见
12号	中共玉林市玉州区委员会 玉林市玉州区人民政府印发《玉州区关于深化改革加强食品安全工作的实施方案》的通知
14号	中共玉林市玉州区委员会玉林市玉州区人民政府关于印发《玉州区学前教育深化改革规范发展实施方案》的通知
15号	中共玉林市玉州区委员会关于建立区人民政府向区人大常委会报告国有资产管理情况制度的意见
16号	中共玉林市玉州区委员会玉林市玉州区人民政府关于命名玉州区第一批专业技术拔尖人才的决定
17号	中共玉林市玉州区委员会 玉林市玉州区人民政府关于对梁伟等同志记三等功和嘉奖奖励的决定

玉区政发〔2020〕文件目录

表16

文号	文件名称
1号	玉林市玉州区人民政府关于做好我区第七次全国人口普查工作的通知
2号	玉林市玉州区人民政府关于公布玉州区第三批非物质文化遗产代表性项目名录的通知
3号	玉林市玉州区人民政府关于印发玉林市玉州区招商引资激励办法的通知
4号	玉林市玉州区人民政府关于公布玉林市玉州区直部门、镇（街道）权责清单的通知
5号	玉林市玉州区人民政府关于废止和修改部分区人民政府规范性文件的通知

区委办、区政府办重要文件题录

玉区办发〔2020〕文件目录

表17

文号	文件名称
2号	中共玉林市玉州区委办公室玉林市玉州区人民政府办公室关于印发《玉州区村（社区）业绩考评实施方案》的通知
3号	中共玉林市玉州区委办公室关于印发《玉州区贯彻落实〈中共中央关于加强党的政治建设的意见〉任务分解表》的通知
4号	中共玉林市玉州区委办公室玉林市玉州区人民政府办公室关于印发《2020年玉州区处级领导干部联系重大项目》的通知
5号	中共玉林市玉州区委办公室玉林市玉州区人民政府办公室关于印发《玉州区经济社会发展11项重大事项和重点工作实行指挥长工作责任制工作方案》的通知
6号	中共玉林市玉州区委办公室玉林市玉州区人民政府办公室关于提高农村基层党建基础保障水平的通知
7号	中共玉林市玉州区委办公室玉林市玉州区人民政府办公室印发《关于加强乡镇政府服务能力建设的实施方案》的通知
8号	中共玉林市玉州区委办公室玉林市玉州区人民政府办公室关于印发《玉州区党政机关办公用房管理实施细则》的通知
10号	中共玉林市玉州区委办公室关于印发《玉州区委党的建设工作领导小组2020年工作要点》的通知
12号	中共玉林市玉州区委办公室玉林市玉州区人民政府办公室关于印发《玉州区党政机关办公用房管理工作方案》的通知
13号	中共玉林市玉州区委办公室玉林市玉州区人民政府办公室关于印发《玉州区党政机关公务用车管理实施细则》的通知
14号	中共玉林市玉州区委办公室关于认真做好重大事项请示报告工作的通知
15号	中共玉林市玉州区委办公室玉林市玉州区人民政府办公室关于印发《玉州区开展“三清三拆”百日攻坚迎小康大会战的实施方案》的通知

续表17

文号	文件名称
16号	中共玉林市玉州区委办公室玉林市玉州区人民政府办公室关于印发《“美丽玉州 · 幸福乡村”活动指导意见》及三个配套文件的通知
17号	中共玉林市玉州区委办公室玉林市玉州区人民政府办公室关于玉州区开展清理核实国有资产的通知
18号	中共玉林市玉州区委办公室印发《玉州区关于加强新时代人民政协党的建设工作的实施意见》的通知
19号	中共玉林市玉州区委办公室玉林市玉州区人民政府办公室关于印发玉林市玉州区中医药健康产业供应链发展规划（2019—2025）的通知
22号	中共玉林市玉州区委办公室玉林市玉州区人民政府办公室关于印发《玉州区关于推进基层整合审批服务执法力量的实施方案》的通知
23号	中共玉林市玉州区委办公室关于开展学习宣传贯彻党的十九届五中全会精神“六个一活动”的通知

玉区政办〔2020〕文件目录

表18

文号	文件名称
1号	玉林市玉林区人民政府办公室关于印发玉州区加快推进农业信贷担保体系建设助推乡村振兴工作实施方案的通知
2号	玉林市玉州区人民政府办公室关于印发玉州区职业技能提升行动实施方案（2019—2021年）的通知
3号	玉林市玉州区人民政府办公室关于印发玉州区生活垃圾分类实施方案的通知
4号	玉林市玉州区人民政府办公室关于印发玉州区村镇供水安全应急预案的通知
5号	玉林市玉州区人民政府办公室关于印发2020年玉州区人民政府为民办实事工程项目分工方案的通知
6号	玉林市玉州区人民政府办公室关于印发《玉林市玉州区农村留守儿童关爱保护和困境儿童保障工作局际联席会议制度》的通知
7号	玉林市玉州区人民政府办公室关于印发玉州区药品和医疗器械安全突发事件应急预案的通知
11号	玉林市玉州区人民政府办公室关于公布玉林市玉州区依申请政务服务事项“一窗受理”基础集成套餐目录的通知

玉州区中国驰名商标和广西名牌农产品名录

玉州区中国驰名商标名录

表19

商标名称	使用商品	商标持有企业	获得时间
玉林 YULIN	人用药	广西玉林制药有限公司	2007年
玉柴 YUCHAI	柴油机、汽油机	广西玉柴机器集团有限公司	2016年

玉州区广西名牌农产品名录

表20

名称	生产企业	获得时间
桂玉香大米	广西玉林市大自然农牧科技有限公司	2013年
参皇肉鸡	广西参皇养殖集团有限公司	2013年
绿野肉鸭	玉林市绿野农牧有限公司	2015年
广西绿苑米业有限公司（农业企业品牌）	广西绿苑米业有限公司	2019年

玉州区国家地理标志保护产品名录及国家级农业标准化示范区名录

玉州区国家地理标志保护产品名录

表21

产品名称	获得时间
玉林香蒜	2007 年
玉林正骨水	2010 年
玉林牛巴	2011 年

玉州区国家级农业标准化示范区名录

表22

名称	地址	获得时间
玉林市健康产业园区（第一批国家农业产业化示范基地）	玉州区仁厚镇	2011 年
第三批国家农业产业化示范基地（五彩田园）	玉东新区茂林镇	2015 年

玉州区文物保护单位及非物质文化遗产名录

玉州区自治区级文物保护单位名录

表23

名称	年代	类别	地址及位置
高山村古建筑群	清	古建筑	玉林市玉州区城北街道高山村
朱砂垌客家围龙屋	清	古建筑	玉林市玉州区南江街道岭塘社区
玉林文庙大成殿	元	古建筑	玉林市玉州区玉城街道东成社区

玉州区市级文物保护单位名录

表24

名称	年代	类别	地址及位置
云龙桥	清	古建筑	玉林市玉州区玉城街道南观社区
群生书店旧址	民国	近现代重要史迹及代表性建筑	玉林市玉州区玉城街道东成社区
朱锡昂烈士陵园	1978 年	近现代重要史迹及代表性建筑	玉林市玉州区玉城街道西就社区
中共玉林中心县委旧址	1939 年	近现代重要史迹及代表性建筑	玉林市玉州区玉城街道西就社区
地藏堂	清	古建筑	玉林市玉州区玉城街道新民社区
茂林桥	清	古建筑	玉林市玉州区茂林镇茂林村
普庵堂	明	古建筑	玉林市玉州区玉城街道南观社区
新民寒山庙	清	古建筑	玉林市玉州区玉城街道新民社区
玉皇堂	明	古建筑	玉林市玉州区玉城街道垌口社区
紫华庵	清	古建筑	玉林市玉东新区茂林镇茂林社区

续表24

名称	年代	类别	地址及位置
陶成墓及陶氏墓群	明—清	古墓葬	玉林市玉州区仁东镇三山村
钟宜万陵墓	元	古墓葬	玉林市玉州区城北街道钟周村
水月岩	明—清	石窟寺及石刻	玉林市玉州区南江街道云良村
蝴蝶楼	1933年	近现代重要史迹及代表性建筑	玉林市玉州区玉城街道东成社区
玉林粤东会馆	清	古建筑	玉林市玉州区玉城街道南观社区
曾圣扬祠	清	古建筑	玉东新区茂林镇榕楼社区泉口自然村
天后宫	清	古建筑	玉林市玉东新区茂林镇绿杨社区

玉州区国家级非物质文化遗产名录

表25

项目名称	项目类别	获得时间	保护单位
广西八音	民间音乐	2011年	玉州区文化馆

玉州区自治区级非物质文化遗产名录

表26

项目名称	项目类别	获得时间	保护单位
州珮功夫	杂技与竞技	2014年	玉州区文化馆
玉林寒山祈福习俗	民　俗	2018年	玉州区城北街道寒山村村民委员会
玉林牛巴制作技术	传统技艺	2020年	玉州区文化馆

玉州区市级非物质文化遗产名录

表27

项目名称	项目类别	获得时间	保护单位
玉林跳玻璃	杂技与竞技	2008年	玉州区文化馆
玉林采茶舞	民间舞蹈	2008年	玉州区城西街道玉豸造纸厂
玉林牛巴	传统手工技艺	2008年	玉州区文化馆
寒山诞	民俗	2008年	玉州区文化馆、兴业县文化馆
玉林山歌	民间音乐	2010年	玉州区文化馆、陆川县文化馆、博白县文化馆
玉林月饼制作技艺	民间手工技艺	2010年	玉州区文化馆、玉林市交泰楼食品有限公司、玉林市锦同食品有限公司、玉林市大同众香食品有限公司
玉林凉茶制作艺术	民间手工技艺	2010年	玉州区文化馆、玉州区何老凉茶店
陂头硬气功	杂技与竞技	2010年	玉州区城西街道玉豸村陂头醒狮队
“廉石”的故事	民间文学	2013年	玉州区文化馆
玉林肉丸	传统手工技艺	2017年	玉州区文化馆
州珮北帝诞	民俗	2017年	玉州区文化馆
玉林剪纸	民间美术	2019年	玉州区文化馆
玉林手工肥皂	民间手工技艺	2019年	玉州区文化馆
玉林糍制作技艺	民间手工技艺	2019年	玉州区文化馆

新闻媒体宣传报道玉州区重要题录

《人民日报》刊登有关玉州的重要报道目录（2020年）

表28

日期	题目	版面位置
2月24日	政府服务送上门 企业复工更有序	11
5月20日	杨科璋：烈火青春 舍己救人（为了民族复兴·英雄烈士谱）	20

《广西日报》刊登有关玉州的重要报道目录（2020年）

表29

日期	题目	版面位置
1月2日	专业种菌摘穷帽——记玉林市沼心村第一书记罗林	4
1月2日	“爱玉林”政务服务APP上线	4
1月8日	多上项目挖穷根——记玉林市玉州区广恩村支书杨朝其	5
1月8日	广西法学教育研究会年会在玉林师院举行	14
1月9日	破解“两张皮”凝成一股劲——玉林以“融合党建”引领高质量发展	1
1月10日	玉林党群服务综合体启用	4
1月10日	找准落脚点拓展产业带——玉林市推进农业高质量发展扫描	15
1月10日	推行简易办群众少跑腿玉林市本级政务服务群众满意率99.96%	15
1月10日	一窗受理一网通办玉州区政务服务群众满意度达99%	15
1月10日	玉林城市基层党建创新案例获全国奖	15
1月12日	妙手“焊将”弧光闪耀——记广西玉柴重工有限公司高级技师刘英佳	11
1月14日	玉柴第九百万台暨第三万台国六发动机下线	6
1月15日	杨红代表：聚焦两江治理完善配套设施	4
1月16日	玉林市代表团：聚焦千亿产业强企业促产出	5
1月16日	九大标杆“提质聚力”打造党建促高质量发展“玉州样板”	16（专版）
1月16日	做实“三篇文章”在主题教育上树标杆	16
1月16日	尽锐出战齐攻坚在抓党建促脱贫上树标杆	16
1月16日	示范引领再提升在党支部标准化规范化建设上树标杆	16
1月16日	选贤任能明导向在激励干部担当作为上树标杆	16
1月16日	实施“五大行动”在组织振兴引领乡村振兴上树标杆	16
1月16日	全方位“零距离”在服务群众便捷化上树标杆	16
1月16日	人才振兴强支撑在人才效能建设上树标杆	16
1月16日	激发活力优服务在两新党建促发展上树标杆	16
1月16日	老骥伏枥勇担当在老干部党建上树标杆	16
1月16日	广大党员走进“红色街区”学习党史、新中国史	16
1月16日	大力发展蔬菜种植产业，助推村级集体经济增收	16

续表29

日期	题目	版面位置
1月16日	玉州区举办首届基层党务技能大赛	16
1月16日	玉林完成重大项目投资661亿元	20
1月16日	玉林交警开展春运交通安全宣传	20
1月16日	玉林市公安局交警支队民警做好交通安全宣传工作	20
1月16日	玉林市公安局交警支队民警走进仁东初中开展交通安全宣传教育活动	20
1月16日	玉州区：中药材种植成为扶贫产业	20
1月17日	精准用地保障城市科学发展——访自治区人大代表、玉林市自然资源局局长封寅芳	6
1月18日	玉林：靶心定向助推民营经济发展	4
1月22日	动真碰硬扫彻底——玉林市两级法院全力推进扫黑除恶专项斗争综述	7
1月23日	玉州区：多项措施增进民生福利	9
1月23日	玉柴集团"国六"系列发动机销量位居行业前列	9
1月23日	玉林澄清不实举报41件	11
1月27日	玉林网格化精细化人性化防控疫情	3
2月5日	曾万明赴玉林市检查新型冠状病毒感染的肺炎疫情防控工作时强调发挥党员先锋作用打赢防控阻击战	3
2月7日	玉林：织牢基层疫情防控网	6
2月7日	玉州区两新党组织捐款超100多万元	6
2月8日	玉林：16条措施支持中小企业复工复产	6
2月9日	玉林："手机菜篮子"送来平价菜	2
2月11日	玉林：织密联防联控网不留疫情盲区	4
2月11日	玉柴全面复工保订单生产	5
2月12日	防疫战场上勇敢的身影——玉林市干部群众奋勇抗击疫情群像速写	13
2月12日	玉州区积极落实各项防控措施	13
2月12日	玉林市政务服务中心网上办理业务近四千件	13
2月12日	玉林机场航站楼将在3月竣工验收	13
2月13日	玉州区21家企业复工复产	5
2月13日	玉林：春种作物面积3.05万亩	5
2月14日	玉林对疫情防控落实不力40人追责	6
2月14日	玉林警方破获2起虚假销售口罩诈骗案	6
2月14日	玉林去年粮食单产全区第一	14
2月15日	玉林警方查处48起涉疫情违法案件	7
2月16日	他倒在抗疫一线——追记玉林市公安局辅警张诗铭	1
2月16日	玉林"火线"提拔奖励防疫一线"硬核"干部	4
2月16日	2月6日，在玉林市中医医院，共产党员主动请缨驰援武汉抗击疫情	6
2月16日	医疗战线的共产党员始终冲锋在前，全力以赴救治患者	6
2月17日	玉林第二批支援湖北抗疫医疗队出征	6
2月19日	玉林2例新冠肺炎患者治愈出院	6

续表29

日期	题目	版面位置
2月19日	保原料保生产保运输玉林农业部门联络员机制为企业排忧解难恢复生产	13
2月19日	玉林：防疫不放松复工有秩序	20
2月19日	为玉林市玉州区南玉高铁良睦隧道项目现场	20
2月19日	玉林市公安局交警部门联合卫生等相关部门继续坚守各主要路口开展疫情防控工作	20
2月19日	玉林市市场监督管理局对米、面、油、肉、菜等群众生活必需品进行重点检查	20
2月19日	玉林新增6个自治区级现代特色农业示范区	
2月20日	志愿者为抗疫一线民警、辅警义务理发	4
2月20日	玉柴捐赠价值150万元防疫物资	6
2月20日	玉林疫情防控后备应急病房交付使用	6
2月22日	始终冲在抗疫第一线的“战士”——记玉林市第一人民医院呼吸与危重症医学科党支部书记张九进	3
2月23日	玉林市原副市长李庄浩严重违纪违法被双开	3
2月23日	市区县战“疫”进行时玉林	8
2月23日	玉州区：抗疫扶贫生产“两不误”	11
2月24日	玉林市区县战“疫”进行时	8
2月25日	玉林竭力为民企复工复产解忧纾困	4
2月26日	玉州区：两新组织倾情服务群众	13
2月27日	玉林：形成立体化宣传格局	6
2月29日	严植婵赴玉林市调研指导新冠肺炎疫情防控、企业复工复产、经济稳增长、生态环境保护等工作	4
3月1日	主动服务高位推动——统筹推进新冠肺炎疫情防控和经济社会发展工作系列报道之九	3
3月1日	玉林聚力打赢脱贫攻坚收官战	7
3月1日	玉州区：关爱工程让扶贫干部扎根农村	7
3月2日	玉柴艇用发动机达到世界先进水平	1
3月3日	紧盯开工早投产早见效	6
3月3日	玉林出招全力推动扶贫车间复工复产	10
3月4日	玉林11名确诊病人全部治愈出院	5
3月4日	脱贫攻坚目标不变—玉林市推动扶贫车间复工复产见闻	9
3月6日	玉林：机器人进病房完成消毒作业	4
3月7日	玉林为抗疫一线医务人员提供暖心服务	6
3月7日	玉林全力护航企业复工复产	6
3月8日	玉林全力推进重大项目复工复产集中开竣工31个项目，总投资超200亿元	6
3月11日	玉州区种上泡桐树拓宽增收路	9
3月11日	玉州区：调整奖补政策促产业扶贫	9
3月11日	南方电网广西玉林供电局五星先锋党员服务队坚守岗位	9
3月12日	玉柴科学排产向日产2000台目标冲刺	1
3月12日	感谢武汉守望相助——广西第十三班支援湖北果蔬物资专列从玉林发出	2
3月15日	玉州区：立下“军令状”打赢四大攻坚战	3

续表29

日期	题目	版面位置
3月16日	纾难解困保驾护航：我区助力农业企业复工复产扫描（玉林部分）	1
3月16日	“疫情当前，奋斗有我”——记玉林市红十字会医院感染性疾病科副护士长徐丽丽	4
3月17日	玉林市快速落实复工复产	5
3月18日	玉林：税收大数据为企业复工复产“助跑”	8
3月18日	玉林供电局全面打响降低中压线路故障“攻坚战”	8
3月19日	方春明赴玉林市就脱贫攻坚工作调研	4
3月19日	玉林：建立联络服务机制	8
3月19日	强信心暖人心聚民心切实提高新闻舆论工作有效性	9
3月21日	玉林税务“硬核”举措助力小微中药商渡难关	2
3月21日	“有一线希望，就做百倍努力”——记玉林市红十字会医院结核科副主任曹赋	4
3月21日	玉林：生产进度不减出口订单不少	5
3月25日	玉林供电局团委开展青年志愿者服务活动	15
3月28日	玉林：直播带货乐享“云游”	2
3月30日	守护疫情下的“金鼠宝宝”——记玉林市妇幼保健院产科主任刘伟武	2
3月30日	玉林实现村级集体经济总收入超亿元	3
4月1日	李彬在玉林调研指导稳增长工作	3
4月1日	玉林交警3晚查获酒驾111起	10
4月1日	广西玉林供电局宣传用电知识	10
4月1日	玉林：科技特派员“千人进千村”服务春耕	10
4月2日	大师线上传授技艺居民“云享”特色美食	5
4月4日	玉林：3218名驻村队员发力脱贫攻坚	8
4月6日	玉林统筹推进重大项目650个	1
4月7日	玉林有序推进学校安全复学（玉州部分）	4
4月8日	玉州区控辍保学有实招	7
4月8日	玉州：乡村教师教学扶贫两不误	7
4月8日	玉州：小青蒜大产业	8
4月9日	玉林市实现人人享有医保	4
4月10日	玉林出入境率先推出手机扫码填表	3
4月10日	4月8日张秀隆率队赴玉林市督战脱贫攻坚工作	4
4月10日	黄俊华在玉林、贺州两市督导检查疫情防控和复工复产复学工作	4
4月13日	躬身一线铸重器——记玉柴船电平台总工程师黄永仲	7
4月15日	玉林聚焦四大千亿元产业招大商新签约135个项目金额1392.7亿元	12
4月16日	玉林5574家企业获104亿元贷款支持	4
4月18日	玉林市重点产业项目开工仪式	6
4月22日	玉州：扶贫路修行路	7
4月22日	玉州区启动“学前学会普通话”活动	7

续表29

日期	题目	版面位置
4月22日	南方电网广西玉林供电局主动服务企业	7
4月24日	杨静华率队赴玉林开展自治区广播电视管理条例执法和人大代表议案办理调研	3
4月24日	龙泉湖里话“丰收”	12
4月29日	玉林市消防救援支队特勤中队到玉林师范学院附属中学开展消杀工作	7
4月30日	线上—银税互动—转动企业经营链	5
5月3日	玉林本地自驾游热起来	1
5月3日	玉林：形成群防群治强大合力	2
5月6日	送教上门温暖童心	6
5月6日	带上“土翻译”上门送关爱	6
5月9日	玉东新区：三级书记入户巩固脱贫成效	8
5月9日	急难险重看担当——玉林供电局战疫情保供电小记	8
5月9日	“五一”期间，玉林市采取多项措施做实做细景区工作	8
5月10日	玉林电网用电负荷创新高	2
5月11日	玉柴大功率非道路发动机率先通过欧Ⅴ认证	1
5月11日	玉林警方侦破4起命案积案	4
5月12日	玉林首个智能配电网项目投运	10
5月12日	玉林表彰一批抗疫护理人员	10
5月17日	玉林制造：千里驰援湖北战“疫”	1
5月18日	玉林市表彰一批“抗疫先锋”	7
5月18日	玉林各市场商品交易额超800亿元	8
5月20日	玉林全面实施预算绩效管理	13
5月20日	玉林供电局检查供电线路	13
5月20日	学会普通话同闯语言关	16
5月22日	玉林市启动12345政府服务热线	9
5月23日	玉柴揽获出口沙特客车动力大单	12
5月26日	为争取“一横一纵”高铁项目列入国家中长期铁路网规划一条建议连提三年	5
5月27日	玉州：带着孩子一起去扶贫	11
5月28日	将张海高铁纳入国家规划尽快实现全线贯通	6
5月29日	秦如培深入玉林市指导	9
5月30日	玉柴集团获纯电动商用车生产企业资质	4
6月3日	(玉州法院)家事审判“玉林模式”成为今年全国两会高院工作报告一大亮点司法温情守护家庭港湾	11
6月8日	守正创新开新局德耀玉林扬新风	4
6月10日	紧盯基本医疗监督健康扶贫	8
6月10日	玉林市装配式建筑与现代绿色建材产业基地	8
6月12日	费志荣见证玉林市政府与锂电新能源材料产业投资基金签署合作协议	3
6月13日	玉林市公安局交警支队直属一大队组开展交通整治	6

续表29

日期	题目	版面位置
6月17日	玉州区开展“千名教师进万家”活动	7
6月17日	玉林：激励驻村队员担当作为	10
6月17日	玉林首例破产重整案件获成功	10
6月23日	玉林：外贸转内销税务来帮扶	2
6月24日	玉林织密医疗保障网建档立卡贫困人口医保参保率达100%	15
6月24日	玉东新区贫困户获产业分红	15
7月1日	玉林市脱贫攻坚取得决定性战果经初步核验评估，今年预脱贫贫困村、贫困户均达到脱贫摘帽标准	4
7月1日	玉湛高速（广西段）正式通车运营	8
7月1日	玉林市第二季度重大项目集中开竣工情况	9
7月1日	玉林发放各类惠民利企补贴超3.5亿元	19
7月1日	玉林市“七一”脱贫攻坚主题朗诵会	19
7月6日	玉柴逆势增长动力强上半年销售收入超230亿元，同比增长13.42%	1
7月6日	玉林442个贫困村集体收入全部超5万元	7
7月6日	玉林市村级集体经济发展服务中心揭牌	7
7月8日	鹿心社在玉林市调研时强调加快推进“东融”和“两湾”联动推动脱贫攻坚和乡村振兴有效衔接（玉州部分）	1
7月8日	玉林全力保高考考场供电	11
7月8日	玉林推进营商环境持续向优	11
7月9日	倾情帮扶暖心入户——玉林市中级法院党员干警扶贫工作纪实	10
7月11日	精准研判排查建立长效机制玉林市为52名党员干部澄清正名	4
7月13日	玉柴3000马力双主机配万吨级工程船成功试水	2
7月15日	扶贫扶智斩穷根——玉林市推进教育扶贫工作速写	8
7月15日	玉林警方上半年破案566起	8
7月16日	孙大伟深入玉林梧州调研督导两个《条例》贯彻落实情况时强调吃透精神摸清情况压实主体责任推动贯彻落实取得扎扎实实成效	1
7月18日	崔智友在玉林市和梧州市检察机关调研	4
7月18日	玉林电网负荷与日供电量均创新高	4
7月20日	“硬核”作风开新局——玉林激励干部担当作为抓“六保”促“六稳”	1
7月21日	玉林市一处稻田加紧收割早稻	1
7月22日	玉林完成农村危房改造5.16万户	11
7月22日	南方电网玉林供电局维修	11
7月24日	玉林年产70万吨锂电项目（一期）开工	6
7月25日	税费优惠助玉林旅游业快速“升温”	6
7月26日	玉林：以党建全面引领乡村振兴	4
7月28日	周红波赴玉林调研	2
7月28日	玉林“四大战役”攻坚见成效	4
7月29日	玉林市检察院主动办理玉林城区噪声污染行政公益诉讼案件	11

续表29

日期	题目	版面位置
7月29日	全区首家银行保险业经济纠纷联动调解中心揭牌	11
7月30日	发展“飞地产业”做强做大广西中医药大健康产业	6
7月31日	我区培育“一校一品”示范党建品牌	5
7月31日	玉林四举措确保搬迁户能发展	11
8月4日	向再造世界市场挺进——玉柴在变局时代的变革之路	1
8月5日	曾欣在玉林市调研	2
8月5日	战高温保供电	16
8月6日	玉柴升至中国500最具价值品牌榜第100名	2
8月7日	玉林晚稻插秧面积超155万亩	7
8月10日	美丽乡愁吸引游子归游人来——玉林市高质量推进乡村振兴共奔小康观察	1
8月10日	玉林市民营经济法律服务配送中心揭牌	11
8月17日	玉州区为1902名贫困残疾人办证	7
8月19日	玉林海关“远程考核”实现减负增效	7
8月19日	火树银花虽美生产安全更重广西规范整治烟花爆竹行业	7
8月19日	玉林市把消防安全教育纳入学生暑期实践	8
8月19日	玉州区235户预脱贫户达标脱贫	15
8月19日	玉州区：深化扶贫领域专项治理	15
8月19日	玉林：一线监督为“六稳”“六保”护航	15
8月23日	黄世勇深入玉林梧州贺州三市调研强调提升乡村风貌促进乡村振兴	3
8月23日	玉林增强“四力”培训班开班	4
8月26日	特色产业带富一方——玉林市大力推进产业扶贫速写	9
8月26日	玉州区累计发放小额信贷1亿元	9
8月26日	玉州区仁东镇鹏垌村美景	9
8月27日	玉林福绵机场28日正式通航	2
8月28日	全区乡村风貌提升工作现场推进会召开鹿心社陈武作批示孙大伟出席会议	1
8月29日	玉林农网改造为脱贫输送动能今年再投入资金6.61亿元，推进扶贫项目890项	4
8月29日	玉州区提升建档立卡数据质量	4
8月31日	黄世勇深入玉林市调研时强调坚持共建共治共享奋力开创乡村振兴新局面	2
9月1日	张秀隆率队赴梧州、玉林、贵港等市督查全区人大工作会议精神和《关于加强新时代人大工作的意见》贯彻落实情况	4
9月2日	张秀隆到玉林市信访局开展接访下访活动	4
9月2日	喝上放心水幸福满心田——玉林市提升农村安全饮水工程扫描	12
9月2日	玉林：打好政策组合拳引才育才	12
9月2日	“土货”进城卖得俏	12
9月3日	玉林超额完成农机补贴任务	4
9月7日	民之所望创城所向——玉林市坚持以人民为中心创建全国文明城市观察	1

续表29

日期	题目	版面位置
9月7日	玉州区：以奖代补引导贫困户发展产业	7
9月9日	留得住乡愁望得见远方——记玉林税务助乡村振兴美好嬗变（玉州部分）	9
9月9日	勇担当善作为用奋进之笔书写教育答卷——玉林市玉州区久久为功办人民满意教育纪实	10
9月9日	玉州区委主要领导到东环小学检查秋季学期开学工作	10（图片）
9月9日	玉州区政府主要领导到东环小学检查秋季学期开学工作	10（图片）
9月9日	玉州区历来重视教学研究	10（图片）
9月9日	玉州区青年教师学习方式训练及应用评比活动	10（图片）
9月9日	全方位支持教育为教改保驾护航	
9月9日	全区域推进教改打造新教育文化区	
9月9日	全面营造尊师风尚家校合作共促教育	
9月11日	玉林：城镇困难家庭住房有保障	8
9月11日	玉州区扶贫农产品网上行	8
9月14日	玉林："光盘行动"越来越深入人心	2
9月16日	玉州区推动兜底保障政策落实	15
9月17日	玉柴入选中国机械工业百强前十	1
9月20日	2020年玉林市庆祝中国农民丰收节活动	1
9月21日	玉林：企业开办减环节缩时限降成本	9
9月21日	玉州区强化精准扶贫档案管理	9
9月23日	"二次创业"造就玉柴"国际范"	5
9月23日	玉州区3500名学子获助学贷款	9
9月23日	玉州区加快农村公路建设	9
9月27日	玉林茂名两地政务服务"跨省通办"	4
9月28日	黄海龙带队到北海市、玉林市开展"七五"普法检查验收工作	2
9月29日	玉柴机器今年第10万台通机动力下线前三季度通机动力销量同比增长45%，提前一个季度完成全年目标	6
9月30日	玉林：依法决策护航经济高质量发展	16
9月30日	玉州区：着手脱贫攻坚扫尾清零	19
10月5日	玉林：景区"大礼包"让游客嗨起来	1
10月10日	玉州区：1200多名老人获领慰问金	7
10月15日	玉柴交付单笔超千台国六动力大单	6
10月15日	玉林对含磷洗涤用品说不	6
10月15日	玉州区：推动兜底保障政策落地	10
10月15日	玉州区建造100多个"三微园"	10
10月16日	"两湾"融合开新局——我区"十三五"发展成就综述之玉林篇	3
10月17日	"壮美广西·玉林政务云"上线系全区首个鲲鹏产业生态云项目	7
10月19日	玉州区提升建档立卡扶贫数据质量	7
10月19日	玉州区利用秸秆加工成草绳子项目全面铺开	7

续表29

日期	题目	版面位置
10月20日	“广”开门路“恩”泽村民	6
10月21日	玉州区：稻草编成绳环保又增收	9
10月21日	玉州区实现村集体稳定收益	15
10月21日	玉州区：4000多名帮扶人入户核查	15
10月21日	玉州区部署第七次全国人口普查工作	15
10月23日	“小小面包篮”盘活“大市场”——玉林税务助力编织企业转动“国内国际双循环”	4
10月28日	刘宏武率队赴玉林市调研复工复产促进稳增长工作	2
10月30日	范晓莉在玉林调研时强调强化宣传文化阵地建设满足人民美好生活需要	4
11月1日	玉州区：产业扶贫挑起脱贫攻坚“大梁”	8
11月1日	玉林志愿者上榜全国“百名网络正能量榜样”	8
11月3日	向人民庄重承诺交人民满意答卷	专版
11月3日	玉州：干部作风实脱贫质量高	专版
11月3日	仁东无公害基地	专版
11月3日	贫困户幸福笑容	专版
11月3日	仁厚镇中药材种植扶贫基地	专版
11月3日	玉州区城北街道彭村黄金百香果扶贫基地	专版
11月3日	名山街道腾扬村扶贫产业养殖基地	专版
11月3日	生机勃勃的玉州区城北商圈	专版
11月3日	玉州区在万达商业广场举办消费扶贫大行动扶贫农产品产销对接会	11
11月3日	践行“四力”显担当——玉林市探索媒体扶贫速记	11
11月4日	玉林师院学子以志愿服务回馈社会	9
11月7日	融入“两湾”天地宽——广西玉林加快构建全方位开放发展格局	1
11月9日	为担当者撑腰为干事者鼓劲——玉林市激励干部新时代勇于担当作为侧记	1
11月9日	玉州区仁东镇鹏垌村	10
11月9日	玉州区：优先购买扶贫农产品	10
11月12日	蓝天立深入玉林、北海、钦州、防城港四市调研	1
11月12日	玉林出台专门方案，激励人才到农村创业发展	10
11月12日	适龄贫困生零失学辍学	10
11月12日	玉州区：冬种大蒜4万亩	10
11月13日	玉林：减税降费稳落地市场主体添活力	8
11月13日	大力开展农作物秸秆机械化直接还田和离田利用能力建设	15
11月14日	桂台教师发展高峰论坛在玉林举行	5
11月14日	玉州区开展脱贫攻坚“双讲”活动	7
11月18日	玉林〓点对点〓为民企定制〓法律套餐〓	14
11月18日	玉州区10万群众喝上放心水	19
11月18日	玉州区：危房改造惠及贫困户	19

续表29

日期	题目	版面位置
11 月 25 日	玉州区多举措落实医疗保障	14
11 月 25 日	玉州区：产业基地保就业助增收	14
11 月 26 日	玉柴发动机海外销量累计突破 50 万台	5
11 月 26 日	玉柴："十三五"交出亮丽答卷	9
11 月 26 日	玉柴集团与华为签订战略合作协议	专版
11 月 26 日	玉柴建成广西最大的农光互补光伏发电项目，助力脱贫攻坚和节能减排	专版
11 月 26 日	2018 年 4 月 9 日，玉柴与德国 MTU 共同打造的首台发电动力产品成功下线。	专版
11 月 26 日	玉柴向广西疫情防控指挥部捐赠抗疫物资	专版
11 月 26 日	玉柴已经发布的车用国六发动机新产品	专版
11 月 26 日	玉柴发电动力应用于新疆气田	专版
11 月 26 日	玉柴智能化加工车间	专版
11 月 26 日	在玉柴最先进的国六智能化生产线，机器人正在作业	专版
11 月 28 日	玉州区帮扶队下乡宣讲脱贫故事	13
11 月 28 日	玉林持续培育壮大马铃薯产业	13
12 月 1 日	用好东博会平台，玉柴东盟市场发动机出口量、保有量位居国内行业首位"做中国—东盟命运共同体的中国企业典范"	4
12 月 2 日	曾欣在玉林市开展人大代表履职进站活动时强调尽职尽责为群众办实事做好事解难事	2
12 月 2 日	自治区宣讲团到容县、梧州、岑溪宣讲推动全会精神落地生根	2
12 月 2 日	玉林聚焦产业链发力精准招商	15
12 月 2 日	玉州区建成 20 家就业扶贫车间	15
12 月 2 日	玉州区多举措防脱贫户返贫	15
12 月 3 日	玉林市构建青少年反邪教防护"立体网络"	10
12 月 4 日	12 月 2 日至 3 日邹展业赴玉林市就稳就业和国有企业改革等工作调研	2
12 月 5 日	自治区宣讲团到南丹、横县、桂林、玉林、农垦系统、河池宣讲为全面建设社会主义现代化国家凝聚力量	2
12 月 10 日	玉州区"：旅游 +"打造乡村振兴示范点	9
12 月 10 日	经过修缮后的鹏垌村古建筑群面貌焕然一新	9
12 月 10 日	玉州区小额信贷帮扶群众发展产业	9
12 月 10 日	玉州区大力激励群众创业	9
12 月 10 日	玉林：质量提升工作成效突出农产品质量合格率 97% 以上乡镇污水处理设施全覆盖	9
12 月 15 日	提高政治站位实施项目管理推动宣传思想工作强起来实起来活起来	6
12 月 16 日	玉林举行重大项目集中开竣工活动	6
12 月 16 日	新型经营主体带动特色产业	16
12 月 16 日	玉州区：开展职业技能培训	16
12 月 16 日	玉州区民营市场主体达 6.8 万户	16
12 月 18 日	玉林市侨商联合会成立	6
12 月 19 日	徐绍川在玉林就基层统战、民营经济和大健康文旅产业项目建设工作调研	4

续表29

日期	题目	版面位置
12月19日	玉林：牛腩粉产业园项目开工	6
12月21日	玉林：现代特色农业成群众增收强引擎	4
12月21日	专家解读宣讲科技强农政策	7
12月21日	多举措关爱脱贫残疾群众	11
12月21日	玉州区发挥统战优势聚力脱贫攻坚	11
12月21日	玉林数字政府改革建设成效初显	11
12月23日	玉州区农村电商销售快速增长	15
12月23日	玉州区扎实做好精准扶贫档案管理工作	15
12月23日	玉林部署抵制餐饮浪费工作	15
12月23日	玉林扫黑除恶专项斗争成效显著	15
12月23日	玉柴集团2020年实现了产销逆势上扬	16
12月24日	不忘初心，学习陈子涛烈士事迹	4
12月24日	玉林市建“广西三八红旗手工作室”	4
12月25日	崔智友在玉林调研自治区重大项目建设情况	2
12月28日	玉林市民族事务法律服务中心揭牌	2
12月30日	陈子涛烈士纪念馆启用揭牌	9
12月30日	文化扶贫激发内生动力	24
12月30日	玉州区：后盾单位扶贫见成效	24
12月30日	玉林：新改建农村公路1216公里	24

索　引

说　明

一、本索引采用主题分析法编制。索引范围包括各类目、分目、条目等。“特载”“专文”“大事记”等部类的具体内容未做索引，仅以其部类名称标示。

二、索引名称按汉语拼音音序（同音字按声调）排列。类目、分目用黑体字标示，其余用宋体字标示。索引名称后的数字表示内容所在页码，页码后的 a、b、c 分别表示版面的一、二、三栏。

三、索引空两字位起排的款目为上一主题的“附见”。同一主题的“参见”只标页码。为便于读者检索，内容有交叉的款目，在本索引中重复出现。

四、以数字或字母开头的条目，不按音序排列，集中于“非音序”栏中。

E

F

G

S

T

W

X

Y

Z

非音序